O DIREITO ELEITORAL
E O NOVO CÓDIGO DE PROCESSO CIVIL

ANDRÉ RAMOS TAVARES
WALBER DE MOURA AGRA
LUIZ FERNANDO PEREIRA

Coordenadores

Prefácio
Paulo Henrique dos Santos Lucon

O DIREITO ELEITORAL E O NOVO CÓDIGO DE PROCESSO CIVIL

Belo Horizonte

Editora Fórum

2016

© 2016 Editora Fórum Ltda.

É proibida a reprodução total ou parcial desta obra, por qualquer meio eletrônico, inclusive por processos xerográficos, sem autorização expressa do Editor.

Conselho Editorial

Adilson Abreu Dallari
Alécia Paolucci Nogueira Bicalho
Alexandre Coutinho Pagliarini
André Ramos Tavares
Carlos Ayres Britto
Carlos Mário da Silva Velloso
Cármen Lúcia Antunes Rocha
Cesar Augusto Guimarães Pereira
Clovis Beznos
Cristiana Fortini
Dinorá Adelaide Musetti Grotti
Diogo de Figueiredo Moreira Neto
Egon Bockmann Moreira
Emerson Gabardo
Fabrício Motta
Fernando Rossi

Flávio Henrique Unes Pereira
Floriano de Azevedo Marques Neto
Gustavo Justino de Oliveira
Inês Virgínia Prado Soares
Jorge Ulisses Jacoby Fernandes
Juarez Freitas
Luciano Ferraz
Lúcio Delfino
Marcia Carla Pereira Ribeiro
Márcio Cammarosano
Marcos Ehrhardt Jr.
Maria Sylvia Zanella Di Pietro
Ney José de Freitas
Oswaldo Othon de Pontes Saraiva Filho
Paulo Modesto
Romeu Felipe Bacellar Filho
Sérgio Guerra

Luís Cláudio Rodrigues Ferreira
Presidente e Editor

Coordenação editorial: Leonardo Eustáquio Siqueira Araújo

Av. Afonso Pena, 2770 – 15º andar – Savassi – CEP 30130-012
Belo Horizonte – Minas Gerais – Tel.: (31) 2121.4900 / 2121.4949
www.editoraforum.com.br – editoraforum@editoraforum.com.br

D597 O direito eleitoral e o novo Código de Processo Civil / Coordenadores: André Ramos Tavares; Walber de Moura Agra; Luiz Fernando Pereira; prefácio de Paulo Henrique dos Santos Lucon. Belo Horizonte: Fórum, 2016.
485 p.
ISBN 978-85-450-0133-1

1. Direito eleitoral. 2. Direito público. 3. Direito constitucional. I. Tavares, André Ramos. II. Agra, Walber de Moura. III. Pereira, Luiz Fernando. IV. Lucon, Paulo Henrique dos Santos.

CDD: 342.07
CDU: 342.8

Informação bibliográfica deste livro, conforme a NBR 6023:2002 da Associação Brasileira de Normas Técnicas (ABNT):

TAVARES, André Ramos; AGRA, Walber de Moura; PEREIRA, Luiz Fernando (Coord.). *O direito eleitoral e o novo Código de Processo Civil*. Belo Horizonte: Fórum, 2016. 485 p. ISBN 978-85-450-0133-1.

SUMÁRIO

Sumário
PREFÁCIO
Paulo Henrique dos Santos Lucon 15

PRINCÍPIOS CONSTITUCIONAIS DO PROCESSO ELEITORAL
ANDRÉ RAMOS TAVARES 17
1 Significado abrangente de processo eleitoral no direito brasileiro 17
2 Regime de princípios incidente sobre o processo eleitoral entendido no seu sentido amplo 19
2.1 A *summa divisio* entre direito substancial e processual: elementos de sua superação no âmbito eleitoral 19
2.2 Um processo eleitoral concebido a partir da constitucionalização do direito 21
3 Pressupostos hermenêuticos relativos à aplicação de princípios constitucionais ao processo eleitoral: fragmentos de uma teoria concretista 22
3.1 Aplicação judicial dos princípios do processo eleitoral e a necessária postura "interventiva" para assegurar a soberania popular: um caso ilustrativo da ressalva procedimentalista 24
3.2 Novo Código de Processo Civil e a interpretação dos princípios do processo eleitoral 26
4 Princípios do processo eleitoral 28
4.1 Princípio democrático e soberania popular 28
4.2 Princípio republicano e suas implicações no *iter* dos processos eleitorais 30
4.3 Princípio da igualdade no pleito eleitoral: combate ao abuso do poder econômico, político e midiático 32
4.3.1 Abuso do poder econômico 33
4.3.2 Abuso do poder político 34
4.3.3 Abuso do poder midiático 34
4.4 Proteção da confiança e anterioridade das leis do processo eleitoral 36
5 Conclusão 38
    Referências 38

DIREITO PROCESSUAL ELEITORAL E A PARTE GERAL DO NOVO CPC
GUSTAVO BOHRER PAIM 41
1 Introdução 41
2 Codificação e parte geral 42
3 A parte geral do novo Código de Processo Civil 44

4	Teoria Geral do Processo e os direitos fundamentais	45
5	Direito processual eleitoral	49
5.1	Direito processual eleitoral e segurança jurídica	52
5.2	Direito processual eleitoral, parte geral do novo CPC e os direitos fundamentais	57
6	Conclusão	61
	Referências	62

A AÇÃO ELEITORAL COMO TUTELA DOS DIREITOS COLETIVOS E A APLICAÇÃO SUBSIDIÁRIA DO MICROSSISTEMA PROCESSUAL COLETIVO E DO CÓDIGO DE PROCESSO CIVIL
FLÁVIO CHEIM JORGE 67

1	Introdução	67
2	Justiça Eleitoral e sua função	68
3	A competência da Justiça Eleitoral	69
4	Os valores que permeavam a Justiça Eleitoral quando de sua criação	72
5	A Constituição Federal, a urna eletrônica e a mudança do paradigma	75
6	A ausência de um tratamento sistêmico processual da tutela eleitoral	78
7	A natureza coletiva da ação eleitoral	79
8	A aplicação subsidiária dos diplomas processuais civis	80
9	Conclusão	84
	Referências	86

O IMPACTO DO CONTRADITÓRIO SUBSTANCIAL NO DIREITO ELEITORAL À LUZ DO NOVO CÓDIGO DE PROCESSO CIVIL
LUIZ EDUARDO PECCININ, PAULO HENRIQUE GOLAMBIUK 89

1	Introdução	89
2	O equívoco da dispensabilidade do contraditório em matéria de ordem pública	90
3	Celeridade x contraditório: a harmonização de princípios do Direito Processual Eleitoral	94
4	Conclusão: o contraditório substancial no processo civil brasileiro e seu impacto real no Direito Processual Eleitoral	100
	Referências	102

INTERVENÇÃO DE TERCEIROS NAS AÇÕES ELEITORAIS COLETIVAS: (NOVAS) PERSPECTIVAS DE COLETIVIZAÇÃO DO PROCESSO A PARTIR DO CPC/2015
ROBERTA MAIA GRESTA 105

1	Introdução	105
2	O problema da participação nas ações eleitorais coletivas	107
2.1	A impropriedade da noção de lide eleitoral	109
2.2	Dificuldades de acomodação das controvérsias coletivas ao conceito de lide	111
2.2.1	Socialismo jurídico: a polarização entre o interesse público e o interesse privado	111
2.2.2	Coletivização do processo: a substituição processual da coletividade pelos representantes adequados	114

2.3	Ação temática eleitoral: proposta para a estruturação das ações eleitorais coletivas	117
3	Intervenção de terceiros nas ações eleitorais coletivas	119
3.1	A figura do terceiro em relação às ações eleitorais coletivas	119
3.2	Modalidades de intervenção de terceiros do CPC/1973 e sua aplicação às ações eleitorais coletivas	122
3.2.1	Assistência	123
3.2.2	Oposição	125
3.3	Modalidades de intervenção de terceiros do CPC/2015 e sua potencial aplicação às ações eleitorais coletivas	127
3.3.1	Assistência	128
3.3.2	Oposição	130
3.3.3	Incidente de desconsideração da personalidade jurídica	130
3.3.4	*Amicus curiae*	132
4	Considerações finais	133
	Referências	136

IMPACTOS DO NCPC E DA REFORMA ELEITORAL NAS AÇÕES ELEITORAIS
LUIZ FERNANDO CASAGRANDE PEREIRA 139

1	Introdução	139
2	As ações eleitorais típicas para cassação de mandato. Avanços e retrocessos	140
3	Conexão e riscos de decisões conflitantes no processo eleitoral. Um avanço da reforma	142
3.1	A reunião de processos em instâncias diferentes. A conexão ineficiente da reforma. Suspensão por prejudicialidade	145
3.2	A reunião dos processos com o corregedor, competente para julgamento da AIJE	146
3.3	A AIME submete-se às regras de prevenção. O *status* constitucional não subverte as regras de mudança de competência	147
4	Continência, litispendência e coisa julgada. O microssistema das ações coletivas para as ações eleitorais	150
5	O reconhecimento de continência e litispendência nas ações eleitorais	152
5.1	Consequência do reconhecimento da litispendência e da continência nas ações eleitorais	154
5.2	Exceções à regra de reunião das demandas eleitorais propostas em litispendência ou continência	156
5.3	A continência não subverte a regra da reunião pela prevenção	157
6	A coisa julgada *secundum eventum probationis* (segundo o resultado da prova) no direito eleitoral	158
6.1	O que se entende por outras ou novas provas que autorizam a propositura de ação proposta sobre o mesmo fato. Juízo de admissibilidade	161
7	Conclusões	162

A REUNIÃO DAS AÇÕES ELEITORAIS SOBRE OS MESMOS FATOS
ADRIANO SOARES DA COSTA 165

1	Introdução	165

2	Natureza jurídica da reunião de ações	166
3	A extinção da mandamentalidade antecipada das ações eleitorais de cassação	167
4	Quais os fatos que ensejam a reunião das ações?	168
5	Fatos brutos, sucessos históricos e causa de pedir	169
6	Ações com idênticos fatos e momentos da sua reunião	171
7	Conexão e continência das ações eleitorais	172
8	Conclusão	173

NOTAS SOBRE A SEMELHANÇA E IDENTIDADE DE CAUSAS NO DIREITO PROCESSUAL ELEITORAL (ART. 96-B DA LEI Nº 9.504/97)
MARCELO ABELHA RODRIGUES 175

1	O conflito de interesses de natureza eleitoral e a sua judicialização	175
2	Conexão, continência e litispendência (total e parcial): semelhança e identidade de demandas	177
3	A identificação da ação coletiva eleitoral	181
4	A reunião das ações conexas e litispendentes no Direito Eleitoral brasileiro (art. 96-B da Lei nº 9.504/97)	182
4.1	Fundamento de fato e seu papel na verificação da semelhança ou identidade de demandas	183
4.2	A possibilidade de novas demandas: legitimidade concorrente e disjuntiva	184
4.3	Efeitos da anexação da demanda repetida à anterior	184
4.4	A repetição da demanda fundada em nova ou outras provas (art. 96-B, §3º, da Lei nº 9.504/97)	186
	Referências	190

BREVES OBSERVAÇÕES SOBRE O ART. 96-B DA LEI Nº 9.504/97
RODRIGO LÓPEZ ZILIO 193

1	Introdução	193
2	O alcance da expressão "mesmo fato" (art. 96-B, *caput*, LE)	194
3	Os influxos de interpretação do art. 96-B da LE	195
4	Da compatibilidade da lei ordinária para fixar causas de conexão em matéria eleitoral	196
5	Da incidência dos princípios de direito eleitoral como critério de interpretação do art. 96-B da LE	198
6	O direito fundamental à prova e a multiplicidade de bens jurídicos tutelados pelas ações cíveis eleitorais	201
7	Conclusão	203

A INAPLICABILIDADE DAS CLÁUSULAS NEGOCIAIS NO ÂMBITO ELEITORAL
MARIA PAULA PESSOA LOPES BANDEIRA, MARIA STEPHANY DOS SANTOS 205

| 1 | Introdução | 205 |
| 2 | Das inovações legislativas constitucionais e o seu reflexo na seara processual | 206 |

3	O que são as cláusulas gerais do acordo de procedimento (art. 190, NCPC) e qual a sua finalidade?	209
4	A inaplicabilidade das cláusulas negociais no processo eleitoral: aspectos gerais	214
5	Conclusão	216
	Referência	217

O NOVO CPC E A TUTELA ESPECÍFICA NA JUSTIÇA ELEITORAL
FERNANDO MATHEUS DA SILVA 219

1	Introdução	219
2	Aplicação subsidiária da tutela específica contida no novo Código de Processo Civil na Justiça Eleitoral	223
3	Funcionamento da tutela específica na Justiça Eleitoral	227
3.1	Tutela inibitória	227
3.1.1	Tutela inibitória e o mito da censura prévia	231
3.2	Tutela de remoção do ilícito	233
3.3	Tutela de ressarcimento na forma específica	235
3.4	Técnicas processuais de efetivação da tutela específica	236
4	Conclusão	243

A (IN)COMPATIBILIDADE DA TUTELA PROVISÓRIA PREVISTA NO NCPC NO ÂMBITO DO DIREITO PROCESSUAL ELEITORAL
JAQUELINE MIELKE SILVA, ROGER FISCHER 245

1	Considerações introdutórias	245
2	Requisitos necessários à concessão da tutela de urgência antecipada/cautelar	247
2.1	Requisitos gerais da tutela de urgência provisória (antecipada/cautelar)	247
2.1.1	Probabilidade do direito	247
2.1.2	Perigo de dano ou o risco ao resultado útil do processo	248
2.2	Requisito específico da tutela de urgência antecipada	248
2.2.1	Reversibilidade do provimento	248
2.2.2	A tutela provisória de urgência antecipada que tenha por objeto direitos fundamentais e a incompatibilidade do requisito reversibilidade	249
3	Da tutela de urgência antecipada requerida em caráter incidente	250
4	Da tutela de urgência antecipada requerida em caráter antecedente	250
4.1	Deferimento da tutela de urgência antecipada e aditamento da petição inicial	251
4.2	Indeferimento da tutela de urgência antecipada	251
4.3	Não interposição de recurso da decisão que deferir a tutela antecipada e estabilização do provimento	251
4.4	Pressupostos da estabilização da decisão que concede a tutela antecipada	253
4.5	Ação autônoma com pedido de revisão, reforma ou invalidação da decisão estabilizada	254
5	Tutela cautelar no NCPC não mais dotada de autonomia procedimental	254
6	A tutela de evidência no NCPC	255
6.1	Natureza da tutela de evidência no NCPC	256

6.2	Modalidades de tutela de evidência	256
6.2.1	Abuso do direito de defesa ou manifesto propósito protelatório do réu	256
6.2.2	Alegações de fato comprovadas apenas documentalmente e tese firmada em julgamento de casos repetitivos ou em súmula vinculante	257
6.2.3	Pedido reipersecutório fundado em prova documental adequada do contrato de depósito, caso em que será decretada a ordem de entrega do objeto custodiado, sob cominação de multa	258
6.2.4	Petição inicial instruída com prova documental suficiente dos fatos constitutivos do direito do autor, a que o réu não oponha prova capaz de gerar dúvida razoável	258
6.3	Processamento da tutela de evidência	259
7	As ações eleitorais e a aplicação supletiva e subsidiária do NCPC	259
7.1	Ações que visam impedir o Registro de Candidato ou a Cassação de Mandatário	261
7.2	Representações por Condutas Vedadas	264
7.3	Pedidos visando ao Direito de Resposta e coibir Propaganda Eleitoral irregular	264
8	Considerações finais	265
	Referências	266

DISTRIBUIÇÃO DINÂMICA DO ÔNUS DA PROVA NO PROCESSO ELEITORAL?
FLAVIO YARSHELL..................269

1	Hipótese	269
2	A especialidade do processo eleitoral	269
3	Aplicação subsidiária do CPC/2015 em matéria probatória	271
4	Distribuição "dinâmica" do ônus da prova	272
5	Observância do contraditório	275
6	Conclusão	276

DINAMIZAÇÃO DO ÔNUS DA PROVA NO DIREITO ELEITORAL
ANTÔNIO VELOSO PELEJA JÚNIOR..................279

1	Um código processual valorativo	279
2	O significado de um código	280
3	A aplicação do CPC ao código e leis eleitorais	281
3.1	Teorias da prova e os Códigos de Processo Civil	281
3.1.1	A teoria estática e o ônus da prova	281
3.1.2	A teoria dinâmica do ônus da prova	282
3.2	O novo Código de Processo Civil e a teoria dinâmica do ônus da prova	286
3.3	A aplicação da teoria dinâmica na seara eleitoral	287
4	Conclusão	290
	Referências	290

A DINAMIZAÇÃO DO ÔNUS DA PROVA NO DIREITO ELEITORAL
DYOGO CROSARA..................293

1	Introdução	293
2	A aplicação do novo CPC ao processo eleitoral	294

3	A teoria dinâmica da prova no novo CPC	296
4	A aplicação da teoria dinâmica no processo eleitoral	299
5	Considerações finais	303
	Referências	304

"COMPRA DE VOTOS", DIREITO SANCIONADOR E ÔNUS DA PROVA
PAULO HENRIQUE DOS SANTOS LUCON..307

1	Introdução	307
2	Direito sancionador	307
3	Formação do convencimento judicial: necessidade da presença de dolo	309
4	Distribuição do ônus da prova no Código de Processo Civil de 2015 e modelo de constatação a ser empregado na aplicação das sanções por captação ilícita de sufrágio	312
5	Conclusões	316

DECISÕES NO PROCESSO DE REGISTRO DE CANDIDATURA E COISA JULGADA: OS ARTIGOS 502 E 503 DO NCPC E O DIREITO ELEITORAL
ELAINE HARZHEIM MACEDO..317

1	Introdução	317
2	A Justiça Eleitoral e suas funções	318
3	A judicialidade do registro de candidaturas	320
4	Ação de impugnação ao registro de candidatura: sumarização do processo e técnica de inversão do contraditório	325
5	Coisa julgada no novo CPC e o processo de registro de candidaturas	328
5.1	Noções gerais sobre a coisa julgada no novo CPC	328
5.2	Coisa julgada e o processo de registro de candidaturas	329
6	Considerações finais	333
	Referências	333

O LIVRE CONVENCIMENTO DO JUIZ ELEITORAL *VERSUS* A FUNDAMENTAÇÃO ANALÍTICA EXIGIDA PELO NOVO CÓDIGO DE PROCESSO CIVIL
ENEIDA DESIREE SALGADO, THIAGO PRIESS VALIATI, PAULA BERNARDELLI.....335

1	Um debate (que deveria ser) desnecessário	335
2	O processo eleitoral e o direito processual eleitoral	336
2.1	Os bens jurídicos protegidos	336
2.2	O caráter assistemático das regras processuais eleitorais	338
2.3	O rito da ação de investigação judicial eleitoral e o polêmico artigo 23 da Lei Complementar nº 64/90	340
3	A teoria da prova e a livre apreciação no direito eleitoral	343
3.1	Os efeitos das decisões – soberania popular e direitos fundamentais	343
3.2	O livre convencimento do juiz e o ônus da prova	346
3.3	A prova testemunhal singular, o artigo 41-A e o novo Código de Processo Civil	348

4	A nova lógica do direito processual: a fundamentação analítica e o sistema probatório	350
4.1	O fim do livre convencimento	350
4.2	A fundamentação das decisões judiciais	353
4.3	A aplicabilidade do novo Código de Processo Civil ao direito eleitoral: racionalidade do sistema	355
	Referências	357

PONDERAÇÃO E DEVER GERAL DE FUNDAMENTAÇÃO NO DIREITO ELEITORAL
JOÃO ANDRADE NETO 359

1	Introdução	359
2	Em que consiste a fundamentação judicial?	361
3	Dever, direito e princípio constitucional de fundamentação	363
4	Funções do princípio da fundamentação	364
4.1	Teses fortes e fracas sobre a função jurídica da fundamentação	365
4.2	A insuficiência das teses fracas	366
5	A nulidade das decisões judiciais não fundamentadas	367
5.1	O §1º do art. 489 e a nulidade das decisões judiciais não fundamentadas	367
5.2	O §2º do art. 489 e a nulidade das decisões judiciais não fundamentadas	368
5.2.1	Colisão entre normas?	368
5.2.2	Ponderação de princípios	370
5.2.3	Ponderação e justificação	371
6	Os §§1º e 2º do art. 489 se aplicam ao Direito Eleitoral?	372
6.1	Argumentos gerais pela aplicação dos §§1º e 2º do art. 489 no Direito Eleitoral	373
6.2	Argumentos específicos pela aplicação do §2º do art. 489 no Direito Eleitoral	374
7	Conclusões	375
	Referências	376

CONCEITOS JURÍDICOS INDETERMINADOS NO DIREITO ELEITORAL: UM OLHAR A PARTIR DA NECESSIDADE DE FUNDAMENTAÇÃO NAS DECISÕES JUDICIAIS PREVISTA NO NOVO CÓDIGO DE PROCESSO CIVIL
MARCELO RAMOS PEREGRINO FERREIRA, ORIDES MEZZAROBA 381

1	Introdução	381
2	O problema da fundamentação das decisões no contexto Constitucional	381
3	A problemática da fundamentação no novo Código de Processo Civil	387
4	Os fundamentos dos conceitos indeterminados	388
5	Conceitos indeterminados na jurisprudência sobre o Direito Eleitoral	390
5.1	A problemática da inelegibilidade	390
5.2	O caráter nacional dos partidos	393
5.3	A fidelidade partidária	393
5.4	O princípio da anterioridade eleitoral	394
5.5	O art. 23 – Lei Complementar nº 64/1990	395

5.6	A jurisprudência retrocessiva dos direitos fundamentais	396
6	Conclusão	397

OS REFLEXOS DO NCPC NO SISTEMA RECURSAL ELEITORAL CÍVEL
SANDRO MARCELO KOZIKOSKI 399

1	Considerações preliminares	399
2	A mudança no rol dos recursos cíveis e suas projeções em relação aos meios impugnativos recursais utilizados na Justiça Eleitoral	401
3	Os reflexos do NCPC no sistema recursal civil da Justiça Eleitoral	408
4	Conclusões	415
	Referências	415

O RECURSO ORDINÁRIO E SEU EFEITO SUSPENSIVO NA SEARA ELEITORAL
WALBER DE MOURA AGRA 417

1	Introdução	417
2	Recursos ordinários em geral	418
3	Recurso ordinário eleitoral	422
4	Efeito suspensivo	425
5	O efeito suspensivo como regra no processo eleitoral	427
6	Conclusão	429
	Referências	430

A AÇÃO DE RESSARCIMENTO DE DANOS CAUSADOS À UNIÃO NO CASO DA ANULAÇÃO DE ELEIÇÕES PELA JUSTIÇA ELEITORAL
FERNANDO NEISSER 433

1	Introdução	433
1.1	Pressupostos fáticos e jurídicos	433
1.2	Proposta do artigo	437
2	Hipóteses de anulação de eleições	437
2.1	Ato ilícito imputável ao candidato	438
2.1.1	Ato ilícito e a cumulação das sanções previstas em lei com o ressarcimento	439
2.2	Ato ilícito imputável a agente do candidato	441
2.3	Ato ilícito tendo o candidato por mero beneficiário	443
2.4	Candidato que disputa com registro indeferido	444
2.5	Candidato que disputa com registro deferido	447
2.6	Candidato cujo registro não é julgado no prazo legal	448
2.7	Mais de um candidato cassado: somatória dos votos implica necessidade de nova eleição	452
3	Elemento subjetivo e nexo de causalidade	453
3.1	O candidato que dá causa à anulação das eleições e sua inelegibilidade	454
3.1.1	O candidato que disputa albergado por antecipação dos efeitos de tutela recursal: o art. 26-C da Lei Complementar nº 64/90	454

3.1.2	O candidato a vice ao qual não se imputa conduta ilícita ou inelegibilidade	456
3.2	O número de votos dados ao candidato e o nexo causal: causalidade comum ou caso fortuito	458
4	As alterações advindas da Lei nº 13.165/2015	460
4.1	A obrigatoriedade de novas eleições	461
4.2	A atribuição de responsabilidade pelo pagamento das novas eleições à Justiça Eleitoral	462
5	Conclusões	463
	Referências	465

DA DUPLA INCONSTITUCIONALIDADE ADVINDA COM A LEI Nº 13.165/2015: DO NOCIVO EFEITO SUSPENSIVO AUTOMÁTICO E DA ESCALAFOBÉTICA EXIGÊNCIA DE TRÂNSITO EM JULGADO PARA A REALIZAÇÃO DE NOVAS ELEIÇÕES
RODRIGO TERRA CYRINEU 467

1	Introdução	467
2	Histórico jurisprudencial atinente à eficácia imediata das decisões judiciais em processos eleitorais	467
3	Da nocividade do efeito suspensivo automático e sua desarmonia com o postulado do *due process of law*	470
4	Da exigência da coisa julgada para realização de novas eleições e a manifesta subversão da soberania popular	476
5	Da necessária intervenção do Supremo Tribunal Federal como guardião da Constituição e garantidor da segurança jurídica	478
6	Conclusões	479

SOBRE OS AUTORES 481

PREFÁCIO

O Código de Processo Civil, desde a unificação da legislação processual realizada na década de 1930, consiste no principal diploma jurídico nacional a regular a relação jurídica que se estabelece entre o Estado-juiz e os cidadãos quando estes se valem do Poder Judiciário para resolver os conflitos surgidos no plano do direito material.

Isso significa que no Código de Processo Civil estão previstas as normas gerais relativas ao procedimento e às situações jurídicas dos litigantes, de modo que, ante a ausência ou insuficiência de regulação por parte de algum microssistema processual (eleitoral, trabalhista, administrativo), ao Código de Processo Civil é que se deve acorrer. Ao processo jurisdicional eleitoral, o novo diploma tem aplicação supletiva e subsidiária, o que garante um método de solução dos conflitos em linhas gerais único, *ex vi*, art. 15 do Código de Processo Civil.

O processo jurisdicional eleitoral, nesse contexto, não poderia deixar de receber os reflexos da nova legislação. Todos os sujeitos do processo, por exemplo, deverão cooperar entre si para obtenção de uma decisão justa e efetiva em tempo razoável (art. 6º). Aos magistrados, por seu turno, é vedada a emissão de decisões-surpresa (art. 10) e é imposto um dever analítico de fundamentação (art. 489, §1º). Em prol da tutela da igualdade e da promoção da segurança jurídica, os magistrados que atuam na Justiça Eleitoral, portanto, terão de observar e justificar adequadamente a aplicação dos precedentes oriundos do Tribunal Superior Eleitoral. O fenômeno da conexão, em particular, conforme disciplinado pelo art. 55, §3º, do Código de Processo Civil, terá aplicação relevante para a disciplina da relação entre as diversas demandas eleitorais. Algumas das inovações do novo Código de Processo Civil, contudo, devem ser aplicadas aos processos eleitorais com cautela. A regra de dinamização do ônus da prova, por exemplo, deve levar em consideração as particularidades de cada caso concreto em âmbito eleitoral, já que essa inversão não pode redundar em *probatio* diabólica. Nos processos eleitorais de natureza sancionatória, aqueles mais comuns a essa justiça, a dinamização não será aplicável.

A entrada em vigor do novo Código de Processo Civil, portanto, é um marco histórico que impacta a todos os ramos do ordenamento jurídico brasileiro. Sendo o processo um fenômeno cultural que reflete as relações políticas e sociais entre o Estado-juiz e os cidadãos, a lei fundamental que regula o modo de ser de todos os litígios não penais em nosso país contém novos institutos, princípios e regras que deverão ser observados em cada ramo da justiça. Tudo isso revela, apesar da necessidade de cada ramo do direito processual ser analisado a partir de suas próprias premissas, a necessidade de um diuturno estudo comum do direito processual. O Código de Processo Civil de 2015, nesse sentido, tende a servir como uma importante ferramenta para o aprimoramento e evolução do Direito Eleitoral, que nos últimos anos assumiu um papel ainda mais relevante para a consolidação da democracia brasileira, dadas as suas funções de tutela da igualdade e da lisura dos pleitos eleitorais.

Paulo Henrique dos Santos Lucon
Doutor, mestre e livre docente da Faculdade de Direito da Universidade de São Paulo, instituição na qual é professor associado nos cursos de graduação e pós-graduação. Especialista pela Faculdade de Direito da Universidade Estatal de Milão. Presidente do Instituto Brasileiro de Direito Processual (IBDP). Conselheiro do Instituto dos Advogados de São Paulo (IASP). Presidente da Comissão de Reforma Política do Instituto dos Advogados de São Paulo (IASP). Membro da Comissão de Direito Eleitoral da OAB-SP. Juiz no Tribunal Regional Eleitoral de São Paulo (TRE-SP), na Classe Jurista, de 2004 a 2011. Membro da Comissão Especial do novo CPC na Câmara dos Deputados. Advogado.

PRINCÍPIOS CONSTITUCIONAIS DO PROCESSO ELEITORAL

ANDRÉ RAMOS TAVARES

1 Significado abrangente de processo eleitoral no direito brasileiro

No ordenamento jurídico brasileiro, uma das normas que se pode considerar basilar encontra-se no artigo 1º, parágrafo único, da Constituição, no que ali se declara que "todo o poder emana do povo". Isso significa estar adotada a soberania popular como premissa de validade de qualquer norma jurídica e de legitimidade de qualquer exercício de autoridade. E desde Rousseau, tem-se assinalado que a chamada democracia representativa ou indireta (cf. TAVARES, 2015, p. 40) assume um papel central nos ordenamentos jurídicos ocidentais, consistindo em um dos principais sistemas de aferição da vontade popular a legitimar o exercício do poder.

Embora na Constituição do Brasil o preceito democrático não se reduza à representação, consiste, ainda, na principal fonte de legitimação do Poder nos termos do referido parágrafo único do artigo 1º da CB. Esse enunciado indica, ainda, outras modalidades de exercício do poder popular por meio do voto para além da escolha de representantes: (i) plebiscitos e (ii) referendos.

O processo eleitoral deve ser compreendido nesse contexto, pois assume assim sua principal função, que é atuar para os rumos do poder e para a democracia como o *processo germinal da aferição e legitimação do poder*.

Desde logo, é preciso sublinhar que, ao contrário do que se poderia assumir intuitivamente, o processo eleitoral, no Brasil, não se reduz aos atos da estrita jurisdição eleitoral, mas engloba complexos e vastos atos administrativos. Lembra José Jairo Gomes que a locução "processo eleitoral" assume dois significados distintos, sendo o primeiro deles amplo, e o segundo, restrito. Em sentido amplo, pode ser definido como "a complexa relação que se instaura entre Justiça Eleitoral, candidatos, partidos políticos, coligações, Ministério Público e cidadãos com vistas à concretização do [...] direito de sufrágio [...]" (GOMES, 2011, p. 208). Essa primeira acepção do processo eleitoral gravita em torno da necessidade de assegurar eleições livres e igualitárias, bem como de promover o direito de sufrágio.

Nesse primeiro sentido da expressão, processo eleitoral é composto por um conjunto de atos que tem por objetivo "receber e transmitir a vontade do povo" e pode ser dividido em três fases: (i) fase pré-eleitoral,[1] que se inicia com a escolha e apresentação das candidaturas e se estende pelo período da propaganda eleitoral; (ii) fase eleitoral "propriamente dita", que integra "o início, a realização e o encerramento da votação"; (iii) por fim, a fase pós-eleitoral, que compreende a apuração e a contagem dos votos e se encerra com a diplomação dos candidatos (cf. voto do Relator Min. Gilmar Mendes, RE 633.703/MG, j. 23.03.2011, DJe 18.11.2011).

Ressalto que essa concepção lata carece de um complemento, necessário para nela incluir os processos eleitorais destinados a instrumentalizar referendos e plebiscitos. Nesses casos, o início de cada uma das fases é definido pelas respectivas normas instituidoras[2] do referido ou plebiscito. A principal diferença em relação ao processo eleitoral para escolha de representantes ocorre na fase pré-eleitoral, considerando que nesses processos eleitorais, tópicos, mas também de aferição direta da vontade do cidadão, não há escolha de candidatos, mas de propostas conteudísticas a serem submetidas ao escrutínio popular.

Já no chamado "sentido restrito", a expressão *processo eleitoral* assume o significado mais comum de processo judicial "individualizado, veiculando pedido específico entre partes bem definidas" aplicando-se "subsidiariamente o Código de Processo Civil". Essa acepção do termo designa as ações judiciais, algumas das quais contempladas constitucionalmente (no mesmo sentido: GOMES, 2011, p. 209).

A Justiça Eleitoral é o órgão proeminente tanto nas atividades administrativas realizadas na condução do processo eleitoral em "sentido amplo" e completo aqui delineado – conduzindo-se os procedimentos próprios da gestão das fases prévias e posteriores aos pleitos eleitorais – quanto nos julgamentos das ações do processo eleitoral no "sentido restrito".

Isso implica em dizer que o Brasil adota um "sistema de controle de processo eleitoral [...] jurisdicional por meio de uma justiça especializada que exerce todas as funções inerentes ao processo eleitoral e seu controle" (TAVARES; MOREIRA, 2011, p. 23). Atualmente, a Justiça Eleitoral "reúne diversas atribuições e competências [...] agrupadas em administrativas, normativas,[3] jurisdicionais e consultivas"[4] (Ibidem, p. 23).

---

[1] A fase pré-eleitoral "não pode ser delimitada temporalmente entre os dias 10 e 30 de junho, no qual ocorrem as convenções partidárias, pois processo político de escolha de candidaturas é muito mais complexo e tem início com a própria filiação partidária do candidato em outubro do ano anterior" (Voto do Min. Gilmar Mendes, RE 633.703/MG, j. 23.03.2011, DJe 18.11.2011).

[2] Cf. artigo 2º do ADCT da Constituição Federal (redação da EC nº 2/1992) e Lei nº 8.624/1993 a respeito do plebiscito sobre o regime e forma de governo; os §§1º e 2º do art. 35 da Lei nº 10.826/2003; e o Decreto Legislativo nº 780/2005 a respeito do referendo acerca da comercialização de armas de fogo e munição.

[3] Artigo 23, IX do Código Eleitoral (Lei nº 4.737/1965):
"Art. 23 - Compete, ainda, privativamente, ao Tribunal Superior,
[...]
IX - expedir as instruções que julgar convenientes à execução deste Código;"

[4] Artigos 23, XII, e 30, VII do Código Eleitoral (Lei nº 4.737/1965):
"Art. 23 - Compete, ainda, privativamente, ao Tribunal Superior,
[...]
XII - responder, sobre matéria eleitoral, às consultas que lhe forem feitas em tese por autoridade com jurisdição, federal ou órgão nacional de partido político;"
"Art. 30. Compete, ainda, privativamente, aos Tribunais Regionais:
[...]

As duas acepções de processo eleitoral enquadram-se no amplamente conhecido conceito de processo como "conjunto preordenado de atos", o que se aplica a processos não judiciais, como o processo legislativo,[5] ou ao processo administrativo.[6] Os processos, vale ressaltar, não se confundem com atos complexos. São coisas distintas. Os atos jurídicos complexos caracterizam-se pela "unidade na função das declarações jurídicas", são conjugações de vontades para a finalização de um ato único. Os processos, como conjunto de atos, reclamam uma sequência de unidades, embora todas preordenadas a uma comum finalidade maior; nos processos, "os atos desempenham funções distintas, com autonomia e portanto heterogeneidade de função" (BANDEIRA DE MELLO, 1993, p. 214).

Com essas considerações preliminares, pode-se afirmar que, mesmo considerando a amplitude ou mesmo as diferenças de significação da expressão "processo eleitoral", ela remete ao *direito formal*.

No sentido de apurar a extensão e finalidades do direito processual eleitoral, quando caracterizado como um direito formal, e no intuito de esclarecer eventuais similitudes ou diferenças quanto ao regime de princípios constitucionais incidentes, é necessário questionar, preliminarmente, sobre a dimensão "adjetiva"[7] do próprio direito eleitoral e sua relação com o direito eleitoral material instituidor das chamadas *regras do jogo* da democracia.

2 Regime de princípios incidente sobre o processo eleitoral entendido no seu sentido amplo

2.1 A *summa divisio* entre direito substancial e processual: elementos de sua superação no âmbito eleitoral

A razão de ser da identificação de princípios próprios do processo, quer dizer, independentemente dos princípios do direito material, e que seriam assinalados aos trâmites em geral, decorre da fase "autonomista" ou "conceitual" do direito processual, marcada pela busca de um direito de ação como autônomo, apartado do direito "substancial" buscado na ação (Cf. CINTRA, GRINIVER, DINAMARCO, 2003, p. 42).

Essa teoria, mesmo que sujeita à crítica e adaptações por parte de uma propalada fase "instrumentalista" (que busca aferir a efetiva utilidade do processo para as partes e para o direito material envolvido ou invocado),[8] encaixa-se, com mais pertinência, aos

---

VIII - responder, sobre matéria eleitoral, às consultas que lhe forem feitas, em tese, por autoridade pública ou partido político;"

[5] Ao estabelecer normas relativas ao Processo Legislativo, a Constituição do Brasil cuida da "previsão de uma *sequência definida de atos e etapas* que se cumprem no intuito de estabelecer novas normas jurídicas" (TAVARES, 2015, p. 1.005). Na definição de Nelson de Sousa Sampaio, por meio do "direito processual [...] o direito regula sua própria criação, estabelecendo as normas que presidem a produção de outras normas, sejam normas gerais ou individualizadas" (SAMPAIO, 1968, p. 2).

[6] Sobre *procedimento* administrativo, Celso Antônio Bandeira de Mello assenta a seguinte definição: "É uma sucessão itinerária e encadeada de atos administrativos tendendo todos a um resultado final e conclusivo" (BANDEIRA DE MELLO, 1993, p. 212).

[7] Registra-se a crítica que se faz ao termo com base na posição da autonomia do processo (cf. CINTRA; GRINIVER; DINAMARCO, 2003, p. 42).

[8] Cf. CINTRA, GRINIVER, DINAMARCO, 2003, p. 43.

processos judiciais, nos quais fica clara a distinção entre os direitos próprios da ação e seus respectivos princípios.

Assim, no processo civil, por exemplo, é possível destacar como aplicáveis os princípios da ampla defesa e contraditório (art. 5º, inc. LC, da CB), e isso de maneira absolutamente independente do direito material subjacente à eventual lide.

Isso também é visível quando se trata do "processo eleitoral em sentido restrito" que se instrumentaliza em ações judiciais. Nesses casos, também é possível identificar típicos direitos e princípios classicamente atribuídos ao processo judicial, com autonomia em relação aos direitos *materiais* em análise.

Entretanto, a cisão fica menos nítida quando se trata de distinguir os princípios do direito eleitoral material e do direito processual eleitoral no que tange ao processo eleitoral em sentido amplo.

A dicotomia entre "processo eleitoral" e "direito eleitoral" é debatida pelo Supremo Tribunal Federal na ADI nº 354 (Rel. Min. Octavio Gallotti, j. 24.09.1990), por ocasião do debate sobre a norma do artigo 16 da CB, que trata da anterioridade eleitoral.

O voto do Ministro Moreira Alves, que se alinhou ao pensamento vencedor naquela ocasião, esclarece que "processo eleitoral é expressão que não abarca, por mais amplo que seja o sentido que se lhe dê, todo o direito eleitoral, mas apenas o conjunto de atos que estão diretamente ligados às eleições". Dessa maneira, ainda segundo o ministro, o processo eleitoral não abrange "todas as normas que possam refletir-se direta ou indiretamente na série de atos necessários ao funcionamento das eleições por meio do sufrágio universal – o que constitui o conteúdo do direito eleitoral – mas, sim, das normas instrumentais diretamente ligadas às eleições". As normas do direito eleitoral seriam apenas as de direito formal, como as "que abarcam as condições do processo, como a legitimação para ele, e os atos necessários ao seu desenvolvimento até a etapa conclusiva". Assim, estariam excluídas do objeto do processo eleitoral as normas que tipificam crimes eleitorais ou que digam respeito às propagandas eleitorais, ou mesmo as normas sobre contagem de votos (este último tema objeto da referida ADI).[9]

Em posição divergente na mesma ADI nº 354, ao analisar a expressão "processo eleitoral" constante no artigo 16 da CB, o Ministro Celso de Mello concluiu pela perda da relevância da dicotomia entre processo eleitoral e direito eleitoral material naquele contexto. Isso porque, ao consagrar o preceito da anterioridade eleitoral, o artigo 16 visa impedir a "deformação do processo eleitoral mediante modificações casuisticamente introduzidas pelo parlamento". Assim, considerando a teleologia da norma constitucional, esse artigo visa assegurar "a necessária igualdade de participação" nas eleições (voto vencido do Ministro Celso de Mello na referida ADI nº 354/DF).

O ministro sustenta ainda que o termo processo eleitoral tem um significado amplo, que abrange a forma do exercício do voto concretamente; dessa forma, "a definição de processo eleitoral [...] está associada [...] ao conteúdo da competência atribuída *ratione materiae* à própria Justiça Eleitoral".

Para o Ministro Gilmar Mendes, em seu voto vencedor no RE nº 633.703, a posição destacada do Ministro Celso de Mello, vencida na década de 90, viria a inaugurar uma

---

[9] As alterações legislativas julgadas na ADI (dos artigos 176 e 177 do Código Eleitoral pela Lei nº 8.037/1990) versavam sobre a interpretação de votos conforme o que era escrito nas cédulas de papel.

nova fase da jurisprudência em 2005, com a apreciação da ADI nº 3.345 em 2005. Nessa ocasião, o Ministro Celso de Mello foi vencedor na tese de que a aplicação do artigo 16 da CB deve se vincular ao seu sentido teleológico, consignado na finalidade de evitar distorções no processo eleitoral mediante mudanças casuísticas advindas do Poder Legislativo.

Tenho para mim que a finalidade geral do processo eleitoral em sentido amplo é proporcionar eleições livres e justas tutelando a democracia representativa. Portanto, por mais que se possa isolar quais são as normas de processo eleitoral e quais seriam as supostas normas de direito eleitoral substantivo, essa *finalidade do processo* faz com que muitos dos princípios atinentes ao direito eleitoral material sejam comuns ao processo eleitoral. E é essa convergência que interessa admitir para fins de desenvolver a questão central desta análise.

O processo eleitoral em sentido amplo cuida justamente dos atos encadeados que possibilitam o "exercício do sufrágio" (cf. GOMES, 2011, p. 19), sendo que a interconexão dos denominados princípios há de se assumir como inevitável.

Portanto, com relação ao aspecto dos princípios, é de se esperar a coincidência entre princípios do direito do processo eleitoral e do direito eleitoral.

2.2 Um processo eleitoral concebido a partir da constitucionalização do direito

É necessário pontuar como questão central deste texto que essa abordagem diretamente voltada ao processo eleitoral leva a sua compreensão finalística e condicionada aos preceitos da Constituição do Brasil. A chamada "constitucionalização" do direito abrange, por certo, os preceitos eleitorais, que devem atenção à finalidade primeira do processo eleitoral, evidenciada pela Constituição.

Evita-se, assim, a visão do processo eleitoral meramente formalista, que o concebe como uma mera sucessão de atos desvinculada de sua finalidade de intermediar a vontade popular e possibilitar a legitimação do exercício do poder.

Diante desse escopo, o presente trabalho delimita como seu objeto os princípios constitucionais do processo eleitoral *em sentido amplo*, que dizem respeito ao certame eleitoral.

Alguns princípios próprios do direito eleitoral material, no entanto, não foram elencados no presente texto como princípios do processo eleitoral. É o caso, por exemplo, do chamado princípio da fidelidade partidária, que, embora vise respeitar a vontade popular externada nas urnas, assume relevância eleitoral premente apenas após o período das eleições, durante o cumprimento do mandato,[10] embora possa vir a assumir uma forma judicializada (processo eleitoral em sentido estrito) a fim de se concretizar.

---

[10] Nos termos da Resolução nº 22.610/07 do TSE, o processo por infidelidade partidária tem por objeto a perda do cargo eletivo. A renúncia durante o processo gera a perda do objeto da ação por fato superveniente. Nesse sentido: TRE-DF, Rel. João Egmont Leôncio Lopes, pet 152, j. 12.04.2010, DJe 28.04.2010.

3 Pressupostos hermenêuticos relativos à aplicação de princípios constitucionais ao processo eleitoral: fragmentos de uma teoria concretista

A discussão a respeito dos métodos e teorias de interpretação assume importância central na presente quadra do direito constitucional. No atual paradigma de hermenêutica jurídica, pode-se dizer que as decisões jurídicas são construídas individualmente diante dos casos analisados em concreto.

Desse modo, não se pode prescindir de um estudo das metodologias de decisão jurídica, que envolve a análise da forma como esta é elaborada, quais seus pressupostos teóricos e como se chega ao resultado. Essa é a única forma de *controle racional* mínimo pelos cidadãos e pela sociedade afetados pelas decisões jurídico-judiciais. O controle (ou sua possibilidade) dos métodos de decisão e a verificação (ou sua possibilidade) da fundamentação das concretizações jurídicas têm uma faceta essencialmente democrática no que tange à *accountability*.

Essa análise assume significação democrática ainda mais acentuada quando se trata de processo eleitoral, tendo em vista que está em causa a própria democracia, como base de convívio em sociedade.

A aplicação legal no Brasil tem tradicionalmente um viés positivista, centrado em um processo que advoga pela possibilidade de uma mera "subsunção" de supostas "regras" abstratas, que, no sistema do *civil law*, seriam representadas pela lei, a casos concretos.

É nesse contexto que se desenvolve o *formalismo jurídico*, que, no princípio do século XIX, ficou caracterizado, sobretudo, pela escola da exegese e pelo movimento das grandes codificações, principiando pelo Código Civil (de Napoleão). Semelhante doutrina procura condicionar a atividade jurisdicional – ou, ao menos, procura condicionar a imagem que devemos ter da atividade judicial – a uma mera atitude autômata, mecanicista, de reproduzir os ditames da lei, condenando alternativas subjetivistas, como a interpretação, que exorbitariam da chamada *letra da lei*. Sob essa teoria, o Poder Judiciário ficaria "restrito a um mero atuar mecânico", em que suas decisões expressam "apenas as próprias leis [...]" (TAVARES, 2012a, p. 28). Esse movimento pretendeu reduzir a realidade à abstração legal. "O direito passa a ter como única morada o *Codex*" (TAVARES, 2006, p. 23).

Na primeira metade do século XX, um positivismo menos formalista adquire novos pressupostos, principalmente pela influência de Hans Kelsen (TAVARES, 2012a, p. 28), jurista cujas doutrinas ainda ressoam na literatura jurídica brasileira. Kelsen não mais sustenta a correspondência maquinal entre o texto e a norma a ser produzida. Contudo, nega "a predição de decisões judiciais [...] com base em elementos extranormativos (extraídos do plano dos fatos)" (TAVARES; OSMO, 2008, p. 145).

Ambas as concepções têm em comum a compreensão do direito como uma ciência unidisciplinar, fechada às demais manifestações do conhecimento e enclausurada em suas próprias premissas e conclusões. O jurista, nas formulações positivistas, deveria abster-se de considerações de ordem política, de justiça sobre a lei e de adequação à realidade social (TAVARES, 2006, p. 40).

No conceito tradicional do positivismo, o direito é apresentado com características de generalidade e abstração. A partir dessa abstração, o legislador positivista tenta abarcar todas as realidades concretas, "reduzindo-as" (ou, melhor, incorporando-as) ao texto legal (TAVARES, 2006, p. 41). A decisão judicial tradicional, portanto, dar-se-ia por mera subsunção "ao caso sob a égide do direito positivo" (QUEIROZ, 2002, p. 181). O direito positivo é dotado, assim, da capacidade de oferecer soluções infinitas, preconcebidas pela genialidade do representante do povo durante o processo legislativo.

Entretanto, as exigências de análise constitucional introduzem um elemento complicador a essa análise formalista do direito. O reconhecimento da abertura das normas – o que nem sempre é admitido, obviamente – fará com que o intérprete busque a realidade para concretizar o direito posto, considerando que o texto demanda apreciação do concreto para integrar seu sentido.

O paradigma do constitucionalismo concebe o direito como construído "a *partir de* e *para* situações concretas especialmente determinadas" (TAVARES, 2006, p. 41). Diante disso, a leitura do direito de acordo com a Constituição traz a necessidade de um conhecimento de outros saberes que vão além do hermetismo legal e exigem a superação do "positivismo legalista, centrado única e exclusivamente, na letra da lei, fechado ao exterior" que via o direito como "uma ciência unidisciplinar" (TAVARES, 2006, p. 40).

Destarte, o Constitucionalismo "demanda um maior conhecimento de outros saberes, além da simples letra do texto escrito [...]" (TAVARES, 2006, p. 41).

Assim, não mais se concebe a norma como uma abstração de ordem metafísica ou algo que "repousa em si e preexiste". O Constitucionalismo é incompatível com a generalização prévia da "pletora dos diferentes tipos de prescrições legais na norma jurídica, para depois derivar inferências desse *abstractum* preconcebido". Não se concebe mais "a retificação de prescrições legais e conceitos jurídicos em mera preexistência" (MÜLLER, 2007, p. 40-41). Ainda, com apoio na teoria de Friederich Müller (2013, p. 135), "a norma jurídica não existe [...] *ante casum*, mas só se constrói *in casum*".

Se essa consideração é válida para as normas concebidas individualmente, quer dizer, com sua hipótese de incidência mais bem delineada, a plasticidade das normas mais abstratas e abertas, como os denominados princípios, torna ainda mais necessários os elementos do concreto para a construção do próprio comando normativo. Se as *regras* "são normas que apresentam um alto grau de nitidez em sua referebilidade ao fático", os princípios "têm a capacidade de expandir seu comando consoante as situações concretas que se forem apresentando" (TAVARES, 2006, p. 93), mas só após a consideração desta concretude (ainda que hipoteticamente construída, os casos não reais).

Sendo a Constituição a base do sistema jurídico permeada por princípios jurídicos, normas que têm, entre outras, a característica de "imprimir determinação de significado" (TAVARES, 2015, p. 208) às demais normas, pode-se concluir pela permeabilidade de todo o ordenamento jurídico pela Constituição e seus princípios, por sua vez permeados inevitavelmente pelo pensamento concreto e pelos matizes do concreto. Estamos em face, hodiernamente, do fenômeno processual-substantivo da constitucionalização do direito. Desse modo, há de se afastar o intérprete dos padrões hermenêuticos que pregam a mera subsunção (da norma abstratamente considerada ao fato).

Assim, a percepção teórica da introdução dos princípios em grau constitucional torna o processo hermenêutico necessariamente concretizador, intrincando o elemento fático na formulação do comando normativo.

Nesse sentido é que Canotilho (2003, p. 1.201) sustenta que o processo de concretização da Constituição traduz-se, fundamentalmente, no *processo de densificação* de regras e princípios constitucionais. A concretização das normas constitucionais [...] é, no fundo, *o lado "técnico" do procedimento* estruturante da normatividade. A concretização, como se vê, não é igual à interpretação do texto da norma; é, sim, a *construção de uma norma jurídica*.

Exemplificando a construção jurídica no que tange ao tema eleitoral, o Supremo Tribunal Federal deparou-se, no RE nº 597.994 (Relatora Min. Ellen Gracie, Relator p. acórdão Min. Eros Grau, j. 04.06.2009), com a questão de prefeita integrante licenciada do Ministério Público, que pretendia concorrer à reeleição. A Constituição, como sabemos, autoriza a reeleição no artigo 14, §5º;[11] no entanto, durante o mandato da prefeita, foi promulgada a EC nº 45/2005, que alterou a regra do artigo 128, §5º, II, *e*, da CB para impedir os membros do MP, mesmo licenciados, de exercerem atividade político-partidária.

A decisão do STF foi pela permissão da candidatura, sustentando que, embora não exista direito adquirido a candidatar-se, o direito vigente autoriza a reeleição, não se tratando de respeito ao direito pretérito. A fundamentação que foi transcrita na própria ementa do julgado é adequado exemplo de como ocorre a construção da norma diante do caso concreto:

> A interpretação do direito, e da Constituição, não se reduz a singelo exercício de leitura dos seus textos, *compreendendo processo de contínua adaptação* à *realidade e seus conflitos*. A ausência de regras de transição para disciplinar situações fáticas não abrangidas por emenda constitucional demanda a análise de cada caso concreto à luz do direito enquanto totalidade. A exceção é o caso que não cabe no âmbito de normalidade abrangido pela norma geral. Ela está no direito, ainda que não se encontre nos textos normativos de direito positivo. Ao Judiciário, sempre que necessário, incumbe decidir regulando também essas situações de exceção. Ao fazê-lo não se afasta do ordenamento. (Original não grifado)

Em suma, ao processo eleitoral, além da constitucionalização do direito, é preciso considerar a concretização do direito, especialmente pela concepção não formalista que o direito constitucional, como concebido hoje, impõe.

3.1 Aplicação judicial dos princípios do processo eleitoral e a necessária postura "interventiva" para assegurar a soberania popular: um caso ilustrativo da ressalva procedimentalista

Um dos principais embates teóricos sobre o papel do Poder Judiciário no direito é o conflito que se pode resumir, de maneira um tanto simplista e com a consciência do uso não consensual entre as denominações, entre o *procedimentalismo* e o *substancialismo*.

O debate é bastante conhecido na literatura jurídica mundial e adquire, segundo meu entendimento,[12] uma dimensão especial no que tange à aplicação das normas relacionadas ao processo eleitoral, já que o cerne desse debate é a relação entre direito e política.

---

[11] Redação dada pela EC nº 16/1997.

[12] Que tive a oportunidade de expor e desenvolver em diversas conferências no âmbito do Tribunal Superior Eleitoral.

O chamado (por reducionismo de todas suas vertentes) modelo substancialista é, em parte, exposto no presente trabalho e aqui acatado como o mais adequado à realidade jurídica, econômica e social brasileira. Não se pode olvidar que o Brasil é um país ainda periférico, com uma desigualdade crônica entre seus cidadãos. Ao mesmo tempo, nossa Constituição é documento que vincula a ação do Estado e direciona a sociedade em busca de transformações sociais, econômicas e culturais. Esse viés transformativo está presente principalmente no artigo 3º da CB, mas também no art. 170, inc. I, que trata justamente da soberania; agora, soberania econômica.

Nesse contexto bastante conhecido, muitas vezes o Poder Judiciário tem de intervir (ou é chamado a intervir abertamente) para assegurar direitos, inclusive os chamados direitos socioeconômicos, com vistas a garantir o mínimo de dignidade ao ser humano. A concretização de princípios jurídicos, aqui defendida, procura uma linha de compatibilização entre nossa realidade e a linha que reconhece os amplos enunciados constitucionais como normas, não como mera proclamação (cf. TAVARES, 2012, p. 59-85).

Já os procedimentalistas costumam ser, em suas diversas vertentes, severos críticos dessa postura de "intervenção judicial", o que consideram uma invasão do direito sobre a esfera política, esfera na qual deveria imperar a produção *democrática* de decisões, não estando o Poder Judiciário apto a substituir-se à formação democrática (leia-se: parlamentar e executiva) de decisões centrais, sobretudo daquelas de grande dissenso social.

Essa invasão da esfera política pela jurídica se daria principalmente pelas decisões dos tribunais constitucionais quando interpretam normas materiais da Constituição, resultando no que seria uma sobreposição à decisão do legislador. Assim, para essas correntes difusamente denominadas como procedimentalistas, as cortes constitucionais deveriam atentar a seus limites (um caso típico de *self restraint*) e, assim, apenas assegurar a lisura e as condições necessárias para o processo de produção democrática do Direito (e.g. HABERMAS, 1997, v. I, p. 299-354).

Essa linha de pensamento é estabelecida sob duas "premissas principais [...]: (i) neutralidade e; (ii) democracia" (TAVARES, 2007, p. 339). Tomo aqui como referência para fins de explicitar o sentido e alcance do que seria um procedimentalismo o trabalho do teórico norte-americano J. Hart Ely. Este autor sustentou que as cortes constitucionais deveriam se abster de interpretar com base no que chamou de "valores morais", não aceitando uma interpretação dirigida por princípios como aquela à qual me filio. Meu intuito, aqui, é apenas delinear as bases gerais dessa concepção, bem identificando o segmento de intervenção judicial consentida para explorar as contradições que ocorrem no caso brasileiro de atuação (ou intervenção) da Justiça Eleitoral.

Mesmo Ely admite que o controle abstrato de normas deve centrar forças na manutenção das *condições procedimentais de formação democrática* da vontade, defendendo que a constituição norte-americana previu um "processo de governo", e não uma ideologia (ELY, 1980, p. 101; cf. TAVARES, 2007, p. 342).

Mesmo que a posição do autor vise garantir uma participação democrática além das eleições,[13] o pressuposto básico do atual sistema representativo é que se obtenha sucesso na manutenção de eleições livres e justas.

---

[13] *[...] the duty of representation that lies at the core of our system requires more than a voice and a vote* (ELY, 1980, p. 135).

Assim, no que tange ao controle do direito atinente (diretamente) ao processo eleitoral, nem mesmo a teoria de Ely, extremamente restritiva à atuação jurisdicional, condena a postura "interventiva", posto que a exige para garantir a boa realização dos procedimentos democráticos. E aqui nos deparamos com certa interseção[14] entre procedimentalismo, como na teoria de Ely, e o objeto jurídico executado pela jurisdição eleitoral (Justiça Eleitoral e, excepcionalmente, pelo Supremo Tribunal Federal, em caso de questão constitucional-eleitoral).

Minha advertência, pois, é a de que, mesmo se adotada a postura restritiva (procedimentalista), que visa minimizar a atuação do Poder Judiciário, não se pode prescindir de um Poder Judiciário atuante para garantir o adequado funcionamento das engrenagens democráticas. E a jurisdição eleitoral brasileira é, fundamentalmente, encarregada de preservar os elementos democráticos, como desenhada pela Constituição de 1988.

Soam, pois, como "curiosas" as críticas dirigidas à jurisdição eleitoral com base em posturas minimalistas do Poder Judiciário (e, talvez, do próprio Estado) na medida em que, sem as garantias mínimas tuteladas por uma atuação intensa e rigorosa do Poder Judiciário, as bases da democracia ficam desprotegidas.

3.2 Novo Código de Processo Civil e a interpretação dos princípios do processo eleitoral

Ainda como preliminares de compreensão dos princípios constitucionais do processo eleitoral propriamente ditos, é preciso enfrentar a compreensão processual dos princípios por força do novo Código de Processo Civil – NCPC.

O NCPC, cuja entrada em vigor foi projetada para março de 2016, na Lei nº 13.105/2015, é expresso em determinar que suas normas se aplicam "supletiva e subsidiariamente" aos "processos eleitorais, trabalhistas ou administrativos" (art. 15).

Ressalte-se que, quando se fala em aplicação subsidiária do NCPC ao processo eleitoral, se trata do processo eleitoral em sentido estrito, identificado com o andamento judicial das chamadas ações eleitorais.

Esse é o sentido que se encontra na jurisprudência do TSE, como se exemplifica no voto do Ministro Henrique Neves da Silva, relator no AgR-RO nº 402-59.2014.6.19.0000/RJ (j. 09.09.2014):

> A aplicação do Código de Processo Civil nas ações eleitorais não é automática e somente se dá de forma subsidiária. Nesse sentido, este Tribunal já se manifestou quando analisou a incidência do art. 191 do Código de Processo Civil nos feitos eleitorais, afirmando que: "aos feitos eleitorais não se aplica a contagem de prazo em dobro, prevista no CPC, art. 191, para os casos de litisconsortes com diferentes procuradores" (AgR-AI nº 57839, rel. Min. Marcelo Ribeiro, DJE de 3.3.2011). No mesmo sentido: "tratando-se de matéria eleitoral, não se justifica aplicar regras do CPC que impliquem aumento de prazo para recurso. Precedentes" (EDcl-AgRg-REspe nº 213.221/MG, rel. Min. Humberto Gomes de Barros, DJ de 6.8.2004; AgRg Ag nº 12.491/DF, rel. Min. Eduardo Ribeiro, DJ de 24.3.2000; AgR-RO nº 905, rel. Min. Gerardo Grossi, DJ de 23.8.2006).

---

[14] Ainda que se possa vislumbrar uma pletora inumerável de temas e detalhes operados pela Justiça Eleitoral, pode-se nela vislumbrar a atuação de um ponto de vista macro, de defesa das condições democráticas (o processo eleitoral).

Com a aplicação subsidiária do CPC, não se exclui uma análise própria do direito eleitoral. A visão processual individualista é incompatível com o processo eleitoral, independentemente do que disser qualquer lei, considerando que ambos os sentidos do processo eleitoral incluem não apenas eventuais partes ou interessados diretamente envolvidos, mas também a coletividade de cidadãos afetados pelos resultados eleitorais.

Essa característica se verifica, por exemplo, pelo entendimento do TSE, que admite a legitimidade ativa do Ministério Público Eleitoral para representação contra prática irregular de propaganda partidária, mesmo sem disposição legal (infraconstitucional) expressa. Esse posicionamento baseia-se na função do Ministério Público decorrente do artigo 127 da Constituição do Brasil e de sua prerrogativa de defesa do regime democráticos dos interesses sociais (cf. TSE REspe 1893-48.2010.6.26.0000/SP, Relatora Min. Nancy Andrighi, j. 25.04.2012).

A aplicação apenas *subsidiária* não interfere, como nem poderia interferir, nessas especificidades do processo eleitoral. Seria uma leitura de todo inadequada, inconstitucional e mesmo ilegal. Ademais, dado o conteúdo do novo Código de Processo Civil, algumas de suas normas devem ser vistas como disposições gerais aplicáveis aos processos judiciais no Brasil.

Destacam-se, nesse sentido, as normas acerca da decisão judicial. Como já exposto, a concretização do direito, permeada por princípios constitucionais, demanda uma atividade construtiva da jurisdição em cada caso concreto que se lhe apresenta.

Assim, a verificação racional da decisão e sua *accountability* ocorrem, em grande parte, pela análise da fundamentação, que deve ser apta a demonstrar o percurso transcorrido chegar à conclusão do *decisum* como exigência da imposição constitucional de fundamentar as decisões judiciais (art. 93, IX, da CB). Dessa forma, "a prática judicial" não "pode fugir a uma exposição mínima, que demonstre uma reflexão e uma escolha consciente não-arbitrária do caminho de concretização trilhado" (TAVARES, 2006, p. 79).

Essa fundamentação, além de implicar a explicitação da maneira pela qual se chegou à decisão, em uma análise dos fundamentos trazidos pelas partes, também impõe o ônus de refutar aqueles que potencialmente podem demonstrar a incorreção da decisão tomada.

Assim, o §1º do artigo 489 do novo CPC vem corrigir vícios da prática jurisdicional, que, por vezes, não atende à imposição constitucional de fundamentação ao dispor que:

> §1º Não se considera fundamentada qualquer decisão judicial, seja ela interlocutória, sentença ou acórdão, que:
> I - se limitar à indicação, à reprodução ou à paráfrase de ato normativo, sem explicar sua relação com a causa ou a questão decidida;
> II - empregar conceitos jurídicos indeterminados, sem explicar o motivo concreto de sua incidência no caso;
> III - invocar motivos que se prestariam a justificar qualquer outra decisão;
> IV - não enfrentar todos os argumentos deduzidos no processo capazes de, em tese, infirmar a conclusão adotada pelo julgador;
> V - se limitar a invocar precedente ou enunciado de súmula, sem identificar seus fundamentos determinantes nem demonstrar que o caso sob julgamento se ajusta àqueles fundamentos;
> VI - deixar de seguir enunciado de súmula, jurisprudência ou precedente invocado pela parte, sem demonstrar a existência de distinção no caso em julgamento ou a superação do entendimento.

Destaca-se, ainda, o inciso VI do §1º do artigo 489 suprarreferido, que tem a primordial função de garantir uma adequada resposta ao problema do *distinguish* na aplicação do direito. O que se busca garantir aqui é que o direito tenha uma aplicação isonômica, além de reforçar a segurança jurídica, ao desafiar-se o magistrado a explicar a razão da distinção de seu julgado com a jurisprudência contrária apontada pela parte, ou a explicitar a razão pela qual não acolhe o entendimento jurisprudencial dissonante.

Articula-se, com essa disposição, o §4º do artigo 927 do novo CPC, que prevê que a alteração de súmula, jurisprudência pacificada ou de "tese adotada em julgamento de casos repetitivos observará a necessidade de fundamentação específica observando-se os princípios da segurança jurídica, da proteção da confiança e da isonomia". Novamente os princípios são invocados expressamente, realizando a própria lei uma leitura e escolha de alguns dos princípios constitucionais, que são de incidência obrigatória e intuitiva na constitucionalização do direito. O caso concreto, contudo, é que poderá oferecer uma direção mais segura à fundamentação e a esse "processo de escolha" operado pela decisão judicial.

Assim, como explicitação das razões de decidir, o §3º do artigo 489 dispõe que, "no caso de colisão entre normas o juiz deve justificar os critérios gerais da *ponderação* efetuada, enunciando as razões que autorizam a interferência na norma afastada e as premissas fáticas que fundamentam a conclusão" (original não grifado).

Ressalte-se que este artigo reforça os argumentos já expostos em prol da *concretização* do direito. E isso sem que haja uma significação *a priori* da norma jurídica, quer dizer, antes de o texto legal ser confrontado com a realidade subjacente. Nesse sentido, rememora-se a posição do Ministro Eros Grau, externada na ADI nº 3367-1/DF (relator Min. Cezar Peluso, j. 13.04.2005), que salienta a imprescindibilidade da concretização para a existência de norma jurídica ao sustentar que "não existe a Constituição de 1988. O que hoje realmente há, aqui e agora, é a Constituição do Brasil, tal como hoje, aqui e agora, ela é interpretada/aplicada por esta Corte". Apenas dentro de uma concepção concretista e histórica é que se pode bem apreender o alcance de uma assertiva como essa.

É imprescindível fazer um alerta, todavia, aqui. Esse dispositivo legal não pode significar – e efetivamente não significa – a eleição de qualquer método universal de análise que pretenda antecipar um único mecanismo de compreensão e aplicação do direito dada à impossibilidade de leitura do direito de forma abstrata e puramente lastreada na lógica formal (cf. MÜLLER, 2011, p. 50-51). Não se trata de invocar uma específica doutrina ou teoria do direito pelo próprio direito positivo. A ponderação apenas especifica a real natureza do direito, que é a de considerar o caso concreto e dele partir para fins de compreensão e construção do próprio direito.

4 Princípios do processo eleitoral

4.1 Princípio democrático e soberania popular

A existência da ordem jurídica no paradigma atual, em que se aceita a premissa democrática, é de que todas as normas e o próprio sistema jurídico só se legitimam e só encontram sua validade na vontade popular.

É representativo dessa ideia que qualquer norma jurídica do Estado encontra seu fundamento de validade e de legitimidade na expressão do desejo democrático de seu povo.[15] E a Constituição do Brasil reconhece que *"todo o poder emana do povo"*, insistindo no princípio democrático, enunciado em todo o texto constitucional[16] como condição de validade para qualquer exercício de poder.

Essa aferição da vontade popular não se dá exclusivamente pelo voto, de modo que a democracia não é necessariamente sinônima de obediência à vontade majoritária manifestada nas urnas. O artigo 194, VII,[17] por exemplo, elege a participação como forma de aferição democrática das posições dos envolvidos no sistema de seguridade social, o que se dá, por exemplo, por meio do Conselho Nacional de Previdência Social – CNPS (Lei nº 8.213/1991).

Ademais, a dimensão dialógica[18] da *democracia* não pode ser ignorada, por mais que não possa prescindir da democracia representativa. Nesse caso, recordo a pioneira e inovadora iniciativa brasileira do chamado "orçamento participativo".

Entretanto, em nosso sistema político, a aferição da vontade popular por meio do voto tem assumido um papel central, principalmente pelo condicionamento ao exercício dos diversos cargos eletivos no Poder Executivo e no Poder Legislativo, que contam com representantes populares competentes para a tomada de políticas, e indiretamente no Poder Judiciário (pela nomeação ou escolha presidencial e/ou sabatina senatorial). Adicionalmente, o processo eleitoral também é necessário para a aferição da vontade popular em plebiscitos e referendos.

Essa força atribuída ao voto é a mais nítida expressão da chamada soberania popular, enunciada no artigo 14, *caput*, da CB, "exercida por meio do sufrágio universal e pelo voto direto e secreto, com valor igual para todos". A vontade popular manifestada nas urnas deveria ser determinante para conduzir os rumos da nação, e não mera formalidade a ser cumprida, etapa a ser superada pelos políticos profissionais de plantão. A boa compreensão desse princípio necessariamente vincula as interpretações jurídicas, especialmente as atinentes ao processo eleitoral.

As normas de todos os níveis e de todos os entes da federação devem ser interpretadas procurando-se conferir a *máxima efetividade* ao princípio democrático e

---

[15] É essa a acepção iluminista e racionalista do artigo 6º da Declaração dos Direitos do Homem e do Cidadão de 1789 que consagrava a fórmula de que a "Lei é a expressão da vontade geral. Todos os cidadãos têm o direito de concorrer, pessoalmente ou através dos seus representantes, para a sua formação".

[16] O princípio democrático está implícito em diversos pontos da Constituição do Brasil e consiste em um sistema de legitimação do poder pela vontade popular. Esse princípio é textualmente referido no preâmbulo da Constituição e nos seguintes dispositivos: 1º, *caput*; 5º, XLIV; 17, *caput*; 23, I; 34, VII, *a*; 90, II; 91, *caput*; 91, §1º, IV; 127, *caput*; 134, *caput*, denominação do título V; 194, VII; 206, VI; 215, IV; 216-A, *caput*; e 216, X.

[17] Art. 194. A seguridade social compreende um conjunto integrado de ações de iniciativa dos Poderes Públicos e da sociedade, destinadas a assegurar os direitos relativos à saúde, à previdência e à assistência social.
Parágrafo único. Compete ao Poder Público, nos termos da lei, organizar a seguridade social, com base nos seguintes objetivos:
[...]
VII - caráter democrático e descentralizado da administração, mediante gestão quadripartite, com participação dos trabalhadores, dos empregadores, dos aposentados e do Governo nos órgãos colegiados. (Redação dada pela EC nº 20/1998).

[18] A ideia de um modelo dialógico, essencial à democracia deliberativa, prende se ao pressuposto teórico de que a democracia haveria de incorporar um momento de amplas discussões, que fosse capaz de promover um embate e conhecimento profundo de ideias e pontos de vista, ampliando os horizontes da agenda política, das convicções e conhecimentos pessoais e da harmonia entre todos que se dispusessem a incorporar um debate franco e racional (TAVARES, 2009, p. 10).

sua especificação na forma da soberania popular pelo voto. Em caso julgado pelo TSE no ano de 2012 e que costuma ser recorrente em sua história, a Corte deparou-se, uma vez mais, com Lei Orgânica do Município, no caso, do Município de Espigão Alto do Iguaçu (PR), que nada dispunha a respeito da forma das eleições no caso de vacância dos cargos de prefeito e seu vice. O tribunal decidiu pela necessidade de eleições diretas, utilizando como argumento determinante a necessidade de "conferir máxima efetividade à soberania popular com a realização de eleições diretas" (MS 1787-75/PR). Não deixa de ser curioso que, tutelando, aqui, as condições mínimas da democracia, impondo as eleições, as diversas e históricas decisões do TSE nesse sentido sequer sirvam como modelo pedagógico para suprir a deficiência dos documentos municipais ou, no limite, para prevenir uma discussão inoportuna sobre se prevalece a democracia e soberania populares das eleições diretas.

4.2 Princípio republicano e suas implicações no *iter* dos processos eleitorais

Como registra Paulo Ferreira da Cunha, o princípio republicano determina uma "particular [...] forma de governar" (CUNHA, 2008, p. 214).

O pressuposto lógico e histórico do princípio republicano é a ideia isonômica de abolição de privilégios como forma de oposição ao regime monárquico, que atribuía à nobreza vantagens pessoais decorrentes apenas da hereditariedade, e não dos méritos individuais. Na atualidade, seu antípoda está nas visões patrimonialistas que ainda sobrevivem, sobretudo nos estados periféricos, apoiadas no atraso civilizatório dos povos.

Trata-se de avaliar o tipo e qualidade de relacionamento com a coisa pública, para além de personalismos ou vantagens "irracionais", que não decorram dos méritos ou das necessidades do interesse coletivo. Paulo Ferreira da Cunha (2008, p. 217) explica, ainda, a esse propósito, que:

> o modo de [...] tratar da coisa pública numa República caracteriza-se pela seriedade, por um certo aticismo até, pela anti-demagogia e pela fuga da propaganda, pela discrição e despojamento do Estado e dos governantes, pelo rigor, imparcialidade e pluralismo, pela abolição de todos os privilégios dos governantes, a começar pelos mais irracionais (títulos nobiliárquicos, por exemplo que não se fundem no mérito pessoal, mas simplesmente no sangue, estão entre eles), e pela transparência do Estado.

É nesse sentido que a "corrupção, o uso indevido de dinheiro público, o assenhoramento de funções e cargos públicos com proveito pessoal ou familiar, *o abuso de poder nas eleições* são práticas que afrontam diretamente a República como cláusula constitucional" (TAVARES, 2015, p. 771).

Assim, a chamada virtude republicana[19] transporta-se para o processo eleitoral com o rigor que seria de se esperar. Ela veda quaisquer tipos de desequilíbrio nas eleições

---

[19] Uma ilustração do ideal de virtude republicana pode ser encontrada em Paulo Ferreira da Cunha (2008, p. 216): "O governante republicano veste a farda de serviço, não sobe, impante, ao pedestal da fama. Trabalha, mesmo com sacrifício pessoal, pela causa pública, não se serve dela. É até estrita e exageradamente cioso [...] da sua honestidade [...]".

e, pois, o abuso de poder econômico, político e midiático, entre tantas outras formas de desestabilização indevida do processo eleitoral. Isso porque o princípio republicano exige que os candidatos sejam alçados ao Poder pelo voto lastreado nos seus próprios méritos e na ideologia política por eles professada a partir do alinhamento livre da população, que não pode ser condicionada pela manipulação de massas ou por práticas típicas do clientelismo.[20]

É possível vislumbrar no TSE o reconhecimento dessa acepção do princípio republicano ao avaliar a eventual existência de abuso do poder político e econômico pelo uso de advogados, outrora prestadores serviços de prefeitura, em campanha eleitoral de prefeito candidato à reeleição. Para afastar a irregularidade, o voto da ilustre relatora recorreu aos seguintes tópicos:

> não vislumbro, na hipótese dos autos, a ocorrência de abuso de poder político e econômico. O abuso está relacionado ao desvio de finalidade de um agente público, que se vale da condição funcional para beneficiar a candidatura, o que violaria a isonomia entre os candidatos, além de *desrespeitar o princípio republicano*.
> Na espécie, não foi demonstrado que a atuação dos advogados teve a aptidão de favorecer os candidatos recorrentes. (REspe nº 53.212.015, Relatora Min. Luciana Lóssio, j. 10.11.2015, original sem destaques)

Em outra oportunidade, o Tribunal Superior Eleitoral manifestou uma acepção a respeito do princípio republicano relacionada à impessoalidade, ao reconhecer o abuso de poder político pelo excesso de gastos e desvirtuamento da campanha eleitoral com vistas a promover pessoalmente os ocupantes do Poder Executivo, então candidatos à reeleição, como se depreende do seguinte trecho da ementa:

> Abuso de poder político no desvirtuamento da publicidade institucional: o princípio da publicidade, que exige o direito e o acesso à informação correta dos atos estatais, *entrelaça-se com o princípio da impessoalidade, corolário do princípio republicano*. A propaganda institucional constitui legítima manifestação do princípio da publicidade dos atos da administração pública federal, desde que observadas a necessária vinculação a temas de interesse público – como decorrência lógica do princípio da impessoalidade – e as balizas definidas no art. 37, §1º, da Constituição Federal de 1988, segundo o qual, "a publicidade dos atos, programas, obras, serviços e campanhas dos órgãos públicos deverá ter caráter educativo, informativo ou de orientação social, dela não podendo constar nomes, símbolos ou imagens que caracterizem promoção pessoal de autoridades ou servidores públicos".

Os governantes republicanos não enriquecem quando passam a sê-lo, não mudam de roupa nem de automóvel, não posam para saírem nas colunas sociais, vivem a função com rigor e naturalidade e saem de cena do mesmo modo. Eis o mito do republicanismo moderno".

[20] Na história brasileira, além de típicas fraudes eleitorais na apuração, convivíamos com eleições marcadas pela manipulação e intimidação da população por líderes locais, os chamados "coronéis" na República Velha, poderosos que se valiam de "um compromisso, uma troca de proveitos entre o poder público [...] e a decadente influência social dos chefes locais" (LEAL, 2012, p. 44). José Murilo de Carvalho (2008, p. 34-35) relata práticas de intimidação e de corrupção dos eleitores. Um exemplo de prática intimidatória era a convocação dos chamados "capangas eleitorais" no dia das eleições. Esses homens violentos, por vezes armados, tinham a função de "proteger os partidários e, sobretudo, ameaçar e amedrontar os adversários, se possível evitando que comparecessem às eleições". As práticas de corrupção dos eleitores se davam pela troca de votos por "dinheiro, roupas, alimentos, animais". Resquício do combate a essas situações de abuso econômico está nas vedações a certas práticas durante o processo de campanha eleitoral e, especialmente, no dia da votação. Triste o país que ainda se apoia integralmente no direito para resgatar um mínimo civilizatório.

Enquanto a propaganda partidária é um canal de aproximação entre partidos e eleitores, disponível a todas as agremiações registradas no Tribunal Superior Eleitoral, a publicidade institucional de municípios é uma ferramenta acessível ao Poder Executivo local e sua utilização com contornos eleitorais deve ser analisada com rigor pela Justiça Eleitoral, sob pena de violação da ideia de igualdade de chances entre os contendores – candidatos –, entendida assim como a necessária concorrência livre e equilibrada entre os partícipes da vida política, sem a qual fica comprometida a própria essência do processo democrático. Acórdão regional que demonstra concretamente grave desvirtuamento da publicidade institucional.[21]

O princípio republicano relaciona-se, ainda, com as eleições livres e periódicas, determinando a temporariedade dos mandatos e periodicidade das eleições. Com isso, opera-se a desejável mudança subjetiva dos ocupantes dos cargos eletivos, oportunizando a toda a sociedade a abertura das posições de decisão social. Como assinalei a esse propósito, a Constituição do Brasil "proclama o ideal republicano, não só por acentuar logo no art. 1º que o Brasil é uma República, mas também por adotar a transitoriedade no exercício do poder" (TAVARES, 2015, p. 771).

Dessa ideia, decorre a conclusão de que as normas constitucionais que preveem a delimitação temporal dos mandatos dos cargos eletivos,[22] bem como a periodicidade do voto,[23] também são expressões do princípio republicano.

4.3 Princípio da igualdade no pleito eleitoral: combate ao abuso do poder econômico, político e midiático

Na exposição a respeito do princípio republicano, demonstrou-se que dele decorre a vedação a certos favorecimentos a candidatos por comprometer sua premissa de abolição de privilégios.

Essa premissa da República comunica-se com o princípio da igualdade, eis que a impessoalidade republicana é uma especificação do princípio da igualdade. Nesse sentido:

> Pode-se afirmar que a igualdade é o fundamento da impessoalidade administrativa. Também a forma de governo republicana pode ser apontada como um dos fundamentos do princípio em cotejo. Aqui se pode aferir um dos fundamentos da distinção entre impessoalidade e igualdade. É que aquela não impera nos governos monárquicos, identificados justamente pela pessoa do monarca. Aqui apenas a igualdade subsiste. Na Monarquia aqueles que detêm títulos nobiliárquicos obtêm preferências e privilégios. Ademais, na Monarquia identificam-se as atitudes administrativas com a pessoa que as implementa. (TAVARES, 2015, p. 1.074).

No processo eleitoral, a igualdade exige uma disputa em paridade de armas, o que, nas palavras de Canotilho (2003, p. 321), representa uma "dimensão fundamental do *princípio da igualdade de oportunidades*". Dessa forma, é ilícita a distorção das eleições

---

[21] REspe nº 336-45/SC, rel. Min. GILMAR MENDES, DJE de 17.4.2015, sem grifos no original.
[22] Cf., e.g., os seguintes artigos da Constituição do Brasil: 27, §1º; 28, *caput*; 29, I; 32, §2º; 46, §1º; e 82.
[23] Elevado à cláusula pétrea nos termos do artigo 60, §4º, II, da CB.

decorrente (do abuso) de quem tenha acesso a um desproporcional poder econômico, político ou midiático.

A doutrina assinala que a teoria do abuso de poder advém do direito privado,[24] quando, em verdade, é instituição do direito e ocorre sempre que o titular de um direito em concreto o utilize de forma anormal, excessiva, com o propósito de prejudicar terceiros ou de causar gravame ao interesse da coletividade (cf. GOMES, 2011, p. 216).

Assim, o exercício de uma prerrogativa legal deve ser compatível com a finalidade do direito subjacente, não podendo o titular se valer de um direito além do necessário para atender a esse aspecto finalístico. Ademais, a chamada *função social* passou a ser assumida mais intensamente como uma função do próprio direito.

Adaptando as ideias de abuso de direito para a noção para o abuso de poder no processo eleitoral, entende-se o *poder* como "capacidade de influenciar, condicionar, ou mesmo determinar comportamento alheio" (GOMES, 2011, p. 216). A utilização de diversos tipos de *poder*, de forma abusiva, para conduzir ou decidir de alguma forma no processo eleitoral é vedada pelo ordenamento jurídico.

O conceito de abuso aqui deve sempre ter relação com a quebra da isonomia no processo eleitoral, desequilibrando-o de forma incompatível com os ideais republicanos e conferindo uma vantagem indevida ao detentor do poder sobre os demais candidatos do pleito. Assim, o objetivo dessa repressão ao abuso de poder é prestigiar, por meio da isonomia nas eleições, a legitimidade da representação popular (cf. GOMES, 2011, p. 218).

4.3.1 Abuso do poder econômico

A utilização de recursos patrimoniais sob a gestão do candidato, públicos ou privados, para além dos limites legais, em benefício de sua campanha, configura abuso de poder econômico, de acordo com o entendimento exposto pelo Ministro Gilson Dipp quando de sua atuação no TSE (TSE, REspe nº 191.868, j. 04.08.2011). Acrescento que o abuso de poder inclui a utilização de recursos tanto "materiais" quanto "humanos" desde "que representem valor econômico" (TSE, Agr-RCED nº 580, Rel. Min. Arnaldo Versiani, DJe 28.02.2012).

Entretanto, é necessário esclarecer que a utilização de recursos econômicos para gastos legalmente previstos em campanha não é considerada abusiva, por mais que esse gasto possa desequilibrar as eleições, tendo em vista que não existe limite máximo para as verbas utilizadas em campanha.[25]

Portanto, o abuso de poder econômico é o aporte de recursos quando for alheio às práticas de gastos autorizadas pela legislação. Isso inclui tanto o descumprimento das "normas referentes à arrecadação e aplicação de recursos"[26] quanto a destinação de recursos a atividades que não estão autorizadas a serem realizadas na forma de campanha oficial, como, por exemplo, a distribuição de combustível a eleitores

---

[24] Atualmente, o artigo 187 do Código Civil dispõe que comete ato ilícito "o titular de direito que, ao exercê-lo, excede manifestamente os limites impostos pelo seu fim econômico ou social, pela boa-fé ou pelos bons costumes".
[25] A respeito da ausência de teto para recursos de campanha e licitude dessa forma de uso cf. TENÓRIO, 2014, p. 309.
[26] Art. 25 da Lei das Eleições, Lei nº 9.504/1997.

(TENÓRIO, 2014, p. 309) ou "o depósito de quantia em dinheiro em contas-salário de inúmeros empregados de empresa de vigilância, quando desvinculado de qualquer prestação de serviços, seja para a própria empresa, que é administrada por cunhado da candidata, seja para campanha eleitoral" (TSE, 31709-06.2007.600.0000,RCED nº 755 – Porto Velho/RO, j. 24.08.2010, Relator(a) Min. ARNALDO VERSIANI LEITE SOARES).

Tratando-se de prática que afronta a igualdade nas eleições, entende a jurisprudência que só se configura abuso do poder econômico na hipótese de potencial influência no resultado da eleição, em nítida averiguação do direito a partir da concretude. Dessa forma, "o reconhecimento da potencialidade em cada caso concreto implica o exame da gravidade da conduta ilícita, bem como a verificação do comprometimento da normalidade e da legitimidade do pleito" (RCED nº 661/SE, rel. Min. ALDIR PASSARINHO JÚNIOR, DJE de 16.2.2011).

4.3.2 Abuso do poder político

A modalidade política do abuso de poder é praticada pelo emprego de "agentes públicos"[27] que podem, em razão de seu cargo, corromper a lisura das eleições.

No entanto, para a configuração de abuso do poder político, não há necessidade de que agente público se envolva diretamente nas eleições, podendo, por exemplo, ceder bens pertencentes à Administração Pública ou fornecer materiais ou serviços custeados pelo Poder Público.

A publicidade institucional também pode se tornar um meio de abuso do poder político, como visto. Além da proibição da publicidade institucional, em caso de desvirtuamento para promoção pessoal de candidatos, há regra da Lei das Eleições que veda gastos com esse tipo de publicidade no primeiro semestre do ano de eleição caso "excedam a média dos gastos no primeiro semestre dos três últimos anos que antecedem o pleito" (art. 73, VII).

4.3.3 Abuso do poder midiático

O poder econômico e o abuso dos meios de comunicação podem estar interligados, eis que o uso de recursos financeiros pode ocasionar uma maior exposição midiática de um candidato, gerando um desequilíbrio nas eleições.

Assim, normas típicas de prevenção de abuso de poder midiático podem ser lidas sob a ótica do abuso do poder econômico. A esse respeito cf. a seguinte manifestação do TSE:

> O art. 57-C da Lei nº 9.504/97, no que proíbe propaganda eleitoral paga na internet, para evitar a interferência do poder econômico e a introdução de interesses comerciais no debate eleitoral, não viola o princípio constitucional da liberdade de expressão (Rp nº 946-75/DF, rel. Min. Tarcísio Vieira de Carvalho Neto, julgada em 14.10.2014).

---

[27] Nos termos do artigo 73, §1º, da Lei das Eleições (Lei nº 9.504/1997), "reputa-se agente público, para os efeitos deste artigo, quem exerce, ainda que transitoriamente ou sem remuneração, por eleição, nomeação, designação, contratação ou qualquer outra forma de investidura ou vínculo, mandato, cargo, emprego ou função nos órgãos ou entidades da administração pública direta, indireta, ou fundacional".

Entretanto, o acesso aos meios de comunicação pode ser interpretado como um poder específico, com características próprias que conferem uma diferenciação e tratamento jurídico distinto em relação ao poder econômico. Nesse sentido, Alexandre Ditzel Faraco (2009, p. 78-79 e 128-129) trata das diferenças específicas da regulação dos meios de comunicação social. Os chamados meios de comunicação de massa exigem um tratamento jurídico diferenciado que não pode se limitar ao controle da concorrência, como se dá em outras áreas econômicas.

A difusão das ideias por meio dos meios de comunicação de massa, em si, implica no exercício de poder que pode ser determinante para as eleições.

Assim, a comunicação também mereceu um tratamento jurídico apartado na Lei das Eleições, com regras que limitam o período da propaganda eleitoral (e.g. art. 36, *caput*), as formas de propaganda eleitoral e os limites autorizados (e.g. art. 38, §4º – incluído pela Lei nº 12.891/2013 – e art. 43).

No contexto desse tratamento jurídico diferenciado, observa-se que as vedações à influência midiática não atingem somente os candidatos, partidos e coligações, pois se voltam, como já visto no item anterior, à propaganda institucional governamental e também aos próprios meios de comunicação.

Os cerceamentos do poder midiático abusivo, entendido aqui nesse aspecto amplo que engloba os diversos atores envolvidos direta e indiretamente nas eleições, vinculam-se à finalidade democrática de manter a isonomia no processo eleitoral e evitar o engodo do eleitor, que pode distanciar o resultado das urnas de uma vontade popular legítima não induzida. Nesse sentido, as aludidas vedações à comunicação:

> são saudáveis por reforçar o Estado Democrático de Direito e a soberania popular na medida em que sua criação e exercício coíbem a obtenção de vantagem a candidato mediante indução e ilusão dos eleitores [...] atingindo a isonomia do processo eleitoral e distanciando a vontade popular do resultado das urnas (TAVARES, 2012b, p. 311).

Entretanto, essas restrições devem se ater ao objetivo de evitar desequilíbrio nas eleições e impedir a manipulação do eleitorado. Caso ultrapassem essa finalidade, as vedações violam a liberdade de expressão, tendo em vista que "as possibilidades [...] de limitação à liberdade de comunicação, expressão e de informação devem ser compreendidas restritivamente" (TAVARES, 2012b, p. 314).

Nesse sentido, o Supremo Tribunal Federal decidiu (ainda que em medida cautelar) pela inconstitucionalidade da vedação à utilização do humor envolvendo candidatos e coligações durante o período da campanha eleitoral (art. 45, II, da Lei das Eleições), entendendo que esse dispositivo

> não se volta, propriamente, para aquilo que o TSE vê como imperativo de imparcialidade das emissoras de rádio e televisão. Visa a coibir um estilo peculiar de fazer imprensa: aquele que se utiliza da trucagem, da montagem ou de outros recursos de áudio e vídeo como técnicas de expressão da crítica jornalística, em especial os programas humorísticos (Voto do Min. Ayres de Brito, relator na ADI 4451-MC, j. 02.09.2010).

Naquela ocasião, o Supremo Tribunal Federal assentou com propriedade que, embora haja restrições à comunicação ao período eleitoral, "processo eleitoral não é estado de sítio (artigo 139 da CB)".[28]

Em suma, tratando-se de limitações ao poder midiático no processo eleitoral, deve-se sempre ter em consideração o caráter público da comunicação social, a necessidade de que a comunicação social assuma sua função social. "Deve-se partir do princípio fundamental de que a comunicação social, numa sociedade democrática, é matéria de interesse público, isto é, pertencente ao povo" (COMPARATO, 2000, p. 13).[29]

4.4 Proteção da confiança e anterioridade das leis do processo eleitoral

A proteção à confiança é uma faceta da segurança jurídica, que consiste em um axioma constitutivo do Estado de Direito. Esse princípio assegura aos cidadãos que as ações e propósitos estatais transpareçam a confiança na estabilidade objetiva da ordem jurídica. A durabilidade e a permanência conjugam a segurança da ordem jurídica e, por isso, são imprescindíveis para o pleno desenvolvimento da sociedade.

Dois são, pois, os axiomas estruturalmente incorporados no Estado de Direito pelo viés da confiança na estabilidade mínima da ordem jurídica: (a) a *estabilidade das ações estatais*, de tal modo que as decisões públicas não sejam arbitrariamente modificadas, transgredindo normas constitucionais; (b) *previsibilidade das ações estatais*, ciosa na exigência de certeza e calculabilidade por parte dos cidadãos em relação aos efeitos jurídicos dos atos normativos.

Essa proteção à estabilidade e previsibilidade é especialmente relevante no processo eleitoral, instrumento primacial da realização da democracia e ferramenta necessária para traduzir as expectativas populares, viabilizando a soberania popular de maneira fidedigna.

Como medida assecuratória dessa estabilidade, as alterações legislativas em matéria eleitoral não podem apanhar de surpresa os eleitores, os partidos e os possíveis candidatos. Eis o sentido do artigo 16 da Constituição do Brasil, já referido, e que conta com o seguinte teor:

> Art. 16. A lei que alterar o processo eleitoral entrará em vigor na data de sua publicação, não se aplicando à eleição que ocorra até um ano da data de sua vigência (redação dada pela Emenda Constitucional nº 4, de 1993).

Essa norma constitucional proíbe "a mudança do processo eleitoral no mesmo ano da eleição" (STF, Min. Luiz Fux, voto no RE nº 633.703, j. 23.02.2011).

Ocorre que, como antecipei acima, o entendimento atual do Supremo Tribunal Federal é de que essa norma não se volta somente aos atos próprios do processo eleitoral, mas "se dirige também a normas eleitorais de conteúdo substancial" (voto do Min. Luiz Fux, RE 633.703, supracitado, em que se discutiu a aplicabilidade da chamada

---

[28] Trecho da ementa.
[29] É necessário pontuar que a posição de Fábio Konder Comparato, embora escrita em contexto distinto com intenção de questionar o controle privado nos meios de comunicação social, o que não cabe ser debatido neste texto, bem ilustra a temeridade na falta de vedações eleitorais ao poder midiático e de seu controle efetivo.

Lei Ficha Limpa – que trouxe novas hipóteses de inelegibilidade – para as eleições de 2010). Assim, ficou decidido que as normas de direito material que podem interferir no transcurso do *iter* processual são relevantes para a teleologia da norma constitucional em comento.

Considerando essa premissa, os Ministros do Supremo Tribunal Federal deliberaram, no referido RE nº 633.703, se a norma de direito que trata de novas hipóteses de inelegibilidade, promulgada antes mesmo do início das convenções partidárias, deveria respeitar essa norma de anterioridade.

Para os efeitos de aplicação do artigo 16 da CB, ficou assentado no referido julgamento que a fase pré-eleitoral

> não pode ser delimitada temporalmente entre os dias 10 e 30 de junho, no qual ocorrem as convenções partidárias, pois processo político de escolha de candidaturas é muito mais complexo e tem início com a própria filiação partidária do candidato em outubro do ano anterior (voto do relator Min. Gilmar Mendes).

Assim, desde muito antes da convenção partidária, veda-se a alteração de normas eleitorais que possam ter influência nas eleições.[30]

Importante salientar que a *Lei Ficha Limpa* (LC nº 135/2010), objeto do caso ora em comento, decorreu de projeto inicialmente de lei de iniciativa popular,[31] posteriormente incorporado ao processo legislativo comum e atendendo a um *clamor público* por mais moralidade na política.

O texto legal previa a aplicação imediata das novas inelegibilidades representando o "anseio de parcela da população brasileira de aplicação" da lei "às eleições de 2010" (voto do Min. Fux, RE nº 633.703).

Entretanto, o que prevaleceu no julgamento, ainda transcrevendo-se o voto vencedor do Min. Fux, foi a

> vontade de parcela substancial de cidadãos que elegeram os candidatos a serem prejudicados com o eventual efeito imediato da Lei da Ficha Limpa [...] vontade [...] aliada às expectativas legítimas dos candidatos de não serem surpreendidos com uma alteração súbita e inesperada do processo eleitoral brasileiro.

O desfecho do voto do Ministro Fux contém um libelo em defesa da estabilidade das regras constitucionais, representada pelo princípio da proteção da confiança ao dispor que:

> A Ficha Limpa é a lei do futuro, é a aspiração legítima da nação brasileira, mas não pode ser um desejo saciado no presente, em homenagem à Constituição Brasileira, que garante a liberdade para respirarmos o ar que respiramos, que protege a nossa família desde o berço dos nossos filhos até o túmulo dos nossos antepassados.

---

[30] A *Lei Ficha Limpa* foi publicada em 07 de junho de 2010, três dias antes do período de início da realização das convenções partidárias.

[31] Os documentos que inauguram esse tipo de projeto de lei, nos termos do artigo 61, §2º, da CB, "devem ser assinados por, no mínimo um por cento do eleitorado nacional, distribuídos em pelo menos cinco estados. Cada um dos estados participantes deve recolher assinaturas de, no mínimo, três décimos por cento de seus eleitores" (TAVARES, 2014, p. 110).

Entretanto, por mais que essa posição do STF tenha se baseado na defesa da proteção da confiança, é necessário salientar que, nesse julgamento, o Pretório Excelso contrariou posição anterior já em voga no TSE a respeito da própria Lei Ficha Limpa.[32] Além disso, essa decisão do STF foi "emitida tardiamente", em fevereiro de 2011, quando os eleitos nas eleições de 2010 já ocupavam seus cargos. Esse posicionamento ocasionou uma aplicação destoante da regra para aqueles candidatos que não recorreram ao Supremo Tribunal Federal, gerando "disparidade sobre o direito válido e aplicado, na prática, para determinados candidatos" (TAVARES, 2014, p. 112 e 115).

Outro aspecto relevante a ser ressaltado aqui diz respeito à categorização desse *decisum* como sendo também de tutela da democracia e, nessa medida, incluído naquele mínimo de atuação consensual do Poder Judiciário. Efetivamente, entendo que, quando se fala em proteção da confiança, nessas circunstâncias, inclui-se a defesa das "regras do jogo democrático".

5 Conclusão

Por meio da análise acima, demonstrou-se a existência de uma principiologia própria atinente ao processo eleitoral, que determina a interpretação das questões que lhe são relacionadas com vistas a assegurar eleições livres e justas, que são a ferramenta básica da soberania popular.

Esse enfoque metodológico é necessário para entender o processo eleitoral em sua vinculação aos preceitos constitucionais que o instituíram, evitando-se uma leitura formalista que o conceba apenas como um procedimento operado por uma sucessão de atos desvinculada de sua finalidade constitucional.

Nos termos do que se propôs em termos de concretização constitucional e diante dos inúmeros exemplos práticos da atuação do Supremo Tribunal Federal e do Tribunal Superior Eleitoral, é possível afirmar os princípios do processo eleitoral como determinantes para o direito eleitoral, embasando a legitimidade da tomada de decisão no caso concreto.

Referências

BANDEIRA DE MELLO, Celso Antônio. *Curso de Direito Administrativo*. 4. ed. São Paulo: Malheiros, 1993.

CANOTILHO, J. J. Gomes. *Direito constitucional e teoria da constituição*. 7. ed. reimp. Coimbra: Livraria Almedina, 2003.

CARVALHO, José Murilo de. *Cidadania no Brasil*: o longo caminho. Rio de Janeiro: Civilização Objetiva, 2008.

CINTRA, Antonio Carlos de Araújo; GRINOVER, Ada Pellegrini; DINAMARCO, Cândido Rangel. *Teoria Geral do Processo*. 19. ed. São Paulo: Malheiros, 2003.

---

[32] O TSE entendeu pela aplicabilidade da lei já em 2010, considerando que os critérios de inelegibilidade não são considerados como normas de processo eleitoral, mas de direito eleitoral material, invocando, pois a clássica segmentação do direito material e processual. A esse respeito: RO nº 452.425/MG, Relator Min. Marco Aurélio, Rel. p. acórdão Min. Ricardo Lewandowski, j. 14.12.2010, Publicação 14.12.2010; consulta nº 1147-09.2010.600.0000 Relator Ministro Arnaldo Versiani Leite Soares. Acórdão de 17.06.2010. Publicação DJE 24.09.2010, p. 21; e consulta nº 1120-26.2010.600.0000, Relator Ministro Hamilton Carvalhido. Acórdão de 10.06.2010. Publicação DJE 30.09.2010, p. 20-1 (cf. TAVARES, 2014, p. 111).

COMPARATO, Fábio Konder. A democratização dos meios de meios de comunicação de massa. *Revista da USP*, São Paulo, n. 48, p. 6-17, dez./fev. 2000/2001. Disponível em: <http://www.revistas.usp.br/revusp/article/view/32887/35457>. Acesso em: 23 fev. 2016.

CUNHA, Paulo Ferreira da. *Fundamentos da República e dos Direitos Fundamentais. In*: TAVARES, André Ramos (Coord.). Coleção Fórum de Direitos Fundamentais. Belo Horizonte: Fórum, 2008.

ELY, John Hart. *Democracy and Distrust: a theory of judicial review*. Cambridge (Massachusetts): Harvard University Press, 1980.

FARACO, Alexandre Ditzel. *Democracia e regulação das redes eletrônicas de comunicação*: rádio, televisão e internet. Belo Horizonte: Fórum, 2009.

GOMES, José Jairo. *Direito eleitoral*. 7. ed. São Paulo: Atlas, 2011.

HABERMAS, Jürgen *Direito e democracia*: entre facticidade e validade. Trad. Flávio Beno Sibeneichler. v. 1. Rio de Janeiro: Tempo Brasileiro, 1997.

LEAL, Victor. *Coronelismo, enxada e voto*: o município e o ente representativo no Brasil. 7. ed. São Paulo: Companhia das Letras, 2012.

MÜLLER, Friedrich. *O novo paradigma do direito*: introdução à teoria e metódica estruturantes. 3. ed. São Paulo: RT, 2013.

MÜLLER, Friedrich. *Teoria estruturante do direito*. 3. ed. São Paulo: RT, 2011.

MÜLLER, Friedrich. *O novo paradigma do direito*: introdução à teoria e metódica estruturantes. 1. ed. São Paulo: RT, 2007.

QUEIROZ, Cristina. *Direitos fundamentais*: teoria geral. Coimbra: Coimbra Editora, 2002.

TAVARES, André Ramos. *Curso de direito constitucional*. 13. ed. São Paulo: Saraiva, 2015.

TAVARES, André Ramos. O impacto da Lei Ficha Limpa nos tribunais: breve relato e anotações. *In*: CAGGIANO, Monica Herman (Org.). *Ficha Limpa*: impactos nos tribunais: tensões e confrontos. v. 1. São Paulo: Revista dos Tribunais, 2014, p. 109-116.

TAVARES, André Ramos. *Paradigmas do judicialismo constitucional*. São Paulo: Saraiva, 2012.

TAVARES, André Ramos. *Manual do Poder Judiciário*. São Paulo: Saraiva, 2012a.

TAVARES, André Ramos. Imprensa e eleições: uma liberdade à brasileira. *In*: GUILHERME, Walter de Almeida; KIM, Richard Pae; DA SILVEIRA, Vladmir Oliveira. *Direito eleitoral e processual eleitoral*. São Paulo: RT, 2012b, p. 293-316.

TAVARES, André Ramos. A arena inclusiva como modelo de democracia. *Estudos Eleitorais*, Brasília, v. 4, número especial, 2009, p. 9-32.

TAVARES, André Ramos. A constituição é um documento valorativo? *In*: *Revista Brasileira de Direito Constitucional – RBDC*, n. 09, jan./jun. 2007, p. 337-348.

TAVARES, André Ramos. *Fronteiras da hermenêutica constitucional*. São Paulo: Método, 2006.

TAVARES, André Ramos; MOREIRA, Diogo Rais Rodrigues. O voto eletrônico no Brasil. *Estudos Eleitorais*, Brasília, v. 4, número especial, 2009, p. 9-32.

TAVARES, André Ramos; OSMO, Carla. Interpretação jurídica em Hart e Kelsen: uma postura (anti)realista? *In*: DIMOLIS, Dimitri; DUARTE, Écio Oto. *Teoria do direito neoconstitucional*. São Paulo: Método, 2008, p. 129-157.

TENÓRIO, Rodrigo. Direito Eleitoral. *In*: TAVARES, André Ramos; FRANCISCO, José Carlos (Coord.). *Coleção Carreiras Federais*. Rio de Janeiro: Forense; São Paulo: Método, 2014.

Informação bibliográfica deste livro, conforme a NBR 6023:2002 da Associação Brasileira de Normas Técnicas (ABNT):

TAVARES, André Ramos. Princípios constitucionais do processo eleitoral. *In*: TAVARES, André Ramos; AGRA, Walber de Moura; PEREIRA, Luiz Fernando (Coord.). *O direito eleitoral e o novo Código de Processo Civil*. Belo Horizonte: Fórum, 2016. p. 17-39. ISBN 978-85-450-0133-1.

DIREITO PROCESSUAL ELEITORAL E A PARTE GERAL DO NOVO CPC

GUSTAVO BOHRER PAIM

1 Introdução

Na história das modernas codificações, podem-se destacar dois modelos claramente definidos: o modelo francês oitocentista e o modelo alemão novecentista.

Uma das características da codificação alemã é a existência de uma parte geral, que dá a estrutura e a orientação fundamental para toda a unidade legislativa codificada.

Inovando em relação ao Código de Processo Civil de 1973, o novo CPC estabelece uma parte geral, em que são disciplinadas as normas fundamentais do Processo Civil, estatuídas em seus arts. 1º a 12.

Nesse contexto, a parte geral do novo CPC disciplina as normas fundamentais da codificação processual civil, positivando os direitos fundamentais de natureza processual.

Embora se trate de uma previsão expressa para o Processo Civil, não se pode desconhecer que a positivação dos direitos fundamentais na parte geral do Código transcende o Processo Civil. A bem da verdade, são os direitos fundamentais de natureza processual que permitem vislumbrar uma efetiva Teoria Geral do Processo.

Quando se analisa a Teoria Geral do Processo, estuda-se o que de comum haveria para congregar todos os ramos do direito processual, seja direito processual civil ou penal, seja processo administrativo ou do trabalho, devendo-se incluir, também, o direito processual eleitoral.

E diante das críticas dos processualistas penais em torno da Teoria Geral do Processo, que tentaria impor a todos os ramos processuais institutos do direito processual civil, o que se percebe de elemento comum ao direito processual em geral são os direitos fundamentais de natureza processual.

Portanto, os direitos fundamentais positivados na parte geral do novo CPC, em verdade, são as orientações principiológicas aplicáveis a todos os ramos de direito processual. É, nessa esteira, que se deve aproveitar o momento da *novel* codificação para se enfatizar os direitos fundamentais processuais e a Teoria Geral do Processo como ferramentas conceituais e constitucionais aptas a contribuir para o desenvolvimento do direito processual eleitoral.

2 Codificação e parte geral

A concentração de textos em uma codificação é uma tendência antiga, podendo-se destacar, dentre outros, o Código de Hamurabi. Contudo, o caráter sintético, científico e sistemático das codificações somente é percebido a partir dos "diplomas resultantes do chamado 'movimento de codificação', a partir do final do século XVIII", não existindo nos "diplomas anteriores, mesmo que designados formalmente 'código'".[1]

O código, como sistema fechado, em sua acepção moderna, possui dois destacados paradigmas: o *Code* francês e o fruto da pandectística alemã.[2]

Entre o final do século XVIII e os primeiros anos do século XIX, vivia-se em um emaranhado de ideologias e interesses econômicos, de ordenação racional e de unidade política, que encontrou resposta nos códigos europeus. O código foi uma obra capaz de afirmar a primazia da lei em relação às demais fontes de direito, sistematizando a disciplina de um setor da vida. Assim, a unidade nacional foi expressa em uma unidade legislativa, tendo o código um sentido de *livro patriótico*, que trazia a identidade cultural de um país, a igualdade dos cidadãos, a continuidade da tradição, juntamente com a audácia da modernidade.[3]

Consoante Fábio de Andrade, "as ideias iluministas muito favoreceram a teoria da codificação, na medida em que propugnavam pela racionalização do Direito".[4]

O prestígio da codificação francesa funda-se na origem assentada na vontade geral, que corresponde à soberania popular, e na sua aplicação indistinta a todos, tendo em vista o princípio da isonomia. O sistema da codificação francesa é ainda um sistema externo, "mas passa a significar um novo *methodus disponendi*, em que as matérias estão metodicamente organizadas de forma a espelhar o 'movimento natural da vida'", dirigindo-se à "regulação completa, exaustiva, plena, da vida privada burguesa".[5]

---

[1] ASCENSÃO, José de Oliveira. *O Direito*: introdução e teoria geral: uma perspectiva luso-brasileira. 7. ed. rev. Coimbra: Almedina, 1993, p. 346. Salienta o autor que "o código moderno *regula unitariamente um ramo do direito*, enquanto que em códigos antigos se manifesta a tendência para regular todos os ramos do direito". Conforme MARTINS-COSTA, Judith. *A boa-fé no direito privado*. 1. ed. 2. tiragem. São Paulo: Revista dos Tribunais, 2000, p. 176-177, em que pese à existência de *codificações* antigas, tratava-se de meras compilações legislativas, que não configuravam um sistema, tendo em vista a ausência de ordem e de unidade, com incoerências internas. Não se pode, pois, estabelecer relação das codificações antigas "com a conotação moderna da palavra", que se refere a uma *técnica*, a um instrumento que pressupõe, para sua própria efetivação, "a ab-rogação de todo o direito precedente, a formulação sistematizada de leis tendentes a impedir toda a possível antinomia e a pretensão de auto-suficiência do seu sistema interno".

[2] MARTINS-COSTA, Judith. *Op. cit.*, p. 178.

[3] IRTI, Natalino. *Codice civile e società politica*. 7. ed. Roma: Editori Laterza, 2005, p. 25-26. Conforme o autor, à p. 32, as modernas codificações têm origem nas codificações oitocentistas, que tinham a natureza sistemática, efeito e razão da completude e coerência.

[4] ANDRADE, Fábio Siebeneichler de. *Da codificação*: crônica de um conceito. Porto Alegre: Livraria do Advogado, 1997, p. 63. Segundo MARTINS-COSTA, Judith. *Op. cit.*, p. 180-181, "a codificação francesa, a primeira codificação em sentido moderno, traduz o iluminismo dos matemáticos e dos ordenadores do mundo em bem acabadas categorias *legislativamente determinadas*". Nesse contexto, "o mito jusracionalista da sistematização se transforma em ideologia e o direito será o seu veículo".

[5] MARTINS-COSTA, Judith. *Op. cit.*, p. 185-189.

Já em 1900, tem-se a vigência do Código Civil alemão, o BGB, que, com seu "tratamento muito mais técnico e pormenorizado das matérias, em contraposição à maleabilidade do Código Civil francês, influenciou fortemente codificações posteriores".[6]

A codificação alemã é quase um século posterior à francesa e "foi precedida de uma bagagem doutrinária, e de um diverso modo de formulação do raciocínio jurídico".[7]

A pandectística alemã tem "a ideia do *sistema como construção*", partindo da premissa segundo a qual a ausência de unidade legislativa e de uma "ciência jurídica comum à nação alemã" implicaria a ausência de unidade política. Assim, "a noção da dogmática como elaboração ou construção do sistema é o grande contributo da pandectística alemã à ciência do direito", em que o dogmatismo "será predominantemente um método de construção do sistema". Merece relevo a fundamental contribuição de Savigny para esse sistema, concebido como "algo 'inerente' ao direito", possuindo uma *sistematicidade interna*.[8]

O BGB distingue-se do *Code* francês em razão da ética material acolhida, da estruturação técnica e do tipo de operação sistemática. Em sua estruturação técnica, sobressai-se pela busca de uma exatidão e de uma precisão quase matemáticas, com a clareza suprema de suas formas, tendo em vista linguagem rigorosamente técnica. Merece relevo, igualmente, a presença de uma *parte geral*, que visa assegurar "*unidade do Código*, permitindo que o direito – seguindo a tradição pandectística – seja *construído de forma centralizada*", assegurando o sistema interno.[9]

Judith Martins-Costa refere que, "na gênese do espírito codificador está a estrutura do tipo sistemático central", em que se "raciocina através das ideias ou conceitos, ou ainda princípios centrais do sistema, dispostos na Parte Geral", buscando ser "coerente e completo, denotando a pretensão da suficiência do *codex*".[10]

Codificar é assentar o direito em conformidade com uma tábua de princípios, sendo que a racionalidade do código reside em seu sistema interno, em que os princípios orientam a solução dos problemas, ditando o critério para distribuir e colocar as matérias reguladas. A ordem não se dá, exteriormente, à matéria, como costuma ocorrer com a consolidação e com os textos únicos, mas, sim, de forma interna.[11]

Essa foi a opção do legislador no novo Código de Processo Civil ao disciplinar, na parte geral, as normas fundamentais, os princípios centrais de toda a estruturação codificada, dando unidade ao código e buscando assegurar a coerência interna.

---

[6] ASCENSÃO, José de Oliveira. *Op. cit.*, p. 355. Conforme ANDRADE, Fábio Siebeneichler de. *Op. cit.*, p. 87-89, o BGB, aprovado no Parlamento, em 1896, passou a vigorar em 1900 e se salientava "por levar a extremos a ideia de que uma codificação deve ser necessária e rigorosamente exaustiva", demonstrando sua profunda ligação à pandectística, o que se destaca, também, pela adoção de uma *parte geral*.

[7] MARTINS-COSTA, Judith. *Op. cit.*, p. 207.

[8] Idem, p. 212-214. A autora refere, à p. 218, que, a partir de Savigny, tem-se que o sistema possui uma originária e irredutível naturalidade intrínseca, que se faz necessária para a compreensão das normas particulares, que somente podem ser interpretadas como parte do todo, contendo uma *energia expansiva*, "capaz de exprimir ulteriores princípios e de preencher lacunas".

[9] Idem, p. 233-235.

[10] Idem, p. 236.

[11] IRTI, Natalino. *Op. cit.*, p. 26-27.

3 A parte geral do novo Código de Processo Civil

O novo Código de Processo Civil, inovando em relação ao CPC de 1973, estabeleceu a previsão de uma parte geral, consubstanciada em 6 livros e 317 artigos.

Não se pode negar a relevância dos temas abordados na parte geral do novo CPC, merecendo salientar, a título de exemplo, as normas processuais civis; a função jurisdicional, com o estudo da jurisdição, da ação e da competência; os sujeitos do processo, em que são analisadas as partes, os procuradores, o litisconsórcio, a intervenção de terceiros, o juiz e os auxiliares da justiça; o Ministério Público, a advocacia pública e a defensoria pública; os atos processuais, com o estudo dos prazos e da comunicação dos atos, bem como das nulidades; a tutela provisória, com o desenvolvimento das tutelas de urgência, cautelar ou satisfativas, e da evidência; e a formação, suspensão e extinção do processo.

Muitas são as temáticas disciplinadas, sendo perceptível a significância das matérias. Contudo, para fins de utilização da evolução doutrinária do processo civil para o desenvolvimento de outros ramos processuais, como o direito processual eleitoral, merece realce a previsão das "normas fundamentais do processo civil", previstas no Capítulo I do Livro I da parte geral do novo CPC.

Assim, entre os arts. 1º a 12 do novo Código de Processo Civil, o legislador tratou de prever os chamados direitos fundamentais processuais, estatuindo as orientações principiológicas que nortearão toda a codificação estabelecida.

Nesse contexto, o novo CPC deixou clara a magnitude dos direitos fundamentais para toda a codificação processual, salientando-se a previsão da inafastabilidade do controle jurisdicional (art. 3º),[12] da duração razoável do processo (art. 4º), da boa-fé objetiva (art. 5º), da colaboração (art. 6º), da igualdade (art. 7º), do contraditório (arts. 7º, 9º e 10), da proporcionalidade (art. 8º), da publicidade (art. 8º e 11) e da motivação das decisões (art. 11), direitos fundamentais que, em sua harmonização, conformam o direito fundamental ao processo justo.[13]

Claro que se trata de um rol meramente exemplificativo, extraindo-se, ao longo de toda a codificação, outros direitos fundamentais relevantes, como a ampla defesa, a licitude das provas, o juiz natural, a segurança jurídica, entre outros. De qualquer sorte, os direitos fundamentais processuais positivados no novo CPC, em verdade, são normas fundamentais para todo e qualquer ramo do direito processual, consubstanciando-se no elemento central para a elaboração de uma efetiva Teoria Geral do Processo.

---

[12] Por inafastabilidade também podem ser compreendidos acesso à justiça, direito de ação ou direito à tutela adequada, efetiva e tempestiva, de acordo com os diferentes entendimentos doutrinários existentes.

[13] Por direito ao processo justo, entende-se o devido processo legal processual, muito bem analisado por MATTOS, Sérgio Luís Wetzel de. *Devido processo legal e proteção de direitos*. Porto Alegre: Livraria do Advogado, 2009, e ÁVILA, Humberto. O que é "devido processo legal"? *Revista de Processo*, n. 163, 2008. Sobre o tema, sugere-se a leitura das seguintes obras: TROCKER, Nicolò. Il nuovo articolo 111 della costituzione e il "giusto processo" in materia civile: profili generali. *Rivista Trimestrale di Diritto e Procedura Civile*, anno LV, n. 2, 2001; COMOGLIO, Luigi Paolo. Valori etici e ideologie del "giusto processo" (modelli a confronto). *Rivista Trimestrale di Diritto e Procedura Civile*, anno LII, n. 3, 1998; COMOGLIO, Luigi Paolo. Etica e tecnica del "giusto processo". Torino: Giappichelli, 2004; TARUFFO, Michele. Idee per una teoria della decisione giusta. *Rivista Trimestrale di Diritto e Procedura Civile*, anno LI, n. 2, 1997; CHIARLONI, Sergio. Giusto processo, garanzie processuali, giustizia della decisione. *Rivista Trimestrale di Diritto e Procedura Civile*, anno LXII, n. 1, 2008; PAIM, Gustavo Bohrer. El derecho al justo proceso. *In*: ARAGÃO, Paulo; TAYAH, José Marco; ROMANO, Letícia Danielle (Org.). *Reflexiones sobre derecho latinoamericano*: estudios en homenaje al profesor Paulo Bonavides. v. 2. Buenos Aires: Quorum, 2011, p. 335-350.

4 Teoria Geral do Processo e os direitos fundamentais

Tema de grande relevância para a ciência processual é a Teoria Geral do Processo. Contudo, conforme bem analisa Fredie Didier, muito se escreve *de*, mas pouco se escreve *sobre* TGP.[14] Mesmo sem uma definição precisa de seu âmbito de abrangência, a Teoria Geral do Processo "volta-se contra a desagregação metodológica do estudo de cada espécie de processo".[15]

Destarte, a Teoria Geral do Processo necessita partir da unidade do direito processual, pois, do contrário, existiriam apenas teorias particulares,[16] sendo a TGP um "bom antídoto contra a equivocidade terminológica".[17]

Essa unidade de estudo da ciência processual pode ser encontrada em alguns relevantes periódicos da área. Sob essa ótica, Carnelutti, em seu artigo intitulado *Por uma teoria geral do processo*, salienta que chamou a sua atenção, pelo título, a *Revista de Derecho Procesal* argentina, que demonstrava a ausência de limite em relação ao estudo do direito processual.[18] Aliás, pela mesma lógica, houve a mudança da *Rivista di Diritto Processuale Civile* em 1946, e que, posteriormente, passou a chamar-se apenas *Rivista di Diritto Processuale*, deixando de se limitar ao processo civil e passando a abordar todos os ramos do direito processual.[19]

Na Teoria Geral do Processo, ora defendida, o elemento central é o próprio *processo*, forma de exercício de poder, encontrando-se o modelo processual inclusive fora dos domínios da atividade jurisdicional,[20] como se percebe no processo administrativo, sendo, aliás, mérito da doutrina administrativista, conforme destaca Elio Fazzalari, a necessária distinção entre *processo* e *procedimento*.[21]

A Teoria Geral do Processo trata dos conceitos fundamentais e dos princípios que seriam aplicáveis a todos os ramos do direito processual, quer jurisdicionais, quer não. Em relação aos conceitos fundamentais do processo, conquanto não haja uma unanimidade doutrinária, certo é que não se pode deixar de fora a trilogia que restou

---

[14] DIDIER JR., Fredie. *Sobre a Teoria Geral do Processo, essa desconhecida*. Salvador: Jus Podivm, 2012, p. 32. Conforme ALCALÁ-ZAMORA Y CASTILLO, Niceto. *Estudios de teoria general e historia del proceso (1945-1972)*, t. I. México: UNAM, 1974, p. 512, há dificuldade no estudo da Teoria Geral do Processo, em razão da quase inexistente literatura sobre o tema.

[15] CASTELO, Jorge Pinheiro, *O direito processual do trabalho na moderna teoria geral do processo*. 2. ed. São Paulo: LTr, 1996, p. 29-31. Para ALCALÁ-ZAMORA Y CASTILLO, Niceto. *Op. cit.*, p. 514, o primeiro tema a ser abordado em uma disciplina de Teoria Geral do Processo é o da "unidade ou diversidade do Direito Processual", visto que, "se a teoria é geral, tem que estar acima deste ou daquele processo e significar, pelo contrário, o substrato da quintessência comum a todos eles". E é, nesse contexto, que se deve buscar esse elo comum, esse elemento de ligação entre os diversos ramos de direito processual.

[16] ALCALÁ-ZAMORA Y CASTILLO, Niceto. *Op. cit.*, p. 593.

[17] DIDIER JR., Fredie. *Op. cit.*, p. 135.

[18] CARNELUTTI, Francesco. Per una teoria generale del processo. *Questioni sul processo penale*. Bologna: Cesare Zuffi Editore, 1950, p. 11.

[19] Sobre essa mudança, consultar CARNELUTTI, Francesco. Rinascita. *Rivista di Diritto Processuale*. v. 1. Padova: CEDAM, 1946, em que o autor faz a apresentação do primeiro volume da segunda série da revista, que sofreu a alteração de seu nome em razão do entendimento da existência de uma verdadeira Teoria Geral do Processo.

[20] DIDIER JR., Fredie. *Op. cit.*, p. 94. Já DINAMARCO, Cândido Rangel. *A instrumentalidade do processo*. 15. ed. São Paulo: Malheiros, 2013, p. 69, coloca a jurisdição, e não o processo, no centro da TGP.

[21] FAZZALARI, Elio. Processo. Teoria Generale. *Novissimo Digesto Italiano*, v. XIII. Torino: Unione Tipografico - Editrice Torinese, 1966, p. 1069. Sob esse aspecto, pode-se citar o exemplo de NIGRO, Mario. Decisione amministrativa. *Enciclopedia del Diritto*. v. XI. Milano: Giuffrè, 1962, p. 810-823.

acentuada a partir da obra de Chiovenda e Calamandrei: ação, jurisdição e processo.[22] A esses três conceitos fundamentais, Ramiro Podetti denominou de *trilogia estrutural do processo*.[23]

Alcalá-Zamora y Castillo ressalta as coincidências essenciais e os traços comuns das distintas disciplinas processuais, que não apenas permitem o cotejo comparativo, como demandam, de forma imperiosa, a elaboração e o desenvolvimento de uma Teoria Geral do Processo.[24]

Percebe-se a abrangência da Teoria Geral do Processo, que busca conceitos e princípios comuns a todos os ramos do Direito Processual. Aliás, "mais do que uma necessidade metodológica para o estudo dos vários ramos de Direito Processual, a teoria geral do processo é uma consequência inarredável do estudo sistemático das diversas categoriais processuais".[25]

Impõe-se reiterar, no entanto, que a defesa de uma Teoria Geral do Processo não significa o desconhecimento das diferenças existentes entre os diferentes ramos, buscando, no entanto, harmonizá-los a partir dos objetivos comuns a todos.[26] As distintas espécies do gênero processual, com diferentes metodologias de estudo, geram uma desagregação, que é combatida pela Teoria Geral do Processo a fim de que não haja um isolamento de cada ramo do direito processual.[27]

Claro que não se pode desconhecer as críticas à Teoria Geral do Processo perpetradas, em essência, por processualistas penais. Nesse sentido, por exemplo, Rogério

---

[22] ALCALÁ-ZAMORA Y CASTILLO, Niceto. *Op. cit.*, p. 516-517.

[23] PODETTI, Ramiro. Trilogia estructural de la ciencia del proceso civil. *Revista de Derecho Procesal*, I, Buenos Aires, 1944, p. 113-170. Conforme DINAMARCO, Cândido Rangel. *Op. cit.*, p. 71, e CINTRA, Antonio Carlos de Araújo; GRINOVER, Ada Pellegrini; DINAMARCO, Cândido Rangel. *Teoria geral do processo*. 30. ed. rev., atual. São Paulo: Malheiros, 2014, p. 29, aos três conceitos estruturais somar-se-ia o instituto da *defesa*.

[24] *Op. cit.*, p. 529.

[25] JARDIM, Afrânio Silva. *Direito processual penal*. 9. ed. rev. e atual. Rio de Janeiro: Forense, 2000, p. 19. Continua o autor, às p. 45-46, referindo que, muito embora existam traços que distingam as normas dos diferentes ramos do direito, especialmente do direito material, o processo é ontologicamente um só, sofrendo alterações acidentais em razão de seu caráter instrumental em relação ao direito material. Frisa ALCALÁ-ZAMORA Y CASTILLO, Niceto. *Op. cit.*, p. 582, que o surgimento de novos ramos de direito processual, incorporados aos mais tradicionais já existentes, não fragiliza a concepção unitária, até mesmo porque os processos, em todos os seus ramos, apresentam pressuposto, meta e caminho a percorrer, razão pela qual, em face do aumento dos litígios, a Teoria Geral do Processo serviria para realizar a unificação, dentro do possível, como meio de superar os "inconvenientes combinados da elefantíase e do babelismo". Por elefantíase, o jurista espanhol trata as excessivas disposições nos mais diversos diplomas processuais, que poderiam ser comuns a todos os ramos. Por babelismo, refere-se à possibilidade de soluções distintas para hipóteses idênticas nos diferentes códigos e leis processuais de um país.

[26] CASTELO, Jorge Pinheiro. *Op. cit.*, p. 21. Para o autor, às p. 24-33, "a teoria geral do direito processual observa as diferenças existentes entre os diversos ramos, que são independentes, a partir do ponto de inserção no tronco comum", não afetando a autonomia dos distintos ramos, mas quebrando o seu isolamento.

[27] DINAMARCO, Cândido Rangel. *Op. cit.*, p. 73. Para GUASP, Jaime. *Derecho procesal civil*. t. I. 4. ed. Madrid: Editorial Civitas, 1998, p. 41-42, a existência de distintos tipos processuais não destrói a unidade conceitual da figura processual, que é idêntica em cada um dos seus ramos, existindo uma unidade fundamental do processo. Salienta, porém, que essa unidade fundamental do processo não significa a possibilidade de um tratamento conjunto de todas as instituições processuais. Para OVALLE FAVELA, José. *Teoría general del proceso*. México: Harla, 1991, p. 53, a estrutura e a função dos processos, em seus diferentes campos, são as mesmas, a sustentar a unidade do direito processual, o que não impede que se reconheçam as diferenças e peculiaridades do direito material a que serve de instrumento o processo. A bem da verdade, a unidade essencial do processo não exclui a percepção das diferenças entre os distintos ramos processuais, que possuem características peculiares. Consoante CASTELO, Jorge Pinheiro. *Op. cit.*, p. 34-35, "com a afirmação da unidade metodológica ou de raciocínio do direito processual, não se pretende negar a distinção de seus ramos", até mesmo porque o processo, em razão do seu caráter instrumental, tem "uma permeabilidade às influências do modo de ser do direito substancial".

Lauria Tucci mostra-se completamente contrário à unidade do direito processual, criticando a Teoria Geral do Processo e a utilização de institutos do processo civil no processo penal. E vai além, frisando que "é hora, já, de visualizar o Direito Processual Penal com ótica própria, conferindo-lhe a dignidade científica que faz por merecer!".[28]

Esse também é o magistério de Aury Lopes Jr., que, utilizando-se de artigo de Carnelutti intitulado *Cenerentola*,[29] expressa que o processo penal é preterido em relação às duas irmãs, ciência do direito penal e ciência do processo civil, sempre tendo que se contentar com a sobra dessas duas. O problema, para Aury, está na relação com o processo civil, destacando que o processo penal sempre foi preterido e teve de se contentar com as roupas velhas da sua irmã. Aliás, "mais do que vestimentas usadas, eram vestes produzidas para sua irmã (não para ela)".[30]

Como referido, Aury Lopes Jr. utiliza o artigo *Cenerentola*, de Francesco Carnelutti, para expressar sua crítica contra a Teoria Geral do Processo. Nesse artigo, o jurista italiano aborda a relação entre as ciências do direito penal, do processo penal e do processo civil, tratando-as como irmãs e colocando a ciência do processo penal como a Cinderela, que, ao contrário das outras irmãs mais prósperas, tinha tido uma infância e uma adolescência tristes.[31]

Contudo, mesmo apontando as diferenças que necessitam ser analisadas e compreendidas, Carnelutti mostrava-se favorável a uma Teoria Geral do Processo, visto que "uma coisa é advertir as diferenças, outra coisa é afirmar a incompatibilidade do Civil e do Penal. O magnífico isolamento não é uma posição sustentável nem para os penalistas, nem para quem deseja cultivar qualquer outra ciência", tendo em vista que "não existe um trabalhador que não necessite do trabalho dos outros neste mundo".[32]

Destarte, a Teoria Geral do Processo demonstra-se necessária até mesmo em razão das diferenças existentes entre seus distintos ramos, funcionando na articulação dos conhecimentos produzidos pelo direito processual civil e pelo direito processual penal,

---

[28] TUCCI, Rogério Lauria. *Teoria do direito processual penal*: jurisdição, ação e processo penal. São Paulo: Revista dos Tribunais, 2002, p. 53-55. Ver também TUCCI, Rogério Lauria. Considerações acerca da inadmissibilidade de uma teoria geral do processo. *Revista Jurídica*, n. 281, 2001, p. 48-64, em que o autor critica a Teoria Geral do Processo em razão de distinções existentes entre o direito processual penal e os demais ramos de direito processual, referindo que o conceito de lide seria irrelevante para o processo penal, que também não teria revelia e processo cautelar, dentre outras peculiaridades que, com a máxima vênia ao autor, não representam verdadeiro óbice para a TGP.

[29] Trata-se de artigo que utiliza o conto de fada Cinderela para retratar a relação entre direito processual civil, direito processual penal e direito penal. CARNELUTTI, Francesco. Cenerentola. *Questioni sul processo penale*. Bologna: Cesare Zuffi Editore, 1950.

[30] LOPES JR., Aury. *Direito processual penal*. 11. ed. 2. tiragem. São Paulo: Saraiva, 2014, p. 57. Aury, à p. 58, tece duras críticas à importação de conceitos tipicamente de processo civil para a disciplina de processo penal, vociferando contra "todo um erro de pensar, que podem ser transmitidas e aplicadas no Processo Penal as categorias do processo civil, como se fossem as roupas da irmã mais velha, cujas mangas se dobram, para caber na irmã preterida".

[31] CARNELUTTI, Francesco. Cenerentola. *Op. cit.*, p. 03. Conforme o jurista italiano, p. 03-06, em relação à irmã, ciência do direito penal, o processo penal teria dividido, durante muito tempo, o mesmo quarto, ficando aquela com o que havia de melhor. Posteriormente, após o processo penal ter conquistado sua autonomia, apartando-se as matérias, continuou a Cinderela em uma posição de inferioridade, tendo, como disciplina, menos tempo nos bancos acadêmicos. Já, em relação ao processo civil, o processo penal, mesmo tendo evoluído bastante, viu a sua irmã mais desenvolvida, tendo de se contentar a Cinderela com a adaptação dos conceitos construídos no processo civil, com a utilização das vestes da sua irmã mais velha e próspera. Assim, para Carnelutti, a Teoria do Processo Penal estaria "em uma fase de nítida dependência da teoria do processo civil".

[32] CARNELUTTI, Francesco. Per una teoria generale del processo. *Op. cit.*, p. 15-18.

sendo "o fundamento metodológico que justificaria o incremento desse intercâmbio científico".[33]

Em relação às críticas apresentadas por Rogério Lauria Tucci e Aury Lopes Jr., Fredie Didier entende que erram o alvo, porque se insurgem contra um direito processual unitário,[34] que é muito diferente de uma Teoria Geral do Processo, e se centram no fato de que a TGP seria a "tentativa de transplantação, para o Processo Penal, de 'categorias' próprias do processo civil".[35]

Nesse aspecto, é que Alcalá-Zamora y Castillo alerta para o equívoco dos processualistas penais, que confundem a *"unidade do direito processual com a identidade de seus distintos ramos"*.[36]

Embora muitos processualistas penais questionem a integração do direito processual penal em uma Teoria Geral do Processo, Dinamarco salienta que o fato de as garantias constitucionais processuais serem a esse ramo aplicáveis, por si só, já demonstra a existência de uma ligação com o "sistema processual geral".[37]

E esse é o ponto primordial para a TGP que aqui se defende: os direitos fundamentais de natureza processual são comuns aos distintos ramos de direito processual, sendo a *quintessência* do que se pode traduzir como uma Teoria Geral do Processo. Ressalta-se a importância da relação entre o direito constitucional e o direito processual, trazendo-se, para o processo, os valores e direitos fundamentais. Diante da constitucionalização do direito processual, merece realce a previsão, na Constituição, de direitos fundamentais processuais, bem como o maior "diálogo entre processualistas e constitucionalistas".[38] Trata-se de um verdadeiro *direito processual constitucional*, que faz jus a toda a atenção dos processualistas, sendo geral e aplicável às distintas espécies processuais a fim de que se identifique "o modelo de direito processual imposto pela Constituição".[39]

---

[33] DIDIER JR., Fredie. *Op. cit.*, p. 90.

[34] Nesse sentido, VIDIGAL, Luis Eulálio de Bueno. Por que unificar o direito processual? *Revista de Processo*, n. 27, 1982, p. 40-48.

[35] *Op. cit.*, p. 109-114. Como bem refere o processualista baiano, realmente, não se pode querer transpor regras e categorias de um ramo para o outro do direito processual, tendo em vista que as normas devem ser adequadas ao objeto do processo, sendo que os objetos do processo civil e do processo penal são diversos. Na verdade, não se pode admitir o uso das roupas velhas da irmã, tendo em vista as diferenças de objeto entre os dois ramos da ciência processual. Ocorre, e isso precisa ficar muito claro, que a Teoria Geral do Processo não significa direito processual único.

[36] *Op. cit.*, p. 583. Para o jurista espanhol, mesmo quando há diferenças normativas entre o processo civil e o processo penal, tal fato não é suficiente para romper a unidade essencial, até mesmo porque não se pode confundir *unidade* com *identidade*. Não se quer a fusão de um ramo do direito processual com o outro, mas tão somente demonstrar que são ramos de um mesmo tronco e que possuem "uma série de conceitos, instituições e princípios comuns".

[37] *Op. cit.*, p. 74-75, nota 15. Acerca dos demais institutos essenciais à Teoria Geral, LEONE, Giovanni. *Trattato di diritto processuale penale*. v. I. Napoli: Casa Editrice Dott. Eugenio Jovene, 1961, p. 16, refere que tanto o processo civil quanto o processo penal tem a "mesma finalidade: a atuação do poder jurisdicional" e, em ambos os processos, o poder jurisdicional é condicionado ao exercício da ação, devendo-se reconhecer a "utilidade daquela teoria geral do processo".

[38] DIDIER JR., Fredie. *Op. cit.*, p. 151.

[39] Idem, p. 170. Parece ser esse também o entendimento de NUNES, Dierle. Uma breve provocação aos processualistas: o processualismo constitucional democrático. *In*: ZUFELATO, Camilo; YARSHELL, Flávio Luiz. *40 anos da Teoria Geral do Processo no Brasil*: passado, presente e futuro. São Paulo: Malheiros, 2013, p. 218-237, ao tratar do *processualismo constitucional democrático*, em que o "processo constitucional vem se tornando um dos garantes do auferimento de direitos pelos cidadãos e da blindagem contra o exercício decisionista do poder". Nessa mesma linha, LEAL, Rosemiro Pereira. *Teoria geral do processo*: primeiros estudos, 12. ed. rev.

Seguindo nessa vereda, Alcalá-Zamora y Castillo refere incumbir à Teoria Geral do Processo "ocupar-se dos *princípios fundamentais* que devem inspirá-la".[40] Nesse diapasão, Liebman acentua que a Teoria Geral do Processo é uma disciplina teórica que trata dos princípios comuns às várias figuras processuais.[41]

Percebe-se, por conseguinte, que, no direito processual constitucional e, mais precisamente, nos direitos fundamentais, está o ponto de encontro comum a todos os ramos do direito processual, justificando, de forma cristalina, a Teoria Geral do Processo.

E esse foi o caminho adotado pelo novo Código de Processo Civil, que consagrou, em sua parte geral, as normas fundamentais que, muito além do processo civil, são direitos fundamentais comuns a todos os ramos do direito processual.

5 Direito processual eleitoral

Como se tentou demonstrar, o novo CPC inovou com a previsão, em sua parte geral, dos direitos fundamentais processuais. Trata-se da instituição de princípios e direitos fundamentais que buscam assegurar a unidade e a coerência de todo o direito processual civil. Contudo, muito além do processo civil, tais direitos fundamentais são inerentes a todos os ramos do direito processual, consubstanciando-se na essência de uma Teoria Geral do Processo. E, se os direitos fundamentais e a TGP são importantes para ramos da ciência processual mais desenvolvidos, como o direito processual civil e o direito processual penal, mais ainda o são para ramos mais incipientes e menos desenvolvidos, como o direito processual eleitoral.

De imediato, impõe-se salientar a utilização da expressão *direito processual eleitoral*, que não se confunde com o *processo eleitoral*. Por processo eleitoral, entende-se

---

e atual. Rio de Janeiro: Forense, 2014, para quem é a existência de um conjunto de princípios constitucionais comuns a todas as espécies de processo que justifica uma Teoria Geral do Processo. Segundo o autor, para se falar em TGP, deve-se levar em conta não mais a trilogia ação, jurisdição e processo, mas, sim, "os princípios institutivos do processo, que se definem na ampla defesa, no contraditório e na isonomia", razão pela qual "a unificação do processo e seu estudo por uma teoria geral [...] elaboram-se pela identidade conceitual e teórica de seus princípios na regência de quaisquer procedimentos". Dessa forma, chega-se a uma Teoria Geral "pela principiologia do processo". Esse também é o entendimento de BENABENTOS, Omar A. *Nociones sobre una teoría general unitária del derecho procesal*. Disponível em: <http://www.cartapacio.edu.ar/ojs/index.php/ctp/article/viewFile/21/39>. Acesso em: 10 jan. 2016, que, em sua teoria unitária do direito processual, escancara a ideia de um processo garantista, conforme a Constituição, sustentando que qualquer processo deve respeitar os valores constitucionais, os direitos fundamentais processuais, havendo uma uniformidade de valores em todo e qualquer processo.

[40] *Op. cit.*, p. 519. Para o autor, p. 572-573, "os princípios que regem a atividade processual [...] se manifestam indistintamente nas distintas esferas processuais [...] ainda que quantitativamente se liguem de preferência a este ou aquele em conformidade com flutuações no tempo e no espaço".

[41] LIEBMAN, Enrico Tullio. Recensioni e Segnalazioni: Istituzioni di diritto processuale de Elio Fazzalari. *Rivista di Diritto Processuale*, anno 30, n. 3, 1975, p. 463-464. Esse também é o entendimento de DINAMARCO, Cândido Rangel. *Op. cit.*, p. 71, para quem a Teoria Geral do Processo identifica e define "os grandes princípios e garantias que coordenam e tutelam as posições dos sujeitos do processo e o modo de ser dos atos que legitimamente realizam ou podem realizar" e, ao reunir e harmonizar os institutos, princípios e garantias, compõe "o sistema processual". Para DEVIS ECHANDÍA, Hernando. *Teoría general del proceso*: aplicable a toda clase de procesos. 2. ed. Buenos Aires: Editorial Universidad, 1997, p. 43-44, há uma unidade de direito processual, que é um só, sendo seus princípios fundamentais comuns a todos os ramos. A unidade entre os distintos ramos de direito processual faz com que se "estudem em conjunto e com um critério comum seus princípios gerais, e essa é a razão do curso da teoria geral do processo". Consoante FAZZALARI, Elio. *Istituzioni di diritto processuale*. 5. ed. Padova: CEDAM, 1989, p. 15, não obstante, no direito positivo, os distintos processos terem diferenças específicas, todos eles possuem "princípios comuns, inerentes à própria estrutura".

o *iter* temporal que vai desde a escolha e registro dos candidatos até a sua diplomação, perpassando as fases pré-eleitoral, eleitoral propriamente dita e pós-eleitoral. Já por direito processual eleitoral, entendido como o direito jurisdicional, que trata do controle jurídico-eleitoral, compreende-se "o conjunto de atos e procedimentos ordenados desenvolvidos perante um órgão jurisdicional com o fim de solucionar um determinado litígio de natureza eleitoral".[42] Percebe-se, por conseguinte, tratar-se de temas e conceitos distintos, o que impõe a utilização precisa de suas nomenclaturas.

A distinção conceitual é relevante, especialmente diante da previsão constitucional do princípio da anualidade ou da anterioridade eleitoral, que está positivado no art. 16 da Constituição, dispondo a sua redação, após a alteração da Emenda Constitucional nº 4, de 1993, que "a lei que alterar o *processo eleitoral* entrará em vigor na data de sua publicação, não se aplicando à eleição que ocorra até um ano da data de sua vigência".[43]

Contudo, a anterioridade eleitoral, que seria uma garantia do devido processo legal, capaz de propiciar maior segurança jurídica ao direito eleitoral, sofre de nítida insegurança jurisprudencial em sua aplicação. E isso fica ainda mais claro quando se percebe que "três dos julgamentos mais representativos da jurisprudência do Supremo Tribunal Federal sobre o tema foram decididos por uma maioria apertada de 06 votos a 05".[44]

Merece destaque, para a distinção ora enfatizada, a ADI nº 354, de relatoria do Ministro Octávio Gallotti, em que se estabeleceu uma divergência acerca do conteúdo da expressão *processo eleitoral*, tendo os votos majoritários entendido que a norma hostilizada não violaria o princípio da anterioridade eleitoral. A destacar o voto dos Ministros Paulo Brossard, Moreira Alves e Néri da Silveira, que entenderam que *processo eleitoral* abrangeria "apenas normas eleitorais de caráter instrumental ou processual e não aquelas que dizem respeito ao direito eleitoral material ou substantivo".[45]

De imediato, percebe-se o equívoco do entendimento consagrado nos votos vencedores, eis por que *processo eleitoral* não se confunde com *direito processual eleitoral*, visto que a previsão do art. 16 da Constituição busca proteger os pleitos eleitorais de leis casuísticas que afetem a igualdade de oportunidade entre os candidatos e, por isso, maculem a lisura das eleições.[46]

---

[42] PEREIRA, Rodolfo Viana. *Tutela coletiva no direito eleitoral*: controle social e fiscalização das eleições. Rio de Janeiro: Lumen Juris, 2008, p. 23.

[43] Consoante MENDES, Gilmar Ferreira. O princípio constitucional da anterioridade eleitoral. *In*: FELLET, André; NOVELINO, Marcelo. *Constitucionalismo e democracia*. Salvador: JusPodivm, 2013, p. 528, o princípio da anualidade é "garantia fundamental componente do plexo de garantias do devido processo legal eleitoral". Salienta VALE, André Rufino do. A garantia fundamental da anterioridade eleitoral: algumas reflexões em torno da interpretação do art. 16 da Constituição. *Estudos Eleitorais*, v. 6, n. 2, Brasília, 2011, p. 78, que tal garantia foi introduzida para "pôr um ponto final no costume então vigente de se alterar a legislação eleitoral no ano das eleições, muitas vezes para favorecer o grupo político majoritário", servindo como uma "barreira constitucional contra as *leis casuísticas* editadas no curso do processo eleitoral".

[44] VALE, André Rufino do. *Op. cit.*, p. 74. Para MENDES, Gilmar Ferreira. *Op. cit.*, p. 530, a jurisprudência do Supremo Tribunal Federal sobre o princípio da anterioridade, após a EC nº 4/93, pode ser dividida em duas fases: a primeira envolveria os julgamentos das ADI 733, 718 e 354; a segunda, os julgamentos das ADI 3.345, 3.685, 3.741 e ADI-MC 4.307.

[45] MENDES, Gilmar Ferreira. *Op. cit.*, p. 531.

[46] De qualquer sorte, no julgamento da ADI nº 354 merece relevo o voto do Ministro Celso de Mello, que trouxe, pela primeira vez, a definição de processo eleitoral que, posteriormente, com pequenas alterações, restou consagrada pelo Supremo Tribunal Federal, entendendo que ele, "enquanto sucessão ordenada de atos e estágios casualmente vinculados entre si, supõe, em função do tríplice objetivo que persegue, a sua integral submissão a uma disciplina jurídica que, ao disciplinar os momentos que o compõem, indica as fases em que

A mudança de entendimento do Supremo Tribunal Federal acerca do princípio da anterioridade eleitoral se deu a partir do julgamento da ADI nº 3.345/DF, de 2005, em que "passaram a prevalecer os parâmetros de interpretação dessa norma constitucional anteriormente definidos pelos votos vencidos na ADI 354".[47]

Há que se mencionar, ainda, o Recurso Extraordinário nº 633.603/MG, de lavra do Ministro Gilmar Mendes – e que deu origem ao artigo publicado na obra *Constitucionalismo e democracia*[48] –, em que, com base no princípio da anterioridade, o Supremo Tribunal Federal, por maioria apertada, entendeu não ser aplicável a Lei Ficha Limpa ao prélio eleitoral de 2010.

Ocorre que, neste julgamento, novamente veio à tona a confusão terminológica acerca da expressão *processo eleitoral*, tendo o procurador-geral da República defendido a aplicação da Lei Complementar nº 135/2010 ao pleito eleitoral do mesmo ano, sob a alegação que a referida lei não alterava qualquer norma de conteúdo *processual/instrumental*. Ou seja, insistiu-se no equívoco de vincular a expressão *processo eleitoral* do art. 16 da Constituição com normas de natureza *processual*.

Por tal razão, imperiosa é a precisão terminológica, não se tratando, aqui, de *processo eleitoral*, mas, sim, de direito processual eleitoral, do direito jurisdicional eleitoral, do contencioso eleitoral, ramo do direito eleitoral de grande relevância, visto que a confiabilidade dos resultados eleitorais é da essência da democracia representativa, evidenciando-se a importância do controle das eleições. No Brasil, tal controle é conferido à Justiça Eleitoral e tem, em sua vertente contenciosa, atividade de destacado relevo, contribuindo para o fortalecimento da democracia.[49]

Ressalte-se que é imprescindível que se garanta a "lisura do processo de formação da vontade do eleitor", evitando que haja máculas decorrentes de influências externas e indevidas, como o abuso de poder – seja ele econômico, político, de autoridade, ou em decorrência dos meios de comunicação social –, a captação ilícita de sufrágio e qualquer forma de injusto e indevido desequilíbrio de oportunidade entre os contendores.[50]

---

ele se desenvolve: (a) *fase pré-eleitoral*, que, iniciando-se com a apresentação de candidaturas, estende-se até a realização da propaganda eleitoral respectiva; (b) *fase eleitoral propriamente dita*, que compreende o início, a realização e o encerramento da votação e (c) *fase pós-eleitoral*, que principia com a apuração e contagem de votos e termina com a diplomação dos candidatos eleitos, bem assim dos seus respectivos suplentes". Também, extrai-se, dos votos vencidos, a teleologia do art. 16 da Constituição, que busca "impedir a deformação do processo eleitoral mediante alterações nele inseridas de forma casuística e que interfiram na igualdade de participação dos partidos políticos e seus candidatos". Nesse passo, merece realce o voto do Ministro Sepúlveda Pertence, demonstrando a importância para a democracia da preservação das regras do jogo, que devem "ser prévias à apresentação dos contendores e ao desenvolvimento da disputa e, portanto, imutáveis, até a sua decisão", coibindo-se casuísmos. E, assim, concluiu o Ministro: "Não concordo com a premissa de que haja casuísmos condenáveis e não condenáveis. A meu ver a Constituição não quis casuísmos. Apenas isso".

[47] MENDES, Gilmar Ferreira. *Op. cit.*, p. 532. Restou consagrada, pois, a definição de processo eleitoral como uma sucessão ordenada de atos, cujo *iter* se desenvolve desde a fase pré-eleitoral, com apresentação das candidaturas e a realização da propaganda eleitoral, passa pela fase eleitoral propriamente dita, com a realização da votação, e estende-se para a fase pós-eleitoral, que evolui até a diplomação dos candidatos eleitos e de seus respectivos suplentes.

[48] Idem, p. 527-559.

[49] OLIVEIRA, Marcelo Roseno de. *Controle das eleições*: virtudes e vícios do modelo constitucional brasileiro. Belo Horizonte: Fórum, 2010, p. 18-28. Conforme o autor, p. 20-35, o sistema jurisdicional de controle das eleições é confiado à Justiça Eleitoral, um órgão especializado, cujos integrantes e tribunais decidem, de forma imparcial e imperativa, as controvérsias eleitorais a ela submetidas, tendo, como único comprometimento, a democracia e os valores públicos que envolvem o pleito.

[50] Idem, p. 19. Para MARCHETTI, Vitor. Governança eleitoral: o modelo brasileiro de justiça eleitoral. *Dados: Revista de Ciências Sociais*, v. 51, Rio de Janeiro, 2008, p. 867, a disputa eleitoral é regida por normas e instituições,

Em que pese à importância do direito processual eleitoral, certo é que não há uma autonomia científica e independência em relação ao direito eleitoral, inexistindo um estudo mais aprofundado sobre a temática, podendo-se vislumbrar um estágio não muito distinto da fase sincrética do direito processual,[51] impondo-se o estudo mais aprofundado da matéria, especialmente para atenuar a insegurança jurídica existente.

5.1 Direito processual eleitoral e segurança jurídica

Um dos grandes dilemas enfrentados pelo direito, em geral, é a questão da segurança jurídica. A bem da verdade, vivem-se tempos de insegurança no ordenamento jurídico pátrio, que padece de ausência de estabilidade, seja normativa, seja jurisprudencial. Como se não bastasse, em alguns ramos do direito, nem mesmo na doutrina, encontra-se esteio para a segurança jurídica. Assim, três são os aspectos que contribuem para esse cenário: insegurança legislativa, jurisprudencial e doutrinária.[52]

Para a correta compreensão da segurança jurídica, utiliza-se, aqui, o magistério de Humberto Ávila, em que são indispensáveis a *cognoscibilidade*, a *confiabilidade* e a *calculabilidade*, com estabilidade, clareza e coerência do ordenamento jurídico, não se podendo olvidar a necessidade de estabilidade e de coerência na interpretação do direito posto, evitando-se o caráter fluido e a falta de confiabilidade de interpretações jurisprudenciais contraditórias, não se podendo, no entanto, desconsiderar o espaço existente para diferentes interpretações dos textos normativos.[53]

Desde já, percebe-se a presença de duas dimensões da segurança jurídica: uma dimensão estática ou estrutural, atinente à cognoscibilidade, e uma dimensão dinâmica, que trata da confiabilidade e da calculabilidade.[54]

Humberto Ávila, no que tange às causas de insegurança, atenta para a existência de causas sociais, como a grande quantidade de informação e a ocorrência de

---

em que se destacam o *rule making* – que versa sobre a escolha e definição das regras da contenda –, o *rule application* – que trata da administração e gerenciamento das eleições –, e o *rule adjudication* – que cuida do contencioso, buscando dirimir os conflitos de interesse ocorridos durante o *jogo eleitoral*.

[51] Sobre as fases metodológicas do direito processual, sugere-se a leitura de JOBIM, Marco Félix. *Cultura, escolas e fases metodológicas do processo*. 2. ed. rev. e atual. Porto Alegre: Livraria do Advogado, 2014; MITIDIERO, Daniel. *Colaboração no processo civil*. 2. ed. rev. atual. e ampl. São Paulo: Revista dos Tribunais, 2011; PORTO, Sérgio Gilberto; PORTO, Guilherme Athayde. *Lições sobre teorias do processo*: civil e constitucional. Porto Alegre: Livraria do Advogado, 2013; SCARPARO, Eduardo. *As invalidades processuais civis na perspectiva do formalismo-valorativo*. Porto Alegre: Livraria do Advogado, 2013; CÂMARA, Alexandre Freitas. *Lições de direito processual civil*. v. 1. 25. ed. São Paulo: Atlas, 2014; BOTELHO, Guilherme. *Direito ao processo qualificado*: o processo civil na perspectiva do Estado Constitucional. Porto Alegre: Livraria do Advogado, 2010.

[52] ALPA, Guido. *La certezza del diritto nell'età dell'incertezza*. Napoli: Editoriale Scientifica, 2006, p. 74-75.

[53] Dessa maneira, para ÁVILA, Humberto. *Segurança jurídica*: entre permanência, mudança e realização do Direito Tributário. 2. ed. rev. atual. e ampl. São Paulo: Malheiros, 2012, p. 129-131, a segurança jurídica deve ser entendida como *cognoscibilidade*, "capacidade, formal ou material, de conhecimento de conteúdos normativos possíveis de um dado texto normativo ou de práticas argumentativas destinadas a reconstruí-los", e não como determinação. Ademais, deve-se compreender a segurança jurídica como *confiabilidade*, não se tratando de imutabilidade, mas sim de "estabilidade na mudança". Nesse contexto, necessária a existência de regras de transição e de proteção da confiança. A transição do passado para o futuro deve ser feita com base na estabilidade e na racionalidade. Por fim, a segurança jurídica deve ser vista como *calculabilidade*, e não como previsibilidade absoluta, visto não se poder falar em total e absoluta antecipação das consequências jurídicas futuras, mas havendo necessidade de que se tenha uma "elevada capacidade de prever as consequências jurídicas de atos ou fatos pela maioria das pessoas".

[54] VALEMBOIS, Anne-Laure. *La constitutionnalisation de l'exigence de sécurité juridique en droit français*. Paris: LGDJ, 2005, p. 260. A autora explicita que duas são as facetas da segurança jurídica: uma estática e outra dinâmica.

uma verdadeira inflação legislativa, e de causas jurídicas, em que as controvérsias jurisprudenciais acerca do tema têm o seu protagonismo.[55]

Acerca da insegurança legislativa e jurisprudencial, Guido Alpa as apresenta como duas grandes mazelas para a certeza do direito, tendo em vista a excessiva quantidade de procedimentos normativos, muitas vezes, obscuros, e as diferentes interpretações dadas pelos julgadores, com a consequente imprevisibilidade das decisões. Uma atua no direito posto, e outra, na sua interpretação.[56]

A crise decorrente da inquietude e da insatisfação traz uma crescente mudança das leis. É óbvio que a evolução do direito demanda uma modificação legislativa. Entretanto, as mudanças contínuas e sem maiores fundamentações acabam prejudicando a segurança jurídica, visto que os destinatários das normas perdem a confiança na ação estatal. Não há que se falar em leis eternas; entretanto, é desejável, para o ordenamento jurídico, que as leis sejam estáveis e longevas.[57]

Anne-Laure Valembois apresenta o paradoxo do direito, concebido como um fator de segurança, mas que, em vista de seu sucesso e das reivindicações individuais e de categorias, acaba por ter uma crescente subjetivação, o que gera insegurança na medida em que os interesses particulares são necessariamente contraditórios e fazem com que haja necessidade de multiplicidade de normas, cada vez menos genéricas e mais particulares, aumentando a possibilidade de colisão, o que vai de encontro à função de pacificação social do direito. Ademais, a necessidade de o direito se adaptar à realidade social, somada à aceleração e ao aumento da complexidade da sociedade,

---

[55] ÁVILA, Humberto. *Segurança jurídica...* Op. cit., p. 53. É evidente que, em um mundo que possui um ritmo muito acelerado de mudanças, em uma modernidade líquida, decantada por Zygmunt Bauman, com constantes mudanças e permanentes reformas de uma sociedade de alta velocidade, em que nada é feito para durar, não se pode pensar no direito como um sistema estático, devendo o jurista estar preparado para um direito móvel, em que se mantenham fixas as diretrizes relativas à tutela dos direitos fundamentais e à preservação do estado de Direito. Como refere ALPA, Guido. *Op. cit.*, p. 75, não se pode suprimir a incerteza, devendo-se evitar o comprometimento do sistema inteiro.

[56] *Op. cit.*, p. 23. Em relação à verdadeira inflação legislativa, pode-se destacar a proliferação normativa, com leis cada vez mais complexas e de obscuridade técnica, que perdem seu caráter mais genérico e durador, sendo amiúde mais específicas e temporárias. Ressalta VALEMBOIS, Anne-Laure. *Op. cit.*, p. 102-111, que a necessidade de leis teve origem na perda de confiança nos homens, passando a confiança a ser dada pelo direito, eliminando-se o arbítrio e garantindo-se a liberdade com a submissão dos governos às leis. Contudo, foram surgindo novos campos de direito, a demandar novas previsões legislativas, passando-se a ter uma proliferação galopante de normas. A proliferação normativa está presente no âmago do Estado de Direito, que visa assegurar a relativa previsibilidade das relações sociais, propiciada pelas normas. Ocorre que há uma multiplicação de leis de reduzida generalidade, cada vez mais setoriais e temporárias, com baixo grau de abstração. A particularização das normas as torna mais facilmente obsoletas, havendo a necessidade de modificações em razão da mudança dos fatos, com a ocorrência de uma casuística exagerada. Nesse contexto, percebe-se que a segurança jurídica é afetada pela proliferação normativa, que torna o direito mais complexo, menos acessível e acelera o ritmo da vida jurídica, o que ocasiona instabilidade e imprevisibilidade.

[57] LÓPEZ DE OÑATE, Flavio. *La certeza del derecho*. Trad. Santiago Sentís Melendo e Marino Ayerra Redin. Buenos Aires: Ediciones Jurídicas Europa-América, 1953, p. 96-97. Conforme destaca o autor, "o frenesi moderno que se exterioriza no constante legislar, não leva em consideração o fundamento e a natureza da legislação, que está justamente nessa estabilidade da vontade". Conforme o autor, p. 99-107, a crítica à multiplicidade das leis não se funda apenas na dificuldade de conhecer todas elas, prejudicando a cognoscibilidade do direito, mas também decorre da necessidade de se salvaguardar a justiça e a segurança, devendo haver uma constância e univocidade da vontade estatal, e não a sua dispersão, fluidez e inconsistência, frutos desse aluvião legislativo. A segurança jurídica é mitigada, hoje, por conta da complexidade e obscuridade tecnicista das normas, pela instabilidade decorrente das mudanças excessivas. Em razão disso, destaca López de Oñate que a obscuridade da norma, suas lacunas (nos limites indicados), sua falta de simplicidade, sua instabilidade, a multiplicidade das disposições em que ela pode se articular, a pluralidade das leis, a dificuldade e a prolongação dos processos, são os modos de manifestação que se tem chamado de incerteza do direito.

faz com que haja uma aceleração e uma complexidade maiores do próprio direito, o que igualmente é fonte de insegurança.[58]

E essa insegurança legislativa, vislumbrada no direito em geral, merece relevo quando se fala em direito eleitoral, tendo em vista as constantes reformas legislativas. Além de não haver uma unidade legislativa, com a descentralização de textos normativos que abarcam a matéria,[59] ainda há uma profusão de reformas legislativas, pelo menos a cada quatro anos, em véspera de eleições gerais. Nesse sentido, pode-se salientar as *minirreformas* para as eleições de 2006 (Lei nº 11.300/2006), de 2010 (Lei nº 12.034/2009) e 2014 (Lei nº 12.891/2013). E tal situação tem se agravado, visto que a novidade da vez foi a edição de um diploma legal não mais em véspera de eleição geral, mas, sim, de prélio municipal, como se percebe da Lei nº 13.165/2015. A fluidez das normas eleitorais, extremamente cambiantes, gera uma carência de uniformidade, de sistematicidade, contribuindo para a dificuldade de cognoscibilidade do direito eleitoral.

Como se não fossem suficientes as alterações oriundas do Poder Legislativo, a legislação eleitoral sofre os influxos da função normativa da Justiça Eleitoral, em que o TSE expede *resoluções* disciplinando matérias de grande relevância.[60]

Também contribui para a insegurança jurídica a instabilidade jurisprudencial em razão das interpretações, muitas vezes, dissonantes e claudicantes, com mudanças de orientação, que podem gerar uma menor confiabilidade e calculabilidade ao direito.[61]

Impõe-se salientar que a jurisprudência tem, por característica, sua maleabilidade, sua flexibilidade, possuindo maior facilidade de adaptação em relação ao direito escrito, sendo necessária a evolução jurisprudencial para que não haja um divórcio entre o direito e a realidade. Entretanto, as divergências jurisprudenciais e as decisões incompreensíveis

---

[58] *Op. cit.*, p. 08-09.
[59] Podem ser citadas, por exemplo, a Lei das Eleições (Lei nº 9.504/97), o Código Eleitoral (Lei nº 4.737/65), a Lei das Inelegibilidades (Lei Complementar nº 64/90) e a Lei dos Partidos Políticos (Lei nº 9.096/95).
[60] Acerca da função normativa, MACEDO, Elaine Harzheim. A função normativa da Justiça Eleitoral brasileira no quadro da separação de poderes. *Revista do Instituto do Direito Brasileiro*, v. 12, 2013, p. 13.873, ressalta a dificuldade atinente à pesquisa, tendo em vista "que o tema é pouco pesquisado na doutrina", não havendo referenciais teóricos muito seguros na matéria. Impõe-se salientar, conforme bem demonstra ALMEIDA NETO, Manoel Carlos de. *Direito eleitoral regulador*. São Paulo: Revista dos Tribunais, 2014, p. 111, que não obstante a utilização indiscriminada do termo *normativo*, a histórica previsão legislativa atribui à Justiça Eleitoral uma função ou um poder *regulamentar*. A tradição do direito eleitoral brasileiro, contudo, a partir da previsão dessa função dita regulamentadora, fez com que a doutrina eleitoralista reconhecesse uma verdadeira função normativa da Justiça Eleitoral. Para LEAL, Vítor Nunes. Funções normativas de órgãos judiciários. *Revista de Direito Administrativo*, n. VI, 1946, p. 356, a competência do Tribunal Superior Eleitoral era a "de expedir normas complementares da legislação eleitoral", sendo, portanto, competência regulamentar, "sem dúvida de segundo grau". Nesse sentido, também, CONTIPELLI, Ernani. Princípio da anualidade (ou anterioridade) eleitoral. *Revista de Direito Constitucional e Internacional*, n. 66, 2009, p. 206, para quem a competência do TSE consistiria "em um poder meramente regulamentar (ato normativo secundário), destinado única e exclusivamente a possibilitar a fiel concretização dos dizeres previstos no Código Eleitoral, não tendo qualquer titularidade jurídica para introduzir direito novo em nosso ordenamento jurídico positivo". Claro que não há que se confundir *poder regulamentador* com *poder normativo*, mas COSTA, Tito. *Recursos em matéria eleitoral*. 9. ed. rev. atual. e ampl. São Paulo: Revista dos Tribunais, 2010, p. 35, bem percebe, na prática da Justiça Eleitoral, o exercício de uma competência normativa "e, até mesmo, de certa forma, legislativa", que é exercida pelo Tribunal Superior Eleitoral. Sobre a função normativa da Justiça Eleitoral e a natureza das *resoluções* expedidas pelo TSE, sugere-se a leitura de ALMEIDA NETO, Manoel Carlos de. *Direito eleitoral regulador*. São Paulo: Revista dos Tribunais, 2014.
[61] Acentua AMARAL, Guilherme Rizzo. *Cumprimento e execução da sentença*: sob a ótica do formalismo-valorativo. Porto Alegre: Livraria do Advogado, 2008, p. 58, que "não apenas a lei, como também a jurisprudência deve ser clara e previsível, sendo ameaçadoras da segurança jurídica as decisões exóticas ou surpreendentes, em especial quando trouxerem questões novas que não foram debatidas com as partes".

para os seus destinatários são fontes de insegurança jurídica. Nesse contexto, deve-se ter muito cuidado com a insegurança jurisprudencial, sendo prejudicial à segurança jurídica a existência de decisões ininteligíveis ou com motivação deficiente.[62]

E a instabilidade jurisprudencial é potencializada no direito eleitoral, em que é comum a ocorrência de mudanças jurisprudenciais, às vezes fruto da pura e simples modificação da composição dos Tribunais, tendo em vista a temporariedade do mandato dos juízes eleitorais. Em decorrência disso, não é incomum se deparar, dentro de uma mesma eleição, em período muito curto de tempo, com orientações jurisprudenciais distintas, fruto da alteração da composição dos tribunais.[63]

Há que se salientar que vigora, na Justiça Eleitoral, o princípio da temporariedade, com grande amplitude, visto que os juízes eleitorais, incluindo-se os julgadores dos Tribunais Regionais e os Ministros do Tribunal Superior Eleitoral possuem *mandato* de dois anos, sendo possível a recondução por mais um único biênio. Dessa forma, "nenhum magistrado tem vinculação permanente na Justiça Eleitoral, integrando-a sempre por prazo delimitado".[64]

Para Fávila Ribeiro, "a rotatividade na composição dos órgãos da Justiça Eleitoral é recomendada como eficiente esquematização institucional, devendo ser conservada como medida de sabedoria política".[65] De qualquer sorte, tal realidade gera a constante alteração da composição dos tribunais, o que acaba por causar, com grande frequência, alternância da orientação jurisprudencial da Justiça Eleitoral, tornando-se muito cambiante e pouco segura.[66]

---

[62] VALEMBOIS, Anne-Laure. *Op. cit.*, p. 86-96.

[63] Conforme bem refere RIBEIRO, Fávila. *Direito eleitoral*, 4. ed. rev. e ampl. Rio de Janeiro: Forense, 1996, p. 129, a Justiça Eleitoral não possui uma magistratura própria, utilizando-se, basicamente, da magistratura da justiça comum.

[64] Idem, p. 129-130. Conforme OLIVEIRA, Marcelo Roseno de. *Op. cit.*, p. 79, "desde sua criação, a Justiça Eleitoral segue o mesmo modelo de recrutamento de seus membros. Repeliu-se a ideia de uma magistratura de carreira, confiando-se o exercício das funções a membros de outros tribunais e advogados, que são 'emprestados' para o desempenho das tarefas por períodos determinados (mandatos)".

[65] *Op. cit.*, p. 130. Impõe-se atentar para o fato de que, quando se lida com direito eleitoral, se está laborando com uma questão muito sensível, que é a política. Nesse sentido, a temporariedade dos mandatos dos juízes eleitorais de mostra salutar, visto que, nesse ambiente, as paixões podem aflorar, eis por que todos os juízes eleitorais são eleitores, possuem uma visão de mundo, uma ideologia, podendo ter maior ou menos simpatia por um determinado candidato ou uma determinada agremiação partidária, mesmo que não possam ter filiação partidária. Correto, pois, o entendimento de Fávila Ribeiro que, à p. 130, refere ser inegável que as competições políticas acarretam frequentes exacerbações passionais, no entrechoque dos grupos rivais, gerando perduráveis incompatibilidades que não ficam circunscritas aos protagonistas das lutas partidárias, resvalando, aqui e alhures, para atingir os magistrados que tiveram de contrariar interesses de uns ou de outros. Assim, a transitoriedade dos mandatos eleitorais oxigena a atividade jurisdicional e a própria Justiça Eleitoral, salientando, OLIVEIRA, Marcelo Roseno de. *Op. cit.*, p. 80, que a instituição da Justiça Eleitoral brasileira, em 1932, "aconteceu em um ambiente de profundos questionamentos sobre os procedimentos eleitorais, imperando a fraude no processo de coleta e apuração dos votos", o que, evidentemente, fez com que "se pretendesse imunizar o desempenho das funções de direção do processo eleitoral de eventuais ingerências de caráter político, as quais encontrariam ambiente mais propício na hipótese de magistrados exercerem atribuições perante a Justiça Eleitoral durante toda a vida funcional". Não se pode desconhecer, no entanto, a existência de críticas ao curto mandato dos juízes eleitorais, o que poderia ensejar uma descontinuidade e um diminuto grau de especialização. Nesse sentido, CÂNDIDO, Joel José. *Direito eleitoral brasileiro*. 8. ed. Bauru: Edipro, 2000, p. 42, questiona a composição da Justiça Eleitoral, tendo em vista a tendência à especialização dos órgãos judiciários, o que não ocorre em matéria eleitoral, tendo em vista a temporariedade dos mandatos.

[66] Para OLIVEIRA, Marcelo Roseno. Viragem jurisprudencial em matéria eleitoral e segurança jurídica: estudo do caso da declaração de inconstitucionalidade do recurso contra expedição de diploma pelo Tribunal Superior Eleitoral. *Estudos Eleitorais*, v. 9, n. 2, Brasília, 2014, p. 90, é perceptível, nos últimos anos, a crescente judicialização das eleições no Brasil. E o que se tem evidenciado é que a atuação dos tribunais eleitorais pátrios

A modificação do entendimento jurisprudencial não decorre, assim, apenas da evolução da interpretação jurisprudencial, mas também da mera alteração da composição dos tribunais.

Para proteger a prestação jurisdicional da insegurança jurisprudencial decorrente da constante modificação da composição dos tribunais, deve-se seguir o exemplo do acórdão de Agravo Regimental no REspe 28.499/PA,[67] em que se estabeleceu que a "jurisprudência do TSE recomenda não haver alteração do posicionamento jurisprudencial em relação à mesma eleição".[68]

Diante da insegurança legislativa, pela multiplicação de leis obscuras e tecnicistas, bem como da instabilidade jurisprudencial, é importante, para a segurança jurídica, a existência de uma doutrina sólida, de profissionais do direito que tornem mais claras as previsões legislativas e que, por sua postura crítica, diminuam o risco de arbitrariedades do julgador.[69]

Destaque-se a relevância da doutrina para a racionalização da atividade criativa dos juízes, sendo "capaz de traduzir as experiências jurídicas a conceitos idôneos para uma racionalização no tratamento dos casos".[70]

A dogmática jurídica apresenta aos julgadores soluções mais coerentes, com maior precisão e técnica do que o conjunto normativo existente, razão pela qual facilita a atividade hermenêutica do julgador e minimiza os riscos de discricionariedade.[71]

"têm sido marcada por uma inegável alternância de posições, impedindo que se extraia da jurisprudência a construção de linhas interpretativas que primem pela segurança jurídica". E tal situação acaba sendo agravada pelas frequentes e habituais variações, que geram decisões "díspares sobre situações jurídicas semelhantes, a depender da composição da Corte".

[67] TSE - Agravo Regimental no REspe 28.499/PA - Rel. Min. Marcelo Ribeiro - j. 05.08.2008. Em razão do precedente, deixou-se de aplicar multas por pinturas em muro que superasse os 4m² nas eleições de 2006, mesmo diante da Resolução 22.246/2006 do TSE.

[68] Também se mostrou um louvável lampejo de segurança jurídica o entendimento da aplicação da anterioridade eleitoral para a mudança jurisprudencial, consagrado no julgamento do Recurso Extraordinário nº 637.485/RJ, de relatoria do Ministro Gilmar Mendes, julgado em 01.08.2012, e que versou sobre os chamados *prefeitos itinerantes*. No julgamento em questão, reformou-se o entendimento do TSE que, no julgamento do Recurso Especial Eleitoral nº 32.507/AL, havia alterado a jurisprudência consolidada da Justiça Eleitoral de que era possível um prefeito, após ter sido reeleito em seu município, fazer a transferência de domicílio eleitoral, dentro do prazo de um ano antes da eleição e, renunciando ao seu mandato seis meses antes do pleito, consoante previsão do art. 14, §6º, da Constituição, concorrer a "outro cargo", no caso, o mesmo cargo de prefeito, mas em município distinto. Configurava-se o caso do chamado *prefeito itinerante* quando se tratasse de candidatura a um *terceiro* mandato de prefeito, mas em outro ente municipal. No julgamento do RE nº 637.485/RJ, entendeu-se, por maioria, que, realmente, a Constituição, em seu art. 14, §5º, impunha a "proibição de terceira eleição em cargo de mesma natureza, ainda que em município diverso", tendo em vista que o princípio republicano "impede a perpetuação de uma mesma pessoa ou grupo no poder". O ponto central do acórdão, no entanto, se deu em razão de que o Ministro Gilmar Mendes, em seu voto, propôs efeitos prospectivos da decisão, a fim de salvaguardar a segurança jurídica, tendo em vista tratar-se de mudança de jurisprudência em matéria eleitoral. Assim, diante da viragem jurisprudencial "na interpretação dos preceitos constitucionais que dizem respeito aos direitos políticos e ao processo eleitoral" e do princípio da anterioridade eleitoral do art. 16 da Constituição, que se aplicaria, de forma implícita, à alteração da jurisprudência do TSE, entendeu o STF, por maioria, que as decisões do Tribunal Superior Eleitoral que, no curso do pleito eleitoral ou logo após o seu encerramento, impliquem mudança de jurisprudência, não têm aplicabilidade imediata ao caso concreto e somente terão eficácia sobre outros casos no pleito eleitoral posterior.

[69] MEZQUITA DEL CACHO, José L. *Seguridad jurídica y sistema cautelar*: para su protección preventiva en la esfera privada. v. I. Barcelona: Bosch, 1989, p. 231.

[70] Idem, p. 233.

[71] Idem, ibidem. Continua o autor, à p. 235, referindo que a dogmática contribui com a segurança jurídica. Quanto menos desenvolvida for a doutrina sobre determinado tema, maiores serão os riscos de decisões imprevisíveis, dependentes de fatores incontroláveis, visto que, quando não há uma dogmática precisa e coerente, a tendência

Para contribuir com o papel da doutrina no *desenvolvimento* do direito processual eleitoral, buscando-se mitigar a insegurança legislativa e jurisprudencial existente, os direitos fundamentais de natureza processual apresentam-se como uma ferramenta de grande valia.[72]

5.2 Direito processual eleitoral, parte geral do novo CPC e os direitos fundamentais

Como se procurou demonstrar, não se pode desconsiderar a insegurança, legislativa e jurisprudencial, que assola o direito eleitoral. E tal fato é ainda mais grave em se tratando de direito processual eleitoral, disciplina que sequer é estudada com autonomia, não se tendo superado a fase metodológica do sincretismo, o que faz questionar, se não a existência de um direito processual eleitoral, ao menos, a sua consistência e desenvolvimento.

Assim, a insegurança jurídica é ainda maior em relação ao direito processual eleitoral, tendo em vista a ausência de um tratamento autônomo e a consequente preterição de seu estudo.

A mitigação da insegurança legislativa poderia se dar com uma reforma da legislação eleitoral, estabelecendo-se uma codificação unitária, acabando com seu caráter esparso e assistemático. Contudo, enquanto uma eventual reforma da legislação eleitoral não se torna realidade, caberia à doutrina o papel de (re)construir e desenvolver o direito processual eleitoral. Para essa tarefa, essencial perceber qual é o papel da doutrina, que deixa de ser meramente descritivo e passa a ser criativo e reconstrutivo. E essa (re)construção pode ser realizada a partir de ferramentas conceituais e constitucionais, em que ganham destaque a Teoria Geral do Processo e os direitos fundamentais.

A *construção* legislativa ainda não é uma realidade, havendo apenas uma comissão de juristas tratando do tema.[73] Contudo, mesmo após eventual *construção* legislativa, a contribuição doutrinária se fará necessária. A classe dos juristas dá o tom à codificação, como se percebe dos exegetas franceses no *Code Civil* de 1804 e dos pandectistas alemães no código de 1896.[74]

Destarte, enquanto não se realiza a tão esperada reforma da legislação eleitoral, é ainda mais importante o papel da doutrina, que se apresenta como a atual esperança na *construção* de um efetivo direito processual eleitoral.

Impõe-se atentar para o fato de que a ciência do direito não tem, como única função, a descritiva. Aliás, sequer é sua função mais importante. Portanto, além de

---

é a de que haja uma resolução caso a caso de forma desconexa, muitas vezes, de forma contraditória, mitigando a segurança jurídica, a previsibilidade e a estabilidade. A dogmática permite a criação de teorias, com critérios racionais a fim de que melhor sejam resolvidos os casos duvidosos, de forma coerente e integrada.

[72] Sobre o tema, sugere-se a leitura de PAIM, Gustavo Bohrer. *Direito eleitoral e segurança jurídica*. Porto Alegre: Livraria do Advogado, 2016 (*no prelo*).

[73] Em 08 de junho de 2010, foi instituída a "Comissão de Juristas responsável pela elaboração de anteprojeto de Código Eleitoral", pelo Ato do Presidente do Senado Federal nº 192 de 2010 (ATS nº 192/2010), tendo como presidente da comissão o Ministro Dias Toffoli, do Supremo Tribunal Federal e atual presidente do Tribunal Superior Eleitoral. Disponível em: <http://www.senado.gov.br/atividade/comissoes/comissao.asp?origem=&com=1714>. Acesso em: 18 jan. 2016.

[74] IRTI, Natalino. *Op. cit.*, p. 31.

descrever, deve o doutrinador adscrever e criar significados.[75] Não se pode ter, como único tipo de interpretação, a cognitiva, em que se tem "uma atividade meramente *descritiva* de significados", tendo em vista a necessidade de uma *interpretação decisória*, em que "o intérprete escolhe um significado, dentre os vários existentes", e que envolve uma atividade adscritiva, e de uma *interpretação criativa*, em que o intérprete, diante da ambiguidade do dispositivo, que contempla mais de um significado, "introduz um novo significado".[76]

E tal papel é ainda mais relevante, em termos de direito processual eleitoral, na atual quadra histórica em que se vive, na qual o material normativo se limita a meras leis esparsas, inexistindo um código apto a sistematizar a matéria, cabendo aos juristas a tarefa de sistematização. Assim, o direito dos juristas renasce com a dispersão fragmentária das leis.[77]

A doutrina possui a responsabilidade, diante da ausência de sistematização própria da codificação, de organizar e reagrupar as leis esparsas, com critério de estabilidade e unidade.[78]

Para o desempenho desse papel, de criação, decisão e reconstrução da matéria, o doutrinador pode lançar mão de ferramentas conceituais e constitucionais, destacando-se os direitos fundamentais processuais, núcleo de uma efetiva Teoria Geral do Processo. E é nessa toada que se evidencia a relevância da parte geral do novo CPC, em que restaram disciplinadas as normas fundamentais do direito processual, que podem ser utilizadas para o maior desenvolvimento do direito processual eleitoral.

Muitos seriam os exemplos que poderiam ser referidos para demonstrar o valor do amplo referencial teórico dos direitos fundamentais de natureza processual para o direito processual eleitoral. Dada a limitação do presente estudo, apenas três serão abordados.

O primeiro trata do juiz natural, que deve ser entendido como o *"juiz imparcial, competente e aleatório"*, e que tem o "dever de prestar tutela jurisdicional e conduzir o processo de forma justa".[79]

Como características do juiz natural, sobrelevam-se a independência e a imparcialidade,[80] em que o juízo deve ser "imparcial e pré-constituído na forma da lei". Contudo, não se pode exigir neutralidade objetiva do julgador, "pois é absolutamente natural que decida de acordo com seus princípios éticos, religiosos, filosóficos, políticos e culturais, advindos de sua formação como pessoa".[81]

---

[75] ÁVILA, Humberto. Função da ciência do direito tributário: do formalismo epistemológico ao estruturalismo argumentativo. *Revista de Direito Tributário Atual*, n. 29, São Paulo, 2013, p. 183.

[76] Idem, p. 184.

[77] IRTI, Natalino. *Op. cit.*, p. 51.

[78] IIdem, p. 52.

[79] SARLET, Ingo Wolfgang; MARINONI, Luiz Guilherme; MITIDIERO, Daniel. *Curso de direito constitucional*. São Paulo: Revista dos Tribunais, 2012, p. 644. Conforme NERY JR., Nelson. *Princípios do processo na Constituição Federal*: processo civil, penal e administrativo. 11. ed. rev. atual. e ampl. São Paulo: Revista dos Tribunais, 2013, p. 148, "o princípio do juiz natural se traduz no seguinte conteúdo: a) exigência de *determinabilidade*, consistente na prévia individualização dos juízes por meio de leis gerais [...]; b) garantia de *justiça material* (independência e imparcialidade dos juízes); c) *fixação da competência*, vale dizer, o estabelecimento de critérios objetivos para a determinação da competência dos juízes; d) observância das determinações de procedimento referentes à *divisão funcional interna*".

[80] NERY JR., Nelson. *Op. cit.*, p. 149.

[81] Idem, p. 154.

E essa é uma questão que tem especial relevo no direito eleitoral, visto que lida com a política e com as paixões, sendo inevitável que os julgadores levem em consideração, quando do julgamento, sua formação e suas concepções de mundo, que possuem, muitas vezes, conotação política e ideológica.[82]

Por conseguinte, há que se referir o cumprimento de mandato pelos juízes eleitorais, tendo essa previsão, em sua essência, o objetivo de garantir a imparcialidade dos julgadores em área tão sensível quanto a política.

Ainda no âmbito do direito processual eleitoral, a eleição de 2002 consagrou um procedimento que afronta regra do Código de Processo Civil e que merece ser questionado à luz do direito ao juiz natural. Ocorre que a Resolução nº 20.951,[83] de 13 de dezembro de 2001, estabeleceu, para o pleito de 2002, as regras atinentes às reclamações e representações do art. 96 da Lei nº 9.504/97. E, em seu art. 8º, §1º, dispôs que o recurso interposto contra a decisão prolatada pelos juízes auxiliares seria relatado, no Tribunal Regional Eleitoral, pelo próprio juiz auxiliar que proferiu a sentença.[84]

Assim, da sentença proferida pelo juiz auxiliar, em sede de representação ou reclamação, caberia o recurso de *agravo*,[85] que teria, como relator, no Tribunal Regional, o mesmo julgador que prolatara a decisão recorrida. E, a partir dessa resolução, o procedimento foi adotado em todas as eleições subsequentes, havendo entendimento jurisprudencial afirmando a legalidade da referida disposição.[86] Ocorre que a previsão, não obstante o entendimento contrário da Justiça Eleitoral, afronta, sim, regra expressa do novo Código de Processo Civil, que, em seu art. 144, II, dispõe haver "impedimento do juiz, sendo-lhe vedado exercer suas funções no processo: [...] II - de que conheceu em outro grau de jurisdição, tendo proferido decisão".[87]

Portanto, há uma predefinição do relator do recurso interposto, o que já dificulta a chance de êxito, tendo em vista a evidente tendência de ser mantido o entendimento proferido pelo próprio julgador. Trata-se da positivação legal de hipótese que é compreendida como verdadeiro impedimento do julgador pela legislação processual civil. Eis, aqui, um ponto que merece reflexão por parte da doutrina, a partir dos direitos fundamentais processuais.[88]

Um segundo exemplo de direito fundamental relevante para o direito processual eleitoral é a garantia da licitude das provas. Ocorre que a jurisprudência histórica

---

[82] O que se veda, em consonância com o inciso III do parágrafo único do art. 95 da Constituição, é a dedicação à atividade político-partidária, não se admitindo que o magistrado tenha filiação partidária ou envolvimento político.

[83] TSE - Resolução 20.951/DF - Rel. Min. Fernando Neves - j. 13.12.2001.

[84] Art. 8º "Contra a decisão dos juízes auxiliares caberá agravo, no prazo de vinte e quatro horas da publicação da decisão na Secretaria, assegurado ao recorrido o oferecimento de contra-razões, em igual prazo, a contar da sua notificação.
§1º O agravo será levado à sessão pelo próprio juiz auxiliar, que substituirá membro da mesma representação, observada a ordem de antiguidade, e julgado pelo Plenário do Tribunal, no prazo de quarenta e oito horas, a contar da conclusão dos autos, independentemente de pauta".

[85] Salta aos olhos outro problema terminológico, visto que a resolução denominou de *agravo* o recurso interposto contra a *sentença*, visto que as decisões interlocutórias são irrecorríveis.

[86] TSE - Agravo Regimental no Recurso Especial Eleitoral n. 1677-71 - Rel. Min. Henrique Neves da Silva - j. 16.05.2013.

[87] Trata-se da mesma previsão do art. 134, III, do Código de Processo Civil de 1973.

[88] Sobre o tema, consultar PAIM, Gustavo Bohrer. O juiz natural e o direito eleitoral. *Estudos Eleitorais*, v.10, n. 3, set./dez. 2015 (*no prelo*).

do Tribunal Superior Eleitoral e, por consequência, dos Tribunais Regionais, era no sentido da licitude da prova obtida por meio de gravação ambiental realizada por um dos interlocutores sem o conhecimento do outro.[89]

Tal entendimento fora adotado pelo Tribunal Superior Eleitoral a partir de precedente do Supremo Tribunal Federal, consubstanciado no Recurso Extraordinário nº 583.937/RJ.[90]

Nessa senda, especialmente, em se tratando de captação ilícita de sufrágio, em que a produção probatória é de difícil consecução, tendo em vista o caráter clandestino de tal ilicitude e em razão do *standard probatório* adotado, a demandar prova *estreme de dúvidas*,[91] a jurisprudência das cortes eleitorais passou a admitir as gravações ambientais, em que a *vítima* da compra de voto gravava, sem o conhecimento do *corruptor*, o ato ilícito.

No entanto, como bem apontado por Guilherme Barcelos, a utilização do precedente do Supremo Tribunal Federal era equivocada. E isso porque o caso analisado no STF tratava de ação penal, e a prova havia sido utilizada como matéria de defesa do réu – autor da gravação –, o que não ocorria quando da aplicação em decorrência da captação ilícita de sufrágio estatuída no art. 41-A da Lei nº 9.504/97, que possui natureza de ilícito *não penal* e em que a prova era utilizada para a condenação do réu que havia sido gravado sem seu conhecimento.[92]

Logo, sendo a gravação ambiental clandestina obtida sem o conhecimento de um dos interlocutores, em processo de natureza não penal e com o único propósito de condenar a pessoa gravada, com violação de sua intimidade, não se poderia admitir tal prova como lícita.

E esse entendimento foi adotado, especificamente, para o pleito eleitoral de 2012, tendo, como precedente, o Recurso Especial Eleitoral nº 34.426/BA, em que se entendeu ilícita a gravação ambiental em razão de violação à intimidade, salvo na hipótese de se tratar de investigação criminal ou processo penal em que haja ordem judicial.[93]

Dada a instabilidade desse tema na jurisprudência eleitoral, de grande utilidade seria o farto manancial teórico existente sobre o tema das provas ilícitas,[94] especialmente, no processo penal.

Por fim, não se pode deixar de tratar da duração razoável do processo, direito fundamental de extrema relevância para o direito processual eleitoral. Nesse contexto, os julgados da Corte Europeia dos Direitos do Homem são de grande riqueza para a

---

[89] Apenas a título de exemplo, TSE - Recurso Especial Eleitoral 50706/AL - Rel. Min. Marco Aurélio - j. 26.06.2012.
[90] STF - Repercussão Geral por Questão de Ordem no Recurso Extraordinário 583.937/RJ - Rel. Min. Cezar Peluso - j. 19.11.2009.
[91] Os *standards probatórios* não são estudados em termos de Direito Processual Eleitoral, não obstante tenha se consolidado o entendimento de que, para fins de condenação por captação ilícita de sufrágio, a prova deveria ser *estreme de dúvidas*, o que dá azo a entender tratar-se da *evidence beyond a reasonable doubt*, *standard* utilizado em casos criminais na tradição da *common law*. Sobre o tema, KNIJNIK, Danilo. *A prova nos juízos cível, penal e tributário*. Rio de Janeiro: Forense, 2007, e KNIJNIK, Danilo. Os *standards* do convencimento judicial: paradigmas para o seu possível controle. *Revista Forense*, v. 353, Rio de Janeiro, 2001, p. 15-52.
[92] BARCELOS, Guilherme. *Processo judicial eleitoral & provas ilícitas*: a problemática das gravações ambientais clandestinas. Curitiba: Juruá, 2014, p. 157-175.
[93] TSE - Recurso Especial Eleitoral 34426/BA - Rel. Min. Marco Aurélio - j. 16.08.2012. Percebe-se a alteração da jurisprudência do TSE que, no tema em questão, merece ser louvada.
[94] Sobre o tema, PAIM, Gustavo Bohrer. A garantia da licitude das provas e o princípio da proporcionalidade no direito brasileiro. *In*: PORTO, Sérgio Gilberto (Org.). *As garantias do cidadão no processo civil*: relações entre Constituição e processo. Porto Alegre: Livraria do Advogado, 2003, p. 165-190.

análise do tema, tendo em vista os parâmetros que utiliza para a análise do respeito ou não a tal princípio.

Tem-se que foi, a partir do Caso Neumeister contra Áustria,[95] de 1963, que a Corte de Estrasburgo começou a alinhavar os critérios para a aferição da duração razoável do processo. Os critérios referidos levavam em conta, basicamente: "(a) a complexidade da causa, (b) o comportamento dos litigantes e de seus procuradores e (c) a atuação do órgão jurisdicional (autoridades competentes)".[96] Posteriormente, a Corte Europeia passou considerar um quarto critério, atinente à "relevância do direito em jogo para a vida do litigante prejudicado pela duração não razoável do processo".[97]

Levando-se em conta o critério relativo ao *direito material em jogo*, o direito fundamental à duração razoável do processo é de extrema relevância para o direito processual eleitoral, tendo em vista a curta duração do processo eleitoral, bem como a limitação temporal dos mandatos obtidos no pleito. Isso sem falar que lida com a essência da democracia representativa e com direitos políticos fundamentais. Conforme Rodolfo Pereira, "a preocupação com a rapidez no julgamento das contendas eleitorais perpassa todos os sistemas de contencioso", tendo sido a *celeridade* "erigida como um dos princípios mais relevantes do Direito Eleitoral comparado. O motivo, como é óbvio, prende-se à exiguidade do lapso temporal dedicado à organização dos pleitos".[98]

É, nesse contexto, que o art. 97-A da Lei nº 9.504/97 estabelece como "duração razoável do processo que possa resultar em perda de mandato eletivo o período máximo de 1 (um) ano, contado da sua apresentação à Justiça Eleitoral". Tal prazo, em conformidade com o §1º do dispositivo legal, "abrange a tramitação em todas as instâncias da Justiça Eleitoral". Para melhor aplicação do direito fundamental à duração razoável do processo na seara Eleitoral, poder-se-ia utilizar o vultoso referencial teórico existente no Processo Civil, bem como a riqueza dos julgados da Corte Europeia dos Direitos do Homem.

De todo o exposto, extrai-se, dos direitos fundamentais processuais, uma ferramenta constitucional de grande valia para auxiliar a doutrina no necessário desígnio de *construção* do direito processual eleitoral.

6 Conclusão

Ao longo do presente ensaio, pretendeu-se demonstrar a importância da previsão, no novo CPC, de uma parte geral, em que restaram positivadas as normas fundamentais para o processo civil. Trata-se, em verdade, dos direitos fundamentais de natureza processual, que são comuns aos distintos ramos de direito processual, constituindo-se na essência de uma efetiva Teoria Geral do Processo.

---

[95] Processo nº 1.936/63.

[96] PAIM, Gustavo Bohrer. O direito fundamental à duração razoável do processo e a Corte Europeia dos Direitos do Homem. *Revista Jurídica*, n. 435, Porto Alegre, 2014, p. 57-58.

[97] DALMOTTO, Eugenio. Diritto all'equa riparazione per l'eccessiva durata del processo. *In*: CHIARLONI, Sergio (a cura di). *Misure acceleratorie e riparatorie contro l'irragionevole durata dei processi*. Torino: Giappichelli, 2002, p. 68-225. Conforme Eugenio Dalmotto, à p. 176, o critério da *posta in gioco* foi introduzido pela Corte de Estrasburgo em causas envolvendo portadores do vírus HIV, impondo-se a condução do processo com uma excepcional diligência a fim de assegurar a rapidez de um julgamento em que a decisão era de crucial importância para o jurisdicionado.

[98] *Op. cit.*, p. 109.

A partir de tais premissas, percebe-se que o direito processual eleitoral insere-se no âmbito de atuação da TGP, consistindo os direitos fundamentais processuais em preciosas ferramentas constitucionais à disposição da doutrina eleitoralista para o desenvolvimento desse relevante ramo, comumente relegado a mero capítulo de um livro.

Referências

ALCALÁ-ZAMORA Y CASTILLO, Niceto. *Estudios de teoria general e historia del proceso (1945-1972)*. T. I. México: UNAM, 1974.

ALMEIDA NETO, Manoel Carlos de. *Direito eleitoral regulador*. São Paulo: Revista dos Tribunais, 2014.

ALPA, Guido. *La certezza del diritto nell'età dell'incertezza*. Napoli: Editoriale Scientifica, 2006.

AMARAL, Guilherme Rizzo. *Cumprimento e execução da sentença*: sob a ótica do formalismo-valorativo. Porto Alegre: Livraria do Advogado, 2008.

ANDRADE, Fábio Siebeneichler de. *Da codificação*: crônica de um conceito. Porto Alegre: Livraria do Advogado, 1997.

ASCENSÃO, José de Oliveira. *O direito*: introdução e teoria geral: uma perspectiva luso-brasileira. 7. ed. rev. Coimbra: Almedina, 1993.

ÁVILA, Humberto. *Segurança jurídica*: entre permanência, mudança e realização do direito tributário. 2. ed. rev. atual. e ampl. São Paulo: Malheiros, 2012.

ÁVILA, Humberto. O que é "devido processo legal"? *Revista de Processo*, n. 163, 2008.

ÁVILA, Humberto. Função da ciência do direito tributário: do formalismo epistemológico ao estruturalismo argumentativo. *Revista de Direito Tributário Atual*, n. 29, São Paulo, 2013.

BARCELOS, Guilherme. *Processo judicial eleitoral & provas ilícitas*: a problemática das gravações ambientais clandestinas. Curitiba: Juruá, 2014.

BENABENTOS, Omar A. *Nociones sobre una teoría general unitária del derecho procesal*. Disponível em: <http://www.cartapacio.edu.ar/ojs/index.php/ctp/article/viewFile/21/39>. Acesso em: 10 fev. 2016.

BOTELHO, Guilherme. *Direito ao processo qualificado*: o processo civil na perspectiva do Estado Constitucional. Porto Alegre: Livraria do Advogado, 2010.

CÂMARA, Alexandre Freitas. *Lições de direito processual civil*. v. 1. 25. ed. São Paulo: Atlas, 2014.

CÂNDIDO, Joel José. *Direito eleitoral brasileiro*. 8. ed. Bauru: Edipro, 2000.

CARNELUTTI, Francesco. Per una teoria generale del processo. *Questioni sul processo penale*. Bologna: Cesare Zuffi Editore, 1950.

CARNELUTTI, Francesco. Rinascita. *Rivista di Diritto Processuale*, v. 1. Padova: CEDAM, 1946.

CARNELUTTI, Francesco. Cenerentola. *Questioni sul processo penale*. Bologna: Cesare Zuffi Editore, 1950.

CASTELO, Jorge Pinheiro. *O direito processual do trabalho na moderna teoria geral do processo*. 2. ed. São Paulo: LTr, 1996.

CINTRA, Antonio Carlos de Araújo; GRINOVER, Ada Pellegrini; DINAMARCO, Cândido Rangel. *Teoria geral do processo*. 30. ed. rev. atual. São Paulo: Malheiros, 2014.

CHIARLONI, Sergio. Giusto processo, garanzie processuali, giustizia della decisione. *Rivista Trimestrale di Diritto e Procedura Civile*, anno LXII, n. 1, 2008.

COMOGLIO, Luigi Paolo. *Etica e tecnica del "giusto processo"*. Torino: Giappichelli, 2004.

COMOGLIO, Luigi Paolo. Valori etici e ideologie del "giusto processo" (modelli a confronto). *Rivista Trimestrale di Diritto e Procedura Civile*, anno LII, n. 3, 1998.

CONTIPELLI, Ernani. Princípio da anualidade (ou anterioridade) eleitoral. *Revista de Direito Constitucional e Internacional*, n. 66, 2009.

COSTA, Tito. *Recursos em matéria eleitoral*. 9. ed. rev. atual. e ampl. São Paulo: Revista dos Tribunais, 2010.

DALMOTTO, Eugenio. Diritto all'equa riparazione per l'eccessiva durata del processo. *In*: CHIARLONI, Sergio (a cura di). *Misure acceleratorie e riparatorie contro l'irragionevole durata dei processi*. Torino: Giappichelli, 2002.

DEVIS ECHANDÍA, Hernando. *Teoría general del proceso*: aplicable a toda clase de procesos, 2. ed. Buenos Aires: Editorial Universidad, 1997.

DIDIER JR., Fredie. *Sobre a Teoria Geral do Processo, essa desconhecida*. Salvador: JusPodivm, 2012, p. 32.

DINAMARCO, Cândido Rangel. *A instrumentalidade do processo*. 15. ed. São Paulo: Malheiros, 2013.

FAZZALARI, Elio. *Istituzioni di diritto processuale*. 5. ed. Padova: CEDAM, 1989.

FAZZALARI, Elio. Processo. Teoria Generale. *Novissimo Digesto Italiano*, v. XIII. Torino: Unione Tipografico - Editrice Torinese, 1966.

GUASP, Jaime. *Derecho procesal civil*. T. I. 4. ed. Madrid: Editorial Civitas, 1998.

IRTI, Natalino. *Codice civile e società politica*. 7. ed. Roma: Editori Laterza, 2005.

JARDIM, Afrânio Silva. *Direito processual penal*. 9. ed. rev. e atual. Rio de Janeiro: Forense, 2000.

JOBIM, Marco Félix. *Cultura, escolas e fases metodológicas do processo*. 2. ed. rev. e atual. Porto Alegre: Livraria do Advogado, 2014.

KNIJNIK, Danilo. *A prova nos juízos cível, penal e tributário*. Rio de Janeiro: Forense, 2007.

KNIJNIK, Danilo. Os *standards* do convencimento judicial: paradigmas para o seu possível controle. *Revista Forense*, v. 353, Rio de Janeiro, 2001, p. 15-52.

LEONE, Giovanni. *Trattato di diritto processuale penale*. v. I. Napoli: Casa Editrice Dott. Eugenio Jovene, 1961.

LOPES JR., Aury. *Direito processual penal*. 11. ed. 2. tiragem. São Paulo: Saraiva, 2014.

LEAL, Rosemiro Pereira. *Teoria geral do processo*: primeiros estudos. 12. ed. rev. e atual. Rio de Janeiro: Forense, 2014.

LEAL, Vítor Nunes. Funções normativas de órgãos judiciários. *Revista de Direito Administrativo*, n. VI, 1946, p. 326-360.

LIEBMAN, Enrico Tullio. Recensioni e Segnalazioni: Istituzioni di diritto processuale de Elio Fazzalari. *Rivista di Diritto Processuale*, anno 30, n. 3, 1975.

LÓPEZ DE OÑATE, Flavio. *La certeza del derecho*. Trad. Santiago Sentís Melendo e Marino Ayerra Redin. Buenos Aires: Ediciones Jurídicas Europa-América, 1953.

MACEDO, Elaine Harzheim. A função normativa da Justiça Eleitoral brasileira no quadro da separação de poderes. *Revista do Instituto do Direito Brasileiro*, v. 12, 2013, p. 13.871-13.884.

MARCHETTI, Vitor. Governança eleitoral: o modelo brasileiro de justiça eleitoral. *Dados: Revista de Ciências Sociais*, v. 51, Rio de Janeiro, 2008.

MARTINS-COSTA, Judith. *A boa-fé no direito privado*. 1. ed. 2. tiragem. São Paulo: Revista dos Tribunais, 2000.

MATTOS, Sérgio Luís Wetzel de. *Devido processo legal e proteção de direitos*. Porto Alegre: Livraria do Advogado, 2009.

MENDES, Gilmar Ferreira. O princípio constitucional da anterioridade eleitoral. *In*: FELLET, André; NOVELINO, Marcelo. *Constitucionalismo e democracia*. Salvador: JusPodivm, 2013.

MEZQUITA DEL CACHO, José L. *Seguridad jurídica y sistema cautelar*: para su protección preventiva en la esfera privada. v. I. Barcelona: Bosch, 1989.

MITIDIERO, Daniel. *Colaboração no processo civil*. 2. ed. rev. atual. e ampl. São Paulo: Revista dos Tribunais, 2011.

NERY JR., Nelson. *Princípios do processo na Constituição Federal*: processo civil, penal e administrativo. 11. ed. rev. atual. e ampl. São Paulo: Revista dos Tribunais, 2013.

NIGRO, Mario. Decisione amministrativa. *Enciclopedia del Diritto*. v. XI. Milano: Giuffrè, 1962, p. 810-823.

NUNES, Dierle. Uma breve provocação aos processualistas: o processualismo constitucional democrático. *In*: ZUFELATO, Camilo; YARSHELL, Flávio Luiz. *40 anos da Teoria Geral do Processo no Brasil*: passado, presente e futuro. São Paulo: Malheiros, 2013, p. 218-237.

OLIVEIRA, Marcelo Roseno de. *Controle das eleições*: virtudes e vícios do modelo constitucional brasileiro. Belo Horizonte: Fórum, 2010.

OLIVEIRA, Marcelo Roseno de. Viragem jurisprudencial em matéria eleitoral e segurança jurídica: estudo do caso da declaração de inconstitucionalidade do recurso contra expedição de diploma pelo Tribunal Superior Eleitoral. *Estudos Eleitorais*, v. 9, n. 2, Brasília, 2014, p. 83-105.

OVALLE FAVELA, José. *Teoría general del proceso*. México: Harla, 1991.

PAIM, Gustavo Bohrer. El derecho al justo proceso. *In*: ARAGÃO, Paulo; TAYAH, José Marco; ROMANO, Letícia Danielle (Org.). *Reflexiones sobre derecho latinoamericano*: estudios en homenaje al profesor Paulo Bonavides. v. 2. Buenos Aires: Quorum, 2011, p. 335-350.

PAIM, Gustavo Bohrer. O direito fundamental à duração razoável do processo e a Corte Europeia dos Direitos do Homem. *Revista Jurídica*, n. 435, Porto Alegre, 2014, p. 37-64.

PAIM, Gustavo Bohrer. A garantia da licitude das provas e o princípio da proporcionalidade no direito brasileiro. *In*: PORTO, Sérgio Gilberto (Org.). *As garantias do cidadão no processo civil*: relações entre Constituição e processo. Porto Alegre: Livraria do Advogado, 2003, p. 165-190.

PAIM, Gustavo Bohrer. *Direito Eleitoral e segurança jurídica*. Porto Alegre: Livraria do Advogado, 2016 (*no prelo*).

PAIM, Gustavo Bohrer. O juiz natural e o Direito Eleitoral. *Estudos Eleitorais*, v. 10, n. 3, set./dez. 2015 (*no prelo*).

PEREIRA, Rodolfo Viana. *Tutela coletiva no direito eleitoral*: controle social e fiscalização das eleições. Rio de Janeiro: Lumen Juris, 2008.

PODETTI, Ramiro. Trilogia estructural de la ciencia del proceso civil. *Revista de Derecho Procesal*. I. Buenos Aires, 1944.

PORTO, Sérgio Gilberto; PORTO, Guilherme Athayde. *Lições sobre teorias do processo*: civil e constitucional. Porto Alegre: Livraria do Advogado, 2013.

RIBEIRO, Fávila. *Direito eleitoral*. 4. ed. rev. e ampl. Rio de Janeiro: Forense, 1996.

SARLET, Ingo Wolfgang; MARINONI, Luiz Guilherme; MITIDIERO, Daniel. *Curso de direito constitucional*. São Paulo: Revista dos Tribunais, 2012.

SCARPARO, Eduardo. *As invalidades processuais civis na perspectiva do formalismo-valorativo*. Porto Alegre: Livraria do Advogado, 2013.

TARUFFO, Michele. Idee per una teoria della decisione giusta. *Rivista Trimestrale di Diritto e Procedura Civile*, anno LI, n. 2, 1997.

TROCKER, Nicolò. Il nuovo articolo 111 della costituzione e il "giusto processo" in materia civile: profili generali. *Rivista Trimestrale di Diritto e Procedura Civile*, anno LV, n. 2, 2001.

TUCCI, Rogério Lauria. *Teoria do direito processual penal*: jurisdição, ação e processo penal. São Paulo: Revista dos Tribunais, 2002.

TUCCI, Rogério Lauria. Considerações acerca da inadmissibilidade de uma teoria geral do processo. *Revista Jurídica*, n. 281, 2001.

VALE, André Rufino do. A garantia fundamental da anterioridade eleitoral: algumas reflexões em torno da interpretação do art. 16 da Constituição. *Estudos Eleitorais*, v. 6, n. 2, Brasília, 2011.

VALEMBOIS, Anne-Laure. *La constitutionnalisation de l'exigence de sécurité juridique en droit français*. Paris: LGDJ, 2005.

VIDIGAL, Luis Eulálio de Bueno. Por que unificar o direito processual? *Revista de Processo*, n. 27, 1982.

Informação bibliográfica deste livro, conforme a NBR 6023:2002 da Associação Brasileira de Normas Técnicas (ABNT):

PAIM, Gustavo Bohrer. Direito processual eleitoral e a parte geral do novo CPC. *In*: TAVARES, André Ramos; AGRA, Walber de Moura; PEREIRA, Luiz Fernando (Coord.). *O direito eleitoral e o novo Código de Processo Civil*. Belo Horizonte: Fórum, 2016. p. 41-65. ISBN 978-85-450-0133-1.

A AÇÃO ELEITORAL COMO TUTELA DOS DIREITOS COLETIVOS E A APLICAÇÃO SUBSIDIÁRIA DO MICROSSISTEMA PROCESSUAL COLETIVO E DO CÓDIGO DE PROCESSO CIVIL

FLÁVIO CHEIM JORGE

1 Introdução

O presente artigo tem por escopo ensejar uma reflexão sobre a natureza coletiva da ação eleitoral, bem como de algumas de suas consequências, em especial, quanto à aplicação subsidiária de determinados institutos processuais.

Para tanto é preciso compreender adequadamente qual a função da Justiça Eleitoral; sua competência; os valores que permeavam o sistema eleitoral em sua concepção; a mudança de paradigma com a Constituição Federal e o voto eletrônico; a natureza coletiva do direito tutelado. Somente, então, podemos refletir sobre alguns institutos processuais que podem ser aplicados subsidiariamente.

A evolução do direito processual eleitoral, decorrente principalmente da judicialização das eleições, impõe um tratamento mais adequado ao estudo das ações eleitorais.

Como se verá, o voto eletrônico e a Constituição Federal fizeram com que o contencioso eleitoral deixasse de ser "pós-eleitoral" sem que, no entanto, se percebesse que essa mudança de paradigma não foi acompanhada pela ciência processual.

Não se duvida que as normas específicas de direito processual eleitoral existentes no Código Eleitoral e em algumas leis são insuficientes para que o processo se desenvolva e tutele o Direito Material.

O reconhecimento da natureza coletiva das ações eleitorais, até pouco tempo ignorado pelos operadores do Direito, não deixa de ser um elemento importantíssimo para o estudo desse tema.

2 Justiça Eleitoral e sua função

Como cediço, quando se trata de democracia representativa, há necessidade de um órgão que ateste a veracidade e legitimidade do resultado das eleições e que julgue os conflitos que possam surgir no decorrer desse caminho.

No Brasil, antes da criação da Justiça Eleitoral, adotava-se o *sistema parlamentar de controle das eleições*.[1][2] A adoção desse modelo, aliado à estrutura econômica da pátria na República Velha, fazia com que existissem, basicamente, três grandes problemas no processo eleitoral.

O primeiro estava ligado à formação da convicção do eleitor, ou seja, na fase anterior à manifestação do voto, que era manietada pelo voto de cabresto, pela coação, pela corrupção eleitoral.

O segundo manifestava-se no controle da apuração do voto, marcado pelas fraudes no alistamento, na falsificação de cédulas, na apuração dos votos, dos mapas de votação, etc.

Por fim, havia dificuldades em se garantir a lisura do ato que declarava alguém vencedor, pois, mesmo que determinada pessoa não influísse ilegalmente sobre a vontade dos eleitores, coagindo-os, e seus votos fossem computados sem fraude, ainda assim se corria o risco de não se chegar ao poder, posto que vitorioso nas urnas.[3]

Foi exatamente para pôr fim a esses problemas, que acabavam por retirar a legitimidade das eleições, que o Brasil, em 1932, passou a adotar o sistema judicial de controle das eleições, criando a Justiça Eleitoral, como justiça especializada, para ser, de modo imparcial, um órgão certificador de que um cidadão foi validamente alçado à categoria de representante popular.

A Justiça Eleitoral, portanto, é fruto da Revolução de Trinta, "sob inspiração do Tribunal Eleitoral tcheco, de 1920, idealizado por Kelsen, que unificou a legislação eleitoral e concedeu autonomia para que o Poder Judiciário realizasse as eleições".

Com a edição do Código Eleitoral de 1932, todo o processo eleitoral passou a ser de responsabilidade da Justiça Eleitoral – desde alistamento, votação e apuração até a diplomação (enfim, todas as fases). Por meio da Constituição Federal de 1934, a Justiça Federal foi concebida como órgão do Poder Judiciário.

---

[1] A Constituição imperial de 1824, que dizia, em seu art. 21, ser de competência das casas legislativas realizar a verificação dos poderes de seus membros. Também a Constituição Republicana de 1981 afirmava, no art. 18, I, caber à Câmara dos Deputados e ao Senado Federal "verificar e reconhecer os poderes de seus membros".

[2] Para uma melhor compreensão dos sistemas de controle das eleições no direito comparado v. as obras de Rodolfo Viana Pereira (*Tutela coletiva no direito eleitoral*: controle social e fiscalização das eleições. Rio de Janeiro: Lúmen Juris, 2008, p. 15-50) e Fávila Ribeiro (*Direito eleitoral*. 4. ed. Rio de Janeiro: Editora Forense, 1997, p. 110-145).

[3] É o que narra Carlos Maximiliano, citado pela hoje Ministra do STF Carmén Lúcia Antunes Rocha, ao analisar o fim do modelo parlamentar de controle das eleições, ocorrido com a criação da Justiça Eleitoral em 1932. Dizia ele que "o estatuto fundamental pôs termo aos escândalos tradicionais na verificação de poderes pelas corporações políticas: houve casos de senador ser reconhecido e tomar assento, quanto obteve quinhentos votos, ao passo que o seu competidor granjeara muitos milhares de sufrágios. Em todas as assembleias se operava ilegal segundo escrutínio, em que se rasgava o diploma na cara do legitimamente eleito e se dava posse ao derrotado em toda linha. Assim acontecia, por incumbir às câmaras o reconhecimento de poderes dos seus membros. Com estabelecer uma Justiça especial para julgar as eleições, deu-se um passo acertado a rumo da verdadeira democracia" (ROCHA, Cármen Lúcia Antunes. Justiça Eleitoral e representação democrática. *In*: ROCHA, Cármen Lúcia Antunes; VELLOSO, Carlos Mário da Silva (Coord.). *Direito Eleitoral*. Belo Horizonte: Del Rey, 1996, p. 388).

Nas palavras de Fávila Ribeiro, o controle das eleições "passou a pertencer ao Judiciário, como garantia de sua imparcial operacionalização, evitando as degolas facciosas das maiorias sobre as minorias e, para evitar incômodos adversários, criando-se o ramo especializado da Justiça Eleitoral".[4]

Com efeito, a própria criação da Justiça Eleitoral para administrar as eleições e julgar as lides eleitorais, certificando a vitória do candidato por meio da expedição do diploma, permitiu a superação, ainda nos primeiros anos, do problema referente à certificação dos eleitos.[5]

Restava, então, à Justiça Eleitoral, como administradora das eleições e órgão julgador das ações eleitorais, a resolução de outros dois graves problemas por meio da legislação eleitoral posta à sua disposição.

3 A competência da Justiça Eleitoral

Dentro do escopo delineado pela Constituição Federal, todas matérias que envolvam as eleições, isto é, o sufrágio para a escolha democrática dos representantes do povo, são de competência exclusiva da Justiça Eleitoral.

O nosso sistema eleitoral tem sido o mesmo desde a sua concepção, com a judicialização da Justiça Eleitoral, através da entrada em vigor do Código Eleitoral de 1932.

Desde então, a Justiça Eleitoral apresenta-se, assim, como corporificação do Judiciário, com a finalidade precípua de prestar a jurisdição, substituindo a vontade das partes e resolvendo, de forma definitiva, os conflitos de interesses a ela submetidos.

No entanto, a Justiça Eleitoral, além de ter função jurisdicional típica e característica, qual seja, a de resolução de conflitos de natureza eleitoral, desempenha uma série de outras funções que não se amoldam dentro desse contexto.

Afirma-se isso porque compete à Justiça Eleitoral não apenas a administração interna – matéria alusiva à economia interna (servidores, contratos, compras, orçamento, etc.) – mas também a realização e fiscalização de todos os atos necessários à realização das próprias eleições (alistamento eleitoral, designação de dias para as eleições, apuração de votos, etc.).

Sob esse enfoque, é importante lembrar que o procedimento das eleições é amplo e composto de várias fases, compartimentadas e interligadas, que, didaticamente, podem ser assim descritas: alistamento; convenção para escolha de candidatos; pedido de registro; propaganda política; votação; apuração; proclamação dos resultados e diplomação.

Observe-se que todos esses atos são praticados no âmbito da Justiça Eleitoral: as eleições municipais são realizadas nas respectivas zonas eleitorais; as eleições estaduais e federais são realizadas nos tribunais regionais eleitorais; e a eleição presidencial, perante o Tribunal Superior Eleitoral.

Essa ampla gama de atribuições da Justiça Eleitoral faz com que se torne necessária uma classificação de suas atividades em: (a) *Administrativa*; (b) *Judiciária (não Jurisdicional – Jurisdição Voluntária)*; (c) *Jurisdicional*.

---

[4] RIBEIRO, Fávila. *Abuso de Poder no Direito Eleitoral*. 3. ed. rev. atual. e ampl. Rio de Janeiro: Forense, 1998, p. 210.
[5] RIBEIRO, Fávila. *Direito eleitoral*. 4. ed. Rio de Janeiro: Editora Forense, 1997, p. 477.

- (a) *Atividade Administrativa*. Como todo e qualquer organismo integrante do Poder Judiciário, também à Justiça Eleitoral compete a prática de atos de natureza eminentemente administrativa – voltados, de um modo geral, ao seu funcionamento.

É a Justiça Eleitoral, assim, que elabora seus regimentos internos; realiza concursos para a contratação de servidores; efetua o pagamento dos servidores, magistrados e promotores; concebe ou nega benefícios; realiza compras de materiais; celebra contrato para a execução de obras, reformas e construções de prédios e edifícios próprios; nomeia juízes, etc. Observe-se, pela descrição dos atos, que, neste particular, a Justiça Eleitoral desempenha funções como qualquer outro órgão da administração relativas a matérias alusivas a sua economia interna.

- (b) *Atividade Judiciária não Jurisdicional (Jurisdição Voluntária)*. Em decorrência da importância e da natureza pública das normas relativas ao Direito Eleitoral, assim como para a salvaguarda de direitos coletivos e individuais, o sistema eleitoral brasileiro, após a entrada em vigor do Código Eleitoral de 1932, restou judicializado. Significa dizer que toda e qualquer questão atinente às eleições são submetidas e confiadas ao Poder Judiciário.

Dessa forma, é *Judiciária* – porque exercida pelos juízes enquanto integrantes do Judiciário – toda e qualquer atividade que diga respeito às eleições.

É de suma importância essa compreensão, porque, como já dito, ao contrário de outros órgãos, à Justiça Eleitoral foi atribuída competência em demasia para atos que não dizem respeito à sua economia interna (não são, portanto, administrativos) e tampouco referem-se à solução de conflitos ou litígios (atividade efetivamente jurisdicional).

Em nosso sentir, o enquadramento adequado dessa atribuição da Justiça Eleitoral advém da compreensão e do reconhecimento de que no Direito Eleitoral devem ser aplicadas as noções, há muito praticadas, no direito processual civil, a respeito da distinção entre jurisdição contenciosa e voluntária (art. 1º do CPC).

Com efeito, as situações em que há previsão legal de atuação do Juiz Eleitoral, sem que exista pretensão processual deduzida – fruto de um conflito de interesses –, configuram o exercício da função estatal judiciária eleitoral por intermédio da *jurisdição voluntária*.

A jurisdição voluntária, nas precisas palavras de Alcides de Mendonça Lima, ocorre:

> [...] sempre que, para a constituição de um ato jurídico ou para formalizar uma situação jurídica, a lei, categoricamente, atribui competência ao juiz, afastado qualquer outro órgão público, ainda que integrando o Poder Judiciário como auxiliar. É forma de cercear a vontade individual, para tranquilizar os próprios interessados, diminuindo as possibilidades de eventuais conflitos, e assegurar maior estabilidade à ordem social. Tudo isso sob a presença de um representante imparcial do Estado, que é o juiz.[6]

A jurisdição voluntária tem incidência ante hipóteses expressamente previstas em lei, para a salvaguarda de determinadas situações nas quais não existe conflito, litígio ou contenda.

---

[6] LIMA, Alcides de Mendonça. Jurisdição Voluntária. *RePro17*, p. 33.

Exatamente por conta disso é que se diz, com propriedade, tanto na doutrina nacional (José Frederico Marques, Arruda Alvim, Alcides de Mendonça Lima, Amaral Santos, Hélio Tornaghi, Celso A. Barbi) quanto estrangeira (Chiovenda, Liebman, José Alberto dos Reais, Mortara, Redenti, J. Guasp, Redenti, Calamandrei, Castro Mendes, Vescovi),[7] que não há atividade jurisdicional – mas sim judiciária – quando do exercício da jurisdição voluntária.

Essa corrente majoritária utiliza como premissa a circunstância de a função jurisdicional ter caráter substitutivo. O juiz atua substituindo "os titulares dos interesses em conflito, para aplicar o direito objetivo".[8] A jurisdição, portanto, pressupõe a contenciosidade.

Em insuperável síntese, ensina José Frederico Marques que:

> [...] os atos de jurisdição voluntária não traduzem qualquer imposição do direito objetivo relativamente a uma pretensão, nem se destinam a dissipar incertezas e dúvidas a respeito da existência de relações de vida disciplinadas pela ordem jurídica. Quem requer do juiz uma providência de jurisdição voluntária, não o faz em função de uma lesão a direitos individuais, nem em razão das dúvidas que autorizam o pedido de um pronunciamento declaratório. A pretensão estatal que é requerida ao órgão judiciário tem conteúdo bem diverso daquela que lhe é solicitada quando se invoca a tutela jurisdicional. Na jurisdição voluntária, a intervenção do juiz se faz imprescindível para que uma relação jurídica possa constituir-se ou modificar-se.[9]

A jurisdição voluntária, portanto, apresenta-se como *administração pública de interesses privados* (*ou mesmo públicos*).

Aliás, dentro dessa tônica, isto é, a administração pública de interesses privados, doutrinariamente, se faz de três formas, por:

- órgãos *judiciais* – os atos são submetidos à apreciação do Poder Judiciário, onde, então, se está diante da jurisdição voluntária;
- órgãos *do foro extrajudicial*, que não são integrantes, mas se vinculam ao Poder Judiciário (ex.: tabelião);
- órgãos *administrativos*, que não se relacionam com o Poder Judiciário, mas exercem certa forma de controle estatal (ex.: Junta Comercial).

Não se pode olvidar que, a despeito de minoritária, existe respeitável corrente doutrinária que sustenta ter a jurisdição voluntária natureza jurisdicional. Afirma-se que a característica maior da jurisdição é a sua função pacificadora, de modo que é bastante a existência de uma situação conflituosa, ainda que não venha deduzida como tal na demanda.[10]

Em nosso sentir, não há como se negar a umbilical relação entre a função jurisdicional e a resolução do conflito, do litígio ou da contenda, por intermédio de um processo. Prova maior disso, é que o legislador pode atribuir a órgãos *do foro extrajudicial* situações jurídicas que eram submetidas exclusivamente ao Poder Judiciário – tal como

---

[7] Ver, por todos, a insuperável obra de MARQUES, José Frederico. *Ensaio sobre a Jurisdição Voluntária*, passim.
[8] MARQUES, José Frederico. *Ensaio sobre a Jurisdição Voluntária*, p. 49.
[9] MARQUES, José Frederico. *Ensaio sobre a Jurisdição Voluntária*, p. 65.
[10] DINAMARCO, Cândido Rangel. *Fundamentos do Processo Civil Moderno*. Vol. I. 3. ed., p. 379 e ss.; DINAMARCO, Cândido Rangel. *Instituições de Direito Processual Civil*, Vol. I, p. 315 e ss.

se passou com a Lei nº 11.441/07, que permitiu, em dadas circunstâncias, que inventários, partilhas, divórcio e separação consensual sejam feitos por escritura pública.

Como não se exercia atividade jurisdicional, mas sim *judiciária*, pôde o legislador ordinário permitir que tais situações deixassem de ser *conferidas* pelo Poder Judiciário.

Pois bem, utilizando-se essas premissas de teoria geral do processo ao Direito Eleitoral, consegue-se, como já enunciado anteriormente, evidenciar que a atividade judiciária nessa justiça especializada é demasiada.

Não pode haver dúvidas de que a atuação do juiz em procedimentos relativos a alistamento, transferência de títulos, nomeação de mesários, apuração de votos, recebimento de prestação de contas, registro de candidaturas, controle da propaganda eleitoral, etc. se faz por intermédio da administração pública de interesses privados e públicos – isto é, da chamada jurisdição voluntária.

O mesmo se pode dizer a respeito do *Poder Regulamentar* do Tribunal Regional Eleitoral, o qual, por força do art. 1º, parágrafo único, do Código Eleitoral, tem competência para expedir resoluções para o cumprimento das leis ordinárias.

Note-se que são atividades desenvolvidas pelo juiz eleitoral, sem a presença de conflitos a serem dirimidos, bem como sem exercício de atividade tipicamente administrativa.

Com efeito, na medida em que, no curso desses procedimentos de jurisdição voluntária, surjam conflitos a respeito da aplicação do direito, é perfeitamente possível a transmudação da atividade de judiciária para jurisdicional, com as consequências daí decorrentes.

- (c) *Atividade Jurisdicional*. Essa atividade se manifesta através do exercício da função estatal de solucionar os conflitos de interesses, a ele submetidos por intermédio da formulação de uma pretensão e mediante aplicação das normas legais.

Nesse aspecto, a atuação da Justiça Eleitoral não assume qualquer particularidade, na medida em que lhe foi atribuída competência constitucional para a resolução de lides que tenham como fundamento normas eleitorais.

4 Os valores que permeavam a Justiça Eleitoral quando de sua criação

Embora a criação da Justiça Eleitoral tenha sido uma mitigação do dogma liberal que dava maior importância ao Poder Legislativo, de modo que somente ele poderia reconhecer os próprios eleitos, não se pode esquecer que ela nasceu inserta num momento histórico ainda marcado pelo predomínio do Estado Liberal, que tinha como pilares a proteção aos direitos individuais e a intangibilidade da vontade do indivíduo. A "suposta isonomia entre as pessoas obrigava o desenvolvimento de uma liberdade de atitudes e de intocabilidade na vontade humana".[11]

Inseridos nesse contexto, não é de se estranhar que o Direito Eleitoral e a Justiça Eleitoral a ele e se adaptassem criando um sistema baseado na proteção do direito de votar e ser votado e na proteção jurídica do candidato eleito nas urnas.

---

[11] RODRIGUES, Marcelo Abelha. Manual de Execução Civil. 3. ed., rev., atual. e ampl. Rio de Janeiro: Forense Universitária, 2008, p. 24.

A visão do Direito Eleitoral pela perspectiva de proteção ao direito individual de votar e ser votado foi, inclusive, positivada já no art. 1º do Código Eleitoral vigente, quando afirma: "Este Código contém normas destinadas a assegurar a organização e o exercício de direitos políticos precipuamente os de votar e ser votado".

Em relação ao direito de votar, isso fica evidente no art. 72 do Código Eleitoral, quando garante ao eleitor, submetido a processo de exclusão, o direito de votar validamente até que o processo esteja devidamente concluído.

Ainda visando garantir o direito de votar, o legislador até mesmo proibiu a prisão de qualquer eleitor, desde cinco dias antes e até quarenta e oito horas depois do encerramento da eleição, salvo em flagrante delito ou em virtude de sentença criminal condenatória por crime inafiançável.[12]

Já a proteção ao direito de ser votado sofreu variações ao longo desses praticamente 80 anos de Justiça Eleitoral, mas pode ser resumida na *impossibilidade de que o candidato fosse retirado do prélio antes do momento de sufrágio*.

As Constituições Federais de 1934 (art. 83, "e"), de 1946 (art. 119, VI), de 1967 (art. 130, VI) e a Emenda Constitucional nº 01/69 (art. 137, VI) previram a arguição de inelegibilidade dos candidatos. Todavia, o Decreto-Lei nº 21.076/32, a Lei nº 48/35, o Decreto-Lei nº 7.586/45 e a Lei nº 1.164/50 não fizeram menção à impugnação do registro de candidatura. Na verdade, sequer haveria tempo hábil, já que na lei de 1932 o registro poderia ocorrer até cinco dias antes das eleições (art. 58, 15º, "b"); e na lei de 1945 (art. 40), bem como na de 1950 (art. 48), os registros poderiam ser feitos até 15 dias da eleição. Ou seja, a única possibilidade de se atacar o candidato inelegível era após a data das eleições, quando este já tinha sido votado e, às vezes, até eleito.

Mesmo com o advento do Código de 1965 e, principalmente, com o advento da Lei Complementar nº 5/70, quando se possibilitou a Ação de Impugnação de Registro de Candidatura (art. 5º) e se ampliaram os casos inelegibilidade, a regra continuou válida, pois o candidato somente poderia ter seu registro cassado quando a decisão que declarasse a inelegibilidade *transitasse em julgado* (art. 17 da LC nº 5/70).

Nesse passo, a Lei Complementar nº 64/90, apesar de ter alterado substancialmente as inelegibilidades infraconstitucionais, não alterou a regra, pois, como se observa da leitura do art. 15, na redação anterior à Lei Complementar nº 135/10, o registro somente poderia ser cassado após o trânsito em julgado da decisão que declarava o candidato inelegível, o que, como se sabe, raras vezes ocorria antes da eleição.

Não bastasse isso, a jurisprudência do TSE até bem pouco tempo sempre resguardou e protegeu o direito do candidato de ser votado, dando ao requerimento de pedido de registro de candidatura idêntica eficácia à própria decisão que concede tal pedido, transformando o requerimento de registro em verdadeira antecipação da tutela.

Todavia, quando o TSE separou a cassação do registro de candidatura da inelegibilidade, ao permitir a eficácia imediata da sentença de procedência da ação fundada na captação ilícita de sufrágio (art. 41-A da Lei nº 9.504/97), criou-se uma situação no mínimo curiosa, para não dizer teratológica: o candidato que tinha seu registro deferido e era condenado pelo art. 41-A tinha menos segurança jurídica que aquele que nunca teve seu registro deferido, mas poderia continuar no pleito até que

---

[12] Art. 236 da Lei nº 4.737/65.

houvesse o trânsito em julgado da Ação de Impugnação de Registro de Candidatura, como muito bem observou Adriano Soares da Costa.[13]

Essa proteção ao direito de ser votado acabava por reforçar um grande dogma do Estado Liberal: a intangibilidade da vontade (nesse caso do eleitor), de modo que não se poderia impedi-lo de votar em determinado candidato, por "pior que fossem suas condutas".

Ora, aquele que praticava a corrupção eleitoral, prevista no art. 299 do Código Eleitoral, até poderia ser preso, mas não poderia ser retirado do pleito, pela ausência de mecanismos judiciais com eficácia imediata. Tudo o que poderia ser feito era a impugnação dos votos obtidos mediante a coação ou corrupção e o manejo do recurso contra a expedição de diploma, caso o candidato fosse eleito. Todavia, nesses casos, a vontade do eleitor já havia sido manifestada nas urnas. *Ou seja, até se podia anular um voto, mas jamais impedir que o eleitor votasse em determinada pessoa.*

A própria doutrina sempre deu maior importância às demandas ajuizadas após as eleições, i.e., ao contencioso pós-eleitoral. Rodolfo Viana Pereira aduz que, na seara eleitoral, o contencioso jurisdicional propriamente dito é *pós-eleitoral*, já que tutela uma manifestação concreta, palpável, da vontade popular, conferindo se esta foi "livre, autônoma e determinadora dos resultados obtidos". Para ele, os demais controles (anteriores ao escrutínio) têm caráter preventivo e visam proteger uma manifestação que ainda é expectativa.[14]

Também José Afonso da Silva já restringia o contencioso eleitoral para após a manifestação do voto, quando afirmava que o procedimento eleitoral tinha como fases: "(1ª) apresentação das candidaturas; (2ª) organização e realização do escrutínio; (3ª) contencioso eleitoral".[15]

Diante dessa perspectiva, não é de se estranhar que, quando do advento do Código, em 1965, o Recurso Contra a Diplomação tinha grande importância – grande instrumento judicial por meio do qual se poderia tentar impedir que o eleito viesse a exercer um mandato.[16]

Veja-se, nesse passo, que, embora o código de 1965 tenha avançado ao afirmar que o abuso de poder econômico seria reprimido, a investigação judicial eleitoral prevista no art. 237 era, à época, um procedimento administrativo "que visava quase que exclusivamente a produção de provas indispensáveis à propositura do Recurso contra a Diplomação".[17]

Realmente, durante anos, o recurso contra a expedição do diploma – RCED – foi a maior arma para o controle (*a posteriori*) das eleições. Ele levava à (ou renovava na) instância superior (que não havia participado diretamente da administração do prélio) todas as questões referentes à eleição, mesmo que ainda pendentes de julgamento.[18]

---

[13] COSTA, Adriano Soares. *Instituições de Direito Eleitoral*. 8. ed. rev. ampliada e atual. Rio de Janeiro: Lúmen Juris, 2009, p. 225.

[14] PEREIRA, Rodolfo Viana. *Tutela coletiva no direito eleitoral*: controle social e fiscalização das eleições. Rio de Janeiro: Lúmen Juris, 2008, p. 27.

[15] SILVA, José Afonso. *Curso de direito constitucional positivo*. 20. ed. São Paulo: Malheiros, 2002, p. 377.

[16] BARRETO, Lauro. *Investigação Judicial eleitoral e ação de impugnação de mandato eletivo*. São Paulo: Edipro, 1994, p. 35.

[17] BARRETO, Lauro. *Investigação Judicial eleitoral e ação de impugnação de mandato eletivo*. São Paulo: Edipro, 1994, p. 17.

[18] Embora haja sérias discussões sobre a constitucionalidade da supressão de instância feita pelo Recurso Contra a Diplomação, ao se criar uma ação com estrutura recursal, não há como não visualizar em seu esqueleto uma

Todavia, as limitadas causas de pedir previstas no art. 262 do Código Eleitoral, seu exíguo prazo de ajuizamento e a limitação probatória que se impunha a ele permitiam, muitas vezes, a impunidade, sobretudo no que toca à corrupção eleitoral e ao abuso de poder.

Justamente para sanar tal vazio normativo foi criada a ação de Impugnação de Mandato Eletivo – AIME, prevista no art. 14, §10, da CF/88. Ainda assim, tratava-se de um controle posterior ao voto, não tolhendo a possibilidade de que candidatos que desrespeitassem a lisura do processo eleitoral fossem retirados do pleito, antes de serem escolhidos pelos eleitores.

Mesmo com a transformação da investigação judicial eleitoral em ação, o predomínio da importância do contencioso pós-eleitoral continuou vigente no ordenamento jurídico, pois se a AIJE fosse julgada procedente após as eleições, ela não tinha[19] o condão de impedir que o eleito assumisse o cargo. Para tanto, era necessário que se ajuizasse ou o RCED ou a AIME.

Mas, se o ordenamento eleitoral protegia o direito de ser votado com afinco, com muito mais vigor protegia aquele que foi eleito pela vontade popular. Sim, pois tão antigo quanto o recurso contra a expedição de diploma é o dispositivo segundo o qual, enquanto o Tribunal Superior não decidi-lo, poderá o diplomado exercer o mandato em toda a sua plenitude.[20]

Em suma, sob a égide do Estado Liberal, *o direito individual de votar e ser votado era levado* às últimas *consequências, permitindo que se votasse em quem sequer teve registro deferido ou que até mesmo praticasse atos atentatórios* à *lisura do pleito.*

Agregue-se a tudo isso o fato de que as fraudes no processo de votação e apuração dos votos eram tão gritantes que, durante anos, atraíram maior enfoque da sociedade, das leis eleitorais e da Justiça Eleitoral, fazendo com que o combate aos vícios de formação da vontade do eleitor, tal como o abuso de Poder Econômico, a corrupção eleitoral e etc. ficassem em um segundo plano.[21]

Visualizam-se, assim, razões de ordem prática e axiológica para que a atuação da Justiça Eleitoral estivesse focada na fase eleitoral e pós-eleitoral, com ênfase nesta.

5 A Constituição Federal, a urna eletrônica e a mudança do paradigma

O advento da Carta Constitucional de 1988 alterou profundamente os valores que permeavam a República brasileira. Como já adverte o preâmbulo da CF/88, buscou instituir-se um Estado Democrático de Direito.

---

busca por imparcialidade e distanciamento das eleições. Esse foi inclusive o sentir do Ministro Marco Aurélio, durante o julgamento do RCED nº 694. Questionava-se ele: "Será que o alcance da lei não está justamente no deslocamento para evitar que o próprio órgão aprecie?" (TSE, RCED nº 694, relator Ministro Ari Pargendler, D.j.e de 12.12.08, p. 14).

[19] Veja-se que a regra foi alterada pela Lei Complementar nº 135/10.
[20] Para uma melhor compreensão de como a jurisprudência sempre protegeu aquele que fora escolhido nas urnas, v. COSTA, Adriano Soares. *Instituições de Direito Eleitoral*. 8. ed. rev. ampliada e atual. Rio de Janeiro: Lúmen Juris, 2009, p. 226-227.
[21] Ora, nos idos do não longínquo ano de 1994, em seu discurso de posse na presidência do TSE, o então ministro Carlos Mário da Silva Velloso ainda se referia a fraudes ocorridas em votações daquele ano e propunha a expansão da informatização como solução para o problema. Talvez, não imaginasse ele, naquele momento, a posição de destaque que o Brasil assumiria na vanguarda da apuração eletrônica, que, realmente, retirou do noticiário as fraudes nas votações.

A consequência direta disso foi o declínio dos valores imanentes à visão do Estado Liberal e a readequação do ordenamento jurídico infraconstitucional aos novos axiomas, de forma nem tão segura,[22] mas lenta e gradual.

Além disso, os esforços da Justiça Eleitoral, sobretudo quanto à modernização tecnológica foram eficientes para minimizar os problemas de fraudes na votação, no alistamento e, principalmente, na apuração dos votos, vícios esses que, por quase setenta anos, assolaram o processo eleitoral brasileiro.

Essa superação desses problemas, entretanto, deixou em foco o problema referente ao processo de formação da vontade eleitoral, como bem asseverou Deslomar Mendonça Júnior, quando observou que, apesar desses avanços, "persistem a corrupção eleitoral, o abuso do poder político e econômico, a criarem uma figura simétrica com a fraude ideológica da eleição", que distorcem a vontade do eleitor e geram um desvio de legitimidade no sufrágio.[23]

Essa guinada, tanto no plano axiológico quanto na base fática, parece explicar as mudanças legislativas ocorridas no Direito Eleitoral após a CF/88 e, principalmente, após 1999, que acabaram por criar novas demandas ou imprimir eficácia imediata às existentes[24] para permitir o afastamento, durante o pleito e antes da votação, do candidato que macula o processo eleitoral.

Como foi visto, o sistema normativo e jurisprudencial impedia que o candidato deixasse de ser votado, na medida em que a cassação de registro de candidatura ou o cancelamento do diploma somente poderia ocorrer após o trânsito em julgado da decisão que reconhecesse a inelegibilidade do candidato, nos termos da redação original do art. 15 da Lei Complementar nº 64/90.

Todavia, quando a Lei nº 9.840/99, lei ordinária, inseriu o art. 41-A na Lei nº 9.504/97, criando-se a figura da captação ilícita de sufrágio e a punindo com as sanções de cassação do registro de candidatura e cassação de diploma, houve a necessidade de pronunciamento do Supremo Tribunal Federal sobre a constitucionalidade da lei, na medida em que esta havia criado hipóteses de inelegibilidade por lei ordinária, a despeito da CF/88 exigir a edição de lei complementar.

Para evitar a declaração da inconstitucionalidade da primeira lei de iniciativa popular, o STF afirmou que a cassação de registro ou de diploma não era uma espécie de

---

[22] Diz-se nem tão segura, porque foi o TSE, apoiado pelo STF, quem garantiu a aplicabilidade de algumas leis que procuraram garantir a probidade e regularidade do processo eleitoral, como ocorreu com a Lei nº 9.840/99, que pune a captação ilícita de sufrágio. A manifesta inconstitucionalidade por vício formal da lei foi, todavia, contornada pelo Pretório Excelso, em decisão política, para garantir a predominância da vontade popular responsável pelo primeiro exercício da iniciativa popular de elaboração das leis. Rompeu-se, então, com um dos pilares básicos da própria democracia: o respeito à Constituição, dever que se impõe a todos, inclusive às maiorias. Se a maioria do povo era legítima, deveria ter exercido seu poder para aprovar a proposta como lei complementar, e não como lei ordinária. O STF perdeu a oportunidade de exercer seu caráter educativo.

[23] MENDONÇA JR., Delosmar Domingos de. Intervenção de terceiros no processo eleitoral. In: DIDIER JR., Fredie; WAMBIER, Teresa Arruda Alvim (Coord.). *Aspectos polêmicos sobre os terceiros no processo civil (e assuntos afins)*. São Paulo: Editora Revista dos Tribunais, 2004, p. 133.

[24] Mesmo operada por leis casuísticas, o que se pode observar da evolução das demandas eleitorais é que elas, pouco a pouco, se ajustam aos anseios de efetividade da jurisdição. Sob esse matiz, a Lei Complementar nº 135/64, ao acabar com a exigência de trânsito em julgado para que determinada pessoa fosse considerada inelegível, pode ser compreendida como o ápice de um processo que coloca a segurança jurídica em segundo plano, acompanhando, assim, as transformações pelas quais vem passando o processo civil brasileiro, ora sob aplausos, ora sob desconfiança, mas sempre com muitas controvérsias.

inelegibilidade.[25] Consequência disso foi a não aplicação do art. 15 da Lei Complementar nº 64/90, permitindo-se a aplicação imediata das sanções.

A partir desse marco, espalharam-se pela Legislação Eleitoral as sanções de cassação de registro ou de diploma, de maneira que, tão comum como a criação de crimes em toda e qualquer lei é a criação da cassação de registro ou de diploma nas leis eleitorais, obrigando o TSE a adotar o princípio da proporcionalidade para impedir que condutas tidas como irrisórias sejam gravadas com tão alta penalidade.[26]

Hoje, são punidas com tais reprimendas, a título exemplificativo: a utilização indevida de recursos financeiros que não advindos de conta específica e que gerem abuso de poder econômico (art. 22, §3º, da Lei nº 9.04/97); a captação ou gastos ilícitos de recursos em campanha (art. 30, §2º, da Lei nº 9.04/97); a prática de condutas vedadas em período eleitoral (art. 73 da Lei nº 9.04/97).

O último passo faltante para se permitir que os candidatos fossem retirados das eleições antes mesmo de serem votados foi dado pela Lei Complementar nº 135/10, conhecida como Lei da "Ficha Limpa", que alterou a redação do art. 15 da Lei Complementar nº 64/90, retirando a exigência de trânsito em julgado da decisão que declarar a inelegibilidade (inata ou cominada) do candidato.

Diante dessas alterações, fica evidente que *houve uma mudança de foco das ações eleitorais, passando-se de uma tutela repressiva (pós-eleitoral), tal como desenhada pelo Código de 1965, para uma tutela preventiva, que, em suma, acaba por garantir a lisura (ou controle?) no processo de formação da vontade do eleitor*, como há muito já reclamava parte da doutrina, que atentamente se preocupava com os efeitos deletérios dos vícios na formação da vontade do eleitor e com a ineficiência do arcabouço jurídico eleitoral.[27]

Certo é que com as leis editadas no final da década de 90 e durante a década seguinte, cujo ápice é a Lei Complementar nº 135/10, o simples direito de votar passou a ser adjetivado, transformando-se no direito de votar em um devido (regular) processo eleitoral. Da mesma forma, o direito de ser votado passou a ser visto como o direito de participar de um processo eleitoral probo, diminuindo-se a confusão muito bem percebida por Rodolfo Viana Pereira quando afirma que a legislação e a jurisprudência "confundem o direito de participar na eleição com o direito ao devido processo eleitoral" e acabam por "reduzir um direito que é por natureza público (o direito à adequada formação do regime representativo) a um direito que provém, por definição, de um título subjetivo ou particular".[28]

Em síntese, como se vê, (i) a mudança de premissa provocada pela Constituição Federal, com a incorporação de novos valores ao Estado, exigindo respeito à probidade

---

[25] ADI 3.592, rel. Min. Gilmar Mendes, julgamento em 26.10.2006, Plenário, DJ de 2.2.2007.

[26] V. por todos, Recurso Especial Eleitoral nº 28.448/AM, redatora Min. Nancy Andrighi, em 22.3.2012.

[27] Dizia Fávila Ribeiro: "O Direito Eleitoral tem de demonstrar a sua eficiência pelos resultados que possa obter na frenação de qualquer abuso de poder, seja proveniente de agentes públicos, seja cometido por instâncias privadas. É propriamente o poder, no exercício expansivo de suas dominações corrosivas, que precisa ser flagrado e contido". [...] "Mas no momento o interesse decisivo do Direito Eleitoral é garantir a eficiência de seus lançamentos operativos, aceitando os desafios da realidade cultural, social, econômica e política, para escoimar as distorções assestadas sobre o processo eleitoral" (RIBEIRO, Fávila. *Abuso de Poder no Direito Eleitoral*. 3. ed. rev. atual. e ampl. Rio de Janeiro: Forense, 1998, p. 26).

[28] PEREIRA, Rodolfo Viana. *Tutela coletiva no direito eleitoral*: controle social e fiscalização das eleições. Rio de Janeiro: Lúmen Juris, 2008, p. 125.

administrativa, isonomia, moralidade, normalidade das eleições, bem como (ii) a superação das fraudes anteriormente existentes com a implantação da urna eletrônica, fizeram com que o contencioso pós-eleitoral desse lugar à chamada *judicialização das eleições*.

A *judicialização das eleições* nada mais é, portanto, do que uma consequência natural dos fatores acima

6 A ausência de um tratamento sistêmico processual da tutela eleitoral

A mudança do paradigma não foi acompanhada pela ciência processual. O que se viu, após a Constituição, é que os sistemas processuais foram se adaptando a fim de atender aos novos direitos que foram surgindo.

Viu-se, portanto, que a simples incidência do Código de Processo Civil era insuficiente para a tutela desses novos direitos. Assim é que se criaram o Código de Defesa do Consumidor (CDC), o Estatuto da Criança e do Adolescente (ECA), os Juizados Especiais Cíveis e Criminais, a Lei de Ação de Improbidade Administrativa, entre vários outros.

Note-se que são todos diplomas normativos que se preocuparam em criar microssistemas processuais com particularidades próprias e capazes de tutelar o Direito Material advindo dos novos valores impregnados na Carta Magna.

No entanto, no âmbito do Direito Eleitoral, não houve essa preocupação. Os operadores do direito se viram diante de uma nova situação e não estavam preparados para ela.

É fato que nunca se estudou com a profundidade necessária o direito processual eleitoral. Não havia preocupação para tanto. A resoluções e as decisões do TSE, diante dos casos concretos, afirmam a incidência desse ou daquele dispositivo do CPC para a solução da questão. Somente mais recentemente é que se passou a preocupar com a necessidade de se tentar sistematizar, no âmbito processual, a tutela do Direito Eleitoral.

As normas específicas de direito processual eleitoral (Código Eleitoral, leis especiais e até mesmo resoluções) são insuficientes para que o processo se desenvolva e tutele o Direito Material. É imprescindível que lhe sejam aplicadas regras de forma subsidiária.

E nesse ponto, para a aplicação subsidiária de normas processuais ao direito processual eleitoral, é que assume especial importância o reconhecimento de que estamos diante de uma ação de natureza coletiva – e que, por via de consequência, não podemos simplesmente aplicar irrestritamente o Código de Processo Civil.

Ainda que o CPC/15 disponha assim em seu art. 15: "na ausência de normas que regulem processos eleitorais, trabalhistas ou administrativos, as disposições deste Código lhes serão aplicadas supletiva e subsidiariamente", isso não deve ser visto de forma tão simples.

A aplicação subsidiária e supletiva do CPC no processo eleitoral não pode e não deve ser automática, já que, como se passa a demonstrar, a ação eleitoral tem natureza coletiva, e não individual.

7 A natureza coletiva da ação eleitoral

Com efeito, a democracia é um dos valores estruturantes do Estado brasileiro. A democracia representativa é a forma típica de o povo exercer o seu poder por intermédio de representantes eleitos pelo voto popular. Por isso, todas as vezes que se propõe uma demanda eleitoral, o que está em jogo, o alvo de proteção, é a democracia popular.

A tutela da liberdade do voto, da igualdade dos candidatos, a normalidade das eleições, a transparência da campanha, a ética e a moralidade do pleito e etc. têm, sempre, como alvo a tutela da democracia popular.

As regras que envolvem o sufrágio, o exercício da democracia direta, tais como o plebiscito e o referendo, o pluralismo político, a fidelidade partidária, a capacidade eleitoral ativa e passiva, etc., e que estão previstas no Texto Constitucional e em leis extravagantes, são de interesse direto de toda a coletividade, e não apenas daqueles que estejam envolvidos no pleito eleitoral.

A proteção preventiva e corretiva da ordem democrática brasileira é interesse do Estado e da sociedade, e jamais um interesse próprio ou exclusivo ou privado de qualquer pessoa. Os atores ou partícipes do sufrágio popular, por exemplo, não agem *per si* ou para si, mas em prol de uma democracia representativa, que é o modelo adotado pelo Estado brasileiro.

Ainda que o objeto de discussão seja, por exemplo, uma "impugnação de registro de candidatura", o que se pretende com uma demanda eleitoral é a proteção da própria democracia.

Note-se que uma simples "prestação de contas" de um candidato que tenha renunciado à candidatura antes do pleito eleitoral e não tenha tido nenhuma movimentação financeira em sua conta de campanha não é algo que deva ser visto como um *direito da pessoa*, sem qualquer interferência na democracia. Ao contrário, é parte integrante de um complexo de normas que se unem em prol de um objetivo comum: proteção da democracia.

O problema da infidelidade partidária, por exemplo, jamais pode ser lido sem a perspectiva do eleitor. Ora, o mandato político não envolve apenas partidos e candidatos, e a questão da infidelidade de um ou de outro não é um problema particular entre ambos. Antes o contrário, posto que ambos, partido e candidato, assumiram um vínculo com o eleitor e por isso devem cumprir juntos, seguindo a promessa ideológica assumida, o poder popular que lhes foi entregue pelo voto. A infidelidade do partido ou do candidato não é, *prima facie*, de um contra o outro, mas contra o eleitor, o dono e titular do poder que é representado pelo mandatário que ocupa o cargo eletivo.

Por isso é que todas as demandas são de natureza coletiva. São propostas por entes coletivos e, regra geral, em legitimação concorrente e disjuntiva (partidos políticos, coligações e Ministério Público, e o candidato, que atua como portador ideológico da sociedade).

Ademais, todas as demandas tutelam um interesse supraindividual e, de forma mediata ou imediata, o sufrágio popular (proteger a liberdade de escolha do eleitor, a isonomia, a normalidade e legitimidade do pleito eleitoral, a probidade administrativa).

Em suma, são coletivas porque os legitimados são coletivos e o objeto tutelado é igualmente coletivo (difuso).

Embora não afirmasse se tratar de direitos essencialmente coletivos, não se pode negar que a doutrina já havia percebido que os conflitos eleitorais não se limitam a uns poucos interessados, pois não apenas o eleitor é enganado, "senão todos os cidadãos de uma República, na qual se veja prevalecer a imoralidade eleitoral e o engano no resultado".[29] [30]

Mas, contudo, apenas recentemente é que se passou a dar mais relevo ao estudo científico acurado da ação eleitoral como *tutela coletiva de direitos*, como se vê nos trabalhos de Rodolfo Viana Pereira[31] e Ludgero Liberato.[32]

A jurisprudência, aos poucos, também tem reconhecido a titularidade coletiva das ações eleitorais, ao afirmar, v.g., que a AIJE visa proteger bem jurídico de titularidade coletiva, qual seja, a estabilidade do regime democrático manifestado pela soberania do voto popular.[33]

No âmbito legislativo, especial referência merece a Lei nº 13.165/15, que incluiu o art. 96-B à Lei nº 9.504/97 (Lei das Eleições). Essa lei, como expõe com precisão Luiz Fernando Pereira, ensejou na positiva adoção de elementos do microssistema do processo civil coletivo às ações eleitorais ao disciplinar com viés coletivo normas atinentes aos institutos da coisa julgada, conexão, continência e litispendência.[34]

8 A aplicação subsidiária dos diplomas processuais civis

O reconhecimento de que ação eleitoral é de natureza coletiva leva intuitivamente à conclusão de que a ela devem ser aplicadas subsidiariamente todas as normas do microssistema processual coletivo, tal como se concebe no Código de Defesa do Consumidor e na Lei de Ação Civil Pública.

Essa conclusão ganhou reforço com a edição da Lei nº 13.165/15, que determinou, como já visto, a incidência das regras atinentes à coisa julgada, conexão, continência e litispendência das ações coletivas às ações eleitorais.

---

[29] ROCHA, Cármen Lúcia Antunes. Justiça Eleitoral e representação democrática. *In*: ROCHA, Cármen Lúcia Antunes; VELLOSO, Carlos Mário da Silva (Coord.). *Direito Eleitoral*. Belo Horizonte: Del Rey, 1996, p. 390.

[30] Nesse sentido, há de se observar o grande avanço no pensamento de Elcias Ferreira da Costa quando afirmava que "[...] o eleitor, que impugna o título de outro eleitor, exerce, embora a nível administrativo, de modo análogo ao que ocorre quando propõe uma ação popular, função de *substituto processual da sociedade*, melhor dizendo, da nação, porquanto a esta interessa que se venha expungir do Corpo Eleitoral os incapazes a qualquer título [...] a impugnação oferecida por partidos configura a mesmo *fictio juris* de substituto processual da nação, na pretensão de afastar do processo os não habilitados" (COSTA, Elcias Ferreira da. *Direito Eleitoral*: legislação e doutrina. Rio de Janeiro: Editora Forense, 1992, p. 132-133). No mesmo sentido, afirmou Carlos Mário da Silva Velloso: "O bem jurídico protegido no pleito eleitoral é a vontade da população, permitindo que ela possa se pronunciar de forma livre e sem vício [...] em todas essas ações, o bem jurídico tutelado é indivisível, de interesse geral, suplantando as vontades individuais e a esfera de disponibilidade particular" (VELLOSO, Carlos Mario da Silva; AGRA, Walber de Moura. A reforma eleitoral e os rumos da democracia no Brasil. *In*: ROCHA, Cármen Lúcia Antunes; VELLOSO, Carlos Mário da Silva (Coord.). *Direito Eleitoral*. Belo Horizonte: Del Rey, 1996, p. 248).

[31] PEREIRA, Rodolfo Viana. *Tutela coletiva no direito eleitoral*: controle social e fiscalização das eleições. Rio de Janeiro: Lúmen Juris, 2008.

[32] LIBERATO, Ludgero. *Tipicidade das Ações Eleitorais e limitações ao acesso à Jurisdição Eleitoral*. Dissertação de Mestrado defendida na Universidade Federal do Espírito Santo (UFES), em 2014, em banca formada pelo signatário deste artigo e pelos professores Marcelo Abelha Rodrigues e Luiz Fernando Pereira.

[33] TSE, REspE nº 35.923, rel. Min. Felix Fischer, julgado em 09.03.2010, DJe de 14.04.2010; AgRg no REspE nº 872.331.566, rel. Min. Luciana Christina Guimarães Lóssio, julgado em 20.05.2014, DJ de 25.06.2014.

[34] PEREIRA, Luiz Fernando. Ações eleitorais: atualidades sobre conexão, continência, litispendência e coisa julgada. Artigo no prelo.

A questão que se coloca, partindo dessa premissa, é se seria possível aplicar subsidiariamente todas as técnicas adequadas à tutela dos direitos coletivos, tais como: a causa de pedir genérica e móvel, sem delimitação completa dos fatos; interpretação extensiva dos pedidos; ampliação dos poderes dos juízes, com participação e atuação mais ativa; inversão do ônus da prova; possibilidade de transação; restrição dos efeitos da coisa julgada a determinado território; etc. Enfim, existiria compatibilidade dessas técnicas com as ações eleitorais?

Com efeito, há que se lembrar que a incompatibilidade dos elementos do microssistema coletivo a determinadas ações coletivas não é incomum e deve ser vista com certa naturalidade, pois muitas vezes existem outros valores em jogo que impedem sua adoção irrestrita.

É o que se passa, por exemplo, com a Lei de Improbidade Administrativa (Lei nº 8.429/92), que contempla a tutela de natureza coletiva, mas ao mesmo tempo determina a incidência, em seu artigo 17, do procedimento ordinário do CPC (atual comum – no art. 318 do CPC/15).

Em que pese o CPC ter natureza individualista e não ser o modelo adequado para a tutela coletiva, a Lei de Improbidade Administrativa determina expressamente a sua incidência. E assim o faz porque a ação de improbidade administrativa é capaz de atingir direitos sagrados do ser humano (exercício de função pública; pleno gozo dos direitos políticos; etc.). Preferiu-se, assim, privilegiar uma tutela de segurança, com base na qual a decisão deve se dar com certeza absoluta – mediante amplo e irrestrito contraditório. Essa concepção é diversa do sistema coletivo, em que o bem maior a ser protegido é o direito coletivo, e não os direitos do cidadão.

Nas ações eleitorais não se pode olvidar que essa problemática é também deveras delicada. As características peculiares das lides eleitorais impedem, muitas vezes, a pura e simples adoção de todas as técnicas do sistema coletivo. Com efeito, lembre-se que no direito processual eleitoral:

    (i) As consequências das sanções eleitorais podem ser graves, permitindo o afastamento do cidadão da vida política ou até mesmo a anulação das eleições.
    (ii) O direito de votar e ser votado é uma das garantias constitucionais.
    (iii) O processo é muito célere para regras que possam ser modificadas no curso da demanda ou mesmo para sofrer inversões processuais.
    (iv) As regras processuais eleitorais, por conta dessas características, devem ser seguras, fixas e previsíveis, pois a possibilidade de erro é irreversível.
    (v) Existem prazos – verdadeiro calendário – fixos para a prática de determinados atos processuais que devem ser rigorosamente seguidos.

Esses aspectos são decorrentes da incidência de princípios próprios do direito processual eleitoral, entre eles: (a) princípio da tipicidade (legalidade) eleitoral; (b) princípio da adequação do processo eleitoral ao calendário eleitoral; (c) princípio *in dubio pro* sufrágio – que impede a pura a simples incidência de todas as técnicas processuais do microssistema coletivo.

Todavia, como dito, essa questão não é tão simples, pois, se, de um lado, a assertiva apresentada procede, de outro, há que se reconhecer que algumas técnicas coletivas são necessárias e até mesmo imprescindíveis ao válido e regular desenvolvimento da ação eleitoral.

Em nosso sentir, as regras do sistema processual coletivo podem e devem ser aplicadas naquilo em que o Direito Material não consegue ser tutelado pelo sistema individualista do CPC, como se dá, por exemplo, com a legitimidade *ad causam*, a coisa julgada e a intervenção de terceiros, como há algum tempo tem reconhecido a jurisprudência.[35]

Esse foi inclusive o escopo do legislador ao incluir o art. 96-B, na Lei das Eleições, estabelecendo regras decorrentes das ações coletivas às ações eleitorais, tais como aquelas relativas à litispendência, conexão e prevenção.

De outro lado, deve-se lembrar que o art. 105-A[36] da Lei das Eleições não pode ser levado em consideração para uma análise científica desse tema. Como cediço, esse dispositivo teve autoria em proposta do Deputado Bonifácio Andrada e fazia menção à situação específica na qual a instauração do inquérito civil público, em campanhas eleitorais, poderia trazer sérios prejuízos à imagem dos candidatos.

Após receber merecidas e severas críticas da comunidade jurídica, o TSE houve por bem reconhecer, corretamente, sua inconstitucionalidade.[37]

Quanto à desistência da ação, por exemplo, a jurisprudência é vasta em precedentes nos quais confere tratamento de ações coletivas.[38] As demandas eleitorais

---

[35] TRE/SE, Agravo na Representação nº 68, Acórdão nº 441/02, rel. José dos Anjos, julgado em 24.09.2002; TRE-BA, Acórdão nº 97/2002 – Expediente nº 12.219/2002 – agravo – Serrinha, rel. Jafeth Eustáquio da Silva, publicado em sessão do dia 17.07.02; TRE/SE, PET 612, rel. José Eduardo de Santana Macêdo; TRE-MG, Exceções nºs 14 e 17 (julgamento conjunto), rel. Benjamim Rabelo, julgada em 31.08.2009.

[36] Art. 105-A: "Em matéria eleitoral, não são aplicáveis os procedimentos previstos na Lei nº 7.347, de 24 de julho de 1985".

[37] TSE, RESPE nº 545-88.2012.6.13.0225/MG, rel. Min. João Otávio de Noronha, j. 08.09.2015. Da Ementa destaca-se: "2. A interpretação do art. 105-A da Lei 9.504/97 pretendida pelo recorrente – no sentido de que as provas produzidas em inquérito civil público instaurado pelo Ministério Público Eleitoral seriam ilícitas – não merece prosperar, nos termos da diversidade de fundamentos adotados pelos membros desta Corte Superior, a saber: 2.1. Sem adentrar a questão atinente à constitucionalidade do art. 105-A da Lei 9.504/97, ressalte-se que i) da leitura do dispositivo ou da justificativa parlamentar de sua criação não há como se retirar a conclusão de que são ilícitas as provas colhidas naquele procedimento; ii) a declaração de ilicitude somente porque obtidas as provas em inquérito civil significa blindar da apreciação da Justiça Eleitoral condutas em desacordo com a legislação de regência e impossibilitar o Ministério Público de exercer o seu múnus constitucional; iii) o inquérito civil não se restringe à ação civil pública, tratando-se de procedimento administrativo por excelência do Parquet e que pode embasar outras ações judiciais (Ministros João Otávio de Noronha, Luciana Lóssio e Dias Toifoli). 2.2. Ao art. 105-A da Lei 9.504/97 deve ser dada interpretação conforme a Constituição Federal para que se reconheça, no que tange ao inquérito civil público, a impossibilidade de sua instauração para apuração apenas de ilícitos eleitorais, sem prejuízo de: i) ser adotado o Procedimento Preparatório Eleitoral já previsto pelo Procurador-Geral da República; ou ii) serem aproveitados para propositura de ações eleitorais elementos que estejam contidos em inquéritos civis públicos que tenham sido devidamente instaurados, para os fins previstos na Constituição e na Lei 7.347/85 (Ministros Henrique Neves e Gilmar Mendes). 2.3. O art. 105-A da Lei 9.504/97 é inconstitucional, pois: i) o art. 127 da CF/88 atribuiu expressamente ao Parquet a prerrogativa de tutela de defesa da ordem jurídica, do regime democrático e dos interesses sociais individuais indisponíveis, de modo que a defesa da higidez da competição eleitoral e dos bens jurídicos salvaguardados pelo ordenamento jurídico eleitoral se situa no espectro constitucional de suas atribuições; ii) a restrição do exercício de funções institucionais pelo Ministério Público viola o art. 129, III, da CF/88, dispositivo que prevê o inquérito civil e a ação civil pública para a proteção de interesses difusos e coletivos; iii) houve evidente abuso do exercício do poder de legislar ao se afastar, em matéria eleitoral, os procedimentos da Lei 7.34711985 sob a justificativa de que estes poderiam vir a prejudicar a campanha eleitoral e a atuação política de candidatos (Ministros Luiz Fux e Maria Thereza de Assis Moura)".

[38] "[...] a desistência manifestada pelo recorrente no Recurso Contra Expedição de Diploma não implica extinção do feito sem resolução do mérito, tendo em vista a natureza eminentemente pública da matéria. Na espécie, o recorrente originário, o Partido dos Aposentados da Nação (PAN), foi incorporado pelo Partido Trabalhista Brasileiro (PTB), que requereu a desistência da ação. O pedido foi homologado por esta Corte, e o Ministério Público Eleitoral assumiu a titularidade da ação [...]" (RCED 661, rel. Min. Aldir Guimarães Passarinho Júnior, julgada em 21.09.2010, DJe de 16.02.2011).

se submetem a prazos decadenciais para a sua propositura, em respeito à estabilidade do processo eleitoral, de forma que a extinção imediata da demanda pela desistência da ação, com ou sem consentimento do réu, normalmente acarretaria, além da extinção da ação, o decaimento da possibilidade de seu ajuizamento para a tutela daquele direito.

Por isso, e considerando que as lides eleitorais são regidas por uma finalidade pública (a proteção da democracia está em sua essência), entende a jurisprudência que não será possível desistir da demanda eleitoral com a imediata extinção do processo sem julgamento de mérito sem que antes seja ouvido o Ministério Público para saber se deve ou não assumir o polo ativo e, assim, passar a conduzir a referida ação coletiva.

Com exceção dessas situações, parece-nos que não devemos nos utilizar das técnicas coletivas nas ações eleitorais. Os motivos já expostos conduzem-nos à conclusão de que essas técnicas somente podem ser utilizadas subsidiariamente naquelas situações em que não existe norma expressa na legislação eleitoral e o CPC revela-se inapto à tutelar as demandas dessa natureza (coletiva).

Essa conclusão abre caminho para outro questionamento que, igualmente, revela-se extremamente complexo, a saber, salvo as exceções apontadas (quanto à incidência das técnicas coletivas): deve o CPC ser aplicado às ações eleitorais de forma irrestrita?

Em que pese a importância da matéria, não tem ela ganhado o devido tratamento acadêmico. No âmbito doutrinário, houve quem limitasse sua atuação "aos princípios gerais do processo"[39] e quem afirmasse que sua atuação era ampla, dele se extraindo as linhas estruturais do comportamento das partes, a sequência das etapas processuais, a imparcialidade da prestação jurisdicional, os pressupostos processuais e os procedimentos recursais.[40]

Já no âmbito jurisprudencial, acabou-se por firmar duas premissas sobre a aplicação subsidiária do CPC.

A primeira delas consiste na afirmação segundo a qual a existência de norma específica no Direito Eleitoral afasta a aplicação de outros diplomas.[41] Com base nessa premissa, a jurisprudência do TSE afirma, por exemplo: a impossibilidade de aplicação dos casos de ação rescisória do CPC, em hipótese diversa daquela prevista no art. 22, I, "j", do Código Eleitoral, limitando, assim, a possibilidade de rescisão aos acórdãos proferidos pelo TSE;[42] a desnecessidade de intimação pessoal ou por publicação nos casos de sentença em processo de registro de candidatura, face ao art. 8º da LC nº 64/90;[43] a exigência de despacho saneador, com a análise das questões preliminares, antes da produção de prova no Recurso contra Expedição do Diploma, em razão do art. 270 do Código Eleitoral;[44] a existência, no âmbito eleitoral, de deserção pelo não pagamento de preparo referente à extração de cópias dos documentos indicados pela parte para

---

[39] COSTA, Elcias Ferreira. *Compêndio de Direito Eleitoral*, p. 35.
[40] RIBEIRO, Fávila. *Direito eleitoral*. 4. ed. Rio de Janeiro: Editora Forense, 1997, p. 16.
[41] "A aplicação subsidiária do Código de Processo Civil somente é possível se não houver disciplina da matéria pela Lei Eleitoral" (TSE, AgRg no REspE nº 31.116/MG, rel. Min. Marcelo Ribeiro, PSESS de 6.10.2008).
[42] AgRg no AI nº 69.210 – São João Do Paraíso/MG, rel. Min. Fátima Nancy Andrighi, julgado em 13.10.2011, Dje de T. 214, 11.11.2011, p. 52.
[43] AgRg no REspe nº 31.116 – Ouro Preto/MG, rel. Min. Marcelo Henriques Ribeiro de Oliveira, julgado em 06.10.2008, publicação na sessão do mesmo dia.
[44] AgRg no RCED nº 767 – São Paulo/SP, rel. Min. José Gerardo Grossi, julgado em 14.02.2008, DJ V. 1, 29.02.2008, p. 15.

a formação do instrumento do agravo, interposto contra decisão que denega recurso especial.[45]

A segunda é a de que, havendo lacuna, aplica-se o CPC, desde que haja compatibilidade com as normas do Direito Eleitoral.

Essas premissas são semelhantes às utilizadas na Justiça do Trabalho para a aplicação de outras normas ao processo do trabalho. De acordo com o art. 769, da CLT: "Art. 769 – Nos casos omissos, o direito processual comum será fonte subsidiária do direito processual do trabalho, exceto naquilo em que for incompatível com as normas deste Título".

Com efeito, em que pese a necessidade de melhor desenvolvimento das premissas referidas, não se pode olvidar que o CPC/15 deve ser lido e aplicado exclusivamente com base nelas.

A circunstância de o art. 15 determinar que as disposições do CPC devem ser "aplicadas supletiva e subsidiariamente" quando há lacuna não significa que deve ser desprezado o requisito da compatibilidade com as normas de Direito Eleitoral.

O sistema processual eleitoral tem regras próprias e concebidas à tutela de um Direito Material com características e princípios específicos que impedem a automática aplicação subsidiária do CPC.

Deve-se ter o cuidado de não se tratar de forma simplista a ausência de norma específica como mera falha legislativa (lacuna normativa) ou como lacuna ontológica – incidente naquelas hipóteses em que as normas jurídicas não correspondem mais aos fatos sociais valorados.

O tema da aplicação subsidiária do CPC ao direito processual eleitoral merece mais reflexão e uma abordagem mais profunda e compromissada, principalmente por aqueles que possuem mais afinidade com esse sistema.

Não nos parece inadequada certa dose de cautela, bem como, por via de consequência, entender como razoável a incidência do CPC somente naquilo que for essencial à adequada e justa prestação da tutela jurisdicional. Por outras palavras, o CPC incidiria apenas naquelas situações em que for imprescindível para o próprio desenvolvimento da atividade jurisdicional.

9 Conclusão

A Justiça Eleitoral é fruto da revolução de 1930 e decorreu da necessidade de superar três problemas centrais do processo eleitoral: a corrupção eleitoral, muitas vezes decorrente do voto de cabresto e da coação; a fraude na apuração dos resultados; e a suposta lisura do ato que declarava o candidato vencedor.

Em que pese ser órgão do Poder Judiciário, desde a CF/34, a Justiça Eleitoral possui uma atividade que se difere das demais, pois, além da competência administrativa e jurisdicional, também lhe foi atribuída competência judiciária, exigindo-se que todos os atos atinentes às eleições (alistamento, nomeação de mesários, etc.) tenham a participação de um juiz eleitoral.

---

[45] AgRg no AI nº 10.300 – Taboão da Serra/SP, rel. Min. Marco Aurélio Mendes de Farias Mello, julgado em 26.04.2012, Dje T. 103, 01.06.2012, p. 28-29.

A Justiça Eleitoral surgiu, portanto, com o escopo de proteger dois valores: o direito de votar e o direito de ser votado. Por consequência, as ações eleitorais somente eram utilizadas após a realização das eleições, advindo daí a compreensão de que o contencioso era "pós-eleitoral".

A criação da urna eletrônica e os novos valores incorporados pela Constituição Federal mudaram radicalmente esse panorama, com a criação de novas regras de Direito Material destinadas a impedir o abuso de poder e garantir a isonomia e a normalidade das eleições. De outro lado, novos mecanismos processuais também foram concebidos com o escopo de dar mais efetividade às decisões judiciais.

O contencioso deixou de ser "pós-eleitoral" e deu surgimento ao fenômeno da "judicialização das eleições", que pode ser visto como o controle pelo Judiciário da regularidade e normalidade do pleito, em especial, da livre formação da vontade do eleitor.

Essa mudança de paradigma não foi acompanhada pela ciência processual eleitoral, que não concebeu a criação de um microssistema processual, tal como o Código de Defesa do Consumidor, o Estatuto da Criança e Adolescente, etc.

Apenas mais recentemente é que se percebeu a necessidade de se estudar com maior profundidade o direito processual eleitoral e notar que, de fato, se está diante de uma demanda de natureza coletiva e que suas normas específicas (previstas no Código Eleitoral, legislações especiais e até mesmo em resoluções) são insuficientes para que o processo se desenvolva e tutele o Direito Material.

A circunstância de se tratar de uma ação de natureza coletiva não atrai de forma imediata e ilimitada a incidência subsidiaria das normas que regulam o microssistema coletivo (CDC + LACP).

Em sentido semelhante à Ação de Improbidade Administrativa, as características e peculiaridades do Direito Eleitoral fazem com que as normas do sistema processual coletivo somente sejam aplicadas naquilo em que o Direito Material não consegue ser protegido pelo sistema individualista do CPC, como ocorre com os institutos da coisa julgada, legitimidade *ad causam*, intervenção de terceiros, litispendência, conexão, competência, etc.

De outra parte, isso não significa que o CPC deve ser aplicado de forma subsidiária sempre que houver lacuna, como sugere seu art. 15.

Essas mesmas características e peculiaridades do Direito Eleitoral fazem com que haja a necessidade de se aferir, em concreto, a compatibilidade do CPC às normas específicas do direito processual eleitoral.

Em síntese, se quer dizer que a simples existência de lacuna não é o suficiente para determinar a incidência subsidiária do Código de Processo Civil.

The electoral action as guardianship of collective rights and subsidiary application of the collective procedural microsystem and CPC

Abstract: The present article has for scope to give rise to a reflection about collective nature of electoral action, as some of the consequences, in special, as the subsidiary application of certain procedural institutes.

Keywords: Collective microsystem. Collective rights. Electoral action. Subsidiary application.

Referências

BARBOSA, Edmilson. Ação de impugnação de Mandato Eletivo. *In*: DIDIER JR., Fredie (Org.). *Ações constitucionais*. 4. ed. rev., ampl. e atual. Salvador: Editora Jus Podivm.

BARRETO, Lauro. *Investigação Judicial eleitoral e ação de impugnação de mandato eletivo*. São Paulo: Edipro, 1994.

COSTA, Adriano Soares. *Instituições de Direito Eleitoral*. 8. ed. rev., ampl. e atual. Rio de Janeiro: Lúmen Juris, 2009.

COSTA, Elcias Ferreira da. *Direito Eleitoral*: legislação e doutrina. Rio de Janeiro: Editora Forense, 1992.

COSTA, Tito. *Recursos em matéria eleitoral*. 8. ed. rev., atual. e ampl. São Paulo: Editora Revista dos Tribunais, 2004.

FERREIRA, Pinto. *Código Eleitoral Comentado*. 4. ed. ampl. e atual. São Paulo: Saraiva, 1997.

JARDIM, Torquato. *Direito eleitoral positivo, conforme a nova lei eleitoral*. 2. ed. Brasília: Livraria e Editora Brasília Jurídica, 1998.

LIBERATO, Ludgero. *Tipicidade das Ações Eleitorais e limitações ao acesso à Jurisdição Eleitoral*. Dissertação de Mestrado. Universidade Federal do Espírito Santo, 2014.

MELLO, Celso Antônio Bandeira. *Curso de Direito Administrativo*. 14. ed. refundida, ampl. e atual. São Paulo: Malheiros.

MELLO, Celso Antônio Bandeira. Representatividade e democracia. *In*: ROCHA, Cármen Lúcia Antunes; VELLOSO, Carlos Mário da Silva (Coord.). *Direito Eleitoral*. Belo Horizonte: Del Rey, 1996.

MENDONÇA JR., Delosmar Domingos de. Intervenção de terceiros no processo eleitoral. *In*: DIDIER JR., Fredie; WAMBIER; Teresa Arruda Alvim (Coord.). *Aspectos polêmicos sobre os terceiros no processo civil (e assuntos afins)*. São Paulo: Editora Revista dos Tribunais, 2004.

PEREIRA, Luiz Fernando. Ações eleitorais: atualidades sobre conexão, continência, litispendência e coisa julgada. Artigo no prelo.

PEREIRA, Rodolfo Viana. *Tutela coletiva no direito eleitoral*: controle social e fiscalização das eleições. Rio de Janeiro: Lúmen Juris, 2008.

RAMAYANA, Marcos. *Direito Eleitoral*. 10. ed. rev. ampl. e atual. Niterói: Editora Impetus, 2010.

RIBEIRO, Fávila. *Abuso de Poder no Direito Eleitoral*. 3. ed. rev. atual. e ampl. Rio de Janeiro: Forense, 1998.

RIBEIRO, Fávila. *Direito eleitoral*. 4. ed. Rio de Janeiro: Editora Forense, 1997.

ROCHA, Cármen Lúcia Antunes. Justiça Eleitoral e representação democrática. *In*: ROCHA, Cármen Lúcia Antunes; VELLOSO, Carlos Mário da Silva (Coord.). *Direito Eleitoral*. Belo Horizonte: Del Rey, 1996.

RODRIGUES, Marcelo Abelha. *Manual de direito processual civil*. 4. ed. reform., atual. e ampl. da obra Elementos de Processo Civil. São Paulo: Editora Revista dos Tribunais, 2008.

RODRIGUES, Marcelo Abelha. *Manual de Execução Civil*. 3. ed., rev., atual. e ampl. Rio de Janeiro: Forense Universitária, 2008.

SILVA, José Afonso. *Curso de direito constitucional positivo*. 20. ed. São Paulo: Malheiros, 2002.

VELLOSO, Carlos Mario da Silva; AGRA, Walber de Moura. A reforma eleitoral e os rumos da democracia no Brasil. *In*: ROCHA, Cármen Lúcia Antunes; VELLOSO, Carlos Mário da Silva (Coord.). *Direito Eleitoral*. Belo Horizonte: Del Rey, 1996.

VELLOSO, Carlos Mario da Silva; AGRA, Walber de Moura. *Elementos de Direito Eleitoral*. 2. ed. São Paulo: Saraiva, 2010.

Informação bibliográfica deste livro, conforme a NBR 6023:2002 da Associação Brasileira de Normas Técnicas (ABNT):

JORGE, Flávio Cheim. A ação eleitoral como tutela dos direitos coletivos e a aplicação subsidiária do microssistema processual coletivo e do Código de Processo Civil. *In*: TAVARES, André Ramos; AGRA, Walber de Moura; PEREIRA, Luiz Fernando (Coord.). *O direito eleitoral e o novo Código de Processo Civil*. Belo Horizonte: Fórum, 2016. p. 67-87. ISBN 978-85-450-0133-1.

O IMPACTO DO CONTRADITÓRIO SUBSTANCIAL NO DIREITO ELEITORAL À LUZ DO NOVO CÓDIGO DE PROCESSO CIVIL

LUIZ EDUARDO PECCININ

PAULO HENRIQUE GOLAMBIUK

1 Introdução

O Código de Processo Civil de 2015, ainda cercado de dúvidas e expectativas, possui alguns aspectos unânimes na já considerável doutrina que se dispôs a analisá-lo. Dentre eles está o fato de que muitos dispositivos inseridos apenas confirmam e ilustram, de maneira extremamente didática, algo que já se fazia presente na Constituição Federal (antes de 1988, inclusive) e mesmo dentro dos princípios que balizam todo o ordenamento jurídico pátrio.

É o caso do chamado *contraditório substancial*. Uma maximização dos já consagrados princípios do contraditório, da ampla defesa e do devido processo legal, em que o novo Código detalha de maneira minuciosa, com vistas à prática forense, como devem os operadores do Direito atuarem para alcançarem e respeitarem a plenitude dos mencionados princípios. No próprio anteprojeto do novo Código revelou-se essa intenção de refletir na legislação processual o que já estava prescrito no texto constitucional:

> A necessidade de que fique evidente a harmonia da lei ordinária em relação à Constituição Federal da República fez com que se incluíssem no Código, expressamente, princípios constitucionais, na sua versão processual. Por outro lado, muitas regras foram concebidas, dando concreção a princípios constitucionais, como, por exemplo, as que preveem um procedimento, com contraditório e produção de provas, prévio à decisão que desconsidera da pessoa jurídica, em sua versão tradicional, ou às "avessas". Está expressamente formulada a regra no sentido de que o fato de o juiz estar diante de matéria de ordem pública não dispensa a obediência ao princípio do contraditório.[1]

---

[1] BRASIL. Senado Federal. Presidência. Anteprojeto do novo Código de Processo Civil. Disponível em: <http://www.senado.gov.br/senado/novocpc/pdf/Anteprojeto.pdf>. Acesso em: 10 fev. 2016.

A ênfase dada pelo diploma processual a esses princípios faz reavivar uma problemática que já existia no processo (jurisdicional) eleitoral: na medida em que este preza prioritariamente pela celeridade em detrimento de outras premissas, exsurge uma aparente incompatibilidade ao permitir tamanha contemplação do contraditório, sobretudo naquelas ações que, se transcorrida a eleição, perdem seu objeto. De outro lado, essa alteração, aparentemente, resolve um antigo equívoco, o de que a matéria de ordem pública, por ser cognoscível de ofício e a qualquer tempo, dispensaria o contraditório.

Trata-se de uma falácia processual de enorme gravidade quando aplicadas no bojo do Direito Eleitoral, onde quase todas as teses, em última análise, são de ordem pública.

O presente ensaio, assim, visa resgatar como as fontes especializadas do Direito Eleitoral já vinham enfrentando o mencionado choque principiológico no âmbito do contencioso eleitoral, bem como apontar o impacto aparentemente benéfico que a redação ilustrada dos novos dispositivos poderá trazer à matéria.

2 O equívoco da dispensabilidade do contraditório em matéria de ordem pública

A razão pela qual a inovação normativa ora estudada provoca a sensação de que ela trará grande impacto no âmbito processual eleitoral se dá em virtude de uma falsa premissa impregnada no senso comum de muitos operadores do Direito: a de que, em tese, seria o princípio do contraditório dispensável diante de matérias de ordem pública – aquelas cognoscíveis de ofício, a qualquer tempo.

De início, isso deve ser rechaçado, independentemente da redação do novo diploma processual.

Preliminarmente, porém, deve-se trazer à tona que, na concepção clássica do contraditório, considerava-se o aspecto meramente *formal* do princípio, que significa em conceder à parte, simplesmente, a chance de se manifestar, participar e falar no processo.[2] Desse modo, por muitos anos, o contraditório chegou a ser visto apenas como uma interação em que uma das partes argumenta e a outra rebate o argumento, formando uma discussão superficial sem o desiderato e o poder de vincular o juiz às suas razões, sendo a sentença consequência apenas da interpretação e convicção pessoal do magistrado. Em outras palavras, o contraditório consubstanciava-se tão somente no conhecido binômio *ciência* e *resistência*.

Tal concepção, entretanto, começou a se modificar, a fim de atingir sua verdadeira função no processo. Surge, assim, a teoria *substancial* do princípio do contraditório, no qual as partes passam a ter um concreto "poder de influência" no convencimento do juiz:

> Não adianta permitir que a parte, simplesmente, participe do processo; que ela seja ouvida. Apenas isso não é o suficiente para que se efetive o princípio do contraditório. É necessário que se permita que ela seja ouvida, é claro, mas em condições de poder influenciar a decisão do magistrado. Se não for conferida a possibilidade de a parte influenciar a decisão do magistrado – e isso é poder de influência, poder de interferir na decisão do magistrado,

---

[2] DIDIER JR., Fredie. *Curso de Direito Processual Civil*: Teoria Geral do Processo e Processo de Conhecimento. Salvador: JusPodivm, 2008, p. 45.

interferir com argumentos, interferir com ideias, com fatos novos, com argumentos jurídicos novos; se ela não puder fazer isso, a garantia do contraditório estará ferida. É fundamental perceber isso: o contraditório não se implementa, pura e simplesmente, com a ouvida, com a participação; exige-se a participação com a possibilidade, conferida à parte, de influenciar no conteúdo da decisão.[3]

Logo, a concepção moderna do contraditório "significa que não se pode mais, na atualidade, acreditar que o contraditório se circunscreva ao dizer e contradizer formal entre as partes, sem que isso gere uma efetiva ressonância (contribuição) para a fundamentação do provimento".[4]

Nesse viés, como uma espécie de atualização do princípio do contraditório, o novo CPC também consagrou o *dever de cooperação*. Este, segundo Cassio Scarpinella Bueno, "deve ser entendido como diálogo, no sentido de troca de informações, de municiar o magistrado com todas as informações possíveis e necessárias para melhor decidir".[5] E consoante o entendimento de Lucio Grassi,[6] a "cooperação intersubjetiva", em direito processual civil, "significa *trabalho em comum*, em conjunto, de magistrados, mandatários judiciais e partes, visando a obtenção, com brevidade e eficácia, da justa composição do litígio".

De acordo com Daniel Mitidiero, um dos problemas centrais do processo está na "equilibrada organização das tarefas daqueles que nele tomam parte" e o nosso legislador buscou resolver esse problema com a adoção do modelo cooperativo, sendo este um elemento estruturante do direito ao processo justo. Desse modo, a colaboração, como modelo, rejeita a concepção unilateral da jurisdição como polo metodológico do processo, mas sim o próprio processo como centro de sua teoria, ou seja, uma "concepção mais pluralista e consentânea à feição democrática ínsita ao Estado Constitucional". Para ele, a colaboração foi abraçada pelo legislador brasileiro no novo CPC como modelo e princípio,[7] no qual o processo deve se orientar para a busca da verdade e também exige de seus participantes a boa-fé objetiva (artigo 5º do novo CPC), pressupondo uma conduta leal por parte de todos os sujeitos do processo.

Posto isso, o que pode ser considerado norma de ordem pública processual?

Muito embora não haja consenso nem definição unitária pela doutrina, costumeiramente, como aponta Kátia Mangone, a norma de ordem pública é "aquela que visa assegurar o correto exercício da Jurisdição, sem atenção destinada de modo direto aos interesses das partes da lide".[8] Por sua vez, Cândido Rangel Dinamarco define questões de ordem pública como "todas as normas (processuais ou substanciais)

---

[3] DIDIER JR., Fredie. *Curso de Direito Processual Civil*: Teoria Geral do Processo e Processo de Conhecimento. Salvador: JusPodivm, 2008, p. 45.
[4] NUNES, Dierle et al. *Curso de direito processual civil*: fundamentação e aplicação. Belo Horizonte: Fórum, 2011, p. 81.
[5] BUENO, Cassio Scarpinella. *Curso Sistematizado de Direito Processual Civil:* Teoria geral do direito processual civil. 5. ed. São Paulo: Saraiva, 2011, p. 146.
[6] GRASSI, Lucio. A função legitimadora do princípio da cooperação intersubjetiva no processo civil brasileiro. *Revista de Processo*, v. 172, p. 32, jun. 2009.
[7] MITIDIERO, Daniel. A colaboração como norma fundamental do Novo Processo Civil brasileiro. *Revista do Advogado*, ano XXXV, n. 126, p. 48-51, mai. 2015.
[8] MANGONE, Kátia Aparecida. *Prequestionamento e Questões de Ordem Pública no Recurso Extraordinário e no Recurso Especial*. 2010. 268 f. Dissertação (Mestrado em Direito). Pontifícia Universidade Católica de São Paulo, 2010, p. 127.

referentes a relações que transcendam a esfera de interesses dos sujeitos privados, disciplinando relações que os envolvam, mas fazendo-o com atenção ao interesse da sociedade como um todo, ou ao interesse público". E conclui que "não é possível traçar conceitos muito rígidos ou critérios aprioristicos para distingui-las"; mas, de modo geral, são de ordem pública "as normas processuais destinadas a assegurar o correto exercício da jurisdição (que é uma função pública, expressão do poder estatal), sem a atenção centrada de modo direto ou primário nos interesses das partes conflitantes".[9]

Ainda na redação do Código de 1973, observa-se, de fato, que cabe ao julgador em qualquer tempo e grau de jurisdição, conhecer de ofício tais matérias, por força de seus artigos 267, §3º,[10] e 301, §4º.[11] A análise dessas matérias sem a necessidade de requerimento expresso das partes está relacionada ao efeito translativo dos recursos, o qual permite que o tribunal possa apreciá-las de ofício,[12] assim como ao princípio inquisitório, segundo o qual o julgador detém o poder-dever de atuar diretamente no processo, sempre em busca da correta composição do litígio.

Tais prerrogativas, de todo modo, não fazem menção a uma pretensa dispensabilidade do contraditório. Pelo contrário. A leitura sistemática do ordenamento jurídico pátrio, como já ressaltado, antes mesmo da Lei nº 13.105/2015, já revelava com clareza o dever do magistrado em assegurar às partes o direito de se manifestarem previamente sobre todas as questões colocadas no bojo dos autos, inclusive as de ordem pública – não só aquelas, portanto, sinalizadas e debatidas pelas partes ao longo do procedimento, mas também aquelas inferidas *ex officio* pelo julgador.

Ainda assim, é infelizmente comum na prática forense que as questões de ordem pública sejam decididas sem a oitiva das partes, à justificativa de serem cognoscíveis de ofício e, por tal razão, prescindirem da manifestação dos envolvidos na lide. É como se – rememorando a doutrina italiana de Enrico Liebman – os poderes oficiosos do juiz pudessem restaurar as noções já superadas de contraditório como mera ciência obrigatória e bilateral dos atos praticados e a possibilidade de irresignação das partes diante daqueles que lhes sejam desfavoráveis.[13] Na mesma toada, Carlos Alberto Álvaro de Oliveira:

---

[9] DINAMARCO, Cândido Rangel. *Instituições de Direito Processual Civil*: os fundamentos e as instituições fundamentais. São Paulo: Malheiros, 2001, p. 69-70.

[10] Art. 267. Extingue-se o processo, sem resolução de mérito: [...] IV – quando se verificar a ausência de pressupostos de constituição e de desenvolvimento válido e regular do processo; V – quando o juiz acolher a alegação de perempção, litispendência ou de coisa julgada; VI – quando não concorrer qualquer das condições da ação, como a possibilidade jurídica, a legitimidade das partes e o interesse processual; [...] §3º O juiz conhecerá de ofício, em qualquer tempo e grau de jurisdição, enquanto não proferida a sentença de mérito, da matéria constante dos ns. IV, V e VI; todavia, o réu que a não alegar, na primeira oportunidade em que lhe caiba falar nos autos, responderá pelas custas de retardamento.

[11] Art. 301. Compete-lhe, porém, antes de discutir o mérito, alegar: I – inexistência ou nulidade da citação; II – incompetência absoluta; III – inépcia da petição inicial; IV – perempção; V – litispendência; VI – coisa julgada; VII – conexão; VIII – incapacidade da parte, defeito de representação ou falta de autorização; IX – convenção de arbitragem; X – carência de ação; XI – falta de caução ou de outra prestação, que a lei exige como preliminar. [...] §4º Com exceção do compromisso arbitral, o juiz conhecerá de ofício da matéria enumerada neste artigo.

[12] "Art. 128. O juiz decidirá a lide nos limites em que foi proposta, sendo-lhe defeso conhecer de questões, não suscitadas, a cujo respeito a lei exige a iniciativa da parte." No mesmo sentido, art. 460 do CPC: "É defeso ao juiz proferir sentença, a favor do autor, de natureza diversa da pedida, bem como condenar o réu em quantidade superior ou em objeto diverso do que lhe foi demandado."

[13] LIEBMAN, Enrico Tullio. *Manuale di diritto processuale civile*. 3. ed. Milão: Giuffrè, 1935, p. 10-11.

Mesmo a matéria que o Juiz deva conhecer de ofício impõe-se pronunciada apenas com a prévia manifestação das partes, pena de infringência da garantia. Por sinal, é bem possível recolha o órgão judicial, dessa audiência, elementos que o convençam da desnecessidade, inadequação ou improcedência da decisão que iria tomar. Ainda aqui o diálogo pode ser proveitoso, porque o Juiz ou o Tribunal, mesmo por hipótese imparcial, muita vez não se apercebe ou não dispõe de informações ou elementos capazes de serem fornecidos apenas pelos participantes do contraditório.[14]

Com efeito, a indispensabilidade do contraditório, mesmo nas matérias de ordem pública, tem a ver com a garantia da "não surpresa", a qual impõe ao magistrado o dever de provocar o debate acerca de todas as questões suscitadas, inclusive as de conhecimento *ex officio*, impedindo que em "solitária onipotência" aplique ele "normas ou embase a decisão sobre fatos completamente estranhos à dialética defensiva de uma ou de ambas as partes".[15] Dessa forma, a "não surpresa" se traduz em possibilitar às partes o debate prévio sobre quaisquer questões processuais ou materiais que vierem à tona no processo, ofertando-lhes a oportunidade de argumentar, apresentar provas ou simplesmente refutá-las.

Tal garantia encontra guarida no artigo 93, inciso IX, da Constituição[16] e é – assim como o contraditório substancial – maximizada pela redação do novo Código de Processo Civil, em seu art. 11:[17] "todos os julgamentos dos órgãos do Poder Judiciário serão públicos, e fundamentadas todas as decisões, sob pena de nulidade", o que se aplica até mesmo às decisões tomadas de ofício pelo magistrado. A despeito de deter ele o poder decisório no processo, ainda se impõe àquele que julga "o dever de informar às partes as iniciativas que pretende exercer, de modo a permitir a elas um espaço de discussão em contraditório, devendo haver a expansão e a institucionalização do dever de esclarecimento judicial".[18]

Lebre de Freitas também anota que:

> [...] a proibição da chamada decisão-surpresa tem sobretudo interesse para as questões, de direito material ou de direito processual, de que o tribunal pode conhecer oficiosamente: se nenhuma das partes as tiver suscitado, com concessão à parte contrária do direito de resposta, o juiz – ou o relator do tribunal de recurso – que nelas entenda dever basear a decisão, seja mediante o conhecimento do mérito seja no plano meramente processual, deve previamente convidar ambas as partes a sobre elas tomarem posição, só estando dispensado de o fazer em casos de manifesta desnecessidade.[19]

---

[14] OLIVEIRA, Carlos Alberto Álvaro de. O juiz e o princípio do contraditório. *Revista de Processo*, São Paulo, n. 71, p. 35, 1993.

[15] NUNES, Dierle et al. *Curso de direito processual civil*: fundamentação e aplicação. Belo Horizonte: Fórum, 2011, p. 83.

[16] Art. 93. [...] IX – todos os julgamentos dos órgãos do Poder Judiciário serão públicos, e fundamentadas todas as decisões, sob pena de nulidade, podendo a lei limitar a presença, em determinados atos, às próprias partes e a seus advogados, ou somente a estes, em casos nos quais a preservação do direito à intimidade do interessado no sigilo não prejudique o interesse público à informação.

[17] Anote-se que, ainda que em menor grau, o Código de 1973 já anotava em seu artigo 131 que "o juiz apreciará livremente a prova, atendendo aos fatos e circunstâncias constantes dos autos, ainda que não alegados pelas partes; mas deverá indicar, na sentença, os motivos que lhe formaram o convencimento".

[18] NUNES, Dierle et al. *Curso de direito processual civil*: fundamentação e aplicação. Belo Horizonte: Fórum, 2011, p. 82.

[19] FREITAS, José Lebre de. *Introdução ao processo civil*: conceito e princípios gerais à luz do código revisto. Coimbra: Coimbra Editora, 1996, p. 103.

Daí porque se conclui, desde logo, que andou bem o legislador – ainda que até mesmo de uma forma excessivamente cautelosa (mas necessária, como se viu) – ao replicar infraconstitucionalmente o assunto. Vale, nesse sentido, a provocação de Cândido Rangel Dinamarco:

> Nem decai o juiz de sua dignidade quando, sentindo a existência de motivos para emitir de ofício uma decisão particularmente gravosa, antes chama as partes à manifestação sobre esse ponto. O juiz mudo tem também algo de Pilatos e, por temor ou vaidade, afasta-se do compromisso de fazer justiça.
>
> Esta última alternativa é também oriunda do art. 16 do *nouveau côde de procédure civile francês*, segundo o qual o juiz "não pode fundamentar sua decisão sobre pontos de direito que ele próprio haja suscitado de ofício, sem ter previamente chamado as partes a apresentar suas alegações". A riqueza dessa sábia disposição tem levado a doutrina a erigi-la também em mandamento universal, inerente à garantia constitucional do contraditório e ao correto exercício da jurisdição.[20]

Desmistificado o mito da dispensabilidade do contraditório em matéria de ordem pública – seja lá em qual for a seara – passa-se então à problemática principiológica que acomete o processo jurisdicional eleitoral em si, questão esta que igualmente reclama por desembaraço antes de se analisar o (futuro) impacto da mencionada mudança do novo código processual na matéria.

3 Celeridade x contraditório: a harmonização de princípios do Direito Processual Eleitoral

Por força do art. 14, §9º, da Constituição, o Direito Eleitoral é a área que cuida de garantir a lisura do pleito, "a normalidade e legitimidade das eleições", protegendo o livre exercício da soberania popular da influência indevida do poder econômico, político ou dos meios de comunicação.

Trata-se de ramo do Direito Público que tem por objeto principal a regulamentação do sufrágio popular. Somente com o respeito a essas regulamentações, durante todo o pleito eleitoral, é que se perceberá autêntica legitimidade nos mandatos conquistados por meio das urnas.[21] Para Eneida Desiree Salgado, é o princípio da máxima igualdade na disputa eleitoral, norma constitucional estruturante do Direito Eleitoral, que "impõe a regulação das campanhas eleitorais, alcançando o controle da propaganda eleitoral, a neutralidade dos poderes públicos, a vedação ao abuso do poder econômico e a imparcialidade dos meios de comunicação".[22] É princípio que resguarda a livre e igualitária competição eleitoral, alcançando o cerne da liberdade de atuação dos candidatos no processo eleitoral, como a liberdade de expressão e de associação.[23]

Em suma, como bem ensina Clèmerson Merlin Clève, "representação, democracia indireta, povo, cidadania" são fundamentos da legitimação do poder e, por sua vez,

---

[20] DINAMARCO, Cândido Rangel. O princípio do contraditório e sua dupla destinação. *In*: DINAMARCO, Cândido Rangel. *Fundamentos do processo civil moderno*. 3. ed. São Paulo: Malheiros, 2000, p. 135.
[21] GOMES, José Jairo. *Direito eleitoral*. 11. ed. Belo Horizonte: Del Rey, 2015, p. 17-18.
[22] SALGADO, Eneida Desiree. *Princípios constitucionais eleitorais*. 2. ed. Belo Horizonte: Fórum, 2015, p. 189.
[23] SALGADO, Eneida Desiree. *Princípios constitucionais eleitorais*. 2. ed. Belo Horizonte: Fórum, 2015, p. 191.

o Direito Eleitoral "não é outra coisa senão a regulação do método ou procedimento democrático de legitimação do poder político". E arremata:

> [...] falhando o direito eleitoral, falha o procedimento legitimador, esmorecem os canais de comunicação entre a ação do Estado e a vontade popular, aparecem as 'crises políticas' [...] bem elaborado o direito eleitoral e suas instituições, serão mais estreitas as distâncias que separam o poder da massa de cidadãos.[24]

Assim sendo, na lição de Rodolfo Viana Pereira, o contencioso eleitoral

> [...] em especial em sua fase pós-eleitoral – representa a técnica dogmática de controle cujo objetivo é resguardar a adequação dos atos e comportamentos envolvidos na realização do escrutínio à ordem jurídico-constitucional, com vistas à adequada formação do princípio representativo. Representa, assim, uma grandeza voltada à realização diferida de parcela significativa da própria constitucionalidade, na medida em que garante a adequação jurídico-constitucional da constituição dos mandatos políticos e a incorruptibilidade de dimensões consideráveis dos direitos políticos.[25]

Dentro do contencioso eleitoral, o princípio da celeridade desponta, desde sempre, como o mais importante predicado do Direito Processual Eleitoral. Decorre do fato de a Justiça Eleitoral tratar de matérias transitórias, afetando bens jurídicos de duração e vigência determinados.[26] Como sustenta Guilherme Gonçalves, vige no Direito Eleitoral a chamada "temporalidade certa"[27] e é em razão desta também que a Lei das Eleições tratou de estampar expressamente que, ressalvadas as ações de *habeas corpus* e mandado de segurança, a tramitação dos feitos eleitorais, no período entre o registro das candidaturas até cinco dias após a realização do segundo turno, é prioritária.[28]

Tamanha é a reverência à celeridade no processo eleitoral que o legislador cominou a sanção de crime de responsabilidade para os agentes que descumprirem quaisquer dos prazos previstos na Lei das Eleições. Além disso, o princípio da celeridade também inspirou a definição do prazo de 20 dias antes da data das eleições para o julgamento de todos os pedidos de registros de candidaturas, bem como os respectivos recursos,

---

[24] CLÈVE, Clèmerson Merlin. *Temas de direito constitucional*. 2. ed. Belo Horizonte: Fórum, 2014, p. 210-211.
[25] PEREIRA, Rodolfo Viana. *Tutela coletiva no direito eleitoral*: controle social e fiscalização das eleições. Rio de Janeiro: Lumen Iuris, 2008, p. 130.
[26] SILVA, Fernando Matheus da. A tutela específica na Justiça Eleitoral. *Revista Brasileira de Direito Eleitoral – RBDE*, Belo Horizonte, ano 2, n. 3, p. 65, jul./dez. 2010.
[27] GONÇALVES, Guilherme de Salles; PEREIRA, Luiz Fernando Casagrande; STRAPAZZON, Carlos Luiz (Coord.). *Direito eleitoral contemporâneo*. Belo Horizonte: Fórum, 2008, p. 216.
[28] Dispõe a Lei nº 9.504/97: "Art. 94. Os feitos eleitorais, no período entre o registro das candidaturas até cinco dias após a realização do segundo turno das eleições, terão prioridade para a participação do Ministério Público e dos Juízes de todas as Justiças e instâncias, ressalvados os processos de habeas corpus e mandado de segurança. §1º É defeso às autoridades mencionadas neste artigo deixar de cumprir qualquer prazo desta Lei, em razão do exercício das funções regulares. §2º O descumprimento do disposto neste artigo constitui crime de responsabilidade e será objeto de anotação funcional para efeito de promoção na carreira. §3º Além das polícias judiciárias, os órgãos da receita federal, estadual e municipal, os tribunais e órgãos de contas auxiliarão a Justiça Eleitoral na apuração dos delitos eleitorais, com prioridade sobre suas atribuições regulares. §4º Os advogados dos candidatos ou dos partidos e coligações serão notificados para os feitos de que trata esta Lei com antecedência mínima de vinte e quatro horas, ainda que por fax, telex ou telegrama".

motivo pelo qual tais processos devem ser tratados com prioridade sobre quaisquer outros (art. 16 da Lei das Eleições).[29]

Assim, pode-se dizer que, se a Lei das Eleições exige, como um todo, rapidez na tramitação dos processos eleitorais, em face da exiguidade dos prazos, por óbvio que a conduta dos agentes que neles oficiam deve ser igualmente célere e diligente. Assim, em favor da celeridade, todos os demais princípios inerentes ao processo civil acabam sendo, em maior ou menor grau, inevitavelmente, mitigados no contencioso eleitoral.

Essa mitigação varia de acordo com o rito adotado, dentro do próprio microssistema processual civil eleitoral, o qual compreende – para se ater às eleições[30] – quatro possibilidades, justamente por ordem de celeridade: i) art. 58 da Lei nº 9.504/97 (direito de resposta); ii) art. 96 da Lei nº 9.504/97 (representações sobre propaganda eleitoral e pesquisas eleitorais); iii) art. 22 da Lei Complementar nº 64/90 (AIJE, AIME, RCED e as representações especiais,[31] que podem gerar cassação de registro/diploma/mandato e/ou inelegibilidade cominada ou reflexa); e iv) art. 2º da Lei Complementar nº 64/90 (ação de impugnação de registro de candidatura).

Tal flexibilização na rigidez dos princípios afeta, além das ações de natureza propriamente eleitoral indicadas, todas aquelas outras demandas reguladas em legislação própria cabíveis no âmbito do Direito Eleitoral, tais como o mandado de segurança, a ação cautelar e a ação rescisória. Ou seja, tudo aquilo que detenha natureza civil-eleitoral, quando processado em fase de conhecimento,[32] acaba invariavelmente tendo que mitigar diversos princípios informadores do processo civil *lato sensu*. Isso não só acaba classificando o Direito Eleitoral como um dos mais (se não o mais) processualmente complexos ramos do ordenamento jurídico pátrio, como acaba por mitigar algumas prerrogativas processuais das partes, afetas ao Direito Processual Civil como um todo.

Para demonstrar tal assertiva, tomemos como exemplo o princípio da publicidade. No processo eleitoral, durante o período do pleito, a leitura e a publicação do acórdão ou de qualquer ato decisório podem se dar na própria sessão de julgamento do Tribunal, de modo que as partes consideram-se intimadas nesse mesmo momento.

---

[29] Art. 16. Até vinte dias antes da data das eleições, os Tribunais Regionais Eleitorais enviarão ao Tribunal Superior Eleitoral, para fins de centralização e divulgação de dados, a relação dos candidatos às eleições majoritárias e proporcionais, da qual constará obrigatoriamente a referência ao sexo e ao cargo a que concorrem. §1º Até a data prevista no caput, todos os pedidos de registro de candidatos, inclusive os impugnados e os respectivos recursos, devem estar julgados pelas instâncias ordinárias, e publicadas as decisões a eles relativas. §2º Os processos de registro de candidaturas terão prioridade sobre quaisquer outros, devendo a Justiça Eleitoral adotar as providências necessárias para o cumprimento do prazo previsto no §1º, inclusive com a realização de sessões extraordinárias e a convocação dos juízes suplentes pelos Tribunais, sem prejuízo da eventual aplicação do disposto no art. 97 e de representação ao Conselho Nacional de Justiça.

[30] Além das elencadas, existe o rito próprio para as ações de requerimento de mandato eletivo por infidelidade partidária, regulado atualmente pela Resolução nº 22.610/2007, do TSE, além das prestações de contas eleitorais e de exercício financeiro dos partidos políticos, cuja natureza também é jurisdicional, e, ainda, as representações por propaganda partidária irregular.

[31] Nomenclatura dada pelo próprio TSE quando redige as resoluções relativas às representações em cada eleição. Compreende-se aqui as representações previstas no art. 30-A (arrecadação e gastos ilícitos eleitorais); art. 41-A (captação ilícita de sufrágio); art. 73 e seguintes (condutas vedadas); e art. 81 (excesso de doação), todos da Lei nº 9.504/97.

[32] A fase de execução já nem tanto interessa ao processo eleitoral (no sentido *macro*), de modo que "a execução fiscal para cobrança de multa eleitoral, mesmo em trâmite nesta Justiça especializada, segue as regras previstas na Lei nº 6.830/1980 com a aplicação subsidiária do Código de Processo Civil" (Agravo Regimental em Recurso Especial Eleitoral nº 13.072, rel. Min. Gilmar Ferreira Mendes, publicação em 18.08.2015).

A terceiros, portanto, não há publicidade do ato processual. Para além, ainda que as partes (por intermédio de seus patronos) não compareçam na sessão de julgamento, o que não é obrigatório, seus prazos já têm início sem seu conhecimento de fato. Tal regramento vai de encontro ao conceito clássico do princípio da publicidade, o qual compreende o acesso aos autos do processo, bem como aos atos processuais.[33] O mais preocupante – para os processualistas clássicos – é o fato de a intimação da sentença ocorrer em secretaria,[34] iniciando-se o prazo independentemente da presença do advogado *in loco*.

Enfim, o que mais interessa ao presente artigo, contudo, é o conflito (ou a harmonização) entre o princípio do contraditório – substancialmente maximizado pelo novo Código de Processo Civil – e o princípio da celeridade – reverenciado pelo Direito Eleitoral.

Isso porque, como bem se definiu no tópico anterior, o contraditório compreende, de modo geral, o direito de influir na decisão do magistrado, mediante argumentos, contrapontos e provas. Porém, os ritos mais céleres previstos na legislação eleitoral (artigos 58 e 96 da Lei Eleitoral), indiscutivelmente, suprimem tal abrangência. Todos os demais feitos eleitorais que tratem da possibilidade, ainda que mínima no caso concreto, de cassação de registro, diploma ou mandato, ou que cominem ou gerem na via reflexa uma inelegibilidade no acusado deveriam respeitar, em sua plenitude, o princípio do contraditório. Em todos esses ritos há a fase de produção de provas – ampla, como no processo civil ordinário – e, ao final, a oportunidade para a apresentação de alegações finais, a despeito de não haver, como se verá adiante, o contraditório "imediato" do processo civil tradicional.

Nesse contexto, é importante dizer que as restrições relativas à celeridade processual, como a exiguidade e contagem dos prazos (em dias não úteis) e intimações e publicações via edital e em sessões de julgamento, por exemplo, a considerar o princípio da isonomia processual,[35] não violam o contraditório e a ampla defesa. Logo, ainda que os ritos previstos na Lei Complementar nº 64/90 prescrevam prazos realmente exíguos e formas de publicação *sui generis* que exigem a atenção redobrada dos patronos das partes, tais normas estão postas, em idêntico grau de equilíbrio e sem violar o contraditório, a todos os envolvidos naquele processo, em razão das peculiaridades inerentes ao processo eleitoral como um todo (supra).

O mesmo não se pode dizer, contudo, dos ritos previstos na Lei nº 9.504/97. A razão da diferença é bastante simples: enquanto lá, nos ritos da Lei das Inelegibilidades (art. 2º e seguintes[36] e art. 22),[37] existe a possibilidade real de produção de quaisquer

---

[33] ALBERTON, Cláudia Marlise da Silva. *Publicidade dos Atos Processuais e Direito à Informação*. Rio de Janeiro: Ed. Aide, 2000, p. 177.

[34] Com a última reforma eleitoral, essa intimação passou a ser *online*: "Art. 94. [...] §5º Nos Tribunais Eleitorais, os advogados dos candidatos ou dos partidos e coligações serão intimados para os feitos que não versem sobre a cassação do registro ou do diploma de que trata esta Lei por meio da publicação de edital eletrônico publicado na página do respectivo Tribunal na internet, iniciando-se a contagem do prazo no dia seguinte ao da divulgação".

[35] A isonomia no processo civil vem como o princípio da igualdade das partes, devendo estas receberem tratamento isonômico dos aplicadores do direito, seja do legislador, ao criar norma não discriminatória, e do juiz ser imparcial, mas não neutro.

[36] Rito do art. 2º: "Art. 4º A partir da data em que terminar o prazo para impugnação, passará a correr, após devida notificação, o prazo de 7 (sete) dias para que o candidato, partido político ou coligação possa contestá-la, juntar documentos, indicar rol de testemunhas e requerer a produção de outras provas, inclusive documentais, que se

provas (novamente, ainda que em tempo reduzido), aqui, nos ritos da Lei das Eleições, nenhum meio de prova é admitido,[38] afora os documentos jungidos com a inicial e com a defesa, respectivamente.

Há uma aparente violação para um lado e para o outro. Enquanto a parte ré fica impedida de contrapor os argumentos da parte autora com todos os meios de prova inerentes ao processo civil tradicional, a parte autora não pode rebater eventuais preliminares de mérito arguidas ou impugnar os documentos anexados com a defesa, como já bem preconizava o Código de 1973 em seus artigos 326, 327 e 398 (e anteriores).[39] Tais dispositivos também não eram (e continuam não sendo, à luz do NCPC) aplicáveis aos procedimentos da Lei das Inelegibilidades. Não se tem a figura da impugnação à contestação em seara eleitoral e nem se abre o contraditório "imediato" para se impugnar provas no momento posterior a sua juntada. No entanto, nos ritos previstos pela LC nº 64/90, existe previsão expressa e inderrogável para que as partes apresentem alegações finais ao final da instrução,[40] sanando, por completo, a inaplicabilidade de tais dispositivos.

Observa-se que aos feitos relativos à boa marcha da campanha eleitoral propriamente dita (propaganda eleitoral; pesquisas eleitorais e direito de resposta) a celeridade se impõe de forma tamanha a sacrificar verdadeiramente aspectos do contraditório e da ampla defesa. A justificativa para tal enredo se encontra no direito material que está sendo protegido, que deve prevalecer sobre a técnica e forma processuais, como bem ensinam Flávio Cheim Jorge e Marcelo Abelha Rodrigues:

---

encontrarem em poder de terceiros, de repartições públicas ou em procedimentos judiciais, ou administrativos, salvo os processos em tramitação em segredo de justiça. Art. 5º Decorrido o prazo para contestação, se não se tratar apenas de matéria de direito e a prova protestada for relevante, serão designados os 4 (quatro) dias seguintes para inquirição das testemunhas do impugnante e do impugnado, as quais comparecerão por iniciativa das partes que as tiverem arrolado, com notificação judicial. §1º As testemunhas do impugnante e do impugnado serão ouvidas em uma só assentada. §2º Nos 5 (cinco) dias subsequentes, o Juiz, ou o Relator, procederá a todas as diligências que determinar, de ofício ou a requerimento das partes. §3º No prazo do parágrafo anterior, o Juiz, ou o Relator, poderá ouvir terceiros, referidos pelas partes, ou testemunhas, como conhecedores dos fatos e circunstâncias que possam influir na decisão da causa. §4º Quando qualquer documento necessário à formação da prova se achar em poder de terceiro, o Juiz, ou o Relator, poderá ainda, no mesmo prazo, ordenar o respectivo depósito".

[37] Rito do art. 22: "Art. 22 [...] V – findo o prazo da notificação, com ou sem defesa, abrir-se-á prazo de 5 (cinco) dias para inquirição, em uma só assentada, de testemunhas arroladas pelo representante e pelo representado, até o máximo de 6 (seis) para cada um, as quais comparecerão independentemente de intimação; VI – nos 3 (três) dias subsequentes, o Corregedor procederá a todas as diligências que determinar, ex officio ou a requerimento das partes; VII – no prazo da alínea anterior, o Corregedor poderá ouvir terceiros, referidos pelas partes, ou testemunhas, como conhecedores dos fatos e circunstâncias que possam influir na decisão do feito; VIII – quando qualquer documento necessário à formação da prova se achar em poder de terceiro, inclusive estabelecimento de crédito, oficial ou privado, o Corregedor poderá, ainda, no mesmo prazo, ordenar o respectivo depósito ou requisitar cópias".

[38] Em face da celeridade que informa o procedimento das reclamações e representações a que se refere o art. 96 da Lei n. 9.504/97, inviável a oitiva de testemunhas, o que não consubstancia violação dos princípios constitucionais do contraditório e da ampla defesa (AGRAVO REGIMENTAL EM RECURSO ESPECIAL ELEITORAL nº 19.611, rel. Min. Raphael de Barros Monteiro Filho, publicação em 09.08.2002).

[39] Mantidas pelo atual Código, com prazos ainda maiores, nos artigos 350, 351 e 437.

[40] Rito do art. 2º: "Art. 6º Encerrado o prazo da dilação probatória, nos termos do artigo anterior, as partes, inclusive o Ministério Público, poderão apresentar alegações no prazo comum de 5 (cinco) dias".
Rito do art. 22: "X – encerrado o prazo da dilação probatória, as partes, inclusive o Ministério Público, poderão apresentar alegações no prazo comum de 2 (dois) dias".

Técnica e direito são, respectivamente, o instrumento e o fim, a forma e a essência. A técnica, digo, o processo, é a ferramenta ou método quase sempre necessário para se obter a tutela jurisdicional. O que se quer é a solução e a tutela dadas pelo Poder Judiciário e, para isso, o caminho é o processo. Mas não se pense que ainda estamos naqueles tempos em que a técnica era padrão para todo e qualquer tipo de direito. Não mesmo. Não estamos mais naquela época em que, por mais diferente que fosse o direito material em conflito, o jurisdicionado deveria se valer do mesmo modelo processual, tal como se estivéssemos numa sociedade de iguais. Enfim, para cada tipo de crise jurídica levada ao Poder Judiciário existe um tipo específico de técnica processual a ser utilizada, e cabe ao jurisdicionado valer-se daquela que seja adequada (eficiente e efetiva) à tutela de seu direito.

Essas tutelas jurídicas diferenciadas são previstas pelo legislador processual, que as coloca em "moldura abstrata" (normalmente em leis extravagantes e fora de um Código padrão) e deixa à disposição dos jurisdicionados. A necessidade de se estabelecerem tutelas jurídicas diferenciadas para atender às peculiaridades do direito material em conflito decorre do próprio devido processo legal, que deve ofertar ao jurisdicionado um processo giusto e équo. Neste particular, cabe ao legislador captar as peculiaridades do direito material e prever, abstratamente, as regras processuais que com elas sejam consentâneas e adequadas para se obter o acesso à ordem jurídica justa.[41]

Quer-se dizer, então, que o direito material protegido pelo rito das representações da Lei nº 9.504/97, intrínsecas ao período de campanha eleitoral, cujas condutas apuradas não detêm gravidade apta, *per se*, a gerar sanção mais gravosa aos acusados, reclamam por um provimento jurisdicional imediato,[42] mas sua morosidade pode fazer com que o equilíbrio do pleito ali regulado seja futuramente comprometido – e de maneira irreversível, ante a perda superveniente de objeto, se findo o processo eleitoral. Assim, não se trata de um procedimento "célere" por si só, tendo em vista os atos jurídicos eleitorais por ele abrangidos. Nada mais é do que o procedimento adequado à tutela processual desses direitos. Logo, aquela prova refutada pelo legislador (oral e pericial) não é necessária, simplesmente porque as hipóteses de cabimento de propaganda irregular são fincadas com base numa antijuridicidade legal, sendo bastante e absolutamente suficiente para a formação da convicção do magistrado e para a demonstração dos fatos controvertidos a prova documental.[43]

Em resumo, ainda que se admita a mitigação de determinados princípios do direito processual clássico em seara eleitoral, há sempre que se volver os olhos para o direito material ali protegido, a fim de que se vislumbre, então, a correta adequação do procedimento adotado pelo legislador àquela necessidade exprimida pelo conteúdo que visa tutelar.

De outra banda, refuta-se a aparente supressão de tais princípios quando a Justiça Eleitoral se presta a resolver casos que possam gerar restrição de direitos fundamentais dos réus. Como bem visto, o contraditório é amplamente respeitado nos ritos estampados na Lei das Inelegibilidades, e só não o é – como visto no tópico anterior –

---

[41] RODRIGUES, Marcelo Abelha; JORGE, Flávio Cheim. *Manual de Direito Eleitoral*. São Paulo: Revista dos Tribunais, 2014, p. 272-273.
[42] Art. 58-A. Os pedidos de direito de resposta e as representações por propaganda eleitoral irregular em rádio, televisão e internet tramitarão preferencialmente em relação aos demais processos em curso na Justiça Eleitoral.
[43] RODRIGUES, Marcelo Abelha; JORGE, Flávio Cheim. *Manual de Direito Eleitoral*. São Paulo: Revista dos Tribunais, 2014, p. 379.

por equívoco técnico do próprio Judiciário, e não do legislador. Aí porque se conclui, felizmente, que a redação ora trazida pelo novo diploma processual civil, a despeito de não produzir efetivamente uma inovação no ordenamento jurídico, trará impactos benéficos justamente nesse desarranjo produzido pelo mau emprego das prerrogativas das partes no processo (jurisdicional) eleitoral.

4 Conclusão: o contraditório substancial no processo civil brasileiro e seu impacto real no Direito Processual Eleitoral

Recapitulando, a normativa processual relativa ao contraditório substancial que recentemente entrou em vigor – a exemplo de muitas outras – não inova no ordenamento jurídico, a não ser pela introdução expressa do dever de cooperação. É, nos dizeres de Fredie Didier Júnior, uma *pseudonovidade normativa*, na medida em que o novo art. 10 apenas positiva a regra de "proibição da decisão-surpresa", que há muitos anos já é amplamente aceita como corolário do princípio do contraditório. Como já dito, trata-se de norma que decorre do texto constitucional, à qual "o texto do novo CPC apenas ratifica o que já se entendia"; e mesmo se o "novo CPC silenciasse a respeito do tema, ainda assim o princípio do contraditório, de fundo constitucional, tornaria nula a decisão-surpresa".[44]

Não obstante isso, é extremamente importante – ao menos por seu valor simbólico – que o novo CPC "desenhe" o modo como se deve observar o contraditório no processo civil brasileiro. Como entende Alexandre Freitas Câmara, embora seja perfeitamente possível afirmar-se, a partir da Constituição da República, que o contraditório é garantia de participação com influência e de não surpresa, na prática, o contraditório continuou a ser observado de maneira eminentemente formal, apenas no sentido de assegurar às partes o "direito de falar", mas não se respeitando seu "direito de ser ouvido". Assim, tornou-se lugar comum nos tribunais brasileiros a ideia de que o juiz não está obrigado a se manifestar sobre todos os fundamentos trazidos pelas partes, o que, bem aponta o autor, "viola frontalmente a garantia do contraditório substancial, exigência de um processo democrático".[45] Por tal razão, além do art. 10, o novo CPC, em seu art. 489, §1º, IV, também prevê a nulidade, por vício de fundamentação, da decisão judicial que não apreciar todos os argumentos deduzidos no processo pela parte e que se revelem, em tese, capazes de infirmar a conclusão alcançada pelo órgão julgador.[46]

E qual a importância disso tudo para o Direito Eleitoral?

Como visto, o equívoco da dispensabilidade do contraditório em matéria de ordem pública fazia com que – apenas para dar o exemplo mais notável – muitos magistrados decidissem um registro de candidatura (com ou sem impugnação) atestando a suposta existência de uma inelegibilidade nunca antes cogitada. Tradicionalmente o Tribunal

---

[44] DIDIER JR., Fredie. Eficácia do novo CPC antes do término do período de vacância da lei. *Revista de Processo*, São Paulo, n. 236, 2014.

[45] CÂMARA, Alexandre Freitas. O novo CPC e o princípio do contraditório. Disponível em: <http://justificando.com/2015/04/17/o-novo-cpc-e-o-principio-do-contraditorio/>. Acesso em: 13 jan. 2016.

[46] Art. 489. [...] §1º Não se considera fundamentada qualquer decisão judicial, seja ela interlocutória, sentença ou acórdão, que: [...] IV – não enfrentar todos os argumentos deduzidos no processo capazes de, em tese, infirmar a conclusão adotada pelo julgador.

Superior Eleitoral foi permissivo com o reconhecimento da inelegibilidade de ofício e sem oportunidade de contraditório pelas instâncias ordinárias, posição que se encontra em plena vigência ainda hoje.[47]

Pois agora o novo *Codex* expressamente disciplina em seu artigo 10 que, em qualquer grau de jurisdição, "o órgão jurisdicional não pode decidir com base em fundamento a respeito do qual não se tenha oportunizado manifestação das partes, ainda que se trate de matéria apreciável de ofício". A correção – que na verdade é um "desenho" do que a Constituição já dizia – por certo impedirá tamanho equívoco por parte dos órgãos judicantes.

Essa visão, muito provavelmente, não guardará unanimidade na doutrina do Direito Eleitoral. Antes das inovações aqui discutidas, Adriano Soares da Costa assinalava que "por ser o pedido de registro uma verdadeira ação judicial, de jurisdição voluntária",[48] não haveria espaço para o exercício do contraditório. No mesmo sentido também era a posição de Rodrigo López Zílio, para o qual "quando o Juiz Eleitoral, ausente pedido específico, indefere registro de candidato, sequer há necessidade de estabelecer o contraditório, pois de relação processual não se trata".[49]

Verificou-se que as ações eleitorais – a despeito de sempre tutelarem a lisura do pleito – se dividem em dois tipos: (i) as que podem gerar a cassação de registro, diploma ou mandato e/ou cominar, declarar ou gerar uma inelegibilidade (mesmo na via reflexa, como no caso das representações por excesso de doação); e (ii) aquelas que visam combater os excessos na campanha eleitoral propriamente dita (propaganda, pesquisas e direito de resposta), cujas sanções têm caráter mais coercitivo do que punitivo e reclamam por um provimento imediato. Nas primeiras, dada a gravidade das possíveis sanções, não há espaço para mitigação do contraditório e da ampla defesa, ao passo que nas segundas, devido ao *princípio da adaptabilidade do instrumento*, o direito material – e somente ele – acaba por suprimir algumas garantias processuais, em favor, justamente, do objeto tutelado. Daí a diferença de ritos.

Dessa forma, sempre que uma demanda eleitoral tiver como objeto a restrição ou mitigação de direitos políticos fundamentais, que decidam ou afetem a esfera subjetiva de garantias inerentes à elegibilidade ou inelegibilidade do interessado, ou, ainda, a perda de mandato eletivo, deve ser pleno o exercício do contraditório, a fim de que a eventual incidência da sanção seja justa e adequada, dentro de um processo que atendeu aos ditames do devido processo legal como configurado pelo art. 5º, LV, da Constituição.

> Não é por acaso que as demandas eleitorais que culminam nestas sanções devem seguir, regra geral, o "rito ordinário" da legislação eleitoral, onde o exercício do contraditório é pleno e a cognição do magistrado é exauriente. Trata-se do procedimento da LC 64/1990, originariamente destinado à ação de investigação judicial eleitoral e estendido para outras demandas eleitorais. Este procedimento (embora angusto, se comparado ao procedimento

---

[47] [...] 5. A possibilidade de reconhecimento de causa de inelegibilidade, de ofício, está restrita ao órgão do Poder Judiciário que julga a questão originariamente, porque a este, ao contrário daquele cujo mister se dá apenas na seara recursal, é facultado indeferir o registro até mesmo nas hipóteses em que deixou de ser ajuizada qualquer impugnação. [...] (TSE, Embargos de Declaração em Recurso Especial Eleitoral nº 1.062, rel. Min. Laurita Vaz, Diário de justiça eletrônico, Tomo 35, 19.02.2014, p. 81).

[48] COSTA, Adriano Soares da. *Instituições do Direito Eleitoral*. 9 ed. rev. ampl. e atualizada de acordo com a LC nº 135. Vol. 1. Belo Horizonte: Fórum, 2013, p. 294.

[49] ZÍLIO, Rodrigo López. *Direito Eleitoral*. Porto Alegre: Verbo Jurídico, p. 368.

ordinário do CPC, e nem poderia ser diferente, em razão dos prazos do processo eleitoral) franqueia aos partícipes e sujeitos do processo um franco e amplo contraditório, animado por uma cognição exauriente do magistrado sobre os temas objeto de debate da causa.[50]

A didática especial então franqueada pela Lei nº 13.105/2015 será de suma importância no controle de excessos que alguns magistrados, sob o argumento de proteção ao interesse público de resguardar a lisura do pleito,[51] imprimiam ao processo civil-eleitoral.

Embora complexo e evidentemente célere, o processo eleitoral não pode suprimir garantias fundamentais de ampla defesa e contraditório, notadamente quando se está a tratar de eventual supressão de direitos políticos e de derrogação de mandatos democraticamente outorgados pelo voto popular soberano. Muito mais do que o inegável interesse imediato das partes ali legitimadas em tencionarem a lide para cada lado, há o interesse público maior de tornar o processo eleitoral indene de decisões muitas vezes precipitadas e violadoras de garantias processuais basilares.

Ainda que passíveis de recurso, decisões judiciais proferidas em meio ao certame possuem efeitos políticos extraprocessuais inegáveis: fulminam candidaturas, direcionam a opinião pública, influenciam diretamente no momento decisório das urnas e, consequentemente, perpetuam seus efeitos sobre o processo democrático como um todo, não somente dentro dos limites da lide. Daí porque a *garantia* ao princípio do contraditório, enquanto direito das partes de influenciarem no convencimento do magistrado, assim como a *vedação* à "decisão surpresa" e o *dever* de cooperação no processo são mais do que cumprir o que já prescrevia o texto constitucional e agora assegura o novo Código: é um compromisso de todos os sujeitos processuais com o Estado Democrático de Direito.

O impacto do novo Código de Processo Civil no Direito Eleitoral, ao menos nesse ponto, é, enfim, extremamente positivo.

Referências

ALBERTON, Cláudia Marlise da Silva. *Publicidade dos Atos Processuais e Direito à Informação*. Rio de Janeiro: Ed. Aide, 2000.

ALVIM, Frederico Franco. *Manual de direito eleitoral*. Belo Horizonte: Fórum, 2012.

BUENO, Cassio Scarpinella. *Curso Sistematizado de Direito Processual Civil:* Teoria geral do direito processual civil. 5. ed. São Paulo: Saraiva, 2011.

CÂMARA, Alexandre Freitas. O novo CPC e o princípio do contraditório. Disponível em: <http://justificando.com/2015/04/17/o-novo-cpc-e-o-principio-do-contraditorio/>. Acesso em: 13 jan. 2016.

CLÈVE, Clèmerson Merlin. *Temas de direito constitucional*. 2. ed. Belo Horizonte: Fórum, 2014.

COSTA, Adriano Soares da. *Instituições do Direito Eleitoral*. 9 ed. ver. ampl. e atualizada de acordo com a LC nº 135. Belo Horizonte: Fórum, 2013.

---

[50] RODRIGUES, Marcelo Abelha; JORGE, Flávio Cheim. *Manual de Direito Eleitoral*. São Paulo: Revista dos Tribunais, 2014, p. 297.

[51] Vale aqui a nota à "onipotência" conferida pelo art. 23 da LC nº 64/90: "Art. 23. O Tribunal formará sua convicção pela livre apreciação dos fatos públicos e notórios, dos indícios e presunções e prova produzida, atentando para circunstâncias ou fatos, ainda que não indicados ou alegados pelas partes, mas que preservem o interesse público de lisura eleitoral".

DIDIER JR., Fredie. *Curso de Direito Processual Civil*: Teoria Geral do Processo e Processo de Conhecimento. Salvador: JusPodivm, 2008.

DIDIER JR., Fredie. Eficácia do novo CPC antes do término do período de vacância da lei. *Revista de Processo*, São Paulo, n. 236, 2014.

DINAMARCO, Cândido Rangel. *Instituições de Direito Processual Civil*: os fundamentos e as instituições fundamentais. São Paulo: Malheiros, 2001.

DINAMARCO, Cândido Rangel. O princípio do contraditório e sua dupla destinação. *In*: DINAMARCO, Cândido Rangel. *Fundamentos do processo civil moderno*. 3. ed. São Paulo: Malheiros, 2000.

FREITAS, José Lebre de. *Introdução ao processo civil*: conceito e princípios gerais à luz do código revisto. Coimbra: Coimbra Editora, 1996.

GOMES, José Jairo. *Direito eleitoral*. 11. ed. Belo Horizonte: Del Rey, 2015.

GONÇALVES, Guilherme de Salles; PEREIRA, Luiz Fernando Casagrande; STRAPAZZON, Carlos Luiz (Coord.). *Direito eleitoral contemporâneo*. Belo Horizonte: Fórum, 2008.

GRASSI, Lucio. A função legitimadora do princípio da cooperação intersubjetiva no processo civil brasileiro. *Revista de Processo*, v. 172, p. 32, jun. 2009.

LIEBMAN, Enrico Tullio. *Manuale di diritto processuale civile*. 3. ed. Milão: Giuffrè, 1935.

MANGONE, Kátia Aparecida. *Prequestionamento e Questões de Ordem Pública no Recurso Extraordinário e no Recurso Especial*. 2010. 268 f. Dissertação (Mestrado em Direito). Pontifícia Universidade Católica de São Paulo, 2010.

MIRANDA, Gladson Rogério de Oliveira. Prequestionamento nas questões de ordem pública. *Jus Navigandi*, Teresina, ano 8, n. 174, dez. 2003. Disponível em: <http://jus.com.br/revista/texto/4606>. Acesso em: 13 jan. 2016.

MITIDIERO, Daniel. A colaboração como norma fundamental do Novo Processo Civil brasileiro. *Revista do Advogado*, ano XXXV, n. 126, mai. 2015.

NUNES, Dierle et al. *Curso de direito processual civil*: fundamentação e aplicação. Belo Horizonte: Fórum, 2011.

OLIVEIRA, Carlos Alberto Alvaro de. O juiz e o princípio do contraditório. *Revista de Processo*, São Paulo, n. 71, 1993.

PEREIRA, Rodolfo Viana. *Tutela coletiva no direito eleitoral*: controle social e fiscalização das eleições. Rio de Janeiro: Lumen Iuris, 2008.

RODRIGUES, Marcelo Abelha; JORGE, Flávio Cheim. *Manual de Direito Eleitoral*. São Paulo: Revista dos Tribunais, 2014.

SALGADO, Eneida Desiree. *Princípios constitucionais eleitorais*. 2. ed. Belo Horizonte: Fórum, 2015.

SILVA, Fernando Matheus da. A tutela específica na Justiça Eleitoral. *Revista Brasileira de Direito Eleitoral – RBDE*, Belo Horizonte, ano 2, n. 3, p. 63-103, jul./dez. 2010.

ZÍLIO, Rodrigo López. *Direito Eleitoral*. Porto Alegre: Verbo Jurídico, 2008.

Informação bibliográfica deste livro, conforme a NBR 6023:2002 da Associação Brasileira de Normas Técnicas (ABNT):

PECCININ, Luiz Eduardo; GOLAMBIUK, Paulo Henrique. O impacto do contraditório substancial no Direito Eleitoral à luz do novo Código de Processo Civil. *In*: TAVARES, André Ramos; AGRA, Walber de Moura; PEREIRA, Luiz Fernando (Coord.). *O direito eleitoral e o novo Código de Processo Civil*. Belo Horizonte: Fórum, 2016. p. 89-103. ISBN 978-85-450-0133-1.

INTERVENÇÃO DE TERCEIROS NAS AÇÕES ELEITORAIS COLETIVAS: (NOVAS) PERSPECTIVAS DE COLETIVIZAÇÃO DO PROCESSO A PARTIR DO CPC/2015

ROBERTA MAIA GRESTA

1 Introdução

Apesar de sua centralidade na construção do Estado Democrático de Direito brasileiro, o Direito Eleitoral é ainda estudado marginalmente. O tratamento deste como disciplina secundária ou inexistente na grade curricular do curso de Direito e nas provas e exames de seleção para as diversas carreiras jurídicas oculta a complexidade dos temas jurídicos que impactam diretamente sobre a cidadania. E, se é esse o tratamento do Direito Eleitoral, o que dizer do Direito Processual Eleitoral?

Desde que a Justiça Eleitoral brasileira foi criada em 1932 juntamente com "uma magistratura especial, cujo fito era de julgar todas as questões concernentes ao processo eleitoral, isto é, englobando os casos de alistamento dos eleitores até os caso de impugnação da diplomação dos eleitos",[1] a legislação e a jurisprudência têm privilegiado uma visão providencialmente ampla e eclética dos "poderes" dessa magistratura. Mesmo após a constitucionalização do processo pela CR/88, os procedimentos eleitorais parecem se conservar em um universo próprio, no qual a inexorabilidade do término dos mandatos eletivos justificaria uma menor intensidade – ou, no extremo, a recusa – da incidência do contraditório, da ampla defesa de regras técnicas. O praxismo prepondera sobre a ciência processual, e os órgãos judiciários eleitorais seguem praticando atos administrativos e judiciais com resultante de "competências [que] se apresentam como um conglomerado indiviso, mesclando todo gênero de atividades, sem prenunciar qualquer critério diferenciador".[2]

---

[1] AGRA, Walber de Moura. *Temas polêmicos do direito eleitoral*. Belo Horizonte: Fórum, 2012, p. 48.
[2] RIBEIRO, Fávila. *Pressupostos constitucionais do direito eleitoral*: no caminho da sociedade participativa. Porto Alegre: Sergio Antonio Fabris Editor, 1990, p. 110

Então, não é de surpreender que sucessivas minirreformas eleitorais ignorem a premência da elaboração de um Código de Processo Eleitoral e se contentem em alterar pontualmente normas procedimentais, frequentemente sem a preocupação de abordagem científica dos institutos processuais.[3] Com isso, torna-se cada vez mais desafiador propor rumos para a construção de um Direito Processual Eleitoral.

Nesse cenário, avulta a importância, para o âmbito eleitoral, do advento do Código de Processo Civil, que, expressamente, prevê sua aplicação subsidiária e supletiva às ações eleitorais (art. 15, CPC/2015). Não que essa aplicação não fosse possível anteriormente, mas é que, agora, esta se erige como um comando normativo a ser observado – ao menos enquanto não se demonstrar, solidamente, a inconstitucionalidade da previsão.[4]

Nessa linha, o presente artigo se propõe a refletir sobre as possibilidades de aplicação da nova sistemática da intervenção de terceiros, trazida nos arts. 119 a 138 do CPC/2015, às ações eleitorais que versam sobre candidaturas, diplomas e mandatos – aqui denominadas *ações eleitorais coletivas*. A reflexão toma por referencial teórico a proposta da *ação temática eleitoral*,[5] que formulei em dissertação de mestrado a partir da *teoria das ações coletivas* de Vicente de Paula Maciel Júnior.[6]

Esse referencial teórico oferece uma problematização da noção de "terceiro" – e, portanto, da própria intervenção de terceiros – nas ações eleitorais coletivas, o que permitirá conduzir uma crítica ao tratamento jurisprudencial da matéria pelos tribunais eleitorais. Se, a partir daí, torna-se possível, *de lege ferenda*, defender a necessidade e relevância da elaboração de um Código de Processo Eleitoral que seja teórica, científica

---

[3] Cite-se, como exemplo, o art. 96-B da Lei nº 9.504/97, introduzido pela Lei nº 13.165/2015, cuja redação é a seguinte: "Serão reunidas para julgamento comum as ações eleitorais propostas por partes diversas sobre o mesmo fato, sendo competente para apreciá-las o juiz ou relator que tiver recebido a primeira. [...] §2º Se proposta ação sobre o mesmo fato apreciado em outra cuja decisão ainda não transitou em julgado, será ela apensada ao processo anterior na instância em que ele se encontrar, figurando a parte como litisconsorte no feito principal. §3º Se proposta ação sobre o mesmo fato apreciado em outra cuja decisão já tenha transitado em julgado, não será ela conhecida pelo juiz, ressalvada a apresentação de outras ou novas provas". Ao que parece, a intenção do legislador era criar uma sistemática para tratamento de Representações Específicas, AIJEs e AIMEs conexas, mas, sem distinguir entre conexão (instituto processual) e reunião de processos (providência procedimental), e entre causa de pedir (elemento da ação) e fato (objeto de prova), acabou agravando o cenário já tormentoso da multiplicação de ações eleitorais similares. Primeiramente, o *caput* do dispositivo abre ensejo para que se determine a reunião, *para julgamento conjunto*, de ações tão díspares quanto uma representação por propaganda irregular e uma AIJE, se versarem sobre o mesmo fato. Passando-se daí ao §3º, vê-se uma consequência grave: a AIJE mencionada pode nem mesmo ser conhecida se a representação houver sido julgada improcedente e transitada em julgado. Desconsidera-se, aqui, que a improcedência pode resultar não de ausência de prova do fato, mas da insubsistência da tese jurídica, e que a AIJE pode oferecer novo contorno jurídico ao fato sem precisar de qualquer nova prova. Cria-se, então, uma anômala causa de extinção por coisa julgada de ações não idênticas. Por fim, o §2º simplesmente suprime o devido processo legal e o direito de ação, transformando o autor de uma ação em litisconsorte de outra que pode se encontrar já em fase recursal. E o faz sem nada dizer sobre como será equacionada a situação se houver, nesse caso, requerimento de novas provas. Ademais, a reunião de processos que tramitam em instâncias diversas afronta a sensata diretriz da Súmula 235 do STJ, que refuta a adoção daquela providência mesmo em caso de conexão.

[4] Certamente caberá perquirir a compatibilidade pontual das regras previstas no CPC/2015 com os procedimentos eleitorais, mas isso deve ser feito por meio de estudos e decisões comprometidos com a democratização da jurisdição eleitoral, uma vez que a CR/88 não excepciona essa jurisdição da submissão ao devido processo legal constitucional.

[5] GRESTA, Roberta Maia. *Ação temática eleitoral*: proposta para a democratização dos procedimentos judiciais eleitorais coletivos, 2014. Dissertação (Mestrado em Direito Processual) – PUC Minas. Belo Horizonte: PUC Minas, 2014.

[6] MACIEL JÚNIOR, Vicente de Paula. *Teoria das ações coletivas*: as ações coletivas como ações temáticas. São Paulo: LTr, 2006.

e tecnicamente adequada ao processo coletivo democrático, também se pode, *de lege lata*, investigar possibilidades de aprimoramento democrático daquelas ações a partir das modalidades de intervenção de terceiros regulamentadas no CPC/2015.

2 O problema da participação nas ações eleitorais coletivas

O processo coletivo brasileiro tem sido tema prestigiado pela literatura jurídica ao menos desde o advento do Código de Defesa do Consumidor (Lei nº 8.078/90), responsável por criar o denominado "microssistema de tutela processual coletiva comum, o qual decorre da completa interação entre a parte processual do CDC e da LACP [Lei da Ação Civil Pública – Lei 7.347/85]".[7] Sobre este microssistema, Gregório Assagra de Almeida chega a dizer que se trata de "um conjunto de normas processuais coletivas gerais do sistema jurídico brasileiro", de modo que, havendo "qualquer dúvida sobre a compreensão conceitual relacionada com os direitos difusos, coletivos e individuais homogêneos, mesmo que na área [...] eleitoral [...], a solução deve ser alcançada com base na conceituação tripartite de interesses e direitos massificados", inscrita no CDC, art. 81, parágrafo único.[8]

Apesar disso, os estudos sobre processo coletivo ainda se centram nas tradicionais ações coletivas: ação civil pública, mandado de segurança coletivo, ação civil coletiva e ação popular. É incipiente a abordagem das ações eleitorais sob essa perspectiva,[9] o que torna pertinente a provocação de Marcelo Abelha Rodrigues ao indagar "se não devemos disciplinar as demandas eleitorais como demandas coletivas que possuem procedimentos específicos, próprios da legislação eleitoral, mas que poderia ser subsidiariamente informados e tutelados pelos princípios e regras do processo coletivo".[10]

Se acatada a diretriz de Gregório Assagra de Almeida para aplicar ao Direito Eleitoral as categorias de "direitos massificados" previstas no CDC, pode-se, com certa facilidade, compreender as ações eleitorais que versam sobre candidaturas, diplomas e mandatos na dimensão do direito difuso, ou seja, uma dimensão que abarca direitos "transindividuais, de natureza indivisível, de que sejam titulares pessoas indeterminadas e ligadas por circunstâncias de fato" (CDC, art. 81, parágrafo único, I). Afinal, a decisão naquelas ações: 1) ultrapassa a esfera de interesse do próprio candidato, diplomado ou mandatário (é transindividual); 2) é unitária (reconhecendo, portanto, a natureza indivisível da questão versada) e 3) alcança interesses de todo o eleitorado da circunscrição e, mesmo, da população que, não votante, é sujeita ao

---

[7] ALMEIDA, Gregório Assagra de. *Manual das ações constitucionais*. Belo Horizonte: Del Rey, 2007, p. 19.
[8] ALMEIDA, Gregório Assagra de. *Manual das ações constitucionais*, p. 20.
[9] Contribuição que se procurou oferecer em GRESTA, Roberta Maia. *Ação temática eleitoral*: proposta para a democratização dos procedimentos judiciais eleitorais coletivos. A respeito, ver também: PEREIRA, Rodolfo Viana. *Tutela coletiva no direito eleitoral*: controle social e fiscalização das eleições. Rio de Janeiro: Lumen Juris, 2008; GOMES, Reginaldo Gonçalves. *A legitimação dos interessados difusos para a ação coletiva de impugnação de mandato eletivo*: uma proposição em direção à efetividade da democracia como direito fundamental. Orientador: Carlos Alberto Simões de Tomaz. Dissertação (Mestrado) – Universidade de Itaúna. Programa de Pós-Graduação em Direito. Itaúna, 2014.
[10] RODRIGUES, Marcelo Abelha. *A subsidiariedade do CPC no processo eleitoral*. Artigo inédito, inspirado na palestra ministrada pelo autor nas VIII Jornadas de Direito Processual Civil, em Vitória – ES (2010). Disponível em: < http://www.marceloabelha.com.br/site/publicacoes.php>. Acesso em: 10 fev. 2016.

governo/representação pelos detentores dos cargos em disputa (pessoas a princípio indeterminadas, ligadas pela circunstância de fato de serem vinculadas a determinada circunscrição).

Tal constatação é suficiente para elencar a Ação de Impugnação ao Registro de Candidatura (AIRC), a Ação de Investigação Judicial Eleitoral (AIJE), as Representações Específicas (fundadas nos arts. 30-A, 41-A e 73 da Lei nº 9.504/97), a Ação de Impugnação ao Mandato Eletivo (AIME) e o Recurso Contra a Expedição de Diploma (RCED) como ações eleitorais coletivas.[11] Por conseguinte, é possível transportar para o âmbito eleitoral a problematização da participação dos destinatários das decisões proferidas em ações coletivas.

Essa problematização pode ser suscitada a partir da teoria estruturalista do processo de Elio Fazzalari, segundo a qual o reconhecimento da condição de parte aos destinatários da decisão é decisivo para a configuração do processo, espécie de procedimento qualificado pela participação em contraditório. Segundo o autor:

> Se, pois, o procedimento é regulado de modo que dele participem também aqueles em cuja esfera jurídica o ato final é destinado a desenvolver efeitos – de modo que o autor dele (do ato final, ou seja, o juiz) deve dar a tais destinatários o conhecimento da sua atividade e se tal participação é armada de modo que os contrapostos 'interessados' (aqueles que aspiram a emanação do ato final – 'interessados' em sentido estrito – e aqueles que queiram evitá-lo, ou seja, os 'contra-interessados' [sic]) estejam sob plano de simétrica paridade, então o procedimento compreende o 'contraditório', faz-se mais articulado e complexo, e do *genus* 'procedimento' é possível extrair a *species* 'processo'.[12]

A primeira indagação é se a aplicação da teoria fazzalariana ao processo coletivo importaria no reconhecimento, a todos os cidadãos da circunscrição, da condição de parte nas ações eleitorais coletivas. A resposta legal e jurisprudencial a essa pergunta tem sido negativa.

Os dois procedimentos legalmente previstos – AIRC e AIJE – contemplam a indicação de um rol de legitimados ativos limitado aos candidatos, partidos políticos e coligações e Ministério Público Eleitoral (arts. 3º e 22, LC nº 64/90).

Essa regra se aplica às representações específicas fundadas nos arts. 41-A e 73 da Lei nº 9.504/97, uma vez que tais dispositivos não trazem previsão expressa a respeito e remetem o processamento das ações ao art. 22 da LC nº 64/90. Em relação à representação fundada no art. 30-A da Lei nº 9.504/97, que indica expressamente a propositura por partido político ou candidato, o TSE firmou jurisprudência no sentido de que a ação pode ser manejada pelo Ministério Público Eleitoral,[13] mas não pelo candidato.[14]

---

[11] A caracterização das citadas ações eleitorais como ações coletivas foi aprofundada em GRESTA, Roberta Maia. *Ação temática eleitoral*: proposta para a democratização dos procedimentos judiciais eleitorais coletivos.

[12] FAZZALARI, Elio. *Instituições de direito processual*. 8. ed. Tradução Eliane Nassif. Campinas: Bookseller, 2006, p. 93-94.

[13] RECURSO ORDINÁRIO. AÇÃO DE INVESTIGAÇÃO JUDICIAL ELEITORAL (AIJE) COM BASE NO ART. 22 DA LEI COMPLEMENTAR Nº 64/90 E ART. 30-A DA LEI Nº 9.504/97. IRREGULARIDADES NA ARRECADAÇÃO E GASTOS DE RECURSOS DE CAMPANHA. PRAZO PARA O AJUIZAMENTO. PRAZO DECADENCIAL. INEXISTÊNCIA. COMPETÊNCIA. JUIZ AUXILIAR. ABUSO DE PODER POLÍTICO. CONEXÃO. CORREGEDOR. PROPOSITURA. CANDIDATO NÃO ELEITO. POSSIBILIDADE. LEGITIMIDADE ATIVA. MINISTÉRIO PÚBLICO ELEITORAL. POSSIBILIDADE. SANÇÃO APLICÁVEL. NEGATIVA DE OUTORGA DO DIPLOMA OU SUA CASSAÇÃO. ART. 30-A, §2o. PROPORCIONALIDADE.

O art. 262 do Código Eleitoral e o art. 14, §10, da CR/88 são omissos quanto aos legitimados para a propositura do RCED e da AIME. O TSE, por via jurisprudencial, determina a aplicação analógica do rol de legitimados da AIJE, excluindo os cidadãos sob a afirmação de que "não têm legitimidade *ad causam* os apenas eleitores".[15]

A estruturação das ações eleitorais coletivas não discrepa das demais ações coletivas, como a ação civil pública. Esse modelo orienta a formação do polo ativo da demanda por *representantes adequados* – "órgãos ou pessoas jurídicas [...] canalizadores de uma vontade difusa", aos quais se atribui a prerrogativa de agir na defesa do direito tutelado[16] – que atuam como substitutos processuais. A representação adequada, embora não referido na CR/88, é considerado elementar ao microssistema de tutela jurisdicional coletiva comum. As leis que preveem ações coletivas indicam seus legitimados ativos – no CDC, por exemplo, figuram o Ministério Público, entes federados, entidades públicas e associações (Lei nº 8.078/1990, art. 82) –, e a literatura considera esse rol de legitimados como *exclusivo*.[17]

A partir daí, a segunda indagação a ser feita é se essa opção legal e jurisprudencial possui aderência a uma compreensão democrática do processo coletivo. A resposta oferecida neste artigo é negativa.

A representação adequada é usualmente justificada com amparo em parâmetros utilitaristas de *celeridade* ante a dificuldade de trazer todos os interessados ao processo, bem como de uma pressuposta suficiência da atuação dos representantes adequados para promover a tutela dos bens jurídicos de caráter coletivo. Contudo, sua adoção replica um modelo procedimental polarizado, de inspiração individualista e patrimonializada, que se mostra indevidamente refratário à participação dos interessados difusos nas discussões sobre questões coletivas. Para sustentar essa crítica, é preciso desvelar as premissas teóricas da estruturação das ações eleitorais coletivas.

2.1 A impropriedade da noção de lide eleitoral

A escola italiana de processo civil que se firmou, no Brasil, a partir de Liebman tem nas lições de Carnelutti um de seus pilares mais relevantes. Este autor apresenta a

---

PROVIMENTO. [...] 4. O Ministério Público Eleitoral é parte legítima para propor a ação de investigação judicial com base no art. 30-A (RO nº 1596/MG, Rei. Min. Joaquim Barbosa, DJ de 16.3.2009). [...] (TSE - RO: 1540 PA, Relator: FELIX FISCHER, Data de Julgamento: 28.04.2009, Data de Publicação: DJE - Diário da Justiça Eletrônico, Data 01.06.2009, Página 25/26/27).

[14] Representação. Art. 30-A da Lei nº 9.504/97. Candidato. Ilegitimidade ativa. [...] 2. O art. 30-A da Lei nº 9.504/97 estabelece legitimidade para a propositura de representação prevista nessa disposição legal apenas a partido político e coligação, não se referindo, portanto, a candidato. 3. O §1º do art. 30-A da Lei das Eleições - ao dispor que, para a apuração das condutas, será observado o procedimento do art. 22 da Lei Complementar nº 64/90 - refere-se, tão-somente, ao rito, não afastando, portanto, a regra de legitimidade específica, expressamente estabelecida no caput do mencionado artigo. Recurso ordinário desprovido. (TSE - RO: 1498 ES, Relator: ARNALDO VERSIANI LEITE SOARES, Data de Julgamento: 19.03.2009, Data de Publicação: DJE - Diário da Justiça Eletrônico, Data 03.04.2009, Página 42).

[15] BRASIL. Tribunal Superior Eleitoral. Recurso Especial Eleitoral n. 11835, Relator Min. Torquato Lorena Jardim. Acórdão de 09 jun. 1994. Publicado no Diário de Justiça em 29 jul. 1994, p. 18.429. In: *Revista de Jurisprudência do TSE*, v. 6, tomo 3, p. 132.

[16] MACIEL JÚNIOR, Vicente de Paula. *Teoria das ações coletivas*: as ações coletivas como ações temáticas, p. 157.

[17] Por todos: "[...] é exclusiva a legitimidade ativa coletiva porque somente os entes arrolados pela lei ou pelo sistema jurídico como um complexo de normas é que poderão ajuizar ação civil pública". (ALMEIDA, Gregório Assagra de. *Manual das ações constitucionais*, p. 135).

noção de *lide* como "conflito de interesses qualificado por uma pretensão resistida",[18] que abre ensejo para a estruturação de procedimentos polarizados: uma das partes, que ostenta a pretensão, tem a intenção de submeter a outra a seu interesse, mas esta lhe oferece resistência. Pretensão e resistência são os elementos que permitem situar as partes – autor e réu – nos *polos* da ação. Ao final, o bem jurídico em disputa é outorgado a uma das partes, que se sagra vencedora.[19]

A perspectiva de estruturação da ação a partir do conceito de lide é patrimonializada. O autor quer acrescer algo a seu patrimônio jurídico, enquanto o réu não quer que o seu patrimônio jurídico seja diminuído. Sorve o conceito, aqui, da noção de direito subjetivo oriunda da teoria de Rudolf Von Ihering. Para este, direito subjetivo é "interesse juridicamente protegido",[20] ou seja, aquele interesse que, por se merecer a proteção do Estado (via direito objetivo), passa a integrar o patrimônio do sujeito, que, então, poderá defendê-lo de violações, preservando, a um só tempo, seu patrimônio e a ordem jurídica.[21]

As modalidades de intervenção de terceiros conferem complexidade ao arranjo polarizado do procedimento, mas não alteram sua estrutura. Ao contrário: o terceiro interveniente somente legitima sua participação no processo a partir da assunção de posição em relação à lide originária. Essa posição é respaldada pelo modo segundo o qual a decisão judicial pode repercutir no patrimônio jurídico do terceiro. Admite-se como interveniente aquele que potencialmente terá seu patrimônio jurídico aumentado ou diminuído pela decisão, seja de forma direta ou indireta.

O aspecto patrimonial é tão arraigado à matriz do processo civil que esse potencial impacto de uma decisão no patrimônio jurídico da pessoa se sagrou como sinônimo de *interesse jurídico*. Interesses outros – afetivos, morais, políticos – não legitimam o ingresso no processo. Excepcionalmente, a substituição processual permite a terceiro agir em nome próprio na defesa de interesse jurídico alheio, mas, ainda assim, a parte deverá defender o patrimônio jurídico do substituído.

Ocorre que a noção carneluttiana de lide e seus desdobramentos são inadequados para encaminhar a compreensão das ações eleitorais destinadas a resguardar a

---

[18] CARNELUTTI, Francesco. *Sistema de direito processual civil*. Trad. Hilomar Martins Oliveira. 1. ed. v. 1. São Paulo: Classic Book, 2000.

[19] Ocorre, assim, a composição da lide, que, na teoria carneluttiana, equivale à jurisdição. Não é necessário, neste artigo, aprofundar uma discussão conceitual sobre a jurisdição. O que importa assinalar é que a noção de lide foi absorvida pela processualística civil brasileira como diretriz de estruturação dos procedimentos judiciais, polarizados e destinados a conduzir a uma decisão que, ao final, submete o interesse de uma das partes ao da outra. É o que fica claro pela leitura da Exposição de Motivos do CPC de 1973: "Lide é, consoante a lição de Carnelutti, o conflito de interesses qualificado pela pretensão de um dos litigantes e pela resistência do outro. O julgamento desse conflito de pretensões, mediante o qual o juiz, acolhendo ou rejeitando o pedido, dá razão a uma das partes e nega-a à outra, constitui uma sentença definitiva de mérito. A lide é, portanto, o objeto principal do processo e nela se exprimem as aspirações em conflito de ambos os litigantes". (BUZAID, Alfredo. Exposição de motivos do Código de Processo Civil. *In*: BRASIL. Lei n. 5.869, de 11 de janeiro de 1973. Instituí o Código de Processo Civil (1973). Publicado no DOU de 17 jan. 1973)

[20] IHERING, Rudolf von. *La dogmática jurídica*. Buenos Aires: Losada, 1946, p. 181.

[21] Inflamava-se o autor: "Se o Estado tem o direito de chamá-lo [o indivíduo] para lutar contra o estrangeiro, e se pode obrigá-lo a sacrificar-se e a dar sua vida pela salvação pública, – porque não terá o mesmo direito quando é atacado pelo inimigo interno que não ameaça menos a sua existência que os outros? [...] Que alta importância assume a luta do indivíduo pelo seu direito, quando ele diz: – o direito inteiro, que foi lesado e negado em meu direito pessoal, é que eu vou defender e restabelecer!" (IHERING, Rudolf von. *A luta pelo direito*. 21. ed. Rio de Janeiro: Forense, 2002, p. 41).

legitimidade de candidaturas, diplomas e mandatos. Nas ações eleitorais em comento, a pretensão não concerne à submissão do interesse do réu ao do autor, de modo que a procedência da ação, apenas de modo reflexo e secundário, faz acrescer algo ao patrimônio jurídico do autor.[22] Vale dizer: os bens jurídicos que a AIRC, a AIJE, as Representações Adequadas, a AIME e o RCED resguardam alcançam uma dimensão objetiva, de caráter difuso e não patrimonializado, que diz respeito à legitimidade democrática da disputa eleitoral e de seus resultados.

Apesar disso, prevalece o esforço de acomodar as controvérsias oriundas do processo eleitoral a procedimentos polarizados, regidos pela lógica própria das lides cíveis.

2.2 Dificuldades de acomodação das controvérsias coletivas ao conceito de lide

A replicação da noção de lide às controvérsias coletivas traz duas dificuldades centrais. A primeira diz respeito à tradução desse tipo de conflito – para o qual convergem múltiplos interesses – em uma dinâmica polarizada (pretensão/resistência). A segunda consiste em preencher o esquema autor/réu. O relativo êxito da legislação e da jurisprudência na abordagem dessas dificuldades foi obtido, ao custo da ocultação do problema da participação nas ações coletivas, graças à hegemonização do pensamento formatado em dois movimentos jurídicos: o *socialismo jurídico* e a *coletivização do processo*.

2.2.1 Socialismo jurídico: a polarização entre o interesse público e o interesse privado

No final do século XIX, críticas ao modelo liberal de processo dão origem ao *socialismo jurídico*, o qual propõe que o juiz, diante da demanda instaurada, aja como *representante* da parte fraca, assumindo uma "postura compensadora dos déficits de igualdade material entre as partes".[23] A paz social, decorrente da extirpação do conflito, passa a ser apresentada como um objetivo a ser perseguido *pelos órgãos judiciários*. Propugna-se, para tanto, a priorização da rápida produção da decisão judicial, pois a incerteza é pior do que tolerar "pequenos erros".[24]

Conforme assinala Dierle Nunes, a Ordenança Processual Civil do Império Austro-Húngaro (1895) é a primeira lei que incorpora as diretrizes do socialismo jurídico. A partir dela e do pragmatismo que a sustenta, "delineiam-se as bases para

---

[22] Atualmente, essa possibilidade é restrita à pretensão de cassação de diploma ou mandato de candidato eleito no pleito proporcional, em ação movida por outro candidato, pois a retotalização dos votos pode conduzir à eleição deste. Quanto ao pleito majoritário, a Lei nº 13.165/2015 excluiu a possibilidade de que o segundo colocado venha a assumir o cargo em caso de cassação do eleito, uma vez que, segundo o §3º do art. 224 do Código Eleitoral, "a decisão da Justiça Eleitoral que importe o indeferimento do registro, a cassação do diploma ou a perda do mandato de candidato eleito em pleito majoritário acarretá, após o trânsito em julgado, a realização de novas eleições, independentemente do número de votos anulados".

[23] NUNES, Dierle José Coelho. *Processo jurisdicional democrático*, p. 80-81.

[24] Franz Klein *apud* NUNES, Dierle José Coelho. *Processo jurisdicional democrático*, p. 85. Na tradução de Nunes: "Para esses indivíduos, o mais importante de tudo é uma resolução rápida, decisiva do processo. Mesmo juízos pouco precisos, pequenos erros, eles os preferem no comércio a deixar durar por um longo tempo a penosa incerteza da disputa não resolvida, incerteza que inibe ulteriores transações".

uma avaliação sócio-político-econômica do conflito como chaga social que deveria ser e[x]tirpada por uma jurisdição salvadora, à qual caberia, no âmbito de um pensamento econômico e quantitativo, ofertar um processo rápido".[25]

A carga negativa associada ao conflito encaminha a formatação ideológica do Estado Social como aquele em que o bem-estar é experimentado coletivamente e, por isso, deve ser captado e implementado pelo próprio Estado. Como expõe Mirjan Damaska, o Estado Social "faz muito mais que adotar umas tantas políticas e programas de bem-estar", pois "abarca a luta por uma teoria coerente do que seja a boa vida e trata de usar sua base para um programa completo de melhora material e moral dos cidadãos".[26]

Damaska explica que, nessa matriz ideológica, a sociedade é vista como *defeituosa*, e o Estado avoca para si o papel de melhorá-la.[27] Isso conduz ao descrédito dos modos de expressão da cidadania. O *interesse geral* comparece como fórmula que permite ao Estado negar legitimidade à pluralidade de pretensões individuais colidentes com a diretriz estatal, de modo que "tudo se passa [...] como se o Estado, anulando as classes, anulasse com isso a própria contradição, se erigindo em lugar de não contradição, onde se realiza o bem comum".[28] Essa ideologia repercute na função judicial para comandar a estruturação de procedimentos de caráter tutelar, que permitem a suplantação de propósitos egoísticos pelo bem comum, sempre no – supostamente – melhor interesse daqueles que serão atingidos pela decisão.

Damaska considera que o cidadão, perante os órgãos judiciários do Estado Social, é um *participante sem poder*.[29] Não é reconhecida ao cidadão a prerrogativa de *dar forma ao procedimento* e nele defender seu interesse em conflito. O direito individual é, para o Estado Social, um *benefício*, conferido como uma vantagem eventualmente decorrente da implementação das políticas públicas. Por isso, o tema da participação do cidadão nos procedimentos judiciais é "quase insignificante: de acordo com a ideologia ativista, os cidadãos não são necessariamente os melhores representantes de seus próprios interesses, fique claro: seus interesses quando aparecem à luz dos valores do Estado".[30]

À época do socialismo jurídico, o processo, embora eminentemente individual, começa a distinguir o tratamento a ser dado às partes conforme uma prévia detecção, pelo juiz, do interesse que se mostra mais afeiçoado à compreensão estatal de bem comum. É essa oposição que viria a subsidiar a possibilidade de traduzir conflitos coletivos em uma lógica polarizada: coloca-se, de um lado, o interesse público como síntese de um direcionamento do bem-viver e, de outro, o interesse privado

---

[25] NUNES, Dierle José Coelho. *Processo jurisdicional democrático*, p. 81 e 86.
[26] Tradução do original: *"Tal Estado hace mucho más que adoptar unas cuantas políticas y programas de bienestar. Abarca la lucha por una teoría coherente de la buena vida y trata de usar su base para un programa completo de mejora material y moral de los ciudadanos"* (DAMASKA, Mirjan R. *Las Caras de la justicia y el poder del Estado*: análisis comparado del proceso legal. Tradução para o espanhol de Andrea Morales Vidal. Santiago: Editora Jurídica de Chile, 2000, p. 140-141).
[27] DAMASKA, Mirjan R. *Las Caras de la justicia y el poder del Estado*: análisis comparado del proceso legal, p. 142.
[28] NAVES, Márcio Brilharinho. *Marxismo e direito*. São Paulo: Boitempo, 2000, p. 83-84.
[29] DAMASKA, Mirjan R. *Las Caras de la justicia y el poder del Estado*: análisis comparado del proceso legal, p. 262-265.
[30] Tradução extraída do trecho original: *"[...] en el modelo que ahora consideramos, este tema [capacidad legal de las partes para emprender acciones procesales] es casi insignificante: de acuerdo con la ideología activista, los ciudadanos no son necesariamente los mejores representantes de sus propios intereses, bien entendidos: sus intereses cuando aparecen a la luz de los valores del Estado"*. (DAMASKA, Mirjan R. *Las Caras de la justicia y el poder del Estado*: análisis comparado del proceso legal, p. 263)

como (ameaça de) perturbação a esse direcionamento. É o interesse privado que deve ser esquadrinhado no processo – sua chance de êxito depende de convencer que pode ser harmonizado com o bem comum –, enquanto milita em favor do interesse público a presunção de legitimidade.

A legislação eleitoral (infraconstitucional) absorve traços significativos do socialismo jurídico. Em contraste com a posição constitucional dos direitos políticos na CR/88, os procedimentos eleitorais não se erigem a partir da premissa de proteção a direitos fundamentais (individuais) associados à participação política, mas, sim, da premissa de uma jurisdição vocacionada a corrigir desvios perpetrados pelo insidioso assédio de interesses individuais em uma esfera de interesse público.

Essa perspectiva sobressai, por exemplo, no voto proferido pelo Ministro Carlos Ayres Britto no julgamento da ADPF 144,[31] feito no qual discutida a autoaplicabilidade do §9º do art. 14 da CR/88.[32] Segundo Ayres Britto, os direitos políticos não são exercitados para "servir imediatamente a seus titulares", pois não tutelam "bens da personalidade [...], nem de personalidade individual, nem de personalidade corporativa" – esta última resguardada pelos direitos sociais –, mas bens transindividuais.[33] Por isso, se, no caso dos direitos civis, a tensão entre indivíduo e Estado se resolve em favor do indivíduo; no caso dos direitos políticos, isso não pode ocorrer, porque, ao exercer esses direitos,

---

[31] ARGUIÇÃO DE DESCUMPRIMENTO DE PRECEITO FUNDAMENTAL – [...] MÉRITO: RELAÇÃO ENTRE PROCESSOS JUDICIAIS, SEM QUE NELES HAJA CONDENAÇÃO IRRECORRÍVEL, E O EXERCÍCIO, PELO CIDADÃO, DA CAPACIDADE ELEITORAL PASSIVA - REGISTRO DE CANDIDATO CONTRA QUEM FORAM INSTAURADOS PROCEDIMENTOS JUDICIAIS, NOTADAMENTE AQUELES DE NATUREZA CRIMINAL, EM CUJO ÂMBITO AINDA NÃO EXISTA SENTENÇA CONDENATÓRIA COM TRÂNSITO EM JULGADO - IMPOSSIBILIDADE CONSTITUCIONAL DE DEFINIR-SE, COMO CAUSA DE INELEGIBILIDADE, A MERA INSTAURAÇÃO, CONTRA O CANDIDATO, DE PROCEDIMENTOS JUDICIAIS, QUANDO INOCORRENTE CONDENAÇÃO CRIMINAL TRANSITADA EM JULGADO - PROBIDADE ADMINISTRATIVA, MORALIDADE PARA O EXERCÍCIO DO MANDATO ELETIVO, *"VITA ANTEACTA"* E PRESUNÇÃO CONSTITUCIONAL DE INOCÊNCIA - SUSPENSÃO DE DIREITOS POLÍTICOS E IMPRESCINDIBILIDADE, PARA ESSE EFEITO, DO TRÂNSITO EM JULGADO DA CONDENAÇÃO CRIMINAL (CF, ART. 15, III) – [...] EFICÁCIA IRRADIANTE DA PRESUNÇÃO DE INOCÊNCIA - POSSIBILIDADE DE EXTENSÃO DESSE PRINCÍPIO AO ÂMBITO DO PROCESSO ELEITORAL [...] ARGUIÇÃO DE DESCUMPRIMENTO DE PRECEITO FUNDAMENTAL JULGADA IMPROCEDENTE, EM DECISÃO REVESTIDA DE EFEITO VINCULANTE. (STF - ADPF: 144 DF, Relator: Min. CELSO DE MELLO, Data de Julgamento: 06.08.2008, Tribunal Pleno, Data de Publicação: DJe-035 DIVULG 25-02-2010 PUBLIC 26-02-2010 EMENT VOL-02391-02. PP-00342).

[32] CR/88, art. 14, §9º: "Lei complementar estabelecerá outros casos de inelegibilidade e os prazos de sua cessação, a fim de proteger a probidade administrativa, a moralidade para exercício de mandato considerada vida pregressa do candidato, e a normalidade e legitimidade das eleições contra a influência do poder econômico ou o abuso do exercício de função, cargo ou emprego na administração direta ou indireta".

[33] Cabe deixar claro que o voto do Min. Ayres Britto restou vencido no julgamento da ADPF 144. Mesmo assim, constitui notável exemplar da assimilação das diretrizes do socialismo jurídico, que continua a inspirar o tratamento legal e jurisprudencial dos direitos políticos. Eis, em seu contexto, os destaques feitos: "Aqui, neste campo dos direitos políticos, o exercício deles não é para servir imediatamente aos seus titulares – e já vai aí uma primeira diferenciação fundamental –, mas para servir imediatamente a valores de índole coletiva – esses dois valores que acabei de dizer: da soberania popular e da democracia representativa ou democracia indireta. É uma diferenciação que precisa ficar bem clara. Quanto aos magnos princípios constitucionais da dignidade da pessoa humana e dos valores sociais do trabalho, para que eles existem? Eles existem como a resultante lógica, como a consequência do particularizado exercício dos direitos de índole social e daqueles rotulados como de natureza individual. Logo, nestes últimos, o que se visa em primeiro plano é beneficiar por modo concreto os individualizados sujeitos das duas categorias de direitos: direitos individuais e direitos sociais. [...] Quando nos deslocamos, todavia, para os basilares princípios da soberania popular e da democracia representativa, quem primeiro resplende não são os bens da personalidade. Nem de personalidade individual nem de personalidade corporativa; pelo contrário, são valore ou idéias [sic] transindividuais, porque agora estamos no reino do coletivo. [...]" (STF - ADPF: 144 DF, Relator: Min. CELSO DE MELLO, Data de Julgamento: 06.08.2008, Tribunal Pleno, Data de Publicação: DJe-035 DIVULG 25-02-2010 PUBLIC 26-02-2010 EMENT VOL-02391-02. PP-00342)

"o indivíduo já não quer ser simplesmente indivíduo, ele quer ser representante de toda uma coletividade".[34]

Esse raciocínio permite conceber a estruturação dos procedimentos eleitorais de modo polarizado: como o confronto entre o interesse público na preservação da legitimidade do processo eleitoral e o interesse individual, pernicioso, daquele a quem se imputa a lesão ao interesse público. Nessa polarização, o interesse na *conservação* de candidaturas, diplomas e mandatos é tratado como interesse individual do ocupante do polo passivo, enquanto o interesse no *impedimento ou cassação* daqueles, alocado no polo ativo, é tratado como tradução unívoca do interesse público.

2.2.2 Coletivização do processo: a substituição processual da coletividade pelos representantes adequados

Possibilitada a estruturação polarizada da ação coletiva, remanesce a questão: a quem delegar a defesa desse cognominado interesse público? A resposta viria a ser dada pelo movimento de *coletivização do processo*, que ocorre a partir de 1960.

Pelo tempo em que os direitos associados a prestações positivas do Estado permanecem compreendidos sob a dimensão de pacificação de perturbações isoladas, são eles acomodados no sistema consolidado pela socialização do processo graças ao papel ativo confiado ao juiz. Quando, porém, as alterações nas condições sociais e o progresso técnico produzem novas carências, inicia-se uma revaloração da convivência social e da percepção dos bens jurídicos. A premência dessas demandas sociais conduz ao movimento de positivação dos chamados "novos direitos", considerados como capazes de "transcende[r] a esfera individual e atingirem um número limitado ou não de pessoas".[35]

Esse reconhecimento jurídico põe em crise o sistema de tutela jurídica vigente. Não soa plausível estabelecer certos direitos – como o direito ao meio ambiente equilibrado – como uma *posição de vantagem* em relação a terceiros, pois estes detêm simultaneamente o mesmo direito. A dificuldade em aplicar os moldes tradicionais para identificar a titularidade do direito coletivo deixa em aberto a definição da legitimação para sua defesa.

Em resposta a esse momento crítico, a chamada *segunda onda de acesso à justiça*[36] debruça-se sobre a defesa em juízo desses novos direitos, propondo a necessidade de superação da ação individual em um contexto de massificação de direitos, com vistas à *coletivização do processo*.

---

[34] Confira-se outro trecho do voto para maior clareza sobre o pensamento do Ministro Relator: "Por isso o eleitor, titular do direito político de votar, não exerce esse direito para primeiramente se beneficiar. [...] O mesmo acontecendo com o candidato. O candidato a cargo político só está autorizado a disputar a preferência do eleitorado para representar uma coletividade [...]. [...] Já no plano da formatação constitucional do direito de cunho político eletivo, que é de representação de toda uma coletividade, já se transborda do campo da presentação para o campo da representação. Agora, o indivíduo não quer falar por si mesmo. Agora, o indivíduo não quer falar por si mesmo, não quer celebrar negócios, participar de licitação, constituir uma empresa, participar de reunião; o indivíduo já não quer defender direito a uma patente ou marca industrial. Não! Agora, ele quer ser o próprio Estado em ação. Ele quer ser membro do Estado. [...]" (STF - ADPF: 144 DF, Relator: Min. CELSO DE MELLO, Data de Julgamento: 06.08.2008, Tribunal Pleno, Data de Publicação: DJe-035 DIVULG 25-02-2010 PUBLIC 26-02-2010 EMENT VOL-02391-02. PP-00342)

[35] MACIEL JÚNIOR, Vicente de Paula. *Teoria das ações coletivas*: as ações coletivas como ações temáticas; p. 30 e 66.

[36] CAPPELLETTI, Mauro; GARTH, Bryant. *Acesso à justiça*. Tradução de Ellen Gracie Northfleet. Porto Alegre: Sérgio Antônio Fabris Editor, 1988.

Gregório Assagra de Almeida sinaliza a imbricação profunda entre a proposta de tratamento judicial coletivizado dos novos direitos, surgida na década de 1970, e a fase *instrumentalista do processo*, na qual, em prol de *resultados* e *efetividade*, "o direito processual passa a ser concebido como meio, como instrumento de realização de justiça por intermédio dos escopos da jurisdição", entre os quais a "pacificação social com justiça".[37] Segundo o autor, o movimento de coletivização surge porque a *primeira onda de acesso à justiça*, centrada na "gratuidade da justiça aos pobres", "não foi suficiente, especialmente por tratar o pobre como indivíduo e esquecer da coletividade".[38]

A coletivização do processo reforça a distinção ontológica entre interesses individuais e coletivos, já presente no socialismo jurídico. Os interesses coletivos brotariam de uma idealidade impermeável ao egoísmo. Os *novos direitos* são vistos, então, como direitos *sem titulares*, mas dotados de *beneficiários*:

> Não tendo os direitos transindividuais, em regra, titulares, na medida em que se situam num plano logicamente antecedente de atributividade individual dos direitos, nasce aí o difícil problema para o emprego do esquema liberal burguês para sua tutela. [...] Em tema de direitos transindividuais, melhor seria talvez falar-se em beneficiários dos direitos tutelados, porque, na verdade, os direitos que se tutelam no plano transindividual de forma única e indivisível é que dão causa a inúmeros outros direitos dessas pessoas, não havendo hipótese de que a tutela coletiva constitua para eles direta e automaticamente direitos.[39]

Esse suposto vazio da titularidade dos novos direitos foi tomado como ponto de partida para fixar a legitimidade ativa nos procedimentos destinados a resolver questões coletivas, permitindo que o Estado avocasse para si a tarefa de eleger intérpretes autorizados do interesse coletivo, aptos a promover sua defesa judicial. Esses intérpretes são os representantes adequados, titulares do direito de ação no processo coletivo.

Ainda na década de 1970, Vincenzo Vigoriti[40] avança para reconhecer titulares aos direitos tratados no processo coletivo. O autor não considera o interesse coletivo uma categoria ontologicamente distinta do interesse individual, mas, sim, uma confluência de inúmeras posições individuais de vantagem que se correlacionam por incidir sobre um mesmo bem. Vigoriti inova ao adotar um referencial objetivo (o bem sobre o qual recai o interesse), para afirmar a existência de múltiplos interessados em uma situação de vantagem coletiva, e ao refutar expressamente "doutrinas que parecem considerar os interesses coletivos e os difusos como algo completamente diferente da posição de vantagem visada".[41]

Contudo, o autor não reputa relevante que, nessas situações de vantagens coletivas, a faculdade de agir seja atribuída a todos os interessados. Parece-lhe, antes, ser

---

[37] ALMEIDA, Gregório Assagra de. *Manual das ações constitucionais*, p. 6.
[38] ALMEIDA, Gregório Assagra de. *Manual das ações constitucionais*, p. 8.
[39] ADAMOVICH, Eduardo Henrique Raymundo Von. Os belos copos de vinho da vovó?: Elementos de história do processo coletivo para a solução de alguns problemas supostamente intrincados. *In*: RIBEIRO JÚNIOR, José Hortêncio et al. (Org.). *Ação coletiva na visão de juízes e procuradores do trabalho*. São Paulo: LTr, 2006, p. 29-30.
[40] VIGORITI, Vincenzo. *Interessi collettivi e processo*: la legitimazione ad agire. Milano: Giuffrè, 1979.
[41] Tradução do original: "[...] *delle dottrine che sembrano considerare gli interessi colettivi e quelli diffusi come um qualcosa del tutto diverso dalle posizioni di vantaggio consciute*" (VIGORITI, Vincenzo. *Interessi collettivi e processo*: la legitimazione ad agire, p. 25).

crucial que os interessados possam se valer de um *portador adequado*.[42] Assim, acaba por ceder ao modelo de representação adequada em função de seu apelo prático: a otimização do procedimento, decorrente da maior aptidão técnica do representante e do menor número de participantes nos feitos judiciais. A rigorosa correlação interesse-ação mostra-se, em seu entendimento, desnecessária e contraproducente para a resolução de questões coletivas.

De modo a conciliar o reconhecimento do aporte de interesses individuais (correlatos) para as questões coletivas com a preferência pela representação adequada, Vigoriti sustenta que a organização das posições de vantagem acarreta uma *renúncia ao princípio da coincidência*. Essa renúncia se dá em prol de um ganho geral de efetividade do processo, "reflexo de uma necessidade de ordenação lógica e prática fortemente recomendável por todos os setores da experiência que se dedicam ao fenômeno da plurissubjetividade".[43] O sistema de representação adequada, por *aparentar* ser estabelecido em exclusivo proveito dos interessados, tende a convencer como superação satisfatória da dificuldade concreta de trazer para os procedimentos de alcance coletivo todos os possíveis interessados.

A representação adequada equaciona a questão prática da atribuição de manejo das ações coletivas, ao mesmo tempo que reputa marginal (ou inexistente) o problema de ser a população atingida pela decisão excluída do processo. O que fica velado nessa solução é que a renúncia ao princípio da coincidência, referida por Vigoriti, constitui mera ficção, construída para justificar a canalização de todas as possíveis pretensões dos interessados na ação concretamente encetada pelo representante adequado. Essa ficção homogeneizante se cristaliza como dogma, pois, estipulado o rol taxativo de representantes adequados, a atuação de qualquer interessado será repelida ao fundamento de que não detém legitimidade. Ou seja, o titular do *interesse correlato* é impotente diante da presunção de que renunciou à faculdade de agir.

A composição do polo ativo das ações eleitorais coletivas não discrepa desse modelo. Percebe-se que o acesso do cidadão a tais ações, em interesse próprio, dá-se preponderantemente na condição de réu.[44] A condição de eleitor e, portanto, de cidadão (em sentido restrito) – que, até mesmo, legitima a propositura de ação popular – é sumamente desconsiderada em âmbito eleitoral como apta a conferir legitimidade ativa. Isso significa, na confluência entre o socialismo jurídico e a coletivização do processo, alijar o eleitor – inegavelmente, interessado no controle de legitimidade do processo eleitoral – da possibilidade de instaurar a discussão judicial acerca das candidaturas, diplomas e mandatos.

---

[42] Tratando-se da tutela jurisdicional do interesse coletivo, não importa tanto que todos os titulares dos interesses correlatos sejam legitimados quanto importa, em lugar disso, que sejam [legitimados] aqueles que podem ser portadores adequados do interesse próprio e comum. Tradução do original: "[...] *trattandosi della tutela giurisdizionale degli interessi collettivi, non importa tanto che tutti i titolari degli interessi correlati siano legittimatti, quanto importa invece che lo siano coloro che possono farsi 'adeguati portatori' dell'interesse proprio e comune*". (VIGORITI, Vincenzo. *Interessi collettivi e processo*: la legitimazione ad agire, p. 103)

[43] Tradução do original: "*Riflesso di um bisogno di ordine logico e pratico fortemente avvertito in tutti i settori dell'esperienza in cui si prestano fenomeni di plurisoggettività*" (VIGORITI, Vincenzo. *Interessi collettivi e processo*: la legitimazione ad agire, p. 101-102).

[44] A exceção fica por conta da propositura das ações eleitorais por candidatos, ao menos se considerado o interesse destes em excluir concorrentes, por meio da AIRC, e o benefício decorrente de retotalização, em caso de cassação de candidato no pleito proporcional. Isso porque, como se verá, a partir da Lei nº 13.165/2015, passa a ser impossível que, em processos de cassação de candidato no pleito majoritário, o candidato autor seja alçado ao cargo disputado.

Passa-se a apresentar uma possibilidade teórica de superação dessa compreensão para, em seguida examinar como as modalidades de intervenção de terceiros previstas no CPC/2015 podem aproximar as ações eleitorais coletivas de uma concepção participativa de processo coletivo.

2.3 Ação temática eleitoral: proposta para a estruturação das ações eleitorais coletivas

A exclusão da participação do cidadão/eleitor das ações eleitorais indica que estas assimilam as duas principais diretrizes extraídas da teorização hegemônica do processo coletivo: 1ª) há distinção ontológica entre interesses coletivos e interesses individuais; 2ª) para serem preservados contra a indevida interferência dos interesses individuais e alcançar efetividade, as ações coletivas devem ser conduzidas por *representantes adequados*.

A refutação dessas diretrizes é possível a partir da ressignificação da noção de *interesse*, conforme promovida por Vicente de Paula Maciel Júnior ao resgatar a relevância, para o Direito Democrático, daquilo que, desde a concepção de direito subjetivo cunhada por Rudolf Von Ihering, ficou relegado ao conceito de interesse simples, que não importaria ao Direito.[45] Maciel Júnior compreende que, sejam ou não protegidos pelo Direito, os interesses subsistem como um liame psicológico, estritamente individual, pois "sempre ocorrem e se exaurem na esfera particular do indivíduo".[46] Por isso, reputa inadequada a identificação do direito – proteção jurídica, objetiva – com o interesse.

A partir dessa premissa, Maciel Júnior aponta que, mesmo quando o Direito opta por uma proteção jurídica de caráter coletivo – tal como o direito difuso, coletivo estrito senso e individual homogêneo –, não se modifica a natureza do interesse (sempre formulado por cada indivíduo), mas, sim, a forma como os *interessados* se apresentam. Então, no âmbito do direito difuso, não existiria um interesse a brotar de uma dimensão impessoal, abstrata, mas, sim, a convergência de interesses individuais formulados por diversos interessados, os quais se apresentam de modo difuso.

Os interesses podem ser convergentes, antagônicos, complementares – daí a impossibilidade de se admitir que um único titular da ação possa ser indicado como representante adequado *a priori* de todos os interessados. Diante disso, Maciel Júnior sustenta, em oposição à teoria prevalecente, que o processo coletivo democrático deve ser permeável à participação dos interessados, uma vez que sua efetividade depende de que possam estes ter a oportunidade de trazer ao contraditório as pretensões complexas que se enunciam em torno de uma mesma situação jurídica.[47] É a partir daí que o autor concebe o modelo da *ação temática*.

---

[45] No conceito cunhado por Ihering, o direito subjetivo corresponde ao *interesse juridicamente protegido*. Segundo Maciel Júnior, "o equívoco metodológico de Ihering consistiu em pressupor que o interesse somente teria importância para o direito a partir do momento em que houvesse a previsão legal de tutela desse interesse. O interesse que importaria ao direito seria um interesse juridicamente tutelado, ou seja, um direito" (MACIEL JÚNIOR, Vicente de Paula. *Teoria das ações coletivas*: as ações coletivas como ações temáticas, p. 43).

[46] MACIEL JÚNIOR, Vicente de Paula. *Teoria das ações coletivas*: as ações coletivas como ações temáticas, p. 43.

[47] Escaparia aos limites deste artigo discorrer em maior profundidade sobre o encadeamento de argumentos que conduz à enunciação da teoria das ações temáticas, cabendo, aqui, remeter o leitor à obra de Maciel Júnior.

Como técnica que rompe com a cooptação dos interesses individuais, a ação temática é estruturada a partir da situação objetiva em relação à qual é demandada a providência judicial. Não se cogita da necessidade de previsão legal de um rol de sujeitos previamente autorizados a propor a demanda coletiva, mesmo porque a faculdade de propositura da ação não se vincula à perspectiva patrimonializada da *titularidade* de um objeto litigioso.

Maciel Júnior enfatiza a necessidade de tratamento do objeto do procedimento coletivo como *tema*, o que significa que o "mérito ou conteúdo da demanda [...] não será formado apenas pelo objeto do pedido constante na petição inicial", mas também por questões formuladas por quaisquer interessados.[48] O *tema* consiste, assim, em "fatos ou situações jurídicas que afetam os interessados", e seus contornos e profundidade são construídos por todos os partícipes do procedimento.[49]

A originalidade do modelo de procedimento coletivo proposto por Maciel Júnior pode ser sintetizada como a substituição do conceito de *lide* pelo de *tema*. Ao assim proceder, o autor desvencilha-se das incongruências oriundas da noção patrimonializada de *conflito caracterizado por uma pretensão resistida* e, sobretudo, da insatisfatória tentativa de replicação dessa noção no âmbito dos direitos de alcance coletivo.

A modificação desse esquema exige que seja conferida a mesma intensidade e amplitude à participação de todos os interessados, independentemente de qual deles tenha provocado a instauração do procedimento coletivo. Para tanto, a linearidade da oposição petição inicial/contestação deve ser abandonada, dando lugar a um esquema *radial*: definida a centralidade do tema posto em debate, deve ser assegurada igual oportunidade de dedução de todos os argumentos que convirjam para este ponto central.

Essa oportunidade de participação deve ocorrer ainda na fase postulatória da ação. Proposta a ação coletiva, a publicação de edital e a ampla divulgação desse ajuizamento permitem aos interessados se apresentarem para integrar o feito. Nessa etapa, os interessados podem trazer novos fatos correlatos ao objeto da ação, oferecer nova conformação jurídica a esses fatos ou indicar pessoas que devem integrar o processo. A organização das posições dos interessados somente poderá ser definida, a partir da argumentação desenvolvida, no momento de prolação da decisão saneadora. Nada impede, portanto, que a atuação dos interessados difusos consista em apresentar argumentos e provas favoráveis àquele ao qual se imputa determinada conduta ilícita, exatamente porque se supera a identificação unívoca do "interesse coletivo" com a pretensão do autor.

O aproveitamento desse modelo em âmbito eleitoral resultou na proposta da *ação temática eleitoral*. Propugnou-se a abertura dos procedimentos eleitorais à participação dos cidadãos, em conjunto com os atuais legitimados ativos, reconhecendo-se a todos a possibilidade de, na fase postulatória, influir na formação da causa de pedir e do pedido e na indicação de partícipes.

A ação temática eleitoral é defendida não apenas por apresentar solução democrática ao problema da participação nas ações eleitorais coletivas, mas, também, por propiciar maior racionalização dos procedimentos eleitorais. A ampliação da fase

---

[48] MACIEL JÚNIOR, Vicente de Paula. *Teoria das ações coletivas*: as ações coletivas como ações temáticas, p. 180.
[49] MACIEL JÚNIOR, Vicente de Paula. *Teoria das ações coletivas*: as ações coletivas como ações temáticas, p. 178-179.

postulatória permite que uma única ação abarque uma multiplicidade de questões que, atualmente, ante as limitações do esquema polarizado e estanque aplicado às ações eleitorais, acarreta o ajuizamento de diversas ações similares e a discussão fragmentada dos fatos nelas apresentados.

Organizada em torno de dois grandes temas – a legitimidade das candidaturas, na etapa de registro, e a legitimidade das eleições e seus resultados, no curso da campanha e até a diplomação –, a ação temática eleitoral apresenta-se, *de lege ferenda*, como matriz para a construção de um Direito Processual Eleitoral no qual efetividade não seja sinônimo apenas de celeridade, mas, sim, de ampliação do debate democrático, em contraditório, em torno de questões de impacto direto sobre a cidadania. Porém, é possível que seu arcabouço teórico propicie o aprimoramento dos procedimentos eleitorais atualmente vigentes, por uma leitura adequada das modalidades de intervenção de terceiros previstas no CPC/2015.

3 Intervenção de terceiros nas ações eleitorais coletivas

A intervenção de terceiros consiste em um incidente processual que tem por característica reorganizar o elemento subjetivo da demanda, tornando parte do processo alguém que, até então, não o era. Convergem os processualistas para afirmar que a intervenção de terceiros confere a qualidade de parte a quem se encontrava em posição "de inatividade em relação ao processo".[50]

O modelo vigente, porém, não admite que qualquer terceiro ingresse em ações judiciais em curso. A intervenção somente é justificada pela demonstração do *interesse jurídico*. Na concepção prevalecente, *terceiros interessados* são "pessoas estranhas à relação processual de direito material deduzida em juízo", mas "sujeitos de uma outra relação de direito material que se liga intimamente àquela já constituída".[51]

A presente seção aborda a transposição dessa noção de terceiro para as ações eleitorais coletivas e sua repercussão para admitir ou negar a intervenção de terceiros. Apresenta-se uma análise do tratamento atualmente dado às modalidades previstas no CPC/1973 e, finalmente, uma projeção das possibilidades de aproveitamento do CPC/2015.

3.1 A figura do terceiro em relação às ações eleitorais coletivas

A noção processual da condição de terceiro, como aquele que não integra o processo como parte, permite volver ao problema posto na abertura do presente artigo, que diz respeito à exclusão da participação processual daqueles que venham a ser atingidos pela decisão judicial. Em outras palavras, o problema se coloca quando, negado o acesso do terceiro ao processo, venha a decisão judicial a produzir efeitos para além dos limites subjetivos da coisa julgada.

---

[50] DIDIER JR., Fredie. *Curso de direito processual civil*: introdução ao direito processual civil, parte geral e processo de conhecimento. 17. ed. rev. ampl. e atual. Salvador: Jus Podivum, 2015, p. 476.

[51] NUNES, Dierle José Coelho *et al*. *Curso de direito processual civil*: fundamentação e aplicação, p. 179.

Esse problema já fora detectado por Liebman,[52] que constata que a noção de limites subjetivos da coisa julgada é insuficiente para impedir a produção de efeitos das decisões jurídicas sobre terceiros. Buscando obter uma solução dogmática para esse impasse, Liebman distingue a coisa julgada daquilo que denomina *eficácia natural da sentença*. Para o autor, a imutabilidade própria da primeira não se faz presente na segunda, o que assegura aos afetados pela decisão, desde que não tenham participado do procedimento judicial em que prolatada, a prerrogativa de provocar sua revisão. Segundo Liebman:

> A sentença produz normalmente efeitos também para os terceiros, mas com intensidade menor que para as partes; porque, para estas, os efeitos se tornam imutáveis pela autoridade da coisa julgada, ao passo que para os terceiros podem ser combatidos com a demonstração da injustiça da sentença. Usando, de passagem, da terminologia do Código, poderá dizer-se que tem a sentença para as partes eficácia de presunção *iuris et de iure*; para os terceiros, pelo contrário, de presunção *iuris tantum*. Sem voltar à demonstração do fundamento em direito da tese exposta, é oportuno, todavia, ressaltar o lado prático e a equidade [sic] da solução a que ela conduz. Tem, em primeiro lugar, a vantagem de utilizar, na maior medida possível, a atividade processual exercida, em cada processo, pelo órgão jurisdicional e pelas partes, em benefício da economia do processo. Tende, além disso, a favorecer a harmonia dos resultados dos processos sobre relações conexas ou dependentes, diminuindo a possibilidade de contradição dos julgados; mas atinge esses fins sem sacrificar os direitos dos terceiros, aos quais outorga ampla faculdade de defesa nos casos em que a sentença pronunciada *inter alios* seja viciada por erro.[53]

Essa proposta de Liebman amolda-se com facilidade à noção patrimonializada de direito subjetivo a cujo titular se assegura uma ação para defendê-lo. Por essa premissa, a decisão judicial que afeta direito de terceiro sobre o bem jurídico em disputa faz nascer para aquele a possibilidade de reivindicar a tutela judicial, a qual consistirá no reconhecimento da ineficácia da decisão perante si. Como resultado, o terceiro, caso reconhecida a procedência de sua pretensão, pode usufruir o bem, a despeito de a decisão ter se tornado imutável para as partes do processo originário.

O problema, porém, é que, em se tratando de procedimentos em que são discutidas questões de alcance coletivo, a posição de *terceiro* em relação ao debate processual é uma criação artificial decorrente do reconhecimento de legitimação para agir *exclusiva* aos representantes adequados. Ou seja, a parte processual é o representante adequado, que pleiteia determinada providência jurídica em nome de uma coletividade, mas os membros dessa coletividade são tratados, no processo, como *terceiros*.

Diversos artifícios são empregados na tentativa de deslindar impasses surgidos em decorrência do resultado do julgamento da ação coletiva. Nesse sentido, o CDC e a LACP preveem que a formação de coisa julgada nas ações coletivas possa se dar *erga omnes*, *ultra partes* ou *inter partes*; condicionadamente ao resultado do julgamento (*secundum eventum litis*) ou da instrução probatória (*secundum eventum probationis*); com possibilidade de extensão em favor de *terceiros* que beneficiar (transferência *in utilibus*).

---

[52] LIEBMAN, Enrico Tullio. *Eficácia e autoridade da sentença*. Tradução de Alfredo Buzaid e Benvindo Aires. 3. ed. Rio de Janeiro: Forense, 1984.
[53] LIEBMAN, Enrico Tullio. *Eficácia e autoridade da sentença*, p. 150.

Sobretudo, preocupam-se os arts. 103 e 104 do CDC em afastar a litispendência entre as ações coletivas e as ações individuais, assegurando aos interessados a faculdade de proporem as últimas.

Ocorre que as providências determinadas nas ações eleitorais coletivas são, em regra, unitárias.[54] A indivisibilidade do *objeto* processual (a providência que repercute sobre a candidatura, o diploma ou o mandato) impossibilita que decisões de conteúdo diverso sejam concomitantemente eficazes perante sujeitos distintos. Em outras palavras, um candidato não pode, por exemplo, ter seu registro cassado apenas perante alguns eleitores, e válido perante os demais.

Isso impede a adoção da solução proposta por Liebman frente à denominada eficácia natural da sentença, o que torna mais problemática a colocação dos membros da coletividade na posição de *terceiros* em relação às decisões proferidas nas ações eleitorais coletivas. Afinal, esses *terceiros* não apenas suportam efeitos das decisões, mas também não dispõem da prerrogativa de pleitear a suspensão da eficácia perante si.

Por conseguinte, no âmbito da função judicial eleitoral, nem mesmo são cogitáveis os paliativos legais destinados a escamotear a exclusão dos afetados pela decisão judicial: a coisa julgada atingirá a toda a coletividade, quer seus membros sejam ou não admitidos ao processo como parte. Conforme sustenta Rodolfo Viana Pereira:

> Em assuntos cuja relevância ultrapassa as fronteiras da compreensão tradicional dos domínios público e privado e que permeiam difusamente todos os possíveis polos de interesse presente na comunidade política, o zelo nunca é suficiente, porque os efeitos do seu descumprimento repercutem igualmente de modo amplo e indiscriminado.[55]

Por isso, as providências judiciais que incidem sobre as eleições e seus resultados circunscrevem-se à dimensão objetiva do direito difuso.[56] A indivisibilidade dos efeitos da decisão judicial estende-se sobre uma coletividade composta por interessados a princípio indeterminados.

Por filiação à linha de raciocínio que distanciou Maciel Júnior de Vigoriti, recusa-se a solução utilitarista pela qual essa indeterminação dos interessados enseja a fictícia *renúncia ao princípio da coincidência*, e que esta, por sua vez, justifica satisfatoriamente a adoção do sistema de representação adequada. A remissão dos temas eleitorais à dimensão do direito difuso impõe a adoção de técnicas que compatibilizem a produção das decisões eleitorais mediante a participação dos interessados em contraditório.

---

[54] Podem ser individualizadas a multa e a sanção de inelegibilidade, quando cabíveis. Contudo, o foco do presente artigo recai sobre o impedimento/cassação de registro, diploma e mandato, que repercutem de modo indivisível sobre todos os interessados.

[55] PEREIRA, Rodolfo Viana. *Tutela coletiva no direito eleitoral*: controle social e fiscalização das eleições, p. 147.

[56] Vale lembrar que o conceito legal vigente de direito difuso o identifica como o de "interesses difusos", conforme disposto na Lei nº 8.078/1990: "Art. 81. A defesa dos interesses e direitos dos consumidores e das vítimas poderá ser exercida em juízo individualmente, ou a título coletivo. Parágrafo único. A defesa coletiva será exercida quando se tratar de: I - interesses ou direitos difusos, assim entendidos, para efeitos deste código, os transindividuais, de natureza indivisível, de que sejam titulares pessoas indeterminadas e ligadas por circunstâncias de fato; [...]". Ao aqui se assinalar a dimensão *objetiva* do direito difuso, aproveita-se a noção legal de indivisibilidade da repercussão da decisão judicial sobre pessoas indeterminadas. Por outro lado, refuta-se a dimensão *subjetiva* do direito difuso, que, ao identificá-lo com um *interesse difuso*, sugere a necessidade de identificação de um sujeito que possa, em nome dessa coletividade, traduzir esse (único) interesse e defendê-lo judicialmente, "a título coletivo", conforme enunciado no *caput* do artigo.

Enquanto se defende a reconfiguração das ações eleitorais a partir da proposta da ação temática eleitoral, resta extrair das modalidades de intervenção de terceiros possibilidades de aproximação a essa proposta democratizante.

3.2 Modalidades de intervenção de terceiros do CPC/1973 e sua aplicação às ações eleitorais coletivas

Um olhar sobre as modalidades de intervenção de terceiros no CPC/1973 não deixa dúvidas de que estas foram concebidas a partir da noção patrimonializada de lide – fiéis, portanto, ao conceito de interesse jurídico como demonstração de impacto da decisão no patrimônio jurídico do interveniente:

1. A assistência (arts. 50 a 55, CPC/1973), embora não tratada expressamente como modalidade de intervenção de terceiro, é a modalidade que permite a este comparecer ao processo para auxiliar uma das partes, com o objetivo de evitar um prejuízo direto ou reflexo que acarretaria a diminuição de seu patrimônio jurídico.
2. Por meio da oposição (arts. 56 a 61, CPC/1973), o terceiro comparecia para defender um direito melhor em relação a ambas as partes litigantes: o bem em disputa deveria ser adjudicado a seu patrimônio jurídico, e não ao do autor ou do réu.
3. A nomeação à autoria (arts. 62 a 69, CPC/1973) propiciava ao detentor ou preposto indicar aquele que, acertadamente, deveria integrar o polo passivo da demanda por ser ele o titular do interesse jurídico em promover a resistência à pretensão do autor.
4. A denunciação da lide (arts. 70 a 76, CPC/1973) permite ao denunciante veicular uma pretensão fundada em direito de regresso ou de garantia, por força dos quais, em última análise, a diminuição de seu patrimônio jurídico, caso vencido, será recomposta pelo denunciado.
5. O chamamento ao processo (arts. 77 a 80, CPC/1973) possibilita ao réu minimizar eventual diminuição de seu patrimônio jurídico, pela inclusão, no polo passivo, de outras pessoas obrigadas a responder solidariamente pela dívida.

Apesar de concebidas em uma lógica contrastante com a natureza dos bens jurídicos resguardados pelas ações eleitorais coletivas, a aplicação a estas do modelo polarizado emprestado do processo civil individual abriu ensejo para cogitar-se da adoção da intervenção de terceiros no âmbito de tais ações. A mais recorrente figura é a assistência, que, embora sem previsão nas leis eleitorais, é prevista no art. 94 do CDC, em sua modalidade litisconsorcial, como paliativo para a ausência de legitimidade ativa dos interessados para a propositura da ação civil coletiva.[57] Mas isso não impediu que a jurisprudência também cogitasse da adoção da oposição em matéria eleitoral.

---

[57] CDC, art. 94: "Proposta a ação, será publicado edital no órgão oficial, a fim de que os interessados possam intervir no processo como litisconsortes, sem prejuízo de ampla divulgação pelos meios de comunicação social por parte dos órgãos de defesa do consumidor".

3.2.1 Assistência

Por propiciar o ingresso no feito de terceiro interessado em auxiliar uma das partes a sagrar-se vitoriosa, a assistência tem sido a mais difundida modalidade de intervenção de terceiros nas ações eleitorais. No entanto, o transporte do instituto civilístico para o eleitoral tem sido feito de modo conturbado, em razão da persistência, injustificável, em manter fidelidade à configuração da assistência no CPC.

Diz-se ser injustificável essa persistência porque o processo coletivo, ao menos nesse aspecto, já desenvolveu alguma autonomia, a ponto de compreender que a condição de interessado, conforme inferida da combinação dos arts. 81, parágrafo único, III, 91 e 94 do CDC, pode ser estabelecida a partir de uma *situação objetiva* (a "origem comum" do interesse), dispensando, portanto, a aferição de *relação jurídica entre o terceiro interveniente e alguma das partes*. Não obstante, as decisões judiciais sobre a matéria, em âmbito eleitoral, continuam a perquirir o cognominado *interesse jurídico* do requerente de acordo com as normas do CPC, de modo a excluir a possibilidade de intervenção com base em interesse considerado puramente político.

A aferição do interesse jurídico nas ações eleitorais coletivas é bastante problemática. Note-se que o art. 50 do CPC/1973 autoriza intervir como assistente quem, na pendência de "uma causa entre duas ou mais pessoas, [...] tiver interesse jurídico em que a sentença seja favorável a uma delas [...]". Relega-se aos órgãos judiciários eleitorais aferir a presença do citado *interesse jurídico* associado a alguma das modalidades de assistência (simples e litisconsorcial). Contudo, o CPC/1973 não adota critério uniforme para distinguir a assistência simples da litisconsorcial. Sobre a modalidade simples, apenas diz que "o assistente atuará como auxiliar da parte principal, exercerá os mesmos poderes e sujeitar-se-á aos mesmos ônus processuais que o assistido" (art. 52, CPC/1973). Já a modalidade litisconsorcial recebe configuração delimitada: "Considera-se litisconsorte da parte principal o assistente, toda vez que a sentença houver de influir na relação jurídica entre ele e o adversário do assistido" (art. 54, CPC/1973).

Isso vem resultando em uma aplicação casuística dos institutos pelos tribunais eleitorais e que, *por eliminação*, favorece a assistência simples. Explica-se: a assistência litisconsorcial é declarada incabível a partir da constatação de que o terceiro interveniente na ação eleitoral não possui, em qualquer caso, uma *relação jurídica* com o *adversário da parte que pretende assistir*. Resta a assistência simples, vagamente associada à presença de *interesse jurídico*. O órgão judiciário passa então a perquirir a intenção do interveniente de autuar como *auxiliar* da parte. O critério adotado é a *utilidade* da decisão: o *proveito* que o interveniente possa auferir da providência judicial, isto é, a repercussão desta sobre seu *patrimônio jurídico*.

Assim é que, em decisões proferidas em autos de Requerimento de Registro de Candidatura, o TSE: a) *negou o interesse jurídico imediato* do candidato segundo colocado para intervir na fase recursal do julgamento do registro de candidatura do eleito, ao fundamento de que aquele não poderia assumir o cargo vago ainda que restasse indeferido o registro *sub judice*;[58] b) *negou o interesse jurídico imediato* do candidato

---

[58] Isso porque, no caso concreto, haveria necessidade de convocar eleições suplementares. Faltaria "interesse jurídico imediato [...] para requerer o ingresso no processo de registro do candidato eleito, porquanto a chapa vitoriosa obteve mais de 50% dos votos validos, razão pela qual o deslinde do feito não lhe trará nenhuma consequência direta". (TSE, Agravo Regimental em Recurso Especial Eleitoral nº 292-43.2012.613.0050, Relator

e da coligação vitoriosos em eleição majoritária "para ingressarem na condição de assistentes simples do Ministério Público no processo de registro do segundo colocado, considerando que o eventual indeferimento desta candidatura não trará nenhuma consequência direta aos requerentes";[59] c) *reconheceu* o interesse jurídico capaz de subsidiar "a intervenção de partido político, na condição de assistente simples, de candidato pertencente à coligação da qual a respectiva agremiação faz parte, pois evidenciado o interesse jurídico da legenda quanto à decisão favorável ao assistido".[60]

Nota-se a diretriz individual e patrimonializada do cálculo da *utilidade* das decisões. No primeiro julgado citado, a inevitável convocação das eleições suplementares[61] repele o interesse de agir do candidato vencido. No segundo caso, a impugnação ao registro do segundo colocado prossegue com o Ministério Público Eleitoral defendendo o *interesse público*, mas os eleitos, detentores de uma *posição de vantagem* que não é ameaçada pelo resultado daquela impugnação, são impedidos de ingressar no procedimento. Já no terceiro exemplo, foi autorizada uma atuação que é mesmo contrária à regra legal segundo a qual "o partido político coligado somente possui legitimidade para atuar de forma isolada no processo eleitoral quando questionar a validade da própria coligação" (art. 6º, §4º, Lei nº 9.504/97).

Contudo, caso procurada a delimitação das modalidades legais de assistência a partir de um critério uniforme, extraído da própria dogmática que as institui, é fácil perceber que, mantida a mesma diretriz de aferição de interesse a partir de uma relação jurídica, tampouco seria cabível a assistência simples em qualquer dos casos. Isso porque, se a assistência litisconsorcial se baseia na *relação jurídica entre o assistente e o adversário do assistido*, resta como assistência simples aquela em que há uma *relação jurídica entre o assistente e o próprio assistido*. Vale dizer: seja qual for a modalidade, "o assistente mantém relação jurídica com uma das partes (que pretende assistir), mostrando, com isso, interesse jurídico no julgamento favorável ao assistido".[62] A assistência civilista, simples ou litisconsorcial, absorve um cálculo pragmático de utilidade: o interesse jurídico do interveniente resulta da possibilidade de vir a ser prejudicado, pela sentença, em seu *patrimônio jurídico*, integrado por suas relações obrigacionais.

Não há pontos de aderência entre essa disciplina e as ações eleitorais coletivas. A estas não subjaz uma relação jurídica controvertida (lide), mas, sim, a discussão

---

Min. Henrique Neves da Silva. Acórdão de 2 abr. 2013. DJE de 06.05.2013. Disponível em: <http://www.tse.jus.br/servicos-judiciais/diario-da-justica-eletronico>. Acesso em: 28 nov. 2015)

[59] TSE. Agravo Regimental em Recurso Especial Eleitoral n. 93-75.2012.620.0066, Relator Min. Henrique Neves da Silva. Acórdão de 28 fev. 2013. DJE de 02.04.2013. Disponível em: <http://www.tse.jus.br/servicos-judiciais/diario-da-justica-eletronico>. Acesso em: 28 nov. 2015.

[60] TSE. Embargos de Declaração em Agravo Regimental em Recurso Especial Eleitoral n. 756-58.2012.626.0033, Relatora Min. Luciana Christina Guimarães Lóssio. Acórdão de 19 mar. 2013. DJE de 22.04.2013, Tomo 074, Página 72. Disponível em: <http://www.tse.jus.br/servicos-judiciais/diario-da-justica-eletronico>. Acesso em: 28 nov. 2015.

[61] Cabe destacar que, a partir da inclusão do §3º no art. 224 do Código Eleitoral, promovida pela Lei nº 13.165/2015, a convocação de novas eleições será a regra nos casos de indeferimento de registro ou cassação do diploma ou do mandato, mesmo que a nulidade de votos não alcance mais de 50% dos votos. Eis a redação do dispositivo: "Art. 224. [...] §3º. A decisão da Justiça Eleitoral que importe o indeferimento do registro, a cassação do diploma ou a perda do mandato de candidato eleito em pleito majoritário acarreta, após o trânsito em julgado, a realização de novas eleições, independentemente do número de votos anulados".

[62] NUNES, Dierle José Coelho *et al. Curso de direito processual civil*: fundamentação e aplicação. Belo Horizonte: Fórum, 2011, p. 180.

da legitimidade das candidaturas, diplomas e mandatos. A pretensão de fiscalidade da disputa e do resultado das eleições é expressão da cidadania, que não cogita da formação de vínculo obrigacional (o réu não é *devedor* do autor) ou, sequer, real (a representatividade política não é passível de apropriação por um titular). A providência judicial eleitoral não *adjudica* uma *coisa litigiosa* a um dos contendentes, pois repercute sobre direitos fundamentais desprovidos de dimensão patrimonializada. Os legitimados ativos, ainda que exitosos na pretensão de cassação de registro de candidatura, diploma ou mandato, não obtêm, gozam ou exercem o *status* político que antes subsistia em favor do réu.

3.2.2 Oposição

Ainda mais conturbada que a adoção da assistência em moldes civilistas no âmbito eleitoral é a cogitação de aproveitamento da oposição. Afinal, por essa modalidade de intervenção de terceiros, "o opoente, terceiro em relação à demanda originária, vai a juízo manifestando pretensão de ver reconhecido como seu o direito (pessoal ou real) sobre que controvertem autor e réu".[63] Trata-se de uma modalidade de intervenção *ad excludendum*: o terceiro comparece objetivando haver, para si, a coisa litigiosa. Como seria possível pensar a aplicação do instituto em relação a questões absolutamente desprovidas de cunho patrimonial, como é caso daquelas debatidas nas ações eleitorais coletivas?

O TSE, ao menos em duas oportunidades, abordou essa indagação.

Na primeira situação, tratou-se de pretensão de suplente de vereador para intervir em ação de perda de mandato fundada na Resolução nº 22.610/2007. Transcreve-se trecho da decisão que enfrentou o requerimento:

> [...] Inicio analisando o pedido de ingresso no feito de Carlos André Amorim Magalhães. Verifico que a sua pretensão contrapõe-se tanto à do autor quanto à do réu. [...] Isso se dá porque tanto Cláudio quanto Carlos e Benedito têm a mesma pretensão: ocupar o mandato de vereador. Sucede que o ingresso tardio de terceiro, com a mesma pretensão dos litigantes originários, em franca contraposição de interesses, nada mais é que a figura da oposição, modalidade de intervenção de terceiros que não se admite em grau recursal. Nesse sentido, destaco lição da doutrina que, mutatis mutandis, aplica-se inteiramente à espécie: "Cabe oposição quando terceiro pretende a coisa/direito que está sendo disputada por duas ou mais pessoas. O terceiro mete-se no processo e inclui a sua pretensão, que, como se vê, é incompatível com as pretensões dos demandantes originários. O terceiro, com isso, agrega ao processo um novo pedido: a sentença deverá examinar as pretensões do autor originário e do terceiro/opoente. Como o opoente demanda pretensão própria, incompatível com a dos litigantes, não pode formulá-la em sede de recurso, pois suprimiria uma instância, a primeira, competente originária e funcionalmente para conhecer e julgar a causa. *O termo final da admissibilidade da oposição é, então, de acordo com o art. 56, CPC, o momento em que proferida a sentença (juízo de primeiro grau), o que impõe a conclusão de que a oposição somente é aceita na pendência da demanda de conhecimento em primeiro grau*. A oposição gera um litisconsórcio passivo necessário ulterior simples (por força de lei). O opoente formula a sua demanda em face das partes originárias, em litisconsórcio simples, pois em face de cada uma há uma pretensão: em face do autor originário, pretensão

---

[63] CÂMARA, Alexandre Freitas. *Lições de direito processual civil*: volume 1. 25. ed. São Paulo: Atlas, 2014, p. 212.

meramente declaratória; em face do réu originário, pretensão relacionada a alguma prestação, devolução da coisa, pagamento de quantia, obrigação de fazer ou de não fazer." (DIDIER JR., Fredie. *Curso de direito processual civil*: teoria geral do processo e processo do conhecimento. 9ª ed. Bahia: JusPodivm, 2008, p. 335). No ponto, a jurisprudência do e. TSE tem compreendido que a admissão de terceiro, em grau recursal, defendendo interesse contraposto aos litigantes originários extrapola os limites objetivos da lide e suprime grau de jurisdição afeto à instância *a quo*. Indefiro, portanto, o ingresso de Carlos André Amorim Magalhães no feito. [...][64]

Percebe-se que a inadmissibilidade da oposição fundou-se na impossibilidade de deferimento desta em grau recursal, reconhecida, de outro lado, sua aplicação como técnica para "adjudicação" de mandato eletivo.

O segundo julgamento a ser destacado debateu a possibilidade de intervenção do presidente da Câmara Municipal em AIME ajuizada em face de prefeito e vice-prefeito eleitos. O terceiro sustentava possuir interesse jurídico na permanência no cargo. O TSE identificou tal interesse como antagônico em relação ao do autor (candidato derrotado) e dos réus (candidatos vencedores), o que atrairia o cabimento da oposição. O acórdão foi assim ementado:

> AGRAVOS REGIMENTAIS EM RECURSO ESPECIAL ELEITORAL. ELEIÇÕES AÇÃO DE IMPUGNAÇÃO DE MANDATO ELETIVO. PRESIDENTE DA CÂMARA MUNICIPAL. OCUPAÇÃO INTERINA DA CHEFIA DO EXECUTIVO MUNICIPAL. PRETENSÃO DE PERMANÊNCIA NO CARGO. INGRESSO POSTERIOR NO FEITO. INADMISSIBILIDADE. REALIZAÇÃO DE ELEIÇÕES INDIRETAS. JULGAMENTO EXTRA PETITA. INEXISTÊNCIA. JURISPRUDÊNCIA ATUAL. CONEXÃO. JULGAMENTO CONJUNTO. IMPOSSIBILIDADE. SÚMULA Nº DO STJ.
> 1. Os embargos declaratórios opostos contra decisão monocrática do relator devem ser recebidos como agravo regimental (AgRg no Ag nº 8.235/BA, Rel. Min. Carlos Ayres Britto, DJ de 11.2.2008; AgRg no MS nº 3.669/CE, Rel. Min. Arnaldo Versiani, DJ de 19.12.2007).
> 2. Nos termos do art. 22 da Lei Complementar nº 64/90 (v.g.: "partido político, coligação, candidato ou Ministério Público"), o Presidente da Câmara Municipal (primeiro agravante) não é parte legítima para figurar na ação de impugnação de mandato eletivo (AIME) proposta contra o Chefe do Executivo Municipal. Em consequência, não tem legitimidade para ingressar no feito como litisconsorte passivo ulterior.
> 3. *A condição de litisconsorte pressupõe afinidade de interesse entre as partes que se situam no mesmo polo. No caso, a pretensão de permanecer definitivamente à frente da Chefia do Executivo se contrapõe tanto aos interesses do autor da AIME (candidato derrotado) quanto do réu (prefeito eleito).*
> 4. Pela mesma razão - interesses contrapostos - não é de se admitir o ingresso do Presidente da Câmara Municipal como terceiro prejudicado. Ademais, a admissão de terceiro, em grau recursal, defendendo interesse contraposto aos litigantes originários extrapola os limites objetivos da lide e suprime grau de jurisdição afeto à instância a quo.
> 5. *A única via processual adequada para se contrapor à pretensão do autor da AIME (segunda colocada no pleito) é a figura da oposição (arts. 56 e seguintes do CPC), espécie de intervenção de terceiro somente admitida até a prolação da sentença. Hipótese que não se aplica em sede de recurso especial eleitoral.*

---

[64] TSE. RO: 1734 AL, Relator: Min. FELIX FISCHER, Data de Julgamento: 25.11.2008, Data de Publicação: DJE - Diário da Justiça Eletrônico, Data 2.12.2008, Páginas 8-11.

[...]
13. Embargos declaratórios de Adécio Guandalim (Presidente da Câmara Municipal) recebidos como agravo regimental ao qual se nega provimento.
[...][65]

Novamente, foi decisivo, para o insucesso da intervenção, o momento inoportuno em que requerida, sem que, contudo, tenha o TSE considerado a oposição inaplicável à ação eleitoral.

3.3 Modalidades de intervenção de terceiros do CPC/2015 e sua potencial aplicação às ações eleitorais coletivas

O CPC/2015 traz novidades quanto à intervenção de terceiros. Em linhas gerais, devem ser destacadas as seguintes alterações:
1. A assistência (arts. 119 a 124, CPC/2015) passa a ser tratada expressamente como modalidade de intervenção de terceiro. Mantidas as modalidades *simples* e *litisconsorcial*, não houve melhoria técnica na conceituação destas, tampouco desvinculação da noção de interesse jurídico de fundo patrimonial. Porém, foi ampliado o leque de atuação do assistente simples, que deve trazer significativa repercussão em sua legitimidade recursal.
2. A oposição foi excluída do rol de modalidades de intervenção de terceiros, passando a ser prevista como procedimento especial (arts. 682 a 686, CPC/2015).
3. A nomeação à autoria não é mais prevista no CPC/2015. Seu objeto foi absorvido por uma previsão de mais amplo alcance: a substituição do réu, em qualquer caso no qual for suscitada por este sua ilegitimidade passiva (art. 338, CPC/2015).[66]
4. A denunciação da lide (arts. 125 a 129, CPC/2015) teve excluída a hipótese de cabimento pelo possuidor direto em face de proprietário ou possuidor indireto, também absorvida pelo art. 338 do CPC. Também sofreu algumas alterações polêmicas na sua disciplina, tais como a limitação a uma denunciação sucessiva, a possibilidade de que o autor requeira o cumprimento da sentença de procedência diretamente em face do denunciado e a possibilidade de vir o denunciante a ser condenado em custas em favor do denunciado em caso de ser aquele o vencedor na ação principal.
5. O chamamento ao processo (arts. 130 a 132, CPC/2015) manteve-se praticamente inalterado.
6. Foram criadas duas novas modalidades de intervenção de terceiros: o incidente de desconsideração da personalidade jurídica (arts. 133 a 137), destinado a submeter a contraditório prévio a decisão que culmine na declaração de ineficácia da alienação ou oneração de bens; e o *amicus curiae* (art. 138,

---

[65] TSE. AGRAVO REGIMENTAL EM RECURSO ESPECIAL ELEITORAL nº 28500, Acórdão de 05.06.2008, Relator(a) Min. FELIX FISCHER, Publicação: DJ - Diário da Justiça, Data 08.08.2008, Página 47/48 RJTSE - Revista de jurisprudência do TSE, Volume 19, Tomo 3, Página 229.
[66] CPC/2015, art. 338: "Alegando o réu, na contestação, ser parte ilegítima ou não ser o responsável pelo prejuízo invocado, o juiz facultará ao autor, em 15 (quinze) dias, a alteração da petição inicial para substituição do réu".

CPC/2015), que, de maneira inédita no ordenamento processual civil, abre ensejo para a intervenção fundada em interesse diverso daquele reputado como *jurídico*.

A denunciação da lide e o chamamento ao processo não oferecem indícios de que venha a ser modificado seu alheamento em relação à seara eleitoral. As demais modalidades mantidas no CPC/2015 merecem considerações próprias.

3.3.1 Assistência

A assistência, agora incluída expressamente entre as modalidades de intervenção de terceiros, apresenta algumas inovações que devem ser objeto de reflexão.

Antes, porém, de se examinar as alterações promovidas pelo CPC/2015, cabe destacar a mudança introduzida pela Lei nº 13.165/2015, que deve provocar a revisão da linha jurisprudencial fortemente assentada na aferição do interesse jurídico civilista como requisito para a admissão da assistência. Trata-se aqui da inclusão do §3º do art. 224 do Código Eleitoral, que passa a prever a convocação de eleições suplementares após o trânsito em julgado, independentemente da votação obtida pelo candidato majoritário eleito, quando este vier a sofrer indeferimento do registro, cassação do diploma ou perda de mandato. Em outras palavras: as ações eleitorais coletivas tornam-se incapazes de conduzir o segundo colocado no pleito majoritário, diretamente, à ocupação do cargo, o que rechaça, em definitivo, qualquer associação do êxito na ação ao incremento de seu patrimônio jurídico.

Parece insustentável, portanto, vincular o deferimento da intervenção como assistente à demonstração de interesse associado a uma relação jurídica. Não que se defenda, aqui, que antes haveria essa possibilidade. Já na sistemática anterior à Lei nº 13.165/2015, caberia indagar, diante do conceito de *terceiro interessado*: qual é a relação jurídica ligada à relação jurídica processual capaz de demarcar a possibilidade da intervenção como assistente nas ações eleitorais? Já se mostrava difícil sustentar que o ajuizamento de uma ação eleitoral coletiva por um representante adequado pudesse encaminhar a discussão de uma *relação jurídica* entre o autor (ou a sociedade) e o candidato. Mas a possibilidade de que o segundo colocado pudesse vir a assumir o cargo eletivo, desde que o eleito recebesse até 50% dos votos válidos nas eleições, parecia conferir algum sustentáculo a um ponto de vista que considerasse a "adjudicação" do cargo como um ganho patrimonial. Então, com a Lei nº 13.165/2015, que extirpou essa possibilidade, nada mais parece haver senão o interesse político de candidatos, partidos e coligações como fundamento para requerer a assistência.

Feita essa observação sobre a alteração da legislação eleitoral, aborda-se um ponto bastante relevante da nova disciplina da assistência no CPC/2015: a ampliação das faculdades processuais do assistente simples.

Dizia o CPC/1973, no parágrafo único de seu art. 52, que "sendo revel o assistido, o assistente será considerado seu gestor de negócios". A redação do dispositivo era bastante criticada, "porque a qualidade processual do assistente diante da revelia do assistido não era propriamente de gestor de negócios, instituto de direito material", mas, sim, de "substituto processual do assistido revel", ainda que se trate "de uma espécie *sui generis* de substituição processual, considerando-se que o 'substituído' [é] somente uma parte relapsa em se defender".⁶⁷ O parágrafo único do art. 121 do CPC/2015, além de promover essa retificação técnica, estabelece que a qualidade de substituto processual será reconhecida ao assistente simples "sendo revel, *ou, de qualquer outro modo, omisso o assistido*".

A alteração tem potencial para impactar, diretamente, sobre a linha jurisprudencial que não reconhece ao assistente simples a faculdade de recorrer.⁶⁸ Para tanto, é necessário que se perceba a distinção entre essa previsão e aquela contida no art. 122 do CPC/2015, que continua a submeter a atuação do assistente simples à *vontade* do assistido, ainda que esta prejudique aquela, como no caso de desistência da ação. O que diz o parágrafo único do art. 121 do CPC/2015 é que a inércia do assistido não impedirá o assistente de prosseguir na defesa de seu interesse. Como esclarece Fredie Didier Jr., as situações são distintas:

> [...] se há negócio jurídico dispositivo realizado pelo assistido, o assistente a ele se subordina; essa subordinação não se dá, porém, em relação aos atos-fatos processuais praticados pelo assistido, justamente porque neles não há vontade (ou, se houver, isso é irrelevante para o Direito) que possa ser contrastada pela atuação do assistente.⁶⁹

Por isso, o momento parece ser decisivo para promover uma nova compreensão do instituto da assistência que, assimilada ao processo coletivo, permita o ingresso do assistente por seu interesse na questão coletiva e lhe confira faculdades processuais similares à da parte originária. É, ainda, a oportunidade de se reconhecer aos interessados, inclusive eleitores, a possibilidade de integrar o contraditório das ações eleitorais coletivas.

Em arremate, cabe pontuar que o legislador deixou de promover uma alteração que abriria ensejo para o reconhecimento da assistência a partir de nova premissa, com ganho para a atuação conjunta dos atuais representantes adequados. O parágrafo único do art. 124, que esteve presente no texto do projeto até sua última votação pela Câmara, previa que "a intervenção do colegitimado dar-se-á na qualidade de assistente litisconsorcial". O dispositivo não constou do texto final aprovado pelo Senado, o que é de se lamentar, uma vez que facilitaria a superação da diretriz de aferição de impacto da decisão no patrimônio jurídico do assistente. Seu aproveitamento no âmbito das ações eleitorais coletivas, em que são legitimados concorrentes Ministério Público Eleitoral, partidos, coligações e candidatos, seria direto.

---

⁶⁷ NEVES, Daniel Amorim Assumpção. *Novo CPC*: código de processo civil – inovações, alterações, supressões comentadas. 2. ed. rev. atual. e ampl. Rio de Janeiro: Forense; São Paulo: Método, 2015, p. 126.

⁶⁸ Nesse sentido: "EMBARGOS DE DECLARAÇÃO. RECURSO ESPECIAL. EMBARGOS OPOSTOS PELO ASSISTENTE SIMPLES. NÃO CONHECIMENTO. 1. O assistente simples não pode recorrer isoladamente, quando a parte assistida Ministério Público Eleitoral não o fez. Precedentes do TSE. 2. Embargos de declaração não conhecidos. AGRAVO REGIMENTAL. RECURSO ESPECIAL. RECURSO INTERPOSTO PELO ASSISTENTE SIMPLES. NÃO CONHECIMENTO. 1. O assistente simples não pode recorrer isoladamente, quando a parte assistida Ministério Público Eleitoral não o fez. Precedentes do TSE. 2. Agravo regimental não conhecido." (TSE. Embargos de Declaração em Agravo Regimental em Agravo Regimental em Recurso Especial Eleitoral ED-AgR-AgR-REspe 18784 RJ. Min. GILMAR FERREIRA MENDES. DJE 15.08.2014, p. 146-147).

⁶⁹ DIDIER JR., Fredie. *Curso de direito processual civil*: introdução ao direito processual civil, parte geral e processo de conhecimento, p. 484.

3.3.2 Oposição

Ao ser transformada em procedimento especial, a oposição realinha-se com o sistema vigente na Alemanha, influenciado pelo direito medieval.[70] Uma vez que a jurisprudência eleitoral não tem dado mostra de acolhimento a procedimentos especiais civis, o mais provável é que cessem as considerações sobre o possível aproveitamento da oposição nas ações eleitorais coletivas.

3.3.3 Incidente de desconsideração da personalidade jurídica

A desconsideração da personalidade jurídica é reconhecida, na literatura jurídica brasileira, preponderantemente como "um remédio para a disfuncionalidade da pessoa jurídica", de modo que "qualquer desvio ou abuso deve dar margem para a aplicação da sanção contida na desconsideração da personalidade jurídica", a qual consiste na "suspensão episódica da eficácia do ato constitutivo da pessoa jurídica".[71] Por outro lado, ao prever um *incidente* pelo qual deve ser procedimentalizada, em contraditório, a aplicação dessa sanção, o CPC/2015 prestigia o devido processo legal em sua dimensão mais literal, segundo a qual ninguém será privado de seus bens senão no bojo daquele (CR/88, art. 5º, LIV).

O presente artigo concentra-se nas ações eleitorais coletivas, nas quais, exatamente por sua dimensão não patrimonial, a nova modalidade de intervenção não parece ser aproveitável. No entanto, é a oportunidade de se conduzir uma breve reflexão sobre a possibilidade de aplicação do incidente no âmbito eleitoral.

Essa possibilidade concerne à prestação de contas anual a que estão obrigados os órgãos partidários por força da Lei nº 9.096/95. A Lei nº 13.165/2015 promoveu duas alterações nessa lei que são aqui relevantes: 1) revogou o inciso II do art. 34, que estipulava caber à Justiça Eleitoral, na decisão que julgasse as contas dos partidos políticos, fixar a "responsabilidade dos dirigentes dos partidos e comitês, inclusive do tesoureiro, que responderão, civil e criminalmente, por quaisquer irregularidades"; 2) incluiu o §13 no art. 37, segundo o qual "a responsabilização pessoal civil e criminal dos dirigentes partidários decorrente da desaprovação das contas partidárias e de atos ilícitos atribuídos ao partido político somente ocorrerá se verificada irregularidade grave e insanável resultante de conduta dolosa que importe enriquecimento ilícito e lesão ao patrimônio do partido".

A alteração promovida pela Lei nº 13.165/2015, portanto, ao tempo que suprimiu uma regra que determinava a responsabilidade direta dos dirigentes partidários por quaisquer irregularidades perpetradas pelo partido político, criou outra, que estabelece requisitos a serem preenchidos para que possa ser fixada essa responsabilidade em relação a irregularidades específicas: gravidade da irregularidade, conduta dolosa do

---

[70] Alexandre Freitas Câmara expõe uma curiosidade do direito comparado: "Nos dias de hoje, segundo a doutrina especializada, os povos latinos costumam adotar o sistema germânico, em que a oposição é verdadeira intervenção de terceiro, enquanto a Alemanha adota o sistema da Itália medieval, dando à oposição caráter de demanda autônoma" (CÂMARA, Alexandre Freitas. *Lições de direito processual civil*: volume 1, p. 212).

[71] DIDIER JR., Fredie. *Curso de direito processual civil*: introdução ao direito processual civil, parte geral e processo de conhecimento, p. 516-518, *passim*.

dirigente, seu enriquecimento ilícito e a lesão ao patrimônio do partido. Cabe cotejar essa novidade com a seguinte observação de Fredie Didier Jr.:

> Aplica-se a teoria da desconsideração, apenas, se a personalidade jurídica autônoma da sociedade empresária coloca-se como obstáculo à justa composição dos interesses; se a autonomia patrimonial da sociedade não impedir a imputação de responsabilidade ao sócio ou administrador, não existe desconsideração. Uma regra geral que atribua responsabilidade ao sócio, em certos ou em todos os casos, não é regra de desconsideração da personalidade jurídica.[72]

A questão que se coloca, então, é se essa nova sistemática legal, que deixou de prever regra de responsabilização direta e genérica dos dirigentes partidários, abre ensejo para a aplicação do incidente de desconsideração da personalidade jurídica com a finalidade de alcançar o patrimônio daqueles, seja na fase de conhecimento, seja na fase de cumprimento de sentença, quando fixada devolução de valores ou multa na decisão de desaprovação de contas, e o partido não tiver recursos para adimplir. Seriam os requisitos do §13 do art. 37 da Lei nº 9.096/95 os *pressupostos legais específicos* referidos no §4º do art. 134 do CPC/2015, que devem ser preenchidos para que seja deferida a desconsideração da personalidade jurídica?

Note-se que, na vigência da redação anterior da Lei nº 9.096/95, duas resoluções do TSE haviam tratado de ponto omisso na legislação, relativo ao modo de integração dos dirigentes partidários ao processo de prestação de contas, para fins de responsabilização. A Resolução nº 21.841/2004 previa que, em caso de não recolhimento de valores relativos à irregular aplicação do fundo partidário pelo partido político em até 60 dias após o trânsito em julgado, os dirigentes partidários responsáveis pelas contas seriam intimados a promover o recolhimento (art. 34, §1º). Posteriormente, a Resolução nº 23.432/2014 revogou a anterior e determinou, na fase de execução, a intimação dos devedores *solidários*[73] para providenciarem recolhimento, ao Tesouro Nacional, dos valores fixados na decisão (art. 62, I, *b*) e previu, ainda na fase de conhecimento, um procedimento incidental de impugnação[74] para o qual deveriam ser citados os *responsáveis* para se defenderem das irregularidades (art. 38).

Na vigência da atual redação da Lei nº 9.096/95, foi editada pelo TSE a Resolução nº 23.464/2015, que revogou a Resolução nº 23.432/2014. A nova regulamentação não mais menciona a intimação dos dirigentes para recolhimento de valores, seja em caráter subsidiário ou solidário. Em lugar disso, prevê que a prestação de contas seja autuada "em nome do órgão partidário *e de seus responsáveis*" (art. 31). A sistemática da impugnação foi mantida (art. 38). A vigente resolução reproduz o art. 37, §13, da Lei nº 9.096/95 no *caput* de seu art. 51, mas a este acresce dois parágrafos. O primeiro diz que o critério para a responsabilização civil e criminal dos dirigentes "não impede que a autoridade judiciária, diante dos fatos apurados, verifique a incidência das regras

---

[72] DIDIER JR., Fredie. *Curso de direito processual civil*: introdução ao direito processual civil, parte geral e processo de conhecimento, 2015, p. 518.
[73] A fixação de responsabilidade solidária sem previsão expressa em lei certamente desafia crítica.
[74] Registre-se que a competência da União, por meio do Congresso Nacional, para legislar sobre processo (CR/88, art. 22, I) não abriga a criação de procedimento judicial por via de Resolução do TSE – ainda que essa prática não seja inédita (*vide* Resolução nº 22.610/2007).

e princípios constitucionais que regem a responsabilidade daqueles que manuseiam recursos públicos". O segundo indica que, detectadas irregularidades graves, a aplicação das sanções deve ser precedida de intimação para os fins do art. 38.

Aplicada estritamente a Resolução nº 23.464/2015, é de se supor que os dirigentes partidários passem a ser considerados parte do processo de prestação de contas, já que constarão da autuação. Mas, ainda assim, é bastante nebulosa a forma pela qual será eventualmente promovida a responsabilização destes pelo recolhimento de valores, mesmo quando preenchidos os requisitos legais que a autorizem (art. 37, §13, Lei nº 9.096/95). É possível supor, então, que os órgãos encarregados de promover o cumprimento de sentença na prestação de contas venham a cogitar do manejo do incidente de desconsideração da personalidade jurídica para tal finalidade – que não parece, *a priori*, inadequada ao instituto.

3.3.4 *Amicus curiae*

A derradeira modalidade de intervenção de terceiros trazida pelo CPC/2015 é a que suscita maior possibilidade de abertura das ações eleitorais coletivas à participação ampla de interessados. Trata-se do *amicus curiae*, que apresenta, no novo diploma processual, contornos diferentes daqueles conferidos pelas Leis nº 9.868/99 e 9.882/99: enquanto estas leis indicam que se trata de um auxiliar eventual do juízo, o CPC/2015 reconhece ao *amicus curiae*, já que terceiro interveniente, a condição de parte.

A maior inovação está em que a admissão do terceiro como parte não se coloca na dependência de demonstração de interesse jurídico – ao contrário, estando este presente, a intervenção deve se dar na modalidade de assistente –, mas, sim, da "possibilidade concreta do terceiro poder contribuir com a qualidade da decisão proferida".[75] Em geral, essa possibilidade de contribuição efetiva é associada a um domínio técnico do tema versado no processo. Contudo, tratando-se de ações eleitorais, é possível considerar que possam afluir contribuições de outra natureza, especialmente aquelas advindas de associações civis formadas por cidadãos na circunscrição do pleito que constitui tema da ação.

A previsão legal parece ter removido o último obstáculo para que se implemente a proposta de Rodolfo Viana Pereira, que, já em 2008, defendia a abertura das ações eleitorais à participação das associações civis, como uma "via participativa associativa no interior do processo habilitador da representação política", que "sujeita o princípio representativo a uma interpretação ampliada da noção de participação eleitoral em que esta deixa de se reportar exclusivamente ao mero ato de votar".[76]

Os estudos de Pereira fornecem significativo substrato teórico em prol da democratização das ações eleitorais coletivas. O autor reivindica uma compreensão ampliada e autônoma da fiscalidade das eleições, confere centralidade à participação nos procedimentos eleitorais, aborda-os sob perspectiva coletivizada e problematiza a atual estruturação desses procedimentos por parâmetros restritivos. Sua abordagem abre ensejo para a reflexão sobre uma nova conformação de participação política organizada,

---

[75] NEVES, Daniel Amorim Assumpção. *Novo CPC*: código de processo civil – inovações, alterações, supressões comentadas, p. 137.

[76] PEREIRA, Rodolfo Viana. *Tutela coletiva no processo eleitoral*, p. 137.

voltada especificamente não para a disputa do poder político, mas para a fiscalização dos atores e estratégias nesta envolvidos. A argumentação culmina na apresentação da proposta de inclusão de associações civis *lato sensu* no controle das eleições, o que rompe com a tradicional visão de que os partidos políticos são a única forma de organização civil relacionada ao âmbito da formação dos mandatos eletivos.

Em uma perspectiva otimista, a inclusão do *amicus curiae* no CPC/2015 propicia que o *interesse político* possa ser admitido como motivação legítima para o ingresso das associações civis nas ações eleitorais coletivas. Evidentemente, tal modificação na percepção do interesse político dependerá da superação das premissas do socialismo jurídico, ainda arraigadas na cultura jurídica.

Todavia, nem mesmo uma projeção otimista parece sugerir que a figura do *amicus curiae* franqueie o acesso individual do cidadão às ações eleitorais coletivas. Isso porque o art. 138 do CPC/2015, embora prevendo a possibilidade de que o *amicus curiae* seja "pessoa natural", não se desvencilhou da exigência de que seja esta dotada de "representatividade adequada". Somente se concebe o preenchimento desse requisito pela pessoa natural quando a esta assistir domínio *técnico* sobre o tema. Já ao cidadão – que, na defesa de seu interesse direto, não seria certamente um representante, mas o próprio titular do interesse – falecerá o requisito.[77]

4 Considerações finais

Ao final do presente artigo, espera-se haver apresentado uma perspectiva para a (re)formulação da intervenção de terceiros no âmbito eleitoral que, muito além de mera aplicação técnica, indique que os institutos da assistência e do *amicus curiae* podem ser aproveitados para aproximar a AIRC, a AIJE, as representações específicas, a AIME e o RCED das diretrizes de um processo coletivo democrático.

Principiou-se por caracterizar tais ações como coletivas, tendo em vista que a decisão nelas proferida é transindividual, unitária e alcança interessados dispersos na circunscrição da eleição. Diante disso, formulou-se o problema da participação dos destinatários das decisões coletivas nos procedimentos respectivos com base no conceito de processo de Fazzalari, indagando-se: 1) se legislação e jurisprudência têm considerado essencial a participação dos cidadãos nas ações eleitorais coletivas e 2) se essa opção legal e jurisprudencial possui aderência a uma compreensão de processo coletivo democrático.

Diante da resposta negativa a ambas as indagações, buscou-se apresentar as premissas teóricas que subjazem à exclusão dos interessados difusos (eleitores e, mais amplamente, a população governada/representada) das citadas ações, desde logo apontando o equívoco de adoção dessas premissas. Criticou-se, então, a impropriedade do transporte do conceito polarizado e patrimonializado de lide para formatar as controvérsias eleitorais. Em seguida, perquiriu-se porque, apesar dessa impropriedade, vêm sendo as ações eleitorais coletivas persistentemente tratadas dentro do esquema de *lide eleitoral*. Nesse ponto, discorreu-se sobre o legado do socialismo jurídico e da

---

[77] O que deixa ainda distante de concretização a arrojada proposta de Edilene Lôbo, no sentido de se reconhecer ao eleitor a legitimidade para a propositura da AIME. Cf.: LÔBO, Edilene. *A inclusão do cidadão no processo eleitoral*. Belo Horizonte: Del Rey, 2010.

coletivização do processo, que aporta na atualidade na forma da *representação adequada*, técnica de substituição processual que viabilizaria a célere obtenção da pacificação social do conflito coletivo mediante a atuação de entes especialmente qualificados, tidos como aptos a sintetizar e traduzir o interesse da coletividade e defendê-lo de lesões provocadas por investidas egoísticas.

Construído esse argumento, passou-se a apresentar a *ação temática eleitoral* como possibilidade teórica de superação da vigente estruturação das ações eleitorais coletivas. Sustentou-se, assim, que: 1) as ações eleitorais coletivas devem se abrir à participação dos interessados, superando a figura do *representante adequado* como tradutor único do *interesse da coletividade*; 2) essa abertura à participação exige uma nova estruturação procedimental, que abandone a polarização (subjetiva) própria ao conceito patrimonializado de *lide* e reorganize as posições processuais a partir do objeto (coletivo), em uma estrutura radial em torno de um *tema*; 3) essa participação exige a ampliação da fase postulatória para acolher a atuação dos interessados em condição de igualmente produzir alegações, seguindo-se aí a organização das posições dos interessados (construção participada do mérito); 4) esse modelo confere racionalidade aos procedimentos eleitorais coletivos por permitir que uma única ação abarque uma multiplicidade de questões e a atuação conjunta de colegitimados, superando a atual fragmentação da discussão sobre mesmos fatos em ações similares; 5) a legitimidade das candidaturas, na etapa de registro, e a legitimidade das eleições e seus resultados, no curso da campanha e até a diplomação, são os dois grandes temas que desenham o objeto da ação temática eleitoral.

Nessa etapa, a exposição teve como objetivo oferecer um modelo capaz de servir de parâmetro para aferir a adequação do tratamento jurisprudencial da intervenção de terceiros nas ações eleitorais coletivas e para sugerir diretrizes para aplicação dos novos contornos da intervenção de terceiros apresentados pelo CPC/2015.

De posse desse arcabouço teórico, adentrou-se no exame das modalidades de intervenção de terceiros admitidas, pela jurisprudência, nas ações eleitorais coletivas. Em abertura ao exame, tratou-se da problemática em torno do conceito de *terceiro* em tais ações, que pode ser assim sintetizada: os interessados difusos, embora não admitidos ao processo, sofrerão os efeitos da decisão e não disporão da possibilidade sugerida por Liebman como solução para a denominada *eficácia natural da sentença*, de pleitear a ineficácia, perante si, da decisão, que tem inafastável caráter unitário decorrente da indivisibilidade do objeto do processo.

Em seguida, traçou-se breve resumo das modalidades de intervenção de terceiros previstas no CPC/1973, ressaltando-se que foram projetadas como desdobramentos estruturais da controvérsia polarizada e patrimonial em que se constitui a lide. Identificou-se o impacto no patrimônio jurídico do terceiro como elemento lógico que permite a este acoplar seu interesse a uma demanda em curso. Daí promoveu-se a crítica à maneira como a noção de interesse jurídico foi replicada, no âmbito eleitoral, sob a mesma lógica, produzindo distorções no aproveitamento dos institutos da assistência (com aferição de insondáveis *relações jurídicas* entre autor, réu e terceiro, enquanto se negligencia a disciplina do CDC, mais similar ao objeto das ações eleitorais) e da oposição (que inevitavelmente conduz a conceber o mandato como *coisa litigiosa* que passaria ao patrimônio do vencedor em caráter *ad excludendum*).

Finalmente, apresentou-se o esquema atualizado das modalidades de intervenção de terceiros previstas no CPC/2015. Defendeu-se uma linha de aplicação destas às ações eleitorais coletivas em compatibilidade com a proposta de ampliação da participação efetiva dos interessados difusos.

Sobre a assistência, advertiu-se que a nova redação do §3º do art. 224 do Código Eleitoral, ao prever que a convocação de eleições suplementares ocorrerá em caso de indeferimento/cassação de candidato eleito no pleito majoritário independentemente da votação obtida, é suficiente para provocar uma revisão da linha de entendimento que perquire o interesse do segundo colocado no pleito a partir da possibilidade de vir a assumir o cargo conquistado pelo réu. A isso se acrescentou, em favor da proposta do artigo, a ampliação dos poderes do assistente simples, que passa a poder recorrer mesmo se omisso o assistido (CPC/2015, art. 121, parágrafo único). Não se pode, contudo, deixar de lamentar a derrubada, no Senado, da possibilidade de intervenção do colegitimado ativo como assistente litisconsorcial na ação proposta por um deles, previsão que favoreceria a atuação colaborativa dos legitimados ativos das ações eleitorais coletivas.

Projetou-se, quanto à oposição, que sua conversão em procedimento especial deve sepultar as conjecturas sobre sua possível adoção para admitir terceiro à disputa de mandatos.

Embora o foco do artigo esteja centrado nas ações eleitorais de caráter coletivo, considerou-se oportuno introduzir a discussão sobre a possibilidade de o incidente de desconsideração da personalidade jurídica vir a ser adotado para promover a inclusão de dirigentes partidários em processos de prestação de contas de partidos políticos relativas a exercício financeiro.

O último instituto tratado foi o *amicus curiae*, que tem significativo potencial para promover a ampliação da participação nas ações eleitorais coletivas. Destacou-se que a modalidade prevista no CPC/2015 não tem contornos idênticos àquela tratada nas leis afetas ao controle concentrado de constitucionalidade, já que, naquele, reconhece-se ao *amicus curiae* a qualidade de parte. Como ponto mais positivo da figura, está a inovadora admissão de terceiro interveniente que notadamente *não* ostente interesse de natureza *jurídica* (ou seja, que alegue impacto em seu patrimônio). Caso fidedignamente aplicado, o *amicus curiae* abre ensejo para o reconhecimento do interesse *político* como suficiente para permitir o ingresso nas ações eleitorais coletivas, o que constituirá importante passo rumo à proposta da ação temática eleitoral. Considerou-se, inclusive, que a previsão legal parece tornar irrecusável a proposta de intervenção das associações civis nas citadas ações. Por outro lado, uma vez que há exigência expressa de que o *amicus curiae* ostente *representatividade adequada*, parece ainda distante a viabilização da participação do cidadão nas ações eleitorais coletivas na qualidade de interessado direto no controle de legitimidade das candidaturas, diplomas e mandatos.

Abstract: This article debates the implementation of the modalities of intervention of third parties, as set out in CPC/2015, in collective electoral actions, understood as those in which it is discussed the legitimacy of candidacies, *diplomas* and mandates. To conduct the argument, it is taken as theoretical reference the *electoral thematic action*, a participative model that proposes to overcome the restrictive, polarized and patrimonialized feature of the prevailing electoral procedures in order to upgrade their (theoretical) legitimacy and (technical) rationality. Up to this reference, it is taken the criticism of judicial treatment given to the subject of third-party intervention, in the enduring of CPC/1973, and it is projected the implementation of modalities of intervention laid down in CCP/2015, with emphasis on assistance and the *amicus curiae*.

Keywords: Electoral procedural law. Electoral thematic action. Supletive application of Civil Procedural Code.

Referências

ADAMOVICH, Eduardo Henrique Raymundo Von. Os belos copos de vinho da vovó?: elementos de história do processo coletivo para a solução de alguns problemas supostamente intrincados. *In*: RIBEIRO JÚNIOR, José Hortêncio et al. (Org.). *Ação coletiva na visão de juízes e procuradores do trabalho*. São Paulo: LTr, 2006, p. 23-44.

AGRA, Walber de Moura. *Temas polêmicos do direito eleitoral*. Belo Horizonte: Fórum, 2012.

ALMEIDA, Gregório Assagra de. *Manual das ações constitucionais*. Belo Horizonte: Del Rey, 2007.

CÂMARA, Alexandre Freitas. *Lições de direito processual civil*. 25. ed. v. 1. São Paulo: Atlas, 2014.

CAPPELLETTI, Mauro; GARTH, Bryant. *Acesso à justiça*. Tradução de Ellen Gracie Northfleet. Porto Alegre: Sérgio Antônio Fabris Editor, 1988.

CARNELUTTI, Francesco. *Sistema de direito processual civil*. Trad. Hilomar Martins Oliveira. 1. ed. v. 1. São Paulo: Classic Book, 2000.

DAMASKA, Mirjan R. *Las Caras de la justicia y el poder del Estado*: análisis comparado del proceso legal. Tradução para o espanhol de Andrea Morales Vidal. Santiago: Editora Jurídica de Chile, 2000.

DIDIER JR., Fredie. *Curso de direito processual civil*: introdução ao direito processual civil, parte geral e processo de conhecimento. 17. ed. rev. ampl. e atual. Salvador: Jus Podivum, 2015.

FAZZALARI, Elio. *Instituições de direito processual*. 8. ed. Tradução Eliane Nassif. Campinas: Bookseller, 2006.

GOMES, José Jairo. *Direito eleitoral*. 11. ed. rev. atual. e ampl. São Paulo: Atlas, 2015.

GRESTA, Roberta Maia. *Ação temática eleitoral*: proposta para a democratização dos procedimentos judiciais eleitorais coletivos. 2014. Dissertação (Mestrado em Direito Processual) – PUC Minas. Belo Horizonte: PUC Minas, 2014.

IHERING, Rudolf von. *A luta pelo direito*. 21. ed. Rio de Janeiro: Forense, 2002.

IHERING, Rudolf von. *La dogmática jurídica*. Buenos Aires: Losada, 1946.

LIEBMAN, Enrico Tullio. *Eficácia e autoridade da sentença*. Tradução de Alfredo Buzaid e Benvindo Aires. 3. ed. Rio de Janeiro: Forense, 1984.

LÔBO, Edilene. *A inclusão do cidadão no processo eleitoral*. Belo Horizonte: Del Rey, 2010.

MACIEL JÚNIOR, Vicente de Paula. *Teoria das ações coletivas*: as ações coletivas como ações temáticas. São Paulo: LTr, 2006.

NAVES, Márcio Brilharinho. *Marxismo e direito*. São Paulo: Boitempo, 2000.

NUNES, Dierle José Coelho. *Processo jurisdicional democrático*. Curitiba: Juruá, 2008.

PEREIRA, Rodolfo Viana. *Tutela coletiva no direito eleitoral*: controle social e fiscalização das eleições. Rio de Janeiro: Lumen Juris, 2008.

RIBEIRO, Fávila. *Pressupostos constitucionais do direito eleitoral*: no caminho da sociedade participativa. Porto Alegre: Sergio Antonio Fabris Editor, 1990.

RODRIGUES, Marcelo Abelha. *A subsidiariedade do CPC no processo eleitoral*. Artigo inédito, inspirado na palestra ministrada pelo autor nas VIII Jornadas de Direito Processual Civil, em Vitória – ES (2010). Disponível em: <http://www.marceloabelha.com.br/site/publicacoes.php>. Acesso em: 10 fev. 2016.

VIGORITI, Vincenzo. *Interessi collettivi e processo*: la legitimazione ad agire. Milano: Giuffrè, 1979.

Informação bibliográfica deste livro, conforme a NBR 6023:2002 da Associação Brasileira de Normas Técnicas (ABNT):

GRESTA, Roberta Maia. Intervenção de terceiros nas ações eleitorais coletivas: (novas) perspectivas de coletivização do processo a partir do CPC/2015. *In*: TAVARES, André Ramos; AGRA, Walber de Moura; PEREIRA, Luiz Fernando (Coord.). *O direito eleitoral e o novo Código de Processo Civil*. Belo Horizonte: Fórum, 2016. p. 105-137. ISBN 978-85-450-0133-1.

IMPACTOS DO NCPC E DA REFORMA ELEITORAL NAS AÇÕES ELEITORAIS

LUIZ FERNANDO CASAGRANDE PEREIRA

1 Introdução

Com algum açodamento, o Congresso promoveu mais uma reforma na legislação eleitoral. É a Lei nº 13.165/2015, com impactos importantes – muitos negativos – no ambiente do contencioso eleitoral. Ao mesmo tempo, teve recente início a vigência do novo Código de Processo Civil. Aqui, a ideia é abordar o impacto da reforma eleitoral e do NCPC no ambiente das *ações eleitorais típicas* para cassação de mandato, especialmente em relação aos institutos da conexão, continência, litispendência e coisa julgada. Esses institutos de processo foram mal tratados pela jurisprudência eleitoral durante muito tempo. Com a introdução do art. 96-B na Lei Eleitoral (introduzido pela Lei nº 13.165/2015), a matéria ganha uma disciplina mais consentânea com a melhor orientação (em doutrina e jurisprudência). A interpretação desses novos dispositivos devem se dar em consonância com as novidades do NCPC.

Intencionalmente ou não, a reforma (como já sustentava parcela da doutrina) também aproximou a tutela jurisdicional eleitoral do microssistema dos processos coletivos, com importantes repercussões. Somada à vigência do novo Código de Processo Civil, cresce a importância de aferir o espaço de aplicação subsidiária (ora do NCPC; ora dos processos coletivos) para definir a correta interpretação do novo art. 96-B da Lei Eleitoral. É a ideia deste texto.

Importante consignar uma ressalva importante sobre o *escopo* deste artigo. O art. 96-B tem aplicação não apenas para as ações que têm por objeto a cassação de mandato. As ações eleitorais com distintos objetos (multa por propaganda irregular; inibitória; direito de resposta) também são contempladas com a nova lógica do art. 96-B, não há dúvida. O presente estudo põe mais atenção nas ações que indicam cassação apenas para facilitar a exposição teórica.

2 As ações eleitorais típicas para cassação de mandato. Avanços e retrocessos

Há reconhecida *balbúrdia legislativa* no direito processual eleitoral.[1] A carência de homogeneidade se dá em razão de a disciplina de processo do direito eleitoral estar distribuída em leis esparsas, concebidas em tempos diferentes, sem o compromisso com um sistema organizado. E é possível dizer que já foi pior. Alguns avanços importantes deram mais *racionalidade* às técnicas processuais do contencioso eleitoral, especialmente em relação às demandas que têm por objeto a cassação de mandato.

O maior problema – que persiste em alguma medida – é a sobreposição de *ações eleitorais típicas* com o mesmo objetivo. Aquilo que Rodolfo Viana Pereira foi feliz em batizar de *bizarra existência simultânea de mecanismos de impugnação pós-eleitoral*.[2] A ação de investigação judicial eleitoral (AIJE), art. 22 da Lei nº 64/90; a ação de impugnação de mandato eletivo (AIME), art. 14, §10, da Constituição Federal; o recurso contra expedição de diploma (RCDE), art. 262 do Código Eleitoral; as representações eleitorais da Lei nº 9.504/97,[3] todas estas *ações* poderiam conduzir à *cassação*, com um espaço coincidente (*zona de intersecção*) nas causas de pedir abstratamente consideradas.[4]

Algumas alterações legislativas melhoraram a *organicidade*. A começar pela supressão do inciso XV da Lei nº 64/90, em mudança patrocinada pela Lei Complementar nº 135/2010.[5] Até então a AIJE tinha a aptidão de produzir a cassação do mandato apenas se fosse julgada até a eleição (ou diplomação, em alguns julgados).[6] Se o julgamento ocorresse depois da eleição/diplomação – o que era regra –, a desconstituição do diploma ou do mandato só era possível com a propositura de uma nova ação (RCED ou AIME). A AIJE, quase sempre, funcionava como um mero procedimento prévio de instrução de futura AIME ou RCED.[7]

A função meramente instrumental da AIJE tinha relação com a original ausência de caráter jurisdicional da *medida*, tal como estava na redação inicial do art. 237, §2º,

---

[1] RODRIGUES, Marcelo Abelha; CHEIM JORGE, Flavio. *Manual de direito eleitoral*. São Paulo: RT, 2014, p. 275.

[2] *Tutela coletiva no direito eleitoral*: controle social e fiscalização das eleições. Rio de Janeiro: Lumen Juris, 2008, p. 106.

[3] O Ministro Dias Toffoli, no RCED nº 884, reconheceu o problema: "[...] Há que se considerar as dificuldades decorrentes da admissibilidade de mais de uma ação eleitoral fundamentada em idênticos fatos e com o mesmo objetivo, qual seja, a desconstituição do diploma. Essa circunstância, além de proporcionar um número crescente de ações nesta Justiça Especializada, comprometendo a eficiência da prestação jurisdicional, traz o risco imanente de decisões conflitantes [...]". No mesmo sentido, o Ministro Henrique Neves: "Realmente, para a Justiça Eleitoral não é interessante a existência de múltiplos processos, cada um julgado num momento" (REspe nº 1-67, Rel. Min. Luciana Lóssio, red. p/ acórdão Min. Henrique Neves, DJe 29.09.2014).

[4] Muitas vezes, a expressão "cassação", no presente artigo, será utilizada para designar, indistintamente, cassação de registro, de diploma ou do próprio mandato. Também equivalente à cassação se considerada a inelegibilidade cominada simples para a eleição, na classificação de Adriano Soares da Costa; cassação como pedido mediato, enfim. Didaticamente, para o objetivo do estudo, quase sempre a distinção não tem especial relevância. Em necessidade de se distinguir, o artigo põe em destaque as diferenças.

[5] Era assim a redação do dispositivo revogado: "Art. 22, [...] XV - se a representação for julgada procedente após a eleição do candidato serão remetidas cópias de todo o processo ao Ministério Público Eleitoral, para os fins previstos no art. 14, §§10 e 11 da Constituição Federal, e art. 262, inciso IV, do Código Eleitoral".

[6] A cassação de registro de candidatura, em sede de investigação judicial, somente é possível caso seja esse feito julgado antes das eleições, conforme interpretação do art. 22, XIV e XV, da Lei Complementar nº 64/90 (RESP nº 25673, Rel. Min. Caputo Bastos, 05.05.2006).

[7] Sobre o tema, antes da mudança, conferir: SILVA, Luis Gustavo Motta Severo da. A inefetividade da ação de investigação judicial eleitoral. *In*: GONÇALVES, Guilherme de Salles; PEREIRA, Luiz Fernando Casagrande (Orgs.). *Direito eleitoral contemporâneo*. Belo Horizonte: Fórum, 2008.

do Código Eleitoral. Tratava-se de mero *procedimento administrativo* para *investigar*. Foi a LC nº 64/90 que entregou natureza de *ação* (jurisdicional) para a AIJE.[8] A entrega de natureza jurisdicional, entretanto, não veio acompanhada de *autonomia funcional*.

Foi, enfim, a supressão do art. XV da Lei nº 64/90 que ofereceu *autonomia funcional* para a AIJE – passando a ter uma sentença efetiva para cassações independente do momento do julgamento de mérito. Por outro lado, a ampliação da *eficiência processual* da AIJE agravou o problema da sobreposição de *ações* com o mesmo objetivo: AIJE, AIME, Representações e RCDE – que não é recurso, mas ação desconstutiva de diploma.

Com a Lei nº 12.891/2013, o art. 262 foi *amputado*, e o RCED teve seu *escopo* reduzido apenas para *inelegibilidade superveniente ou de natureza constitucional e de falta de condição de elegibilidade*. A alteração legislativa foi precedida de decisão do TSE, em controle de constitucionalidade, com idêntica consequência.[9] Reconheceu-se a não recepção do RCED para tratar de causas de pedir que tinham sido alocadas, pela Constituição de 88, no escopo da AIME.[10] Os abusos ficaram apenas para ser veiculados em AIJE ou AIME (ou Representações nos *abusos típicos*). A verdade é que as reformas patrocinaram um *enxugamento* das *ações eleitorais típicas*.

Bem analisada a questão, sequer haveria a necessidade de *ações típicas* para veicular pretensão de cassações de mandatos.[11] Todas as causas de pedir possíveis poderiam ser deduzidas em uma *ação eleitoral atípica*, de cognição exauriente. Importante notar que não há procedimentos especiais. Todas as hipóteses que podem conduzir à cassação (inclusive as Representações da Lei Eleitoral) seguem o rito do art. 22 da LC nº 64/90.[12] Os procedimentos especiais só se justificariam se houvesse um *ganho de eficiência*.[13] A ausência de particularidades relevantes no âmbito do direito material e a celeridade própria do direito eleitoral dispensam os procedimentos especiais.

De qualquer forma, a verdade é que, apesar das reformas, ainda há espaço para a sobreposição entre Representações, AIJE e AIME na *zona de intersecção* das causas de pedir comuns, abstratamente consideradas (abuso do poder econômico e político).[14] Não obstante, o TSE (e toda a jurisprudência eleitoral) recusava-se a reconhecer a possibilidade de litispendência, coisa julgada ou conexão nestas ações sobrepostas – gerando *perplexidade processual*.[15]

---

[8] CASTRO, Edson Resende. *Curso de direito eleitoral*. 7. ed. Belo Horizonte: Ed. Del Rey, p. 351.

[9] O TSE já tinha decidido ser "incabível o recurso contra expedição de diploma com fundamento no art. 262, IV, do Código Eleitoral, uma vez que tal dispositivo não foi recepcionado pela Constituição Federal" (AgR-RCED 305-92, rel. Min. Laurita Vaz, 20.6.2014).

[10] RCED 8-84/PI, Rel. Min. Dias Toffoli, 17.9.2013.

[11] DINAMARCO, Cândido Rangel. *Das ações típicas...*, p. 484-485.

[12] Na Res. 21.634, o TSE definiu que, diante da ausência de previsão, se aplicava o procedimento do art. 3º à AIME, visto que este seria o "ordinário eleitoral".

[13] SICA, Heitor Vitor Mendonça. Reflexões em torno da teoria geral dos procedimentos especiais. *Revista de Processo*, v. 208, ano 37. São Paulo: Editora RT, jun. 2012.

[14] O abuso de poder econômico entrelaçado com o abuso de poder político pode ser objeto de Ação de Impugnação de Mandato Eletivo (AIME), porquanto abusa do poder econômico o candidato que despende recursos patrimoniais, públicos ou privados, dos quais detém o controle ou a gestão em contexto revelador de desbordamento ou excesso no emprego desses recursos em seu favorecimento eleitoral (AgR-AI nº 11.708/MG, rel. Min. Félix Fischer, DJE de 15.4.2010). A expressão "zona de intersecção" é de Felipe Lopes Soares, ao tratar da "Litispendência entre ação civil pública e ação popular". *Revista de Processo*, v. 171, ano 34. São Paulo: Editora RT, mai. 2009, p. 151.

[15] O recurso contra expedição de diploma (RCED) é instrumento processual adequado à proteção do interesse público na lisura do pleito, assim como o são a ação de investigação judicial eleitoral (AIJE) e a ação de

É claro que o espaço de incidência dessa *perplexidade processual* diminuiu muito desde a vigência das mudanças comentadas, mas ainda restou um ambiente remanescente nos casos de tramitação simultânea e sobreposta de AIJE, AIME e, em alguns casos, Representações da Lei Eleitoral;[16] ou das mesmas *ações eleitorais típicas* com objeto comum, mas autores distintos, incluindo as ações de impugnação de registro de candidatura. A Lei nº 13.165/2015 teve a pretensão de estabelecer um *convívio processualmente harmônico* entre essas demandas, com a adoção de técnicas próprias do microssistema do processo coletivo. É imperioso compreender muito bem essa mudança de paradigma, especialmente pela vigência imediata (art. 14 da lei) e aplicação aos processos em curso.[17]

3 Conexão e riscos de decisões conflitantes no processo eleitoral. Um avanço da reforma

A última reforma eleitoral introduziu o novo art. 96-B na Lei Eleitoral (Lei nº 9.504/97) para definir, no *caput*, que: "Serão reunidas para julgamento comum as ações eleitorais propostas por partes diversas sobre o mesmo fato" e "sendo competente para apreciá-las o juiz ou relator que tiver recebido a primeira". Cria-se regra expressa para reconhecimento de conexão e reunião de processos. Conexão enseja determinação e prorrogação de competência, pela reunião de processos, a evitar *incompatibilidade lógica e prática entre julgados*.[18] É o que está, na essência, definido no novo dispositivo: reconhecendo-se a existência de conexão, os processos devem ser reunidos. Há múltiplas questões controvertidas em torno da inovação.

A começar pelo próprio conceito de conexão. O CPC/73, art. 103, reputa conexas duas ações que tenham o mesmo *objeto* ou *causa de pedir*. Há, no CPC/73, um espaço demasiadamente amplo para aferir *conexidade*.[19] Aliás, sequer há coesão da doutrina em torno do conceito de conexão.[20] Já o NCPC deu um tratamento mais flexível, como será visto adiante. Importante, em um primeiro momento, relembrar os conceitos elementares na identificação de *pontos de contatos* entre demandas. A Lei Eleitoral agora fala em *identidade de fatos*; o CPC/73 e o NCPC, em *objeto* e *causa de pedir*.

---

impugnação de mandato eletivo (AIME). Todavia, cada uma dessas ações constitui processo autônomo, dado possuírem causas de pedir próprias e consequências distintas, o que impede que o julgamento favorável ou desfavorável de alguma delas tenha influência no trâmite das outras (ED em RCED nº 698, Relator(a) Min. Félix Fischer, Data 05.10.2009).

[16] O anterior ajuizamento de ações de investigação judicial eleitoral não torna o autor da ação de impugnação de mandato eletivo carecedor da demanda, por falta de interesse de agir, dada a independência desses feitos e considerada a tipicidade dos meios de impugnação da Justiça Eleitoral (Agravo Regimental em RESP nº 25.683.326, Rel. Min. Arnaldo Versiani, 12.08.2011).

[17] É o que já reconheceu o TSE: "Com efeito, por tratar o art. 96-13, §2º, introduzido na Lei das Eleições pela Lei 13.165, de 29 de setembro de 2015, de norma eminentemente processual, tem aplicação imediata" (RESPe nº 3-48 – Rel. Min. Henrique Neves, 12.11.2015).

[18] LADEIRA, Ana Clara Viola. Identificação da conexão e da correta aplicação de seus efeitos. *Revista de Processo*. v. 238, ano 39. São Paulo: Editora RT, dez. 2014, p. 74 e 78.

[19] BARBOSA MOREIRA, Jose Carlos. A conexão de causas como pressuposto da reconvenção. São Paulo: Saraiva, 1979, p. 125. Importa reconhecer que "não existe um conceito universal (lógico-jurídico) de conexão, cabendo ao direito positivo a sua definição". Citando Fredie Didier Jr.; LADEIRA, Ana Clara Viola. Identificação da conexão e da correta aplicação de seus efeitos. *Revista de Processo*. v. 238, ano 39. São Paulo: Editora RT, dez. 2014, p. 67.

[20] Para as teorias em torno da conexão, conferir OLIVEIRA NETO, Olavo de. *Conexão por prejudicialidade*. São Paulo: Revista dos Tribunais, 1994, p. 62.

Para o que interessa ao artigo, por *objeto mediato* sempre se entendeu que se tratava do pedido.[21] E o pedido é, na expressão *chiovendiana*, o *bem da vida*. O pedido imediato (eficácia preponderante) é um elemento estranho para aferir conexão. Em relação à causa de pedir, só interessa para fins de conexão a remota (narrativa fática).[22] A causa de pedir próxima (fundamentação jurídica) também é algo indiferente para aferir *conexidade*. De lado os aspectos terminológicos (um tanto controvertidos em doutrina), importante perceber que a conexão pode ser flagrada pela identidade do *bem da vida* (objeto) *ou* pelos *fatos*.[23]

Na linha da melhor doutrina,[24] a jurisprudência já reconhecia uma boa dose de flexibilidade para considerar presentes os requisitos para o reconhecimento de conexão. Bastava o risco de decisões conflitantes.[25] Com o NCPC, o risco de decisões conflitantes (conexão por prejudicialidade), expressamente, é *requisito autônomo* para reunião de demandas para julgamento conjunto (art. 55, §3º, NCPC).[26]

O importante é que a reforma da Lei Eleitoral, com o art. 96-B, põe o *processo eleitoral* em sintonia com regras inteligentes sobre reunião de processos para julgamento conjunto, privilegiando os princípios da celeridade, da economia processual e, especialmente, da segurança jurídica. Trata-se de importante passo para superar uma jurisprudência eleitoral de reduzido teor de racionalidade.

Antes da vigência do novo art. 96-B, com alguns poucos e recentes julgados dissonantes, o TSE sustentava a ausência (definida em abstrato) de relação (ou ausência de influência) entre as diversas *ações eleitorais típicas* que podiam conduzir à cassação.[27] Para sustentar essa ausência de relação, o TSE entendia que as ações típicas (Representações, AIJE, AIME e RCED) tinham – sempre abstratamente avaliadas – *causas de pedir próprias* e *consequências jurídicas distintas*. A orientação tinha premissas jurídicas equivocadas.

A identidade de causas de pedir (substrato factual) só é aferível a partir do cotejo entre casos concretos. Uma AIJE e uma AIME podem ou não ter identidade de causas

---

[21] [...] o objeto do processo consiste exclusivamente no pedido formulado pelo demandante. É ali que reside a pretensão cujo reconhecimento e satisfação o demandante quer (DINAMARCO, Cândido Rangel. *Instituições de direito processual civil*. 2. ed. v. 3. ed. São Paulo: Malheiros, 2003, p. 143).

[22] [...] basta a identidade da causa de pedir remota, isto é, dos fatos, para justificar a conexão que possibilita a reunião de duas causas (GRECO FILHO, Vicente. *Direito processual civil brasileiro*. v. 1. 20. ed. São Paulo: Saraiva, 2007, p. 218).

[23] Um bom texto sobre esses conceitos e a conexão está em MONIZ DE ARAGÃO, Égas Dirceu. Conexão e tríplice identidade. *Revista Ajuris*. Porto Alegre: AJURIS, 1983, n. 28.

[24] [...] leva à conclusão de que basta a identidade da causa de pedir remota, isto é, dos fatos, para justificar a conexão que possibilita a reunião de duas causas. A identidade absoluta da causa de pedir, englobando a causa de pedir próxima e a remota, levaria quase sempre a uma inaplicabilidade do dispositivo (GRECO FILHO, Vicente. *Direito processual civil brasileiro*. v. 1, 20. ed. São Paulo: Saraiva, 2007, p. 218).

[25] A avaliação da conveniência do julgamento simultâneo será feita caso a caso, à luz da matéria controvertida nas ações conexas, sempre em atenção aos objetivos almejados pela norma de regência (evitar decisões conflitantes e privilegiar a economia processual) (REsp 1.366.921/PR, Rel. Min. Ricardo Villas Bôas Cueva, 3ª t., 13.03.2015).

[26] Há quem identifique também nesse dispositivo conexidade (OLIVEIRA, Bruno Silveira de. *In*: WAMBIER, Teresa Arruda Alvim; DIDIER JR., Fredie; TALAMINI, Eduardo; DANTAS, Bruno. *Breves comentários ao novo Código de Processo Civil*. São Paulo: RT, 2015, p. 222).

[27] O recurso contra expedição de diploma (RCED), a Ação de Investigação Judicial Eleitoral (AIJE) e a Ação de Impugnação de Mandato Eletivo (AIME) possuem causas de pedir própria e consequência jurídica distinta. Assim, o julgamento favorável ou desfavorável de cada uma dessas ações não influencia no trâmite uma das outras (TSE, AREspe 26.276/CE, Rel. Min. Marcelo Ribeiro, 7.8.2008; REspe 28.015/RJ, Rel. Min. José Delgado, 30.4.2008).

de pedir. Em abstrato, há *molduras* de causas de pedir *dedutíveis*, mas as causas de pedir efetivamente *deduzidas* só podem ser identificadas à luz de casos concretos. É uma impropriedade processual defender, em abstrato (em desprezo ao critério casuístico), a ausência de identidade entre essas ações.

Idêntica conclusão em relação à existência de *consequências jurídicas distintas*. O *pedido mediato* (relevante para configurar conexão) nas ações de cassação, correndo o risco de dizer o óbvio, é a *cassação*.[28] E só pode ser esta a *consequência jurídica* da qual trata a orientação do TSE.

A aferição em torno da conexão, portanto, só pode ser adequadamente realizada à luz dos casos concretos.[29] O antigo *critério apriorístico* e *abstrato* do TSE (nunca há conexão entre as diversas *ações típicas*) é, para insistir, processualmente inadequado.[30] Recentemente, o TSE promoveu uma virada de entendimento em relação ao tema.[31]

Além da nova orientação do TSE, agora o art. 96-B determina a reunião, por conexão (ou litispendência/continência), das ações eleitorais que tratam dos mesmos fatos. Resolve o problema gerado pela orientação anterior. Embora o dispositivo fale em *identidade de fatos*, em relação à conexão o correto é fazer uma leitura da pertinência da reunião à luz da jurisprudência do STJ, agora incorporada pelo NCPC (art. 55, §3º): basta o *risco de decisões conflitantes*. É o caso de usar o dispositivo do NCPC para *enriquecer* a regra de conexão da Lei Eleitoral por aplicação subsidiária (e não supletiva, válida apenas para colmatar lacunas), como manda o NCPC (art. 15 do NCPC).[32]

---

[28] O pedido da AIJE é de cassação e inelegibilidade (art. 22, XIV, LC nº 64/90). As representações também cassam, e a inelegibilidade decorre de efeito secundário da sentença (art. 1º, §1º, *j*, LC nº 64/90). Não há, pois, discrepância de *objetos* nas ações que podem conduzir à cassação do mandato. Todas redundam em cassação e inelegibilidade por oito anos. E é necessário considerar que, nessas ações, há uma tipicidade de sanções que condicionam a formulação dos pedidos. Consequência dessa natureza *ope legis* dessas sanções, sequer há necessidade de pedido expresso (JORGE, Flávio Cheim; RODRIGUES, Marcelo Abelha. *Manual de direito eleitoral*. São Paulo: RT, 2014, p. 319 e 397). As representações do art. 41-A e do art. 73 contêm ainda pedido de imposição de multa – o que pode indicar continência.

[29] Há bons julgados com esse reconhecimento, ainda que isolados: "Sabe-se que o Tribunal Superior Eleitoral tem reiteradamente afastado a litispendência entre os feitos eleitorais, por considerá-los autônomos, com causas de pedir próprias e consequências distintas. Esse entendimento, todavia, não pode ser aplicado de forma generalizada e abstrata, sob pena de fugir do real significado da litispendência, que somente pode ser apurada no caso concreto, tudo a depender da delimitação feita pelo autor da ação, pois, embora tenham causas de pedir próprias, há certa identidade entre seus fundamentos jurídicos" (TRE-ES, AIME 2247 ES, Relator: Ricardo Almagro Vitoriano Cunha, J. 15.05.2013).

[30] Como está nesse julgado, entre tantos: "As ações eleitorais são autônomas, com causas de pedir diversas, sendo inviável o reconhecimento, seja de conexão, seja de continência entre elas" (Agravo Regimental em Recurso Especial Eleitoral nº 36.277, Rel. Min. Ricardo Lewandowski, J. 10.05.2010).

[31] A virada de entendimento pode ser identificada nesta decisão relatada pelo Ministro Henrique Neves: "A litispendência entre feitos eleitorais pode ser reconhecida quando há identidade da relação jurídica-base das demandas, não sendo possível afirmar aprioristicamente e de forma generalizada a impossibilidade de sua ocorrência", devendo o seu reconhecimento ser feito "à luz do caso concreto" (RESPe nº 3-48 – Rel. Min. Henrique Neves, 12.11.2015). O julgado aponta uma série de recentes precedentes de TREs no mesmo sentido (nota 07 do acórdão).

[32] Sobre aplicação supletiva e subsidiária do NCPC ao processo eleitoral, vale conferir o que escreveram Teresa Arruda Alvim Wambier, Maria Lúcia Lins Conceição, Leonardo Ferres da Silva Ribeiro e Rogério Licastro Torres de Mello: "O legislador disse menos do que queria. Não se trata somente de aplicar as normas processuais aos processos administrativos, trabalhistas e eleitorais quando não houver normas, nestes ramos do direito, que resolvam a situação. A aplicação subsidiária ocorre também em situações nas quais não há omissão. Trata-se, como sugere a expressão 'subsidiária', de uma possibilidade de enriquecimento, de leitura de um dispositivo sob outro viés, de extrair-se da norma processual eleitoral, trabalhista ou administrativa um sentido diferente, iluminado pelos princípios fundamentais do processo civil. A aplicação supletiva é que supõe omissão. Aliás, o legislador, deixando de lado a preocupação com a própria expressão, precisão da linguagem, serve-se das duas

Para registrar um detalhe relevante, no atual CPC a competência é deslocada para o juiz que primeiro despachou a demanda conexa (art. 106).[33] Para o NCPC, valerá o primeiro registro ou distribuição da inicial para prevenir o juízo (art. 59). A propósito, esta regra do NCPC (prevenção pela distribuição, não pelo despacho) está de acordo com o sistema das ações coletivas (art. 5º, §3º, Lei da Ação Popular, e art. 17º, §5º, Lei da Ação Civil Pública). Não obstante, o art. 96-B definiu que a competência será fixada pelo recebimento (despacho). Não há espaço para aplicação subsidiária ou supletiva.

3.1 A reunião de processos em instâncias diferentes. A conexão ineficiente da reforma. Suspensão por prejudicialidade

Outro ponto importante do novo art. 96-B é a obrigatoriedade de reunião dos processos. O dispositivo fixa que os processos *serão reunidos*. O novo CPC, na mesma medida, eliminou a dúvida em torno da discricionariedade na reunião de processos conexos. O CPC/73, art. 105, consignava que o juiz *poderia* reunir os processos conexos. O STJ reconhecia o caráter facultativo.[34] Agora está que os processos *serão* reunidos (art. 55, §1º). Há obrigatoriedade de julgamento simultâneo (*simultaneus processus*).[35] A matéria, inclusive, é cognoscível de ofício.[36]

Essa obrigatoriedade, no entanto, deve ser ponderada, especialmente no direito eleitoral, à luz dos princípios da efetividade e da celeridade. Os processos não podem ser reunidos quando houver ofensa aos princípios da efetividade e da duração razoável do processo. Cabe esclarecer que essa necessária ponderação não equivale à facultatividade. A síntese é: a reunião dos processos se impõe sempre nos casos de conexão, mas desde que não haja ofensa ao princípio da efetividade e da celeridade.

Com essas considerações deve ser lido o §2º do art. 96-B. O dispositivo determina a reunião dos processos, ainda que estejam em instâncias diferentes. É dizer: se a AIJE já estiver julgada, a AIME em trâmite será remetida para a instância superior para julgamento simultâneo. Trata-se de um equívoco que a interpretação sistemática deve corrigir.

A Súmula 235 do STJ define que "a conexão não determina a reunião de processos, se um deles já foi julgado".[37] É assim também no NCPC (art. 55, §1º). Parece óbvio.

---

expressões. Não deve ter suposto que significam a mesma coisa, se não, não teria usado as duas. Mas como empregou também a mais rica, mais abrangente, deve o intérprete entender que é disso que se trata" (*Primeiros comentários ao Novo Código de Processo Civil*: artigo por artigo. São Paulo: RT, 2015, p. 75).

[33] O art. 286 do NCPC (art. 253 do CPC) define que serão distribuídas por dependência as ações de qualquer natureza quando se relacionarem por conexão, continência ou prejudicialidade com outra já ajuizada (incisos I e III).

[34] EDcl no AgRg no REsp 1.193.525/RJ, Rel. Min. Humberto Martins, 2ª t., 04.12.2012.

[35] A nova dicção legal [...] consigna claramente tratar de um dever judicial (diz, peremptoriamente, que os processos de ações conexas serão reunidos para decisão conjunta). (OLIVEIRA, Bruno Silveira de. *In*: WAMBIER, Teresa Arruda Alvim; DIDIER JR., Fredie; TALAMINI, Eduardo; DANTAS, Bruno. *Breves comentários ao novo Código de Processo Civil*. São Paulo: RT, 2015, p. 222). No mesmo sentido: AMARAL, Guilherme RIZZO. *Comentários às alterações do novo CPC*. São Paulo: RT, 2015, p. 112-113. Defendendo a obrigatoriedade da reunião já no ambiente do CPC/73, OLIVEIRA, Bruno Silveira de. *Conexidade e efetividade processual*. São Paulo: RT, 2008, p. 170.

[36] A conexão é causa de modificação de competência, não um critério de fixação de competência. Envolve, pois, matéria de ordem pública, examinável de ofício, nos moldes da autorização legal contida no art. 301, §4º (STJ, CC nº 25.735/SP, 1ª seção, Rel. Min. Nancy Andrighi, 7.4.2000).

[37] E basta o julgamento; não é necessário o trânsito em julgado: "O fato de ainda não ter ocorrido o trânsito em julgado da sentença proferida na ação ordinária não afasta a aplicação do entendimento já sumulado pelo

O próprio TSE (nos poucos e recentes casos em que reconhecia conexão) vedava a reunião quando um dos processos já tivesse sido julgado (ou mesmo em fases processuais distintas).[38]

Não se deve deixar de considerar que o efeito jurídico da conexão atende também a um pressuposto de economia processual.[39] É como está na lógica que autoriza a prorrogação de competência. Assim, é necessário separar a *conexão* de seu *efeito jurídico* (reunião de processos). Mesmo constatada a *conexão*, o *efeito jurídico* não se justifica se já tiver havido, em relação a qualquer um, julgamento na instância de origem. Isso significa que não se podem reunir processos se um já estiver pronto para julgamento e o conexo estiver ainda no início. Haveria violação à efetividade e à celeridade.[40] A orientação também vale para a reunião por litispendência e continência.

A jurisprudência terá de conformar um entendimento que tempere uma regra que tem orientação confrontante com a própria lógica fundante do dispositivo.

3.2 A reunião dos processos com o corregedor, competente para julgamento da AIJE

Nas eleições municipais, a competência para julgamento das AIJEs é dos juízes eleitorais de 1º grau de jurisdição. Nas eleições estaduais e presidenciais, a competência é do corregedor – dos TREs e do TSE, respectivamente. Há sérias dúvidas em torno da constitucionalidade da regra que entrega competência exclusiva para corregedor para todas as AIJEs. Há quem identifique ofensa ao princípio do juiz natural.[41]

É importante lembrar que a competência do corregedor nas eleições estaduais e presidenciais não é propriamente para julgar, mas apenas para instruir a AIJE; funciona como relator (art. 22, I, LC nº 64/90). A competência para julgamento do mérito da AIJE é sempre do plenário da corte (art. 22, XII, LC nº 64/90).

De qualquer forma, a prevenção é regra de distribuição de ações e recursos. O corregedor, *relator da ação* (AIJE), é prevento para todas as demais *ações* que tratem dos mesmos fatos (art. 96-B). O problema é que a competência do corregedor é absoluta, e apenas as competências relativas autorizam modificação de competência, por prevenção, nos casos de conexão e continência.[42]

STJ de que a possível existência de conexão ou continência não determina a reunião dos processos, quando já proferida a sentença num deles" (TRF4, AI nº 0013979 0.2012.404.0000, 3ª t., Rel. Des. Fernando Quadros da Silva, 14.3.2013).

[38] Importante reconhecer que, desde 2013, flagrava-se um movimento do TSE em favor do reconhecimento de conexão, como no exemplo: "Na hipótese, não há conveniência, porquanto os autos supostamente conexos encontram-se em fases processuais distintas" (Recurso Ordinário nº 151.449, Rel. Min. Laurita Vaz, Data 07.08.2013). No mesmo sentido: "Não é possível determinar-se a conexão de feitos, em casos em que um deles já tenha sido julgado pelo Tribunal" (TRE-MG, RCED nº 71.109, Rel. Alberto Diniz Júnior, 9.7.2013).

[39] WAMBIER, Luiz Rodrigues; TALAMINI, Eduardo. *Curso avançado de processo civil:* teoria geral do processo e processo de conhecimento. 11. ed. São Paulo: Revista dos Tribunais, 2010, p. 212.

[40] OLIVEIRA, Bruno Silveira de. *Conexidade e efetividade processual.* São Paulo: RT, 2008, p. 167-171. No mesmo sentido, reconhecendo que a reunião dos processos não justifica se houver sacrifício à celeridade e à economia processual, LADEIRA, Ana Clara Viola. Identificação da conexão e da correta aplicação de seus efeitos. *Revista de Processo.* v. 238, ano 39. São Paulo: Editora RT, dez. 2014, p. 68.

[41] JORGE, Flávio Cheim; RODRIGUES, Marcelo Abelha. *Manual de direito eleitoral.* São Paulo: RT, 2014, p. 321-322. A Ministra Luciana Lóssio tem a mesma posição em voto apresentado ao TSE.

[42] STJ, MS 9.299/DF, Rel. Ministro Teori Zavascki, 1ª seção, 20.09.2004. É como está no art. 54 do NCPC: "A competência relativa poderá modificar-se pela conexão ou pela continência, observado o disposto nesta Seção".

Ainda assim a conexão impõe o julgamento simultâneo, mas a prevenção teria de ser ignorada, com a reunião sempre no corregedor. É dizer: mesmo que a AIJE tenha sido distribuída depois, Representações que já tenham sido distribuídas devem ser reunidas para julgamento conjunto perante o corregedor.[43] A concentração de todas as ações no corregedor reforça a necessidade de o TSE sindicar a constitucionalidade da regra de distribuição em face do princípio do juiz natural.

Também não se pode desconsiderar que uma AIJE possa ser utilizada para burlar o princípio do juiz natural. Proposta uma Representação que possa conduzir à cassação (art. 30-A, por exemplo), a propositura posterior de uma AIJE (conexa ou continente) atrairia ao corregedor a competência e, com isso, suprimiria competência do juiz auxiliar a quem havia sido distribuído o processo original.

De qualquer forma, as regras de conexão sempre atendem a um postulado de efetividade. Se a reunião de processos estiver em desacordo com o vetor da efetividade e da duração razoável do processo, a conveniência deve ser avaliada em atenção ao critério casuístico (conferir tópico 3.1). Não se deve perder de vista que os processos de cassação de mandato devem estar julgados, em todas as instâncias, no máximo em um ano.[44] O mesmo raciocínio vale quando houver tentativa de burla ao princípio do juiz natural. O *princípio da adequação* autoriza um juízo de conveniência da reunião (orientado pelo respeito aos princípios da efetividade e da celeridade).[45]

Uma solução alvitrada pela doutrina e por parcela da jurisprudência é a suspensão do processo de prejudicialidade (art. 265, IV, CPC; 313, V, NCPC).[46] Não parece a melhor solução. É o caso de deixar que avancem os dois processos. Um dos principais traços distintivos do direito eleitoral, para insistir, é o princípio da celeridade.[47]

3.3 A AIME submete-se às regras de prevenção. O *status* constitucional não subverte as regras de mudança de competência

Não há nenhuma particularidade juridicamente relevante que exclua a AIME das regras de *prevenção* indicadas neste texto. Não obstante, no TSE já se decidiu que "não há como extinguir a AIME, ação de *índole* constitucional, pela mera circunstância

---

[43] Assim é a orientação da jurisprudência: "A competência para processamento e julgamento de mandado de segurança é [...] insuscetível de sofrer modificação. Verificada a existência de conexão do *mandamus* com ações ordinárias de distribuição mais antiga, os efeitos da conexão laborarão em sentido inverso, produzindo a modificação da competência para apreciar as ações ordinárias" (TRF-4 – CC: 441 PR 2009.04.00.000441-0, Rel. Valdemar Capeletti, 2ª seção, 08.05.2009).

[44] Lei nº 9.504/97. "Art. 97-A. Nos termos do inciso LXXVIII do art. 5º da Constituição Federal, considera-se duração razoável do processo que possa resultar em perda de mandato eletivo o período máximo de 1 (um) ano, contado da sua apresentação à Justiça Eleitoral. §1º A duração do processo de que trata o caput abrange a tramitação em todas as instâncias da Justiça Eleitoral".

[45] DIDIER JR., Fredie; ZANETI JR., Hermes. *Curso de direito processual civil*: processo coletivo. 4. ed. v. 4. Salvador: Editora PODIVM, 2009, p. 170.

[46] DIDIER JR., Fredie; ZANETI JR., Hermes. *Curso de direito processual civil*: processo coletivo. 4. ed. v. 4. Salvador: Editora PODIVM, 2009, p. 175.

[47] JARDIM, Torquato. *Direito eleitoral positivo*. 2. ed. Brasília: Brasília Jurídica, 1998, p. 151. No TSE, o prazo certo do mandato é reconhecido como fator determinante na conformação da tutela jurisdicional: "As peculiaridades do processo eleitoral – em especial o prazo certo do mandato – exigem a adoção dos procedimentos céleres próprios do Direito Eleitoral, respeitadas, sempre, as garantias do contraditório e da ampla defesa" (TSE, Res. nº 21.634, de 19.2.2004, rel. Min. Fernando Neves).

da existência de ações anteriores".[48] Não é possível concordar. Os fenômenos da litispendência e da coisa julgada (e da conexão) não excluem de seus campos de abrangência as *ações de* índole *constitucional*.

As *ações de* índole *constitucional* estão previstas na Constituição Federal especialmente para dificultar a supressão do *remédio processual* pelo legislador ordinário, como já explicava Buzaid.[49] O bem jurídico tutelado pela AIME (normalidade e legitimidade das eleições; sem abusos) pode ser tutelado em uma AIJE, em uma Representação ou em qualquer outra ação eleitoral típica (ou atípica). Basta que essas *ações* contenham abuso (fato que configure abuso *lato sensu*), como causa de pedir remota e uma *sanção típica* de cassação. Neste aspecto, não há qualquer relevância em relação à sede de previsão (constitucional ou infraconstitucional) dos instrumentos processuais aptos a concretizar direitos materiais (inclusive os direitos materiais fundamentais).

No referido julgamento do TSE, consignou-se que "na AIME – muito mais do que em outras ações eleitorais – sobressai a tutela da legitimidade do pleito". Ora, a tutela de legitimidade do pleito pode estar adequadamente veiculada em qualquer outra ação eleitoral (ação processual abstrata), indistintamente. A previsão constitucional da AIME não altera essa conclusão. Não há nada na AIME que não haja em uma AIJE ou mesmo em uma Representação que possa conduzir à cassação.

A Constituição Federal assegura a normalidade e legitimidade das eleições, impedindo o abuso (art. 14, §9º). Assim, o fundamento processual da *tutela de legitimidade do pleito* está na própria Constituição Federal (art. 5º, XXXV), a prescindir de qualquer outra expressa previsão constitucional ou infraconstitucional.[50] Todos os direitos materiais *são acionáveis em juízo* por garantia constitucional à adequada tutela jurisdicional. Há um direito fundamental à efetividade da tutela jurisdicional.[51] Não fosse a AIME, seria uma AIJE[52] ou qualquer outra *técnica de tutela* que fosse a "expressão realizadora da ação de direito material", para usar uma expressão de Ovídio Baptista da Silva.[53]

O mandado de segurança também tem índole *constitucional*. Atualmente, no entanto, não oferece nada que já não esteja contemplado pela tutela das obrigações de fazer e não fazer. E parece evidente que a *sede constitucional* não outorga ao MS nenhuma técnica processual que o CPC (*sede infraconstitucional*) não pudesse outorgar.[54] O abuso

---

[48] Trecho do voto no REspe nº 254, rel. Min. Henrique Neves, 20.11.2014.

[49] Qualquer outra espécie de proteção conferida por lei ordinária poderia desaparecer ou ser diminuída ao fluxo das deliberações do Congresso, sujeito às vicissitudes das maiorias eventuais (BUZAID, Alfredo. Do mandado de segurança. São Paulo: Saraiva, 1989, p. 193).

[50] Ao tratar da AIME, COSTA, Adriano Soares da: "Se se cria uma ação, é porque há algum interesse anterior a merecer proteção" (*Instituições de direito eleitoral*. 9. ed. Belo Horizonte: Fórum, 2013, p. 396). Este interesse anterior (direito material) pode ser *protegido* por *ação* com sede constitucional ou infraconstitucional. A resposta que Adriano oferece à tese de Konder Comparato sobre a "inexistência" da AIME elucida muito bem o tema.

[51] MARINONI, Luiz Guilherme. O direito à efetividade da tutela jurisdicional na perspectiva da teoria dos direitos fundamentais. *Revista de Direito Processual Civil*, n. 28, abr./jun. 2003, ed. Gênesis, p. 298-338.

[52] Em alguma medida, a AIJE também tem *status* constitucional: "É evidente, portanto, que a ação de investigação judicial eleitoral tem assento cativo no art. 14, §9º, da CF/1998, pois é a técnica que o legislador encontrou de criar situações de inelegibilidade que visem à proteção da legitimidade e da normalidade contra a influência do poder econômico ou o abuso do exercício de função [...]" (JORGE, Flávio Cheim; RODRIGUES, Marcelo Abelha. *Manual de direito eleitoral*. São Paulo: RT, 2014, p. 319).

[53] *Curso de processo civil*. v. I. Porto Alegre: Fabris, 1993, p. 321.

[54] Eduardo Talamini, explica que não se pode admitir que, por exemplo, a força mandamental "a dada ação fosse algo que só a Constituição pudesse atribuir" (As origens do mandado de segurança na tradição processual

de poder não ficaria imune ao controle jurisdicional se houvesse a supressão do inciso LXIX do art. 5º da Constituição Federal. E o mandado de segurança, abstratamente considerado, não é *mais* (nada mais) em relação a uma demanda contra a administração que tenha um pedido (imediato) mandamental.

Para insistir, se não houvesse previsão alguma de natureza processual (constitucional ou infraconstitucional), todos os direitos materiais hoje tutelados pela AIME (ou pela AIJE) estariam assegurados pela direito fundamental à efetividade da tutela jurisdicional. Caberia ao Judiciário conceber técnicas adequadas.[55] Supor o contrário é imaginar que poderia haver a garantia constitucional da legitimidade das eleições sem instrumentos processuais aptos à proteção, à tutela deste direito, o que é inconcebível.

Por tais razões não é possível concordar com o raciocínio jurídico do precedente do TSE. Não é porque a AIME está na Constituição que deve ser reconhecida como o "principal meio processual para se buscar a desconstituição do mandato" (Resp nº 254). A AIME é apenas mais um *meio processual*. O meio processual principal para desconstituir mandatos (leia-se aqui: técnicas processuais adequadas) poderia estar na legislação infraconstitucional. A sede constitucional, portanto, só tem a relevância apontada por Buzaid (dificultar a supressão pelo legislador infraconstitucional). Aliás, também para reiterar, como há *meios processuais* hábeis na legislação infraconstitucional (AIJE e Representações), a *desconstituição do mandato* prescinde da AIME em sede constitucional.

Tanto é assim que o *status* constitucional do mandado de segurança nunca foi tal a provocar a derrogação da regra de litispendência. O Superior Tribunal de Justiça reconhece a necessidade de extinguir mandado de segurança proposto em litispendência com ação ordinária anteriormente ajuizada.[56] É o entendimento que deve prevalecer no TSE quando houver AIME em litispendência com a AIJE. Idêntica conclusão em relação à conexão.

Há outro problema em torno desta *vis attractiva* universal em relação à AIME (apenas porque em sede constitucional), tal qual como cogitada pelo TSE. As Representações e a AIJE comportam um *pedido inibitório* cumulado (art. 73, §4º, Lei Eleitoral; art. 22, I, *b*, Lei de Inelegibilidades).[57] Imaginar que tudo deva ser reunido no juízo competente para a AIME cria a transferência da demanda para quem não apreciou a tutela inibitória sumária (antecipada). Os juízes das inibitórias seriam, depois, substituídos pelo juiz da AIME (havendo *conexidade*).

---

luso-brasileira. *In*: BUENO, Cássio Scarpinella; ALVIM, Eduardo Arruda; WAMBIER, Teresa Arruda Alvim (Coords.). *Aspectos polêmicos e atuais do mandado de segurança*. São Paulo: RT, 2002, p. 312).

[55] Se o dever do legislador editar o procedimento idôneo pode ser reputado descumprido diante de determinado caso concreto, o juiz, diante disso, obviamente não perde o seu dever de prestar a tutela jurisdicional efetiva. Por tal razão, o juiz tem o dever de interpretar a legislação à luz do direito fundamental à tutela jurisdicional, estando obrigado a extrair da regra processual, sempre com a finalidade de efetivamente tutelar os direitos, a sua máxima potencialidade. (MARINONI, Luiz Guilherme. O direito à efetividade da tutela jurisdicional na perspectiva da teoria dos direitos fundamentais. *Revista de Direito Processual Civil*, n. 28, abr./jun. 2003, ed. Gênesis, p. 313).

[56] Constatada a identidade de partes, causa de pedir e pedidos entre o presente *mandamus* e a ação ordinária [ajuizada anteriormente], resta configurada a litispendência nos termos do art. 301, §2º, do Código de Processo Civil. Processo extinto sem julgamento de mérito (STJ, MS: 12640 DF 2007/0034634-5, Rel. Min. Marilza Maynard, 3ª seção, J. 04.12.2014)

[57] Não se diga que a cumulação na AIJE seria impossível, por força do art. 292, §1º, II, CPC (art. 327, §1º, II, NCP). É que a inibitória, quando relacionada aos mesmos fatos do pedido de cassação/inelegibilidade, também é de competência do corregedor – que tem a competência de suspender o ilícito (art. 22, I, *b*, LC nº 64/90).

Ainda tratando de pedido de cassação cumulado com uma inibitória, o NCPC admite expressamente a sentença parcial de mérito (art. 356). Se a inibitória cumulada prescindir de instrução (o que é regra, por ausência de manifestação sobre dano e culpa) e, por isso, estiver em condições de imediato julgamento, a decisão parcial de mérito se impõe (art. 356, II).[58] A valer o entendimento do TSE, pendente a parcela do pedido da AIJE que diz com a cassação, a propositura posterior de AIME (ainda que contida na AIJE) modificaria a competência.

O último argumento está no próprio art. 96-B. O §3º define que se a *ação* (e pode ser uma AIME) *sobre o mesmo fato apreciado em outra* (uma AIJE, por exemplo) *cuja decisão já tenha transitado em julgado, não será ela conhecida pelo juiz*. Transitada em julgado a AIJE, a AIME que repetir os fatos não será conhecida. O *status* constitucional não altera esta conclusão.

Por inúmeros motivos não é possível sustentar que a AIME não se submete a qualquer regra de modificação de competência ou de litispendência diversa em razão do singelo motivo de ter *sede constitucional*.

4 Continência, litispendência e coisa julgada. O microssistema das ações coletivas para as ações eleitorais

Tal qual no direito comparado, nunca deixou de se reconhecer que o bem visado nas ações eleitorais de cassação (verdade eleitoral, lisura do processo) possui caráter supraindividual (tutela da normalidade das eleições).[59] Exatamente por isso é inegável a relação entre direito eleitoral e o microssistema do processo coletivo.[60]

A supraindividualidade orientou o Código Eleitoral de 1965 a reconhecer a qualquer eleitor legitimidade ativa para impugnar o registro de candidatura a partir da racionalidade própria das ações populares (art. 97, §3º). Esta *legitimidade ativa extraordinária* foi suprimida com a LC nº 05/70.[61] Idêntica discussão houve em torno da delimitação dos legitimados à propositura de AIME. A Constituição Federal não enunciou quem estaria autorizado a figurar no polo ativo. Muitos eram, no pós-88, os que defendiam aplicação das regras de legitimação ativa da ação popular para a AIME.[62] Conformou-se, no entanto, uma jurisprudência restritiva, fazendo coincidir na AIME

---

[58] Para muitos já é assim com o CPC vigente. MITIDIERO, Daniel Francisco, Direito fundamental ao julgamento definitivo da parcela incontroversa: uma proposta de compreensão do art. 273, §6º, do CPC, na perspectiva do direito fundamental a um processo sem dilações indevidas (art. 5º, LXXVII, da CF/1988). *Revista de Processo*, n. 149. São Paulo, RT, jul. 2007.

[59] Como está muito bem defendido, a partir de ricas referências do direito comprado, por PEREIRA, Rodolfo Viana. *Tutela coletiva no direito eleitoral*: controle social e fiscalização das eleições. Rio de Janeiro: Lumen Juris, 2008, p. 129. FICHTNER, José Antônio. *Impugnação de mandato eletivo*. Rio de Janeiro: Renovar, 1998, p. 32. RAMAYANA, Marcos. *Direito eleitoral*. 8. ed. Rio de Janeiro: Impetus, 2008, p. 491.

[60] É importante ressalvar aqui que essa relação com o microssistema dos processos coletivos não abrange todas as ações eleitorais. Não é possível, por exemplo, falar supraindividualidade em um pedido de direito de resposta.

[61] Para um panorama em torno deste debate, PEREIRA, Luiz Fernando C. O reconhecimento de ofício da inelegibilidade. *Revista Brasileira de Direito Eleitoral – RBDE*, ano 1, n. 1. Belo Horizonte: Fórum, p. 157-197, jul./dez. 2009. Para conferir as críticas à restrição do rol de legitimados: PINTO, Djalma. *Direito eleitoral*: improbidade administrativa e responsabilidade fiscal: noções gerais. 3. ed. São Paulo: Atlas, 2006, p. 169.

[62] Entre outros, FRANCISCO, Caramuru Afonso. *Dos abusos das eleições*. São Paulo: Juarez de Freitas, 2002, p. 179; MENDES, Antônio Carlos. Aspectos da ação de impugnação de mandato eletivo. In: VELLOSO, Carlos Mário da Silva; ROCHA, Cármen Lúcia Antunes (Coords.). *Direito eleitoral*. Belo Horizonte: Del Rey, 1996, p. 337.

o mesmo rol de legitimados definidos para a AIJE na LC nº 64/90 (partidos políticos e coligações, candidatos e Ministério Público).[63]

A orientação que predominou não negava propriamente a supraindividualidade dos direitos subjacentes às ações eleitorais (de controle de registrabilidade e lisura do processo eleitoral). A preocupação estava (na AIRC e na AIME) com o "ajuizamento de ações temerárias, políticas e sem fundamento".[64] É o argumento central na supressão da legitimidade ativa aos eleitores para a propositura de AIRC e AIME. Necessário reconhecer que, a partir de um critério de conveniência do legislador, a supraindividualidade pode conviver com limitação de legitimados (ADI, ADPF, por exemplo).

Não obstante, a supressão de legitimidade ativa nas ações eleitorais acabou afastando, consciente ou inconscientemente, o direito eleitoral do microssistema dos processos coletivos. Tratou-se de um equívoco. A escolha do legislador/julgador em limitar a legitimidade ativa (na AIRC e na AIJE) deu-se a partir de outras (e questionáveis) premissas, sem desconsiderar o pressuposto lógico-jurídico de aproximação entre as ações eleitorais e as ações coletivas.[65] Inegável, enfim, que "o direito ao devido processo eleitoral é um direito de natureza coletiva".[66] Era o que já vinha sendo reconhecido em alguns precedentes mais recentes dos tribunais regionais eleitorais.[67]

O dever de o Ministério Público assumir a titularidade de ações eleitorais em caso de desistência pelos autores originais, inclusive em fase recursal, revela o grau de aderência com o microssistema de ações coletivas.[68] Trata-se de técnica própria dos processos coletivos, com previsão expressa na Lei da Ação Popular (art. 9º, Lei nº 4.717/65), aplicada subsidiariamente ao contencioso eleitoral.[69]

A partir da congruência de pressupostos e inúmeros pontos de contato, impunha-se que as questões atinentes à litispendência (total ou parcial – continência) e à coisa julgada fossem mesmo tratadas à luz da lógica própria do microssistema dos processos coletivos.[70] É agora o que está nos novos §§1º e 3º do art. 96-B, concebidos a partir de uma

---

[63] Sobre o tema, conferir LEMBO, Cláudio. Participação política e assistência simples no direito eleitoral. Rio de Janeiro: Forense, 1991. Também FICHTNER, José Antônio. Impugnação de mandato eletivo. Rio de Janeiro: Renovar, 1998, p. 39-44. E ainda RODRIGUES, Marcelo Abelha; CHEIM JORGE, Flavio. Manual de direito eleitoral. São Paulo: RT, 2014, p. 453. Importante lembrar que o art. 237 do Código Eleitoral outorga legitimidade ao eleitor para *impugnar* abusos nas eleições. Disso trata COSTA, Adriano Soares da. Instituições de direito eleitoral. 9. ed. Belo Horizonte: Fórum, 2013, p. 393-397.

[64] CÂNDIDO, José Joel. A ação de impugnação de mandato eletivo. In: Anais do I Seminário Brasileiro de Direito Eleitoral. Porto Alegre: TRE-RS, 1990, p. 200.

[65] A lisura do processo eleitoral é um bem jurídico-constitucional que ultrapassa o círculo de interesses dos atores que participam diretamente no pleito (PEREIRA, Rodolfo Viana. Tutela coletiva no direito eleitoral: controle social e fiscalização das eleições. Rio de Janeiro: Lumen Juris, 2008, p. 161).

[66] JORGE, Flávio Cheim; SANTOS, Ludgero F. Liberato. As ações eleitorais e os mecanismos processuais correlatos: aplicação subsidiária do CPC ou do CDC c/c LAC. Revista Brasileira de Direito Eleitoral – RBDE, ano 4, n. 6. Belo Horizonte: Fórum, p. 63-81, jan./jun. 2012. No mesmo sentido, RAMAYANA, Marcos. Direito eleitoral. 8. ed. Rio de Janeiro: Impetus, 2008, p. 491.

[67] As partes no processo eleitoral não defendem apenas interesse particular, mas sim metaindividuais, de ordem pública, assemelhando-se às ações coletivas de defesa de interesses difusos (TRE-MS, MS nº 10110, Rel. Elton Luís Nasser de Mello, 09.07.2014).

[68] Agravo regimental em RESP nº 35.740, Rel. Min. Aldir Guimarães Passarinho, 06.08.2010.

[69] Embora não haja previsão expressa para que o Ministério Público assuma o polo ativo da demanda, tal medida é justificada pela relevância do interesse público ínsito na demanda e por analogia, nos art. 9º da Lei 4.717/65 (GOMES, José Jairo. Direito eleitoral. 2. ed. Belo Horizonte: Del Rey, 2008, p. 341).

[70] Era o que já havia sido reconhecido por JORGE, Flávio Cheim e SANTOS, Ludgero F. Liberato: "Sendo o objeto da ação eleitoral de natureza coletiva, há que se aventar sobre a aplicação subsidiária às disposições

racionalidade processual típica desse microssistema. Trata-se de correto pressuposto segundo o qual a *coletivização da tutela jurisdicional eleitoral* é instrumento inteligente de pacificação pelo processo.[71]

A aplicação desses novos dispositivos da Lei Eleitoral deve ser realizada no contexto hermenêutico dos processos coletivos, congruente com a lógica dos processos coletivos.[72] Aqui cabe aplicação subsidiária do microssistema dos processos coletivos para *enriquecer* os §§1º e 3º do art. 96-B, para ler os dispositivos *sob o viés das ações coletivas, iluminados pelos princípios processuais* próprios dos direitos metaindividuais.[73]

5 O reconhecimento de continência e litispendência nas ações eleitorais

Nunca se reconheceu litispendência e continência (litispendência parcial) entre ações eleitorais que tinham por objetivo a cassação de mandato. A análise da litispendência na jurisprudência eleitoral sempre foi realizada em abstrato, a partir dos mesmos critérios utilizados para afastar conexão (conferir tópico 3).[74] Dito de outra forma, reconhecia-se também aqui um *critério apriorístico* e *abstrato* para afastar a litispendência/continência, indiferente ao *critério casuístico*. Pelas razões já expostas ao tratar de conexão, a litispendência/continência só pode ser flagrada no cotejo entre duas demandas concretas, a partir da análise dos elementos próprios de identificação.

É evidente que uma AIJE – o que só se identifica a partir de elementos do caso concreto – pode reproduzir idêntica *situação jurídico-substancial* de uma AIME (ou de outra AIJE) proposta em momento seguinte. Em processos distintos, *repete-se ação em curso* para usar a expressão do CPC (art. 301, §3º; art. 337, §3º, NCPC).

---

legais existentes, o microssistema processual coletivo, para resolver questões tais como reunião de processos, (litispendência e a existência de coisa julgada)". (As ações eleitorais e os mecanismos processuais correlatos: aplicação subsidiária do CPC ou do CDC c/c LAC. *Revista Brasileira de Direito Eleitoral* – RBDE, ano 4, n. 6. Belo Horizonte: Fórum, p. 76, jan./jun. 2012). O artigo menciona alguns julgados da jurisprudência eleitoral que aplicaram a lógica do microssistema coletivo no direito eleitoral. No mesmo sentido: "A moralidade eleitoral, consistente no interesse de se preservar a lisura das eleições, tem a natureza de interesse difuso, que se confunde com o próprio interesse público. Assim, as ações de investigação judicial eleitoral (AIJE) e de impugnação de mandato eletivo (AIME), enquanto meios de controle da moralidade eleitoral, têm a natureza de ação popular. E, diante da natureza do interesse protegido, o regime da coisa julgada aplicável à AIJE e à AIME é o regime próprio da coisa julgada nas ações coletivas para a defesa de interesses difusos, regulado pelo art. 103, I, do Código de Defesa do Consumidor (Lei nº 8.078/90), pelo art. 16 da Lei de Ação Civil Pública (Lei nº 7.347/85) c/c os seus arts. 1º, IV, e 21, e pelo art. 18 da Lei de Ação Popular (Lei nº 4.717/65), aplicando-se supletivamente no que couber o regime do CPC" (MUSSI, Fabrício Priotto. O regime da coisa julgada nas ações de investigação judicial eleitoral e de impugnação de mandato eletivo. *Revista Paraná Eleitoral*, v. 56, 2009, p. 29-63).

[71] Sobre a tendência de coletivização para a pacificação pelo processo, DINAMARCO, Cândido Rangel. *Fundamentos do processo civil moderno*. Tomo II. 4. ed. São Paulo: Malheiros Editores, 2000, p. 755.

[72] Antes mesmo da reforma, Marcelo Abelha Rodrigues e Flavio Cheim Jorge já chamavam a atenção para a "necessidade de se enxergar as técnicas processuais eleitorais sob a perspectiva da tutela jurisdicional coletiva" (*Manual de Direito Eleitoral*. São Paulo: RT, 2014, p. 283).

[73] Sobre essa visão da aplicação subsidiária, WAMBIER, Teresa Arruda Alvim; CONCEIÇÃO, Maria Lúcia Lins; RIBEIRO, Leonardo Ferres da Silva; MELLO, Rogério Licastro Torres de. *Primeiros comentários ao Novo Código de Processo Civil*: artigo por artigo. São Paulo: RT, 2015, p. 75. Para compreender os princípios do microssistema, conferir GRINOVER, Ada Pellegrini. Direito processual coletivo. *Direito processo coletivo e o anteprojeto de código brasileiro de processos coletivos*. São Paulo: RT, 2007, p. 11-15.

[74] O entendimento predominante nesta Corte Superior é no sentido de que não há litispendência entre a ação de impugnação de mandato eletivo e a ação de investigação judicial eleitoral, por se tratarem de demandas com causas de pedir e objetos distintos. (Recurso Especial Eleitoral nº 254, Rel. Min. Henrique Neves, 20.11.2014).

Na hipótese de continência, flagra-se identidade de partes e causa de pedir, "mas o pedido de uma, por ser mais amplo, abrange o das demais" (art. 104, CPC; art. 56, NCPC). Trata-se sempre de litispendência parcial.[75] Em verdade, a relação de continência não se afere apenas em relação ao pedido. A *ação continente*, explica Dinamarco, também pode ter "razões mais amplas" em relação à ação contida.[76]

A reorientação operada pelo art. 96-B (que manda observar os *fatos*; o caso concreto, portanto) e a aproximação ao microssistema dos processos coletivos (§§1º e 3º) devem consolidar o recente entendimento do TSE sobre o tema. Noutras palavras, não há mais espaço para a utilização do antigo método *apriorístico* e *abstrato* para refutar litispendência e continência entre ações eleitorais.

Para o reconhecimento de litispendência, o CPC (e o NCPC) exige tríplice identidade (mesmas partes, causa de pedir e pedido).[77] Boa parte da doutrina, no entanto, sempre reconheceu que há insuficiência da tríplice identidade para flagrar hipóteses de litispendência. A ideia é adotar um critério mais flexível, com a diretriz de evitar que dois processos com o mesmo objetivo tenham resultados diferentes.[78] Assim também para parcela da jurisprudência.[79]

Independentemente dessa controvérsia, nas ações coletivas a litispendência/continência sempre mereceu outra leitura. Sempre bastou a identidade de causa de pedir e pedido.[80] Isso porque as partes atuam como *substitutos processuais da coletividade*, para usar uma expressão de Ada Pellegrini Grinover.[81] Assim também nas ações eleitorais. O fato de candidatos e partidos políticos terem interesse próprios, beneficiados por

---

[75] WLADECK, Felipe Scripes. *Código de Processo Civil Anotado*. CRUZ E TUCCI, José Rogério; FERREIRA FILHO, Manoel Caetano; APRIGLIANO, Ricardo de Carvalho; DOTTI, Rogéria Fagundes; MARTINS, Sandro Gilbert (Coords.). AASP-OAB/PR, 2015, p. 95.

[76] DINAMARCO, Cândido Rangel. *Fundamentos do processo civil moderno*. 6. ed. Tomo I. São Paulo: Malheiros, 2010, p. 709. Deve-se considerar a questão da continência não apenas a partir do pedido, mas também da causa de pedir. Demandas eleitorais podem ter o mesmo pedido de cassação, mas podem ter causas de pedir coincidentes (sendo que uma das ações tem mais causas de pedir autônomas). Fredie Didier parece chegar à conclusão idêntica por outro caminho. Tratando de continência, sustenta que se a causa de pedir é distinta; distinto também é o pedido que se deduz a partir desta causa de pedir: "Não se pode considerar igual aquilo que é diferente (princípio lógico da não-contradição): se os atos impugnados são distintos, distintos também são os pedidos" (*Ações concorrentes: prejudicialidade e preliminaridade. Conexão. Suspensão do processo. Litispendência. Continência. Cumulação subsidiária de pedidos. Cumulação ulterior de pedidos. Honorários advocatícios*. RF 385/235). Além de reconhecer que a continência pode se dar pela discrepância de extensão das causas de pedir, Felipe Scripes Wladeck também adverte que a continência pode ser reconhecida por uma dimensão mais ampla dos elementos subjetivos de uma demanda em relação a outra (*Código de processo civil anotado*. CRUZ E TUCCI, José Rogério; FERREIRA FILHO, Manoel Caetano; APRIGLIANO, Ricardo de Carvalho; DOTTI, Rogéria Fagundes; MARTINS, Sandro Gilbert (Coords.). AASP-OAB/PR, 2015, p. 95).

[77] Art. 301, §2º, CPC; art. 337, §2º, NCPC.

[78] A chamada teoria dos três *eadem* (mesmas partes, mesma causa de pedir, mesmo pedido), conquanto muito prestigiosa e realmente útil, não é suficiente em si mesma para delimitar com precisão o âmbito de incidência do impedimento causado pela litispendência. Considerando o objetivo do instituto (evitar o *bis in idem*), o que importa é evitar dois processos instaurados com o fim de produzir o mesmo resultado prático (DINAMARCO, Cândido Rangel. *Instituições de direito processual civil*. 4. ed. rev. atual. e com remissões ao Código Civil de 2002. São Paulo: Malheiros, p. 62-63).

[79] A teoria dos três *eadem* na caracterização da litispendência/coisa julgada deve transcender a identidade dos elementos da ação para entender que o impedimento se destina a evitar processos que tenham o mesmo resultado prático (AgRg no AREsp 188.343/SC, Rel. Ministro Herman Benjamin, 2ª t, 11.09.2012).

[80] GIDI, Antonio. *Coisa julgada e litispendência em ações coletivas*. São Paulo: Saraiva, 1995, p. 219. Também assim para o STJ (AGRMC – 14216. STJ, rel. Min. Napoleão Nunes Maia Filho. 3ª seção, 23.10.2008).

[81] GRINOVER, Ada Pellegrini. Uma nova modalidade de legitimação à ação popular: possibilidade de conexão, continência e litispendência. In: MILARÉ, Édis (Coord.). *Ação Civil Pública*. São Paulo: RT, 1995, p. 24-25.

eventual decisão de cassação do adversário, não desnatura essa *legitimidade processual coletiva*.[82]

A litispendência e a continência são fenômenos *reconhecíveis através da análise do direito material subjacente*. Deve haver *identidade entre as pretensões de direito material*. E assim, o conceito de partes, para identificação da litispendência (e da continência), deve levar em consideração a titularidade do direito material.[83] Nas ações eleitorais, a titularidade do direito material é do eleitor, da coletividade. Apenas no plano processual é que aparecem os *substitutos processuais coletivos* (candidatos, partidos e o Ministério Público, em legitimidade ativa *concorrente* e *disjuntiva*).[84]

Com o novo art. 96-B, nenhuma dúvida que a litispendência e a continência devem ser reconhecidas independentemente dos *substitutos processuais coletivos*. A controvérsia está em definir a consequência do reconhecimento da litispendência e da continência entre demandas eleitorais.

5.1 Consequência do reconhecimento da litispendência e da continência nas ações eleitorais

A litispendência é um *requisito processual negativo* para o julgamento de mérito (art. 267, V, CPC; art. 485, V, NCPC).[85] Assim, flagrada a litispendência, a partir dos critérios indicados no tópico anterior, a segunda demanda idêntica-repetida deve ser extinta.

A continência – litispendência parcial – enseja a mesma consequência, mas apenas em relação à *zona de intersecção* quando a continente precede a contida. A extinção da *contida* proposta depois da *continente* já era defendida por parcela relevante da doutrina e está em alguns precedentes.[86] Agora é como está no art. 57 do NCPC: na hipótese de

---

[82] A nosso ver, nas Ações Coletivas estará sempre uma legitimação processual coletiva que é, justamente, a possibilidade de almejar a proteção dos direitos coletivos lato sensu (difuso, coletivo e individuais homogêneos), ainda que haja coincidência entre os interesses próprios de quem atua com os daqueles que serão, em tese, beneficiados com a decisão a ser prolatada (GOMES JR., Luiz Manoel. *Curso de direito processual coletivo*. 2. ed. São Paulo: SRS Editora, 2008, p. 85).

[83] A construção, citando Pontes de Miranda, é de SOARES, Felipe Lopes. Litispendência entre ação civil pública e ação popular. *Revista de Processo*. v. 171, ano 34. São Paulo: Editora RT, mai. 2009, p. 151. É a orientação da jurisprudência: "Para fins de configuração de continência entre ações coletivas, a identidade de partes deve ser interpretada sob a ótica dos beneficiários atingidos pelos efeitos da decisão, de modo que, ainda que não sejam necessariamente as mesmas partes 'físicas', se as partes 'jurídicas' são as mesmas, impõe-se seja reconhecida a continência" (TRF-4 – AC: 50098615920134047100 RS 5009861-59.2013.404.7100, Rel. Candido Alfredo Silva Leal Júnior, 4ª t., 21.05.2014).

[84] ALMEIDA, Gregório Assagra de. *Direito processual coletivo brasileiro*: um novo ramo do direito processual. São Paulo: Saraiva, 2003, p. 134.

[85] Diz-se que a litispendência de um primeiro processo é um pressuposto negativo para um segundo, com conteúdo idêntico, porque o segundo, mesmo preenchendo todas as condições de prosperar, em virtude de um elemento que lhe é extrínseco, isto é, pelo mero fato da existência de um primeiro processo igual, será trancado. Então, a litispendência anterior é um pressuposto processual negativo, impedindo a validade de uma segunda relação jurídica processual idêntica (ALVIM, Arruda. *Manual de direito processual civil*. v. 1. Parte Geral. 7. ed. rev. atual. e ampl. São Paulo: Editora Revista dos Tribunais, p. 523).

[86] A continência encerra, na verdade, litispendência parcial, já que haverá identidade parcial entre os pedidos formulados nos dois processos. Quando os pedidos realizados no segundo processo são menos abrangentes, haverá simplesmente litispendência, devendo este processo ser extinto sem julgamento do mérito (ALVIM WAMBIER, Teresa Arruda. Litispendência em ações coletivas. *In*: LUCON, Paulo Henrique dos Santos (Coord.). Tutela coletiva: 20 anos da Lei da Ação Civil Pública e do Fundo de Defesa de Direitos Difusos, 15 anos do Código de Defesa do Consumidor. São Paulo: Atlas, 2006, p. 264). Ainda: MEDINA, José Miguel Garcia; WAMBIER, Teresa Arruda Alvim. *Parte geral e processo de conhecimento*. São Paulo: RT, 2009, p. 105, 110-111.

continência, se a *continente* (mais ampla) já estiver tramitando quando for proposta a *contida*, a segunda (menos ampla) deverá ser extinta sem julgamento de mérito.[87]

A simples reunião (por conexão) só se verifica se a cronologia foi inversa (contida proposta antes da continente).[88] De qualquer forma, esta reunião é apenas da parte remanescente. Isso porque ainda que a continente seja a subsequente, a parcela coincidente também merece extinção. É como explica Medina, já comentando o dispositivo do NCPC: "Sendo o segundo pedido mais abrangente, devem-se reunir as causas, havendo que ser parcialmente extinta a segunda ação".[89]

Para as ações eleitorais, essas soluções do *processo civil ordinário* de extinção só valem quando os legitimados ativos forem idênticos. O mesmo partido (ou candidato) não pode repetir ações em curso. Outra é a orientação nas ações eleitorais como *partes diversas*. Neste caso, o art. 96-B operou uma conexão com o microssistema dos processos coletivos, a considerar a *legitimidade extraordinária*.[90]

É nesse sentido que o §1º do art. 96-B fixa que o "ajuizamento de ação eleitoral por candidato ou partido político não impede ação do Ministério Público no mesmo sentido". O novo dispositivo da Lei Eleitoral quer evitar que o reconhecimento de litispendência impeça o Ministério Público de intentar ação idêntica – o que é correto à luz do microssistema dos processos coletivos. Basta imaginar a hipótese de extinção de uma AIJE proposta pelo Ministério Público repleta de provas colhidas em procedimento administrativo em razão de uma demanda proposta alguns dias antes por um partido político com escasso material probatório.[91]

O problema é que, a *contrario sensu*, o dispositivo está a dizer que o ajuizamento por um determinado partido político impede o ajuizamento por outro partido (ou candidato) da mesma ação (ou de uma *contida*), e a regra extraída da leitura a *contrario sensu* está em dissonância com a melhor leitura do microssistema dos processos coletivos e, sobretudo, com a leitura que o microssistema merece no ambiente do direito eleitoral. O impedimento para *repetição de ação* está apenas para os casos de reposituração pelo mesmo autor (partido ou candidato).

Para as ações coletivas – e agora também para as ações eleitorais –, *diversas as partes*, a litispendência e a continência não devem apontar para a extinção, mas apenas para a reunião dos processos.[92] Idêntica orientação deve pautar as ações eleitorais, incompatíveis que são – tais quais as ações coletivas – com a "aplicabilidade fria e rígida" da extinção (admissível apenas quando idênticas as partes).[93]

---

[87] Conferir OLIVEIRA, Bruno Silveira de. *In*: WAMBIER, Teresa Arruda Alvim; DIDIER JR., Fredie; TALAMINI, Eduardo, DANTAS, Bruno. *Breves comentários ao novo Código de Processo Civil*. São Paulo: RT, 2015, p. 226-227.

[88] [...] a continência costuma ser apontada como uma litispendência parcial. Em parte a demanda de maior extensão coincide com a demanda menos ampla, e na parte que a excede ela é somente conexa a esta (DINAMARCO, Cândido Rangel. *Fundamentos do processo civil moderno*. 6. ed. Tomo I. São Paulo: Malheiros, 2010, p. 710).

[89] MEDINA, José Miguel Garcia. *Novo Código de Processo Civil Comentado*. São Paulo: RT, 2015, p. 131.

[90] Apontando para a solução da reunião nos casos de *duplicidade de lides* coletivas, RODRIGUES, Marcelo Abelha. Ação Civil Pública. *In*: FARIAS, Cristiano Chaves de; DIDIER JR., Fredie (Coords.). *Procedimentos especiais cíveis*. São Paulo: Saraiva, 2003, p. 385-386.

[91] O exemplo, aqui adaptado para o direito eleitoral, é de ALMEIDA, Gregório Assagra de. *Direito Processual Coletivo Brasileiro*: um novo ramo do direito processual. São Paulo: Saraiva, 2003, p. 360-361.

[92] Correndo o risco de dizer o óbvio, é claro que essa assertiva pressupõe diferentes legitimados extraordinários nas ações coletivas. Se um mesmo partido propõe duas ações idênticas, a segunda merece extinção por litispendência.

[93] ALMEIDA, Gregório Assagra de. *Direito Processual Coletivo Brasileiro*: um novo ramo do direito processual. São Paulo: Saraiva, 2003, p. 360-361. Há julgados nos dois sentidos. Pela reunião: TJ-MG - AI: 10024120921705001

O art. 5º, §3º, da Lei da Ação Popular – que manda reunir, não extinguir – deve ser subsidiariamente aplicado para *enriquecer* o §1º do art. 96-B da Lei Eleitoral. Isso porque a "extinção pura e simples com base da litispendência" ou da continência de uma ação eleitoral, diversas as partes, "poderá causar risco à efetiva tutela jurisdicional" da lisura das eleições.[94] E este risco não está apenas para os casos de posterior propositura pelo Ministério Público.

Não é, por tais razões, apenas o Ministério Público que pode propor ação eleitoral no mesmo sentido de ação anteriormente proposta por candidato ou partido político, como está no §1º do art. 96-B. Todos os *litisconsortes facultativos* podem propor ações em litispendência ou continência. A consequência é a reunião dos processos.[95]

Essa é melhor opção para o direito eleitoral. Evita-se um possível conluio entre candidatos e partidos. Uma determinada AIJE (mal formulada; mal instruída) pode ser proposta *sob encomenda* apenas para vetar a propositura de outra AIJE.[96] A regra é que não haja prejuízo na reunião.

Em verdade, nos caso de continência e litispendência, sendo *diversas as partes*, o que ocorre é uma *fusão* das demandas.[97] E a fusão transforma as partes das ações originais em litisconsortes da demanda única. E simplesmente porque se trata de *litisconsórcio facultativo unitário* a exigir *soluções convergentes*. Se os autores poderiam ser litisconsortes desde a propositura, podem ser também na reunião dos processos.[98] Aliás, é o que está expresso no §2º do art. 96-B, mencionado para os casos de conexão.

5.2 Exceções à regra de reunião das demandas eleitorais propostas em litispendência ou continência

A conveniência da reunião, no entanto, pressupõe atenção aos princípios da efetividade, especialmente, da celeridade (tópico 3.1). Como nos casos de conexão, a reunião é inviável se tiver havido o julgamento de uma ação eleitoral. Para esses casos, o STJ aponta a extinção da ação idêntica posteriormente proposta.[99] No caso de continência, impõe-se aqui (se a *contida* vier depois da *continente*) a aplicação da extinção parcial, como agora está no art. 57 do NCPC.

Depois, se essa ação anterior (idêntica ou *contida*) for julgada procedente ou improcedente com trânsito em julgado, o interesse coletivo, reconhece-se, foi

---

MG, Rel. Cabral da Silva, 10ª Câmara Cível, 02/04/2014. Contra a reunião (pela extinção): TRF-2 - AG: 201202010165317, Rel. Des. Federal Aluisio Gonçalves de Castro Mendes, 5ª t., 24.05.2013.

[94] Os trechos destacados foram extraídos da doutrina de ALMEIDA, Gregório Assagra de. *Direito processual coletivo brasileiro*: um novo ramo do direito processual. São Paulo: Saraiva, 2003, p. 360-361.

[95] Quando ocorre litispendência com partes diversas, a solução não pode ser a extinção de um dos processos, mas a reunião deles para processamento simultâneo. É que de nada adiantaria extinguir um dos processos, pois a parte autora, como co-legitimada, poderia intervir no processo supérstite, na qualidade de assistente litisconsorcial. Por uma medida de economia, se isso for possível (se houver compatibilidade do procedimento e respeito às regras de competência absoluta), os feitos devem ser reunidos (DIDIER JÚNIOR, Fredie; ZANETI JÚNIOR, Hermes. *Curso de direito processual civil*. v. 4. 2. ed. Salvador: JusPodivm, 2009, p. p. 163).

[96] Conferir GIDI, Antônio. *Coisa julgada e litispendência em ações coletivas*. São Paulo: Saraiva, 1995, p. 133-134.

[97] OLIVEIRA, Bruno Silveira de. *In*: WAMBIER, Teresa Arruda Alvim; DIDIER JR., Fredie; TALAMINI, Eduardo; DANTAS, Bruno. *Breves comentários ao novo Código de Processo Civil*. São Paulo: RT, 2015, p. 226.

[98] GRINOVER, Ada Pellegrini. Coisa Julgada *erga omnes, secundum eventum litis* e *secundum probationem*. *Revista de Processo*, v. 126, ano 30. São Paulo: Editora RT, ago. 2005, p. 17.

[99] RMS: 24196 ES 2006/0101994-6, Rel. Min. Felix Fischer, 5ª t., 18.02.2008.

eficientemente tutelado. Caso a improcedência seja por insuficiência de prova, autoriza-se, por qualquer dos legitimados, a repropositura a partir de *outras* ou *novas* provas (art. 96-B, §3º – coisa julgada *secundum eventum probationis* – tópico 6).

Uma hipótese intermediária é a propositura de uma ação idêntica ou contida quando já tiver sido julgada a anterior – e este julgamento tiver sido de improcedência por falta de prova, mas ainda sem trânsito em julgado. Aqui os princípios da efetividade e da celeridade devem conformar uma orientação que autorize a propositura/tramitação das ações eleitorais posteriores. Neste caso, é necessária a cronológica da solução do art. 96-C, evitando que a nova ação aguarde o trânsito em julgado da anterior. Para tal, a nova demanda, para não merecer extinção, deverá estar aparelhada com *outras* ou *novas* provas em relação à anterior – o que deverá ser demonstrado pelo autor para um *juízo de admissibilidade* (tópico 6.1). Se *a coisa julgada não se forma* quando o pedido é julgado improcedente por ausência de prova, é possível dizer que *a litispendência também não se revela* neste caso.

Também aqui a alternativa alvitrada por parcela da doutrina é uma suspensão do processo prejudicialidade (art. 265, IV, CPC; 313, V, NCPC).[100] A suspensão por prejudicialidade – tal como a espera pelo trânsito em julgado – viola o princípio da celeridade, tão caro ao direito eleitoral.[101] Importante reiterar aqui que os processos de cassação de mandato devem estar julgados, em todas as instâncias, no máximo em um ano.[102] A solução deve passar por essa referência de duração razoável do processo no direito eleitoral.

Outra hipótese em que a reunião é desaconselhada está para os casos de continência nos quais a demanda *contida* tenha instrução concluída ou avançada. Não é possível paralisar uma ação eleitoral de cassação pronta para julgamento para reunir com a continente que demanda prova na *parcela não coincidente*. Aqui, se a contida estiver avançada, a instrução produzida pode ser aproveita pela continente, sem reunião.[103]

Por fim, pelas razões já mencionadas ao tratar de conexão, impossível cogitar a aplicação do art. 96-B, §2º, reunindo processos em instâncias diferentes (conferir tópico 3.1).

5.3 A continência não subverte a regra da reunião pela prevenção

Define o art. 96-B que serão reunidas para julgamento comum as ações eleitorais propostas por partes diversas sobre o *mesmo fato*. Os mesmos fatos podem ensejar o reconhecimento de identidade em diferentes níveis: conexão ou continência. A competência para julgar os processos reunidos, como também está no art. 96-B, se dá no juiz que tiver "recebido a primeira [demanda sobre os mesmos fatos]". A regra de prevenção da Lei Eleitoral não distingue conexão de continência.

---

[100] DIDIER JR., Fredie; ZANETI JR., Hermes. *Curso de direito processual civil*: processo coletivo. 4. ed. v. 4. Salvador: Editora PODIVM, 2009, p. 175.
[101] JARDIM, Torquato. *Direito eleitoral positivo*. 2. ed. Brasília: Brasília Jurídica, 1998, p. 151.
[102] Lei nº 9.504/97. "Art. 97-A. Nos termos do inciso LXXVIII do art. 5º da Constituição Federal, considera-se duração razoável do processo que possa resultar em perda de mandato eletivo o período máximo de 1 (um) ano, contado da sua apresentação à Justiça Eleitoral. §1º A duração do processo de que trata o *caput* abrange a tramitação em todas as instâncias da Justiça Eleitoral".
[103] OLIVEIRA, Bruno Silveira de. *In*: WAMBIER, Teresa Arruda Alvim; DIDIER JR., Fredie; TALAMINI, Eduardo; DANTAS, Bruno. *Breves comentários ao novo Código de Processo Civil*. São Paulo: RT, 2015, p. 227.

O STJ tem decisões definindo que a prevenção é instrumento apto para modificar a competência apenas em caso de conexão – e não de continência.[104] O tema é controvertido em jurisprudência.[105] Pontes de Miranda, citado no acórdão do STJ, sustenta que o art. 106 do CPC (que trata da prevenção) se refere apenas à conexão (e não à continência). Para Barbosa Moreira, a "continência está contida na conexão".[106] Sendo assim, o art. 106 abrangeria casos de conexão e continência – contrariando a orientação predominante e determinando, sempre, a reunião no juízo prevento.[107]

Agora o art. 58 do NCPC, responsável por tratar da prevenção, não faz distinção entre conexão e continência – o que levou a doutrina a concluir pela submissão da continência à regra de prevenção.[108] Da mesma forma, o art. 96-B não se refere especificamente à conexão; trata de *ações sobre o mesmo fato* – a englobar conexão e continência (os dois institutos pressupõem a coincidência em torno dos fatos, é claro). Portanto, a continência no direito eleitoral – nos casos em que provoca fixação/modificação de competência – orienta-se, tal qual a conexão, pela prevenção. Essas considerações, no entanto, devem ser lidas em consonância com as demais regras abordadas neste texto (conferir tópicos 5.1, 5.2 e 5.3).

6 A coisa julgada *secundum eventum probationis* (segundo o resultado da prova) no direito eleitoral

A regra geral da coisa julgada material determina que, flagrada a *identidade de ações*, a demanda proposta em momento seguinte mereça extinção (art. 267, V, CPC; art. 485, V, NCPC). Trata-se de garantia constitucional (art. 5º, XXXVI, CF).[109] A ofensa à coisa julgada, inclusive, é hipótese de rescindibilidade do julgado (art. 485, IV, CPC;

---

[104] Se reconhecida a continência entre as ações, realmente não se pode adotar o critério da prevenção para determinar a reunião dos processos. O juízo em que tramite a causa continente é que deverá julgar a causa contida (STJ, Relator: Ministra Nancy Andrighi, 3ª t., 27.09.2011). Ainda há ampla controvérsia na jurisprudência.

[105] Em sentido contrário à posição do STJ, entre outros: "No caso, o instituto da continência desloca a competência por prevenção ao Juízo que exarou o primeiro despacho. Inteligência dos artigos 104, 105 e 106 do CPC" (Conflito de Competência Nº 70050479252, Terceira Câmara Cível, Tribunal de Justiça do RS, Rel. Eduardo Delgado, Julgado em 29.05.2014).

[106] Sobre a continência estar contida na conexão, conferir a explicação de BARBOSA MOREIRA, José Carlos. *A conexão de causas como pressuposto da reconvenção*. São Paulo: Saraiva, 1979, p. 133.

[107] Assim também para parcela da doutrina: "No cenário inverso, isto é, proposta em um segundo momento a demanda mais extensa, deverá esta ser reunida à menos extensa, perante o juízo prevento" (OLIVEIRA, Bruno Silveira de. *In:* WAMBIER, Teresa Arruda Alvim et al. (Coord.). *Breves comentários ao novo código de processo civil.* São Paulo: RT, 2015, p. 226). No mesmo sentido: "A noção de prevenção ganha importância quando se está diante de ações que devem ser reunidas. Essas ações são as conexas, as continentes e aquelas entre as quais existe a relação de acessoriedade" (WAMBIER, Luiz Rodrigues et al. *Curso avançado de processo civil*: teoria geral do processo de conhecimento. 7 ed. v. 1. rev. e atual. São Paulo: RT, 2005. p. 101-102)

[108] Quem já comentou o novo dispositivo defende que agora há uma indistinção de tratamento que submete a continência ao critério de prevenção: "O art. 58 do CPC/2015 não limita o seu comando aos casos de ações conexas. Seu caráter genérico e sua própria posição no texto do Código evidenciam que, também quando se tratar de reunir ações entre as quais haja relação de continência ou prejudicialidade, aplicar-se-á o critério da prevenção – observado o disposto no art. 54" (WLADECK, Felipe Scripes. *Código de Processo Civil Anotado. In:* CRUZ E TUCCI, José Rogério; FERREIRA FILHO, Manoel Caetano; APRIGLIANO, Ricardo de Carvalho; DOTTI, Rogéria Fagundes; MARTINS, Sandro Gilbert (Coords.). AASP-OAB/PR, 2015, p. 100).

[109] A coisa julgada material é atributo indispensável ao Estado Democrático de Direito e à efetividade do direito fundamental de acesso ao Poder Judiciário (MARINONI, Luiz Guilherme. O princípio da segurança jurídica dos atos jurisdicionais: a questão da relativização da coisa julgada material. *In:* DIDIER JR., Fredie (Org.). *Relativização da coisa julgada*: enfoque crítico. Salvador: JusPodivm, 2004, p. 162).

art. 966, IV) ou até mesmo, valendo-se da designação latina, *querela nullitatis*.[110] Também como regra, a ação julgada improcedente, ainda que por insuficiência de prova, é decisão de mérito e produz coisa julgada material.[111]

Agora, o §3º do art. 96-B estipula que, ao articular uma solução jurídica típica de ações coletivas: a coisa julgada *secundum eventum probationis*. Julgada improcedente uma ação de cassação de mandato (ou outra ação eleitoral que trata de direitos transindividuais) por insuficiência de provas, outra idêntica pode ser apresentada, desde que a partir de *outras* ou *novas* provas e, por óbvio, se houver prazo para tal.

Antes de tratar da coisa julgada *secundum eventum probationis*, é importante relembrar que o TSE sempre entendeu que, os *mesmos fatos*, julgados em AIJE, AIME ou RCED, não autorizavam exceção de coisa julgada – a partir dos mesmos argumentos já mencionados. Abstratamente consideradas, as ações teriam *causas de pedir próprias* e *consequências jurídicas distintas*.[112] Agora, o §3º do art. 96-B explicita que a coisa julgada impede a análise de ação posterior. Se a *ação coletiva-eleitoral* anterior, proposta por qualquer dos legitimados, tiver apreciado *o mesmo fato*, o conhecimento da subsequente está vedado. Não importa que a mesma *situação jurídico-substancial* tenha sido incialmente veiculada em uma AIJE e depois em uma AIME.

Parece óbvio, mas é uma correção importante na orientação jurisprudencial que prevalecia até aqui. A coisa julgada formada em demanda sobre os *mesmos fatos* induz à extinção da demanda subsequente. Independentemente da discrepância no polo ativo (reconhecendo, mais uma vez, a *legitimação extraordinária* nas ações eleitorais). Trata-se de importante instrumento de aperfeiçoamento da garantia da segurança jurídica no direito eleitoral.[113]

A coisa julgada nas ações eleitorais é agora *erga omnes*, própria das ações coletivas. Há uma ampliação dos limites subjetivos. Não apenas quem foi parte é atingido, mas toda a coletividade – precisamente em atenção à transindividualidade. Esta transindividualidade da tutela da lisura do processo eleitoral é o vetor de ampliação dos limites subjetivos da coisa julgada. Determinada a cassação de um mandato e a consequente realização de novas eleições, todos os titulares deste *direito difuso* à *lisura das eleições* estão *tutelados*.[114]

---

[110] Sobre as consequências da ofensa à coisa julgada, nos diferentes momentos em que é flagrada, WAMBIER, Teresa Arruda Alvim. *Nulidades no processo e da sentença*. 7. ed. São Paulo: RT, 2014, p. 382-386.

[111] Dúvida não há, portanto, de que a insuficiência ou falta de provas acarreta a improcedência do pedido, não a extinção do processo sem julgamento do mérito. Se o autor não consegue provar o fato constitutivo de seu direito, deverá sofrer as consequências da ausência ou insuficiência de provas, que invariavelmente será a improcedência de seu pedido, nos termos do art. 269, I, CPC. Em outras palavras, não provado o direito postulado, o julgador deve negar a pretensão, que ocorrerá com o julgamento de mérito do pedido (REsp 873.884/SP, Rel. Min. Arnaldo Esteves Lima, 5ª t., 29.03.2010). Há quem faça, registre-se, uma leitura crítica do reconhecimento de julgamento de mérito em caso de insuficiência de provas, admitindo a repropositura mesmo em ações individuais (RODRIGUES, Daniel Colnago; SOUZA, Gelson Amaro de. Ausência de provas e falsa improcedência no processo civil brasileiro. *In*: MOUZALAS, Rinaldo; SILVA, Beclaute Oliveira; MARINHO, Rodrigo Saraiva (Coords.). *Improcedência*. Salvador: PODIVM, 2015, p. 299-313).

[112] O recurso contra expedição de diploma (RCED), a Ação de Investigação Judicial Eleitoral (AIJE) e a Ação de Impugnação de Mandato Eletivo (AIME) possuem causas de pedir própria e consequência jurídica distinta. Assim, o julgamento favorável ou desfavorável de cada uma dessas ações não influencia no trâmite uma das outras (AREspe 26.276/CE, Rel. Min. Marcelo Ribeiro, DJ de 7.8.2008; REsp 28.015/RJ, Rel. Min. José Delgado, DJ de 30.4.2008).

[113] TALAMINI, Eduardo. *Coisa julgada e sua revisão*. São Paulo: RT, 2005, p. 50-51.

[114] É verdade que essa questão já poderia ser resolvida, para os casos de procedência das ações de cassação, em carência de ação por falta de interesse de agir. Não haveria interesse de agir em propor uma ação de

E a coisa julgada opera nos dois sentidos. Eventual decisão de improcedência com trânsito em julgado *imuniza* a *situação jurídico-substancial*. A imutabilidade própria da coisa julgada impede novas investidas dos legitimados ativos para essas ações de cassação. A coisa julgada nas ações eleitorais atua, enfim, *pro et contra*. Admitir uma série de ações eleitorais idênticas depois de uma decisão definitiva sobre *os fatos* violaria a percepção de segurança jurídica tão importante para disputa eleitoral. Inadmissível a *contraposição de coisas julgadas conflitantes*.[115]

A exceção está para os casos de improcedência por insuficiência de provas. Aqui entra em cena o instituto da coisa julgada *secundum eventum probationis* – adotada expressamente pelo novo §3º do art. 96-B da Lei Eleitoral.

A técnica da coisa julgada *secundum eventum probationis* é utilizada para duas situações jurídica. Primeiro para os casos de procedimentos que limitam a cognição (e por isso autorizam nova discussão em cognição exauriente). Segundo para os casos nos quais o sistema não se conforma com a coisa julgada a partir de uma improcedência por insuficiência de provas, em razão dos direitos indisponíveis envolvidos.[116] Por opção do legislador, *a coisa julgada não se forma* quando o pedido é julgado improcedente por ausência de prova.[117] É o caso das ações coletivas. Adota-se a *primazia da tutela de mérito*. Por idêntico pressuposto, é também o caso das ações eleitorais.

A partir da mudança, se a ação de cassação for julgada procedente ou improcedente, a imutabilidade é "consequência natural da transindividualidade".[118] No entanto, se a improcedência se der por insuficiência de prova, é possível a propositura de nova e idêntica *ação* – com *outras* ou *novas* provas. A solução é análoga à adotada na ação popular (art. 18), na ação civil pública (art. 16) e também no Anteprojeto de Código Brasileiro de Processos Coletivos (art. 13).[119] A construção jurídica que ampara as hipóteses é a mesma: *primazia da tutela de mérito* diante da relevância dos direitos envolvidos.

Não interessa à tutela da lisura do processo eleitoral que eventual quebra do *princípio da autenticidade eleitoral* se torne inquestionável (imutável) a partir de uma decisão sem julgamento de mérito por insuficiência de provas. Até porque "a qualidade da democracia representativa está relacionada com a normalidade e lisura das eleições".[120] Assim sendo, se um legitimado para uma ação eleitoral não se desincumbiu adequadamente do ônus da prova, a improcedência *não forma coisa julgada*. Interessa à *tutela da lisura* oferecer outra chance a quem dispuser de *novas* ou *outras* provas.

Como os mesmos argumentos já apresentados ao tratar da necessidade de reunião de processos em continência e litispendência (tópico 5.1), a solução evita

---

cassação contra um candidato já cassado. Mas a questão deve ser avaliada à luz da coisa julgada nos casos de improcedência, com a imunização do candidato em relação a novas ações sobre os *mesmos fatos* – à exceção da insuficiência de provas.

[115] BARBOSA MOREIRA, José Carlos. A ação popular do direito brasileiro como instrumento de tutela jurisdicional dos chamados "interesses difusos". *Temas de Direito Processual*. São Paulo: Saraiva, 1977, p. 122.

[116] WATANABE, Kazuo. *Da cognição no processo civil*. São Paulo: RT, 1987, p. 89-90.

[117] ALMEIDA, Gregório Assagra de. *Direito processual coletivo brasileiro*: um novo ramo do direito processual. São Paulo: Saraiva, 2003, p. 352.

[118] ZAVASCKI, Teori Albino. *Processo coletivo*. 2. ed. São Paulo: RT, 2007, p. 80.

[119] Conferir, entre outros, DECOMAIN, Pedro Roberto. Conexão entre ações populares e entre ação popular e ações coletivas correlatas. *Revista Dialética de Direito Processual*, n. 71, p. 112-115.

[120] SALGADO, Eneida Desiree. *Princípios constitucionais eleitorais*. São Paulo: Editora Fórum, 2010, p. 54.

eventual conluio entre *candidatos próximos*, falsos adversários (não raro, infelizmente). Impede-se que a intencional propositura de uma demanda eleitoral mal concebida, com prova escondida, apenas para formar uma coisa julgada a partir da improcedência.[121] O objetivo de imunizar o candidato que violou a lisura do processo eleitoral está vedado com a adoção da coisa julgada *secundum eventum probationis* pela legislação eleitoral.

Os Regionais Eleitorais, antes do novo art. 96-B, negavam a aplicação da coisa julgada *secundum eventum probationis*.[122] Apesar desta orientação, ao mesmo tempo o TSE ressalvava que, "se não forem produzidas novas provas [...], não há como se distanciar das conclusões proferidas nos julgados anteriores".[123] Havia uma construção jurisprudencial que *flertava* com o instituto. Agora o §3º do art. 96-B consolida a coisa julgada *secundum eventum probationis* para as ações eleitorais.

É evidente que tudo isso resta com escassa aplicação prática em uma eleição de duração de apenas 45 dias, como está com a nova Lei nº 13.165/2015. Difícil imaginar trânsito em julgado de ações eleitorais no interregno de tempo entre o início do período eleitoral (desde quando as ações de cassação podem ser propostas) e o prazo decadencial limite para a propositura de uma AIME.

6.1 O que se entende por outras ou novas provas que autorizam a propositura de ação proposta sobre o mesmo fato. Juízo de admissibilidade

A repropositura pressupõe improcedência anterior por insuficiência de prova. Não importa propriamente a escassez de provas; elas podem ser muitas, mas *insuficientes* para a formação do juízo de mérito.[124]

O §3º do art. 96-B subordina o conhecimento de nova ação à apresentação de *outras* ou *novas* provas. A conjunção *"ou"* sugere alternativa: *outras* ou *novas*. Não há sentido. Se as provas forem *outras*, serão *novas*. As provas são *outras* em relação àquelas produzidas no processo anterior (julgado improcedente por insuficiência de prova). Se *outras*, também *novas* (inéditas) em relação àquelas, por óbvio.

Outras ou *novas* não querem dizer *supervenientes*. É dizer: as provas podem ser preexistentes ou contemporâneas à instrução do processo julgado improcedente por insuficiência de prova. Se essas provas não tiverem sido apresentadas, serão *novas* para fins de admissibilidade do processo subsequente.[125]

A apresentação de novas provas é uma condição para o conhecimento da *ação repetida*. Há, portanto, um juízo prévio de admissibilidade. Esta admissibilidade da *ação reproposta* está condicionada a uma análise *in limine litis* que aponte para a possibilidade de superação da insuficiência a partir das *novas* provas apresentadas. É claro que a

---

[121] Conferir GIDI, Antônio. *Coisa julgada e litispendência em ações coletivas*. São Paulo: Saraiva, 1995, p. 133-134.
[122] O ordenamento jurídico vigente veda, em regra, a formação da coisa julgada *secundum eventum probationis*. Com isso, o exaurimento ou não das vias probatórias é irrelevante para que se opere a estabilização dos efeitos de decisão de mérito contra qual não caiba mais recurso (TRE-BA. RE nº 29582, Rel. CARLOS D'ÁVILA TEIXEIRA, 27.1.2015).
[123] TSE, Recurso Ordinário nº 2.233/RR, Relator: Ministro FERNANDO GONÇALVES, DJE 10.3.2010.
[124] RODRIGUES, Marcelo Abelha. *Ação civil pública e meio ambiente*. 2. ed. Rio de Janeiro: Forense, 2004, p. 246.
[125] NEVES, Daniel Amorim Assumpção. *Manual de direito processual civil*. 6. ed. São Paulo: Saraiva, 2013, p. 557.

suficiência só será aferida mesmo ao momento do julgamento de mérito, com o final da instrução. Entretanto, as *novas provas* apresentadas devem autorizar uma *perspectiva de superação da insuficiência*. Esta é a condição de admissibilidade, sem a qual a coisa julgada será apresentada como um *requisito processual negativo* (art. 267, V, CPC; art. 485, V, NCPC).

7 Conclusões

O art. 96-B adota técnicas próprias do microssistema dos processos coletivos. Além da inclusão de dispositivos específicos, atrai a aplicação subsidiária da lógica jurídica das ações coletivas para ações eleitorais que digam com os direitos transindividuais. A partir daí é possível extrair as seguintes conclusões:

i) Não obstante alguns avanços nos últimos anos, ainda há um indesejável espaço de sobreposição de ações que, a partir de causas de pedir coincidentes, podem conduzir à inelegibilidade/cassação (ou aplicação de multas por ilícitos eleitorais).

ii) O tema da conexão, continência, litispendência e coisa julgada, à exceção recentes reorientação no TSE, sempre mereceu um tratamento inadequado da jurisprudência eleitoral. As ações eleitorais típicas eram abstratamente cotejadas para apontar, em tese, a inexistência de conexão, assim como continência, litispendência e coisa julgada.

iii) O art. 96-B (§§1º, 2º e 3º) é instrumento apto para alterar a jurisprudência eleitoral em relação aos casos de conexão, continência, litispendência e coisa julgada. Agora, para flagrar pontos de contato entre ações eleitorais, é necessário adotar o critério casuístico, avaliando concretamente as ações eleitorais típicas para aferir, por exemplo, *conexidade*.

iv) A nova regra determina de forma expressa que as ações eleitorais sejam reunidas a partir do critério da prevenção.

v) Não é possível reunir ações eleitorais conexas se uma delas já tiver sido julgada ou estiver em fase avançada de instrução. A regra de reunião para julgamento simultâneo deve ser ponderada a partir do princípio da efetividade e da celeridade no direito eleitoral.

vi) A competência absoluta do corregedor para julgamento de AIJEs (de constitucionalidade duvidosa) não pode ser instrumento de burla ao princípio do juiz natural.

vii) O *status* constitucional da AIME não é motivo para derrogação da regra de prevenção. Havendo conexão, a AIME deve ser reunida ao processo antes distribuído.

viii) As ações eleitorais estão submetidas às regras do microssistema de processos coletivos que não colidam com regras próprias do direito eleitoral.

ix) A continência, a litispendência e a coisa julgada são aferidas independentemente de quem figura no polo ativo, pois a legitimidade nas ações eleitorais é sempre extraordinária.

x) O reconhecimento da litispendência não induz à extinção, mas à reunião dos processos idênticos. Mesma conclusão em relação à continência. Diferentes conclusões apenas para os casos de identidades de partes.

xi) As exceções à reunião de processos em litispendência e continência verificam-se em atenção aos princípios da efetividade e da celeridade.
xii) A continência não subverte a regra da reunião dos processos pela prevenção. Proposta depois a *continente*, a reunião se dá na *contida* distribuída antes – no juízo prevento.
xiii) O §3º do art. 96-B adota para as ações eleitorais o instituto da coisa julgada *secundum eventum probationis*, típico das ações coletivas. A improcedência por insuficiência de provas pode ser *corrigida* por ação idêntica, com novas provas.
xiv) As novas provas não devem ser necessariamente supervenientes. Basta que não tenham sido apreciadas no processo anterior. Se houver perspectiva de alterar o julgamento anterior, a ação idêntica é admitida.

Informação bibliográfica deste livro, conforme a NBR 6023:2002 da Associação Brasileira de Normas Técnicas (ABNT):

PEREIRA, Luiz Fernando Casagrande. Impactos do NCPC e da reforma eleitoral nas ações eleitorais. *In*: TAVARES, André Ramos; AGRA, Walber de Moura; PEREIRA, Luiz Fernando (Coord.). *O direito eleitoral e o novo Código de Processo Civil*. Belo Horizonte: Fórum, 2016. p. 139-163. ISBN 978-85-450-0133-1.

A REUNIÃO DAS AÇÕES ELEITORAIS SOBRE OS MESMOS FATOS

ADRIANO SOARES DA COSTA

1 Introdução

Uma das modificações introduzidas pela minirreforma eleitoral de 2015, nascida em um dos contextos políticos mais delicados e conturbados da história do país, foi no campo do direito processual eleitoral, com a introdução do instituto da *reunião das ações eleitorais sobre os mesmos fatos*. E não foi sem razão e sem méritos essa nova disciplina, que visa simplificar o caótico cipoal de ações eleitorais propostas sobre os mesmos fatos, por vezes com as mesmas provas, sendo julgadas em momentos distintos e com o indesejável risco de decisões díspares, contraditórias e confusas.

É certo que o Código Eleitoral não carece mais de reformas episódicas, no mais da vez gerando contrassentidos deônticos. O ideal seria a edição de um novo Código Eleitoral, com uma parte dedicada ao direito processual eleitoral, tratando-o sistematicamente e em conformidade com todos os avanços ocorridos desde 1965 e consumados no novo Código de Processo Civil de 2015.

Neste breve texto, faremos uma análise do art. 96-B da Lei nº 9.504/97, com a redação introduzida pela Lei nº 13.165, de 2015, buscando refletir sobre a sua abrangência, as suas implicações e os problemas que eventualmente possam surgir a partir da sua aplicação pela Justiça Eleitoral.

Eis o novo texto legal, que será aqui estudado:

> Art. 96-B. Serão reunidas para julgamento comum as ações eleitorais propostas por partes diversas sobre o mesmo fato, sendo competente para apreciá-las o juiz ou relator que tiver recebido a primeira. (Incluído pela Lei nº 13.165, de 2015)
> §1º O ajuizamento de ação eleitoral por candidato ou partido político não impede ação do Ministério Público no mesmo sentido. (Incluído pela Lei nº 13.165, de 2015)
> §2º Se proposta ação sobre o mesmo fato apreciado em outra cuja decisão ainda não transitou em julgado, será ela apensada ao processo anterior na instância em que ele se encontrar, figurando a parte como litisconsorte no feito principal. (Incluído pela Lei nº 13.165, de 2015)

§3º Se proposta ação sobre o mesmo fato apreciado em outra cuja decisão já tenha transitado em julgado, não será ela conhecida pelo juiz, ressalvada a apresentação de outras ou novas provas. (Incluído pela Lei nº 13.165, de 2015)

2 Natureza jurídica da reunião de ações

Um mesmo fato ou conjunto de fatos pode ser causa de pedir de diversas ações eleitorais. Um candidato que se utiliza de um serviço público para cabalar para si votos pode sofrer o ajuizamento de uma ação de investigação judicial eleitoral (AIJE) por abuso de poder político, uma representação por conduta vedada aos agentes públicos, uma ação de impugnação de mandato eletivo (AIME), acaso eleito, como também recurso contra a expedição de diploma (RCED). Normalmente, não raro todas essas ações terminavam sendo propostas com as mesmas provas, a mesma redação, os mesmos pedidos, gerando uma infinidade de atos processuais repetidos e desnecessários, cuja irracionalidade ressaltava.

A jurisprudência do Tribunal Superior Eleitoral rejeitou, ao longo do tempo, as tentativas de unificação dos processos por meio da invocação da conexão ou da continência. Distinções sibilinas foram feitas, a partir de uma equivocada teoria da inelegibilidade, para justificar a diferença substancial entre essas demandas, chegando-se até a ser dito que a AIJE seria uma ação diferente da AIME porque naquela haveria a decretação de inelegibilidade, enquanto nesta, a cassação do mandato. Com essa distinção infundada dogmaticamente, houve uma autorização para que a prática forense gestasse toda a sorte de ações baseadas em um único fato, gerando uma carga de trabalho tão excessiva quanto desnecessária para a Justiça Eleitoral.

A norma veiculada pelo art. 96-B adoece desse mesmo pressuposto jurídico equivocado, é dizer, a ideia de que ações eleitorais sobre os mesmos fatos, com as mesmas partes e com as mesmas consequências jurídicas práticas não seria caso simplesmente de litispendência *tout court*. Na prática, a lógica que presidiu a elaboração do texto legal é a de que estaríamos frente a ações diferentes, porém, tendo por objeto os mesmos fatos.[1] O mesmo se diga das mesmas ações propostas por legitimados diferentes que suscitariam normalmente a união por meio da conexão ou continência, também negada pela jurisprudência eleitoral, o que gerava duplicidade de atos e de decisões. Em alguns casos, os juízes ou relatores faziam uma só assentada, porém, tratando em seguida cada ação como se fosse autônoma processualmente.

A *reunião de ações sobre os mesmos fatos* trata-as como fossem elas diferentes ações processuais. A *reunião* não seria causada pela conexão ou continência, que continuariam a ser institutos estranhos ao direito processual eleitoral. Esse ponto é importante para a compreensão dos dispositivos examinados: os *mesmos fatos* que seriam a causa dos diferentes remédios processuais são os *fatos brutos*, a situação da vida que gerou a pretensão das partes em alcançar determinados efeitos jurídicos processuais: os mesmos fatos brutos ocorridos no mundo empírico gerariam múltiplas incidências normativas,

---

[1] A rigor, o sistema processual eleitoral poderia ser simplificado com a fusão de todas as representações, da AIME, AIJE e RCED em uma única, que poderíamos denominar de ação de inelegibilidade, podendo ser proposta do registro de candidatura até quinze dias depois da diplomação. Teríamos apenas a ação de impugnação de candidatura e essa ação de inelegibilidade, que atenderiam muito bem às necessidades de tutela do direito objetivo. A profusão de remédios processuais decorre da irracionalidade de um sistema feito em retalhos.

fazendo nascer diversos fatos jurídicos ilícitos a ensejar mais de uma ação processual. Os fatos brutos de pedir voto e dar vantagens a eleitores reivindicam, em tese, a incidência da norma da captação ilícita de sufrágio e do abuso de poder econômico, fazendo nascer dois fatos jurídicos ilícitos distintos. Para que haja a reunião não se olhará a causa de pedir remota (o fato jurídico) nem a causa de pedir próxima (a violação de um direito subjetivo ou de um bem da vida tutelado), porém, apenas os *fatos brutos* que estão à base de alguns elementos dos suportes fáticos abstratos daqueles fatos jurídicos ilícitos eleitorais.

A natureza jurídica da reunião de ações sobre os mesmos fatos é diversa, portanto, da conexão e da continência, tendo características próprias, específicas do direito eleitoral. Cumpre-nos, então, analisar as suas implicações sem os condicionamentos teóricos daqueles institutos processuais de todos já bem conhecidos.

3 A extinção da mandamentalidade antecipada das ações eleitorais de cassação

A conexão e a continência têm como núcleo atrativo das ações para serem processadas simultaneamente o conceito de causa de pedir. Para a doutrina processual, há duas espécies de causa de pedir: a próxima e a remota. A causa de pedir remota seria o fato jurídico ou a relação jurídica básica da qual dimanaria o direito subjetivo ou a pretensão ou o bem da vida violados, em caso de litígio. A causa de pedir próxima seria justamente a violação do direito, pretensão ou bem da vida, que ensejaria a busca da proteção judicial, mediante o exercício da pretensão à tutela jurídica.[2]

A causa de pedir remota é o fato jurídico ou relação jurídica básica alegados, que dão suporte à invocação do direito subjetivo violado e dizem da ilicitude da violação que se alega existir e contra a qual se pede a tutela jurídica. Em uma ação de despejo, a causa de pedir remota é o contrato de locação; a próxima, os alugueres não pagos. Na reivindicatória, a causa de pedir remota é o título que ensancha o direito de propriedade; a próxima, o não reconhecimento do direito de propriedade por aquele que detém a posse do imóvel ilicitamente. Não ação penal por homicídio, a causa de pedir remota é o bem da vida tutelado; a causa de pedir próxima, a sua violação através da conduta delitiva: homicídio, latrocínio, lesão corporal seguida de morte, etc.

Nas ações eleitorais propostas com a finalidade de inflição da sanção de inelegibilidade, a causa de pedir remota é a higidez das liberdades democráticas, exercidas isentas de pressões ilícitas que as conspurquem. A causa de pedir próxima é a conduta ilícita: captação ilícita de sufrágio, abuso de poder econômico, abuso de poder político, captação ilícita de recursos, etc. O que há de específico aqui, porém, é que os remendos da legislação eleitoral e as invencionices da jurisprudência criaram vários ilícitos eleitorais formados em sua tipicidade pelo mesmo núcleo fático, gerando múltiplas incidências de hipóteses ilícitas a um só tempo e com consequências jurídicas, desde a Lei da Ficha Limpa (LC nº 135), idênticas.

---

[2] Didaticamente, PASSOS, José Joaquim Calmon de. *Comentários ao código de processo civil*. Vol. III. 8. ed. Rio de Janeiro: Forense, 2001, p. 157-162: "Remota, a que se vincula ao fato matriz da relação jurídica. Próxima, a que se relaciona com o dever (lato senso) do titular da situação de desvantagem ou daquele de quem se deve ou pode exigir determinado ato ou comportamento".

Ocorre que os condicionamentos mentais e conceituais formados anteriormente à vigência da LC nº 135 continuam presentes na interpretação do sistema jurídico eleitoral atual, gerando soluções indevidas. Antes das mudanças da Lei da Ficha Limpa, era comum que o mesmo fato ensejasse o ajuizamento de AIJE e representação por conduta vedada aos agentes públicos. Como a via do art. 73 da Lei nº 9.504/97 era mais rápida para a produção de eventuais efeitos jurídicos, a duplicidade de remédios processuais refletia a estratégia jurídica de se tentar resultados favoráveis por meios distintos, todas fundadas no mesmo conjunto fático e probatório. A partir da LC nº 135, porém, houve uniformização de sanções para essas hipóteses ilícitas, com tratamento processual idêntico, agora enfatizados pela Lei nº 13.165/2015, que atribuiu efeito suspensivo aos recursos ordinários interpostos contra as decisões que cassem o registro, o diploma do candidato ou o mandato do eleito.[3] É dizer, não compete mais ao juízo originário cassar os mandatos eletivos com efeitos mandamentais antecipados. É do tribunal do recurso a competência para a expedição da ordem que efetiva a desconstitutividade do mandato, de modo que as ações passaram a ser desconstitutivas/mandamentais.

Tanto a captação ilícita de sufrágio quanto as condutas vedadas aos agentes públicos perderam a razão fundamental que as diferençava dos demais ilícitos eleitorais previstos na redação original da LC nº 64/90: a imediata eficácia prática advinda da sentença de procedência da ação eleitoral proposta contra aqueles ilícitos.

4 Quais os fatos que ensejam a reunião das ações?

A identidade ou mesmidade dos fatos é que provoca a reunião das ações processuais. Dissemos que um mesmo fato ou conjunto de fatos pode ser elemento do suporte fático de diversas normas jurídicas. São esses fatos brutos, vistos como fatos apenas, que servem à reunião das ações processuais. Se falássemos em conexão, não seria possível reunir as ações cuja causa de pedir seriam fatos jurídicos diferentes, embora com o mesmo estrato fático. Se um candidato entrar com uma ação de investigação judicial eleitoral alegando abuso de poder político pela distribuição de cestas básicas de programas sociais, ingressar com esteio nesse mesmo fato com uma representação por conduta vedada de agentes públicos e, ainda, com uma representação por compra de votos (art. 41-A), estaremos com três ações propostas sob o mesmo estrato de fato, mas com causas de pedir diferentes: na primeira, além da entrega das cestas básicas, há que se demonstrar a potencialidade de interferir no resultado das eleições ou a gravidade das circunstâncias; na segunda, há de se demonstrar que o ato foi praticado por agente público, podendo exigir potencialidade para a aplicação das sanções mais graves; a terceira, por fim, que a entrega tenha sido em troca de votos, mediante pedido.

Os fatos jurídicos eleitorais ilícitos, portanto, têm para a composição dos respectivos suportes fáticos a entrega daquelas cestas básicas *mais* outros elementos que os diferenciam, que dizem da sua diferença específica.

Há um outro aspecto importante em nossas considerações: para diferenciar um ato ilícito do outro, passam a ser fundamentais os chamados sucessos históricos ou

---

[3] Art. 257. [...] §2º O recurso ordinário interposto contra decisão proferida por juiz eleitoral ou por Tribunal Regional Eleitoral que resulte em cassação de registro, afastamento do titular ou perda de mandato eletivo será recebido pelo Tribunal competente com efeito suspensivo.

fatos simples, como o local, a data, o número de pessoas, a forma, os meios utilizados. Se em relação ao conceito de causa de pedir os sucessos históricos não são relevantes, para a reunião dos processos eleitorais eles se entremostram fundamentais, porque, embora não preencham o suporte fático das normas jurídicas, trazem informações fáticas ancilares para a delimitação do campo de incidência normativo.[4]

Voltemos ao exemplo dado para continuarmos as nossas reflexões. No comum dos casos, na prática do foro, o autor costuma entrar com uma ação processual descrevendo o conjunto fático sem atenção aos aspectos que, com maior ou menor intensificação, podem diferençar um ilícito eleitoral de outro, pedindo, assim, todas as sanções possíveis e imagináveis. Há também os que optam por ingressar com mais de uma ação processual, usando momentos e ritos diferentes, com base naqueles mesmos fatos, enfatizando a descrição de aspectos que auxiliam na distinção entre abuso de poder e captação de sufrágio, por exemplo.

Ora, nessa segunda hipótese, o Tribunal Superior Eleitoral vinha negando houvesse conexão ou continência, e, com isso, mantinham-se separadas as ações processuais. Com a norma do art. 96-B, teríamos a reunião dos processos não porque fossem conexas as ações, mas porque fundadas em um mesmo conjunto de fatos que, a rigor, seria, a um só tempo, mais de um fato jurídico ilícito, conforme os sucessos históricos descritos.

5 Fatos brutos, sucessos históricos e causa de pedir

O tema dos sucessos históricos que não formam parte da causa de pedir tem interesse, no processo civil, para a delimitação dos efeitos preclusivos da coisa julgada. Como as mesmas ações materiais propostas por diferentes ações processuais eram consideradas diferentes na Justiça Eleitoral, o tema dos sucessos históricos ou fato simples nunca atraiu a atenção dos estudiosos do direito processual eleitoral.

Se o candidato entrega uma cesta básica para uma pessoas em troca do seu voto, haveria captação de sufrágio. Se a entrega é feita em nome do candidato por agente público e cestas de programas sociais, há captação de sufrágio e conduta vedada aos agentes públicos. Assim, também se forem três, quatro ou cinco cestas. Se for uma grande quantidade de cestas básicas entregues, ainda que sem o expresso pedido de votos, poderá haver abuso de poder econômico e político, além de conduta vedada de maior potencialidade. "Grande quantidade" é conceito de experiência, sendo um conceito jurídico indeterminado. Cem cestas básicas em uma comunidade de duzentas mil pessoas é uma pequena quantidade; o mesmo não se pode dizer se a comunidade é de duzentas pessoas apenas. Os sucessos históricos ou situações circunstanciais não formam parte da causa de pedir, já o dissemos; porém, são aí fundamentais para delimitar a sua extensão.

Admitamos que esse mesmo candidato que fez doação de cestas básicas para cabalar votos tenha também usado médicos e dentistas para dar atendimento aos seus eleitores em troca dos seus votos. Proposta uma única ação processual, teríamos apenas

---

[4] Conforme ASSIS, Araken. *Cumulação de ações*. São Paulo: RT, 1989, p. 120-121. Em idêntico sentido, TUCCI, José Rogério Cruz. *"Causa petendi" no processo civil*. São Paulo, RT, p. 126.

uma causa de pedir (ato ilícito de compra de votos, v.g.) ou teríamos cumulação de ações de direito material (captação de sufrágio por entrega de cestas básicas e captação de sufrágio em troca de serviços de saúde)? A resposta a essa pergunta, no direito processual civil, seria extremamente relevante para os institutos da conexão, continência, coisa julgada e cúmulo de ações. Para o direito eleitoral, porém, carece-se de relevo, exceto na rara hipótese de trânsito em julgado precoce da sentença de procedência por perda de prazo recursal, quando a matéria da coisa julgada faz surgir e suscitar essas questões. No normal da prática forense, porém, tal não se dá.

Imaginemos que o autor da ação ingresse com uma representação por captação de sufrágio em razão da entrega de cestas básicas e uma outra em razão do oferecimento de serviços de saúde. Haveria aí os mesmos fatos ou fatos diferentes? Haveria aí a mesma causa de pedir ou causas de pedir diferentes? Se a legislação tivesse adotado o instituto da conexão, as ações teriam que tramitar conjuntamente, em *simultaneus processus*, pois ambas teriam a mesma causa de pedir (compra de votos), embora sendo diversos os sucessos históricos ou circunstâncias fáticas.

Nada obstante, por estarmos diante de *fatos brutos* diferentes (entrega de cestas básicas e prestação de serviços de saúde), não haveria meios de se fazer a reunião de ações processuais sem que se estivesse descumprindo os limites textuais do art. 96-B. Insisto no ponto: "fatos idênticos" não são o mesmo que causa de pedir, razão pela qual lembrou Ovídio Baptista da Silva que os sucessos históricos eram considerados pela doutrina como irrelevantes para a identificação da demanda.[5] Para o direito processual eleitoral, que desconhece os institutos da conexão e continência, importam para a identificação da demanda, para efeito de reunião de ações processuais, justamente os sucessos históricos ou fatos simples.

Ganha em importância, então, o conceito de *fatos brutos*, que são aqueles, na verdade, tomados em sério pela norma veiculada no art. 96-B.

Fatos brutos são os fatos do mundo que não ingressaram no mundo jurídico, é dizer, que não sofreram ou ainda não sofreram a incidência de uma norma jurídica que lhes deu significação jurídica. Noutras palavras, os fatos brutos são aqueles analisados sem a rede de significação jurídica institucionalizada.[6] No caso da teoria do fato jurídico, poderíamos dizer que os fatos brutos são os que não foram juridicizados ou que serão decompostos logicamente no descritor de uma norma jurídica, apanhando notas características para ingressarem sozinhos ou com outros fatos no mundo jurídico. A pessoa que oferece ou dá um determinado bem em troca de votos realiza um fato bruto, cuja descrição passa a integrar o antecedente de uma norma jurídica. Ocorrido no mundo fenomênico aquele fato, incide a norma sobre os elementos fatuais da esquematização criada por ela e o juridiciza.

Quando o autor ingressa com uma ação judicial, na petição inicial ele descreve um conjunto de fatos conforme a previsão da norma jurídica, é dizer, o fato jurídico que

---

[5] SILVA, Ovídio Baptista da. Limites objetivos da coisa julgada no direito brasileiro atual. In: SILVA, Ovídio Baptista da. *Sentença e coisa julgada*. 2. ed. Porto Alegre: Sérgio Antônio Fabris Editor, 1988, p. 163: "o conjunto de fatos e circunstâncias, espacial e temporalmente determinados, a que a doutrina chama *sucessos históricos*, de um modo geral, são irrelevantes para a identificação da demanda".

[6] A distinção entre fatos brutos e fatos institucionais foi muito bem construída por Searle, em obra que escreveu sobre a construção da realidade social. Um boa análise da teoria de Searle pode ser lida em WISNEWSKI, Jeremy J. Rules and Realism: Remarks on the Poverty of Brute Facts. *Sorites*, n. 16, p. 74-81, dez. 2005.

está à base do seu direito controvertido, naturalmente narrando sucessos históricos em que aqueles elementos fatuais do suporte fático da norma jurídica se inserem. A petição inicial descreve, então, os fatos relevantes, que formam a causa de pedir e os fatos ditos simples, que emolduram ou ornamentam aqueles acessoriamente. A promessa de um óculos em troca do voto é o fato bruto; o fato jurídico ilícito é a captação de sufrágio, causa de pedir da ação. É também captação de sufrágio a entrega de bicicletas pelo mesmo candidato, sendo causa de pedir que ensejaria a conexão entre a ação proposta contra o primeiro fato e a proposta contra esse último fato. Nada obstante, não poderiam ser reunidas as ações porque, embora tenham a mesma causa de pedir, os fatos brutos afirmados nas diferentes ações eleitorais são distintos.

6 Ações com idênticos fatos e momentos da sua reunião

O candidato A comprou votos com a entrega de óculos, por dinheiro e por distribuição de dentaduras. O candidato B, o Partido C e o Ministério Público Eleitoral ingressaram concorrentemente com AIJEs contra o candidato A. A causa de pedir é a mesma, porém, poderia ocorrer que cada um ingressasse contra os fatos isolados (óculos, dinheiro e dentaduras, respectivamente). Como a narrativa do fato jurídico ilícito de captação de sufrágio (causa de pedir) é baseada cada qual através de diferentes circunstâncias fáticas ou sucessos históricos (óculos, dinheiro e dentaduras), não haveria como serem reunidas em razão da diversidade de fatos narrados.

Se o candidato B, porém, ingressar com a ação baseada em duas circunstâncias de fato (dentadura e óculos, e.g.), atrairá a reunião de outra ação que narre ao menos um desses fatos brutos.

Os §§2º e 3º do art. 96-B disciplinam o momento em que, propostas as ações com fatos idênticos, poderiam ser reunidas. A regra é simples: propostas ações com fatos idênticos antes ou depois de decisão sem trânsito em julgado, haverá reunião das ações no estado em que se encontram, seguindo o procedimento da mais adiantada, agora com o autor da ação mais nova como litisconsorte ativo, ingressando na relação processual dali por diante. Se encerrada a instrução, é desse momento que o litisconsórcio se formará. Se julgada e em grau de recurso, será a partir desse instante que haverá litisconsorciação.

Sendo sobre os mesmos fatos já objetos de apreciação em outra ação com decisão transitada em julgado, ainda que seja diferente a causa de pedir, deverá ser arquivada, salvo se apresentadas outras ou novas provas. Ou seja, a ação eleitoral transitada em julgado poderá ver superada a coisa julgada material se a nova ação sobre os mesmos fatos for proposta com outras ou novas provas que tenham pertinência e um mínimo de seriedade. A imutabilidade da coisa julgada material eleitoral fica condicionada, portanto, inclusive quanto aos seus efeitos preclusivos.[7]

Quanto à competência, a norma atribuiu a força atrativa àquele juiz ou relator que primeiro recebeu as ações com os mesmos fatos – note-se: não o que despachou,

---

[7] Sobre o efeito preclusivo da coisa julgada, *vide* MOREIRA, José Carlos Barbosa. Os limites objetivos da coisa julgada no sistema do novo Código de Processo Civil. *In*: MOREIRA, José Carlos Barbosa. *Temas de direito processual*: primeira série. São Paulo: Saraiva, 1988, p. 90 e ss. Essa questão mereceria uma digressão à parte, mas desborda dos limites que nos impusemos ao escrever o presente artigo.

mas o que recebeu. O recebimento de que se trata aqui é o sorteio para o relator, quando as ações forem originariamente ajuizadas nos tribunais.

Há, entretanto, uma exceção a essa norma. Como as ações de investigação judicial eleitoral têm, por força do art. 22, I, da LC nº 64/90, o Corregedor como relator, a sua competência é absoluta, de modo que a AIJE atrai para a competência do corregedor as demais ações e representações propostas sobre os mesmos fatos.

7 Conexão e continência das ações eleitorais

A questão da reunião das ações eleitorais passou apenas recentemente a ocupar as preocupações do Tribunal Superior Eleitoral, havendo o surgimento de decisões aqui e ali determinando a reunião de ações com a mesma causa de pedir, a teor do art. 103 do CPC-73. A matéria passou a ser suscitada nas eleições presidenciais de 2014, envolvendo sobretudo representações eleitorais sobre propaganda. Tome-se como exemplo a seguinte decisão interlocutória proferida pelo Ministro Dias Toffoli:

> Em consulta ao Sistema de Acompanhamento de Documentos e Processos, verifico que a Representação nº 1.127-76/DF, proposta pela Coligação Com a Força do Povo e Dilma Vana Rousseff, Presidente da República, em desfavor da Google Brasil Internet Ltda., questiona suposta irregularidade consubstanciada na divulgação de vídeo de conteúdo falso, objeto de montagem e edição, no bojo do qual o ex-Presidente Lula afiança apoio à candidata Marina Silva, *mesma propaganda objeto do feito em referência*.
> De fato, nos termos do art. 103 do CPC, reputam-se conexas duas ou mais ações, quando lhes for comum o objeto ou a causa de pedir.
> Além do mais, segundo o disposto no art. 105 do CPC, havendo conexão ou continência, o juiz, de ofício ou a requerimento de qualquer das partes, pode ordenar a reunião de ações propostas em separado, a fim de que sejam decididas simultaneamente.
> Assim, considerando a identidade de objeto e causa de pedir do presente processo e da Rp nº 1.127-76/DF, faz-se necessário que sejam distribuídos ao mesmo relator, evitando-se, assim, decisões conflitantes, como bem assentou o emitente Ministro Herman Benjamin.
> (RP – Representação nº 112.509, Decisão monocrática de 3.9.2014, rel. Min. Tarcisio Vieira de Carvalho Neto, Publicação: MURAL – Publicado no Mural – 04.09.2014 – Horário 18:00 h)

Tratavam aquelas ações da mesma causa de pedir, do mesmo pedido e dos mesmos fatos brutos: era o mesmo vídeo que fora objeto daquelas representações. Na verdade, a reunião dessas representações de propaganda eleitoral decorreram não mercê da conexão, mas porque tratavam dos *mesmos fatos brutos*. Fosse em razão da conexão, todas as representações fundadas na causa de pedir da propaganda ilícita, tendo os mesmos pedidos, gerariam a reunião. O que o TSE na verdade pretendeu foi aquilo que o art. 96-B normatizou: a reunião das ações eleitorais decorre da mesmidade dos sucessos históricos, não da identidade das causas de pedir.

Acaso estivéssemos tratando de conexão e continência, não haveria como haver a reunião de ações tramitando em diferentes fases, como muito bem anotou a Ministra Luciana Lóssio:

> Afastadas as preliminares de inépcia, tendo em vista que estão presentes os requisitos elencados no incisos I a V do art. 282 do Código de Processo Civil, bem como de decadência,

pois proposta a ação antes da eleição. *Igualmente, não há falar em reunião de ações, uma vez que, a despeito de configurada a conexão, os feitos encontram-se em fases distintas.*
(AI – Agravo de Instrumento nº 48.972, Decisão monocrática de 19.12.2013, rel. Min. Luciana Christina Guimarães Lóssio, Publicação: DJE – Diário de justiça eletrônico – 03.02.2014 – Página 290)

É certo que poderemos ter a tendência de uma criatividade interpretativa judicial, misturando-se as normas sobre conexão do CPC-73 com as normas sobre reunião de ações de idênticos fatos, criando-se aquilo que a doutrina adora nominar quando a natureza jurídica é problemática: uma conexão *sui generis*, com o amálgama de dois regimes distintos – conexão com mesmidade fatual. Mas essa seria uma solução problemática e não satisfaria ao direito processual eleitoral.

Basta pensar nos exemplos hipotéticos que concebi anteriormente, sobre captação de sufrágio por óculos, dentaduras e dinheiro, em momentos distintos envolvendo o mesmo candidato. Fosse aplicada a conexão, toda captação de sufrágio em determinada eleição envolvendo o mesmo candidato, ainda que em razão de fatos diferentes, faria prevento o relator. Parece-me que não seria essa a melhor solução, não tendo sido a solução propugnada pelo art. 96-B da Lei nº 9.504/97.

8 Conclusão

O presente texto é para compor uma coletânea a ser lançada pelo Instituto Paranaense de Direito Eleitoral – IPRADE, cujo trabalho tem sido reconhecido por todos os que desejam o aprimoramento do direito eleitoral brasileiro.

Externo aqui reflexões iniciais, ainda não acabadas, para promover o diálogo com a comunidade jurídica e buscar construir uma interpretação sólida da nossa legislação eleitoral, marcada pelos remendos episódicos.

Maceió, quaresma do Senhor, fevereiro de 2015.

Informação bibliográfica deste livro, conforme a NBR 6023:2002 da Associação Brasileira de Normas Técnicas (ABNT):

COSTA, Adriano Soares da. A reunião das ações eleitorais sobre os mesmos fatos. *In*: TAVARES, André Ramos; AGRA, Walber de Moura; PEREIRA, Luiz Fernando (Coord.). *O direito eleitoral e o novo Código de Processo Civil*. Belo Horizonte: Fórum, 2016. p. 165-173. ISBN 978-85-450-0133-1.

NOTAS SOBRE A SEMELHANÇA E IDENTIDADE DE CAUSAS NO DIREITO PROCESSUAL ELEITORAL (ART. 96-B DA LEI Nº 9.504/97)

MARCELO ABELHA RODRIGUES

1 O conflito de interesses de natureza eleitoral e a sua judicialização

Imaginemos que, em meio ao processo eleitoral, uma hora depois de reunir-se com servidores públicos para pedir que continuem a usar a gráfica do município para fazer seus santinhos (e horas depois de receber verbas de "caixa dois" – origem ilícita – para sua campanha), o candidato à reeleição a prefeito de um município qualquer do Brasil imediatamente use tal dinheiro para comprar inúmeros votos de eleitores que compareçam ao seu comitê.

Esse acontecimento realizado praticamente num mesmo momento, e infelizmente um retrato horrível do que acontece no Brasil, pode ser repartido em vários fatos típicos ensejadores de diversas demandas eleitorais, já que sob a moldura da legislação eleitoral haverá sanções específicas para cada um deles.

Embora o acontecimento possa ser visto em sua unidade, inclusive em razão de terem todos eles acontecido praticamente num espaço temporal muito pequeno, permite a lei eleitoral que cada fato constitua, por si só, de forma autônoma, a causa de pedir de uma ação eleitoral própria para que, para cada um destes fatos, seja imposta a sanção legal que a ele corresponda.

Por isso, do exemplo apresentado, poderá existir uma representação por conduta vedada do art. 73 e ss. da Lei nº 9.504; uma ação de investigação judicial eleitoral com base no art. 30-A da Lei nº 9.504; uma ação de captação ilícita de sufrágio do art. 41-A da Lei nº 9.504; uma ação de investigação judicial eleitoral por abuso do poder econômico previsto no art. 20 da Lei Complementar nº 64/90; e uma ação judicial de impugnação de mandato eletivo por abuso de poder de autoridade.

Diante desse cenário e tendo em vista o fato de que:
  a) Algumas dessas demandas são ajuizadas em prazos e momentos diferentes da campanha eleitoral.
  b) Porque tais ilícitos nem sempre são descobertos quando praticados.
  c) Porque nem sempre o mesmo legitimado ajuíza a referida demanda.

d) Porque nem sempre os fatos se apresentam ou se descobrem de forma completa e única, mas fatiada e picotada, enfim.

Torna-se imperioso perguntar: o que fazer quando, em vez de *todo o acontecimento ser retratado de uma só vez e numa* única *demanda com cumulação de causa de pedir e de pedido*, os fundamentos de fato são espalhados, picotados, repetidos para várias dessas demandas propostas em separado e por diferentes legitimados?

O que fazer quando essas demandas calcadas num mesmo fundamento de fato, e, propostas até mesmo por legitimados diferentes estiverem tramitando ao mesmo tempo? E se uma delas já tiver sido julgada e esteja em grau de jurisdição diverso? E se já tiver sido julgada e transitada em julgado a decisão?

Esse quadro desarmonioso do direito processual eleitoral já teve dias piores, e relembramos aos leitores: o ícone dessa bagunça processual que era o *Recurso contra Expedição de Diploma* na hipótese do art. 262, IV, "d", do Código Eleitoral que foi revogado pela Lei nº 12.891/2013.

Também contribuía para o caos a enorme quantidade de *procedimentos* processuais diversos para as diversas demandas eleitorais que ao longo do tempo foram unificados pela legislação, em torno daquele descrito no art. 22 da LC nº 64/90.

Todavia, ainda restam outros fatores complicadores (e que em nada acrescentam ao Direito Eleitoral), como a competência do "corregedor eleitoral" para processar e julgar as ações de Investigação Judicial Eleitoral, que, como veremos, é um resquício dos tempos em que esta demanda era um mero procedimento investigatório administrativo, nos idos dos anos 60.

Esse horrível quadro de insegurança e instabilidade jurídica, sob a perspectiva do eleitor, seja sob a perspectiva da própria realização das eleições ou, ainda, da Justiça Eleitoral, é em parte proporcionado pelo baralhado sistema de ações do direito processual eleitoral, que assim se encontra por conta de uma ausência de sistematização das demandas eleitorais à medida que novas leis eleitorais foram surgindo, mormente nesses últimos dez anos, como narrado no item 1.1 da parte II desta obra.[1]

Como os ilícitos eleitorais foram criados casuisticamente, como forma de se fugir da exigência de comprovação da potencialidade lesiva, não é de se estranhar que houvesse espaços entrecruzados também entre as ações criadas para aplicação de tais sanções.

Identificada uma superposição de campos de uma demanda eleitoral com outra, os institutos da conexão e da litispendência passam a ser algo que deve ser considerado no âmbito do processo civil eleitoral.

Apesar da importância do tema, a jurisprudência do TSE havia se sedimentado no sentido de impossibilidade de conexão, continência e até de litispendência envolvendo demandas eleitorais, por serem autônomas, possuírem requisitos legais próprios e consequências distintas".[2] No mesmo sentido, disse o TSE que "as ações eleitorais são autônomas, com causas de pedir diversas, sendo inviável o reconhecimento, seja de conexão, seja de continência entre elas".

---

[1] Neste mesmo sentido, ver PEREIRA, Luiz Fernando Casagrande. Ações eleitorais: atualidades sobre conexão, continência, litispendência e coisa julgada. Texto inédito. p. 2.

[2] REspE 30.274, rel. Min. Marcelo Henriques Ribeiro de Oliveira, j. 22.06.2010, DJe 05.08.2010; AgRg no REspE 36.277, rel. Min. Enrique Ricardo Lewandowski, j. 08.04.2010, DJe 10.05.2010.

Nós, inclusive, após o baralhamento processual das técnicas processuais trazidas com a Lei da Ficha Limpa, sugerimos em meados de 2010, a uma comissão de revisão do Código Eleitoral, um projeto de lei que regulamentava o direito processual eleitoral e que, no campo do processo civil, reduzia as demandas eleitorais contra atos de campanha eleitoral a três tipos de ações e respectivos procedimentos:

a) Ação de impugnação do mandato eletivo com fundamento e qualquer ato de fraude, corrupção, abuso de poder, arrecadação ou gasto ilícito de verbas de campanha, etc. com prazo de 6 meses antes do pleito até 15 dias após diplomação.
b) Ação de impugnação de registro candidatura, seguindo o rito que já existe.
c) Ações sumárias de propaganda e divulgação de campanha eleitoral.

Sem essa compreensão prévia é impossível entender a motivação do art. 96-B da Lei nº 9.504/97, incluído pela Lei nº 13.165/2015, que pretende trazer uma economia processual à Justiça Eleitoral, para que esta dê respostas rápidas e seguras à sociedade. A economia processual é evidente na medida em que reduz a atividade jurisdicional despendida. Mas não só isso, já que a técnica prevista nesse dispositivo está intimamente relacionada com a segurança jurídica, na medida em que proporciona uma estabilidade dos julgados em relação às demandas conexas ou repetidas.

O interessante no caso da novidade legislativa é observar que, para resolver o problema, o legislador reconheceu que as demandas eleitorais não são de natureza individuais, conferindo solução típica de demandas coletivas.

2 Conexão, continência e litispendência (total e parcial): semelhança e identidade de demandas

Não se confunde o *conteúdo* com o *efeito*. A água, por exemplo, pode ser definida pelo seu conteúdo (*produto da combinação de dois átomos, sendo dois de hidrogênio com um de oxigênio*), como também pelo seu efeito (substância essencial a todas as formas de vida), como também por suas características (única substância que experimenta três tipos de estado), etc. Assim, o *conteúdo* e o *efeito* são fenômenos diferentes, e usamos esse exemplo para demonstrar que em relação à conexão e à duplicidade de litispendência devemos distinguir as suas essências dos seus efeitos.

A conexão e a litispendência possuem conceitos relacionais, dinâmicos, sendo que a conexão é a relação de *semelhança* entre duas ou mais demandas, e a litispendência (duplicidade de litispendências) é a repetição de demanda que já está em curso (identidade). A continência, por sua vez, é apenas uma espécie qualificada de conexão, ou seja, um alto grau de semelhança, mais do que uma simples semelhança, e menos do que uma identidade entre demandas.

Os conceitos de *semelhança* e *identidade*, para serem aferidos, precisam de premissas universais para serem identificados com algum grau de segurança, estabilidade ou coerência, pois, do contrário, se a comparação entre duas ou mais demandas dependesse de apenas um juízo de valor livre, certamente diversos seriam os resultados encontrados.

O que se quer dizer é que, sem uma premissa universal mais ou menos firme, comum, estável, certamente que a análise da semelhança ou identidade entre duas ações feitas por juízos diferentes resultará em resultado sortido, variado. Como se disse, a mesma coisa pode ser identificada de várias formas diferentes e segundo diversos flancos ou perspectivas. Para alguns, haveria identidade; para outros, semelhança; e, para alguns, total diversidade.

Assim, impõe-se conhecer os critérios no processo civil para se identificar uma ação e, assim proceder a análise da sua *distinção, semelhança* ou *identidade* em relação a outras demandas em curso.

O critério adotado pelo CPC, e em muitos países romano-germânicos, é o *processual*, feito a partir dos três elementos da ação: *partes, pedido* e *causa de pedir*. É da comparação destes três elementos que se permite reconhecer a distinção, a semelhança e a identidade entre demandas.

Existe o critério materialista, adotado por alguns países, que parte da análise do *conflito de interesses* para saber se existe alguma relação de semelhança ou identidade entre demandas. Contudo, critério da lide é bastante movediço e de certa forma instável justamente porque a premissa é igualmente movediça.

Há ainda o critério pragmático, inspirado no modelo de *class action* americano, para o qual não há uma preocupação doentia nem com a ontologia do conflito ou do conteúdo personificador da demanda, mas especial vocação para atender critérios pragmáticos do ponto de vista do *devido processo legal*, ou seja, das consequências que podem advir ao se tratar de forma absolutamente desconectada uma demanda de outra:

- *Há risco de decisões contraditórias?*
- *É possível o litisconsórcio entre as partes?*
- *O mesmo fundamento de fato está em ambas demandas?*
- *As questões de direito e de fato a serem decididas em ambas serão comuns?*
- *Haveria uma economia processual se apenas um juízo conhecesse das demandas?*
- *Há a necessidade dessas demandas separadas?*

Ao se responder a essas indagações, também pouco importa se uma demanda é igual ou semelhante a outra, já que o que realmente importa saber é se devem ou não serem reunidas para o mesmo juízo. Havendo respostas que estimulem a reunião das demandas como forma de garantir o devido processo legal (duração, razoável, isonomia, etc.), esta deve acontecer.

Conexão, continência e litispendência (repetição de ação em curso) são figuras afins, porque todas elas constituem, sob um mesmo corte metodológico de estudo, institutos relacionais, ou seja, pressupõem uma análise relacional de dois ou mais objetos, e, dependendo do "grau de parentesco", entre eles estaremos diante de um ou de outro instituto.

Como a personalidade de uma demanda se verifica pelos seus elementos estruturais, quais sejam, partes (qualidade jurídica do litigante), pedido (pretensão processual e material) e causa de pedir (fato e direito), esses são os traços que devem ser analisados ao se fazer uma comparação entre os objetos para, a partir de então, dizer se são conexos, continentes ou litispendentes.[3] [4]

---

[3] A relação de identidade serve para a verificação do requisito negativo da duplicidade da litispendência ou do respeito à coisa julgada. A litispendência é presente, e a coisa julgada é passado. No primeiro, *gerúndio*; no segundo, *particípio*. Identidade de demandas em curso é igual a litispendência. Identidade de demandas quando uma já foi julgada é *coisa julgada*. Os mesmos critérios que servem à verificação, se existe a litispendência, presam também à coisa julgada – sendo a diferença o momento em que é feito este contraste: com a ação em curso ou com a ação já julgada.

[4] Contudo, esse critério – análise dos três elementos da demanda – deve apenas ser utilizado para as lides individuais, já que em face do processo civil coletivo (lides ambientais, lides eleitorais, etc.) é preciso ajustar o instituto às peculiaridades do respectivo direito material tutelado.

Se entre os objetos houver *semelhança*, estaremos diante de conexão ou continência. Nessa primeira tipificação, a semelhança pode ser mais ou menos forte. Havendo identidade de pelo menos dois dos elementos (pode ser de suas subdivisões) citados, estar-se-á diante de conexão. Se houver necessariamente *identidade* de partes e de causa de pedir (próxima e remota) e se o pedido de uma estiver contido na outra, estar-se-á diante da continência, que é uma forma especializada (mais forte) de conexão.[5] Enquanto conexão e continência pressupõem uma *semelhança* entre demandas, sendo a primeira mais tênue que a segunda, é certo que a litispendência pressupõe identidade entre elas.

A existência de conexão, mínima ou máxima,[6] ou mesmo da duplicidade de litispendências[7] obriga-nos a adotar certas posturas que seriam motivadas pelo senso normal e comum, ainda que não fossem previstas pelo legislador.

Se existe conexão entre demandas, nada mais lógico que atribuir ao mesmo órgão jurisdicional a competência para processá-las e julgá-las, por razões de efetividade e de economia da justiça (contato com a prova, conhecimento do fato ou do direito envolvido, custo das provas, decisão não conflitante, etc.) – motivo pelo qual a propositura da primeira demanda preveniria a competência para as demandas conexas que fossem subsequentes.

Com efeito, a consequência do reconhecimento da existência de demandas conexas ou litispendentes pelo legislador implica na adoção de soluções para que se dê rendimento ao princípio da efetividade e economia jurisdicional, tal como exposto em parágrafo anterior ao anterior.

As soluções adotadas pelo processo tradicional, individualista, é, respectivamente, a reunião (art. 55 CPC) e a extinção dos processos (art. 485, V, do CPC). Contudo, em se tratando de lides coletivas, o problema da conexão, da continência e da duplicidade de litispendências também pode acontecer, mas a solução deve ser consentânea com os princípios e peculiaridades atreladas ao processo coletivo.

Com relação à conexão, a regra da reunião dos processos deve ser imperativa, não se admitindo outra interpretação que não seja a da obrigatoriedade da reunião. Entretanto, é preciso uma advertência: as causas só podem ser reunidas até o momento anterior à prolação da sentença, pois se evitam as decisões contraditórias com o julgamento simultâneo (reunião por conexão). Quando não for possível a reunião e caso se trate de conexão por prejudicialidade, recomenda-se que antes de se proferir a sentença seja aplicada a regra do art. 313, V, do CPC.

---

[5] O CPC tratou a continência – espécie de conexão – como se fosse uma litispendência parcial, tal como se observa no artigo. Segundo o art. 56, dá-se a continência entre 2 (duas) ou mais ações quando houver identidade quanto *às* partes e *à* causa de pedir, mas o pedido de uma, por ser mais amplo, abrange o das demais. Segundo o legislador, quando houver continência e a ação continente tiver sido proposta anteriormente, no processo relativo *à* ação contida, será proferida sentença sem resolução de mérito; caso contrário, as ações serão necessariamente reunidas (art. 57). A regra do art. 57 demonstra que o legislador tratou como litispendência parcial a continência.

[6] A conexão máxima é a continência, e a duplicidade de litispendência pode ser total ou parcial. Neste último caso, quando existe cúmulo objetivo de demandas.

[7] *A priori* imaginar-se-ia que não haveria razão para que tal fato ocorra, já que se a ação já está em curso não haveria necessidade concreta de se repeti-la. Mas a duplicidade da litispendência é um fenômeno que acontece com certa frequência no processo coletivo, em especial porque a legitimidade ativa é concorrente e disjuntiva. Por isso é preciso saber qual deve ser a solução, qual deve ser a consequência em caso de ocorrer a duplicidade da litispendência.

A reunião por conexão pode ser feita em primeiro ou em segundo grau de jurisdição, sendo que o limite para que isso ocorra é justamente a prolação da sentença e do acordão definitivo da causa, respectivamente.

Outro aspecto importante, além do termo final citado, é que só pode haver a reunião quando estejam em jogo processos de cognição, já que juízo de mérito propriamente dito, ou seja, decisão da lide, só ocorre no processo de conhecimento. Só nestes há a possibilidade de se formarem coisas julgadas e, sobretudo, contraditórias.

Já com relação à *duplicidade* de lides pendentes (litispendência, art. §2º, do CPC), duas podem ser as soluções a serem escolhidas pelo legislador: reunião ou extinção de um dos processos. O critério para se saber em qual juízo serão *reunidas* ou qual das duas será extinta também é opção do legislador.

No processo civil individual, a opção do legislador foi adotar a extinção do processo (art. 485, VI), e o critério para se saber qual seria extinto é o da prevenção.

Contudo, essa *não é a solução para os processos coletivos e, em especial, para a repetição de demandas eleitorais*, simplesmente porque há, no processo coletivo, certas peculiaridades que afastam o simples decalque da regra tradicional para tais hipóteses, tal como será mencionado adiante.

Apenas a título exemplificativo, tente responder à seguinte indagação: seria justo que a ação de investigação judicial eleitoral proposta pelo partido político fosse extinta caso todos os elementos da demanda fossem rigorosamente idênticos aos de uma ação de investigação judicial eleitoral proposta por qualquer legitimado da Lei Complementar nº 64/90? Poderia uma lei impedir a participação política do candidato ou do partido político simplesmente porque a mesma demanda já teria sido ajuizada pelo Ministério Público? Claro que não! Afinal de contas, se a tutela jurisdicional coletiva deve constituir-se numa forma ampla e irrestrita de acesso à justiça, abrindo canais e portas de ingresso em juízo, então se pergunta: é justo, ou válido ou legítimo que se aplique para esses casos a extinção de uma das formas de participação da sociedade na tutela de direitos íntimos à proteção da democracia?

Certamente, não se duvida que o Ministério Público, o candidato, o partido político ou o cidadão (nas hipóteses de ação popular eleitoral) nada mais são do que *representantes adequados* do direito tutelado, e como portadores ideológicos devem ser tratados. Havendo representantes adequados abstratamente considerados, embora em idêntica qualidade jurídica, a extinção de uma das demandas seria contrária aos princípios da efetividade e do acesso à justiça que norteiam a tutela jurisdicional supraindividual.

Certamente, não sendo possível a reunião de demandas conexas (para os casos em que apenas o legitimado ativo é pessoa diversa), a solução deverá ser, *de lege ferenda*, a suspensão do processo, com aplicação do art. 313, V, do CPC.

Por outro lado, estando as ações em curso perante o tribunal, como já foi dito, nada impede que sejam elas reunidas, tudo para evitar acórdãos contraditórios. São os mesmos princípios norteadores da conexão em primeiro grau que justificam a sua aplicação num segundo grau de jurisdição.

Se o caso for de duplicidade de litispendências de demandas eleitorais propostas, a regra será a da reunião das demandas ainda que estejam em instâncias diversas, pois, se se trata da *mesma demanda*, nenhum problema há em se reunir para o juízo prevento a demanda repetida, ainda que a originária já esteja no tribunal.

Isso implica dizer que a demanda repetida será reunida para o juízo prevento que esteja julgando em primeiro ou em segundo grau a demanda originária. E o representante adequado diverso que tiver proposto a demanda repetida não ficará tolhido de participar da tutela do direito na medida em que poderá atuar como litisconsorte da ação originária, assumindo-a, porém, no estado em que ela se encontra.

Assim, imaginemos a hipótese de uma ação de investigação judicial eleitoral proposta pelo Ministério Público e posteriormente a mesma ação proposta pelo partido ou candidato. Essa demanda será reunida para o juízo prevento e, mais que isso, para a instância em que se encontrar a causa.

Explica-se.

Se a demanda originária já tiver sido julgada e esteja em algum órgão jurisdicional do tribunal, em grau recursal, é para este juízo que será reunida a demanda eleitoral repetida, e, no exemplo dado, o partido ou o candidato será considerado litisconsorte da demanda originária, tal como se tivesse ocorrido uma *intervenção litisconsorcial voluntária* sem ampliação do objeto.

No tópico seguinte, iremos explicar como se identifica uma demanda eleitoral coletiva, justamente para que se possa verificar a ocorrência da conexão, continência e duplicidade de litispendência, e, então, se possa aplicar as soluções aqui mencionadas.

3 A identificação da ação coletiva eleitoral

A personalidade de uma ação é descrita no art. 337, §2º, do CPC ao mencionar que "uma ação é idêntica a outra quando possui as mesmas partes, a mesma causa de pedir e o mesmo pedido". O processo civil tradicional adota a teoria processualista de personificação das ações, permitindo que toda ação seja identificada – e assim distinguida das demais – pelos três elementos: partes, pedido e causa de pedir.

Assim, os institutos da conexão, continência, litispendência, prejudicialidade, da objeção da coisa julgada, etc., todos *relacionais* (dependem do contraste e confronto de duas ou mais ações), necessitam identificar a ação para que se possa descobrir se existe ou não alguma das situações processuais mencionadas.

Todavia, antes de saber se existe *duplicidade de litispendência*, se existe *conexão, continência*, etc., é preciso descobrir se uma ação coletiva eleitoral é identificada pelos três elementos como o é uma ação individual no processo civil clássico.

De antemão afirmamos que não.

É preciso entender que o direito material eleitoral impõe certas peculiaridades que nos obrigam a enxergar a identificação das demandas de uma forma diversa da que se faz o processo civil clássico.

Assim, em relação às *partes* é preciso distinguir a *parte ativa* da *passiva*. Em relação ao legitimado passivo, não há diferença em relação ao processo clássico, ou seja, a identificação é da própria pessoa pelas suas características próprias e particulares; mas em relação ao legitimado ativo, sim, existe diferença.

Como já visto anteriormente, por se tratar de uma ação coletiva (pedido e causa de pedir supraindividuais), o autor da ação eleitoral é apenas um *representante adequado* da coletividade, um *portador ideológico* do povo, de forma que pouco importa, para fins de identificação e distinção da demanda, que este portador seja o candidato, o partido político, o Ministério Público, ou até mesmo o cidadão. Na verdade, todos agem em nome da democracia popular, e, por isso, é importante a qualidade na qual litigam, e não propriamente o nome ou a identificação pessoal de cada um desses entes.

Isso quer dizer que, existindo duas demandas coletivas eleitorais em curso e sendo a "aparente distinção" entre elas apenas no *nome do legitimado ativo* (candidato, *parquet* ou partido político), não haverá *demandas diversas*, mas, sim, *demandas idênticas*, pois atuam como representantes adequados da coletividade.

Em relação ao *pedido*, é de se lembrar que no Direito Eleitoral não há liberdade de escolha em relação à sanção legal aplicável, sendo irrelevante a fundamentação jurídica narrada na petição inicial. A indicação ou menção ou narrativa da adequação do fato trazido na petição inicial à norma jurídica na qual ele incide é absolutamente desnecessária na ação coletiva eleitoral, simplesmente porque esse trabalho de *encaixe do fato a norma jurídica eleitoral* deve ser feito pelo juiz nos estritos ditames da lei eleitoral, sobrando-lhe, inclusive, quase nenhum espaço para dosar a aplicação da lei

Basta o fato trazido na petição inicial para que o juiz *deva* fazer a sua categorização adequada à(s) norma(s) jurídica(s) aplicável(is), impondo-se a sanção ou sanções que nela(s) está(ão) imposta(s).

Disso decorre que em uma ação eleitoral basta que se requeira que seja aplicada a sanção ou as sanções adequadas para aquela situação de fato narrada na petição inicial, ou seja, tanto o fundamento jurídico quanto a sanção legal aplicável àquele caso concreto não dependem de nenhum ato do autor da demanda, e, mais que isso, é irrelevante que nominem, que identifiquem, que arrolem a causa de pedir jurídica e o pedido correspondente, pois esta é uma tarefa do juiz, que, por sua vez, deve seguir de modo estrito o que diz a lei eleitoral.

Como dito, pouco importa que os *pedidos* (material ou processual) sejam diversos, pois, no Direito Eleitoral, a sanção a ser imposta é *ex lege*, ou seja, basta ao autor trazer o fundamento de fato para que a ele seja aplicada a sanção, ou as sanções, previstas na lei.

Assim, nas ações eleitorais, apenas a indicação do fundamento de fato e da legitimidade passiva (que por sua vez decorre da própria compreensão do fundamento de fato) permite ao magistrado identificá-las e personificá-las verificando se incidem os institutos da conexão, da continência, da litispendência, da coisa julgada, da prejudicialidade, etc.

São com esses dois elementos que o magistrado terá condições de aferir se há uma relação de identidade (total ou parcial) ou de semelhança entre demandas eleitorais que estejam em curso.

Deve-se deixar claro que sobre a concomitância de demandas coletivas que se utilizam de um mesmo suporte fático, propostas por qualquer um dos representantes adequados arrolados pelo legislador e desde que seja contra os mesmos legitimados passivos, as quais possuem entre si uma relação de *identidade*, deve incidir as consequências inerentes desse fenômeno (reunião das ações) com as peculiaridades do Direito Eleitoral.

4 A reunião das ações conexas e litispendentes no Direito Eleitoral brasileiro (art. 96-B da Lei nº 9.504/97)

A partir da observação do art. 96-B da Lei nº 9.504, vislumbra-se que o legislador brasileiro está realmente preocupado com baralhado sistema processual do Direito

Eleitoral e, em especial, com o risco que há para a estabilidade democrática e a judicialização desregrada, oportunista e quase passional de demandas eleitorais que, bem sabemos, muitas vezes são repetidas e reajuizadas por outros legitimados, valendo-se de mesmos fundamentos de fato que são apenas maquiados e enfeitados, mas que, no fundo, já foram ou já estão sendo julgados por outro juízo.

O legislador eleitoral brasileiro poderia ter avançado sensivelmente no tema ao tratar a questão da litispendência e da conexão de forma absolutamente pragmática, mas se reconhece que seria um passo demasiadamente largo e talvez diferente demais em relação ao que se estabelece no processo tradicional.

Percebe-se que o nosso legislador se manteve fiel ao sistema processual de identificação das demandas, mas avançou em relação ao tema, na medida em que reconheceu que no Direito Eleitoral – pelas peculiaridades do direito material – apenas a legitimidade e o fundamento de fato são bastantes para verificação da conexão ou da litispendência.

Já com relação à obrigatoriedade da reunião de demandas também deixou claro que é um *dever* fixando consequências diversas da reunião por conexão e reunião por litispendência.

4.1 Fundamento de fato e seu papel na verificação da semelhança ou identidade de demandas

Estabelece o *caput* do art. 96-B da Lei nº 9.504/97 que "serão reunidas para julgamento comum as ações eleitorais propostas por partes diversas sobre o mesmo fato". Diante dessa premissa fixada no *caput* do dispositivo, a pergunta que emerge é a seguinte: o legislador refere-se ao fenômeno da identidade ou semelhança entre essas demandas?

Diante dos critérios utilizados no dispositivo (fundamento de fato e legitimidade ativa), é averiguar a existência de conexão, não a de litispendência. Isso porque *fundamento de fato*, sozinho, é condição *necessária* e *suficiente* para reconhecer a conexão de causas; é *insuficiente* para verificar a *identidade* de demandas.

Enfim, para se reconhecer a existência da litispendência entre demandas eleitorais em curso importa apenas estar de posse de dois elementos: legitimidade passiva e fundamento de fato.[8]

Em nosso sentir o legislador laborou em equívoco ao enunciar nos parágrafos do art. 96-B – em especial no parágrafo terceiro – que bastaria apenas o fundamento de fato para saber se existe *semelhança ou identidade de demandas eleitorais*. O equívoco pode ser descortinado num exemplo bem simples e bastante comum em processos eleitorais.

Imaginemos uma demanda eleitoral que tenha por suporte fático um ato de captação ilícita de sufrágio e que, não obstante na narrativa fática da petição inicial tenha restado clara a ciência do candidato posteriormente eleito, o autor da demanda (partido político) tenha proposto a ação apenas contra o cabo eleitoral que praticou

---

[8] A *legitimidade ativa* é elemento irrelevante nesse contexto, porque sendo os legitimados ativos meros representantes adequados da coletividade, então pouco importa que seja um ou outro ente a conduzir a demanda eleitoral coletiva. A causa de pedir jurídica e o *pedido* também são irrelevantes, pois ambos decorrem da lei e emergem do fundamento de fato trazido pelo autor da demanda.

diretamente o ato de compra de votos. Nesse caso, o *fundamento de fato foi deduzido em toda a sua extensão*, mas houve uma restrição na legitimidade passiva.

Posteriormente, em outra demanda, agora proposta pelo Ministério Público, o mesmo fundamento de fato é repetido, sendo trazido ao polo passivo apenas contra o candidato eleito.

Nessas duas hipóteses, tem-se apenas semelhança entre as demandas, *mesmo com identidade de fundamentação de fato*, pois não apenas os legitimados passivos são diversos, mas justamente por isso, por ser outro legitimado, (o candidato eleito) a causa de pedir jurídica e o pedido serão também diversos. Na primeira, incidirá a multa com a inelegibilidade reflexa. Na segunda, além dessas sanções, a cassação do mandato.

Com isso, ao se dizer no *caput* do art. 94-B que "serão reunidas para julgamento comum as ações eleitorais propostas por partes diversas sobre o mesmo fato", o legislador disse apenas que o mesmo fundamento de fato enseja a reunião das demandas, seja porque se está diante de *identidade* ou de *semelhança* entre elas.

4.2 A possibilidade de novas demandas: legitimidade concorrente e disjuntiva

Ao se dizer no §1º do art. 96-B que "o ajuizamento de ação eleitoral por candidato ou partido político não impede ação do Ministério Público no mesmo sentido", nada mais foi dito que o óbvio – às vezes o óbvio precisa ser dito – na medida em que a legitimidade para propor ações coletivas eleitorais é *concorrente* e *disjuntiva*, não se podendo imaginar que, proposta a ação por um legitimado, o outro quedasse proibido de fazê-lo, embora sempre seja recomendável o litisconsórcio inicial entre os legitimados.

Parece não haver maiores dúvidas que o legislador trata da *repetição de demanda que já esteja em curso*, portanto, de litispendência, isto é, da (re)propositura da mesma *ação eleitoral, só que por legitimado coletivo diverso*. Afinal de contas, se se tratasse de demanda meramente semelhante (conexão), seria absolutamente óbvio e desnecessário dizer que a primeira demanda, diversa da posterior, não poderia impedir a propositura da segunda.

Ao dizer que o ajuizamento de ação eleitoral por candidato ou partido político não impede ação do Ministério Público, no mesmo sentido, o legislador deixa claro que *não* incide o *efeito* tradicional da litispendência, isto é, a extinção do processo (da demanda repetida) sem resolução do mérito nos termos do art. 485, VI, do CPC.

Por outro lado, *contrario sensu*, parece-nos igualmente claro que se por qualquer motivo o mesmo legitimado coletivo repropuser demanda idêntica,[9] não se poderá aplicar a regra excepcional deste dispositivo e a solução será a extinção nos termos do CPC.

4.3 Efeitos da anexação da demanda repetida à anterior

O fato de o legislador admitir – ele usa a expressão *não impede* – que a mesma demanda eleitoral seja repetida, desde que por legitimado coletivo diverso, não quer dizer que, uma vez admitida a demanda repetida, será ela *reunida e processada*, no sentido

---

[9] Assim, por exemplo, se o mesmo partido político propõe a mesma ação duas vezes.

de que devam ser consideradas *duas demandas* e não *uma demanda* para uma espécie de "julgamento conjunto".

Frise-se que "demanda repetida" é apenas uma demanda, e como tal é tratado corretamente o fenômeno pelo legislador eleitoral.

O que pretende a norma é evitar que os legitimados coletivos à propositura de uma demanda eleitoral tenham o seu direito de ir tolhido pelo exercício de outro legitimado, afastando inclusive a possibilidade de conluio entre as partes em detrimento do direito coletivo eleitoral.

Por outro lado, impede-se que essa repetição exija um processamento de cada ação que venha a ser repetida.

É interessante notar que a resposta a essa questão (o que fazer com a demanda eleitoral repetida proposta por legitimado diverso) vem descrita no parágrafo seguinte (§2º), ao dizer que "se proposta ação sobre o mesmo fato apreciado em outra cuja decisão ainda não transitou em julgado, será ela apensada ao processo anterior na instância em que ele se encontrar, figurando a parte como litisconsorte no feito principal".

Enfim, é incontroverso que o legislador admite a (re)propositura da mesma demanda eleitoral por legitimado autônomo diverso, mas considera que a repetição de demanda nada mais é do que uma forma de intervenção litisconsorcial voluntária[10] na demanda já ajuizada, fazendo com que a demanda repetida seja anexada à demanda eleitoral existente, ainda que já tenha sido julgada e esteja em grau recursal.

Nessa anexação nada impede que os argumentos deduzidos na ação repetida possam servir para convencer o órgão jurisdicional.[11]

Uma vez que tenha sido reconhecida a litispendência, então se admite a intervenção litisconsorcial voluntária do legitimado ativo e a ação repetida é anexada – aí termina o seu processamento, mantendo-se o procedimento da ação proposta anteriormente com a adição do litisconsorte.

É claro que essa decisão de admitir e anexar a segunda na primeira enseja alguns cuidados e observações importantes:

(i) É preciso saber, primeiramente, qual é a primeira e qual é a segunda.
(ii) É preciso observar que nem sempre as duas serão propostas perante o mesmo juízo.
(iii) Essa regra só se aplica no caso de litispendência.

A questão de se saber qual foi a primeira demanda e qual foi a repetida é respondida pelo *caput* do art. 96-B da Lei das Eleições c/c art. 58 do CPC. O critério é o da prevenção cronológica, ou seja, será competente para apreciá-las o juiz ou relator que tiver recebido a primeira, o que implica em dizer que a reunião das ações propostas em separado far-se-á no juízo prevento. O registro ou a distribuição da petição inicial torna prevento o juízo nos termos do art. 59 do CPC. A segunda observação implica em reconhecer que é perfeitamente possível – até por má-fé processual – que as ações eleitorais idênticas propostas por legitimados coletivos diversos não sejam propostas no mesmo juízo ou perante o mesmo relator.

---

[10] Obviamente que sem a ampliação do objeto da demanda coletiva porque a causa de pedir jurídica e a sanção (pedido) incidem pela lei e independem do pedido formulado.

[11] Recorde-se que *fundamento* é diverso de *argumento*. O primeiro é causa de pedir, o segundo é técnica de discurso. No texto cuida-se de argumento, pois se fosse *novo fundamento* haveria certamente *nova* e *diversa* ação, o que não é o caso.

Exatamente por isso, mas também por respeito ao contraditório, tendo ou não sido proposta no mesmo juízo ou relator, este deverá abrir prazo para que o legitimado passivo – *o mesmo nas ações repetidas* – possa exercer o contraditório e aí denunciar a existência de *semelhança* ou de *identidade* entre as ações propostas supostamente com base no mesmo fundamento de fato e por legitimados diversos.

O contraditório prévio antes dessa importante decisão do juízo é essencial e é consentâneo com as normas fundamentais de direito processual civil (art. 1º e ss. do CPC) e, em especial, do art. 10, que diz que o juiz não pode decidir, em grau algum de jurisdição, com base em fundamento a respeito do qual não se tenha dado às partes oportunidade de se manifestar, ainda que se trate de matéria sobre a qual deva decidir de ofício.

A terceira observação mencionada, de que a regra do art. 96-B, §2º, só se aplica à litispendência, e não à semelhança de ações eleitorais, decorre do fato, lógico, de que, em caso de conexão de causas, não há mera reunião para apensamento de ações, mas reunião para seu julgamento simultâneo, como determina o art. 55, §1º, do CPC ao dizer que os processos de ações conexas serão reunidos para decisão conjunta, salvo se um deles já houver sido sentenciado.

Certamente que não se poderia admitir – sob pena de violação do contraditório e supressão de instância, v.g. –, se ação semelhante a ela fosse apensada a uma anterior que já esteja em segundo grau de jurisdição, como admite o dispositivo (art. 96-B, §2º).

4.4 A repetição da demanda fundada em nova ou outras provas (art. 96-B, §3º, da Lei nº 9.504/97)

Segundo o art. 96-B, §3º, da Lei nº 9.504, "se proposta ação sobre o mesmo fato apreciado em outra cuja decisão já tenha transitado em julgado, não será ela conhecida pelo juiz, ressalvada a apresentação de outras ou novas provas".

O que significa a expressão "não será ela conhecida pelo juiz, ressalvada a apresentação de outras ou novas provas" contida no dispositivo apresentado? A correta compreensão do seu significado é essencial para que se delimite quando existe e quando não existe a autoridade do julgado nessas sentenças de mérito em desfavor da coletividade.

Em outros termos, saber o que exatamente significa a expressão "não será ela conhecida pelo juiz, ressalvada a apresentação de outras ou novas provas" é investigar o fenômeno da coisa julgada nas ações eleitorais.

As ações eleitorais nada mais são do que demandas coletivas destinadas à tutela jurisdicional de um direito difuso por excelência: a soberania popular exercida por intermédio de um regime democrático.

É de se dizer que todos os ingredientes necessários para que o regime da coisa julgada coletiva (art. 103, I, e ss. do CDC c/c art. 16 da LACP) sejam aplicados ao Direito Eleitoral estão presentes.

Nem se afirme que o art. 105-A da Lei nº 9.504[12] seja impeditivo do regime jurídico da coisa julgada nas ações coletivas, pois a absurdeza do referido dispositivo

---

[12] Dispõe a Lei nº 9.504/97: "Art. 105-A. Em matéria eleitoral, não são aplicáveis os procedimentos previstos na Lei nº 7.347, de 24 de julho de 1985. (Incluído pela Lei nº 12.034, de 2009)".

tem origem numa vergonhosa e inconstitucional tentativa de evitar que o *procedimento do inquérito civil público* seja usado como procedimento preparatório para a propositura desta demanda.[13] Ora, coisa julgada não é *procedimento*, é instituto de direito político-constitucional, e o regime jurídico especial do processo coletivo se aplica às ações eleitorais.

O art. 96-B, §3º, da Lei nº 9.504 cuida de hipótese de *coisa julgada secundum eventum probationes*,[14] mas com um *plus* em relação ao que ocorre nas ações coletivas do art. 103, I, do CDC. Enfim, o fenômeno da coisa julgada *secundum eventum probationes* descrito no art. 103, I, do CDC difere-se um pouco em relação ao que consta no §3º do art. 96-B da nº Lei nº 9.504/97.

É que o art. 96-B permite que a mesma demanda eleitoral – já julgada improcedente – portanto, fincada no mesmo *fundamento de fato*, poderá ser reproposta, desde que esteja embasada em *outras ou novas provas*.

Isso implica dizer que, se é possível repropor a mesma demanda eleitoral valendo-se de nova prova, então, deve ser essa (a nova prova) tratada como se fosse um *fundamento novo*. Em outras palavras, mesmo não sendo uma nova causa de pedir, deve ser assim considerada, permitindo o ajuizamento da mesma ação com base no mesmo fundamento de fato.

Conhecida pelo juiz, ressalvada a apresentação de outras ou novas provas. Por consequência dessa regra, se houver, em trâmite, demandas eleitorais idênticas (litispendência), mas firmadas em provas diferentes, deve-se adotar o regime jurídico de reunião por conexão (como se causas de pedir diversas fossem), e não de *mera anexação* e paralisação do processamento da demanda repetida.

Portanto, o §3º do art. 96-B não garante apenas a *permissão para a (re)propositura da ação anterior com base em nova prova*. Garante também o direito de que a ação repetida, com base em prova diversa, seja processada como se demanda diversa fosse, de modo que se a anterior não tiver sido julgada, será a ela anexada para processamento e julgamento conjunto.

Não importa o motivo pelo qual foi julgada improcedente, se por *suficiência ou insuficiência de* provas, como exige o art. 103, I, do CDC.[15] No direito processual eleitoral, por expressa dicção do art. 96-B (citado), a ação eleitoral poderá ser reproposta desde que o seja com base em *outras ou novas provas*.

Isso implica dizer que o campo de amplitude da *coisa julgada secundum eventum probationes* é bem mais amplo do que o do art. 103, I, do CDC, pois não é necessário que tenha sido *julgada improcedente por insuficiência de provas* para que a demanda seja reproposta com base em nova prova. Havendo improcedência e tendo uma nova ou outra prova, a mesma ação poderá ser julgada pelo mérito novamente.

E faz todo sentido que seja assim, pois aqueles que têm um mínimo de prática forense eleitoral sabem que um *processo eleitoral* quase nunca é em alto nível, antes o contrário.

---

[13] V. item 1.3.2.3 da Parte II desta obra.

[14] A coisa julgada *secundum eventum probationes* nada mais é do que uma espécie de coisa julgada segundo o evento da lide.

[15] No art. 103, I, do CDC exige-se que a improcedência seja por insuficiência de provas, ou seja, tenha ocorrido o *non liquet* e com base na regra de distribuição do ônus da prova o magistrado tenha decidido.

Normalmente os debates sobre ideias, programas, propostas, etc. que serviriam para informar o eleitor e permitir que este exercesse a liberdade de voto num universo de transparência eleitoral, infelizmente, são uma exceção à regra. O vulgar numa campanha eleitoral, lamentavelmente, são agressões de parte a parte, ofensas de todos os tipos, mentiras, corrupções, abuso de poder, etc. E muitos desses atos são feitos de forma insidiosa, escarninha, e nem sempre são descobertos no mesmo momento em que são praticados.

Nem sempre se obtém a prova cabal da prova de corrupção ou fraude no momento em que a ação eleitoral está em curso ou na fase instrutória, e isso implica que muitas vezes ela não é robustecida de material probatório suficiente para que logre êxito.

Todavia, é perfeitamente possível que as provas daquele fato possam ser descobertas depois de julgada improcedente a ação eleitoral; enfim, depois até de ter sido julgada a demanda, e, por isso, esteve atento o legislador eleitoral ao autorizar (admitir) que uma demanda já julgada seja repetida – com base no mesmíssimo fundamento de fato – desde que se valendo de nova ou outra prova.

A palavra *nova* e *outra* foram usadas no sentido de que seja prova diversa da anteriormente produzida e idônea para proporcionar uma melhor sorte à demanda eleitoral reproposta. Contudo, há questionamentos que precisam ser desvendados.

Ela é nova porque superveniente ao processo findo? É a prova que já existia, mas não foi usada? Se a prova nova for um documento novo, a repropositura tem a mesma finalidade da demanda rescisória (art. 966, VII, do CPC)?[16] Como deve ser vista a "prova nova" ou "outra prova" na repropositura da demanda? É requisito de admissibilidade? Essa prova nova ou outra prova deve ser demonstrada na petição inicial da demanda eleitoral reproposta?

Pelas indagações, percebe-se que o tema é farto de dúvidas que precisam ser esclarecidas, e aqui se aponta alguma diretriz.

Certamente, admitindo que qualquer tipo de improcedência da demanda eleitoral não se imutabiliza diante de uma *nova* ou *outra prova*, vê-se que a repropositura da mesma demanda eleitoral só poderá ser feita se baseada em *nova* ou em *outra* prova.

A "nova ou outra prova" não é necessariamente a que surge após o trânsito em julgado do processo anterior. Não mesmo. Esta não é a realidade do *processo eleitoral e das campanhas eleitorais*.

A expressão deve ser compreendida simplesmente como a prova "não produzida na ação anterior", o que leva a crer que já poderia existir desde a época em que a demanda anterior fora proposta.

Mais que isso, a prova pode ter sido até mesmo postulada e não admitida a sua produção no processo anterior. Se assim for, nada mais lógico que admitir que o conceito englobe também as provas que não existiam à época do processo ou aquelas que, embora existentes, eram desconhecidas ou tinham o seu uso impossibilitado.

Em matéria eleitoral, o que está em jogo é a proteção da democracia popular, e infelizmente é comum que apenas depois de muito tempo seja possível obter comprovações de fatos de corrupção, fraude, abuso de poder.

---

[16] Art. 966, VII, do CPC: "Obtiver o autor, posteriormente ao trânsito em julgado, prova nova cuja existência ignorava ou de que não pôde fazer uso, capaz, por si só, de lhe assegurar pronunciamento favorável".

Não é justo negar o uso dessa prova nova para se obter o convencimento de que houve o dano à democracia e ao sufrágio popular. Respeitados os prazos para ajuizamento das demandas eleitorais, não só pode, como deve ser reproposta, e admitida, a demanda eleitoral julgada improcedente valendo-se o autor de nova ou outra prova.

Outra indagação diz respeito à necessidade de a nova ou outra prova ser, sozinha, responsável por proporcionar melhor sorte à mesma demanda coletiva.

Obviamente que não, pois se se trata da *mesma demanda* que será repetida, não há por que negar a utilização do material probatório usado anteriormente. Nem se trata aqui de prova emprestada, porque se trata de utilizar as provas já produzidas sobre fatos relativos à mesma lide.

Dessa forma, não há como desprezar toda a prova colhida anteriormente e que foi objeto de discussão, até porque certos elementos de prova, depois de tanto tempo, não poderão ser mais obtidos com a mesma flagrância dos que foram obtidos na demanda anterior. Não há razão para que todo o material anteriormente produzido seja desprezado.

Outro aspecto importante acerca do conceito de "nova ou outra prova" diz respeito à suposta superposição de campo entre a demanda eleitoral proposta com base em nova prova e a ação rescisória com base em documento novo (art. 966, VII, do CPC). Em outros termos, fica a pergunta se a "ação posterior baseada em nova prova tem natureza rescisória ou não, já que pelo CPC até a nova prova pode dar ensejo à ação desta natureza".

Segundo pensamos, não há aqui uma superposição de campos entre a demanda rescisória e a demanda que se repropõe, e podem ser apontadas semelhanças e dessemelhanças entre as figuras.

Quanto às dessemelhanças, não só aspectos de competência e procedimento diferem uma da outra, mas também, especialmente, a demanda rescisória é uma outra demanda com cúmulo de pedido, em que o primeiro pedido é o de que seja deferida a rescisão da coisa julgada.

Ora, o pressuposto da demanda eleitoral reproposta é não ter ocorrido a coisa julgada material, motivo pelo qual não se poderia falar em ação rescisória.

Outrossim, o conceito de nova prova do inciso VII do art. 966 do CPC é menos extenso que o conceito de nova ou outra prova do art. 96-B, §3º, da Lei nº 9.504/97, pois, enquanto esta pode ou não ser contemporânea ao processo findo, a hipótese do art. 966, VII, do CPC refere-se à prova que existia à época, mas que não pôde ser usada.

Quanto às semelhanças, pode-se dizer que em ambos os casos é comum o fato de que servem de embasamento à pretensão de revisão do julgado, embora não se possa dizer que o juiz tenha errado nos seus julgamentos, já que, num ou noutro caso, não teve acesso à outra ou nova prova que serão utilizados na nova demanda.

Ainda há em comum o fato de que tanto num caso quanto no outro podem, pelo menos num juízo de probabilidade, ser tidos como idôneos ou capazes de assegurar uma melhor sorte na reanálise da lide.

Para finalizar os aspectos relativos à "nova ou outra prova", é importante deixar claro qual o seu papel na demanda que será reproposta. Ao que parece, está diretamente relacionada com a *admissão* da ação reproposta, e deve ela ser explicitada no corpo da petição inicial.

Haverá falta de interesse processual, caso não seja identificada a nova prova na petição inicial. A prova nova ou outra prova, como dito no §3º do art. 96-B, faz parte do juízo de admissibilidade para a propositura da ação eleitoral.

Nessa toada, o autor da demanda eleitoral reajuizada deve, de plano, na petição inicial, demonstrar que a prova nova ou a outra prova que pretende produzir (obviamente não produzida ainda) terá condições de alterar o resultado da demanda julgada improcedente.

Assim, num juízo sumário de probabilidade, o magistrado deverá apreciar a questão e decidir se a *nova ou outra prova* realmente existe e é provável de que possa levar a julgamento diverso.

É de se notar que não se poderia exigir do autor da demanda eleitoral outra coisa que não fosse uma demonstração razoável de que a nova prova tenha o condão de modificar o resultado, ainda que isso se dê pela adição das provas anteriores. Quanto ao juiz, deve fazer um juízo provável, pois a certeza desse aspecto só virá com a produção da prova propriamente dita, cujo momento é preso à fase instrutória, salvo se se tratar de prova documental.[17]

Referências

ALVIM, Arruda. *Manual de direito processual civil*. 13. ed. São Paulo: Revista dos Tribunais, 2010.

BUENO, Cassio Scarpinella. *Direito processual civil*: direito processual coletivo e direito processual público. Vol. 2. São Paulo: Saraiva, 2010.

CALMON DE PASSOS, José Joaquim. *Mandado de segurança, mandado de segurança coletivo, mandado de injunção, "habeas data"*. Rio de Janeiro: Forense, 1989.

DIDIER JR., Fredie; ZANETI JR., Hermes. *Curso de direito processual civil*: processo coletivo. 5. ed. Vol. 4. Salvador: Jus Podivm, 2010.

DINAMARCO, Candido Rangel. *Instituições de direito processual civil*. 4. ed. São Paulo: Malheiros, 2004.

GIDI, Antonio. *Coisa julgada e litispendência em ações coletivas*. São Paulo: Saraiva, 1995.

GRINOVER, Ada Pellegrini. A problemática dos interesses difusos. *In*: GRINOVER, Ada Pellegrini (Coord.). *A tutela dos interesses difusos*. São Paulo: Max Limonad, 1984.

GRINOVER, Ada Pellegrini; MENDES, Aluisio Gonçalves de Castro; WATANABE, Kazuo (Coord.). *Direito Processual Coletivo e o Anteprojeto de Código brasileiro de processos coletivos*. São Paulo: Revista dos Tribunais, 2007.

LIEBMAN, Enrico Túlio. *Eficácia e autoridade da sentença e outros escritos sobre coisa julgada*. Tradução de Alfredo Buzaid e Benvindo Aires. Rio de Janeiro: Revista Forense, 1945.

MANCUSO, Rodolfo de Camargo. *Jurisdição coletiva e coisa julgada*: teoria geral das ações coletivas. São Paulo: Revista dos Tribunais, 2006.

MAZZILLI, Hugo Nigro. *A defesa dos interesses difusos em juízo*. 19. ed. São Paulo: Saraiva, 2006.

MOREIRA, Jose Carlos Barbosa. *Tutela jurisdicional dos interesses coletivos e difusos*: Temas de direito processual civil. São Paulo: Saraiva, 1984.

NERY JR., Nelson. *Princípios do Processo Civil na Constituição Federal*. 3. ed. São Paulo: Revista dos Tribunais, 1997.

---

[17] A ação reproposta deve ser ajuizada no mesmo juízo (prevento) que processou e julgou anteriormente, por interpretação extensiva do art. 286, II, do CPC.

PEREIRA, Luiz Fernando Casagrande. Ações eleitorais: Atualidades sobre a conexão, continência, litispendência e coisa julgada. Texto inédito. 2016.

RODRIGUES, Marcelo Abelha. *Ação civil pública e meio ambiente*. 2. ed. Rio de Janeiro: Forense Universitária, 2004.

VENTURI, Elton. *Processo civil coletivo:* A tutela jurisdicional dos direitos difusos, coletivos e individuais homogêneos no Brasil – Perspectivas de um Código Brasileiro de Processos Coletivos. São Paulo: Malheiros, 2007.

WAMBIER, Teresa Arruda Alvim. Litispendência em Ações Coletivas. *In*: MAZZEI, Rodrigo; NOLASCO, Rita Dias (Coord.). *Processo civil coletivo*. São Paulo: Quartier Latin, 2005.

WATANABE, Kazuo. Demandas coletivas e os problemas da praxis forense. *Revista de Processo*, São Paulo, n. 67, jul./set. 1992.

Informação bibliográfica deste livro, conforme a NBR 6023:2002 da Associação Brasileira de Normas Técnicas (ABNT):

RODRIGUES, Marcelo Abelha. Notas sobre a semelhança e identidade de causas no direito processual eleitoral (art. 96-B da Lei nº 9.504/97). *In*: TAVARES, André Ramos; AGRA, Walber de Moura; PEREIRA, Luiz Fernando (Coord.). *O direito eleitoral e o novo Código de Processo Civil*. Belo Horizonte: Fórum, 2016. p. 175-191. ISBN 978-85-450-0133-1.

BREVES OBSERVAÇÕES SOBRE O ART. 96-B DA LEI Nº 9.504/97

RODRIGO LÓPEZ ZILIO

1 Introdução

O presente articulado tem o desiderato de traçar um vínculo entre a regra de conexão eleitoral (introduzida pela Lei nº 13.165/15) e as linhas gerais do novo Código de Processo Civil (CPC). Para atingir esse objetivo, é necessária uma análise da compatibilidade do novo mandamento (art. 96-B da Lei das Eleições – LE) com os princípios eleitorais, sem adotar um raciocínio reducionista que transforme o processo cível eleitoral em um procedimento ordinarizado como o cível *lato sensu*.

A ausência de uma legislação eleitoral codificada (e atualizada) é apontada como um dos maiores entraves para a solidificação dos anseios da Justiça Eleitoral. Da mesma sorte, uma sucessão de leis, ao longo dos tempos, tem criado novas espécies de ações cíveis eleitorais – muitas justificadas por momentos específicos de crises políticas ou sociais – e sem uma mínima visão processual sistêmica, tudo sob o pretexto de refrear a ocorrência dos ilícitos eleitorais.

Como diversas dessas ações possuem causa de pedir semelhantes (quando não idênticas), concebeu-se um contencioso judicial eleitoral com uma tutela processual extremamente larga. A convivência de uma multiplicidade de ações cíveis eleitorais com desideratos convergentes e a crescente judicialização das eleições acarretaram situações processuais de difícil solução (prática ou jurídica).

Ainda antes da Lei nº 13.165/15, após refutar a configuração de litispendência entre as ações eleitorais que importem em cassação do registro, mandato ou diploma, sob argumento de que cada feito possuía requisitos próprios e consequências distintas (RCED nº 729, rel. Min. Marcelo Ribeiro, j. 18.08.2009), o TSE,[1] timidamente, vinha

---

[1] Cabe ao Juízo Eleitoral que possui a competência originária para apreciação de AIME em eleição municipal examinar se os fatos narrados no presente feito têm similitude com a causa de pedir de ação de impugnação de mandato eletivo proposta, decidindo, assim, sobre eventual configuração de litispendência, continência ou coisa julgada, dando-lhe as consequências jurídicas pertinentes [...] (AgRg em Respe nº 23-20, rel. Min. Henrique Neves, j. 02.10.2014).

admitindo a possibilidade de o juízo aferir a hipótese de litispendência, continência ou coisa julgada entre essas ações eleitorais. Mais recentemente, na vigência da Lei nº 13.165/15, mas julgando caso anterior ao aludido diploma normativo, o TSE – em feito relativo à ação de impugnação de mandato eletivo e captação ilícita de sufrágio – definiu que "a litispendência entre feitos eleitorais pode ser reconhecida quando há identidade da relação jurídica-base das demandas, não sendo possível afirmar aprioristicamente e de forma generalizada a impossibilidade de sua ocorrência", devendo o seu reconhecimento ser feito "à luz do caso concreto" (RESPe nº 3-48, rel. Min. Henrique Neves, j. 12.11.2015).

Porque esse regramento busca regulamentar matéria recorrente no contencioso eleitoral, a novidade legislativa concebida pelo art. 96-B da LE é uma medida salutar, desde que a sua aplicação efetiva não traga entraves indevidos ao regular desenvolvimento das ações cíveis eleitorais.

2 O alcance da expressão "mesmo fato" (art. 96-B, *caput*, LE)

O contencioso eleitoral existente no atual sistema de controle jurisdicional das eleições é amplo, dividindo-se em ações de caráter preventivo e repressivo e em tutelas que objetivam pedidos diversos[2] (desde uma conduta de abstenção e sanção pecuniária, até a invalidação de um mandato). Conforme o previsto no art. 96-B, *caput*, da LE, haverá a reunião, "para julgamento comum", de "ações eleitorais propostas por partes diversas sobre o mesmo fato", sendo que a competência será firmada pelo "juiz ou relator que tiver recebido a primeira".

O legislador eleitoral adota um critério de identidade fática para colmatar o conceito de conexão e estabelece que a prevenção para julgamento ocorrerá através do despacho de recebimento – diversamente do critério adotado pelo novo CPC.[3] Ocorre que determinados fatos, na esfera eleitoral, podem levar ao ajuizamento de ações completamente diversas, com pedidos absolutamente distintos. Assim, em uma ponta, a distribuição de vale-combustível pode servir de *causa petendi* para:

1) representação por captação e gastos ilícitos de recursos do art. 30-A da LE (quando esse gasto não é contabilizado na prestação de contas);
2) representação por captação ilícita de sufrágio do art. 41-A da LE (quando essa distribuição é condicionada à obtenção de voto do eleitor);
3) ação de investigação judicial eleitoral (AIJE) do art. 22 da LC nº 64/90 ou ação de impugnação de mandato eletivo (AIME) do art. 14, §10º, da Constituição Federal – CF (quando os recursos destinados à aquisição do vale-combustível são excessivos, configuradores de abuso de poder econômico).

Em outra ponta, ainda, um fato configurador de propaganda eleitoral irregular – que é aferido através da representação do art. 96 da LE –, conforme as circunstâncias do caso concreto, pode ser apurado através de uma AIJE. De fato, conforme o TSE,

---

[2] Em resumo, vislumbra-se a possibilidade de a parte interessada postular, perante a Justiça Eleitoral, v.g.: a) direito de resposta; b) sanção pecuniária (ex.: pesquisa irregular); c) abstenção de conduta (ex.: propaganda irregular); d) subtração de tempo no horário eleitoral gratuito e na propaganda partidária; f) indeferimento de registro; g) cassação de registro; h) cassação de diploma; i) inelegibilidade; j) perda de mandato por desfiliação injustificada.

[3] O novo CPC conceitua conexão entre duas ou mais ações "quando lhes for comum o pedido ou a causa de pedir" (art. 55) e explicita que "o registro ou a distribuição da petição inicial torna prevento o juízo" (art. 59).

"não há vedação de que os mesmos fatos configurem ao mesmo tempo mais de um ilícito eleitoral, desde que comprovados os pressupostos caracterizadores" (AgRg no AI nº 182.002, rel. Min. Arnaldo Versiani, j. 08.09.2011).

Diante desse quadro, a questão a ser dirimida é qual o alcance da expressão "mesmo fato", a justificar a reunião das ações para julgamento conjunto. Esse "mesmo fato" pressupõe também a mesma causa de pedir ou um mesmo pedido? Ou essa reunião de processos ocorre havendo um "mesmo fato", ainda que com enfoque diverso na causa de pedir e no pedido?

Pela redação do art. 96-B da LE, *a priori*, não existe restrição *aparente* para uma delimitação de ações eleitorais a serem reunidas para julgamento conjunto, desde que visualizada a identidade de fatos. Havendo um fato comum, podem ser reunidas para julgamento conjunto, v.g., uma AIJE e uma representação por propaganda irregular ou uma AIME e uma representação por direito de resposta – demandas com necessidades probatórias extremamente diversificadas. Daí que, em havendo um "mesmo fato", a reunião de processos prescinde da convergência de causa de pedir ou pedido,[4] embora esse julgamento conjunto dependa de outros critérios igualmente relevantes devidamente fundamentados pelo juízo.

3 Os influxos de interpretação do art. 96-B da LE

O conteúdo delineado no art. 96-B da LE não pode ser compreendido isoladamente, sendo indispensável uma leitura de acordo com os princípios do direito eleitoral, os objetivos tutelados pelas respectivas ações eleitorais e as pretensões deduzidas pelas partes nessas demandas específicas.

Embora não referido expressamente em seu texto, o art. 96-B da LE visa conferir uma harmonização no tratamento legal daquelas ações cíveis eleitorais[5] que tenham o

---

[4] O processualista paranaense Luiz Fernando Pereira defende que "embora o dispositivo fale em identidade de fatos, o correto é fazer uma leitura da pertinência da reunião à luz da jurisprudência do STJ agora incorporada pelo NCPC (art. 55, §3º): basta o risco de decisões conflitantes" (PEREIRA, Luiz Fernando Casagrande. Ações Eleitorais: Atualidades sobre conexão, continência, litispendência e coisa julgada. No prelo). No entanto, por força da multiplicidade dos bens jurídicos tutelados pelas diversas ações eleitorais e pela necessidade de prova específica da responsabilidade dos candidatos em cada uma dessas demandas, o risco de decisões conflitantes – nas ações que demandem cassação de registro, diploma ou mandato – é bastante restrito e se circunscreve, basicamente, à hipótese de uma AIJE que é seguida do aforamento de uma AIME, como será demonstrado a seguir (*vide* tópico: O direito fundamental à prova e a multiplicidade de bens jurídicos tutelados pelas ações cíveis eleitorais).

[5] Existem dois gêneros de ações na esfera cível-eleitoral: as ações de arguição de inelegibilidade e as ações de combate aos ilícitos eleitorais. As ações de arguição de inelegibilidade consistem em um meio processual adequado para atacar um déficit na capacidade eleitoral passiva (i.e., ausência de condição de elegibilidade ou registrabilidade e incidência de uma causa de inelegibilidade). São exemplos de ações de arguição de inelegibilidade: a AIRC (art. 3º da LC nº 64/90) e o RCED (art. 262 do CE). De outra parte, as ações de combate aos ilícitos eleitorais tratam de irregularidades cometidas no andamento do processo eleitoral que está em curso e se subdividem em ações de apuração de abuso (*lato sensu*) e as representações remanescentes. As ações de apuração de abuso (*lato sensu*) tratam do cometimento de ilícito no pleito eleitoral em curso e importam, em regra, na aplicação de sanção de cassação do registro, diploma ou mandato. As ações de apuração de abuso (*lato sensu*) subdividem-se em: ações genéricas (AIJE – art. 22 da LC nº 64/90; AIME – art. 14, §10º, da CF) e representações específicas (captação ilícita de sufrágio – art. 41-A da LE; condutas vedadas – arts. 73, 74, 75 e 77 da LE; captação e gastos ilícitos eleitorais – art. 30-A da LE). Das representações remanescentes dimanam, em regra, sanções pecuniárias.
Essa divisão é de extrema relevância para a aplicação de regras de tutela coletiva – e não do Código de Processo Civil – naquelas ações eleitorais que tenham o objeto de proteção de bens jurídicos de caráter metaindividuais.

objetivo de desconstituir os elementos de referência do processo eleitoral: o candidato e o eleito. Dada a multiplicidade de ações com o objetivo de cassar registro, mandato ou diploma, a prática forense demonstra que é comum o ajuizamento de diversas demandas eleitorais com base em fatos idênticos ou similares, e também não é rara a cumulação, em uma única ação, de diversos fatos – que, por vezes, protegem bens jurídicos completamente distintos (exigindo, por consectário, comportamento probatório diferenciado). Essas ações – quase todas com *causas petendi* sobrepostas, procedimentos uniformes[6] e finalidades idênticas – formam um emaranhado de demandas que causam um desconforto na Justiça Eleitoral, além de um constrangimento pela geométrica judicialização do processo eleitoral com resultados efetivos extremamente modestos.

A intersecção entre o novo CPC e as regras de conexão estabelecidas no art. 96-B da LE, no presente estudo, recebe uma análise sobre: o aspecto formal (compatibilidade da lei ordinária para fixar causas de conexão em matéria eleitoral); o aspecto material (incidência dos princípios de direito eleitoral como critério de interpretação do art. 96-B da LE e o direito fundamental à prova em face à multiplicidade de bens jurídicos tutelados pelas ações cíveis eleitorais).

4 Da compatibilidade da lei ordinária para fixar causas de conexão em matéria eleitoral

Somente lei complementar pode dispor sobre regras de competência da Justiça Eleitoral (art. 121, *caput*, da CF). Considerada a omissão do Congresso Nacional em colmatar o dispositivo constitucional, o Código Eleitoral foi recepcionado com força de lei complementar na parte relativa à competência (TSE. Resolução nº 18.504, rel. Min. Sepúlveda Pertence, j. 10.09.1992).

No processo civil, conforme Fredie Didier Jr.,[7] a conexão "é fato jurídico processual que normalmente produz o efeito jurídico de determinar a modificação da competência relativa, de modo a que um único juízo tenha competência para processar e julgar todas as causas conexas" (p. 168). Ocorre que no Direito Eleitoral a conexão não possui efeito tão amplo quanto no processo cível *stricto sensu*, pois o critério de distribuição de competência, na esfera especializada, em regra,[8] é aferido pelo conceito de circunscrição (art. 86 do CE).

Dessa forma, as ações cíveis eleitorais que visam cassar registro, diploma ou mandato – que objetivam a proteção de bens jurídicos difusos (normalidade e legitimidade das eleições, isonomia entre os candidatos, moralidade das eleições) – recebem nítido influxo das regras de processo coletivo, ao passo que as demais ações eleitorais remanescentes (ou seja, com sanções diversas da cassação do registro, diploma ou mandato e que não tem o objetivo imediato de proteção de bens jurídicos difusos) têm a aplicação das regras do CPC.

[6] De todas as ações que objetivam cassar registro, mandato ou diploma, apenas as ações de impugnação (de registro e de mandato) adotam o procedimento ordinário eleitoral (art. 3º da LC nº 64/90); as demais seguem o rito do art. 22 da LC nº 64/90. Embora essa distinção, o fato é que os procedimentos previstos no art. 3º e no art. 22 da LC nº 64/90 possuem diferenças mínimas (basicamente, o prazo para oferecimento de alegações finais).

[7] DIDIER JR., Fredie. *Curso de Direito Processual Civil*. Vol. 1. 14. ed. Editora Juspodivm, 2012.

[8] Algumas exceções a essa regra geral: a) a competência no caso de ação rescisória eleitoral é privativa do TSE (art. 22, I, *j*, CE); b) o juízo eleitoral do domicílio do doador será o competente para processar e julgar as representações por doação eleitoral acima dos limites legais (CC nº 715-82, rel. Min. Otávio de Noronha, j. 25.06.2014); c) a competência no caso de perda de mandato por infidelidade partidária, na forma do art. 2º da Res. nº 22.610/07.

Em sendo a circunscrição o âmbito de abrangência territorial em que ocorrem as eleições, a competência das ações cíveis eleitorais basicamente é distribuída de acordo com o órgão da Justiça Eleitoral que é responsável pelo controle jurisdicional daquele pleito (TSE, nas eleições presidenciais; TRE, nas eleições federais e estaduais; Juiz Eleitoral, nas eleições municipais). Daí que a distribuição da competência entre os diferentes órgãos do Poder Judiciário eleitoral observa um critério de competência funcional[9] – que é regra de competência absoluta (e não sujeita à alteração ou prorrogação pela conexão).[10]

A criação dos juízes auxiliares por lei ordinária (art. 96, §3º, da LE) foi matéria debatida pelas cortes eleitorais, por força da tese de que era regra de competência e sujeita à lei complementar. Contudo, esse argumento foi rechaçado pelo TSE, sob o fundamento de que não se tratava de competência de jurisdição – matéria reservada à lei complementar –, mas de "distribuir entre seus juízes e tribunais essa competência global da jurisdição eleitoral" (Mandado de Segurança nº 3.013, rel. Min. Sepúlveda Pertence, j. 09.05.2002). Até mesmo o julgamento de representação por conduta vedada por juiz responsável pela propaganda eleitoral, quando a resolução estabelecia a atribuição ao juiz do registro de candidatura, foi considerada causa de incompetência absoluta (RESPe nº 39.452, rel. Min. Dias Toffoli, j. 06.02.2014). Nessa hipótese, porque a discussão sobre o juízo competente foi travada entre juízes de uma mesma circunscrição municipal, poderia ser aventada a hipótese argumentativa de competência territorial – e, pois, sujeita à prorrogação. Contudo, a Corte não assentiu com essa tese, porquanto declarou a nulidade de todos os atos decisórios praticados naquele feito.

Do exposto, porque a regra da distribuição de competência entre os órgãos da Justiça Eleitoral possui o critério funcional – que é causa de competência absoluta –, o reconhecimento da conexão, com base no art. 96-B da LE, não tem o efeito de modificação ou deslocamento de competência.

O raciocínio permanece inalterado mesmo em caso de eleições gerais – cuja competência originária é de Tribunal Eleitoral. Com efeito, a presença da figura do juiz auxiliar não modifica a conclusão de que a conexão em matéria cível eleitoral não produz o efeito de deslocamento de competência, porquanto – ainda que se admita que as representações por descumprimento à Lei das Eleições e a AIJE devam ser distribuídas,[11] respectivamente, ao juiz auxiliar e ao Corregedor Eleitoral –, trata-se, *in casu*, de mera modificação de distribuição na relatoria do feito, pois o julgamento é realizado pelo Pleno da Corte Eleitoral.

---

[9] Suzana de Camargo Gomes obtempera que "em se tratando de Justiça Eleitoral, a competência em razão da função, ou seja, aquela que decorre das atribuições que o órgão desempenha em cada fase do processo judicial ou administrativo, bem como em suas respectivas fases, está distribuída entre Juízes Eleitorais, Juntas Eleitorais, Tribunais Regionais Eleitorais e Tribunal Superior Eleitoral" (GOMES, Suzana de Camargo. *A Justiça Eleitoral e sua competência*. Editora Revista dos Tribunais, 1998, p. 187).

[10] Conforme prevê o novo Código de Processo Civil, "a competência relativa poderá modificar-se pela conexão ou pela continência" (art. 54).

[11] O art. 23 da Resolução nº 23.398/13 TSE – que dispõe sobre representações, reclamações e pedidos de direito de resposta nas eleições de 2014 – reforça essa ideia de repartição da competência: "Art. 23. No caso de a inicial indicar infração à Lei nº 9.504/97 e também aos arts. 19 ou 22 da LC nº 64/90, o Relator poderá determinar o desmembramento do feito, remetendo cópia integral à Corregedoria Eleitoral para apuração das transgressões referentes à LC nº 64/90 (Resolução nº 21.166/2002). Parágrafo único. Caso a representação, nas mesmas circunstâncias previstas no caput, seja inicialmente encaminhada ao Corregedor Eleitoral, este poderá determinar o desmembramento do feito, remetendo cópia integral para distribuição a um dos Juízes Auxiliares para apuração das infrações à Lei nº 9.504/97".

Por consequência, não se visualiza qualquer inconstitucionalidade no fato de o art. 96-B da LE ser objeto de lei ordinária, pois não se trata de norma que criou ou alterou substancialmente regra de competência da Justiça Eleitoral.

5 Da incidência dos princípios de direito eleitoral como critério de interpretação do art. 96-B da LE

A regra prevista no art. 96-B da LE pretende dispensar uma logicidade mínima ao complexo sistema contencioso judicial eleitoral, determinando a reunião, para julgamento comum, de ações que apresentem convergência fática. Para tanto, o diploma normativo apresenta soluções em caso de sobreposição de ações em andamento (art. 96-B, §2º, da LE) e para superveniência de ação já definitivamente julgada (art. 96-B, §3º, da LE).

A conexão é sempre concebida com uma dupla utilidade:[12] a) aproveitamento probatório (sendo desnecessária uma instrução dúplice, por juízes diversos, quando é possível extrair esse resultado de uma única demanda processual); b) evitar julgamentos contraditórios.

De regra, esses efeitos de utilidade prática, *a priori*, também são visualizados nas regras de conexão das ações cíveis eleitorais. Contudo, porque os mandatos possuem tempo certo e determinado, não é possível olvidar que determinadas ações cíveis eleitorais devem receber uma interpretação prioritariamente a partir dos princípios regentes dessa esfera especializada, somente recebendo o influxo das regras do Código de Processo Civil subsidiariamente. O próprio TSE – que já admitia a aplicação subsidiária das normas de processo civil comum, quando compatíveis com as exigências do processo eleitoral (RESPe nº 15.521, rel. Eduardo Ribeiro de Oliveira, j. 25.09.1998) – repisou que "em razão das peculiaridades específicas do processo de registro de candidatura",

> [...] as regras gerais do Código de Processo Civil não podem ser a ele aplicadas de forma integral, mas apenas em caráter subsidiário e naquilo que for compatível com a celeridade e continuidade da prestação jurisdicional, nos termos dos arts. 16 da LC nº 64/90 e 16 da Lei nº 9.504/97. (RESPe nº 10.979, rel. Min. Henrique Neves, j. 18.12.2012)

Sequer a norma introduzida pelo art. 15 do novo CPC[13] autoriza conclusão diversa. É descabido o imediato socorro a regras de processo civil nas ações eleitorais que objetivem cassar mandato, registro ou diploma, porquanto – considerado o interesse difuso imanente dessas demandas – a racionalidade que informa os respectivos ramos processuais é diversa e somente pode haver uma aplicação da regra civilista em caso de harmonização dos princípios de processo civil com os eleitorais.

No Direito Eleitoral, uma decisão judicial que não seja prolatada com eficácia mínima, dentro do prazo de um mandato, equivale a uma negativa de prestação

---

[12] Por todos, Didier Jr. preconiza que "a conexão, para fim de modificação de competência, tem por objetivo promover a economia processual (já que são semelhantes, é bem possível que a atividade processual de uma sirva a outra) e evitar a prolação de decisões contraditórias" (p. 168).

[13] Art. 15. Na ausência de normas que regulem processos eleitorais, trabalhistas ou administrativos, as disposições deste Código lhes serão aplicadas supletiva e subsidiariamente.

jurisdicional. As decisões exaradas pela Justiça Eleitoral – principalmente nas demandas que envolvam cassação de registro, mandato ou diploma – são realidades que interferem substancialmente na formação das representações políticas e somente podem ser concebidas como atividade de efetiva prestação jurisdicional se apresentarem uma conclusão definitiva antes do término do mandato em curso. Como observado por Marinoni e Mitidiero, "a relação que estabelece é entre meio – duração do processo – e fim – tutela do direito" e "a questão está em saber se a duração do processo é proporcional em relação à especificidade do direito material tutelado em juízo".[14] A limitação temporal do processo eleitoral possui uma dimensão de peso substancial na solução das lides eleitorais, e, dessa forma, os paradigmas de processo civil cedem passo naquelas ações cíveis eleitorais que protegem interesses difusos ou coletivos.

A preocupação com a duração razoável do processo – que é objeto de expressão do constituinte derivado há mais de uma década (art. 5º, LXXVIII, da CF) – também recebeu especial atenção do legislador eleitoral com a Lei nº 12.034/09, que acrescentou o art. 97-A na LE. Conforme esse dispositivo, o período máximo de um ano, a contar do protocolo da ação, é considerado como uma duração razoável dos processos que possam resultar em perda de mandato, em todas as instâncias da Justiça Eleitoral.

Se, de um lado, é certo que o cumprimento desse prazo é meta extremamente difícil,[15] em face às diversas instâncias da Justiça Eleitoral e a multiplicidade de recursos passíveis de manuseio pelos litigantes, de outro lado, não menos certo que a tramitação dos processos judiciais eleitorais deve primar pela máxima celeridade, evitando a tendência de ordinarização – que é um fenômeno do processo civil.

Os princípios da celeridade e da preclusão – típicos princípios de direito eleitoral – são peças fundamentais para a observância de uma duração razoável dos feitos eleitorais (principalmente os que, na dicção legal, "possam resultar em perda de mandato"). O desiderato do legislador é que a prestação jurisdicional eleitoral tenha uma tramitação célere, apresentando um resultado definitivo de mérito em tempo "razoável", mas sempre observando o devido processo legal, o contraditório e a ampla defesa. De outra parte, o direito de defesa, conquanto a óbvia amplitude, não pode ser desvirtuado, mediante a adoção de expedientes protelatórios e que não contribuem para a solução da lide posta em causa. Na busca pela duração de um "tempo justo" das demandas, advertem Marinoni e Mitidiero, "o juiz tem o dever de velar pela rápida solução do litígio, tendo de conduzir o processo de modo a assegurar a tempestividade da tutela jurisdicional" (*op. cit.*, p. 764).

Do exposto, a regra exposta no art. 96-B da LE deve receber uma interpretação de razoabilidade, de modo a equacionar, com equilíbrio, a duração razoável do processo e o devido processo legal eleitoral. Daí que, malgrado a redação do §2º do aludido

---

[14] SARLET, Ingo Wolfgang; MARINONI, Luiz Guilherme; MITIDIERO, Daniel. *Curso de Direito Constitucional*. 2. ed. Editora Revista dos Tribunais, 2013, p. 762.

[15] A crítica sobre a demasiada demora na solução das controvérsias eleitorais é recorrente na doutrina. Malgrado a imposição legal de celeridade aos feitos eleitorais, "muitas ações eleitorais tem se arrastado por períodos demasiados, especialmente as que podem conduzir à cassação de mandatos", observa MARCELO ROSENO DE OLIVEIRA, "alcançando-se as soluções finais para as controvérsias, muitas vezes, quando prestar a se esvair o período de investidura do mandatário, causando prejuízos não só para os diretamente envolvidos na disputa, mas também e principalmente para a população e para os organismos eleitorais" (Controle das Eleições – virtudes e vícios do modelo constitucional brasileiro, Editora Fórum, 2010, p. 114/115).

dispositivo, é inviável cogitar da reunião de processos eleitorais que se encontrem em instâncias diversas, sendo certa a prevalência do princípio da celeridade das ações eleitorais. Nessa hipótese, não se verifica qualquer fundamento a justificar essa reunião dos feitos eleitorais. No mesmo sentido, obtempera Luiz Fernando Pereira (*op. cit.*), ao referir expressamente que "não se pode reunir processos se um já estiver pronto para julgamento e o conexo ainda estiver no início", pois "haveria violação à efetividade e à celeridade".

O STJ já sumulou entendimento que preconiza que "a conexão não determina a reunião dos processos, se um deles já foi julgado" (Súmula nº 235). Também o art. 55, §1º, do novo CPC aponta que "os processos de ações conexas serão reunidos para decisão conjunta, salvo se um deles já houver sido sentenciado". Logo, existe uma uniformidade de pensamento jurídico que limita o efeito jurídico da conexão: a existência de uma causa já julgada. Esse posicionamento, aliás, já foi acolhido pelo próprio TSE[16] (nas raras vezes que tratou da matéria).

Porque um dos fatores que justificam a conexão é a economia processual (isto é, o aproveitamento da matéria probatória), possível defender a não reunião dos processos quando um deles já estiver maduro para o julgamento da causa, ou seja, com a instrução encerrada. Nessa hipótese, a regra seria a reunião de causas com identidade fática, mas desde que os feitos se encontrem na mesma fase processual.

Essa tese é, em muito, reforçada quando se analisa uma realidade bastante comum nas ações cíveis eleitorais: a AIJE e a AIME, conquanto protejam um mesmo bem jurídico e demandem uma postula probatória semelhante das partes, nascem em momentos completamente distintos do processo eleitoral. A AIJE pode ser ajuizada a partir do registro da candidatura[17] (cujo prazo final é 15 de agosto, conforme art. 11, *caput*, da LE), ao passo que a AIME somente pode ser aforada após a diplomação (o calendário das eleições de 2016, mais uma vez, estipulou o dia 19 de dezembro como data limite para a diplomação). Portanto, como regra, quando a AIME for proposta é possível que a AIJE, caso ainda não tenha sido julgada, já esteja com sua instrução encerrada. Nesse caso, a se aplicar a literalidade do art. 96-B da LE, deveria haver o apensamento da ação constitucional na AIJE (na instância em que essa se encontrar). A adoção automática desse entendimento possibilita, até mesmo, o conluio entre o representado da AIJE com algum legitimado para o manuseio de uma AIME sabidamente improcedente, apenas para o fim de tumultuar[18] o andamento da primeira ação ajuizada (AIJE). Somente a possibilidade de ocorrência dessa situação hipotética já justifica a imposição de um rígido termo limitador para a conexão das ações cíveis eleitorais.

De qualquer sorte, seja a prolação de uma sentença, seja o encerramento da instrução, parece certo que a conexão das ações cíveis eleitorais não tem a extensão que uma interpretação literal do §2º do art. 96-B da LE sugere ("será ela apensada ao processo anterior na instância em que ele se encontrar"). Embora a afinidade fática entre as demandas, existe a necessidade de avaliação judicial da conveniência de reunião

---

[16] Não há se falar em conexão, sendo distintas as hipóteses versadas nos processos cuja reunião se cogita, mormente quando um deles já foi julgado. (Rep. nº 243.589, rel. Min. Joelson Dias, j. 02.09.2010)

[17] Recurso Ordinário nº 102-65, min. Gilmar Mendes, decisão monocrática, j. 29.06.2015.

[18] Não é possível a reunião para julgamento comum de ações eleitorais, mesmo oriundas de um mesmo fato, quando perceptível que o ajuizamento da ação posterior tem uma finalidade tumultuária ou protelatória.

dessas causas, de modo a não causar prejuízo ao desenvolvimento adequado da relação processual, pois prestação jurisdicional eleitoral intempestiva equivale, como já dito, a uma negativa de prestação jurisdicional.

Em síntese, pois, a regra contida no art. 96-B da LE, ao determinar o apensamento da nova ação ajuizada ao processo anterior "na instância em que ele se encontrar", fere o princípio da duração razoável do processo e da celeridade das ações eleitorais, revelando-se como inconstitucional.

6 O direito fundamental à prova e a multiplicidade de bens jurídicos tutelados pelas ações cíveis eleitorais

Os legitimados para o manuseio das ações cíveis eleitorais possuem uma vasta gama de demandas, com o objetivo de serem atendidos em sua pretensão originária. O fenômeno da multiplicidade de ações, a partir da incidência de um fato que possa ser caracterizado como ofensivo às regras do prélio eleitoral, é extremamente contundente na esfera eleitoral.

Essa superposição de ações eleitorais com objetivo convergente (cassação de registro, diploma ou mandato) proporciona aos legitimados uma escolha ampla sobre a demanda ser judicializada. Trata-se de uma escolha nada aleatória, que deve ser criteriosa e com apurada técnica jurídica, pois o tipo de ação a ser aforada dependerá de toda a circunstância fática apresentada naquele caso concreto. Conforme o grau de participação ou conhecimento do candidato, a extensão e gravidade dos fatos e o momento de sua ocorrência, o tipo de ação eleitoral a ser desencadeada pode (e deve) modificar sensivelmente.

Reconhecido o direito de a parte buscar a tutela jurisdicional adequada para a satisfação da sua pretensão, consectário lógico é possibilitar a demonstração das razões de suas alegações. É imprescindível permitir que as partes da relação jurídica processual produzam todas as provas legalmente admitidas, de forma a corroborar judicialmente suas razões expostas. Após reconhecer o "direito fundamental à prova no processo", Marinoni e Mitidiero esclarecem que "trata-se de elemento essencial à conformação do direito ao processo justo" (p. 739).

Restringindo-se apenas àquelas ações cíveis eleitorais que tenham o efeito de produzir decisões de cassação do registro, diploma ou mandato, pode-se verificar que os legitimados possuem um ônus probatório bastante peculiar e específico, conforme o tipo de demanda escolhida para buscar a satisfação de seus interesses. Assim, resumidamente: a) na AIJE e na AIME, o bem jurídico tutelado é a normalidade e legitimidade das eleições – com necessidade de prova da "gravidade das circunstâncias" do ato (art. 22, XVI, da LC nº 64/90); b) na representação do art. 30-A da LE, o bem jurídico "é a moralidade das eleições", sendo "necessária prova da proporcionalidade (relevância jurídica) do ilícito praticado e não da potencialidade do dano em relação ao pleito eleitoral" (RO nº 1.540, rel. Min. Félix Fischer, j. 28.04.2009); c) "as condutas vedadas do art. 73 da Lei nº 9.504/97 se configuram com a mera prática dos atos, os quais, por presunção legal, são tendentes a afetar a isonomia entre os candidatos, sendo desnecessário comprovar a potencialidade lesiva" (RESPe nº 1.429, rel. Min. Laurita Vaz, j 05.08.2014), ao passo que as demais condutas vedadas (arts. 74, 75 e 77 da LE), por força da unicidade de sanção prevista no texto legal, devem ostentar "potencialidade lesiva" (RO nº 2.233, rel. Min. Fernando Gonçalves, j. 16.12.2009); d) o bem jurídico da representação por captação ilícita de sufrágio é a vontade do eleitor, exigindo-se, para sua configuração, "prova robusta de pelo menos uma das condutas previstas no art. 41-A da Lei nº 9.504/97, da finalidade de obter o voto do eleitor e da participação ou anuência do candidato beneficiado" (RESPe nº 36.335, rel. Min. Aldir Passarinho, j. 15.02.2011). Ademais, em algumas dessas ações (AIJE, AIME), o candidato responde na condição de mero beneficiário, ao passo que em outras ações (v.g., art. 41 da LE) é indispensável prova da conduta, participação ou anuência do candidato ao ilícito.

Logo, é perceptível que o direito à prova em cada um desses processos eleitorais é inequivocamente diverso, não sendo possível, em abstrato e hipoteticamente, prever a desnecessidade de produção de prova pelos litigantes.

Deve-se observar que um mesmo fato (ex.: compra de votos) pode necessitar de prova sensivelmente diversa, conforme o tipo de demanda escolhida pelo legitimado ativo. Dessa forma, se a corrupção eleitoral é atacada através da representação por captação ilícita de sufrágio, além dos demais elementos normativos do art. 41-A da LE, porque o bem jurídico é a vontade do eleitor, é suficiente, *a priori*,[19] a prova de um único eleitor foi corrompido, enquanto que "o bem jurídico tutelado pela AIME é a legitimidade da eleição" e, "ao se apurar, nessa via processual, a captação ilícita de sufrágio, cumpre aferir se os fatos foram potencialmente graves a ponto de ensejar desequilíbrio no pleito" (AgRg em RESPe nº 43.040, rel. Min. Dias Toffoli, j. 29.04.2014).

Em verdade, apenas o ajuizamento de uma AIJE seguida de uma AIME (demandas que tutelam o mesmo bem jurídico e necessitam demonstrar a "gravidade das circunstâncias" do ilícito), por fatos idênticos, pode ocasionar às partes o mesmo ônus probatório no curso do processo. Somente nessa hipótese é possível o risco de decisões efetivamente contraditórias.

Consideradas essas peculiaridades – próprias do contencioso eleitoral – é certo afirmar a primazia absoluta do direito dos litigantes a demonstrar a veracidade de suas alegações, através de uma ampla possibilidade de prova perante o órgão judicial competente. Havendo fatos relevantes e controversos a serem discutidos judicialmente, deve-se assegurar às partes o direito de produzir toda a matéria probatória necessária para o convencimento do julgador. Dessa forma, a regra de conexão do art. 96-B da LE não pode violar esse direito fundamental à prova que os litigantes possuem.

Em outro norte, cabe consignar que é descabida[20] a suspensão de prejudicialidade nas ações cíveis eleitorais. Embora essa medida possibilite a preservação do direito à prova dos diferentes autores das demandas judicializadas, a celeridade que deve ser impressa no andamento das ações eleitorais impede a paralisação do curso do procedimento.

Portanto, a aplicação da regra contida no §2º do art. 96 da LE – de apensamento da ação ajuizada posteriormente em feito já em tramitação – resta condicionada à

---

[19] Um dos casos mais emblemáticos do rigorismo na aplicação do art. 41-A da LE foi o denominado "Caso Capiberibe", no qual foi determinada a cassação do diploma de candidatos ao Senado, a Deputada Federal e ao Governo mediante a demonstração de prova de compra de voto de duas eleitoras, por R$26,00 cada, em cotejo com a apreensão, na residência de correligionárias dos representados, de cerca de R$15.000,00 em dinheiro, em uma sacola, além de envelopes com nomes de eleitores (RESPe, rel. Min. Carlos Velloso, j. 27.04.2004).

[20] Não cabe a aplicação do art. 265, IV, *a*, do CPC para o fim de suspender o trâmite deste processo até o julgamento final da ADIN 4.650. (TSE. AgRg em RESPe nº 9.418, rel. Min. Otávio de Noronha, j. 24.06.2014).

observância do direito fundamental à prova que as partes possuem. Daí que incumbe ao juízo verificar se, no caso concreto, considerados os bens jurídicos protegidos nas respectivas demandas e o conteúdo probatório que é exigido das partes, é possível determinar a reunião dos feitos para julgamento comum.

7 Conclusão

Em síntese, a regra da conexão contida no art. 96-B da LE: a) pode ser introduzida no ordenamento jurídico por lei ordinária, já que não altera regra de competência da Justiça Eleitoral; b) da mesma sorte que já reconhecido pelo e. STJ,[21] não é direito subjetivo da parte, e sim objeto de decisão judicial, devidamente fundamentada, na qual deve ser demonstrada que a reunião dos feitos não causa prejuízo à duração razoável do processo e tampouco supressão indevida do direito à prova dos litigantes; c) por força da celeridade das ações eleitorais, encontra um termo limitador rígido de admissibilidade, de caráter cronológico ou objetivo, não sendo admitida quando um dos feitos já tiver sido julgado ou,[22] mesmo, com a instrução encerrada.

Informação bibliográfica deste livro, conforme a NBR 6023:2002 da Associação Brasileira de Normas Técnicas (ABNT):

ZILIO, Rodrigo López. Breves observações sobre o art. 96-B da Lei nº 9.504/97. *In*: TAVARES, André Ramos; AGRA, Walber de Moura; PEREIRA, Luiz Fernando (Coord.). *O direito eleitoral e o novo Código de Processo Civil*. Belo Horizonte: Fórum, 2016. p. X193-203. ISBN 978-85-450-0133-1.

---

[21] O STJ, reiteradamente, tem defendido que o reconhecimento da conexão é faculdade – e não obrigação – do juízo, diante da análise do caso concreto. Nesse sentido: a) 3ª Turma – REsp 1.496.867/RS, rel. Min. Otávio de Noronha, j. 07.05.2015; b) 3ª Turma, AgRg no REsp 1.194.626/MT, rel. Min. Villas Bôas Cueva, j. 13.05.2014; c) 5ª Turma, AgRg no REsp 1.118.918/SE, rel. Marco Aurélio Bellizze, j. 04.04.2013.

[22] O exato limite, certamente, será objeto de construção jurisprudencial.

A INAPLICABILIDADE DAS CLÁUSULAS NEGOCIAIS NO ÂMBITO ELEITORAL

MARIA PAULA PESSOA LOPES BANDEIRA

MARIA STEPHANY DOS SANTOS

1 Introdução

O Direito Eleitoral enquanto conjunto de normas e princípios destinados, de maneira precípua a resguardar a lisura no processo eleitoral é baseado em premissas para enaltecer a democracia brasileira. Atrelado a esse, temos o processo eleitoral que, por escopo, dá vazão aos procedimentos para a consagração de tais valores.

Efetivamente o processo eleitoral não se encontra codificado, ao contrário, por exemplo, dos códigos de processo civil e penal, possuindo diversas leis esparsas, tais como a Lei das Eleições nº 9.504/97, a Lei dos Partidos nº 9.096/95, o Código Eleitoral nº 4.737/65, e as diversas resoluções editadas pelo Tribunal Superior Eleitoral. Nesse contexto, analisamos que nos casos em que houver omissão legislativa total, caberá utilizar o Código de Processo Civil como instrumento normativo subsidiário.

É exatamente a análise desses instrumentos normativos e o instituto inserido no art. 190 do novo Código de Processo Civil que compõem o cerne do presente artigo.

A priori, desanuviam-se as inovações legislativas constitucionais como o acesso à justiça, a partir da promulgação da Constituição Federal de 1988; a criação das tutelas nos anos 90; a duração razoável do processo, após a Emenda Constitucional de nº 45/2004 – e, agora, o novo Código de Processo Civil na tentativa do alcance incessante da celeridade processual.

Destaca-se o conceito das cláusulas gerais negociais e sua finalidade, bem como o imbróglio gerado em torno de sua aplicabilidade e o autorregramento das partes no procedimento processual. E, por fim, as nuances da inaplicabilidade das cláusulas gerais processuais no âmbito do direito eleitoral, haja vista a matéria de direito indisponível que paira neste âmbito do Direito.

A relevância do presente artigo está no fato de tornar-se meio apto a informar e formar opinião dos juristas interessados nas ciências eleitorais acerca das inovações trazidas pelo novo Código de Processo Civil e suas imbricações na esfera do Direito Eleitoral.

2 Das inovações legislativas constitucionais e o seu reflexo na seara processual

A terminologia da palavra Estado, nos moldes em que é utilizada na atualidade, cuja etimologia provém do latim, *status*,[1] foi definida primordialmente pelo teórico Maquiavel, que afirma logo no início de sua obra que "Todos os estados, os domínios todos que existiram e existem sobre os homens, foram e são repúblicas ou principados".[2]

Na precisa lição do doutrinador Bobbio,[3] o Estado compreende um momento supremo e definitivo da vida comum e coletiva do homem. Já Hobbes[4] o define como um ente de natureza absolutista, o Estado Leviatã, onde os cidadãos deviam ceder as suas vontades para estabilizar a sociedade, pacificando e trazendo segurança. Por sua vez, Engels e Marx[5] atribuem ao Estado um papel de assegurador da exploração do homem pelo homem, servindo como meio de uma classe social dominar outra. Seria uma sociedade comunista, com a aniquilação da diferença entre as classes sociais, o fim da propriedade privada e do Estado.

Peculiarmente, Jorge Miranda aduz que "o Estado é o resumo, o ponto de condensação das contradições da sociedade; e daí que o político em geral se aproxime do estadual" e, acrescenta, "Por outras palavras: o estado político exprime, nos limites da sua forma, todos os combates, necessidades ou interesses sociais".[6] Assim, tem-se a criação da figura do Estado com o fim precípuo de estabelecer normas gerais de conduta, em que não há disparidade entre os cidadãos devendo todos observar os seus ditames.

Pierre Joseph Proudhon,[7] o inspirador do movimento anarquista surgido no século XIX, defendia a tese da constituição de uma nova sociedade, capaz de expandir a liberdade individual e libertar o trabalho da exploração do capitalismo industrial. Os anarquistas não admitiam o governo vigente, suas leis e instituições, e encontravam-se sem a presença do Estado. Nesse contexto, acreditava-se que os anarquistas seriam livres, tendo por base a máxima da dominação dos mais fortes sobre os hipossuficientes. A própria história nos remonta à ideia de que esta influência incorreria em injustiças e, portanto, não logrou êxito.

Essa dominação do mais forte sobre o mais fraco ganhou a terminologia de autotutela, expurgado da ordem jurídica por comprometer a paz social, de modo que o art. 345 do Código Penal traz em seu bojo a figura como crime de fazer justiça com as próprias mãos.[8] Portanto, não restaria na sociedade hodierna a prevalência de tal dominação (nos moldes constitucionais).

---

[1] AGRA, Walber de Moura. *Curso de direito constitucional*. 8. ed. Rio de Janeiro: Forense, 2014, p. 1.
[2] MAQUIAVEL, Nicolau apud ZIMMERMAN, Augusto. *Teoria Geral do Federalismo Democrático*. 2. ed. Rio de Janeiro: Lumen Júris, 2005, p. 37.
[3] BOBBIO, Norberto. *Estado, governo, sociedade*: para uma teoria geral da política. Rio de Janeiro: Paz e Terra, 2004, p. 20.
[4] MALMESBURY, Thomas Hobbes de. *Leviatã ou matéria, forma e poder de um estado eclesiástico e civil*. São Paulo: Abril, 1997, p. 107.
[5] ENGELS, Friedrich; MARX, Karl Heinrich. *Manifesto Comunista*. São Paulo: Rocketedition, 2002, p. 22.
[6] MIRANDA, Jorge. *Teoria do Estado e da Constituição*. Rio de Janeiro: Forense, 2002, p. 164.
[7] PROUDHON, Pierre-Joseph. *Sistemas das contradições econômicas ou filosofia da miséria*. Tradução de J. C. Morel. São Paulo: Ícone, 2003, p. 150.
[8] Exercício arbitrário das próprias razões.

Nesse seguimento, vislumbra-se a impossibilidade da solução de conflitos do mais fraco pelo mais forte, isto é, a autotutela, de modo que tal papel foi atribuído ao Estado, que atraiu para si, a função estatal jurisdicional, deixando para trás qualquer tipo de injustiça ou desigualdade na resolução das lides.

Com a finalidade de garantir a pacificação social, o Estado faz uso de instrumentos previamente definidos em lei, enaltecendo a igualdade no exercício da tutela jurisdicional, garantia essencial ao Estado Democrático de Direito, posto que se evita o abuso, ou mesmo a arbitrariedade, do Estado na sua função estatal jurisdicional. Assim, com a criação da figura do Estado, este assume o dever e o poder de julgar pretensões apresentadas pelos cidadãos que aduzem ter alguma violação ao seu direito material, passando a ter um estabelecimento de normas gerais de conduta, cuja observância é empregada a todos os cidadãos.

Ganha papel de ênfase, nessa totalidade, a necessidade cada vez maior, em consenso com o ritmo atual da humanidade, de apressar, tornar eficiente e efetiva a prestação jurisdicional. Desse modo, verifica-se a garantia constitucional lançada em 1988, por meio do acesso à justiça para garantir a todos àqueles que possuíssem algum direito violado, o direito de se resguardar e utilizar-se da prestação jurisdicional oferecida pelo Estado. Para esse desiderato buscam-se, ainda, vias alternativas (juizados especiais; processo eletrônico), de modo a aliviar ou, pelo menos, minimizar os problemas de que padece em todo o mundo (duração do processo), a realização da justiça.

O termo justiça tem origem grega, *dikaiosunh*, e traz no seu âmago a conjectura daquele que segue a ordem entre os homens.[9] Já na concepção de Aristóteles, seria aquela disposição de caráter que induz as pessoas a fazer o que é justo.[10] Pra arrematar, John Rawls traz o seguinte entendimento:

> [...] a adequação de uma concepção de justiça a uma sociedade bem ordenada é um importante critério de comparação entre concepções políticas de justiça. A ideia de uma sociedade bem ordenada ajuda a formular esse critério e a especificar ainda mais a ideia organizadora central de cooperação social.[11]

Por esse ângulo, os legisladores possuem a faculdade de se utilizar de seu "múnus público" para alcançar a justiça, sendo certo, porém, que a norma jurídica deve, segundo Maria Helena Diniz, "corresponder aos ideais e aos sentimentos de justiça da comunidade que rege. É tão somente o meio necessário para alcançar a finalidade de justiça almejada pela sociedade".[12] Já Bodenheimer, acompanhando tal entendimento acerca do alcance da justiça, desanuvia no sentido de que esta se relaciona com a aptidão da ordem estabelecida por um grupo ou um sistema social.[13]

---

[9] ABBAGNANO, Nicola. *Dicionário de filosofia*. 4. ed. São Paulo: Martins Fontes, 2000, p. 593.
[10] ARISTÓTELES. Ética a Nicômaco. Tradução de Leonel Vallandro e Gerd Bornheim. São Paulo: Abril Cultural, 1979, 1.129 a.
[11] RAWLS, John. *Justiça como equidade*: uma reformulação. Organizado por Barbara Herman; tradução de Ana Aguiar Cotrim; revisão da tradução Marcelo Brandão Cipolla. São Paulo: Martins Fontes, 2003, p. 12.
[12] DINIZ, Maria Helena. *Compêndio de introdução à ciência do direito*: introdução à teoria geral do direito, à filosofia do direito, à sociologia jurídica e à lógica jurídica, norma jurídica e aplicação do direito. 20. ed. São Paulo: 2009, p. 409.
[13] BODENHEIMER, Edgard. *Ciência do Direito*: Filosofia e Metodologia Jurídicas. Rio de Janeiro: Forense, 1962, p. 202

Assim, no uso de suas atribuições legais, seguindo os parâmetros constitucionais, elaboram-se normas jurídicas que, segundo Paulo de Barros Carvalho, são proposições deônticas mediante as quais se imputa uma consequência a um antecedente ou suposto.[14] Ou seja, vê-se a norma no campo estático, que compreende apenas a sua escrita e o seu contexto, enquanto, no campo dinâmico, analisa-se a aplicabilidade da respectiva norma no campo fático.

Dworkin registra duas diferenças entre as regras e os princípios. Segundo o doutrinador, a ideia das regras está concatenada ao "tudo ou nada", já quanto aos princípios, defende que vigora a "dimensão do peso ou importância" e, acrescenta, "Denomino 'princípio' um padrão que deve ser observado, não porque vá promover ou assegurar uma situação econômica, política ou social considerada desejável, mas porque é uma exigência de justiça ou equidade ou alguma outra dimensão da moralidade".[15]

Já Alexy verbera que a regra não pode se basear no modo "tudo ou nada" do modelo proposto por Dworkin,[16] mas, sim, na conjectura da diferença de colisão e na obrigação que as instituem. Em torno do tema, consagrou a norma como gênero, e, como suas espécies, o princípio e a regra. Em relação aos princípios, defende que, no caso concreto, vige o sopesamento de valores, isto é, no conflito, o princípio de "maior peso ou valor ou importância" é o que deve preponderar no caso concreto.[17] Já as regras resolvem-se na "dimensão da validade", quer dizer, verifica-se no caso de antinomia qual norma é válida e qual não é, aplicando, dessa forma ao caso concreto, a regra válida.

Observa-se que o conflito de regras gera a invalidade de uma delas, enquanto que no embate entre os princípios a opção por um deles não o torna nulo, mas apenas inaplicável para aquele caso concreto.

Após o advento do neoconstitucionalismo prepondera a aplicação conjunta de normas e de princípios, isto é, há um liame tênue entre tais institutos que corroboram com a resolução das lides sociais.

As inovações decorrentes do próprio contexto social obrigaram o constituinte de 1988 a arregimentar como direito constitucional o devido processo legal, ou *due process of law*, tendo como corolários desse direito a ampla defesa, o contraditório, a celeridade processual, etc.

A celeridade processual está adredemente aliada à duração razoável do processo, que foi inserida no ordenamento jurídico após a Emenda Constitucional nº 45/2004, sendo assim, só poderemos falar em celeridade processual se analisar a duração que o trâmite processual leva. Visualiza-se este princípio taxativamente na Lei nº 9.099/95 (juizados especiais) que tenta aperfeiçoar o tempo e entregar o bem material da vida o mais rápido possível.

Paulo Hoffman conceitua tal princípio como "[...] resultado inexorável da desmistificação do processo, para que seja calcado na oralidade, simplicidade e informalidade" e,[18] acrescenta, "Outrossim, fazemos novamente a ressalva que não se pode, à custa de um

---

[14] CARVALHO, Paulo de Barros. *Teoria da norma tributária*. 3. ed. São Paulo: Max Limonad, 1998, p. 88.
[15] DWORKIN, Ronald. *Levando os direitos a sério*. Tradução de Nelson Boeira. São Paulo: Martins Fontes, 2002, p. 35-46.
[16] ALEXY, Robert. *Teoría de los derechos fundamentales*. Madrid: Centro de Estudios Políticos y Constitucionales, 1993, p. 87-89.
[17] Assim o caso concreto é quem vai determinar qual princípio deve prevalecer.
[18] HOFFMAN, PAULO. *Razoável Duração do Processo*. São Paulo: Quartier Latin, 2006, p. 41.

processo mais célere, afrontar as garantias do devido processo legal".[19] Nesse contexto, tem-se a vedação de se mitigar o direito daquele que ajuíza respectiva demanda em prol da agilidade, pois, apesar deste sofrer as agruras da demora na prestação jurisdicional, deve-se preservar toda a conjectura processual como o contraditório, ampla defesa, para que não haja o cerceamento de defesa sob o pálio da segurança jurídica. Nesse contexto, convém trazer as palavras de Carnelutti: *"se la giustizia è sicura non è rapida, se è rapida non è sicura"*.[20]

A celeridade processual consiste na adequação ao meio social; em uma sociedade pós-moderna como a atual, a ciência do direito deve apresentar-se sempre atualizada. Atrelado a esta ideia tem-se o entendimento do doutrinador José Albuquerque Rocha, segundo o qual "Quanto à instrumentalidade e à economia processual são conexos. Com efeito, se o processo é instrumento, isto é, se é meio para um fim, então os meios para alcançar o fim devem ser os mais eficientes e eficazes".[21]

O novo Código de Processo Civil auferiu ares de unanimidade, tendo por objetivo o alcance da efetivação da celeridade processual e trazendo diversos mecanismos como, por exemplo, as cláusulas de negociação processual, em seu art. 190. No entanto, põem em xeque algumas observações acerca do instituto. Nesse diapasão, poder-se-ia averiguar que a nova legislação tenta erradicar a lentidão processual, contudo, as práticas desenvolvidas até agora não foram suficientes. Vale lembrá-las: a partir da promulgação da Constituição Federal de 1988, com o acesso à justiça; em meados dos anos 90, com a inserção das tutelas; e a Emenda Constitucional nº 45/2004, que prevê a duração razoável do processo. Essas três foram as mais percucientes no sentido de dar primazia à celeridade e à economia processual, mas não se verifica tal alcance na prática.

3 O que são as cláusulas gerais do acordo de procedimento (art. 190, NCPC) e qual a sua finalidade?

O art. 190 do novo Código de Processo dispõe da seguinte redação:

> Versando o processo sobre direitos que admitam autocomposição, é lícito às partes plenamente capazes estipular mudanças no procedimento para ajustá-lo às especificidades da causa e convencionar sobre os seus ônus, poderes, faculdades e deveres processuais, antes ou durante o processo [...]
> Parágrafo único: De ofício ou a requerimento, o juiz controlará a validade das convenções previstas neste artigo, recusando-lhes aplicação somente nos casos de nulidade ou de inserção abusiva em contrato de adesão ou em que alguma parte se encontre em manifesta situação de vulnerabilidade [...]

Nesse mesmo contexto, têm-se o Enunciado nº 257 do Fórum Permanente de Processo Civil: "O art. 190 autoriza que as partes tanto estipulem mudanças do procedimento quanto convencionem sobre os seus ônus, poderes, faculdades e deveres processuais".

---

[19] HOFFMAN, PAULO. *Razoável Duração do Processo*. São Paulo: Quartier Latin, 2006, p. 41.
[20] CARNELUTTI, Francesco. *Diritto Processo*. Napoles: Morano, 1958, p. 154.
[21] ROCHA, José de Albuquerque. *Teoria Geral do Processo*. 10. ed. São Paulo: Atlas, 2009, p. 20.

Segundo Didier Jr., "a cláusula geral é uma espécie de texto normativo, cujo antecedente (hipótese fática) é composto por termos vagos e o consequente (efeito jurídico) é indeterminado. Há, portanto, uma indeterminação legislativa em ambos os extremos da estrutura lógica normativa".[22] Nesse quesito, verifica-se que as cláusulas gerais estão no campo normativo aberto, o que resta ao seu intérprete promover a integração de elementos no ordenamento jurídico hábeis para colmatar.

O mencionado art. 190 está no rol das cláusulas gerais, pois não traz em seu bojo a hipótese em que deve ser empregado o negócio processual. Isso tem uma razão de ser, já que poderão existir infindáveis hipóteses derivadas das necessidades das partes na relação processual. Por este motivo, não há um núcleo casuístico dotado de termos determinados ou definidos previamente pelo legislador. Nesse sentir, desanuvia Canaris no sentido de que a cláusula geral não está preenchida com valores, assim, ela possui critérios estabelecidos para a sua concretização, sendo estes determinados no caso concreto.[23] Em nada a cláusula geral das normas se assemelha ao conceito do indeterminismo normativo, pois este está concatenado a termos imprecisos, ilógicos, sem sentido, isto é, há uma imprecisão no objetivo da norma.

Dessa forma, parte-se da premissa que as cláusulas negociais possuem como objetivo primordial otimizar o tempo e garantir a prestação jurisdicional em um lapso temporal curto. Já que amplia a autonomia das partes no âmbito processual, dando-se primazia ao princípio da adequação processual.

Sendo assim, o juiz-estado não deve se vincular apenas ao que está na lei, aplicando a subsunção; deve analisar o caso concreto para aplicá-lo individualmente. Igualmente, as cláusulas gerais servem para a concretude do fim colimado pelo Direito, que é a justiça.

Antes de adentrar na questão meritória do presente capítulo se faz necessário elucidar alguns pontos para sua devida compreensão, isto é, o negócio processual.

Os atos processuais são atos jurídicos.[24] Contrário a este entendimento, Liebman entende que há uma divergência entre atos processuais e jurídicos, não havendo correlação entre esses.[25] Já nas precisas palavras de Chiovenda, "são atos jurídicos da relação processual".[26]

Nessa seara, o ato processual é praticado voluntariamente no âmbito processual por quaisquer das partes integrantes da relação processual. Verberando assim, Martins aduz que o ato processual só pode ser praticado voluntariamente no processo por qualquer parte na relação processual.[27] Já para Pontes de Miranda, "todos os que constituem a sequência de atos, que é o próprio processo, e todos aqueles que,

---

[22] DIDIER JR., Fredie. *Fundamentos do Princípio da Cooperação no Direito Processual Civil Português*. Coimbra Editora, 2011, p. 39.
[23] CANARIS, Claus-Wilhem. *Pensamento sistemático e conceito de sistema na ciência do direito*. Tradução de A. Menezes Cordeiro. 3. ed. Lisboa: 2002, p. 142.
[24] ZANZUCCHI, Marco Tullio. *Diritto Processuale Civile*. Vol. I. Milano: Giuffré, 1964, p. 400.
[25] LIEBMAN, Enrico Tullio. *Manual de direito processual civil*. Vol. 3. ed. I. Tradução e notas de Cândido Rangel Dinamarco. São Paulo: Malheiros, 2005, p. 286.
[26] CHIOVENDA, Giuseppe. *Instituições de direito processual civil*. Vol. 3. Tradução de Paolo Capittanio. Campinas: Bookseller, 1998, p. 20.
[27] MARTINS, Sandro Gilbert. *Processo, procedimento e ato processual*: o plano da eficácia. Tese de doutorado da PUC-SP. São Paulo: 2009, p. 22.

dependentes de certo processo, se praticam à parte, ou autonomamente, para a finalidade de certo processo, ou com o seu fim em si mesmo – em processo".[28]

Nesse campo, os atos processuais são aqueles praticados pelos sujeitos do processo ou por terceiros que influenciam a condução processual.

No que se refere aos fatos processuais, tem-se que são aqueles que produzem efeitos diretamente no processo, sendo classificados de acordo com os elementos do seu aporte fático. No dizer de Didier Jr., "os fatos jurídicos processuais serão, neste momento, classificados de acordo com o seu suporte fático: fatos humanos e não humanos, voluntários ou não voluntários, lícitos ou ilícitos".[29]

Portanto, para se idealizar o conceito do negócio processual, devem-se concatenar os conceitos de fato e ato processual.

Segundo Hélio Tornaghi, os negócios processuais nada mais são do que manifestações de vontade, onde há uma dependência da eficácia técnica ou mesmo valor jurídico do processo.[30]

É de bom alvitre salientar que os negócios processuais não são atos jurídicos e a principal diferença reside no autorregramento da vontade das partes.[31] O novo Código de Processo Civil ainda trouxe alguns contrastes no campo do negócio processual, classificando-os em negócios processuais típicos ou atípicos.

Nesse sentido, traz como negociações processuais típicas aquelas que estão previstas expressamente no próprio Código, por exemplo, o calendário processual (art. 191, §§1º e 2º),[32] a delimitação consensual das questões de fato e de direito (art. 357, §2º),[33] entre outros. Já as negociações processuais atípicas são aquelas que não se encontram expressamente no Código, tais como os exemplos trazidos pelo doutrinador Fredie Didier Jr.:

> [...] acordo de impenhorabilidade, acordo de instância única, acordo de ampliação ou redução de prazos, acordo para superação de preclusão, acordo de substituição de bem penhorado, acordo de rateio de despesas processuais, dispensa processual de assistente técnico, acordo para retirar o efeito suspensivo da apelação, acordo para não promover execução provisória, acordo para dispensa de caução em execução provisória, acordo para limitar o número de testemunhas, acordo para autorizar intervenção de terceiros fora das hipóteses legais, etc.[34]

---

[28] MIRANDA, Pontes de. *Comentários ao Código de Processo Civil*. Vol. I. 2. ed. Rio de Janeiro: Revista Forense, 1958, p. 205.
[29] DIDIER JR., Fredie. *Curso de direito processual civil*. 12. ed. Vol. 1. Salvador: Juspodivm, 2010, p. 259.
[30] TORNAGHI, Hélio. *Comentários ao Código de Processo Penal*. Vol. I. Tomo I. Rio de Janeiro: Revista Forense, 1956, p. 16.
[31] Autonomia privada.
[32] Art. 191. De comum acordo, o juiz e as partes podem fixar calendário para a prática dos atos processuais, quando for o caso.
§1º O calendário vincula as partes e o juiz, e os prazos nele previstos somente serão modificados em casos excepcionais, devidamente justificados.
§2º Dispensa-se a intimação das partes para a prática de ato processual ou a realização de audiência cujas datas tiverem sido designadas no calendário.
[33] Art. 357. Não ocorrendo nenhuma das hipóteses deste Capítulo, deverá o juiz, em decisão de saneamento e de organização do processo: [...]
§2º As partes podem apresentar ao juiz, para homologação, delimitação consensual das questões de fato e de direito a que se referem os incisos II e IV, a qual, se homologada, vincula as partes e o juiz.
[34] DIDIER JR., Fredie. *Curso de Direito Processual Civil*. Vol. 1. 17. ed. Salvador: Jus Podivm, 2015, p. 381.

Bruno Garcia Redondo conclui que "como a possibilidade de celebração de negócios processuais atípicos veio consagrada mediante o estabelecimento de uma cláusula geral, não há limites previamente estabelecidos pelo legislador".[35]

Desse modo, Calmon de Passos preconiza que não há nada contra as declarações negociais das partes para que produzam efeitos no processo, mas estas necessitam da intermediação judicial.[36] Sendo assim, nota-se a necessidade de haver, além da intermediação judicial no controle da legalidade dos negócios jurídicos, um regramento legal, o que difere dos negócios formalizados no campo do direito privado que está sob a égide da vontade das partes literalmente. Corroborando com esse entendimento, o doutrinador Pedro Henrique Pedrosa Nogueira aduz que, mesmo com essa abertura legislativa às partes, para que haja uma desvinculação do autorregramento pelas partes no procedimento, há um limite intrínseco ao regramento processual, diferentemente, daquele espraiado no direito privado.[37]

Por outro viés, as cláusulas negociais não reduzem a adaptação judicial do procedimento, apenas integram a desformalização do processo trazendo à tona a democratização da justiça. O Estado, por meio dessas cláusulas, coordena, legitima e torna efetivos os mecanismos de justiça, favorecendo aqueles que procuram o Poder Judiciário para resolver seus conflitos de forma mais eficiente, justa e rápida.

Além disso, a cláusula geral de negociação processual insculpida no novo Código de Processo Civil enaltece a cooperação das partes no processo. Quer dizer, atrelada à boa-fé, ao direito que admite autocomposição, à capacidade das partes para formularem os negócios processuais, a celeridade processual ganhará destaque e as partes lograrão o êxito esperado no menor tempo esperado.

Observa-se que o Código de Processo Civil de 1973 não trazia em seu bojo significativa possibilidade de as partes convencionarem sobre suas situações processuais; pairava o autorregramento da vontade das partes, o que significa que as partes estão vinculadas aos parâmetros legais em sua atuação processual; mas se frise que essa inovação legislativa, trazida pelo novo Código de Processo Civil, está adstrita aos direitos que admitem a autocomposição.

No Código de 1973, já existia essa liberdade, timidamente, em alguns casos como, por exemplo, a escolha do foro da demanda, o ônus da prova, o adiamento da audiência de instrução e julgamento e a fixação de prazos dilatórios.

Oportunizar as partes a estipular mudanças no procedimento, em si, é um avanço num país onde se preconiza ao Poder Judiciário o escopo único de solucionar as lides, pois há uma cultura arraigada nas mentes brasileiras de que apenas o juiz, que possui o poder-dever, é quem poderá dirimir as contendas sociais, da mais complexa às triviais. No momento em que as partes poderão encontrar o melhor viés para pacificar e achar a solução para o problema, estar-se-ia diante de uma nova roupagem capaz de cessar a

---

[35] REDONDO, Bruno Garcia. Negócios processuais: necessidade de rompimento radical com o sistema do CPC/73 para a adequada compreensão da inovação do CPC/15. *Revista dialética de direito processual*, São Paulo, p. 9-16, n. 149, ago. 2015.

[36] PASSOS, J. J. Calmon de. *Esboço de uma teoria das nulidades aplicadas às nulidades processuais*. Rio de Janeiro: Forense, 2005, p. 69-70.

[37] NOGUEIRA, Pedro Henrique Pedrosa. *Negócios Jurídicos Processuais*: análise dos provimentos judiciais como atos negociais. Tese de doutorado da UFBA. Salvador: 2001, p. 109 e ss.

cultura da "judicialização" e, possivelmente, o fim das demandas inócuas que abarrotam as mesas do Poder Judiciário.

A medida não quer pôr fim ao direito constitucional da inafastabilidade do Poder Judiciário, ao revés, quer dar primazia a demandas que carecem inexoravelmente de uma intervenção do Estado. É ululante que há questões que podem ser facilmente dirimidas sem a intervenção da prestação jurisdicional, leia-se, Estado; mas, pela necessidade vital de se levar a cabo ao Poder Judiciário, acaba-se por prejudicar aquelas demandas que realmente precisam da intervenção do poder-dever do magistrado.

Mas a questão é outra: como aplicar, na prática, as cláusulas negociais do processo? A doutrina, desde priscas eras, traz certa repulsa para o famigerado "negócio processual". Por exemplo, os doutrinadores Cândido Rangel Dinamarco, Alexandre Freitas Câmara e Daniel Mitidiero são contra a ideia de que as partes possam interferir no procedimento, pois seria irrelevante a sua vontade, isto é, sem efeito prático.[38] Desse modo, há certas idiossincrasias acerca do instituto:

1) A aplicabilidade dos negócios processuais está vinculada ao direito privado e o processo civil está na órbita do direito público.
2) O *civil law*, adotado no Brasil, não admite esse tipo de flexibilização procedimental no processo, diferentemente do *common law*, pois neste há flexibilização das regras formais pelo aumento dos poderes do juiz. Assim, no *common law* as partes ditam as regras, no *civil law*, o juiz as dita. Mas em ambos os modelos a lei coordena essas atividades.
3) E o enaltecimento da postura "neoprivatista".[39]

Outrossim, com a adesão às cláusulas negociais podem surgir alguns imbróglios como, por exemplo, a arbitrariedade, o abuso de poder; como o juiz poderá auferir tais condutas? O art. 190 do NCPC aduz claramente que o negócio processual formulado pelas partes deverá ser recusado pelo magistrado quando se constata casos de nulidade ou de inserção abusiva em que uma das partes se encontra em situação de vulnerabilidade. Haverá uma discricionariedade do magistrado, que, por meio de seu crivo de conveniência e oportunidade, em cada caso, poderá auferir os negócios judiciais formulados pelas partes no processo, no qual se constatará se há benefícios ou se está camuflado pela injustiça.

Igualmente, o novo Código trouxe um novo paradigma em que o processo é das partes, e não do magistrado, pois este somente poderá intervir nas questões de nulidade ou de inserção abusiva em contrato de adesão ou em que alguma das partes se encontre em manifesta situação de vulnerabilidade.

---

[38] REDONDO, Bruno Garcia. Negócios processuais: necessidade de rompimento radical com o sistema do CPC/73 para a adequada compreensão da inovação do CPC/15. *Revista dialética de direito processual*, São Paulo, n. 149, p. 9-16, ago. 2015.

[39] Esta expressão foi utilizada pelo doutrinador José Carlos Barbosa Moreira, que criticou o elemento publicístico do processo civil. MOREIRA, José Carlos Barbosa. O neoprivatismo no processo civil. *In*: MOREIRA, José Carlos Barbosa. *Temas de direito processual*: nona série. São Paulo: Saraiva, 2007, p. 87 e ss.

4 A inaplicabilidade das cláusulas negociais no processo eleitoral: aspectos gerais

No ordenamento jurídico pátrio, não há um Código Processual Eleitoral Brasileiro,[40] mas é certo que a competência para legislar sobre a matéria fica a cargo da União, conforme preconiza o art. 22, inciso I, da Constituição Federal.[41] O Tribunal Superior Eleitoral vem suprindo algumas lacunas, inclusive exorbitando o seu poder normativo – em tese, pois não há norma constitucional explícita sobre a possibilidade do TSE regular sobre a matéria, portanto, realiza-se uma interpretação sistemática do art. 22, I, e do art. 121, ambos da Constituição Federal da República, que corrobora com a disposição contida no parágrafo único do art. 1º e do inciso IX do art. 23, ambos do Código Eleitoral.

Há quem concorde com a ideia de que há uma insegurança jurídica diante da ausência de um processo eleitoral codificado, pois se ampara em diversas leis esparsas, tal como acontece com o direito administrativo. Porém, a codificação não é o apogeu da concretude para a segurança jurídica, como se quer induzir, pois não há como abranger todas as possíveis hipóteses no âmbito eleitoral. Sem olvidar que esse direito é um campo que sofre diversas mudanças, tornando-se inviável haver um código, pois teria que se coadunar com princípios, jurisprudência, doutrina e costumes que vivem sofrendo alterações diárias. Dessa maneira, como o Direito Eleitoral é um dos recentes ramos do Direito e encontra-se em constante transformação, a codificação desse sistema poderá cessar esse progresso.

Nesse quesito, o processo eleitoral, sob o aspecto procedimental, está concatenado aos atos que pressupõem a realização da jurisdição.

O conceito de jurisdição consubstancia algo que transcende o alcance da atividade estatal. Na verdade, as suas características, assim como o seu escopo teleológico, o fazem configurar como uma inexorável técnica de tutela de direitos subjetivos. Dessa forma, todas as situações jurídicas (direitos em sentido amplo) merecem proteção da atividade jurisdicional. É nesse sentido que Marcelo Lima Guerra afirma que a jurisdição civil tem a função específica de proteger direitos subjetivos.[42] Isso tanto é verdade que o art. 5º, inciso XXXV, do Texto Constitucional, preconiza que "a lei não excluirá da apreciação do Poder Judiciário qualquer lesão ou ameaça a direito".

Com esse espeque, o Estado, ao proibir o exercício da autotutela, assume para si o monopólio da resolução dos conflitos que anteriormente eram conferidos ao particular. Como consequência disso, em outros termos, diante desse compromisso constitucional e da vedação da autotutela, transmitiu-se ao cidadão o direito de tutelar a sua pretensão subjetiva por intermédio do Poder Judiciário, outorgando-se ao cidadão o direito público e subjetivo de ação e, consequentemente, de provar a atividade jurisdicional do Estado.[43]

---

[40] Assim desanuvia a doutrina: "Não há, em direito eleitoral, um processo eleitoral sistematizado, uma codificação, como há no direito processual civil ou no direito processual penal" (PELEJA JR., Antônio Veloso; BATISTA, Fabrício Napoleão Teixeira. *Direito Eleitoral*: aspectos processuais ações e recursos de acordo com a Lei da Ficha Limpa. 3. ed. Curitiba: Juruá, 2014, p. 74.

[41] Art. 22. Compete privativamente à União legislar sobre:
I – direito civil, comercial, penal, processual, eleitoral, agrário, marítimo, aeronáutico, espacial e do trabalho.

[42] GUERRA, Marcelo Lima. *Direitos fundamentais e a proteção do credor na execução civil*. São Paulo: RT, 2003, p. 32-35.

[43] MARINONI, Luiz Guilherme. *Curso de Processo Civil*. Vol. 2. 6. ed. ver., atual. e ampl. da obra Manual do Processo de Conhecimento. São Paulo: Editora Revista dos Tribunais, 2007, p. 32.

Ocorre que quando o Estado avoca para si o monopólio da pacificação dos conflitos, assume o dever constitucional de proferir uma resposta jurisdicional adequada, de forma efetiva e justa, que não esteja eivada de omissão, contradição e obscuridade. Com efeito, a prestação jurisdicional também deve encontrar correlação lógica e de validade com os preceitos legais vigentes, assim como com os precedentes judiciais consagrados pelo nosso sistema jurídico, que não se resumem apenas ao texto legal.

José Jairo Gomes sintetiza de maneira brilhante que "o processo eleitoral é a complexa relação que tem por escopo viabilizar a concretização do direito fundamental de sufrágio e, pois, de escolha, legítima, dos ocupantes dos cargos públicos – eletivos em disputa".[44] Já Elmana Esmeraldo compreende que "é um conjunto de regras destinadas a disciplinar os aspectos materiais necessários ao exercício do sufrágio e do voto".[45]

No campo material, as ações eleitorais tentam concretizar a formação da representação popular, segundo Walber de Moura Agra e Carlos Velloso, segundo os quais são normas de direito adjetivo que tentam assegurar uma maior lisura às eleições, possibilitando que os meandros processuais possam permitir que a sociedade usufrua de seus direitos de cidadania.[46]

De mais a mais, no processo eleitoral não há o jogo de interesses como acontece nos processos subjetivos, que compreendem uma visão individualista. Nesse contexto, o processo eleitoral tem por escopo dar integridade ao ordenamento jurídico, pois não há disputa por um bem em si.

Deste modo, o processo eleitoral possui natureza indisponível do bem jurídico, isto é, a defesa da legitimidade e da lisura do processo eleitoral contra o abuso de poder devendo os seus mecanismos serem preservados a fim de contribuírem à realização da soberania popular e suas implicações. Nesse contexto, vejamos o inteiro teor do excerto prolatado no egrégio Tribunal Regional Eleitoral do Rio Grande do Norte:

> AGRAVO REGIMENTAL – RECURSO CONTRA A DIPLOMAÇÃO – JUNTADA DE PROVAS – DEFERIMENTO – ART. 270 DO CÓDIGO ELEITORAL – DEPOIMENTO PESSOAL DAS PARTES – INDISPONIBILIDADE DO DIREITO – INEXISTÊNCIA DE FATOS CONTROVERTIDOS – DESNECESSIDADE – CONHECIMENTO E IMPROVIMENTO DO AGRAVO – MANUTENÇÃO DA DECISÃO. Em sede de recurso contra a expedição de diploma, admite-se a juntada posterior dos documentos com que pretende a parte provar as suas alegações, desde que tenham sido eles indicados por ocasião da petição do recurso. Inteligência do art. 270 do Código Eleitoral. *Em se tratando, o Direito Eleitoral, de matéria de Direito Público indisponível, sobre a qual não se admite confissão, bem como não existindo controvérsia sobre fatos no processo, é facultado ao juiz dispensar o depoimento pessoal das partes. Improvimento do agravo. Manutenção da decisão agravada.*
> (TRE-RN. AGREG: 6.823 RN, Relator: JOSONIEL FONSECA DA SILVA, Data de Julgamento: 31.05.2007, Data de Publicação: DJ – Diário de justiça, Data 07.06.2007, Página 69)

---

[44] GOMES, José Jairo. *Direito Eleitoral*. 9. ed. São Paulo: Atlas, 2013, p. 501.
[45] ESMERALDO. Elmana Viana Lucena. *Processo Eleitoral*: sistematização das Ações Eleitorais. 2. ed. Leme: JH Mizuno, 2012, p. 29.
[46] AGRA, Walber de Moura; VELLOSO, Carlos Mário da Silva. *Elementos de Direito Eleitoral*. 2. ed. São Paulo: Saraiva, 2010, p. 343.

Por esse ângulo, o Direito Eleitoral está sob o manto da indisponibilidade, haja vista transitar no âmbito do direito público, de modo que não há viabilidade para aplicar as cláusulas gerais negociais compreendidas no novo Código de Processo Civil.

Uma vez que não existe um código processual eleitoral, aplica-se subsidiariamente o Código de Processo Civil.[47] Realizando uma análise acerca das cláusulas negociais processuais, verifica-se que não se mostra possível sua aplicação no âmbito eleitoral, uma vez que se trata de direito público que não comporta qualquer tipo de transação ou mesmo disponibilidade pelas partes envolvidas no processo eleitoral.

5 Conclusão

Foram diversas as inovações trazidas pelo novo Código de Processo Civil, mas o presente trabalho restou a desanuviar as cláusulas gerais negociais, as quais foram introduzidas no art. 190, do novo Código de Processo Civil.

Verificou-se que essa inovação legislativa irá trazer muitos benefícios para os futuros postulantes, o que evita o desgaste e se enaltece efetivamente a celeridade processual, conforme preceitua o art. 5º, inciso LXXVIII, da Constituição Federal. Também se nota que a inovação foi posta explicitamente na lei, mas que já havia alguns casos descritos no antigo texto processual de 1973 como, por exemplo, a escolha do foro da demanda, o ônus da prova, o adiamento da audiência de instrução e julgamento e a fixação de prazos dilatórios.

Para formalizar o negócio processual, o NCPC exige dois requisitos, quais sejam: a) agente capaz; b) direitos capazes de sofrerem a autocomposição. Nesse caminho, abriu-se um espaço dinâmico no procedimento processual viabilizando as partes de uma desformalização do processo.

Contudo, frise-se, como exposto alhures, que as cláusulas gerais negociais não estão ao livre arbítrio das partes, pois caberá ao magistrado, no uso de sua discricionariedade, avaliar se o negócio processual está concatenado com a legalidade e que não há nenhum prejuízo para as partes. Nessa avaliação, o magistrado não poderá adentrar na formação do negócio processual, apenas se houver notoriamente um crasso prejuízo a uma das partes.

Trazendo o negócio processual para o âmbito eleitoral, observa-se a impossibilidade de aplicação, já que o direito eleitoral envolve bem público, direitos indisponíveis que não podem passar pelo crivo da autocomposição. Conclui-se, portanto, ser inviável a aplicação da inovação processual civil ao processo eleitoral por restar ausente um dos requisitos para a sua incidência.

---

[47] AGRAVO REGIMENTAL. RECURSO ESPECIAL. EXECUÇÃO FISCAL. RITO DA LEI Nº 6.830/1980. *APLICAÇÃO SUBSIDIÁRIA DAS REGRAS DO CÓDIGO DE PROCESSO CIVIL.* MANUTENÇÃO DA DECISÃO AGRAVADA. 1. A execução fiscal para cobrança de multa eleitoral, mesmo em trâmite nesta Justiça especializada, segue as regras previstas na Lei nº 6.830/1980 com a aplicação subsidiária do Código de Processo Civil (art. 367, inciso IV, do Código Eleitoral) [...]. (TSE. AgR-REspe: 13.072 RN, Relator: Min. Gilmar Ferreira Mendes, Data de Julgamento: 19.05.2015, Data de Publicação: DJE – Diário de justiça eletrônico, Tomo 156, Data 18.08.2015, Página 122)

The inapplicability of negotiating clauses in the electoral context

Abstract: The present study is one of the innovations introduced in the civil procedural field and its possible applicability in the electoral context. Working on the premise that legislative buildings for the effective justice and procedural celerity through the concept of procedural general clauses. Furthermore, the electoral process construction and its importance for the maintenance of electoral fairness.

Keywords: Electoral. Negotiating general clause. Process.

Referência

ABBAGNANO, Nicola. *Dicionário de filosofia*. 4. ed. São Paulo: Martins Fontes, 2000.

AGRA, Walber de Moura. *Curso de direito constitucional*. 8. ed. Rio de janeiro: Forense, 2014.

AGRA, Walber de Moura; VELLOSO, Carlos Mário da Silva. *Elementos de Direito Eleitoral*. 2. ed. São Paulo: Saraiva, 2010.

ALEXY, Robert. *Teoría de los derechos fundamentales*. Madrid: Centro de Estudios Políticos y Constitucionales, 1993.

ARISTÓTELES. Ética a Nicômaco. Tradução de Leonel Vallandro e Gerd Bornheim. São Paulo: Abril Cultural, 1979.

BOBBIO, Norberto. *Estado, governo, sociedade*: para uma teoria geral da política. Rio de Janeiro: Paz e Terra, 2004.

BODENHEIMER, Edgard. *Ciência do Direito*: Filosofia e Metodologia Jurídicas. Rio de Janeiro: Forense, 1962.

CANARIS, Claus-Wilhem. *Pensamento sistemático e conceito de sistema na ciência do direito*. 3. ed. Tradução de A. Menezes Cordeiro. Lisboa: 2002.

CARNELUTTI, Francesco. *Diritto Processo*. Napoles: Morano, 1958.

CARVALHO, Paulo de Barros. *Teoria da norma tributária*. 3. ed. São Paulo: Max Limonad.

CHIOVENDA, Giuseppe. *Instituições de direito processual civil*. Tradução de Paolo Capittanio. Campinas: Bookseller, 1998.

DIDIER JR., Fredie. *Curso de direito processual civil*. 12. ed. Salvador: Juspodivm, 2010.

DIDIER JR., Fredie. *Curso de Direito Processual Civil*. Vol. 1. 17. ed. Salvador: Jus Podivm, 2015.

DIDIER JR., Fredie. *Fundamentos do Princípio da Cooperação no Direito Processual Civil Português*. Coimbra Editora, 2011.

DINIZ, Maria Helena. *Compêndio de introdução à ciência do direito*: introdução à teoria geral do direito, à filosofia do direito, à sociologia jurídica e à lógica jurídica, norma jurídica e aplicação do direito. 20. ed. São Paulo: 2009.

DWORKIN, Ronald. *Levando os direitos a sério*. Tradução de Nelson Boeira. São Paulo: Martins Fontes, 2002.

ENGELS, Friedrich; MARX, Karl Heinrich. *Manifesto Comunista*. São Paulo: Rocketedition. 2002.

ESMERALDO, Elmana Viana Lucena. *Processo Eleitoral*: sistematização das Ações Eleitorais. 2. ed. Leme: JH Mizuno, 2012.

GOMES, José Jairo. *Direito Eleitoral*. 9. ed. São Paulo: Atlas, 2013.

GUERRA, Marcelo Lima. *Direitos fundamentais e a proteção do credor na execução civil*. São Paulo: RT, 2003.

HOFFMAN, Paulo. *Razoável Duração do Processo*. São Paulo: Quartier Latin, 2006.

LIEBMAN, Enrico Tullio. *Manual de direito processual civil*. Vol. 3. ed. I. Tradução e notas de Cândido Rangel Dinamarco. São Paulo: Malheiros, 2005.

MALMESBURY, Thomas Hobbes de. *Leviatã ou matéria, forma e poder de um estado eclesiástico e civil*. São Paulo: Abril, 1997.

MAQUIAVEL, Nicolau. *O Príncipe*. São Paulo: Editora Hemus, 1977.

MARINONI, Luiz Guilherme. *Curso de Processo Civil*. Vol. 2. 6. ed. ver., atual. e ampl. da obra Manual do Processo de Conhecimento. São Paulo: Editora Revista dos Tribunais, 2007.

MARTINS, Sandro Gilbert. *Processo, procedimento e ato processual*: o plano da eficácia. Tese de doutorado da PUC-SP. São Paulo: 2009.

MIRANDA, Jorge. *Teoria do Estado e da Constituição*. Rio de Janeiro: Forense, 2002.

MIRANDA, Pontes de. *Comentários ao Código de Processo Civil*. Vol. I. 2. ed. Rio de Janeiro: Revista Forense, 1958.

MOREIRA, José Carlos Barbosa. O neoprivatismo no processo civil. *In*: MOREIRA, José Carlos Barbosa. *Temas de direito processual*: nona série. São Paulo: Saraiva, 2007.

NOGUEIRA, Pedro Henrique Pedrosa. *Negócios Jurídicos Processuais*: análise dos provimentos judiciais como atos negociais. Tese de doutorado da UFBA. Salvador: 2001.

PASSOS, J. J. Calmon de. *Esboço de uma teoria das nulidades aplicadas às nulidades processuais*. Rio de Janeiro: Forense, 2005.

PELEJA JR., Antônio Veloso; BATISTA, Fabrício Napoleão Teixeira. *Direito Eleitoral*: aspectos processuais ações e recursos de acordo com a Lei da Ficha Limpa. 3. ed. Curitiba: Juruá, 2014.

PROUDHON, Pierre-Joseph. *Sistemas das contradições econômicas ou filosofia da miséria*. Tradução de J. C. Morel. São Paulo: Ícone, 2003.

RAWLS, John. *Justiça como equidade*: uma reformulação. Organizado por Barbara Herman; tradução de Ana Aguiar Cotrim; revisão da tradução Marcelo Brandão Cipolla. São Paulo: Martins Fontes, 2003.

REDONDO, Bruno Garcia. Negócios processuais: necessidade de rompimento radical com o sistema do CPC/73 para a adequada compreensão da inovação do CPC/15. *Revista dialética de direito processual*, São Paulo, n. 149, ago. 2015.

ROCHA, José de Albuquerque. *Teoria Geral do Processo*. 10. ed. São Paulo: Atlas, 2009.

TORNAGHI, Hélio. *Comentários ao Código de Processo Penal*. Rio de Janeiro: Revista Forense, 1956.

ZANZUCCHI, Marco Tullio. *Diritto Processuale Civile*. Vol. I. Milano: Giuffré, 1964.

ZIMMERMAN, Augusto. *Teoria Geral do Federalismo Democrático*. 2. ed. Rio de Janeiro: Lumen Júris, 2005.

Informação bibliográfica deste livro, conforme a NBR 6023:2002 da Associação Brasileira de Normas Técnicas (ABNT):

BANDEIRA, Maria Paula Pessoa Lopes; SANTOS, Maria Stephany dos. A inaplicabilidade das cláusulas negociais no âmbito eleitoral. In: TAVARES, André Ramos; AGRA, Walber de Moura; PEREIRA, Luiz Fernando (Coord.). *O direito eleitoral e o novo Código de Processo Civil*. Belo Horizonte: Fórum, 2016. p. 205-218. ISBN 978-85-450-0133-1.

O NOVO CPC E A TUTELA ESPECÍFICA NA JUSTIÇA ELEITORAL[1]

FERNANDO MATHEUS DA SILVA[2]

1 Introdução

A criação da Justiça Eleitoral, por meio do Decreto nº 21.076 de 24 de janeiro de 1932, ocorreu com a finalidade precípua de combater fraudes eleitorais na medida em que, até então, a organização do processo eleitoral[3] ficava a cargo do Poder Legislativo, interessado direto no resultado das eleições. Daí a sua dupla função típica, posto que, ao mesmo tempo em que organiza o processo eleitoral, também julga as demandas levadas ao seu conhecimento.

Portanto, cabe à Justiça Eleitoral tutelar, preferencialmente, a higidez do processo eleitoral, exercendo atividade administrativa e/ou jurisdicional. Para o que importa ao presente texto – a atividade jurisdicional –, é dever deste órgão especializado do Poder Judiciário resguardar a liberdade e a igualdade dos postulantes a determinado cargo político-eleitoral.

Vale destacar, contudo, que a única possibilidade de a Justiça Eleitoral tornar limpas as eleições sob sua administração/jurisdição será mediante técnicas processuais idôneas para o julgamento das demandas levadas ao seu conhecimento. Entretanto, conforme se verá de maneira aprofundada em tópico específico, a legislação eleitoral não dispõe dessas técnicas, obrigando a aplicação subsidiária do Código de Processo Civil no processo jurisdicional eleitoral, sobretudo o novo CPC, oriundo de um período em que diversas técnicas processuais idôneas a salvaguardar direitos fundamentais não suscetíveis à conversão em pecúnia foram suficientemente amadurecidas.

---

[1] O autor publicou na Revista Brasileira de Direito Eleitoral artigo sobre a tutela específica e a Justiça Eleitoral. Trata-se, portanto, de atualização do mesmo trabalho à luz do novo Código de Processo Civil.

[2] Agradeço ao Professor Luiz Fernando C. Pereira pelo convite, bem como ao amigo Cássio Prudente Vieira Leite pelas contribuições. Dedico à Thaine Figuel e Helena Figuel Matheus da Silva, esposa e filha, respectivamente.

[3] Processo eleitoral refere-se ao desencadeamento de atos que culminarão na escolha dos eleitos, diferentemente de processo jurisdicional eleitoral.

Isso porque, mesmo antes da edição do novo Código de Processo Civil, a legislação processual brasileira tinha passado por diversas reformas; todas elas com o claro intuito de conferir maior celeridade e efetividade ao direito pleiteado através do processo, ante as dificuldades presentes no texto original do Código de 1973.[4] Ou seja, as referidas reformas do Código de Processo Civil foram concebidas para a – tentativa, ao menos – adequação à Constituição e, também, para superar alguns pontos de estrangulamento da prestação jurisdicional.[5]

Essas dificuldades presentes no método de prestação jurisdicional civil de 1973 decorriam, diretamente, do pensamento da Escola Sistemática que influenciou a sua elaboração, com matriz liberal, que sempre militou pela autonomia do processo. Entretanto, essa autonomia processual, por vezes, foi confundida com a absoluta neutralidade e indiferença do processo em relação ao direito material da parte. Isso subverteu a lógica de que o processo deve ter interdependência com o direito material.[6]

Portanto, já se mostrava claro para a grande maioria da doutrina processualista que, mesmo antes da elaboração de um novo código, qualquer que fosse a reforma empreendida no Processo Civil, sua finalidade precípua deveria ser a inclusão de técnicas processuais capazes de satisfazer ao infindável rol de novos direitos que foram reconhecidos, sobretudo após a Constituição Federal de 1988.[7] Afinal, o processo deve acompanhar a evolução dos direitos outorgados aos cidadãos, pois, se o Estado reconhece determinado direito e, ao mesmo tempo, não permite ao cidadão o exercício da tutela autônoma, impossível que não confira àquele titular do direito maneira adequada para sua efetivação.[8] Consoante afirma Cândido Rangel Dinamarco:

> Não fosse a jurisdição institucionalizada, perderia sentido o ordenamento jurídico estatal como fonte autorizativa de regras de convivência e perderia sentido o próprio Estado que o instituiu e que, para coesão do grupo, tem a estrita necessidade de preservação do ordenamento.[9]

Com relação a esses novos direitos, Sérgio Arenhart sustenta que "não se contentam, de forma alguma, com a reparação do dano ocorrido".[10] Prossegue o processualista paranaense tratando da técnica processual mais adequada à aplicação nesses

---

[4] Com efeito, em regra, toda a legislação é produto da correlação de forças políticas existentes no momento de sua aprovação. Com o Código de Processo de 1973, não poderia ser diferente. Assim, considerando o momento histórico no qual o referido diploma houvera sido concebido, qual seja, o começo da década de 70 – com o regime autoritário em pleno vigor –, mostrava-se natural a existência de pontos de dificuldade de convivência entre o Código de 1973 e a Constituição de 1988. A esse respeito, leciona o ilustre doutrinador Sérgio Gilberto Porto: "O exame do processo Civil, portanto, com suporte no Código, é evidente, repassa o espírito que o habita, fazendo refletir a ideologia nele compreendida no comportamento de certos operadores". (PORTO, Sérgio Gilberto. A crise de eficiência do processo: a necessária adequação processual à natureza do direito posta em causa como pressuposto de efetividade. *In*: FUX, Luiz; NERY JÚNIOR, Nelson; WAMBIER, Teresa Arruda Alvim (Coord.). *Processo e Constituição*: estudos em homenagem ao professor José Carlos Barbosa Moreira. São Paulo: Revista dos Tribunais, 2006, p. 180).

[5] Idem.

[6] MARINONI, Luiz Guilherme. *Técnica processual e tutela dos direitos*. São Paulo: Revista dos Tribunais, 2004, p. 55-56.

[7] ARENHART, Sérgio. *A tutela inibitória da vida privada*. São Paulo: Revista dos Tribunais, 2000, p. 17.

[8] ARENHART, 2000, p. 29.

[9] DINAMARCO, Cândido Rangel. *A instrumentalidade do processo*. 3. ed. São Paulo: Malheiros, 1993, p. 153.

[10] ARENHART, 2000, p. 35.

casos: "Carecem eles de tutela preventiva, que não se consegue usando apenas os institutos processuais disponíveis segundo os esquemas tradicionais concebidos secularmente por nosso Direito".[11]

Mostra-se evidente que os direitos tutelados pela Justiça Eleitoral pertencem ao rol desses novos direitos ante a sua absoluta impossibilidade de serem convertidos em pecúnia, tendo em vista que as ilicitudes praticadas durante o processo eleitoral acarretam, no mais das vezes, o desequilíbrio entre os candidatos. Portanto, a fim de evitar o desrespeito à vontade popular, os direitos tutelados pela Justiça Eleitoral não podem prescindir do direito fundamental à técnica processual adequada para a manutenção de sua higidez.

O Código de Processo Civil de 1973, apesar de seu texto original não ter disposto sobre técnicas processuais adequadas para tutelar plenamente à legislação eleitoral, passou por diversas reformas e, por meio da Lei nº 8.592/1994, introduziu-se algumas técnicas processuais – no artigo 461 CPC/73[12] – capazes de satisfazer direitos mediante a tutela *in natura*, abandonando-se a conversão automática de obrigações inadimplidas em perdas e danos,[13] algo necessário à Justiça Eleitoral.

Aliás, mesmo antes da instituição deste artigo, embora não houvesse regra expressa, é possível afirmar que havia o direito material ao cumprimento específico. Isso porque existiam diversos direitos conferidos aos cidadãos afetos a questões que não podiam e ainda não podem ser monetizadas na medida em que ligadas a bens jurídicos afetos à vida, integridade, segurança, meio ambiente equilibrado etc.[14]

Com o advento da técnica processual objeto do presente artigo, não só se logrou êxito em obter clareza para o alcance da tutela específica, como esta passou a ter aplicação precípua. Isto é, a partir da análise do direito material perquirido, é possível afirmar que a condenação em perdas e danos é, em sua essência, medida sancionatória, o que se acrescenta ao dever de prestação à tutela específica; ou seja, a incidência da condenação em perdas e danos – tutela reparatória – é reação ao descumprimento da tutela específica, não a escolha do jurisdicionado pela prestação desta tutela.[15]

Ocorre, contudo, que, embora as reformas empreendidas no Código de 1973 tenham surtido bons efeitos, inclusive a reforma que inseriu a tutela específica, de certa maneira enfraqueceram a coesão das normas previstas naquele diploma, o que impôs a necessidade de elaboração de um novo código, nos termos do que restou claro em sua exposição de motivos:

---

[11] Ibidem, p. 35-36.

[12] Art. 461. Na ação que tenha por objeto o cumprimento de obrigação de fazer ou não fazer, o juiz concederá a tutela específica da obrigação ou, se procedente o pedido, determinará providências que assegurem o resultado prático equivalente ao do adimplemento. (BRASIL. Código de Processo Civil (1973). *Diário Oficial da República Federativa do Brasil*, Brasília, DF, 11 jan. 1973).

[13] CANTOARIO, Diego Martinez Fervenza. Tutela específica das obrigações de fazer e não fazer no novo CPC: primeiras observações. In: DIDIER JÚNIOR, Fredie. (Coord. geral); MACÊDO, Lucas Buril de; PEIXOTO, Ravi; FREIRE, Alexandre (Orgs.). *Novo CPC*: doutrina selecionada: execução. v. 5. Salvador: JusPodivm, 2015, p. 114-115.

[14] TALAMINI, Eduardo. *Tutela relativa aos deveres de fazer e de não fazer*. São Paulo: Revista dos Tribunais, 2001, p. 40.

[15] Ibidem, p. 38.

O enfraquecimento da coesão entre as normas processuais foi uma consequência natural do método consistente em se incluírem, aos poucos, alterações no CPC, comprometendo a sua forma sistemática. A complexidade resultante desse processo confunde-se, até certo ponto, com essa desorganização, comprometendo a celeridade e gerando questões evitáveis (= pontos que geram polêmica e atraem atenção dos magistrados) que subtraem indevidamente a atenção do operador do direito.

Nessa dimensão, a preocupação em se preservar a forma sistemática das normas processuais, longe de ser meramente acadêmica, atende, sobretudo, a uma necessidade de caráter pragmático: obter-se um grau mais intenso de funcionalidade.

Sem prejuízo da manutenção e do aperfeiçoamento dos institutos introduzidos no sistema pelas reformas ocorridas nos anos de 1.992 até hoje, criou-se um Código novo, que não significa, todavia, uma ruptura com o passado, mas um passo à frente. Assim, além de conservados os institutos cujos resultados foram positivos, incluíram-se no sistema outros tantos que visam a atribuir-lhe alto grau de eficiência. (Sem destaques no original).[16]

O NCPC, com relação à tutela específica, separou em locais distintos as suas técnicas processuais; alocando as disposições de julgamento das demandas nas quais se busca a tutela *in natura* das disposições referentes à efetivação do direito reconhecido. Ou seja, constaram no Título I "Do Procedimento Comum" as questões que dizem respeito ao reconhecimento do direito, enquanto que as medidas postas à disposição do juiz para cumprir o que restou reconhecido constaram no Título II "Do Cumprimento da Sentença", esclarecendo o que se trata do reconhecimento do direito, com os instrumentos processuais aptos a cumprir o que já resta reconhecido pelo juízo competente.[17]

De todo modo, tais técnicas processuais ganharam especial relevância na jurisdição eleitoral, mesmo antes da edição do novo Código, tendo em vista que bem diferente da tutela meramente reparatória que pode interferir, diretamente, na esfera jurídico-patrimonial de inúmeros cidadãos,[18] é correto afirmar que a tutela específica se refere ao postulado da maior coincidência possível; isto é, o jurisdicionado busca evitar o dano ou repará-lo de forma a levar a sua situação jurídica mais próxima da que se encontrava antes de buscar a jurisdição, evitando-se a consumação de danos graves que podem, eventualmente, trazer consequências traumáticas à população. É o modo precípuo de satisfação de direitos, notadamente os direitos de natureza não patrimonial, tal como aqueles resguardados pela Justiça Eleitoral.[19] Assim, mostra-se evidente que a tutela específica, como se verificará, confere maior efetividade ao processo jurisdicional eleitoral.

---

[16] Disponível em: <http://www.senado.gov.br/senado/novocpc/pdf/anteprojeto.pdf>. Acesso em: 09 fev. 2016.

[17] A esse respeito, Antônio Pereira Gaio Júnior assevera que: "Nesse ínterim se faz destacar a regulação da Tutela Específica, medida de caráter satisfativo voltada à realização do cumprimento exato de obrigações de fazer, não fazer e entregar a coisa inadimplida, e que bem coerentemente se fez alocada no novo Codex, de acordo com os momentos processuais necessários à compreensão de sua efetiva razão e interesse, a depender do momento processual a que está a enfrentar" (GAIO JÚNIOR, Antônio Pereira. A tutela específica no novo CPC. *In*: DIDIER JÚNIOR, Fredie. (Coord. geral); MACÊDO, Lucas Buril de; PEIXOTO, Ravi; FREIRE, Alexandre. (Orgs.). *Novo CPC*: doutrina selecionada: execução. v. 5. Salvador: JusPodivm, 2015, p. 89.

[18] Isso porque a tutela meramente reparatória após a consumação de diversos ilícitos eleitorais se consubstancia no desfazimento da vontade popular através da cassação do mandato eletivo conferido a determinado candidato de maneira viciada.

[19] RODRIGUES NETTO, Nelson. *Tutela jurisdicional específica*: mandamental e executiva *lato sensu*. Rio de Janeiro: Forense, 2002, p. 136.

2 Aplicação subsidiária da tutela específica contida no novo Código de Processo Civil na Justiça Eleitoral

Para o julgamento das causas de sua competência, a Justiça Eleitoral conta com um conjunto de princípios e regras que formam as normas que regulam o processo jurisdicional eleitoral. Ocorre que existe grande dificuldade para o julgamento das lides eleitorais, porquanto simplesmente não existe um Código de Processo Eleitoral, considerando que as regras que dizem respeito ao processo jurisdicional eleitoral estão inseridas no bojo da legislação do direito substancial eleitoral.[20]

O Código Eleitoral traz diversas regras que regulamentam o processo jurisdicional eleitoral, assim como há diversas regras de mesma natureza na Lei nº 9.504/97 – conhecida como Lei das Eleições – bem como na Lei Complementar nº 64/90 – conhecida como Lei das Inelegibilidades. Todas essas regras juntas formam o direito eleitoral processual, que tem a finalidade de organizar as lides oriundas do processo de escolha dos candidatos a cargos eletivos.[21]

De qualquer forma, apesar da existência das inúmeras normas que visam regular o processo jurisdicional eleitoral, as técnicas processuais espalhadas pelas referidas leis são insuficientes para resguardar a legitimidade do processo eleitoral, pois somente com os instrumentos postos à disposição na legislação processual civil é que se tornará possível garantir efetividade às decisões do Judiciário Eleitoral.

Evidentemente que nesta seara jurisdicional a aplicação do Código de Processo Civil ocorre de maneira subsidiária. Significa afirmar que, na ausência de norma regulamentadora no ordenamento jurídico-eleitoral, utilizar-se-á o Processo Civil comum. A jurisprudência do Tribunal Superior Eleitoral, inclusive, já pacificou a aplicação subsidiária do CPC na Justiça Eleitoral quando ausentes dispositivos específicos da matéria na legislação eleitoral: "A aplicação subsidiária do Código de Processo Civil somente se justifica se não houver disciplina da matéria pela Lei Eleitoral".[22]

Cabe ressaltar, ainda, que o novo Código de Processo Civil, no §2º do artigo 1.046, previu que: "Permanecem em vigor as disposições especiais dos procedimentos regulados em outras leis, aos quais se aplicará supletivamente este Código". Este dispositivo tem aplicação direta nos processos regulados pela legislação eleitoral, por óbvio! Trata-se, enfim, de relevante esclarecimento do legislador do novo Código.

No entanto, nem sempre a aplicação das técnicas processuais previstas no Código de Processo Civil terá utilidade somente nos casos de ausência de norma eleitoral específica, podendo a técnica processual da tutela específica ser utilizada como regra geral, mesmo nos casos em que houver, no ordenamento jurídico-eleitoral, regra disciplinadora de determinada situação, até porque a tutela específica incidirá como complemento das regras eleitorais.

Aliás, o art. 461 do Código de Processo Civil de 1973 já funcionava como verdadeira regra geral, utilizado para atender a todas as situações não previstas especificamente no ordenamento, inclusive nos processos de competência da Justiça Eleitoral,

---

[20] COÊLHO, Marcus Vinicius Furtado. *Direito eleitoral e processo eleitoral*: direito eleitoral penal e direito político. Rio de Janeiro: Renovar, 2008, p. 303.

[21] Idem.

[22] BRASIL. Tribunal Superior Eleitoral. AgR-REsp nº 31.116/MG, Agravante: Marlene Silva Gomes; Agravado: Ministério Público Eleitoral; 06.10.2008, publicado em Sessão.

cumprindo a regra da universalidade da tutela jurisdicional, tendo em vista que o legislador não pode, simplesmente, prever todas as situações que deverão ser abarcadas, com técnicas processuais em espécie.[23]

Da mesma forma funcionará com o art. 497 do novo Código de Processo Civil,[24] uma vez que este dispositivo também terá a serventia de aplicabilidade da regra geral nos casos em que se apresentar como a técnica processual mais adequada a resguardar o direito material em questão. Mas não é só! Embora existam, na legislação eleitoral, previsões de sentenças que têm, claramente, natureza de tutela específica, o que, em tese, pode levar à conclusão da desnecessidade da aplicação do art. 497, o mesmo não pode ser dito em relação aos arts. 536[25] e 537[26] do novo Código de Processo Civil.

Tal qual afirmado acima, o legislador, acertadamente, alocou em tópicos distintos, no NCPC, a previsão legal de concessão da tutela específica das técnicas processuais idôneas à efetivação do direito reconhecido em juízo. Portanto, considerando que a legislação eleitoral não possui dispositivo específico para tratar de técnicas com o intuito de efetivar a decisão, esses dispositivos serão aplicados em todos os casos em que houver a sua necessidade. Isto é, sempre que se mostrar adequada a aplicação de multa e/ou qualquer medida para a efetivação do direito reconhecido pelo juízo competente da Justiça Eleitoral.

Cabe lembrar, inclusive, que o legislador do novo Código de Processo Civil, ao tratar da regra geral sobre os poderes do juiz, inseriu dispositivo em seu art. 139,

---

[23] TALAMINI, 2001, p. 434.

[24] Art. 497. Na ação que tenha por objeto a prestação de fazer ou de não fazer, o juiz, se procedente o pedido, concederá a tutela específica ou determinará providências que assegurem a obtenção de tutela pelo resultado prático equivalente.
Parágrafo único. Para a concessão da tutela específica destinada a inibir a prática, a reiteração ou a continuação de um ilícito, ou a sua remoção, é irrelevante a demonstração da ocorrência de dano ou da existência de culpa ou dolo.

[25] Art. 536. No cumprimento de sentença que reconheça a exigibilidade de obrigação de fazer ou de não fazer, o juiz poderá, de ofício ou a requerimento, para a efetivação da tutela específica ou a obtenção de tutela pelo resultado prático equivalente, determinar as medidas necessárias à satisfação do exequente.
§1º Para atender ao disposto no *caput*, o juiz poderá determinar, entre outras medidas, a imposição de multa, a busca e apreensão, a remoção de pessoas e coisas, o desfazimento de obras e o impedimento de atividade nociva, podendo, caso necessário, requisitar o auxílio de força policial.
§2º O mandado de busca e apreensão de pessoas e coisas será cumprido por 2 (dois) oficiais de justiça, observando-se o disposto no art. 846, §§1º a 4º, se houver necessidade de arrombamento.
§3º O executado incidirá nas penas de litigância de má-fé quando injustificadamente descumprir a ordem judicial, sem prejuízo de sua responsabilização por crime de desobediência.
§4º No cumprimento de sentença que reconheça a exigibilidade de obrigação de fazer ou de não fazer, aplica-se o art. 525, no que couber.
§5º O disposto neste artigo aplica-se, no que couber, ao cumprimento de sentença que reconheça deveres de fazer e de não fazer de natureza não obrigacional.

[26] Art. 537. A multa independe de requerimento da parte e poderá ser aplicada na fase de conhecimento, em tutela provisória ou na sentença, ou na fase de execução, desde que seja suficiente e compatível com a obrigação e que se determine prazo razoável para cumprimento do preceito.
§1º O juiz poderá, de ofício ou a requerimento, modificar o valor ou a periodicidade da multa vincenda ou excluí-la, caso verifique que:
I - se tornou insuficiente ou excessiva;
II - o obrigado demonstrou cumprimento parcial superveniente da obrigação ou justa causa para o descumprimento.
[...]
§4º A multa será devida desde o dia em que se configurar o descumprimento da decisão e incidirá enquanto não for cumprida a decisão que a tiver cominado.
§5º O disposto neste artigo aplica-se, no que couber, ao cumprimento de sentença que reconheça deveres de fazer e de não fazer de natureza não obrigacional.

inciso IV, autorizando o juízo competente a "determinar todas as medidas indutivas, coercitivas, mandamentais ou sub-rogatórias necessárias para assegurar o cumprimento de ordem judicial, inclusive nas ações que tenham por objeto prestação pecuniária". Portanto, considerando a inexistência de um Código de Processo Jurisdicional Eleitoral, as regras gerais a respeito de atos processuais, poderes do juiz, direitos das partes etc., serão sempre aplicáveis na esfera da Justiça Eleitoral para qualquer tramitação processual.

Aliás, a inclusão do art. 139, inciso IV, no novo Código de Processo Civil demonstra, realmente, que a finalidade do legislador foi a de sistematizar a legislação processual, não deixando espaços para incongruência, inserindo já na regra geral dos poderes do juiz, um rol exemplificativo de técnicas processuais para efetivar os direitos reconhecidos durante o processo.[27] No caso da Justiça Eleitoral, esta talvez seja a principal e mais importante modificação para a aplicação da tutela específica. Isso porque, repita-se, já nas regras gerais aplicáveis a todos os processos, constam, expressamente, técnicas processuais idôneas a resguardar a legitimidade dos pleitos eleitorais.

Um exemplo da existência de regra em espécie na legislação eleitoral, com natureza similar à tutela específica, é o direito de resposta. Embora tenha previsão constitucional, a legislação eleitoral tem previsão em espécie para o direito de resposta sempre quando a ofensa da qual ele decorra tiver alguma vinculação com o processo eleitoral. Considerando que o rito é sumaríssimo, o procedimento específico é bastante eficiente contra os ataques à honra dos candidatos, partidos políticos e/ou coligações.[28]

De acordo com a Lei Eleitoral, a possibilidade de requerer o direito de resposta começa com a escolha dos candidatos em convenção, mesmo antes do início da propaganda, findando com o dia das eleições. A regra que possibilita o pedido do direito de resposta se justifica porquanto este pode ser concedido não só por ofensas de candidatos, mas também de terceiros, inclusive meios de comunicação.[29]

Isto posto, nos casos que incidam na regra específica do direito de resposta na Lei das Eleições, em virtude de sua eficiência, torna-se desnecessária a utilização da regra geral da tutela específica prevista no novo Código de Processo Civil (art. 497).

Entretanto, como acima mencionado, a regra do direito de resposta prevista na legislação eleitoral tem prazo de vigência bastante reduzido, pois a indicação em convenção, como candidato, ocorre em junho, enquanto que o dia das eleições ocorre no primeiro domingo de outubro, vigendo, tal regra, apenas por alguns meses durante o ano em que se realizará o pleito eleitoral. Por isso, em alguns casos, embora a ofensa tenha nítida conotação eleitoral, não haverá a possibilidade de se utilizar a regra em espécie do direito de resposta devido à questão temporal, podendo ser utilizada para garantir a proteção à honra do ofendido a regra geral da tutela específica.

---

[27] Embora a regra da tutela específica tenha sido inserida, mediante reforma, no Código de Processo Civil de 1973, não havia regra geral concedendo ao magistrado tais poderes. Daí que poderia haver, mesmo que remotamente, a defesa da não aplicação das regras da tutela específica sem a previsão expressa, já que, em tese, não se tratava da regra geral para a aplicação em qualquer processo da jurisdição civil, mesmo que especializada. Esta tese, apesar de rudimentar, poderia, ainda que remotamente, ser defendida.

[28] RIBEIRO, Renato Ventura. Propaganda eleitoral gratuita no rádio e na televisão e o direito de resposta. In: GONÇALVES, Guilherme de Salles; PEREIRA, Luis Fernando Casagrande; STRAPAZZON, Carlos Luiz (Coord.). Direito eleitoral contemporâneo. Belo Horizonte: Fórum, 2008, p. 191.

[29] Ibidem, p. 192.

Em suma, especificamente no que diz respeito ao art. 497 do novo Código de Processo Civil, por se tratar de técnica processual tendente a conferir maior efetividade ao processo, sempre que necessária a sua aplicação será possível notadamente nos casos em que contribuir para simplificar alguns procedimentos que tramitam na Justiça Eleitoral.[30]

Relembrando, apenas, que as técnicas previstas nos arts. 536 e 537 do NCPC serão necessariamente aplicáveis sempre que houver necessidade de aplicação de qualquer técnica tendente ao cumprimento da decisão, até mesmo para efetivar decisões oriundas de dispositivos específicos da legislação eleitoral que tenham técnicas eficientes para a sua efetivação. Cabe destacar, mais uma vez, que o conteúdo desses dispositivos apenas especifica os poderes gerais conferidos pelo novo Código ao magistrado que conduz o processo, podendo ocorrer a sua utilização em qualquer processo, inclusive para fazer cumprir decisões relativas ao direito de resposta, por exemplo.

Embora seja evidente a necessidade de aplicação da tutela específica nos processos de competência da Justiça Eleitoral, decisões relativamente recentes, oriundas de alguns tribunais regionais, ainda repelem essa aplicação. O Tribunal Regional Eleitoral do Rio Grande do Sul tem nítido exemplo desse equívoco:

> Recurso. Propaganda eleitoral irregular. Charge ridicularizando imagem de candidato. Decisão que proibiu a publicação, advertindo quanto à aplicação de multa em caso de reincidência.
>
> Descumprimento da ordem judicial, com a veiculação, em sítio eletrônico, do conteúdo anteriormente impresso em panfleto.
>
> A cominação de sanção pecuniária aos responsáveis pela recalcitrância na publicidade impugnada esbarra na falta de previsão legal. Inteligência do artigo 5º da Resolução TSE n. 22.718/08.
>
> Descabimento, na espécie, da aplicação subsidiária do disposto no artigo 461, parágrafo 4º, do Código de Processo Civil.
>
> Provimento.[31]

Conforme se vislumbra da ementa do acórdão, a decisão deixa de aplicar a técnica de multa para a coerção do demandado ante a ausência de previsão sancionatória. Todavia, a aplicação de multa por descumprimento da ordem judicial não se reveste em tutela sancionatória, mas, sim, em tutela mandamental. Trata-se de multa com o intuito de influenciar na vontade do demandado para que cumpra a ordem judicial. A multa é meio coercitivo com o fim de impedir a repetição de determinado ilícito, podendo ser cumulativa, ou não, com a tutela sancionatória.[32]

---

[30] TALAMINI, 2001, p. 450. É preciso esclarecer, no entanto, que o autor se refere à aplicação da regra do art. 461, do CPC, nos processos dos Juizados Especiais. Mas a lógica da subsidiariedade na aplicação é exatamente a mesma.

[31] BRASIL Tribunal Regional Eleitoral do Rio Grande do Sul. Rp nº 786, Recorrentes: Coligação BOM – Bloco de Oposição Municipal e Jairo Jorge da Silva, Recorrida: Coligação Canoas Saudável, Desembargador Relator Dr. Sylvio Baptista Neto, julgado em 17.03.2009, publicado no Diário da Justiça do TRE-RS, Tomo 03, data 20.03.2009, p. 1.

[32] RODRIGUES NETO, 2002, p. 139.

Por outro lado, em que pese à decisão acima impossibilitando a aplicação da tutela inibitória na Justiça Eleitoral, existem outras diversas decisões que não prescindem da aplicação desse importante instituto nos processos de sua competência.[33]

Ora, se mesmo antes da edição de um novo Código a ampla maioria da jurisprudência aplicava a técnica processual objeto do presente estudo, tal possibilidade terá ainda maior razão, considerando que o novo Código de Processo Civil tem o potencial de gerar um processo mais célere, mais justo, porque mais rente às necessidades sociais e muito menos complexo.[34]

A finalidade do processo é a satisfação do direito material, que não será efetivo se depender exclusivamente da vontade do demandado, como na decisão acima, em que não obstante houvesse ordem judicial para a não veiculação de determinada propaganda, tal ordem foi simplesmente descumprida sem que houvesse qualquer consequência prática. Conforme já afirmado, é possível extrair do ordenamento jurídico, inclusive do texto constitucional, direito fundamental à técnica processual adequada para a satisfação do direito material.

Nesse contexto, a lógica da aplicação subsidiária da tutela específica no processo jurisdicional eleitoral é aquela demonstrada acima, qual seja: na ausência de norma em espécie, caberá a aplicação subsidiária da tutela específica; nos casos em que existam normas em espécie, será prescindível a aplicação do art. 497 do NCPC, mas não das técnicas previstas nos arts. 536 e 537.

3 Funcionamento da tutela específica na Justiça Eleitoral

3.1 Tutela inibitória

A necessidade de haver técnicas processuais que garantam a efetividade aos novos direitos dos cidadãos por óbvio que enseja a imprescindibilidade da elaboração de técnica processual adequada para se prevenir ilícitos.[35] Este é exatamente o ponto em que se insere a importância da existência de uma ação de natureza inibitória, uma das técnicas processuais inerentes à tutela específica.

Considerando a multirreferida premissa de que as garantias eleitorais não são suscetíveis à monetização, resta claro que esta técnica de tutela preventiva ganha especial relevo para a jurisdição eleitoral.

O modo de se prestar a tutela específica em sua forma preventiva é por meio de ação de conhecimento, não se ligando, portanto, a nenhuma outra ação dita principal, consoante ocorre com as cautelares; trata-se de espécie de ação principal com a finalidade precípua de se prevenir um ilícito.[36] Vale lembrar, igualmente, que a própria Constituição

---

[33] RECURSO ESPECIAL ELEITORAL. PROPAGANDA ELEITORAL EM BEM PARTICULAR. PINTURA EM MURO. DIMENSÕES. OFENSA AO ART. 39 DA LEI Nº 9.504/97. PROVIMENTO. 1. A Corte Regional aplicou o art. 39, §8º, da Lei nº 9.504/97, em consórcio com o art. 461, §4º do CPC, para cominar à recorrente pena de multa pela veiculação de propaganda eleitoral consistente em inscrição, à tinta, no muro da residência do então candidato ao Senado Federal Joaquim Roriz. (TSE – RESPE 27447 – Relator Ministro José Delgado – Data 28.08.2007).

[34] Disponível em: <http://www.senado.gov.br/senado/novocpc/pdf/anteprojeto.pdf>. Acesso em: 09 fev. 2016.

[35] MARINONI, Luiz Guilherme. *Tutela inibitória*. 3. ed. São Paulo: Revista dos Tribunais, 2003, p. 35.

[36] MARINONI, Luiz Guilherme. *Técnica Processual...*, p. 251.

Federal previu a inafastabilidade do Poder Judiciário, inclusive para situações de ameaça de lesão aos direitos.[37]

A finalidade da ação inibitória é prevenir a possibilidade de ilícito, seja a sua repetição ou continuação, em nada se relacionando com o ressarcimento do dano, pouco importando, por isso, os elementos subjetivos culpa ou dolo.[38] Neste ponto, elucidativa é a lição de Sérgio Cruz Arenhart:

> Ponto da maior relevância, em se tratando de tutela inibitória, consiste na constatação de que a tutela inibitória não se dirige contra o dano – nem mesmo tem em vista, em primeira ordem, a sua prevenção. A função da tutela preventiva é, precipuamente, a prevenção do ilícito, figura esta mais abrangente que as situações de dano, e que atraem outros requisitos para sua tutela e consequências.[39]

Essa premissa, de que a ação inibitória servia apenas para atacar a possibilidade de ocorrência de ilícito e/ou a sua repetição, era uníssona na doutrina por decorrência lógica da interpretação do CPC/73 de acordo com o dispositivo constitucional que torna o Poder Judiciário competente para analisar inclusive para as situações de ameaças a direitos. Por outro lado, o novo Código fixou tal pressuposto no parágrafo único do art. 497,[40] afastando qualquer espaço para dúvidas. A esse respeito, elucidativo é o comentário de Bruno Marzullo Zaroni e Paula Pessoa Pereira:

> O mérito do dispositivo legal reside justamente em afastar qualquer dúvida a respeito da manifesta diferença entre dano e ilícito enquanto pressuposto da tutela inibitória. Para que esta seja admissível, basta a mera probabilidade da prática do ato ilícito. Tal postura se coaduna com o ditame constitucional – agora repetido no art. 3 do CPC/15 – de que a mera ameaça ao direito (art. 5, XXXV, da Constituição Federal) já é suficiente para autorizar a proteção jurisdicional.[41]

Tais características mostram-se diferentes do que ocorre com a tutela ressarcitória, que se preocupa, na maioria das vezes, na identificação daquele que suportará a reparação do dano causado. Ou seja, enquanto uma é voltada contra o dano – tutela ressarcitória –, a outra é voltada contra o ilícito, apenas.[42]

---

[37] Ibidem, p. 254.
[38] Ibidem, p. 255.
[39] ARENHART, 2000, p. 151.
[40] Art. 497. [...] Para a concessão da tutela específica destinada a inibir a prática, a reiteração ou a continuação de um ilícito, ou a sua remoção, é irrelevante a demonstração da ocorrência de dano ou da existência de culpa ou dolo.
[41] ZARONI, Bruno Marzullo; PEREIRA, Paula Pessoa. Tutela inibitória no novo CPC. *In*: DIDIER JÚNIOR, Fredie. (Coord. geral); MACÊDO, Lucas Buril de; PEIXOTO, Ravi; FREIRE, Alexandre (Orgs.). *Novo CPC*: doutrina selecionada: execução. v. 5. Salvador: JusPodivm, 2015, p. 153. Do mesmo modo, Antônio Pereira Gaio Júnior: "Ao se referir na irrelevância na demonstração da ocorrência de dano ou da existência de culpa ou dolo, reconhece inequivocadamente o legislador do novato Código, a importância de se inibir a prática, reiteração ou a continuação de um ilícito, ainda que dele não gere ou venha a gerar dano, manifestação veraz do caminhar pari passu com a dinâmica jurídica hodierna. (GAIO JÚNIOR, Antônio Pereira. A específica no novo CPC. *In*: DIDIER JÚNIOR, Fredie. (Coord. geral); MACÊDO, Lucas Buril de; PEIXOTO, Ravi; FREIRE, Alexandre (Orgs.). *Novo CPC*: doutrina selecionada: execução. v. 5. Salvador: JusPodivm, 2015, p. 108.
[42] MARINONI, Luiz Guilherme. *Tutela inibitória*. Op. cit., p. 36-38.

Noutras palavras, a conservação do direito em questão é a finalidade precípua da tutela inibitória e, por isso mesmo, é que esta deve prevalecer sobre a ressarcitória, uma vez que é sempre melhor a prevenção ao ressarcimento, isso sem adentrar na análise dos direitos que não podem ser reparados, impossíveis de serem assegurados através da tutela ressarcitória, já que esta tem, na maioria das vezes, o escopo de substituir o direito originário pelo equivalente monetário.[43]

Desnecessário grande esforço para se chegar à conclusão de que é preferível a aplicação da tutela preventiva na Justiça Eleitoral, que, na lição de Marinoni, "não tem qualquer caráter sub-rogatório, destina-se a garantir a integridade do direito em si".[44] Aliás, note-se que também nos casos em que a aplicação dessa técnica processual se destina a cessar o ilícito ou a impedir sua repetição, o caráter preventivo não desaparece, já que a finalidade, mesmo nesses casos, continua não sendo reparar o direito violado.[45]

Vale lembrar, ainda, que é possível requerer a tutela inibitória como provimento final em uma ação com cognição exauriente, assim como se pode requerê-la como tutela antecipatória.[46]

Esgotadas as principais características da tutela inibitória, passa-se à apresentação de sua aplicação prática na Justiça Eleitoral. Durante o chamado período de campanha eleitoral, mesmo antes, os candidatos, coligações e partidos podem se utilizar de diversas práticas ilícitas para o convencimento do eleitor. Ainda antes de se configurar o abuso, pode o prejudicado se valer da tutela inibitória para cessar o ilícito, seja ele qual for. Isso se coaduna com a finalidade preventiva da técnica processual em questão na medida em que impede que a higidez do processo eleitoral seja abalada.

Um exemplo bastante recorrente de conduta ilícita praticada pelos mais diversos partidos políticos, ainda antes do período eleitoral, é a veiculação de propaganda eleitoral. Existem dois principais fundamentos para se proibir a realização de propaganda eleitoral antes do período de campanha. O primeiro é a ausência de candidatura. O segundo e mais importante fundamento é a isonomia entre os candidatos, princípio que se aplica a toda e qualquer propaganda eleitoral. A campanha eleitoral de todos os candidatos deve começar na mesma data, impedindo que determinado candidato comece a campanha antes dos demais, até porque, caso não se estivesse estabelecido data para o início da campanha, os candidatos com mais recursos financeiros seriam beneficiados, porquanto poderiam fazer propaganda durante mais tempo.[47]

Desse modo, qualquer manifestação de pretensos candidatos ou partidos, antes da data permitida, com conteúdo de propaganda eleitoral[48] deve ser repelida pela Justiça Eleitoral. A tutela inibitória, neste caso, pode servir para determinar que o ilícito cesse, imediatamente, mediante a determinação de retirada da propaganda sob

---

[43] Ibidem, p. 38.
[44] Idem.
[45] MARINONI, Luiz Guilherme. *Tutela inibitória...*, p. 38-39.
[46] Ibidem, p. 39.
[47] RIBEIRO, Renato Ventura. Propaganda eleitoral antecipada. *Revista Brasileira de Direito Eleitoral*, Belo Horizonte, n. 1, p. 199-204, jul./dez. 2009, p. 202-203.
[48] Segundo José Jairo Gomes (2010, p. 305), a propaganda eleitoral "caracteriza-se por levar ao conhecimento público, ainda que de maneira disfarçada ou dissimulada, candidatura ou os motivos que induzam à conclusão de que o beneficiário é o mais apto para o cargo em disputa. Nessa linha, constitui propaganda eleitoral aquela adrede preparada para influir na vontade do eleitor, em que mensagem é orientada à conquista de votos".

pena de aplicação de multa; como pode ser por meio da proibição da repetição daquela propaganda específica.

Aliás, algo que não pode ser ignorado pela Justiça Eleitoral se refere à utilização desvirtuada da propaganda partidária[49] no primeiro semestre de anos nos quais se realizam eleições.

A Constituição Federal, em seu art. 17, quando trata dos partidos políticos, confere a eles o direito de antena, que, conforme sustenta Jairo Gomes, "é traduzido no acesso gratuito ao rádio e à televisão, na forma da lei".[50] O legislador achou por bem impor restrições na propaganda partidária, impedindo que fosse utilizada para a realização de propaganda eleitoral antecipada.

Em suma, o partido político não pode se utilizar do tempo destinado à propaganda partidária, no rádio e na televisão, para promover candidatura e tampouco para denegrir a imagem de governo, partido político ou candidato. Nesse contexto, em sede de antecipação dos efeitos da tutela pretendida, no âmbito de uma demanda eleitoral, pode o magistrado competente proibir nova veiculação da peça publicitária irregular, sob pena de aplicação de multa coercitiva. É preciso ressaltar que a utilização da propaganda partidária para promover candidatura pode resultar em sanção ao final do julgamento do processo, mas que em nada se comunica com a aplicação de multa coercitiva, conforme será tratado em tópico específico.

Portanto, pode-se afirmar, sem embargo, que a tutela inibitória tem utilização irrestrita para salvaguardar a higidez do pleito eleitoral, devendo ser utilizada sempre que determinada conduta tiver qualquer repercussão negativa contra a isonomia entre os candidatos no pleito eleitoral.[51]

Existem diversas hipóteses de ilícitos eleitorais em que a jurisprudência tem aceitado a aplicação da tutela inibitória:

REPRESENTAÇÃO. PROPAGANDA ELEITORAL. DISTRIBUIÇÃO DE MATERIAL APÓCRIFO. DECLARAÇÃO DE IRREGULARIDADE NA SUA UTILIZAÇÃO. AUTORIA OU PRÉVIO CONHECIMENTO NÃO COMPROVADOS. AUSÊNCIA DE OFENSA AO ARTIGO ART. 40-B, DA LEI N. 9.504/97. RECURSO CONHECIDO E IMPROVIDO.
1 - É irregular a confecção e distribuição de material apócrifo com o fim de denegrir a imagem e reputação de candidato, o que impõe a ordem inibitória para cessar sua confecção e circulação.
2 - Não há como responsabilizar os recorridos quando ausente a comprovação de sua responsabilidade pelo material apócrifo ou sua prévia ciência a esse respeito, nos termos do artigo 40-B da Lei n. 9.504/1997.
3 - Recurso conhecido e parcialmente provido.

---

[49] Segundo Renato Ventura Ribeiro (2009, p. 201), propaganda partidária "é aquela realizada por partido político, não só para divulgar sua ideologia e seu programa, como sua atuação e de seus membros, suas atividades e eventos, entre outros. Objetiva não só fins eleitorais imediatos, mas também melhora da imagem e do nível de aceitação do eleitorado, comunicações com filiados, novas filiações, aumento do número de simpatizantes e mobilização (dos filiados, eleitores ou cidadãos) para questões específicas, como apoio ou rejeição a determinado projeto, ideia ou governo".

[50] GOMES, 2010, p. 298.

[51] Não cabe aqui esgotar todas as possibilidades reais em que a tutela inibitória pode ser aplicada no processo jurisdicional eleitoral. As menções, mesmo que genéricas, fundamentam a aplicação dessa técnica processual em qualquer tipo de ilícito eleitoral, pois sua função precípua, como dito, é impedir a sua prática ou cessá-la.

(REPRESENTACAO nº 200678, Acórdão nº 40.142 de 16.09.2010, Relator(a) JUAN DANIEL PEREIRA SOBREIRO, Publicação: PSESS - Publicado em Sessão, Data 20.9.2010)[52]
RECURSOS ELETORAIS - CONDUTA VEDADA - VIOLAÇÃO DO ART. 73, §10 DA LEI N.º 9.504/97 - PROGRAMA SOCIAL NÃO PREVISTO EM LEI ESPECÍFICA - CARACTERIZAÇÃO - TUTELA INIBITÓRIA PREVENTIVA - POSSIBILIDADE - CONHECIMENTO E PROVIMENTO PARCIAL

Restando comprovado que o programa social "Viver Melhor" não tem previsão em lei específica, conforme exigência do §10 do art. 73 da Lei n.º 9.504/97, aplica-se a tutela inibitória de forma a evitar a reiteração da conduta ilícita.

Considerando-se o término das eleições, permite-se a retomada da execução do programa social "Viver Melhor".

Conhecimento e provimento parcial.[53]

Conforme se verifica, a aplicação da tutela inibitória pode ser aplicada nos mais diversos ilícitos eleitorais a fim de preservar a legalidade dos atos de campanha. Todos os casos demonstrados acima, entretanto, são de fácil percepção do cabimento da aplicação da tutela inibitória. Porém, existem casos em que há bastante controvérsia a respeito de sua aplicação; são aqueles em que inúmeros juristas afirmam a tão temida censura prévia. É o que se tratará no próximo subtópico.

3.1.1 Tutela inibitória e o mito da censura prévia

Qualquer questão relativa à proibição prévia de determinada conduta, sobretudo nos casos em que se está em jogo, em tese, a liberdade de expressão, apresenta-se como bastante controvertido. Ocorre, contudo, que não é próprio da ciência jurídica conferir aos cidadãos direitos absolutos, mesmo que a Constituição de 1988 tenha conferido grande importância à liberdade de expressão, erigindo-a como direito fundamental do homem.[54]

De todo modo, é preciso relembrar que se o novo Código de Processo Civil optou por estabelecer, de maneira absolutamente clara, que a tutela inibitória fundamentada em seu art. 497, parágrafo único, não tem a finalidade de perquirir dano, mas apenas o ilícito e/ou a sua possibilidade, por óbvio que se mostra evidente a possibilidade, ainda que de maneira bastante remota e prudente, da sua utilização para impedir a ocorrências de atos potencialmente ilícitos, conforme sustenta Luiz Guilherme Marinoni: "Se alguém, ainda que sem culpa, está na iminência de praticar um ilícito, é cabível a ação inibitória".[55]

O problema central que se apresenta nesse caso, sem embargo, é a questão probatória. Isto é, de que forma comprovar que determinada ilicitude na propaganda eleitoral está na iminência de acontecer?

---

[52] BRASIL. Tribunal Regional Eleitoral de Goiás. Recurso Eleitoral nº 3.443, Recorrente: Diretório Regional do Partido do Movimento Democrático Brasileiro e Leandro Vilela Veloso, Recorrido: Ministério Público Eleitoral, Relator Juiz Urbano Leal Berquó Neto, julgado em 29.09.2006, publicado em sessão.

[53] BRASIL. Tribunal Regional Eleitoral do Rio Grande do Norte. Recurso Eleitoral nº 8.429, Recorrente: Flávio Vieira Veras e Outros, Recorrido: Ministério Público Eleitoral, Relator Juiz Roberto Guedes, julgado em 03.12.2008, publicado no Diário da Justiça, data 09.12.2008, p. 02.

[54] KARPSTEIN, Carla Cristine; KNOERR, Fernando Gustavo. O direito de resposta na propaganda eleitoral. *Revista Brasileira de Direito Eleitoral*. Belo Horizonte, n. 1, p. 11-43, jul./dez. 2009, p. 28.

[55] MARINONI, Luiz Guilherme. *Tutela inibitória...*, p. 48.

O substrato probatório dessas ações é algo bastante complicado, imperioso reconhecer, posto que o magistrado da causa estará adstrito a evitar a ocorrência de um ilícito futuro, enquanto que o substrato normativo de provas, em nosso sistema, é voltado para questões passadas. Afinal, na maior parte dos casos, os juízes julgam fatos pretéritos, não futuros, ponto que influencia sobremaneira a normativa probatória, algo inaplicável à tutela inibitória, pois, como pontuam Bruno Marzullo Zaroni e Paula Pessoa Pereira: "Logo, no âmbito da tutela preventiva, a prova do fato passado apenas sucede quando houve ineficácia da prevenção, porquanto o ilícito foi cometido e frustrada a tutela da norma".[56]

Em suma, o problema da cognoscibilidade apenas de fatos pretéritos pelo juízo competente, em tese, escancara a dificuldade do sistema processual em impedir a consumação de ilícitos. Portanto, emerge, nesses casos, a importância das provas indiciárias, algo não tratado pelo novo CPC a exemplo do Código de 1973.

O magistrado deve se pautar por um juízo de probabilidade razoável da ocorrência do ilícito. Ou seja, algo semelhante à verossimilhança da antecipação dos efeitos da tutela – evidentemente que guardadas as distinções óbvias. Todavia, por certo jamais haverá a certeza em grau talvez desejável para o julgamento, já que a finalidade da tutela é justamente impedir a ocorrência de um fato futuro, que ainda não foi praticado.[57] Por outro lado, a exigência que se comprove de forma inafastável a possibilidade de lesão a determinado direito pode conduzir a exigência de provas impossíveis.[58]

Solução adequada pode ser a analogia com o mandado de segurança preventivo. Tanto a doutrina como a jurisprudência, nos *mandamus* preventivos, exigem, para a comprovação da ameaça de lesão a direito líquido e certo, a demonstração de elementos objetivos que possam indicar, de forma plausível, a possibilidade da ocorrência de determinado ilícito.[59] Cabe aqui trazer julgado em que se sopesou valores fundamentais – liberdade de expressão x honra – culminando na acertada decisão oriundo do Tribunal Regional Eleitoral do Rio Grande do Norte:

> REPRESENTAÇÕES ELEITORAIS - JULGAMENTO CONEXO - PRELIMINAR DE AUSÊNCIA DE INTERESSE RECURSAL - ACOLHIMENTO - PRELIMINARES DE PERDA DO OBJETO, DECADÊNCIA, CENSURA PRÉVIA DA PROPAGANDA ELEITORAL, IMPRESTABILIDADE DA PROVA E LITISCONSÓRCIO NECESSÁRIO COM A COLIGAÇÃO - REJEIÇÃO - DISCURSO POR MEIO DO QUAL SE ATINGIU A IMAGEM DE CANDIDATO - DESOBEDIÊNCIA A TUTELA INIBITÓRIA ANTERIORMENTE CONCEDIDA - IMPROVIMENTO.
>
> *Cuida-se de recurso interposto contra decisão que, julgando conjuntamente três representações, impôs obrigação ao recorrente de não mais proferir discurso com conteúdo ofensivo à imagem dos representantes, bem assim reconheceu o descumprimento de tutela inibitória anteriormente concedida com o mesmo conteúdo da pleiteada nos autos.*
>
> [...]

---

[56] ZARONI, Bruno Marzullo; PEREIRA, Paula Pessoa. Tutela inibitória no novo CPC. *In*: DIDIER JÚNIOR, Fredie. (Coord. geral); MACÊDO, Lucas Buril de; PEIXOTO, Ravi; FREIRE, Alexandre (Orgs.). *Novo CPC*: doutrina selecionada: execução. v. 5. Salvador: JusPodivm, 2015, p. 158.
[57] Ibidem, p. 158-159.
[58] ARENHART, 2000, p. 132.
[59] Ibidem, p. 133.

No mérito, reconhece-se que no discurso objeto da controvérsia o recorrente emitiu opinião ofensiva à imagem do recorrido, então candidato a vice-prefeito na coligação adversária, descumprindo, portanto, tutela inibitória anteriormente proferida para que se abstivesse de proferir ofensas como aquelas tratadas nestes autos.

O recorrente alega que não houve menção do nome do representante no discurso, no entanto, este foi devidamente individualizado ("o vice dele"), razão pela qual deve-se reconhecer que as ofensas foram dirigidas à sua pessoa. Ademais, não se pode dizer que a afirmação de que o recorrido "não tem cérebro" consista em afirmação genérica, inofensiva, ou mesmo que se trate de mera "análise de seus atos", tendo em vista que a mencionada crítica extrapola esse intento.

Recurso a que se nega provimento.[60]

A decisão acima é bastante controvertida, uma vez que determina que um candidato não mais profira comentários ofensivos à imagem de outro, não faltando juristas a sustentar a censura prévia. Ousa-se aqui discordar, mais uma vez, da posição adotada pela maioria da doutrina, de que o controle só poderia ser feito após a consumação do ilícito. Isso seria um verdadeiro absurdo, pois os bens jurídicos tutelados pela Justiça Eleitoral, é bom lembrar, são irreparáveis, fundamento suficiente para considerar a decisão acima acertada.

3.2 Tutela de remoção do ilícito

A tutela de remoção do ilícito também possui natureza preventiva na medida em que, embora tenha a função de remover os efeitos de um ilícito já cometido, sua finalidade também é a prevenção do dano.[61] Como bem explicam Bruno Marzullo Zaroni e Paula Pessoa Pereira: "Sua atuação se dará em momento posterior à violação da norma, ao contrário da tutela inibitória, que tem por objetivo evitar a prática, continuação ou repetição do ilícito".[62]

Havendo norma proibindo um agir a fim de se evitar um dano, torna-se necessária a existência de técnica processual idônea para a remoção do ilícito quando tal norma restar violada. Se assim não fosse, o direito material seria absolutamente inócuo, sem efetividade. Nesse contexto, é correto afirmar que o direito fundamental à tutela jurisdicional efetiva é que embasa a tutela de remoção do ilícito.[63]

Também denominada de tutela reintegratória, é preciso esclarecer que, para a sua utilização, é necessário, do mesmo modo que ocorre com a inibitória, distinguir-se o ilícito do dano, pois pouco importa se o interesse em questão, tutelado pela

---

[60] BRASIL. Tribunal Regional Eleitoral do Rio Grande do Norte. RE nº 8.968, Juiz Relator Dr. Magnus Augusto Costa Delgado, julgado em 02.06.2009, publicado no Diário da Justiça de 03.06.2009, p. 3.

[61] Diferentemente da tutela inibitória que possui conteúdo genuinamente preventivo e se presta a evitar a ocorrência ou a repetição de um ilícito, a tutela de remoção do ilícito tem por fim evitar que os efeitos de um ilícito já cometido se prolonguem no tempo, conforme define Luiz Guilherme MARINONI: "Ao contrário do que ocorre com a ação inibitória, o ilícito que se deseja atingir está no passado, e não no futuro". (MARINONI, Luiz Guilherme. *Técnica processual...*, p. 269).

[62] ZARONI, Bruno Marzullo; PEREIRA, Paula Pessoa. Tutela inibitória no novo CPC. *In*: DIDIER JÚNIOR, Fredie. (Coord. geral); MACÊDO, Lucas Buril de; PEIXOTO, Ravi; FREIRE, Alexandre (Orgs.). *Novo CPC*: doutrina selecionada: execução. v. 5. Salvador: JusPodivm, 2015, p. 155.

[63] Ibidem, p. 270.

norma substancial, teve lesão efetiva. Isto é, o seu cabimento é decorrência do simples desrespeito à norma jurídica.[64]

Desde logo é preciso destacar que a sua utilização, na Justiça Eleitoral, é bastante limitada ante a ausência de efeito prático para salvaguardar os direitos tutelados pela legislação. Mesmo nos casos da tutela inibitória para impedir a repetição do ilícito, aliás, os efeitos práticos são limitados. Isso porque o prejuízo, em grande parte dos casos, é presumido quando ocorre o desrespeito às regras eleitorais.

Portanto, a partir do momento em que houver um ilícito cujos efeitos forem prolongados no tempo, a sua mera remoção terá quase que nenhuma efetividade para resguardar o que, em última análise, é a finalidade precípua do Judiciário Eleitoral: resguardar a higidez da vontade popular.

Ou seja, de cada ilícito cometido presumir-se-á prejuízo, enquanto que a função do aparato estatal será impedir que o dano seja grave a ponto de viciar o curso do processo eleitoral, evitando-se o desfazimento da votação mediante a cassação de mandatos. Por isso mesmo é que, na maior parte dos casos, a tutela meramente reintegratória será inócua.

Alguns poucos casos em que houver a realização de propagandas eleitorais sem o respeito a determinadas regras formais, tal como a obrigatoriedade na colocação do candidato a vice em chapa majoritária, o CNPJ daquele que imprimiu a propaganda, o número da tiragem do material etc., é que se poderá pensar na utilização da tutela meramente de remoção do ilícito, com a obrigação de recolhimento do material. Contudo, mesmo nesses casos, verifica-se, na jurisprudência, que os legitimados nas demandas eleitorais cumulam, nos pedidos, tutela inibitória para impedir a reiteração do ilícito com o material em questão:

> RECURSO ELEITORAL - PROPAGANDA ELEITORAL IRREGULAR - PROGRAMA ELEITORAL GRATUITO - AUSÊNCIA DE LEGENDA - CONHECIMENTO E DESPROVIMENTO DO RECURSO. A propaganda eleitoral gratuita a ser veiculada em emissoras de rádio e televisão deve utilizar a Linguagem Brasileira de Sinais - LIBRAS ou recurso de legenda de forma a propiciar comunicação com portadores de surdez. Não ocorre julgamento ultra petita em decisão que concede tutela inibitória, uma vez que o art. 461, §5º, do CPC autoriza o juiz, inclusive de ofício, a determinar a adoção de todas as medidas que forem necessárias para tornar efetiva a tutela específica em ações que tenham por objeto o cumprimento de obrigações de fazer ou de não fazer. Conhecimento e desprovimento do Recurso.
> (RECURSO ELEITORAL nº 31.669, Acórdão nº 1503832012 de 29.11.2012, Relator(a) NILSON ROBERTO CAVALCANTI MELO, Publicação: DJE - Diário de justiça eletrônico, Data 03.12.2012, Página 02)

Conforme se infere da decisão, o que motivou a propositura de demanda foi simplesmente a ausência da utilização de Linguagem Brasileira de Sinais, o que, por óbvio, não pode trazer grave prejuízo ao processo eleitoral. Mesmo assim, verifica-se que o próprio juiz, de ofício, concedeu tutela inibitória para fixar multa coercitiva de modo a impedir novas veiculações de propaganda em desacordo com a legislação,

---

[64] MARINONI, Luiz Guilherme; ARENHART, Sérgio Cruz; MITIDIERO, Daniel. *Novo Curso de Processo Civil*: tutela dos direitos mediante procedimento comum. v. 2. São Paulo: Revista dos Tribunais, 2015, p. 489.

comprovando, sem espaço para dúvidas, que se mostra bastante improvável a utilização da tutela meramente de remoção do ilícito na Justiça Eleitoral.

3.3 Tutela de ressarcimento na forma específica

Outra modalidade de tutela específica é a de ressarcimento na forma específica. Nesta hipótese, não se separa o ilícito do dano, pressuposto para a incidência das duas hipóteses de tutelas preventivas – inibitória e remoção do ilícito –, já que, em alguns casos, o ilícito trará o dano consigo, adquirindo, daí, importância a tutela de ressarcimento.

A tutela de execução do processo civil clássico não conseguiu dar a necessária efetividade à tutela de ressarcimento, advindo, deste fato, a imprescindibilidade de se pensar em técnicas processuais capazes de conferir efetividade aos casos em que, do ilícito, decorra algum dano.[65]

Trata-se da forma genuína para tratar de reparação de danos não patrimoniais, afastando o automatismo na conversão do direito em pecúnia, tendo em vista que o ressarcimento na forma específica (prestação de fato, no caso da Justiça Eleitoral) pode se apresentar de maneira bastante mais adequada.[66] Aliás, na Justiça Eleitoral, os direitos em questão sequer podem ser convertidos em pecúnia, impossibilitando, por conseguinte, o ressarcimento pelo equivalente monetário.

Em algumas situações, havendo a ocorrência do dano, a tutela reparatória pode significar a desconstituição do mandato conquistado de maneira viciada ou a simples aplicação de multa sancionatória.

Noutros casos, entretanto, não se pode falar em cassação de mandato devido à ausência de potencialidade lesiva para tanto. Ademais, a aplicação de multa – tutela sancionatória – não tem o condão de devolver o jurisdicionado à situação anterior àquela da ocorrência do dano; é o caso, por exemplo, da ofensa à honra de determinado candidato. Está claro que isso não pode ensejar um provimento jurisdicional para desconstituir a vontade popular; nesta situação, que não se pode falar em reparação por meio de pecúnia e tampouco por meio da desconstituição da vontade popular, abre-se a possibilidade de ressarcimento na forma específica por meio da concessão, ao ofendido, de meio idôneo para rechaçar as ofensas sofridas. Trata-se, então, da tutela de ressarcimento na forma específica.

Em alguns casos, é preciso ressaltar, não será possível a reparação total da lesão ocorrida a determinado direito, decorrendo, desta situação, a possibilidade de cumulação de tutela de ressarcimento na forma específica com a tutela sancionatória.[67]

Em outros casos, embora a reparação *in natura* seja impossível, também será imprescindível a utilização de meio não pecuniário para a satisfação do direito material.[68] Um exemplo dessa situação, na Justiça Eleitoral, é a determinação para que o candidato "a" seja obrigado a confeccionar folhetos desmentindo ou retratando a honra

---

[65] MARINONI, Luiz Guilherme. *Técnica processual...*, p. 418.
[66] MARINONI; ARENHART; MITIDIERO, 2015, p. 493.
[67] MARINONI, Luiz Guilherme. *Técnica processual...*, p. 426-427.
[68] Ibidem, p. 427.

do candidato "b".[69] Em suma: é possível decisão judicial determinando a reparação a determinado direito lesado sem se utilizar, especificamente, da tutela *in natura*, mas sem apelar à conversão em pecúnia.

Vale destacar que, para essa modalidade de tutela, muito mais importante do que reconhecer o direito à reparação será a técnica processual empregada para efetivar a decisão. O tópico abaixo abordará tal questão de maneira mais aprofundada.

3.4 Técnicas processuais de efetivação da tutela específica

Tal qual afirmado acima, a tutela específica é aplicada por meio das medidas coercitivas da tutela mandamental e dos poderes conferidos ao juiz na tutela executiva *lato sensu*.[70]

Em suma, não basta apenas a sentença – técnica processual – para assegurar a tutela do direito no processo jurisdicional eleitoral. Outros meios de execução – também técnicas processuais – do comando judicial exarado devem ser aplicados, a depender da necessidade do caso concreto, já que a finalidade precípua do direito processual é resguardar o direito material da parte. Marinoni, Arenhart e Mitidiero resumem essa premissa com maestria: "Isso quer dizer que o nosso sistema de tutela jurisdicional dos direitos é baseado nas regras da mobilidade e da plasticidade: os direitos pode ser tutelados de várias formas diferentes, inexistindo uma rígida ligação entre a técnica processual e a tutela dos direitos".[71]

É possível afirmar, então, que as sentenças que reconhecem as tutelas inibitórias, remoção do ilícito e de ressarcimento na forma específica podem ser classificadas, segundo parte da doutrina, como não autossuficientes, porquanto necessitam de técnicas processuais específicas para a sua efetivação.[72]

Desse ponto emerge a importância, a ser ressaltada uma vez mais, do artigo 139, inciso IV[73] do novo Código de Processo, posto que, repita-se, autoriza de maneira geral e abstrata a utilização, em qualquer processo, de técnicas idôneas a resguardar o direito material da parte, algo de fundamental importância para o direito eleitoral. Afinal, se a regra autoriza a aplicação de diversas medidas para resguardar prestação em pecúnia, impossível defender a não aplicação dessas regras para o resguardo de direitos fundamentais com natureza claramente metaindividuais.

Não bastasse a autorização geral prevista no referido dispositivo geral, o §1º do art. 536 do novo Código de Processo Civil traz a seguinte redação: "Para atender ao disposto no *caput*, o juiz poderá determinar, entre outras medidas, a imposição de multa, a busca e apreensão, a remoção de pessoas e coisas, o desfazimento de obras e o

---

[69] Trata-se de um exemplo, mas não esgota a possibilidade de se utilizar deste expediente.
[70] Consoante leciona Marinoni: "Por essa razão, o legislador, ao editar as regras processuais, resolveu deixar de lado a rigidez das formas a rigidez das formas ou a ideia de traçar técnicas processuais abstratas. *A solução foi estabelecer regras que conferissem maior poder ao juiz, dando-lhe a oportunidade de conformar o processo segundo as peculiaridades dos casos concretos*" (MARINONI, *Técnica Processual...*, p. 289).
[71] MARINONI; ARENHART; MITIDIERO, 2015, p. 472.
[72] Ibidem, p. 472-473.
[73] Art. 139. O juiz dirigirá o processo conforme as disposições deste Código, incumbindo-lhe:
[...]
IV – determinar todas as medidas indutivas, coercitivas, mandamentais ou sub-rogatórias necessárias para assegurar o cumprimento de ordem judicial, inclusive nas ações que tenham por objeto prestação pecuniária.

impedimento de atividade nociva, podendo, caso necessário, requisitar o auxílio de força policial". Está claro, até mesmo através da menção ao termo "entre outras medidas", que não quis o legislador estabelecer todas as hipóteses de atuação do magistrado. Ou seja, as técnicas dependerão da necessidade de se resguardar o direito material no caso concreto.[74]

Pois bem, após o esclarecimento, bastante sucinto, de alguns pressupostos, cabe discutir a aplicação das técnicas processuais de efetivação da tutela específica na Justiça Eleitoral.

A multa coercitiva é a principal técnica processual utilizada como meio coercitivo, isto é, para atuar sobre a vontade do demandado de modo a fazê-lo cumprir o comando judicial. É espécie de execução forçada indireta.[75] Sua utilização não se mostra controvertida na Justiça Eleitoral, inclusive para os casos em que o juízo estipula a sanção prevista em norma específica, além da multa coercitiva:

> ELEIÇÕES 2014 - RECURSO INOMINADO - REPRESENTAÇÃO - PROPAGANDA ELEITORAL - ART. 53-A DA LEI Nº 9.504/97 - INVASÃO DE PROPAGANDA MAJORITÁRIA EM HORÁRIO DESTINADO À PROPAGANDA DOS CARGOS PROPORCIONAIS - CONFIGURAÇÃO - PROIBIÇÃO DA REAPRESENTAÇÃO DA PROPAGANDA IMPUGNADA - PERDA DO TEMPO EQUIVALENTE PELA CANDIDATA BENEFICIADA - CONCESSÃO DE TUTELA INIBITÓRIA - PROVIMENTO.
> 1 - A Lei das Eleições, em seu art. 53-A, proíbe a invasão de propaganda majoritária no horário da propaganda aos cargos proporcionais e vice-versa, ressalvada a utilização, durante a exibição do programa, de legendas com referência aos candidatos majoritários, exceção que não coincide com a situação concreta verificada nos autos, na qual houve nítido favorecimento de candidata ao Senado Federal em detrimento de coligação ao pleito proporcional.
> 2 - Proibição de reapresentação da propaganda impugnada e cominação da pena de perda do tempo de 6 segundos na propaganda eleitoral da candidata beneficiada no horário gratuito da televisão, no período noturno.
> 3 - Concessão de tutela inibitória, com fundamento no art. 461 do CPC, consistente em multa no valor de R$10.000,00 (dez mil reais), para cada descumprimento.
> 4 - Recurso conhecido e provido.
> (RECURSO EM REPRES. JUIZ AUXILIAR PROPAGANDA ELEITORAL nº 96526, Acórdão nº 791/2014 de 10.09.2014, Relator(a) ALCEU JOSÉ CICCO, Publicação: PSESS - Publicado em Sessão, Data 10.09.2014).
> Recurso Eleitoral. Representação. Propaganda eleitoral irregular. Alto-falante. Inobservância do limite legal. Procedência. Abstenção de realizar comícios, carreatas, ou utilização de aparelhagem de som. A transgressão ao §3º do artigo 39 da Lei nº 9.504/97 gera

---

[74] GAIO JÚNIOR, 2015, p. 95.
[75] Segundo sustenta Diego Henrique Nobre Oliveira: "De forma geral, a doutrina costuma classificar essas técnicas processuais, que permitem a efetivação da tutela jurisdicional, em indiretas ou diretas, de acordo com a necessidade ou não de atuação do devedor para o adimplemento da obrigação.
As indiretas buscam estimular o devedor a cumprir, ele mesmo, o disposto na decisão judicial, atuando, destarte, em sua vontade. Por outro lado, as diretas remetem ao caráter substitutivo da jurisdição, haja vista consistirem na substituição da conduta do devedor pela conduta do próprio Estado-juiz ou de um terceiro, prescindindo, portanto, da vontade daquele". (OLIVEIRA, Diego Henrique Nobre. Algumas questões sobre as astreintes e seu regramento no novo Código de Processo Civil. *In:* DIDIER JÚNIOR, Fredie. (Coord. geral); MACÊDO, Lucas Buril de; PEIXOTO, Ravi; FREIRE, Alexandre (Orgs.). *Novo CPC*: doutrina selecionada: execução. v. 5. Salvador: JusPodivm, 2015, p. 173.

providência administrativa para fazer cessá-la, não havendo campo para a incidência de multa, ante a ausência de previsão legal. (REspe nº 35.724/PA). A multa coercitiva não tem caráter punitivo, mas sim inibitório da conduta. Sentença que aplicou corretamente o direito. Recurso a que se nega provimento.

(RECURSO ELEITORAL nº 52438, Acórdão de 08.11.2012, Relator(a) MAURÍCIO PINTO FERREIRA, Publicação: DJEMG - Diário de Justiça Eletrônico-TREMG, Data 26.11.2012).

REPRESENTAÇÃO. PROPAGANDA ELEITORAL. DESCUMPRIMENTO DE LIMINAR. RETIRADA DE TODA E QUALQUER PROPAGANDA MÓVEL COLOCADA ÀS MARGENS DAS VIAS PÚBLICAS DO DISTRITO FEDERAL ATÉ ÀS 22H DA VÉSPERA DO DIA DAS ELEIÇÕES. PENA COMINATÓRIA. QUANTUM. REDUÇÃO.

1. A MULTA COMINATÓRIA (ASTREINTE) POSSUI NATUREZA COERCITIVA E INTIMIDATÓRIA, SENDO APLICÁVEL PARA GARANTIR A AUTORIDADE E A EFICÁCIA DA PRÓPRIA DECISÃO JUDICIAL, NÃO POSSUINDO, ASSIM, NATUREZA PUNITIVA.

2. OS CANDIDATOS, PARTIDOS E RESPECTIVAS COLIGAÇÕES SÃO DIRETAMENTE RESPONSÁVEIS PELAS PROPAGANDAS, EIS QUE BENEFICIÁRIOS DIRETOS DESTAS.

3. O valor da multa deve ser suficiente a desestimular o descumprimento à determinação judicial, o que só pode ser feito se este for arbitrado em patamar passível de coagir o infrator de acordo com sua disponibilidade financeira.

4. Ao juiz é permitido modificar o valor ou a periodicidade da multa, caso verifique que se tornou insuficiente ou excessiva, mesmo após o trânsito em julgado da sentença, de sorte que seja proporcional e equitativa ao seu descumprimento, evitando-se o desvirtuamento de sua natureza inibitória.

5. A aplicação de multa por descumprimento de ordem judicial para retirada de propaganda móvel no dia que antecede as eleições, não se vincula ao valor da multa prevista no art. 36, da Lei 9.504/97, visto que esta possui natureza jurídica distinta das astreintes, em razão de seu cunho sancionatório e aplicável à propaganda antecipada.

6. Representação julgada parcialmente procedente.

(REPRESENTAÇÃO LEI 9.504 nº 12836, Acórdão nº 4522 de 25.07.2011, Relator(a) NILSONI DE FREITAS CUSTÓDIO, Publicação: DJE - Diário de Justiça Eletrônico do TRE-DF, Volume 12:00, Tomo 142, Data 27.07.2011, Página 03).[76]

O único ponto que é relativamente controvertido se refere à destinação da multa. O ordenamento jurídico brasileiro era absolutamente silente quanto à destinação do crédito oriundo da multa coercitiva até a edição do novo Código de Processo Civil, que dispôs, expressamente, no art. 537, §2º: "O valor da multa será devido ao exequente".

Até a edição do novo Código, a maior parte da jurisprudência e da doutrina defendia que o valor da multa deve ser destinado para o autor da ação. Alguns poucos

---

[76] Sobre a diferenciação entre as multas coercitivas e multas sancionatórias, vale a lição, mais uma vez, de Diego Henrique Nobre Oliveira: "Ainda ao encontro do afastamento do caráter sancionatório das astreintes, que ora se sustenta, Marcelo Lima Guerra explica que, enquanto as medidas coercitivas impõem restrições indefinidamente, até a realização da prestação devida, cessando quando esta ocorre, as punitivas devem infligir maus predeterminados em relação ao valor e ao tempo, mesmo porque, como asseverou o Superior Tribunal de Justiça, em recente julgado, 'toda e qualquer penalidade, de caráter público sancionatório, deve conter um patamar máximo, a delimitar a discricionariedade da autoridade que a imporá em detrimento do particular infrator, sob pena de afronta aos preceitos da legalidade em sentido estrito e da reserva legal, contidos no art. 5º da CF'". (OLIVEIRA, Diego Henrique Nobre. Algumas questões sobre as astreintes e seu regramento no novo Código de Processo Civil. In: DIDIER JÚNIOR, Fredie. (Coord. geral); MACÊDO, Lucas Buril de; PEIXOTO, Ravi; FREIRE, Alexandre. (Orgs.). Novo CPC: doutrina selecionada: execução. v. 5. Salvador: JusPodivm, 2015, p. 177.

autores, embora aceitassem a posição da maioria, ainda criticavam essa destinação, enquanto um número ainda menor defendia abertamente a possibilidade de se reverter o valor pecuniário ao Estado.[77] Todos esses fundamentos, vale lembrar, são pensados para o processo civil comum, que, não se olvide, possui causas com natureza pecuniária. Na Justiça Eleitoral, sequer é necessário estabelecer valor à causa, simplesmente porquanto inexiste conteúdo econômico nas demandas eleitorais. Até por isso, o Tribunal Superior Eleitoral, em 2014, manteve decisão proferida pelo Tribunal Regional Eleitoral do Paraná, destinando o valor referente à multa coercitiva aplicada à União:

> ELEIÇÕES 2012. RECURSO ESPECIAL ELEITORAL. EXECUÇÃO. MULTA ELEITORAL. ASTREINTES. ILEGITIMIDADE ATIVA. DESPROVIMENTO.
> 1. A legitimidade para ajuizar ação de execução de astreintes, imposta pelo descumprimento de ordem judicial relativa à retirada de propaganda eleitoral irregular, é da União, por se estar a tratar de norma de interesse público, cujo bem jurídico protegido é a democracia e a soberania popular.
> 2. Recurso especial não provido.
> (Recurso Especial Eleitoral nº 116839, Acórdão de 09.09.2014, Relator(a) Min. LUCIANA CHRISTINA GUIMARÃES LÓSSIO, Publicação: DJE - Diário de justiça eletrônico, Tomo 184, Data 01.10.2014, Página 33).

O julgado em questão, vale lembrar, foi proferido antes da edição do novo Código de Processo Civil, que, repita-se, estabeleceu, expressamente, que o produto final da multa coercitiva será da parte, o que, para a Justiça Eleitoral, não deve se aplicar. Cabe repetir alguns dos fundamentos expostos da decisão referida do TSE:

> Compartilho do entendimento esposado no acórdão regional, porquanto o Direito Eleitoral versa sobre norma de interesse público, cujo bem jurídico protegido é, em última análise, a democracia.
> Não é por outra razão que o acesso à Justiça Eleitoral é gratuito, sem cobrança de custas judiciais, tampouco condenação em honorários advocatícios.
> A *astreinte*, embora seja um instituto próprio do Direito Processual Civil (art. 461 do CPC), pode ser utilizada no âmbito do Direito Eleitoral para dar efetividade à tutela jurisdicional. Na espécie, foi devidamente utilizada para tutelar o interesse coletivo na lisura da propaganda eleitoral.
> Registre-se, por oportuno, que na seara eleitoral, por serem os bens protegidos de titularidade coletiva, não é possível proceder à individualização das pessoas prejudicadas pelo ato que tenha sido coibido judicialmente, mediante cominação de multa. É que a lisura do pleito eleitoral e a normalidade das eleições é direito subjetivo de todos os cidadãos.
> Assim, consoante ponderou o Tribunal Regional *"se a ordem judicial no **âmbito** da Justiça Eleitoral, assim como, por consequência, a própria* astreinte, *tem por finalidade garantir a plena observância dos princípios de Direito Público que embasam o microssistema de Direito Eleitoral, não se pode atribuir à multa a natureza civilista e individual que a caracteriza no direito privado"* (fl. 127).

---

[77] ATAÍDE JÚNIOR, Vicente de Paula. *A multa coercitiva como crédito do Estado*. 127f. (Mestrado em Direito) – Faculdade de Direito, Programa de Pós-Graduação em Direito da Universidade Federal do Paraná, Curitiba, 2008. p. 81-82.

Não é demais esclarecer que a *astreinte foi* prevista no ordenamento jurídico como forma de impor o cumprimento de uma obrigação determinada judicialmente, ou seja, é um meio de coerção que objetiva o respeito ao ato estatal.

Também sob essa ótica, caberia ao Estado o produto pecuniário alcançado pela incidência da multa, pois o ente público teria sido desrespeitado ante a inobservância a uma ordem judicial.

Vale noticiar, a propósito, que há previsão no Projeto do Novo Código Civil Brasileiro de destinação da *astreinte* ao Estado, a partir de determinado limite, de modo que, mesmo no âmbito do direito civil, se vislumbra a ausência de beneficiários específicos da multa diária.

Como bem esclarecido no próprio julgado, cabe repetir, na época em que o recurso foi desprovido, que o novo Código de Processo Civil ainda estava em tramitação no Congresso Nacional. O PLS nº 166/2010 ainda tentou estabelecer solução intermediária a respeito da multa coercitiva, destinando à parte valores até o montante do valor da obrigação, repartindo o restante com a unidade da federação ou União, a depender da competência do órgão jurisdicional que julgaria a causa. Entretanto, o que prevaleceu foi a destinação da multa à parte.[78]

A despeito da opção legislativa, não pode prevalecer na Justiça Eleitoral a destinação do valor da multa à parte. A destinação à parte do valor das astreintes enfraquece o instrumento processual posto à disposição dos juízes na medida em que enseja a aplicação de multas em valores baixos, insuficientes para obrigar o demandado a atender a ordem judicial, porquanto o Judiciário procura evitar o enriquecimento injustificado da parte.[79]

Na Justiça Eleitoral, é ainda mais gritante o enriquecimento sem causa quando há a destinação do valor da astreinte para a parte, já que esta sequer ingressa nessa justiça especializada visando ao ganho monetário. Some-se a isso o fato de que não há custas judiciais nos processos que tramitam na Justiça Eleitoral. Sem embargo, seria um verdadeiro absurdo destinar à parte o produto oriundo da aplicação de multas coercitivas.

Retomando a questão das técnicas processuais para a efetivação das decisões, para além da multa, existem outras formas que podem, inclusive, substituir a vontade do demandado, tal como afirmado acima a respeito da autorização contida no §1º do art. 536 do novo Código de Processo Civil para que o juízo competente adote medidas para a execução do comando judicial.

Embora a multa seja um instrumento poderoso, pode o magistrado adotar algum meio de execução direta para dar efetividade à sua decisão. É o caso, por exemplo, do juiz que determina o direito de resposta na propaganda partidária, determinando a utilização do restante do tempo desta propaganda, do partido demandado, no mesmo semestre, ou mesmo determinando que se cumpra imediatamente, com futuras compensações de tempo entre a emissora e o partido obrigado ao cumprimento da decisão.

---

[78] CANTOARIO, Diego Martinez Fervenza, 2015, p. 138-139. O mesmo autor critica a opção do legislador, afirmando: "Semelhante ao que ocorre em ouros países, como a França, os juízes brasileiros ao liquidarem as astreintes têm reduzido o seu valor sob o argumento de evitar o enriquecimento sem causa do exequente. Por isso, o litigante bem orientado por seu advogado tem conhecimento de que uma multa que atinja quantia elevada dificilmente será executada em sua totalidade" (p. 137).

[79] ATAÍDE JÚNIOR, 2008, p. 97.

Entretanto, se é certo que não há grande controvérsia a respeito da utilização do meio coercitivo mais comum, qual seja: a multa, o mesmo não pode ser dito em relação a outras possibilidades:

> RECURSO - REPRESENTAÇÃO - ENTREVISTAS - TELEVISÃO - TRATAMENTO DIFERENCIADO ENTRE CANDIDATOS AO GOVERNO DO ESTADO - ISONOMIA - TRATAMENTO DIFERENCIADO A CANDIDATOS - POSSIBILIDADE SE OBSERVADOS CRITÉRIOS OBJETIVOS - APLICAÇÃO ANALOGICA DOS ARTS. 46 E 47, §2º, DA LEI N. 9.504/1997 - INVIABILIDADE DE PRIVILÉGIO POR CRITÉRIOS SUBJETIVOS OU POR COLOCAÇÃO DOS CANDIDATOS EM PESQUISAS ELEITORAIS.
> Não há previsão abstrata, no ordenamento jurídico, de determinação judicial a emissoras de rádio e televisão de realização coercitiva de entrevistas com candidatos para o fim de se alcançar pretensa isonomia, como sanção a tratamento diferenciado.
> [...]
> (RECURSO EM REPRESENTAÇÃO nº 2355, Acórdão nº 21286 de 25.09.2006, Relator(a) VOLNEI CELSO TOMAZINI, Publicação: PSESS - Publicado em Sessão, Data 25.09.2006)

Cabe esclarecer que existe, sim, a possibilidade de determinação judicial para que emissoras realizem entrevistas com candidatos a fim de conferir igualdade de oportunidade entre os postulantes. Relembre-se que a legislação eleitoral impõe que os candidatos sejam tratados com igualdade pelas concessionárias de rádio e TV. Portanto, se alguma emissora deixa de respeitar essa determinação, pode o magistrado, no caso concreto, utilizar-se de diversas técnicas para resguardar a igualdade de oportunidades entre os candidatos. Essa possibilidade não decorre de previsão normativa, mas, sim, da criatividade do juiz conferida pelo Código de Processo Civil para conferir efetividade ao direito material da parte.

Exemplo claro de utilização de medida executiva *lato sensu* utilizada na Justiça Eleitoral refere-se ao seguinte julgado exarado durante as eleições de 2010, determinando o comparecimento de oficial de justiça em comitê eleitoral a fim de enviar *e-mail* para todos os endereços contidos nas listas do computador em que se identificou o envio de mensagem contendo pesquisa eleitoral falsa:

> Cuida-se de representação oferecida pela coligação "A União Faz Um Novo Amanhã" e Osmar Fernandes Dias contra a coligação "Novo Paraná" e Carlos Alberto Richa, todos já qualificados nestes autos, no qual se imputa aos representados a difusão irregular de pesquisa eleitoral sem o prévio registro nesta Corte, em afronta aos ditames do artigo 33 da Lei n. 9.504/1997.
> Os representantes aduzem, em síntese, que os representados se valem de estratagema espúrio para impugnar pesquisas eleitorais dos institutos mais conhecidos (IBOPE, DATAFOLHA e VOXPOPULLI), pois, sorrateiramente, através do domínio @betoricha.com.br, enviaram massivamente e-mails com ênfase em suposta vantagem de Beto Richa em relação ao adversário principal (Osmar Dias).
> Pedem, então, a concessão de liminar para exigir dos representados que se abstenham de divulgar a pesquisa irregular, outrossim, o ressarcimento liminar para que haja o reenvio de informação desconstituindo a notícia inverídica, sob pena de multa cominatória.
> [...]
> De fato, a ata notarial anexada nestes autos aponta o envio de e-mail através do domínio agroparana@betoricha.com.br, no qual se destaca a larga margem de 767.000 (setecentos e

sessenta e sete mil) votos de diferença favorável a Beto Richa em relação ao seu adversário Osmar Dias. Aliás, há indícios de que esse domínio efetivamente pertença ao candidato Beto Richa, o que indica, em tese, a autoria em seu desfavor.

Consta, ainda, que esses dados se baseiam em pesquisas internas, todavia, não se evidencia informação sobre seu registro neste Tribunal, assim como dos dados obrigatórios na forma que dispõe artigo 1º da Resolução n. 23.190/2009 do Tribunal Superior Eleitoral

[...]

Nessas condições, é verossímil a relevância do direito invocado pelos representantes, em razão dos fortes indícios de irregularidade noticiados. Ademais, a persistência da disseminação desse e-mail, indubitavelmente, poderá acarretar sérios prejuízos aos representantes, em virtude da inquestionável capacidade de indução das pesquisas eleitorais, especialmente com a proximidade do dia da eleição.

[...]

A propósito, é por conta do comportamento dúbio dos representados (impugnando pesquisas de institutos tradicionais supostamente irregulares, mas em contrapartida difundindo pesquisas internas igualmente questionáveis), outrossim, do inegável efeito nefasto das pesquisas eleitorais, é que se revela prudente o deferimento da tutela de ressarcimento postulada liminarmente, de modo a minimizar os danos do ato impugnado, não obstante a devida adequação do teor da resposta.

Diante do exposto, defere-se o pedido liminar, para obrigar os representados a absterem-se de divulgarem, sob qualquer forma de comunicação, pesquisa eleitoral sem o devido registro perante esta Corte, sob pena de multa de R$300.000,00 (trezentos mil reais) por divulgação.

Incumbe aos representados, ainda, atender liminarmente a tutela específica de ressarcimento, consistente em difundir, com a presença de servidor da Justiça Eleitoral e através do provedor dos próprios representados, direcionada ao mailling *do domínio agroparana@betoricha.com.br , resposta contendo o seguinte teor:*

"A coligação Novo Paraná, do candidato Beto Richa, em obediência à decisão liminar da Justiça Eleitoral do Paraná, proferida nos autos n. 2170-43.2010.6.16.0000, cuja representação foi proposta pela coligação A União Faz um Novo Amanhã e Osmar Dias, presta o seguinte esclarecimento:

No que diz respeito à informação enviada pelo e-mail com o título Beto Richa lidera por 767 mil votos, no qual haveria suposta vantagem de 10% com base em pesquisas internas, esclarece-se que essa pesquisa interna não foi registrada perante o TRE/PR nos moldes do artigo 33 da Lei n. 9.504/1997, portanto, não possuindo eficácia para fins eleitorais.

[...]

Ora, a disseminação de mensagens com conteúdos irregulares, exibindo resultados de pesquisas falsas resultou em dano, é óbvio. Por isso, mostra-se evidente o cabimento da aplicação da tutela de técnicas processuais para o ressarcimento na forma específica a fim de restabelecer o princípio da igualdade entre os postulantes em determinado pleito.

Outro exemplo claro em que poderia ter havido o emprego de técnicas processuais inerentes à tutela executiva *lato sensu* ocorreu nas eleições presidenciais de 2014.

A revista de maior circulação nacional antecipou a divulgação de uma de suas edições a fim de divulgar reportagem que, claramente, poderia influenciar no processo eleitoral. Isso tudo a 2 (dois) dias da votação. Apesar de ter havido a propositura de representação, autuada sob o nº 178418.2014.600.0000, deve-se reconhecer que a resposta conferida pela Justiça Eleitoral, com o devido respeito, não foi a mais adequada, limitando-se a empregar técnicas de execução indireta (multa para influenciar a vontade do demandado a cumprir a decisão judicial), deixando de lado vasto arsenal de técnicas processuais de execução diretas que, naquele momento, seriam mais adequadas.

Isso porque, àquela altura, no período mais crítico de um pleito eleitoral bastante acirrado e disputado, o Tribunal Superior Eleitoral limitou-se a determinar publicação de direito de resposta à reportagem no sítio da revista,[80] em tamanho compatível com a matéria em questão. A revista cumpriu a decisão de maneira absolutamente inadequada.[81] O relator do caso, por sua vez, limitou-se a fixar um valor bastante alto, embora a periodicidade, àquela altura, tenha sido adequada, já que o descumprimento seria contado em horas.

A decisão poderia tanto determinar a apreensão das revistas como também a publicação de erratas em sítios, novas impressões e até mesmo na televisão. Claro que à custa da própria revista, que, em tese, cometeu o suposto fato ilícito.

4 Conclusão

Conforme sustentado no texto, o novo Código de Processo Civil avançou em alguns aspectos da tutela específica, principalmente ao se considerar que, agora, há previsão exemplificativa de técnicas processuais idôneas para resguardar direitos não conversíveis monetariamente, na parte geral dos poderes conferidos ao juiz responsável pela tramitação do processo, o que, para a Justiça Eleitoral, afasta qualquer dúvida a respeito de sua aplicação subsidiária nos processos jurisdicionais eleitorais.

Ainda, ao esclarecer, expressamente, que a finalidade das tutelas preventivas é tão somente atacar a possibilidade da ocorrência do ilícito ou a sua repetição, pouco importando o dano, o novo código abriu espaço para que ilícitos eleitorais sejam evitados, impedindo a consumação de danos e a possibilidade da ocorrência de abusos por parte dos candidatos.

Além disso, ao separar em tópicos distintos as modalidades de tutelas das técnicas processuais aptas a sua efetivação, o legislador deixou claro que, mesmo para os casos

---

[80] Forte nesses argumentos, concedo a liminar para a veiculação do direito de resposta requestado e, assim, determinar à Editora Abril S.A. que insira, de imediato, independentemente de eventual recurso, no sítio eletrônico da Revista Veja na internet (www.veja.com.br), no mesmo lugar e tamanho em que exibida a capa do periódico, bem como com a utilização de caracteres que permitam a ocupação de todo o espaço indicado.

[81] Ao acessar a página da Revista Veja na internet (www.veja.com.br), identifiquei que, de fato, a publicação do direito de resposta foi realizada em desacordo com os parâmetros fixados na decisão liminar.
Na página inicial do *site* acima indicado, embora conste a exibição da capa da revista, com elevado destaque e tamanho em relação às demais imagens, a Representada não deu o mesmo realce ao texto da resposta concedida liminarmente, limitando-se a disponibilizá-lo por meio de *link*.
Patente, portanto, o descompasso com a determinação judicial no sentido de que o texto deveria ser veiculado no mesmo lugar e tamanho em que exibida a capa da revista.
Demais disso, verifiquei que, após clicar no *link* e acessar o texto de resposta, logo abaixo dele há outro *link* que direciona o leitor à "Resposta do direito". Sem maiores considerações quanto ao conteúdo desse texto, entendo que é irregular a vinculação de qualquer texto ou *link* ao direito de resposta publicado.
Ante o exposto, determino que a Representada promova a correta publicação do direito de resposta, no mesmo lugar e tamanho em que exibida a capa da edição questionada, bem como utilize caracteres que permitam a ocupação de todo o espaço indicado, sob pena de incidência de multa no valor de R$250.000,00 (duzentos e cinquenta mil reais), por hora, a partir da primeira hora de descumprimento, aumentada ao dobro a partir das demais.
Determino, ainda, que o direito de resposta seja veiculado sem menção a quaisquer textos, *links* e assemelhados que com ele não tenham relação.
Intime-se a Representada com urgência.

em que houver previsão em normas especiais de tutela específica, as referidas técnicas processuais previstas nos arts. 536 e 537 do NCPC poderão ser aplicadas.

Esses esclarecimentos realizados pelo legislador do novo código, portanto, poderão resultar na maior utilização da tutela específica durante o processo jurisdicional eleitoral. Isso porque, apesar dos casos conhecidos de tutela específica durante as eleições, a Justiça Eleitoral não avançou a contento na utilização de técnicas processuais idôneas para resguardar a igualdade de oportunidades entre os postulantes. Considerando o artigo 139, inciso IV, do novo Código de Processo Civil, é possível que medidas criativas inerentes à tutela executiva *lato sensu* sejam utilizadas com maior frequência, sobretudo para impedir a consumação de abuso do poder econômico e/ou político, evitando cassações de mandatos que, em última análise, implicam no desfazimento da vontade de inúmeros eleitores.

Informação bibliográfica deste livro, conforme a NBR 6023:2002 da Associação Brasileira de Normas Técnicas (ABNT):

SILVA, Fernando Matheus da. O novo CPC e a tutela específica na Justiça Eleitoral. *In*: TAVARES, André Ramos; AGRA, Walber de Moura; PEREIRA, Luiz Fernando (Coord.). *O direito eleitoral e o novo Código de Processo Civil*. Belo Horizonte: Fórum, 2016. p. 219-244. ISBN 978-85-450-0133-1.

A (IN)COMPATIBILIDADE DA TUTELA PROVISÓRIA PREVISTA NO NCPC NO ÂMBITO DO DIREITO PROCESSUAL ELEITORAL

JAQUELINE MIELKE SILVA

ROGER FISCHER

1 Considerações introdutórias

O NCPC no Livro V tratou da denominada "Tutela Provisória", classificando-a em tutela provisória de urgência e tutela provisória de evidência. A tutela provisória de urgência, por sua vez, é dividida em tutela de urgência antecipada à tutela de urgência cautelar, que poderão se dar em caráter incidente e antecedente.

Ao contrário da sistemática adotada no CPC/73, a tutela cautelar deixa de ter um livro próprio, passando a integrar o Livro referente à "Tutela Provisória", no qual também consta a tutela antecipada. O NCPC também revogou as denominadas ações cautelares nominadas – que sempre foram alvo de duras críticas doutrinárias ao longo dos anos –, com requisitos e procedimentos específicos. Entretanto, o seu conteúdo continua podendo ser pleiteado através do procedimento da tutela cautelar requerida em caráter incidente ou antecedente, consoante se extrai do art. 301 do NCPC.[1] Todavia, os

---

[1] Leonardo Greco (GRECO, Leonardo. Desvendando o Novo CPC. *In*: RIBEIRO, Darci Guimarães; JOBIM, Marco Félix (Org.). *A tutela da urgência e a tutela da evidência no Código de Processo Civil de 2015*. Porto Alegre: Livraria do Advogado, 2015, p. 111-137), ao tratar do tema, leciona: "[...] procedimentos cautelares específicos previstos no Código de 73 foram simplesmente previstos no artigo 301 (arresto, sequestro, arrolamento de bens, registro de protesto contra alienação de bem), ou regulados na Parte Especial do novo código, como a produção antecipada da prova, o arrolamento e a justificação (arts. 380 a 382) e a exibição de documento ou coisa (arts. 395 a 403) no capítulo das provas, a homologação do penhor legal no título III sobre os procedimentos especiais do Livro I da Parte Especial (arts. 703 a 706), as notificações, interpelações e protestos no capítulo dos procedimentos de jurisdição voluntária (arts. 726 a 729). A disciplina de procedimentos ou a menção a providências nitidamente cautelares também se encontram, entre outros, nos artigos seguintes: 494, §1º – II, e 828 sobre o arresto; 740, §1º, sobre o arrolamento; 535, §§1º e 2º, 537, 625 e 806, §2º, sobre a busca e apreensão; 83, 299, §1º, 336-XII, 519-IV, 520, 524, §8º, 558, 641, §2º, 678, parágrafo único, 709 – IV, 708, §3º, 840 – III, 895, §1º, 896, 897, 903, 917, §5º e 919, §1º, sobre a caução; 77-VI e §7º, sobre o atentado; 707 a 711 sobre a regulação de avaria grossa; e os artigos 766 a 770 sobre a ratificação dos protestos marítimos e dos processos testemunháveis formados a bordo. Salvo naquilo

requisitos para a concessão são os gerais previstos para a tutela provisória de urgência, e não mais aqueles previstos nos arts. 813 e seguintes do CPC/73.

As tutelas provisórias podem ser classificadas da seguinte forma:[2]

1. Pelo critério da natureza:
1.1. Tutela de urgência
1.1.1. Cautelar
1.1.2. Antecipada
1.2. Tutela de evidência
2. Pelo critério funcional:
Tutela provisória cautelar
Tutela provisória antecipada
2.2.1. Tutela provisória antecipada de urgência
2.2.2. Tutela provisória antecipada de evidência
3. Pelo critério temporal
3.1. Tutela provisória antecedente
3.1.1. Tutela provisória antecedente antecipada de urgência
3.1.2. Tutela provisória antecedente cautelar de urgência
3.2. Tutela provisória incidente
3.2.1. Tutela provisória incidente cautelar
3.2.2. Tutela provisória incidente antecipada
3.2.2.1. Tutela provisória incidente antecipada de urgência
3.2.2.2. Tutela provisória incidente antecipada de evidência
3.3. Tutela provisória cautelar autônoma[3]

O presente artigo tem por escopo analisar a (in)compatibilidade das diversas modalidades de tutela provisória previstas no NCPC no âmbito do direito processual eleitoral. Assim, de início, há que ter presente a ideia de que não existe um rito processual único para as ações eleitorais, o que se deve em muito pelo fato do Código Eleitoral ser de 1965, muito anterior à CF que previu grande parte das questões relativas ao tema eleitoral, sobrevindo posteriores legislações que estatuíram diversas demandas eleitorais, cada qual com sua particularidade – notadamente a LC nº 64/90, a Lei nº 9.096/95 e a Lei nº 9.504/97.

Nesse cenário, de pronto o NCPC, em seu art. 15, dispõe que "Na ausência de normas que regulem processos eleitorais [...] as disposições deste Código lhes serão aplicadas supletiva e subsidiariamente", motivo pelo qual o tema ora tratado, mormente porque não existe previsão na legislação específica da matéria em seus diversos regramentos, deve ser enfrentado à luz dos comandos estatuídos pelo regramento

---

em que essas providências possuem regras próprias enunciadas nesses e em outros dispositivos, ou em que a sua própria natureza o impeça, a elas devem aplicar-se as regras constantes dos artigos 293 a 310, como regras aplicáveis a todas as hipóteses de tutela provisória. Assim a instrumentalidade e a revogabilidade, claramente decorrentes dos artigos 293 a 295. São também, de um modo geral, características de todas as medidas cautelares reguladas ou previstas no novo Código" [sic].

[2] Neste sentido: Leonardo Greco (GRECO, Leonardo. Desvendando o Novo CPC. In: RIBEIRO, Darci Guimarães; JOBIM, Marco Félix (Org.). *A tutela da urgência e a tutela da evidência no Código de Processo Civil de 2015*. Porto Alegre: Livraria do Advogado, 2015, p. 111-137).

[3] Essa última classificação também não é adotada por Leonardo Greco.

processual civil de 2015, notadamente levando-se em conta a nova previsão legal que, além de estabelecer a aplicação subsidiária, até primeiramente refere a aplicação supletiva.

2 Requisitos necessários à concessão da tutela de urgência antecipada/cautelar

Nos termos do art. 300 do NCPC, *caput*, os requisitos gerais para a concessão da tutela de urgência (antecipada e cautelar), incidente ou antecedente, são dois: a) probabilidade do direito, e b) perigo de dano ou risco ao resultado útil do processo.[4]

A tutela de urgência antecipada – tanto a incidente quanto a antecedente – tem ainda o requisito específico, que é a reversibilidade dos efeitos da decisão (art. 300, §3º). A prova inequívoca não é mais requisito para a concessão da tutela antecipada, o que, sem qualquer dúvida, facilitará a concessão de provimentos antecipatórios. Trata-se de um avanço do novo diploma legal, na exata medida que a prova inequívoca é compatível com juízos de cognição plenária e não sumária, como se dá em sede de tutela provisória.

2.1 Requisitos gerais da tutela de urgência provisória (antecipada/cautelar)

2.1.1 Probabilidade do direito

A probabilidade do direito nada mais é do que a verossimilhança, também denominada pela doutrina de *fumus boni juris*. O conhecimento das matérias para a concessão da tutela provisória (antecipatória ou cautelar) é perfunctório, superficial, não havendo a necessidade do exaurimento do conhecimento. A verossimilhança, por sua vez, deve considerar: (a) o valor do bem jurídico ameaçado; (b) a dificuldade de o autor provar a sua alegação; (c) a credibilidade, de acordo com as regras de experiência, da alegação; e (c) a própria urgência descrita.[5]

Aquele que pretender a tutela provisória (antecipada ou cautelar) poderá se valer de todos os meios de prova em direito admitidos, no sentido de demonstrar a probabilidade do direito invocado. Não é demasiado salientar que a parte, quando pleiteia a tutela provisória (antecipada ou cautelar), pode se valer de prova documental, de

---

[4] Costa (COSTA, Eduardo José da Fonseca. Tutela de evidência no Projeto de Novo CPC – uma análise de seus pressupostos. *In*: ROSSI, Fernando *et al*. (Orgs.) *O futuro do Processo Civil no Brasil*: uma análise crítica ao projeto de novo CPC. Belo Horizonte: Fórum, 2011, p. 166), entende que a concessão da tutela provisória não necessariamente costuma observar o preenchimento dos dois requisitos previstos em lei, *verbis*: "[...] no dia a dia do foro, quanto mais 'denso' é o *fumus boni iuris*, com menor rigor se exige o *periculum in mora*; por outro lado, quanto mais 'denso' é o *periculum in mora*, exige-se com menor rigor o *fumus boni iuris*. [...] O *fumus boni iuris* e o *periculum in mora* são vistos como pautas 'móveis', que podem se apresentar em graus ou níveis distintos e que, por isso, não são suscetíveis de fixação em termos genéricos [...] Conseguintemente, para conceder-se a liminar não há necessidade da presença simultânea dos dois pressupostos. Entre eles há uma espécie de permutabilidade livre. Se o caso concreto desviar-se do 'tipo normal' e somente um dos pressupostos estiver presente em 'peso decisivo', mesmo assim será possível conceder-se a medida, embora por força de uma 'configuração atípica' ou 'menos típica', que se afasta no modelo descrito na lei. Tudo se passa como se, nos processos concretos de concessão de tutelas liminares, o *fumus boni iuris* e o *periculum in mora* fossem 'elementos' ou 'forças' que se articulam de forma variável, sem absolutismo e fixidez dimensional".

[5] Neste sentido: MARINONI, Luiz Guilherme. *A antecipação da tutela*. São Paulo: Malheiros Editores, p. 213.

prova testemunhal ou pericial antecipadamente realizada e de laudo ou pareceres de especialistas, que poderão substituir, em vista da situação de urgência, a prova pericial.[6] O requerente da medida poderá requerer, ainda, que sejam ouvidas, imediata e informalmente, testemunhas, bem como solicitar inspeção judicial.[7] Uma excelente alternativa é o requerente se valer da ata notarial para instruir o requerimento de tutela provisória, em razão da fé pública que ela se reveste (*vide* art. 384 do NCPC).

2.1.2 Perigo de dano ou o risco ao resultado útil do processo

No âmbito da tutela de urgência cautelar o risco de dano deve ser iminente. Já, na tutela antecipada, o risco de dano está vinculado ao perigo da demora na tramitação do processo. O risco ao resultado útil do processo é um requisito que se adequa à tutela cautelar, se tomarmos como base a concepção de Piero Calamandrei.[8] Observa-se, claramente, a confusão do legislador ao dispor sobre os requisitos necessários à concessão da tutela provisória de urgência (antecipada e cautelar). Na verdade, ao incluir o risco ao resultado útil do processo como requisito também da tutela de urgência cautelar, o legislador mais uma vez vinculou-se à concepção de Piero Calamandrei, de que o processo cautelar protege a lide principal.

Não é demasiado referir que Humberto Theodoro Júnior[9] entende que o receio fundado não é o que provém do simples temor subjetivo da parte, mas o que nasce de dados concretos, seguros, objeto de prova suficiente para autorizar o juízo de verossimilhança, ou de grande probabilidade em torno do risco de grave prejuízo. O autor acrescenta que os

> [...] simples inconvenientes da demora processual, aliás inevitáveis dentro do sistema do contraditório e ampla defesa, não podem, só por si, justificar a antecipação de tutela. É indispensável a ocorrência do risco de dano anormal, cuja consumação possa comprometer, substancialmente, a satisfação do direito subjetivo da parte.

2.2 Requisito específico da tutela de urgência antecipada

2.2.1 Reversibilidade do provimento

O §3º do art. 300 do NCPC corrigiu a impropriedade do art. 273 do CPC/73 relativamente ao requisito reversibilidade, na exata medida em que expressamente refere que a tutela de urgência antecipada "não será concedida quando houver perigo de irreversibilidade dos efeitos da decisão". Ou seja, não mais refere a reversibilidade

---

[6] Neste sentido: SANT'ANNA, Paulo Afonso de Souza. Novos Contornos do Instituto da Tutela Antecipada e os Novos Paradigmas do Sistema Processual Civil (Lei 10.444/02). *Revista de Processo*, n. 112, p. 86-87; MARINONI, Luiz Guilherme. *Novas linhas do processo civil*. 4. ed. São Paulo: Malheiros, 2000, p. 132.

[7] Neste sentido: MARINONI, Luiz Guilherme. *A antecipação da tutela*. São Paulo: Malheiros Editores, p. 212.

[8] De que o processo cautelar protege o processo principal.

[9] THEODORO JÚNIOR, Humberto. Aspectos polêmicos da antecipação de tutela. *In*: WAMBIER, Teresa Arruda Alvim (Coord.). *Tutela antecipada*. São Paulo: RT, 1997, p. 196.

do provimento como requisito (até porque todos os provimentos antecipatórios são reversíveis, porque agraváveis[10] e porque é da própria essência da antecipação de tutela a provisoriedade). Entretanto, o novo dispositivo legal não menciona se a expressão se refere à reversibilidade dos efeitos fáticos ou jurídicos da decisão. Trata-se de uma discussão travada no CPC/73 e que persistirá na interpretação do NCPC.

De um lado, parte da doutrina posiciona-se no sentido de que se trata de reversibilidade dos efeitos fáticos do provimento, que nada mais é do que a possibilidade de retornar-se as coisas ao *status quo* anterior. De outro, parte da doutrina e da jurisprudência, a qual compartilhamos, afirma que a irreversibilidade dos efeitos fáticos do provimento não pode constituir obstáculo para a concessão da tutela antecipada.[11]

2.2.2 A tutela provisória de urgência antecipada que tenha por objeto direitos fundamentais e a incompatibilidade do requisito reversibilidade

Admitir que o juiz não possa antecipar os efeitos da sentença – tanto em caráter incidente quanto antecedente –, quando a mesma é imprescindível para evitar um prejuízo irreversível ao direito do autor, é o mesmo que afirmar que o legislador obrigou

---

[10] Art. 1.015, I, do NCPC.

[11] O Superior Tribunal de Justiça já decidiu que o "possível risco de irreversibilidade dos efeitos do provimento da antecipação da tutela contida no art. 273, §2º, [do] CPC não pode ser interpretado ao extremo, sob pena de tornar inviável o direito do reivindicante" (AgRg no Ag 502.173/RJ, rel. Min. João Otávio de Noronha, j. em 02.08.2005). Segundo Marinoni e Mitidiero (MARINONI, Luiz Guilherme; MITIDIERO, Daniel Francisco. *Código de Processo Civil*: comentado artigo por artigo. São Paulo: Editora Revista dos Tribunais, 2008, p. 270), "a superação da proibição contida no art. 273, §2º, CPC, pressupõe a demonstração de que a regra, acaso aplicada, desmente a finalidade para a qual foi pensada, qual seja propiciar uma tutela jurisdicional adequada e efetiva aos direitos. Nesse caso, não é razoável aplicar a norma, devendo o intérprete ponderar as posições jurídicas em jogo e tutelar a que lhe parece mais verossímil e, pois, digna de proteção". Zavascki (ZAVASCKI, Teori Albino. *In*: *Antecipação de Tutela*. São Paulo: Saraiva, 1997, p. 100), ao tratar do tema, leciona: "Dispõe o §2º do art. 273 do Código: 'não se concederá a antecipação da tutela quando houver perigo de irreversibilidade do provimento antecipado'. No particular, o dispositivo observa estritamente o princípio da salvaguarda do núcleo essencial: antecipar irreversivelmente seria antecipar a própria vitória definitiva do autor, sem assegurar ao réu o exercício do seu direito fundamental de se defender, exercício esse que, ante a irreversibilidade da situação de fato, tornar-se-ia absolutamente inútil, como inútil seria, nestes casos, o prosseguimento do próprio processo. Reitere-se, contudo, que a vedação inscrita no citado §2º deve ser relativizada, sob pena de comprometer quase por inteiro o próprio instituto da antecipação de tutela. Com efeito, em determinadas circunstâncias, a reversibilidade corre algum risco, notadamente quanto à reposição *in natura* da situação fática anterior. Mesmo nestas hipóteses, é viável o deferimento da medida desde que manifesta a verossimilhança do direito alegado e dos riscos decorrentes da sua não fruição imediata. Privilegia-se, em tal situação, o direito provável em prejuízo do improvável. Entretanto, impõe-se ao juiz, nessas circunstâncias, prover meios adequados à reversibilidade da situação, como, por exemplo, exigindo caução, pelo menos para garantir a reparação de eventuais indenizações". Também Baptista da Silva (BAPTISTA DA SILVA, Ovídio Araújo. *Curso de Processo Civil*. Vol. I, p. 132): "O §2º do art. 273 exagerou na prudência que deve orientar o magistrado na concessão das antecipações de tutela, proibindo-lhe concedê-las quando 'houver perigo de irreversibilidade do provimento antecipado'. Pode acontecer – e esta ocorrência não é rara na prática forense – que o estado perigoso imponha ao juiz uma opção entre alternativas capazes, em qualquer sentido que a decisão seja tomada, de gerar risco de irreversibilidade de efeitos práticos, seja esta irreversibilidade decorrente do 'estado perigoso' contra o qual se busca a tutela, seja uma irreversibilidade análoga provocada pela concessão da medida. Pode ocorrer que o risco de irreversibilidade seja uma consequência tanto da concessão quanto do indeferimento da medida antecipatória. Se a verossimilhança pesar significativamente em favor do autor, o magistrado estará autorizado a sacrificar o direito improvável em benefício do direito que se mostre mais verossímil, posto que, como disse TOMMASEO, '*sacrificarel'improbabile al probabile, in questo consiste l'eticadellagiurisdizione d'urgenza*' (*Les mesures provisoires em procédurecivile*, p. 304)".

o juiz a correr o risco de provocar um dano irreversível que justamente lhe parece mais provável. A tutela sumária funda-se no princípio da probabilidade. Não só a lógica mas também o direito à adequada tutela jurisdicional exigem a possibilidade de sacrifício, ainda que de forma irreversível, de um direito que pareça improvável em benefício de outro que pareça provável. Caso contrário, o direito que tem a maior probabilidade de ser definitivamente reconhecido poderá ser irreversivelmente lesado.[12] Essa irreversibilidade se revela de modo evidente, muitas vezes, naquelas ações que tenham por objeto direitos fundamentais (v.g. nas ações para fornecimento de medicamentos, internações hospitalares, etc.). Obviamente que, deferida a tutela antecipada para a concessão de um medicamento, o mesmo não terá como ser restituído. *Do mesmo modo, se deferida a tutela antecipada para a realização de uma cirurgia urgente, não há como desfazer a cirurgia respectiva.*

Como refere Ferruccio Tommaseo,[13] *"sacrificare l'improbabile al probabile, in questo consiste l'eticadellagiurisdizioned'urgenza"*. Ou seja, ao analisar um pedido de tutela antecipada o magistrado *a quo* deverá prestar tutela jurisdicional de forma adequada, o que é inerente à função do juiz.

3 Da tutela de urgência antecipada requerida em caráter incidente

A tutela antecipada incidente pode ser requerida na própria petição inicial, no curso do processo – por simples petição – e no âmbito recursal. Sempre que requerida incidentalmente, o pedido principal será elaborado na petição inicial. Consequentemente, não há que se falar em emenda da petição inicial, na forma do art. 303, §1º, I, do NCPC. Do mesmo modo, não haverá estabilização da tutela antecipada requerida incidentalmente, caso o réu não interponha agravo de instrumento. A técnica da estabilização – sempre que a parte optar, nos termos do §5º do art. 303 do NCPC – aplica-se exclusivamente à tutela antecipada antecedente. O Capítulo II do Título II aplica-se à tutela antecipada antecedente, não sendo a técnica nele prevista compatível com a tutela antecipada incidente.

Não é demasiado mencionar – de forma a explicitar a compreensão – que a tutela antecipada incidental se processa no NCPC de forma similar ao CPC/73. Ou seja, a petição inicial deverá preencher não apenas os requisitos necessários à concessão do provimento antecipatório, mas todos os fundamentos necessários procedência da demanda. O pedido principal é requisito da petição inicial, nos termos do art. 319 do NCPC.

4 Da tutela de urgência antecipada requerida em caráter antecedente

O Capítulo II do Livro V dispõe a respeito do procedimento que deve ser observado na tutela antecipada requerida em caráter antecedente. Nos termos do art. 303 do NCPC,

---

[12] MARINONI, Luiz Guilherme. *A antecipação da tutela*. São Paulo: Malheiros Editores, p. 229.
[13] TOMMASEO, Ferruccio. *Les Mesures Provisoires en Procédure Civile*, p. 307.

[...] nos casos em que a urgência for contemporânea à propositura da ação, a petição inicial pode limitar-se ao requerimento da tutela antecipada e à indicação do pedido de tutela final, com a exposição da lide, do direito que se busca realizar e do perigo de dano ou do risco ao resultado útil do processo.

De acordo com esse dispositivo legal, na petição inicial, o autor veiculará a ação que pretende ajuizar, com o pedido de tutela antecipada. Não há a necessidade do autor, na petição inicial, exaurir os fundamentos para a procedência da ação, bastando a demonstração da probabilidade do direito afirmado, por uma simples e incontestável razão: nos termos do §1º, I, do art. 303 do NCPC, o autor deverá aditar a petição inicial posteriormente, complementando sua argumentação. A indicação do pedido de tutela final na petição inicial se revela fundamental, de modo a que o magistrado tenha condições de verificar o(s) efeito(s) da sentença que o autor pretende antecipar. Do mesmo modo, o pedido principal que será formulado se revela importante de modo a ser dimensionado o valor da causa por ocasião do ajuizamento da ação.

4.1 Deferimento da tutela de urgência antecipada e aditamento da petição inicial

Após a concessão da tutela antecipada, de acordo com o §1º, I, do art. 303 do NCPC, "o autor deverá aditar a petição inicial, com a complementação da sua argumentação, a juntada de novos documentos e a confirmação do pedido de tutela final, em 15 dias, ou em outro prazo maior que o juiz fixar". Em não sendo realizado o aditamento, o processo será extinto sem resolução do mérito (§2º). Se for realizado o aditamento, nos termos do inciso II, "o réu será citado e intimado para a audiência de conciliação ou de mediação na forma do art. 334". Se não houver composição do litígio, "o prazo para contestação será contado na forma do art. 335". Esse dispositivo legal aplica-se apenas à tutela de urgência antecipada antecedente.

4.2 Indeferimento da tutela de urgência antecipada

No caso do magistrado entender que não há elementos para a concessão da tutela antecipada, nos termos do §6º do art. 303, o órgão jurisdicional determinará a emenda da petição inicial em até 5 (cinco) dias. Não sendo aditada neste prazo, a petição inicial será indeferida e o processo extinto sem resolução do mérito. Este dispositivo legal aplica-se apenas à tutela de urgência antecipada antecedente.

4.3 Não interposição de recurso da decisão que deferir a tutela antecipada e estabilização do provimento[14]

Em não sendo interposto recurso da decisão que conceder a tutela antecipada, nos termos do art. 304 do NCPC, ela tornar-se-á estável. Isso significa dizer que o processo

---

[14] Segundo Didier Júnior (DIDIER JR., Freddie. *Curso de Direito Processual Civil*. Salvador: Jus Podivam, 2015, p. 604-605), ao tratar do tema, leciona: "a estabilização da tutela antecipada representa uma generalização da

será extinto (art. 304, §1º, do NCPC), através de sentença. Em que pese o processo ser extinto, a decisão que conceder a tutela provisória satisfativa, já estabilizada, conserva seus efeitos. Essa decisão não transita em julgado materialmente, tanto que poderá ser revista através de ação autônoma, nos termos do §2º desse mesmo dispositivo legal. Entretanto, o direito de "rever, reformar ou invalidar a tutela antecipada, previsto no §2º deste artigo, extingue-se após dois anos, contados da ciência da decisão que extinguiu o processo" (§5º do art. 304 do NCPC).

A estabilização da tutela antecipada é uma das grandes novidades do novo diploma legal, tendo inspiração no direito francês,[15] no instituto processual do *référé*.[16] Uma das características importantes desse instituto é sua autonomia. Ao contrário da tutela antecipada, prevista no CPC/73, que sempre está condicionada ao julgamento do pedido principal, não passando de um acessório, cujo destino fica sempre vinculado ao acertamento a ser feito futuramente, no direito francês, o procedimento do *référé* é completamente autônomo em relação ao processo de fundo. A tutela de urgência na França ocorre em processo cognitivo sumário, provisório, mas que não depende de posterior julgamento do pedido principal para confirmação do provimento emergencial.

A autonomia em questão faz com que o juiz do *référé* não seja alguém que delibera no aguardo de uma posterior e necessária intervenção de fundo em outra prestação jurisdicional. Essa ulterior composição do litígio, de caráter definitivo, pode eventualmente acontecer, mas não como necessidade sistemática ou orgânica. Mesmo

---

técnica monitória para situações de urgência e para a tutela satisfativa, na medida em que viabiliza a obtenção de resultados práticos a partir da inércia do réu. [...] Sucede que, ao mesmo tempo em que mantém e amplia a ação monitória, o legislador vai além e generaliza a técnica monitória, introduzindo-a no procedimento comum para todos os direitos prováveis e em perigo que tenham sido objeto de tutela satisfativa provisória antecedente. O modelo da ação monitória (arts. 700 a 702, CPC) deve ser considerado o geral – é possível, inclusive, pensar em um microssistema de técnica monitória, formado pelas regras da ação monitória e pelos arts. 303 a 304 do CPC, cujos dispositivos se complementam reciprocamente".

[15] Theodoro Júnior (THEODORO JR., Humberto. Tutela antecipada. Evolução. Visão comparatista. Direito brasileiro e direito europeu. *Revista de Processo*, n. 157, p. 129-146), sintetiza o *référé* francês da seguinte forma: "[...] o procedimento do *référé*, no processo civil francês, cumpre o papel da tutela de urgência permitindo a adoção rápida de equacionamento para questões de mérito, tal como acontece na antecipação de tutela no direito brasileiro. Não o faz, entretanto, em incidente do processo de conhecimento, nem em ação cautelar preparatória de futura ação principal. Instaura-se, simplesmente, um processo autônomo e sumário, cuja decisão pode ser, ou não, seguida de revisão em processo definitivo. São, pois, características do sistema francês do *référé*: a) a autonomia do procedimento de urgência; b) a provisoriedade da decisão neles proferida; c) a ausência de coisa julgada".

[16] Saldanha, ao tratar da eficácia do *référé* francês, leciona: "[...] no entanto, sendo a jurisdição do 'caso concreto', o *référé* é a prova da elaboração jurisprudencial do Direito afinado com os fatores culturais da sociedade, em cujo contexto a hermenêutica viabiliza julgamentos sumários, perturbando a 'normalidade' dos Códigos. Talvez o *référé* seja o império luminoso negado que ilumina a paisagem em ruínas apresentada pela crise da racionalidade moderna, porque é a experiência do concreto que permite preencher os vazios deixados pela lei. Mesmo assim, embora sejam da essência do *référé* aquelas características antes citadas, não pode ele ser considerado a panaceia para os males da prestação da jurisdição, seja quanto à sua administração, seja no tocante à sua burocratização, seja quanto ao acesso a ela ou à morosidade dos ritos. Para muitos, não pode ser considerado um *empire éclaté*. De modo que o alarde que se faz relativamente ao seu uso é que poderia sim ser considerado apenas um teatro de aparências. Entretanto, nos limites em que é utilizado, evidencia que os fatos e a praxe forense, ao modo do *common law*, são capazes de sobrepujar o campo etéreo das teorias doutrinárias. O resultado é que tem viabilizado, com eficiência, o sucesso da execução das decisões, comprovando a extrema ductilidade dos provimentos provisórios" (SALDANHA, Jânia Maria Lopes. *Substancialização e Efetividade do Direito Processual Civil*: a Sumariedade Material da Jurisdição – Proposta de Estabilização da Tutela Antecipada em Relação ao Projeto de Novo CPC. Curitiba: Editora Juruá, 2011, p. 375).

que os dois procedimentos girem em torno do mesmo litígio, não perseguem o mesmo objeto, e, por isso, não pode um ser considerado como preliminar do outro.[17]

O fim principal e específico do *référé* não é a composição definitiva do conflito, mas sim a "estabilização de uma situação, a interrupção de uma ilicitude ou a paralisação de um abuso". Mas tudo é feito sumariamente e sem aspiração de definitividade. O procedimento se encerra no plano da emergência, com provimento próprio e independente de qualquer outro processo. Mas a sentença é desprovida da autoridade de coisa julgada. Em relação a futuro e eventual processo principal ou de fundo, em torno da mesma controvérsia, o provimento *référé* é apenas provisório (embora não temporário nem acessório). Cabe às partes decidir sobre a instauração, ou não, do processo principal. Encerrado o *référé*, a solução judicial perdurará, sem limite temporal e sem depender de ulterior confirmação em processo definitivo.[18]

4.4 Pressupostos da estabilização da decisão que concede a tutela antecipada

A estabilização exige o preenchimento de alguns pressupostos. O primeiro deles diz respeito ao requerimento do autor da tutela antecipada em caráter antecedente. Apenas a tutela antecipada antecedente é que poderá ser estabilizada; jamais a tutela antecipada incidente. Nos termos do art. 303, §5º, do NCPC, a opção pela tutela antecipada antecedente deve ser declarada expressamente na petição inicial.

O segundo pressuposto é negativo. O autor não poderá manifestar, na petição inicial, a sua intenção de dar prosseguimento ao processo após a obtenção da pretendida tutela antecipada.[19] Entendemos que o réu precisa saber de antemão a intenção do autor. Se o autor expressamente declara a sua opção pelo benefício do art. 303 (nos termos do art. 303, §5º), subentende-se que ele estará satisfeito com a estabilização da tutela antecipada, caso ela ocorra. Se, porém, desde a inicial, o autor já manifesta a sua intenção de dar prosseguimento ao processo, o réu ficará sabendo que a sua inércia não dará ensejo à estabilização prevista no art. 304 do NCPC. Por outro lado, entendemos que a opção pelo prosseguimento não possa ser admitida na peça de aditamento da inicial (art. 303, §1º, I, do NCPC), pois o prazo para o respectivo aditamento poderá coincidir

---

[17] Neste sentido: VUITTON, Jacques; VUITTON, Xavier. *Les référés*. Paris: Litec, 2003, n. 1.054 a 1.057, p. 204; THEODORO JR., Humberto. Tutela antecipada. Evolução. Visão comparatista. Direito brasileiro e direito europeu. *Revista de Processo*, n. 157, p. 129-146.

[18] Neste sentido: VUITTON, Jacques; VUITTON, Xavier. *Les référés*. Paris: Litec, 2003, n. 1.054 a 1.057, p. 204; THEODORO JR., Humberto. Tutela antecipada. Evolução. Visão comparatista. Direito brasileiro e direito europeu. *Revista de Processo* n. 157, p. 129-146.

[19] Ao tratar do tema, leciona Didier Júnior (DIDIER JR., Freddie. *Curso de Direito Processual Civil*. Salvador: Jus Podivam, 2015, p. 606): "A estabilização normalmente é algo positivo para o autor. A estabilização da decisão que antecipa os efeitos da tutela condenatória, por exemplo, permite a conservação de efeitos executivos, mostrando-se útil e satisfatória se perenizada. Mas é possível que o autor tenha interesse em obter mais do que isso. As tutelas declaratória e constitutiva, por exemplo, podem só servir ao jurisdicionado se concedidas em definitivo e com força de coisa julgada – não basta uma separação provisória de corpos, é necessário um divórcio definitivo com dissolução de vínculo matrimonial, para que se realize o direito, permitindo que se contraiam novas núpcias; para além da sustação ou cancelamento provisório do protesto de um título, impõe-se a sua invalidação por decisão definitiva. A segurança jurídica da coisa julgada pode revelar-se para satisfação das partes envolvidas. Assim, se o autor tiver intenção de dar prosseguimento ao processo, em busca da tutela definitiva, independentemente do comportamento do réu frente a eventual decisão concessiva de tutela antecipada antecedente, ele precisa dizer isso expressamente, já na sua petição inicial".

ou mesmo superar o prazo de recurso. Se fosse admitida a manifestação do autor no prazo para aditamento, isso poderia prejudicar o réu que, confiando na possibilidade de estabilização, deixar de recorrer.[20]

A decisão concessiva da tutela antecipada deve ser em caráter antecedente. Trata-se do terceiro pressuposto. Apenas a decisão concessiva pode tornar-se estável. É de se indagar: a concessão parcial da tutela antecipada tem aptidão para a estabilização? Entendemos que sim. Ela tem aptidão para a estabilização na parte em que atendeu ao pedido provisório do autor. Nesse caso, sobrevindo a inércia do réu, estabilizam-se os efeitos apenas desse capítulo decisório, prosseguindo-se a discussão quanto ao restante.[21]

Por fim, o último, e quarto, pressuposto diz respeito à inércia do réu diante da decisão que concede a tutela antecipada.

4.5 Ação autônoma com pedido de revisão, reforma ou invalidação da decisão estabilizada

Estabilizada a tutela antecipada, no prazo de dois anos, contado da ciência da decisão que extinguiu o processo, qualquer das partes poderá propor ação autônoma com pedido de revisão, reforma ou invalidação dessa decisão, nos termos do art. 304 §§2º e §5º, CPC). O autor, por exemplo, poderá propor ação com o intuito de confirmar a decisão, com cognição exauriente e apta à produção de coisa julgada. Já o réu que se manteve inerte pode também retomar a discussão, deflagrando nova demanda. A competência para o processamento e julgamento dessas ações será do juízo que conduziu o processo originário, que concedeu a medida antecipatória estabilizada, de acordo com o art. 304. §4º, do NCPC. Para instruir a petição inicial, a parte interessada poderá requerer o desarquivamento dos autos do processo em que fora concedida a medida antecipatória (art. 304, §4º, do NCPC). Até que seja proposta a ação, a tutela satisfativa antecedente estabilizada continuará produzindo seus efeitos (art. 304, §3º, NCPC). Entretanto, nada impede que em referida ação defira-se, em caráter antecedente ou incidental, tutela provisória com a finalidade de suspender total ou parcialmente os efeitos da tutela antecipada estabilizada. Isso ocorrerá quando o réu trouxer elementos de convicção ao juiz que não estavam presentes quando do deferimento da tutela de urgência antecipada em caráter antecedente.[22]

5 Tutela cautelar no NCPC não mais dotada de autonomia procedimental

Nos termos do art. 308 do NCPC, a tutela cautelar deixa de ter autonomia procedimental, passando a integrar o mesmo processo onde será deduzido o pedido principal. O §1º do art. 308 do NCPC, por sua vez, possibilita que o pedido principal possa ser elaborado conjuntamente com o pedido cautelar. Esta possibilidade de cumulação é uma velha tese, defendida por muitos na vigência do CPC/73. Em havendo

---

[20] Neste sentido: DIDIER JR., Freddie. *Curso de Direito Processual Civil*. Salvador: Jus Podivam, 2015, p. 607.
[21] Neste sentido: DIDIER JR., Freddie. *Curso de Direito Processual Civil*. Salvador: Jus Podivam, 2015, p. 608.
[22] Neste sentido: AMARAL, Guilherme Rizzo. *Comentários às alterações do Novo CPC*. São Paulo: Revista dos Tribunais, 2015, p. 407.

a cumulação de pedido cautelar com o pedido principal, entendemos que o prazo de defesa deva ser único (15 dias), devendo realizar-se a contagem de acordo com a previsão do art. 334 do NCPC.[23]

O §2º do art. 308 do NCPC refere que a "causa de pedir poderá ser aditada no momento de formulação do pedido principal". Entendemos que o legislador se referiu neste parágrafo à possibilidade de aditamento da causa de pedir da ação onde tenha sido deduzida a tutela cautelar, considerando que o pedido principal deverá ser elaborado no prazo de 30 (trinta) dias. É de se indagar: e se o pedido principal for cumulado na petição inicial cautelar, será possível o aditamento da causa de pedir, no prazo previsto no *caput* do art. 308 do NCPC? Não vemos problema algum, considerando que o NCPC em diversos dispositivos legais preteriu a forma em prol da realização de direitos. Como o pedido principal é realizado conjuntamente com o pedido cautelar, entendemos que o aditamento deva ser realizado de acordo com o art. 329 do NCPC. Ou seja, até a citação o autor poderá aditar ou alterar o pedido ou a causa de pedir, independentemente do consentimento do réu. Por outro lado, até o saneamento do processo, poderá alterar ou aditar o pedido e a causa de pedir, com o consentimento do réu, assegurado o contraditório, mediante a possibilidade de manifestação deste no prazo mínimo de quinze dias.

A razão do prazo de 30 (trinta) dias, contemplado no dispositivo legal, para que seja formulado o pedido principal, decorre da necessidade de evitar-se um constrangimento excessivo ao réu que, porventura, haja sofrido alguma medida cautelar constritiva que importe restrição à sua liberdade de disposição. Ou seja, não faria sentido que o réu sofresse uma restrição em seus direitos *ad infinitum*. Este prazo respectivo evita que o procedimento cautelar antecedente se transforme em odioso instrumento de *vindita*, perpetuando no tempo eventuais danos causados ao demandado.

6 A tutela de evidência no NCPC

Deve-se a Luiz Fux[24] a positivação da tutela de evidência no NCPC. Segundo o autor, a urgência se diferencia da evidência, na exata medida em que a última propicia "cognição exauriente e imediata, a mesma que se empreenderia ao final de um processo onde fossem necessárias etapas de dissipação da incerteza quanto ao direito alegado".[25] Contrariamente, a tutela de urgência é baseada em juízo de cognição sumária, porque baseada em juízo de verossimilhança.

---

[23] Em sentido contrário, AMARAL, Guilherme Rizzo. *Comentários às alterações do Novo CPC*. São Paulo: Revista dos Tribunais, 2015, p. 411, *verbis*: "Mesmo que o pedido principal tenha sido feito juntamente com o pedido de tutela cautelar (art. 308, §1º), uma segunda contestação, prevista no §4º do art. 308, deverá ser oferecida pelo réu após a realização da audiência de conciliação ou de mediação. Para ela terá o réu o prazo de quinze dias a contar da audiência, conforme prevê o art. 335, caput e inciso I. Não ocorrendo a audiência, o prazo para essa segunda contestação será regulado pelos demais incisos do art. 335. É claro que, optando o réu por contestar conjuntamente o pedido de tutela cautelar e o pedido principal apresentados na forma do art. 308, §1º, nada impede que o faça, porém observando-se o prazo de cinco dias de que trata o art. 306. Trata-se, aqui, de faculdade do réu. Ressalte-se que a contestação conjunta dos pedidos cautelar e principal somente será admissível logicamente, quando a apresentação daqueles for também conjunta, na forma do art. 308, §1º".

[24] A comissão de juristas responsável pelo NCPC foi presidida por Luiz Fux.

[25] FUX, Luiz. *Tutela de segurança e tutela de evidência*. São Paulo: Saraiva, 1996, p. 320.

6.1 Natureza da tutela de evidência no NCPC

Ao inserir a tutela de evidência no âmbito da "Tutela Provisória", parece claro que o legislador não a considerou como provimento definitivo, mas provisório, dependente de confirmação posterior. Entendemos que se trata de antecipação de efeitos da sentença final, que dispensa os requisitos "demonstração de perigo de dano ou de risco ao resultado útil do processo", desde que preenchidos os requisitos previstos no art. 311 do NCPC.[26] Há antecipação de efeitos porque o julgador concederá "antes" o bem da vida que será objeto da sentença que será prolatada muito tempo após o ajuizamento de uma ação judicial.[27] Entretanto, é preciso perceber que a evidência do direito para fins de antecipação de tutela é aferida mediante cognição sumária – em grau mais forte do que em sede de tutela de urgência – e não mediante cognição exauriente.[28] Do contrário, a tutela de evidência não estaria inserida no âmbito da tutela provisória, mas teria sido incluída no âmbito do julgamento parcial da lide antecipado (art. 356 NCPC).

6.2 Modalidades de tutela de evidência

A partir do art. 311 do NCPC, pode-se elencar duas modalidades de tutela provisória de evidência. A primeira delas, que podemos denominar de punitiva, que será concedida quando ficar caracterizado o "abuso do direito de defesa ou o manifesto propósito protelatório da parte". A segunda modalidade podemos denominar de tutela de evidência documentada, concedida quando há prova documental das alegações de fato da parte, nas hipóteses do art. 311, II a IV, do NCPC, que determinam a probabilidade de acolhimento da pretensão processual. Ambas as modalidades serão analisadas nos próximos itens.

6.2.1 Abuso do direito de defesa ou manifesto propósito protelatório do réu

Na hipótese do inciso I do art. 311, o juiz, convencendo-se da verossimilhança do direito do autor, ante a prova de que o réu abusa do direito de defesa ou se comporta com "manifesto propósito protelatório", poderá também antecipar os efeitos da tutela pretendida pelo autor, em sede de tutela de evidência. O longo trajeto a ser percorrido

---

[26] Art. 311. A tutela de evidência será concedida, independentemente da demonstração de perigo de dano ou de risco ao resultado útil do processo, quando: I – ficar caracterizado o abuso do direito de defesa ou o manifesto propósito protelatório da parte; II – as alegações de fato puderem ser comprovadas apenas documentalmente e houver tese firmada em julgamento de casos repetitivos ou em súmula vinculante; III – se tratar de pedido reipersecutório fundado em prova documental adequada do contrato de depósito, caso em que será decretada a ordem de entrega do objeto custodiado, sob cominação de multa; IV – a petição inicial for instruída com prova documental suficiente dos fatos constitutivos o direito do autor, a que o réu não oponha prova capaz de gerar dúvida razoável.

[27] Ao tratar do tema, Mitidiero posiciona-se no mesmo sentido: "[...] a tutela antecipada fundada na evidência visa a promover a igualdade substancial entre as partes. Trata-se de expediente que tem como objetivo distribuir o peso que o tempo representa no processo de acordo com a maior ou menor probabilidade de a posição jurídica afirmada pela parte ser fundada ou não" (MITIDIERO, Daniel. *Antecipação da Tutela*: da tutela cautelar à técnica antecipatória. São Paulo: Revista dos Tribunais, 2012, p. 133).

[28] Em sentido contrário: FUX, Luiz. *Tutela de segurança e tutela de evidência*. São Paulo: Saraiva, 1996, p. 310 – para quem a antecipação de tutela nesse caso é fundada em cognição exauriente.

pelo credor até conseguir a satisfação do seu direito se transforma, quase sempre, num prêmio para o réu inadimplente e num castigo injustificável para o autor. Por conseguinte, se o réu é beneficiado pela demora da prestação jurisdicional, não é de se estranhar que frequentemente abuse do seu direito de defesa com o objetivo de protelar o término do processo.

6.2.2 Alegações de fato comprovadas apenas documentalmente e tese firmada em julgamento de casos repetitivos ou em súmula vinculante

A concessão de tutela de evidência quando as alegações de fato puderem ser comprovadas apenas documentalmente já tinha sido proposta por Luiz Fux. Assim, as hipóteses previstas nos incisos II, III e IV do art. 311 do NCPC refletem a concepção de tutela de evidência desse doutrinador. Na hipótese tratada neste item, além da prova documental, deverá haver tese firmada em julgamento de casos repetitivos,[29] no que é bastante razoável a previsão legislativa. Trata-se de tutela provisória de evidência admitida mediante o preenchimento de dois pressupostos:

a) O primeiro deles é a existência de prova das alegações de fato da parte requerente, que necessariamente deve ser documental ou documentada (como a prova emprestada ou produzida antecipadamente) e recair sobre fatos que justificam o nascimento do direito afirmado, isto é, fato constitutivo do direito. Esse pressuposto é desnecessário quando o fato gerador do direito não depender de prova (ou outras provas), como o fato notório, o fato confessado, o fato incontroverso, o fato presumido.

b) O segundo é a probabilidade de acolhimento da pretensão deduzida, que se configura em razão do fundamento normativo da demanda consistir em tese jurídica já firmada em precedente obrigatório, mais precisamente em súmula vinculante (art. 927, II, do NCPC) ou em julgamento de demandas ou recursos repetitivos (art. 927, III, NCPC), que vinculam o julgador e devem por ele ser observados, inclusive liminarmente (parágrafo único, art. 311 do NCPC).[30]

---

[29] Ruy Zoch Rodrigues fez essa proposta, dispensando o requisito da urgência para a concessão da tutela antecipada nas ações repetitivas à luz do CPC/73 (RODRIGUES, Ruy Zoch. *Ações repetitivas*: casos de antecipação de tutela sem o requisito de urgência. São Paulo: Revista dos Tribunais, 2010, p. 197). No mesmo sentido, *verbis*: "[...] trata-se da tutela antecipada fundada na simples evidência que pode inclusive servir para proteção imediata e provisória de casos repetitivos, cuja adequada solução já se encontre bem amadurecida na jurisprudência" (MITIDIERO, Daniel. *Antecipação da Tutela*: da tutela cautelar à técnica antecipatória. São Paulo: Revista do Tribunais, 2012, p. 134-135).

[30] Didier Júnior propõe uma interpretação ampla para o inciso II do artigo 311 do NCPC, *verbis*: "[...] propõe-se, contudo, interpretação sistemática, teleológica e extensiva da regra, para que se entenda que deve ser possível a concessão de tutela de evidência também quando houver tese jurídica assentada em outros precedentes obrigatórios, tais como aqueles previsto no art. 927, CPC. Seria o caso da tese fixada em decisão do STF dada em sede de controle concentrado e dos enunciados das Súmulas do Supremo Tribunal Federal em matéria constitucional e do Superior Tribunal de Justiça em matéria infraconstitucional. Devem ser levados em conta todos os precedentes vinculantes exatamente porque o estabelecimento de uma ratio decidendi com força obrigatória por tribunal superior já foi antecedido de amplo debate dos principais argumentos existentes em torno do tema, limitando as possibilidades argumentativas da parte em face da qual se requer a tutela de evidência e tornando pouco provável o seu êxito (salvo se conseguir demonstrar uma distinção do caso em exame com o caso paradigma ou a superação do precedente). A parte que postula com base em fatos provados por documento e que sejam semelhantes àqueles que ensejaram a criação de tese jurídica vinculante em tribunal superior – tese esta invocada como fundamento normativo de sua postulação –, encontra-se em estado de

6.2.3 Pedido reipersecutório fundado em prova documental adequada do contrato de depósito, caso em que será decretada a ordem de entrega do objeto custodiado, sob cominação de multa[31]

Mais uma vez o inciso contemplou a possibilidade de concessão de tutela de evidência, desde que haja prova adequada de contrato de depósito. Entendemos não haver a necessidade, para a concessão da tutela de evidência, de existir um contrato formal de depósito. O que o dispositivo legal exige é a prova documental do contrato de depósito, seja ele escrito ou verbal. A exigência de prova documental neste inciso respectivo reflete mais uma vez a concepção de Luiz Fux de tutela de evidência. Uma vez preenchido esse pressuposto, a tutela provisória de evidência será concedida, mediante "ordem de entrega do objeto custodiado, sob cominação de multa". Não é demasiado referir que o legislador permitiu apenas a tutela provisória de evidência específica da obrigação e não a tutela genérica do seu equivalente em dinheiro.[32]

6.2.4 Petição inicial instruída com prova documental suficiente dos fatos constitutivos do direito do autor, a que o réu não oponha prova capaz de gerar dúvida razoável

Mais uma vez a concepção de Luiz Fux está presente no dispositivo legal. Todavia, não basta para a concessão da tutela de evidência que a inicial esteja instruída com prova documental suficiente dos fatos constitutivos do direito do autor. É necessário que o réu não oponha prova que seja capaz de gerar dúvida razoável. Evidentemente que não basta o réu fazer meras alegações contra o direito invocado pelo autor. Deverá ele provar as teses suscitadas, de modo a gerar dúvida. No tocante a este aspecto, poderá o réu se valer de todos os meios de prova em direito admitidos, podendo inclusive utilizar-se de provas unilateralmente produzidas. Em razão do princípio do contraditório da prova, evidentemente que o magistrado não poderá julgar com base em provas unilaterais. Todavia, elas se prestam para a finalidade de gerar dúvida razoável no julgador. No tocante a esse aspecto, nada impede que, após haver a produção da prova unilateralmente produzida, com a observação do contraditório, o julgador entenda que o réu não opôs prova capaz de gerar dúvida razoável.

Pode-se afirmar que a aplicação da hipótese prevista no art. 311, IV, do NCPC, exige o preenchimento de três pressupostos. O primeiro deles é que a evidência seja demonstrada pelo autor, mediante prova documental – ou documentada, v.g., prova

---

evidência. Demonstra não só a probabilidade de acolhimento da sua pretensão processual como também a improbabilidade de sucesso do adversário que se limite a insistir em argumentos já rejeitados no processo de formação do precedente, o que configuraria, inclusive, litigância de má-fé (por defesa infundada ou resistência injustificada, cf., art. 80, CPC)" (DIDIER JR., Freddie. *Curso de Direito Processual Civil*. Salvador: Jus Podivam, 2015, p. 625).

[31] O NCPC extinguiu o procedimento especial de depósito, previsto no CPC/73 nos artigos 901-906. Em seu lugar passou a admitir que a obrigação de restituir coisa decorrente de contrato de depósito seja tutelada pelo procedimento comum, aplicando-se as regras da tutela específica das obrigações de entregar coisa do art. 498 e seguintes do NCPC. O art. 902 do CPC/73 continha regra especial de tutela provisória de evidência para essas obrigações. Na sistemática vigente no CPC/73, bastava que o contrato de depósito fosse objeto de prova literal para que se configurasse sua evidência e se admitisse a tutela provisória da obrigação correspondente. Essa técnica foi preservada com o art. 311, III, do NCPC, em que pese ser restrita ao depósito convencional.

[32] DIDIER JR., Freddie. *Curso de Direito Processual Civil*. Salvador: Jus Podivam, 2015, p. 628.

emprestada ou antecipadamente produzida –, e que não seja "abalada" pelo réu. O segundo pressuposto é que o autor traga prova documental ou documentada dos fatos constitutivos do seu direito. O terceiro diz respeito à ausência de contraprova documental por parte do réu que seja apta a gerar dúvida razoável em torno do fato constitutivo do direito do autor.

6.3 Processamento da tutela de evidência

A única regra que o artigo dispõe sobre o procedimento da tutela de evidência, é o disposto no parágrafo único, *verbis*: "nas hipóteses dos incisos II e III, o juiz poderá decidir liminarmente". Deve-se interpretar a expressão "liminarmente" na exata acepção da palavra, que é derivar da expressão latina *in limine*, que significa no início do processo. Assim, nas hipóteses previstas nos incisos II e III do art. 311, poderá o magistrado conceder a tutela de evidência sem a ouvida do réu, tal como permite o art. 9º, I, do NCPC. As demais hipóteses previstas no art. 311 não estão contempladas no parágrafo único, porque a concessão de ambas pressupõe que o réu já tenha integrado a relação processual.

As duas exceções previstas no parágrafo único do art. 311 do NCPC reforçam a tese de que a tutela de evidência é provisória, emitida com base em cognição sumária, estando sujeita a ser confirmada por ocasião da sentença, por uma simples e incontestável razão: entendemos que o julgador não teria como julgar a ação procedente liminarmente sem que o réu sequer tenha sido citado. Haveria, sem qualquer sombra de dúvida, violação aos princípios do contraditório e da ampla defesa.

7 As ações eleitorais e a aplicação supletiva e subsidiária do NCPC

Consoante mencionado no preâmbulo, o NCPC no seu art. 15 prevê de forma específica a sua aplicação supletiva e subsidiária na ausência de normas que regulem o direito processual eleitoral. Nesse sentido, resta claro que devem ser observados os ditames do novo regramento processual civil aos casos em que não houver previsão legislativa específica na seara eleitoral, a exemplo do que já ocorria outrora, na vigência do CPC de 1973, embora sem qualquer previsão legal.

A tal respeito o egrégio TSE em diversas oportunidades manifestou-se, a exemplo dos seguintes julgados:

ELEIÇÕES 2014. REGISTRO. PROCURAÇÃO. AUSÊNCIA.
1. Em razão do rito próprio do processo de registro de candidatura (arts. 3º e seguintes da LC nº 64/90), as regras gerais do CPC somente têm aplicação subsidiária.
2. Nos termos do art. 258 do Código Eleitoral, o prazo geral na Justiça Eleitoral é de três dias.
3. A deficiência na representação processual, não sanada após intimação específica para regularização no prazo de três dias, implica óbice ao conhecimento do recurso ordinário.
4. A apresentação intempestiva de procuração outorgada em data posterior à prática do ato, sem sua ratificação, não regulariza a representação processual.
Agravo regimental a que se nega provimento.[33]

---

[33] Agravo Regimental em Recurso Ordinário nº 40.259, Acórdão de 09.09.2014, Rel. Min. Henrique Neves da Silva, Publicação: PSESS – Publicado em Sessão, Data 09.09.2014.

AGRAVO. INTERPOSIÇÃO NOS PRÓPRIOS AUTOS.
1. É aplicável à Justiça Eleitoral a Lei nº 12.322/2010, que alterou o art. 544 do Código de Processo Civil e transformou o agravo de instrumento interposto contra decisão que não admite recurso especial em agravo a ser processado nos próprios autos.
2. A jurisprudência deste Tribunal consolidou-se quanto à aplicação subsidiária do Código de Processo Civil no que tange à formação do agravo de instrumento, razão pela qual não procede a alegação de que a disciplina específica do Código Eleitoral impede a aplicação de dispositivos do Código de Processo Civil relacionados à matéria.
3. A adoção do novo agravo na Justiça Eleitoral prestigia os princípios da celeridade e da economia processuais, proporcionando a possibilidade de apreciação imediata do recurso especial, considerada a eventual relevância das questões suscitadas.
Agravo regimental não provido.[34]

Também assim a doutrina consigna. José Jairo Gomes[35] afirma que

A Lei de Inelegibilidades contempla dois procedimentos. O primeiro se refere à Ação de Impugnação de Registro de Candidatura (AIRC), sendo delineado nos artigos 2º a 16. O segundo é o da AIJE. Embora não haja diferença essencial entre ambos, o primeiro é considerado ordinário, ao passo que o segundo – que se aplica à maioria das ações eleitorais típicas – é reputado "sumaríssimo". Em ambos, o Código de Processo Civil é aplicável subsidiariamente.

De destacar que, nos casos citados na jurisprudência e na referência doutrinária, a razão de incidência das regras do direito processual civil se deu com base na aplicação do critério da subsidiariedade. O NCPC prevê, além do critério subsidiário, também a sua aplicação supletiva, o que abre um espaço maior para a introdução do tema das tutelas provisórias por ele previstas.

Há ter presente, outrossim, que o Direito Eleitoral é, ainda, um ramo novo do Direito enquanto ciência, motivo pelo qual sempre se têm presentes divergências doutrinárias e jurisprudenciais, em especial porque inexiste muita segurança advinda de suas fontes legislativas, considerando-se a diversidade de diplomas legais – Constituição Federal, Código Eleitoral, Lei dos Partidos Políticos, Lei das Eleições, Lei das Inelegibilidades etc. –, seguidamente submetidas a sucessivas reformas, além de intervenções não só regulamentadoras como também normatizadoras – de duvidosa legalidade – do Tribunal Superior Eleitoral.

Nesse sentido, há uma enorme previsão de Ações Eleitorais,[36] dentre as quais podem ser citadas o Recurso contra Expedição de Diplomas – típica ação eleitoral, em que pese a sua nomenclatura –, Ação Rescisória Eleitoral, Ação de Impugnação de Mandato Eletivo, Ação de Impugnação ao Registro de Candidatura, Ação de Investigação Judicial Eleitoral, Ação Condenatória por doações realizadas acima do teto legal, Ação que visa

---

[34] Agravo Regimental em Agravo de Instrumento nº 12.831, Acórdão de 26.10.2011, Rel. Min. Arnaldo Versiani Leite Soares, Publicação: DJE – Diário de justiça eletrônico, Tomo 82, Data 03.05.2012, p. 285.
[35] GOMES, José Jairo. *Direito Eleitoral*. 8. ed. São Paulo: Editora Atlas, 2012, p. 470.
[36] Ações cíveis eleitorais são aquelas que preveem sanções tipicamente político-eleitorais consistentes em restrições ou limitações de direitos, precipuamente, na esfera especializada e conclui que o caráter retributivo das ações eleitorais centra-se, basicamente, em restrições ou limitações na esfera do candidato e do eleito (LÓPEZ ZÍLIO, Rodrigo. *Direito Eleitoral*. 4. ed. Porto Alegre: Ed. Verbo Jurídico, 2014, p. 466).

ao Direito de Resposta do art. 58, Ação por Captação ou Gasto Ilícito de Recursos, Ação de Captação Ilícita de Sufrágio, Representação por Conduta Vedada, Ação de Pedido de Registro de Candidatura e sua respectiva Impugnação,[37] Ação de Perda do Mandato por Infidelidade Partidária, além da Representação Genérica prevista pelo art. 73 da Lei das Eleições.

Contudo, em que pese este universo enorme de demandas, para o presente trabalho, que discute a questão das tutelas provisórias, devemos ter como norte os objetivos almejados pelos pleitos. Assim, para o tema ora em discussão, devemos nos debruçar nos pedidos, independente da ação e rito utilizados, bem como sem levar em conta as respectivas eficácias – declaratória, constitutiva, condenatória, executiva e mandamental.

Assim, primeiramente serão analisadas aquelas demandas que visam à (im) possibilidade de determinado candidato concorrer ao pleito – em geral por questões acerca de seu registro – e também aquelas cuja objetivo diz com o impedimento de eventual eleito exercer o mandato a que foi contemplado.

Além destas hipóteses, também se analisarão aqueles pedidos veiculados em Representações por Condutas Vedadas que, independente do provimento a final, buscam liminarmente a sustação da apontada irregularidade.

E, por fim, também abordaremos os pedidos de Direito de Resposta e questões ligadas à Propaganda Eleitoral.

7.1 Ações que visam impedir o Registro de Candidato ou a Cassação de Mandatário

No que diz com as pretensões tendentes a alijar determinado candidato de disputar uma eleição ou mesmo quando se pretende o afastamento de titulares de cargos eletivos, o entendimento dominante sempre foi no sentido da inviabilidade da providência antecipatória, salvo no sistema recursal, para alcançar efeito suspensivo, consoante adiante comentado. É que se vinha entendendo necessário, considerando a gravidade do afastamento do cargo de mandatário legitimamente eleito nas urnas, que a tomada de decisões se dê após regular instrução probatória, mormente em face da celeridade, em geral, dos ritos estabelecidos.

Portanto, quando se tratar de questões tendentes ao afastamento de modo antecipado – ou mesmo quando se visa impedir candidato de participar do pleito –, regra geral, não se aplicam os regramentos previstos pelo direito processual civil a respeito das medidas antecipatórias, entendimento que deve ser mantido mesmo com a vigência da novel codificação. Nesse caso, haveria o exaurimento do conhecimento da matéria, o que é vedado em sede de tutela provisória. A propósito, Adriano Soares da Costa[38] afirma que:

---

[37] Posição defendida por MACEDO, Elaine Harzheim; SOARES, Rafael Morgental. O procedimento do registro de candidaturas no paradigma do processo eleitoral democrático: atividade administrativa ou jurisdicional. *Revista Populus*, v. 1, p. 239-265, 2015.

[38] COSTA, Adriano Soares da. A petição inicial da ação de impugnação de registro de candidato: o problema da causa de pedir. Disponível em: <http://www.tre-sc.jus.br/site/resenha-eleitoral/edicoes-impressas/integra/2012/06/a-peticao-inicial-da-acao-de-impugnacao-de-registro-de-candidato-o-problema-da-causa-de-pedir/indexfcba.html?no_cache=1&cHash=956dcd0e5623b09fcf1264e40b0976a0>. Acesso em: 2 fev. 2016.

Em sede de ações tipicamente eleitorais (Ação de Impugnação de Registro de Candidato, Ação de Investigação Judicial Eleitoral, Recurso contra Diplomação e Ação de Impugnação de Mandato Eletivo) não tem cabimento a antecipação de tutela, por dois fundamentos básicos: a) as ações tipicamente eleitorais são impedidas de adiantar seus efeitos, mediante liminares ou antecipação de tutela, pela proibição contida nos arts. 216 do CE e 15 da LC n. 64/1990. Segundo esses artigos, a inelegibilidade de candidato, com a consequente anulação da diplomação e registro, apenas pode ocorrer quando transitada em julgado a decisão judicial. Tais artigos não podem ser apenas lidos como dispondo sobre a concessão de efeito suspensivo a recurso eleitoral, pois eles têm amplitude maior, é dizer: mais do que dar efeito suspensivo a recursos eleitorais, visam a impedir a consecução, ainda que provisória, de impedimento ao pré-candidato ou a candidato concorrerem às eleições. Obviamente que se isso ocorresse, haveria irreversibilidade da situação negativa do candidato, com gravame definitivo para o prélio eleitoral. E, também, b) pela própria compostura interna da antecipação da tutela, tal qual regrada pelo art. 273, §2º, do CPC, pelo qual é vedada a antecipação da tutela quando houver perigo de irreversibilidade do provimento antecipado. Como todas as ações tipicamente eleitorais visam obstruir ou findar o exercício de mandato eletivo (quer desde o nascedouro, quer já quando diplomado o candidato eleito), seria de todo impertinente a antecipação de tutela.

Mais adiante acrescenta, contudo, que

[...] algumas situações concretas poderiam retardar a imediata decisão sobre o deferimento ou não do registro, como por exemplo uma dilação probatória demorada na AIRC, ou mesmo a ocorrência de substituição de candidatura, feita às vésperas do pleito. Quando tal circunstância vier à baila, trazendo prejuízos ao pré-candidato – inclusive quanto à seriedade e viabilidade de sua candidatura –, poderá requerer ao Juiz Eleitoral que lhe antecipe previamente a concessão do registro, condicionado ao insucesso que venha o registrando a obter no julgamento da AIRC. A não concessão da antecipação da tutela, em casos tais, poderia gerar dano irreparável ao pré-candidato, cuja afronta à democracia não deveria animar a nenhum Juiz Eleitoral a denegar o justo pedido – naturalmente que revestido de suporte nos fatos, cumprindo os requisitos do art. 273 do CPC.

Como afirmado, o entendimento veiculado, que restou sufragado na vigência do CPC de 1973, deverá ser mantido mesmo com o NCPC, porquanto se trata de medida que, em regra, nenhum prejuízo trará ao processo eleitoral: viabiliza-se o registro do candidato e a sua participação no certame, sendo que em caso de posterior reconhecimento da impossibilidade da sua participação, bastará ser alijado; por outro lado, uma vez reconhecida a lisura de seu registro, não será ele prejudicado pela sua precoce retirada do pleito.

Contudo, ainda tratando das situações acima mencionadas, há muito se possibilita a utilização de pedidos cautelares quando se está diante de afastamento de titulares de cargos eletivos quando proferida decisão submetida a recurso. É que, considerando que as insurgências não são dotadas de suspensividade, a fim de impedir que se dê imediato cumprimento à decisão vergastada que porventura tenha determinado a perda do cargo, a jurisprudência e a doutrina passaram a assentir com a possibilidade do aviamento de Ação Cautelar ao órgão *ad quem* para tal finalidade.

Tais pretensões, embora o que pretendiam, ao fim e ao cabo, não fossem uma tutela cautelar propriamente dita, mas sim efeito suspensivo nos recursos, no mais das vezes encontravam guarida nos Tribunais, mormente quando diante da Chefia do Poder Executivo.[39]

Entretanto, com a vigência da Lei nº 13.165/2015 e do NCPC, o uso de tais ações cautelares para fins de obter efeito suspensivo nos recursos não encontra mais amparo. Isso porque, com a novel previsão expressa no art. 257, §2º, do CE,[40] concedendo duplo efeito no recurso interposto contra decisão de cassação de registro, afastamento do titular ou perda de mandato eletivo, boa parte das situações que geravam a ação cautelar perdeu objeto. Nos demais casos em que o recurso ainda for recebido no efeito apenas devolutivo, se o recorrente pretender, por fundamentos relevantes, que o recurso deve ser recebido no duplo efeito, valer-se-á do disposto nos arts. 995, parágrafo único,[41] 1.012, §3º,[42] e 1.029, §5º,[43] do NCPC, que disciplinam que incumbe ao relator apreciar

---

[39] AÇÃO CAUTELAR – CONCESSÃO DE LIMINAR – SUSPENSÃO DA EXECUÇÃO DE ACÓRDÃO – CASSAÇÃO DE DIPLOMA DE PREFEITO – CUMPRIMENTO IMEDIATO – PLAUSIBILIDADE DO DIREITO – TESE NOVA, AINDA NÃO APRECIADA PELO TRIBUNAL SUPERIOR ELEITORAL – PERIGO DA DEMORA – INSTABILIDADE JURÍDICA E DESCONTINUIDADE ADMINISTRATIVA – PRESSUPOSTOS PRESENTES – DECISÃO CONFIRMADA.
1. Em se tratando de cassação de diploma de prefeito, a plausibilidade do direito invocado decorre da nova tese adotada por esta Corte em contraposição à jurisprudência do Tribunal Superior Eleitoral, a qual ainda não foi objeto de apreciação pela superior instância.
2. O perigo da demora está presente na eventual possibilidade de ocorrer o retorno do prefeito municipal eleito, acaso mantida a orientação do TSE, justificando-se a suspensão da execução do acórdão para evitar instabilidade jurídica e descontinuidade administrativa, prejudiciais à municipalidade. (TRE/SC nº 28.951, rel. Juiz Eládio Torret Rocha, DJESC de 09.12.2013).
AÇÃO CAUTELAR – CONCESSÃO EXCEPCIONAL DE LIMINAR – SUSPENSÃO DA EXECUÇÃO DE ACÓRDÃO – CASSAÇÃO DE DIPLOMA DE PREFEITO – DECISÃO POR APERTADA MAIORIA – CUMPRIMENTO IMEDIATO – PLAUSIBILIDADE DO DIREITO – DECISÕES DO TRIBUNAL SUPERIOR ELEITORAL CONTRÁRIAS À TESE DESTE TRIBUNAL – PERIGO DA DEMORA – INSTABILIDADE JURÍDICA E DESCONTINUIDADE ADMINISTRATIVA – PECULIARIDADE DO CASO CONCRETO – INTENSA MOBILIZAÇÃO DA JUSTIÇA ELEITORAL PARA A REALIZAÇÃO DE NOVAS ELEIÇÕES – PRESSUPOSTOS PRESENTES – DECISÃO CONFIRMADA.
1. Em se tratando de cassação de diploma de prefeito, a plausibilidade do direito invocado decorre da tese adotada por esta Corte em contraposição à jurisprudência do Tribunal Superior Eleitoral, em especial, da recentíssima decisão tomada em sede de liminar (Ação Cautelar n. 40-916.2013.600.0000).
2. O perigo da demora está presente na eventual possibilidade de ocorrer o retorno do prefeito municipal eleito, caso mantida a orientação do TSE, justificando-se, excepcionalmente, a suspensão da execução do acórdão de cassação, em decisão tomada por maioria apertada de votos, para evitar instabilidade jurídica e descontinuidade administrativa, prejudiciais à municipalidade (considerando a peculiaridade do caso concreto), bem como a intensa mobilização que a realização de novas eleições gera à Justiça Eleitoral. (TRE/SC nº 29.158, rel. Juiz Sérgio Roberto Baasch Luz, DJESC de 04.04.2014)

[40] Art. 257. Os recursos eleitorais não terão efeito suspensivo.
[...]
§2º O recurso ordinário interposto contra decisão proferida por juiz eleitoral ou por Tribunal Regional Eleitoral que resulte em cassação de registro, afastamento do titular ou perda de mandato eletivo será recebido pelo Tribunal competente com efeito suspensivo.

[41] Art. 995. Os recursos não impedem a eficácia da decisão, salvo disposição legal ou decisão judicial em sentido diverso.
Parágrafo único. A eficácia da decisão recorrida poderá ser suspensa por decisão do relator, se da imediata produção de seus efeitos houver risco de dano grave, de difícil ou impossível reparação, e ficar demonstrada a probabilidade de provimento do recurso.

[42] Art. 1.012.
[...]
§3º O pedido de concessão de efeito suspensivo nas hipóteses do §1º poderá ser formulado por requerimento dirigido ao:
I – tribunal, no período compreendido entre a interposição da apelação e sua distribuição, ficando o relator designado para seu exame prevento para julgá-la;
II – relator, se já distribuída a apelação.

[43] Art. 1.029.

pedido de concessão de efeito suspensivo nos recursos de competência originária do respectivo tribunal, cuja aplicação se dá pelo já mencionado art. 15 da novel codificação.

7.2 Representações por Condutas Vedadas

Nas Representações por Condutas Vedadas – por exemplo, cessão de servidor público para comitês de campanha eleitoral –, verdade é que se busca o reconhecimento do abuso perpetrado pelo candidato com o seu consequente expurgo do pleito, sendo que tal pedido, a teor do que restou consignado alhures, de regra não poderá ser objeto de medida antecipatória.

Contudo, uma vez preenchidos os requisitos previstos pela legislação processual civil, aplicada subsidiariamente, nada impede que se defira liminarmente o pleito tocante à cessação da conduta tomada por inadequada, hipótese que a jurisprudência, ainda na vigência do CPC/73, por diversas vezes já deferiu.[44]

Com a vigência do NCPC, uma vez preenchidos os requisitos estatuídos para a concessão da medida antecipatória tendente a obstar a continuidade da prática de eventual conduta vedada, por certo que poderá ser deferida.

7.3 Pedidos visando ao Direito de Resposta e coibir Propaganda Eleitoral irregular

Finalmente, no que diz com a ação prevista pelo art. 58 da Lei nº 9.504/97 – Direito de Resposta – e a representação contemplada no art. 96 da Lei das Eleições, no tema ora em discussão – tutelas provisórias –, de gizar que, embora suas respectivas previsões legais contemplem prazos de tramitação por demais céleres, há hipóteses em que se faz necessária a atuação imediata do julgador, razão pela qual, também aqui, se abre a possibilidade da utilização das medidas antecipatórias.

A propósito, a jurisprudência, em especial quando se trata de propaganda eleitoral em desacordo com a previsão legal, reiteradamente concede as medidas antecipatórias.[45]

[...]
§5º O pedido de concessão de efeito suspensivo a recurso extraordinário ou a recurso especial poderá ser formulado por requerimento dirigido:
I – ao tribunal superior respectivo, no período compreendido entre a interposição do recurso e sua distribuição, ficando o relator designado para seu exame prevento para julgá-lo;
II – ao relator, se já distribuído o recurso;
III – ao presidente ou vice-presidente do tribunal local, no caso de o recurso ter sido sobrestado, nos termos do art. 1.037.

[44] RECURSOS ELEITORAIS – CONDUTA VEDADA – VIOLAÇÃO DO ART. 73, §10, DA LEI Nº 9.504/97 – PROGRAMA SOCIAL NÃO PREVISTO EM LEI ESPECÍFICA – CARACTERIZAÇÃO – TUTELA INIBITÓRIA PREVENTIVA – POSSIBILIDADE – CONHECIMENTO E PROVIMENTO PARCIAL. Restando comprovado que o programa social "Viver Melhor" não tem previsão em lei específica, conforme exigência do §10 do art. 73 da Lei nº 9.504/97, aplica-se a tutela inibitória de forma a evitar a reiteração da conduta ilícita. Considerando-se o término das eleições, permite-se a retomada da execução do programa social "Viver Melhor". Conhecimento e provimento parcial. (RECURSO ELEITORAL 8.429 RN (TRE-RN), Data de publicação: 09.12.2008)

[45] AGRAVO REGIMENTAL EM REPRESENTAÇÃO POR IRREGULARIDADE NA PROPAGANDA PARTIDÁRIA GRATUITA, SOB FORMA DE INSERÇÃO NA PROGRAMAÇÃO NORMAL DE RÁDIO E TELEVISÃO (CONSTITUIÇÃO FEDERAL, ART. 17, §3º; LEI 9.096/95, ART. 45, "CAPUT", I A IV). USURPAÇÃO DO DIREITO DE ANTENA DO PARTIDO (LEI 9.096/95, ART. 45, §1º, II). Transmissão em âmbito estadual, que caracteriza, também propaganda antecipada de postulante a candidatura a cargo eletivo (código eleitoral,

Tais provimentos antecipatórios permanecem tendo sua aplicação com base no NCPC, na esteira do entendimento até hoje construído.

8 Considerações finais

Há considerar, finalmente, que a par das alterações promovidas pela Lei nº 13.165/2015 e pelo NCPC no que diz com o efeito suspensivo nos recursos, fato é que a novel legislação processual civil inovou ao prever modo expresso em seu art. 15 a sua aplicação ao Direito Eleitoral, notadamente quando determina sua observância supletiva e subsidiária.

De todo modo, em regra geral o entendimento que já vinha sendo consolidado pela jurisprudência e pela doutrina acerca da possibilidade, em determinados casos, de concessão de medidas antecipatórias se mantém, em especial quando se está a tratar de tutela provisória de urgência antecipada incidental, resolvendo-se tudo de acordo com os arts. 294 a 299 e 300 a 302.

Não se pode olvidar que, sob a vigência do CPC de 1973, sempre se reconheceu a subsidiariedade da legislação processual comum nas ações eleitorais. Contudo, a subsidiariedade funcionava como um critério limitador, na medida em que reconhecida a especialidade da legislação eleitoral que, além de regras de direito material, ainda que com carências, abria pouco espaço para a invasão do direito processual civil no processo judicial eleitoral.

Agora, com a previsão da aplicação do NCPC com base também no critério supletivo, conforme o disposto no seu art. 15, instaura-se um novo espaço de interdisciplinaridade entre o processo jurisdicional eleitoral e o processo civil, impondo-se aos intérpretes e operadores do direito um cuidado extremo para manter a essência do direito eleitoral, considerando o bem da vida tutelado. O NCPC deverá intervir para reforçar os princípios e regras gerais do direito processual eleitoral, e não para convertê-lo no dogma da ordinariedade, muito presente no processo civil.

Certamente haverá questões que serão colocadas aos operadores do Direito, dentre as quais se destaca a eventual possibilidade da aplicação da tutela provisória da evidência no âmbito eleitoral, em especial quando se está a tratar do disposto pelo art. 311, II, do NCPC.

Poderá também ser objeto de discussão, em especial considerando a aplicação supletiva da legislação processual civil no âmbito eleitoral, a eventual veiculação de pedido de tutela provisória antecipada antecedente quando se está discutindo propaganda eleitoral irregular e a possível estabilização do comando que defere o provimento, tal como previsto pelo art. 304, "caput", do NCPC. Embora se saiba que as

---

art. 240, "caput"; Lei 9.504/97, art. 36, "caput"). Concessão de liminar para suspender a veiculação da inserção com o conteúdo vedado por lei, com a possibilidade de divulgação de assunto diverso. Alegações de impossibilidade de concessão de liminar no caso, de falta de plausibilidade do direito invocado e de aplicação de penalidade não prevista na legislação. Recurso não provido. (Agravo Regimental nº 27.738, São Paulo/SP, rel. Alceu Penteado Navarro. Diário da Justiça Eletrônico do TRE-SP, Data 04.05.2010, Página 23)
RECURSO – REPRESENTAÇÃO – PRELIMINAR DE NULIDADE DA DECISÃO EM RAZÃO DE RELATÓRIO SUCINTO – AFASTADA – ILEGITIMIDADE PASSIVA AD CAUSAM REJEITADA – PANFLETAGEM – PROPAGANDA ELEITORAL IRREGULAR – PROVIMENTO – CONCESSÃO DA TUTELA ANTECIPADA. (Recurso em Reclamação nº 1.025, Florianópolis/SC, rel. Hilton Cunha. Publicado em Sessão, Data 04.10.2002)

representações da espécie possuam, de certa forma, baixa contenciosidade – pelo menos no que diz com a demonstração do que é considerado como propaganda irregular –, bem como que a legislação eleitoral prevê mecanismos de resolução com relativa celeridade dada a sumariedade do procedimento, cuida-se de hipótese que não pode ser descartada.

Trata-se, pois, de temas ainda em aberto, sendo necessária a readequação da jurisprudência pretérita, formulada com base no CPC de 1973, a fim de aderir o novo regramento processual civil ao direito processual eleitoral, dando-lhe maior eficiência quando possível, mas sempre respeitando, ao fim e ao cabo, os bens tutelados pelo direito eleitoral, não permitindo uma invasão sem utilidade dos ditames do NCPC.

Referências

AMARAL, Guilherme Rizzo. *Comentários às alterações do Novo CPC*. São Paulo: Revista dos Tribunais, 2015.

BAPTISTA DA SILVA, Ovídio Araújo. *Curso de Processo Civil*. Vol. I. Rio de Janeiro: Forense, 2000.

BAPTISTA DA SILVA, Ovídio Araújo. *Curso de Processo Civil*. Vol. 2. Rio de Janeiro: Forense, 2007.

BAPTISTA DA SILVA, Ovídio Araújo. *Curso de Processo Civil*. Vol. 3. Rio de Janeiro: Forense, 1998.

BAPTISTA DA SILVA, Ovídio Araújo. *Do Processo Cautelar*. Rio de Janeiro: Editora Forense, 1999.

COSTA, Adriano Soares da. *A petição inicial da ação de impugnação de registro de candidato*: o problema da causa de pedir. Disponível em: <http://www.tre-sc.jus.br/site/resenha-eleitoral/edicoes-impressas/integra/2012/06/a-peticao-inicial-da-acao-de-impugnacao-de-registro-de-candidato-o-problema-da-causa-de-pedir/indexfcba.html?no_cache=1&cHash=956dcd0e5623b09fcf1264e40b0976a0>. Acesso em: 2 fev. 2016.

COSTA, Eduardo José da Fonseca. Tutela de evidência no Projeto de Novo CPC – uma análise de seus pressupostos. *In*: ROSSI, Fernando; RAMOS, Glauco Gumerato; GUEDES, Jefferson Carús *et al.* (Coords.) *O futuro do Processo Civil no Brasil*: uma análise crítica ao projeto de novo CPC. Belo Horizonte: Fórum, 2011, p. 165-184.

DIDIER JR., Fredie. *Curso de Direito Processual Civil*. Salvador: Jus Podivam, 2015.

FUX, Luiz. *Tutela de segurança e tutela da evidência*. São Paulo: Saraiva, 1996.

GOMES, José Jairo. *Direito Eleitoral*. 8. ed. São Paulo: Atlas, 2012.

GRECO, Leonardo. A tutela da urgência e a tutela da evidência no Código de Processo Civil de 2015. *In*: RIBEIRO, Darci Guimarães; JOBIM, Marco Félix (Orgs.) *Desvendando o Novo CPC*. Porto Alegre: Livraria do Advogado, 2015, p. 111-137.

LÓPEZ ZÍLIO, Rodrigo. *Direito Eleitoral*. 4. ed. Porto Alegre: Verbo Jurídico, 2014.

MACEDO, Elaine Harzheim; SOARES, Rafael Morgental. O procedimento do registro de candidaturas no paradigma do processo eleitoral democrático: atividade administrativa ou jurisdicional. *Revista Populus*, v. 1, p. 239-265, 2015.

MARINONI, Luiz Guilherme. *A antecipação da tutela*. São Paulo: Malheiros Editores, 2005.

MARINONI, Luiz Guilherme. *Novas linhas do processo civil*. 4 ed. São Paulo: Malheiros, 2000.

MARINONI, Luiz Guilherme; MITIDIERO, Daniel Francisco. *Código de Processo Civil*: comentado artigo por artigo. São Paulo: Revista dos Tribunais, 2008.

MITIDIERO, Daniel. *Antecipação da Tutela*: da tutela cautelar à técnica antecipatória. São Paulo: Revista do Tribunais, 2012.

RODRIGUES, Ruy Zoch. *Ações repetitivas*: casos de antecipação de tutela sem o requisito de urgência. São Paulo: Revista dos Tribunais, 2010.

SALDANHA, Jânia Maria Lopes. *Substancialização e Efetividade do Direito Processual Civil*: a Sumariedade Material da Jurisdição – Proposta de Estabilização da Tutela Antecipada em Relação ao Projeto de Novo CPC. Curitiba: Editora Juruá, 2011.

SANT'ANNA, Paulo Afonso de Souza. Novos Contornos do Instituto da Tutela Antecipada e os Novos Paradigmas do Sistema Processual Civil (Lei 10.444/02). *Revista de Processo*, n. 112, p. 86-87.

THEODORO JR., Humberto. Tutela antecipada. Evolução. Visão comparatista. Direito brasileiro e direito europeu. *Revista de Processo*, n. 157, p. 129-146.

THEODORO JR., Humberto. Tutela antecipada. *In*: WAMBIER, Teresa Arruda Alvim (Coord.). *Aspectos polêmicos da antecipação de tutela*. São Paulo: RT, 1997.

VUITTON, Jacques; VUITTON, Xavier. *Les référés*. Paris: Litec, 2003, n. 1.054 a 1.057, p. 204.

ZAVASCKI, Teori Albino. *Antecipação de tutela*. São Paulo: Saraiva, 1997.

Informação bibliográfica deste livro, conforme a NBR 6023:2002 da Associação Brasileira de Normas Técnicas (ABNT):

SILVA, Jaqueline Mielke; FISCHER, Roger. A (in)compatibilidade da tutela provisória prevista no NCPC no âmbito do Direito Processual Eleitoral. *In*: TAVARES, André Ramos; AGRA, Walber de Moura; PEREIRA, Luiz Fernando (Coord.). *O direito eleitoral e o novo Código de Processo Civil*. Belo Horizonte: Fórum, 2016. p. 245-267. ISBN 978-85-450-0133-1.

DISTRIBUIÇÃO DINÂMICA DO ÔNUS DA PROVA NO PROCESSO ELEITORAL?

FLAVIO YARSHELL

1 Hipótese

O presente trabalho, de dimensões assumidamente limitadas, tem por objetivo demonstrar a seguinte hipótese: nos processos eleitorais cujo objeto seja a imposição de uma sanção, não é possível aplicar-se subsidiariamente a regra do art. 373, §1º, do Código de Processo Civil de 2015. Portanto, no referido contexto, não é possível dispensar o autor do ônus da prova dos fatos constitutivos de sua pretensão, nem mesmo sob o argumento de assim se proceder "diante de peculiaridades da causa relacionadas à impossibilidade ou à excessiva dificuldade de cumprir o encargo nos termos do *caput* ou à maior facilidade de obtenção da prova do fato contrário".

2 A especialidade do processo eleitoral[1]

A tarefa de determinar de que forma normas *gerais* se aplicam subsidiariamente a situações reguladas por normas *especiais* nem sempre é fácil porque não se esgota na ideia, conquanto correta, de que o *especial* derroga o *geral*. A complexidade da questão resulta do fato de que muitas vezes é difícil determinar no que a especialidade consiste. De um lado, não se deve desvirtuar o escopo da norma especial e o sistema no qual ela se insere, a pretexto de se aplicar uma regra geral; de outro lado, não se deve deixar de aplicar a norma geral de forma subsidiária – por se confundir especialidade com casuísmo ou até arbitrariedade do aplicador da lei – se ela for compatível com o sistema especial e, eventualmente, até contribuir para o respectivo aperfeiçoamento.

---

[1] As considerações que seguem, eventualmente de forma literal, por vezes com alterações e acréscimos, encontram-se em outros trabalhos do autor, ainda em elaboração e na expectativa de possível publicação, que tratam da aplicação subsidiária do CPC/2015 ao processo eleitoral. Um deles, ainda sem título, é trabalho coletivo coordenado pelo Professor Walter dos S. Rodrigues, da Faculdade de Direito da Universidade Federal, no Rio de Janeiro. Sem ser possível, ainda, identificar perfeitamente tais trabalhos, fica, no entanto, feita a advertência ao leitor.

No caso específico do *processo eleitoral*, sua primeira nota diferencial – e talvez a mais importante – consiste na prevalência do escopo social da jurisdição: o pleito tem data certa para começar e para terminar. Do registro dos candidatos, passando pela propaganda eleitoral e chegando à diplomação dos eleitos, há um período de tempo determinado. E, sendo assim, boa parte dos processos eleitorais deve estar julgada dentro desse lapso, para que o pleito se consolide. Não é que o escopo jurídico – de atuação da vontade do direito objetivo – seja menosprezado. Mas, no confronto entre *justiça* e *certeza*, eventual ponderação leva à prevalência desta última.

Não é exatamente a agilidade do direito processual eleitoral que permite chegar à conclusão do pleito, mas, inversamente, é a necessidade de consolidação desse último que impõe a celeridade.[2] Dessa forma, o processo eleitoral conhece algo que o processo comum desconhece: aquele tem um tempo máximo de duração e é isso – somado à qualidade da Justiça Eleitoral – que permite a produção de resultados satisfatórios. Trata-se de uma opção: corre-se o risco de eventuais decisões injustas pelos benefícios trazidos pela pacificação social que resulta da resolução dos conflitos.

A projeção disso na técnica processual se traduz na ênfase dada ao princípio da demanda e ao assim denominado princípio dispositivo: o ônus do interessado de romper a inércia da jurisdição – bem como o de alegar e provar os fatos constitutivos de sua pretensão –; todos esses encargos são potencializados no processo eleitoral. Isso se expressa em prazos exíguos para manifestação das partes (e, a rigor, também para decisão dos juízes) e se reflete em reduzida margem de exercício de poder instrutório de ofício. Se a busca da verdade já não é – conforme há muito reconhecido pela doutrina – propriamente um escopo da jurisdição, na jurisdição eleitoral isso fica ainda mais evidente: aquela é instrumento para a edição de decisões justas; contudo, a cognição deve se desenrolar de forma rápida, porque só assim ela será adequada aos fins essenciais do processo eleitoral. Isso faz com que a preclusão, no processo eleitoral, seja mais do que nunca uma ferramenta a serviço do impulso avante do processo.

Mesmo nos processos que, embora originados no período eleitoral, desenvolvem-se depois de seu encerramento, essas são características presentes. Tais processos também têm caráter sumário e expedito, inclusive como forma de se preservar o escopo político da jurisdição: por exemplo, a decretação de perda de mandato depois que esse se exauriu fica (total ou parcialmente) prejudicada se esse último já tiver sido cumprido.

Nesse contexto, embora seja praticamente impossível determinar, de antemão, as normas processuais gerais que se aplicam ao processo eleitoral (ou a qualquer outro processo especial), um parâmetro adequado é o seguinte: a aplicação supletiva e subsidiária do CPC/2015 poderá ocorrer desde que, sendo omissa a lei especial, a norma geral não contradiga a prevalência do escopo social, que tem em mira a pacificação decorrente da consolidação do pleito (dado específico do processo eleitoral). Além disso, é preciso que a norma processual geral guarde pertinência com os mecanismos de solução dos conflitos eleitorais.

---

[2] Cf. nosso artigo "O que o processo civil comum tem a aprender com o processo eleitoral", publicado em fevereiro de 2011 no periódico *Carta Forense*, onde foram expostas tais ideias, eventualmente de forma literal.

3 Aplicação subsidiária do CPC/2015 em matéria probatória

Embora o princípio dispositivo – que impõe às partes o ônus de alegar e provar – seja exacerbado no processo eleitoral; e embora isso se projete sobre o campo da prova, nem por isso as normas gerais do Código de Processo Civil de 2015 deixam de ser aplicáveis.

Assim ocorre, desde logo, porque no processo eleitoral aplicam-se o que o CPC/2015 rotulou de *normas processuais fundamentais*, constantes dos seus artigos 2º a 12. Assim ocorre na medida em que elas têm inspiração na teoria geral e, em mais de uma oportunidade, apenas repetem o que já está escrito na – ou decorre diretamente da – Constituição Federal. Elas são normas aplicáveis a toda e qualquer forma de exercício de poder jurisdicional, e várias delas reafirmam o princípio do contraditório, do qual o direito de provar não deixa de ser um desdobramento. Portanto, no processo eleitoral aplica-se a regra segundo a qual compete ao juiz *zelar pelo efetivo contraditório* (CPC/2015, art. 7º), de sorte a não proferir decisões que tomem as partes de surpresa. Isso deve ocorrer ainda que se trate de matéria cujo conhecimento possa e deva ocorrer de ofício, conforme, aliás, determinam os artigos 9º e 10. Bastará adequar a aplicação de tais regras à celeridade própria do processo eleitoral, com um lapso de tempo que seja proporcional e adequado às peculiaridades da Justiça Eleitoral, tal como já exposto.

Além disso, algumas das alterações trazidas pelo Código de Processo Civil de 2015 se afeiçoam às peculiaridades do processo eleitoral.

Por exemplo, a lei passou a prever a *ata notarial*, expressa nos seguintes termos: "A existência e o modo de existir de algum fato podem ser atestados ou documentados, a requerimento do interessado, mediante ata lavrada por tabelião" (art. 384); da qual inclusive poderão constar dados "representados por imagem ou som gravados em arquivos eletrônicos" (parágrafo único). A pré-constituição da prova pode ser uma ferramenta relevante a serviço da celeridade do processo eleitoral, desde que seja observado o contraditório e desde que, naturalmente, as condições de formação da ata não deponham contra a credibilidade do respectivo conteúdo.

Ainda quanto à prova *documental*, são invocáveis, por exemplo, as regras relativas aos documentos eletrônicos (artigos 439/441), sobre a antecipação da prova e exibição de documento (artigos 381 e seguintes; e artigos 396 e seguintes, respectivamente) e sobre a arguição de falsidade (art. 430 e seguintes).

Na *prova testemunhal*, há também normas aplicáveis ao processo eleitoral. Por exemplo: no rol dos impedidos foi incluído o companheiro (art. 447, §2º, I); entre os que têm prerrogativa de serem inquiridos em suas residências, foram incluídos os Conselheiros do Conselho Nacional de Justiça e do Ministério Público (art. 454, III e IV); as perguntas às testemunhas serão formuladas diretamente pelas partes, embora as indagações fiquem ao controle do juiz (art. 459).

Na prova *pericial*, conquanto pouco empregada no contexto aqui examinado, parece haver margem para aplicação subsidiária do CPC/2015: é possível, por exemplo, empregar a "prova técnica simplificada", consistente "apenas na inquirição de especialista" (art. 464, §§2º a 4º); há possibilidade de escolha consensual do perito (art. 471), que não parece inviável diante da natureza dos interesses discutidos; o perito pode solicitar documentos inclusive em poder de terceiros (art. 473, §3º).

4 Distribuição "dinâmica" do ônus da prova[3]

Entre as alterações trazidas em matéria probatória pelo CPC/2015, tem grande relevo a constante do art. 373, §1º, que positivou a assim chamada *distribuição dinâmica do ônus da prova*: a regra legal pode ser alterada, pelo juiz no caso concreto, diante das peculiaridades da causa relacionadas "à impossibilidade ou à excessiva dificuldade de cumprir o encargo" legal ou "à maior facilidade de obtenção da prova do fato contrário". Referida regra, contudo, não pode ser aplicada de forma supletiva e subsidiária aos processos de cunho sancionador, como os de improbidade administrativa e também aos processos eleitorais com tais características.

É que, nesses casos, por força da presunção constitucional de inocência, a atribuição do ônus da prova já foi feita pelo constituinte, de tal sorte que é inviável que a lei ordinária frustre, direta ou indiretamente, tal postulado. Vale dizer: no processo eleitoral – instaurado ou não pelo Ministério Público – que tenha por objeto a imposição de sanção, o autor da demanda segue sempre com o encargo de provar os fatos constitutivos de sua pretensão. Assim, se ao final do processo dúvida permanecer no espírito do julgador, a improcedência será a única alternativa viável. Por outras palavras, a dúvida favorecerá sempre o demandado e nenhuma das exceções referidas pelo art. 373, §1º, poderá alterar esse quadro.

Com isso não se está a frustrar a persecução a ser empreendida pelo Ministério Público ou por qualquer outro legitimado ativo para as demandas eleitorais. Sua prerrogativa de produzir prova segue ampla, não obstante o caráter sumário do processo eleitoral. Nada mudará a propósito: a parte tem a prerrogativa de pedir exibição de documentos em poder do adversário e inclusive de terceiros (v.g., artigos 4º e 5º da Lei Complementar nº 64/90) de produzir prova oral e, eventualmente, até prova pericial, tal como exposto. Então, no processo eleitoral a persecução segue orientada pelo ônus de alegação e de prova daquele que acusa e que postula a aplicação de uma sanção, não importando seja ela "meramente" administrativa.

O que pode ocorrer, nesse âmbito, é que a lei eleitoral presuma a autoria de ilícito em determinadas circunstâncias. Tal é o que ocorre, para ilustrar, na hipótese do art. 40-B, parágrafo único, da Lei nº 9.504/97. No contexto da propaganda, a lei estabelece que se repute ocorrente a responsabilidade do candidato se ele, intimado, não providenciar a "retirada ou regularização" e, ainda, "se as circunstâncias e as peculiaridades do caso específico revelarem a impossibilidade de o beneficiário não ter tido conhecimento da propaganda". Contudo, não há aí inversão do ônus da prova em violação à presunção de inocência, menos ainda autorização para que o juiz transfira ao réu o ônus da prova. O que se passa é que a inércia do réu – somada a elementos comprobatórios de que ele tinha conhecimento da propaganda – autoriza a imposição da sanção. Mas, para que isso ocorra é necessário que haja efetiva propaganda em prol do réu; que a propaganda seja irregular; que não haja a retirada; e que haja elementos objetivos e justificáveis mediante persuasão racional e adequada motivação, a comprovar a ciência ou, pelo menos, o ônus ou dever legal de ciência do demandado.

---

[3] Reitera-se a advertência feita na nota 1.

Nem mesmo a circunstância de eventualmente ser o Ministério Público o demandante (não um partido, uma coligação ou até um candidato) afeta o que já foi dito.[4]

A propósito, convém lembrar que, quando o Ministério atua na posição de autor (não apenas de fiscal da lei), não é possível tratá-lo como *parte imparcial* – conceito que genial construção doutrinária equiparou à tentativa de reduzir um círculo a um quadrado: a oposição das partes é inerente ao debate judicial. O *duelo* – que deriva de *duo* – é o próprio contraditório. Assim, não há como sustentar que uma parte seja imparcial, o que, em última análise, significaria equipará-la ao juiz, a ponto de se desvirtuar, no caso do Ministério Público, de sua função institucional.[5]

De forma análoga já se afirmou que

> [...] não há que falar em imparcialidade do Ministério Público, porque, então, não haveria necessidade de um juiz para decidir sobre a acusação: existiria, aí, um *bis in idem* de todo prescindível e inútil. No procedimento acusatório, deve o promotor atuar como parte, pois, se assim não for debilitada estará a função repressiva do Estado. O seu papel, no processo, não é o de defensor do réu, nem o de juiz, e sim o de órgão do interesse punitivo do Estado.[6] (Grifei.)

São lições dirigidas ao processo penal, mas que aproveitam ao processo civil sancionador.

Na mesma direção, já se observou que

> [...] conceber o Ministério Público como parte imparcial significa inviabilizar a dialética de partes ou, ao menos, tornar a contraposição entre tese e antítese algo artificial ou meramente formal. No processo acusatório, em que se acentua a relação dialética entre as partes, o Ministério Público deve ser uma parte verdadeira, isto é, uma parte parcial.

Assim, "Na escolha do tema de acusação há a confissão de uma preferência, já estando implícita na formulação do problema a sua solução". Assim,

> Além da inadequação teórica, a tese da imparcialidade do Ministério Público também é contestada pela prática, que demonstra que o órgão da acusação sempre está mais empenhado em provar a sua hipótese delitiva, da qual somente abre mão no caso em que se constata a idoneidade dos elementos de prova que disponha.[7]

---

[4] As considerações que seguem – mais uma vez, eventualmente, de forma literal – constam deste artigo do autor: YARSHELL, Flavio. Atividade probatória e posição do Ministério Público como autor no processo civil. In: CRUZ, José Roberto; TUCCI, Walter Piva Rodrigues; REAL, Rodolfo da Costa Manso (Coord.). *Processo Civil: Homenagem a José Ignacio Botelho de Mesquita*. São Paulo: Quartier Latin, 2013, p. 79-93.

[5] Cf. CARNELUTTI, Francesco. *Cuestiones sobre el proceso penal*. Trad. Santiago Sentís Melendo. Buenos Aires: Ediciones Jurídica Europa-América, 1961, p. 217.

[6] Cf. MARQUES, José Frederico. *Elementos de direito processual penal*. 3. ed. Vol. II. Campinas: Millennium, 2009, p. 32.

[7] Cf. BADARÓ, Gustavo Henrique Righi Ivahy. *Ônus da prova no processo penal*. São Paulo: Revista dos Tribunais, 2003, p. 215-221.

Ainda a respeito, colhe-se eloquente lição segundo a qual o Ministério Público

> [...] tem os deveres e responsabilidades de qualquer parte. Sendo assim, não pode o juiz, em nome de uma suposta absoluta presunção de defesa do interesse público, sempre presente em qualquer atuação do Ministério Público, menosprezar direitos e garantias de pessoas físicas e jurídicas, de direito público ou privado.[8]

Isso naturalmente se projeta sobre o tema do ônus da prova, a que está sujeito o Ministério Público quando atua como demandante; ônus do qual não se desincumbe simplesmente por essa condição, de que decorreria suposta imparcialidade – como visto, inocorrente.

É certo, a propósito, que a doutrina já tratou do comportamento das partes – aí incluídas suas alegações – como "argumento de prova".[9] Em âmbito doutrinário, já reconhecemos que seria irrealista imaginar – ainda que sem considerar o momento de valoração – que a iniciativa da produção de certa prova por um dos sujeitos parciais seja um dado absolutamente indiferente ao processo. Reconhecemos, então, "não ser de hoje que a credibilidade pessoal de cada qual dos litigantes, associada à verossimilhança das respectivas alegações, é reconhecida como dado relevante na formação do convencimento do juiz". Daí que, em certos casos,

> [...] é possível reconhecer uma provisória relevância probatória mesmo à simples alegação das partes – de sorte a atenuar o rigor do princípio tradicional segundo o qual as afirmações de fato que a parte faz em seu próprio favor não têm o condão de provar – dando-lhe uma conotação análoga à da prova testemunhal.[10]

Mas, esse tipo de raciocínio não deve levar à aceitação – explícita ou mesmo implícita – de que, vinda a alegação do Ministério Público, ela se presume verdadeira até prova em contrário – o que, então, equivaleria a uma inversão do ônus da prova justificada na suposta imparcialidade daquele órgão. A circunstância de ter sido atribuída à Instituição a missão de defesa do interesse social, à qual se pode somar o fato de que seus membros são ordinariamente orientados pelos princípios da legalidade e da impessoalidade, não é suficiente para fazer das alegações ministeriais algo mais plausível só por tal circunstância. Pode ocorrer que a verossimilhança decorra de regra de experiência comum.[11] Mas, se isso ocorrer, tal aceitação não será pelo fato de a respectiva alegação ter partido do Ministério Público, dado que a regra do art. 335 do CPC/2015 se aplica indistintamente às partes. Ademais, sempre é preciso considerar que a alegação e a correspondente prova que sejam suficientes para a instauração de um processo nem sempre o são para que se imponha determinada sanção.

---

[8] Cf. DALLARI, Adilson de Abreu. Limites à atuação do ministério público na ação civil pública. *In*: BUENO, Cássio Scarpinella; REZENDE, Pedro Paulo de. *Improbidade administrativa*. São Paulo, Malheiros, 2001, p. 21.

[9] Sobre o tema *vide*: TARUFFO, Michele. *La prova dei fatti giuridici*. Milão: Giuffrè, 1992, p. 453-455; RICCI, Gian Franco. *Principi di diritto processuale generale*. Turim: Giappichelli, 2001, p. 367-368; SANTOS, Moacyr Amaral. *Da prova judiciária no cível e comercial*. Vol. I, p. 51.

[10] Cf. YARSHELL, Flavio. *Antecipação da prova sem o requisito da urgência e direito autônomo à prova*. São Paulo: Malheiros, 2009, p. 61, com referência aos pensamentos de Calamandrei e de Cappelletti. Dessa obra também foram extraídas outras partes expostas no presente texto.

[11] Cf. TOMMASEO, Ferruccio. *I provvedimenti d'urgenza*. Pádua: CEDAM, 1983, p. 165.

De outra parte, a prova que possa ter sido pré-constituída pelo Ministério Público, tem peso relativo na medida em que sua produção não tenha contado com a presença do juiz, que é sujeito verdadeiramente imparcial. Assim, se o Ministério Público, ainda que na defesa do interesse público primário e ordinariamente representando por agentes fiéis aos princípios da legalidade e da impessoalidade, é sujeito parcial, então ele se relaciona com a atividade probatória da mesma forma que os demais sujeitos parciais. Para ele, vigora em sua plenitude o princípio dispositivo: ele tem o ônus de alegação e, especialmente, de prova dos fatos alegados. Os requerimentos de prova feitos por ele devem ser considerados como quaisquer outros pleitos, e, havendo atividade constritiva na produção da prova, é preciso que o órgão julgador a considere antes de deferir a providência, especialmente se do deferimento da prova puder decorrer situação irreversível.

Em suma: não é porque o pleito de prova é feito pelo Ministério Público que, só por isso, ele deve ser atendido. E nenhum eventual temor deve ter o órgão judicial a esse respeito porque, ainda que a alegação venha escudada na defesa do interesse público, ela continuará a ser, como se procurou demonstrar, uma alegação parcial. A postulação cabe ao Ministério Público, mas o julgamento, para além de qualquer pressão que possa existir, compete ao juiz, por decisão devidamente fundamentada.

A aceitação de que o Ministério Público é sujeito parcial no processo em que figura como autor deve servir de estímulo a que sua atividade probatória seja a mais cuidadosa e eficiente possível. Eventual insuficiência do quadro probatório acerca dos fatos constitutivos da pretensão determinará a improcedência da demanda – e, se isso acontecer, não se poderá imputar ao órgão judicial a responsabilidade, perante a sociedade, pelo insucesso da demanda e pela impunidade que daí possa resultar.

5 Observância do contraditório

Nem mesmo a estrita observância do contraditório pode justificar a incidência do art. 373, §1º, no processo eleitoral.

Primeiro, a exigência de que – caso o juiz altere a regra legal de distribuição do ônus da prova – ele o faça por decisão fundamentada e que dê à parte "a oportunidade de se desincumbir do ônus que lhe foi atribuído" (parte final do §1º do art. 373) não é qualquer favor da lei. Tal exigência decorre do princípio constitucional do contraditório, conforme já preconizava parte expressiva da doutrina.[12] Mais do que isso, a prévia ciência da alteração do encargo é rigorosamente coerente com as regras dos artigos 9º e 10, que impõem ao juiz observar o contraditório de sorte a impedir que as partes sejam tomadas de surpresa. Portanto, a exigência do contraditório prévio e efetivo não serve de argumento para viabilizar a inversão porque a subsistência do ônus probatório do autor não é decorrência daquele princípio, mas da presunção de inocência que informa não apenas a seara penal, mas também todo os casos em que se trate de impor sanções – algumas delas, ainda que tecnicamente não sejam penas, podem ser tão duras, ou mais, do que as sanções previstas pela lei penal (basta pensar na inelegibilidade).

---

[12] Tomamos a liberdade de remeter ao nosso YARSHELL, Flavio. *Antecipação da prova sem o requisito da urgência e direito autônomo à prova*. São Paulo: Malheiros, 2009, p. 163 e ss.

Segundo, impedir que se dispense o autor do ônus probatório (por eventualmente transferir o encargo para o réu) não é, de qualquer forma, cercear seu direito de ação ou, agora pelo ângulo do demandante, violar o contraditório. Assim ocorre porque o requerente é sabedor, de antemão, de que tem o encargo probatório quanto aos fatos em que funda sua pretensão. Justamente por isso, o órgão judicial – nos limites do (assim chamado) princípio dispositivo – deve assegurar ao autor todas as possibilidades de se desincumbir do encargo. O direito de provar descende da garantia da ação e seria realmente um contrassenso reafirmar que o demandante tem o ônus da prova, mas limitar indevidamente sua atividade probatória.

No campo do direito probatório, as dificuldades que possam se colocar ao autor podem ser atenuadas pelo emprego do ônus, cuja falta de observância pode levar à presunção de veracidade dos fatos. Assim ocorre não apenas na revelia e na ausência de impugnação específica dos fatos (respectivamente, artigos 344 e 341 do CPC/2015), mas no caso de recusa ao depoimento pessoal (art. 385) e na recusa à exibição de documento (art. 400). Tudo isso se aplica ao processo eleitoral que, nesse particular, não chega ao ponto da indisponibilidade das normas penais em sentido estrito.

Nos casos de confissão ficta, não se trata de inverter o ônus da prova em desfavor do réu, mas de assumir que sua inércia pode e deve ser interpretada de forma contrária a seus interesses, tendo em vista a ênfase que o (assim chamado) princípio dispositivo tem nos processos eleitorais.

6 Conclusão

De todo o exposto, reputa-se restar demonstrada a hipótese inicialmente apresentada:

a) Não obstante seja possível aplicar subsidiariamente ao processo eleitoral regras probatórias previstas pelo Código de Processo Civil de 2015, não se afigura viável invocar a regra do art. 373, §1º, quando o processo tiver por objeto da aplicação de pena ou sanção.

b) Portanto, não é possível dispensar o autor do ônus da prova dos fatos constitutivos de sua pretensão, nem mesmo sob o argumento de assim se proceder "diante de peculiaridades da causa relacionadas à impossibilidade ou à excessiva dificuldade de cumprir o encargo nos termos do *caput* ou à maior facilidade de obtenção da prova do fato contrário" (art. 373, parágrafo único).

c) Essa impossibilidade subsiste ainda que o autor da demanda seja o Ministério Público, que, embora pautado pela legalidade e pela impessoalidade, não atua de forma imparcial. No processo em que figura como demandante, ele tem o ônus de provar os fatos constitutivos de sua pretensão, do qual não pode ser dispensado.

d) A incidência da regra do CPC/2015 não se justifica sequer se observado o prévio contraditório. A impossibilidade de dispensar o autor do ônus probatório não advém daquele princípio, mas da presunção constitucional de inocência, que incide em todos os processos de cunho sancionador, notadamente nos eleitorais, em que as sanções podem ser tão ou mais graves do que aquelas previstas na lei penal (em sentido estrito).

e) A impossibilidade de alteração da regra legal sobre o ônus da prova não deve prejudicar o direito de ação, de tal sorte que ao autor deve ser assegurada amplitude probatória.

Informação bibliográfica deste livro, conforme a NBR 6023:2002 da Associação Brasileira de Normas Técnicas (ABNT):

YARSHELL, Flavio. Distribuição dinâmica do ônus da prova no processo eleitoral? *In*: TAVARES, André Ramos; AGRA, Walber de Moura; PEREIRA, Luiz Fernando (Coord.). *O direito eleitoral e o novo Código de Processo Civil*. Belo Horizonte: Fórum, 2016. p. 269-277. ISBN 978-85-450-0133-1.

DINAMIZAÇÃO DO ÔNUS DA PROVA NO DIREITO ELEITORAL

ANTÔNIO VELOSO PELEJA JÚNIOR

1 Um código processual valorativo

O Código de Processo Civil causa celeuma no mundo jurídico nacional. Antes mesmo de entrar em vigor, no interstício da *vacatio legis*, sua redação original foi alterada por intermédio da Lei nº 13.256/2016. Mestrados, doutorados, teses, dissertações, palestras e discussões: são várias oportunidades para melhor compreender uma nova norma que poderá construir uma nova justiça.

O novo Código é essencialmente principiológico e alçou da Constituição Federal inúmeros princípios processuais, como a vedação de acesso ao Judiciário (art. 3º), publicidade e fundamentação das decisões (art. 11), duração razoável do processo (art. 6º), dignidade da pessoa humana, legalidade, publicidade e eficiência (art. 8º), entre outros. Faz referência expressa aos valores e normas fundamentais estabelecidos na Constituição Federal (art. 1º), além da proporcionalidade e da razoabilidade, pelo que fica claro que a Constituição é o vetor a ser seguido. Nesse enquadre, fica nítida a influência do pós-positivismo como marco filosófico do novo direito constitucional e suas irradiações na seara processual. Ele surge como uma terceira via entre o positivismo e o jusnaturalismo, contesta o isolacionismo do direito e a separação da moral, pois são elementos que se intercambiam.[1] São escopos primaciais dessa nova fase a atribuição

---

[1] O jusnaturalismo moderno, desenvolvido a partir do século XVI, aproximou a lei da razão e transformou-se na filosofia natural do Direito. Fundado na crença em princípios de justiça universalmente válidos, foi o combustível das revoluções liberais e chegou ao apogeu com as Constituições escritas e as codificações. Considerado metafísico e anti-científico, o direito natural foi empurrado para a margem da história pela ascensão do positivismo jurídico, no final do século XIX. Em busca da objetividade científica, o positivismo equiparou-se o Direito à lei, afastou-o da filosofia e de discussões como legitimidade e justiça e dominou o pensamento jurídico da primeira metade do século XX. Sua decadência é emblematicamente associada à derrota do fascismo na Itália e do nazismo na Alemanha, regimes que promoveram a barbárie sob a proteção da legalidade. Ao fim da 2ª Guerra, a ética e os valores começaram a retornar ao Direito.
A superação histórica do jusnaturalismo e o fracasso político do positivismo abriram caminho para um conjunto amplo e ainda inacabado de reflexões acerca do Direito, sua função social e sua interpretação. O pós-positivismo busca ir além da legalidade estrita, mas não despreza o direito posto; procura empreender uma leitura moral

de normatividade aos princípios e a definição de suas relações com valores e regras, a formação de uma nova hermenêutica constitucional e o desenvolvimento de uma teoria dos direitos fundamentais, edificada sobre o fundamento da dignidade humana.[2]

Na mesma ambiência do pós-positivismo, situa-se o neoconstitucionalismo como uma das peças-chave, pela qual se busca consolidar a superação do positivismo. Seu móvel é uma nova teoria na interpretação da Constituição. Ele nasce após a segunda Grande Guerra e, além das características tradicionais do constitucionalismo,[3] acresce um *plus*: a inserção dos princípios nas cartas constitucionais. É o tempo da retomada da ordem de valores no ambiente jurídico.

O neoconstitucionalismo como teoria do direito objetiva descrever a realização da Constituição, ou seja, do processo que comportou uma modificação dos grandes sistemas jurídicos contemporâneos. O modelo jurídico que emerge da reconstrução do neoconstitucionalismo caracteriza-se por uma Constituição "invasora" pela positivação de um catálogo de direitos fundamentais, pela onipresença, na Constituição, de princípios e regras e por algumas peculiaridades da interpretação e da aplicação das normas constitucionais no que se refere à interpretação e à aplicação da lei. Como teoria, o neoconstitucionalismo representa uma alternativa à teoria jurispositivista tradicional.[4]

Outra importante diretriz do novo Código de Processo Civil (NCPC) é a busca da composição da lide por meios alternativos de solução de conflitos, prevista no artigo 334, NCPC, que oferta às partes, ao início do processo, a possibilidade de conciliação e mediação em audiência antes de ser ofertada a contestação (art. 335, I, NCPC). Na busca da padronização decisória para fazer cumprir os princípios da igualdade e da segurança jurídica, pinçou, da família *common law*, a "concepção" de precedentes como nortes a serem seguidos e exortou os tribunais a uniformizarem a jurisprudência e mantê-la estável, íntegra e coerente (art. 926, CPC). Contudo, muitas são as novidades, e o espaço é curto para divagações.

Por isso, o escopo do presente trabalho é analisar a "interface" entre os aspectos processuais do direito eleitoral – insertos no Código Eleitoral e nas ações eleitorais – e a distribuição diferenciada do encargo probatório lançada no novo Código de Processo Civil.

2 O significado de um código

Antes de partir para uma discussão aberta, é necessário conhecer melhor o terreno e avaliar o que faz de um amontoado de artigos um código.

---

do Direito, mas sem recorrer a categorias metafísicas. (BARROSO, Luís Roberto. Neoconstitucionalismo e constitucionalização do direito: o triunfo tardio do direito constitucional no Brasil. *Revista Eletrônica sobre a Reforma do Estado*, Salvador, BA, n. 9, mar./abr./maio 2007, p. 8-9).

[2] BARROSO, Luís Roberto. Neoconstitucionalismo e constitucionalização do direito: o triunfo tardio do direito constitucional no Brasil. *Revista Eletrônica sobre a Reforma do Estado*, Salvador, BA, n. 9, mar./abr./maio 2007, p. 4.

[3] Constituição como o epicentro do modelo do Estado Constitucional de Direito, caracterizado pela subordinação da legalidade a uma constituição rígida e cujo texto impõe limites ao legislador e ao administrador.

[4] *Como teoría, el neoconstitucionalismo representa por tanto una alternativa respecto a la teoría iuspositivista tradicional: las trasnformaciones sufridas por el objeto de investigación hace que ésta no refleje más la situación real de los sistemas jurídicos contemporáneos. En particular, el estatalismo, el legicentrismo y el formalismo interpretative, tres de las características destacadas del iuspositivismo teórico de matriz decimonónica, hoy no parecen sostenibles.* (COMANDUCCI, Paolo. Formas de (neo) constitucionalismo: un análisis metateórico. *In*: CARBONELL, Miguel (Ed.). *Neoconstitucionalismo(s)*. 2. ed. Madrid: Editorial Trotta, 2005, p. 83)

A palavra código advém do latim, *codex*, com a qual os romanos designavam "uma coleção de leis". Há registros, na história, da presença de codificações em antigas épocas, como o Código de Hamurabi e a Legislação Mosaica, normas que careciam de cientificidade e, muitas vezes, não tinham uma sequência lógica, porque eram anotações com base em costumes e abrangiam regras de ramos diversos do direito.

As codificações decorrem da evolução da sociedade. A edificação de um código impõe a organização sistemática e estruturada das normas, pois nem todo aglomerado de leis e/ou artigos é um código.

Código é o conjunto orgânico, científico e sistemático de normas jurídicas relativas a um ramo do direito. Há de haver coerência entre os artigos, tudo bem funcionando, como um organismo vivo, com organicidade e sistematização, de forma que haja uma interconexão entre as partes.[5]

O contato com a sociedade deve existir e, na esteira disso, houve tratativas e discussões acerca da elaboração do novo Código de Processo Civil; realizaram-se audiências públicas para o intercâmbio com a sociedade e os juristas, enfim, para que houvesse pluralidade na edificação da norma. Além disso, as construções doutrinárias, jurisprudenciais e o direito comparado em muito auxiliaram a construção da nova lei processual.

Por outro lado, um código envelhece quando está em descompasso com a sociedade, merecendo um novo diploma legislativo, mas sempre com o aproveitamento do essencial da norma a ser revogada. É a situação do Código Eleitoral, que reclama a edição de uma norma consentânea com a realidade atual.

3 A aplicação do CPC ao código e leis eleitorais

3.1 Teorias da prova e os Códigos de Processo Civil

Em sede de ônus da prova, há duas teorias prevalentes retratadas no CPC 73 e no CPC 15: a estática e a dinâmica. A primeira das normas adota com exclusividade a teoria estática e o faz no artigo 333, na clássica definição de que o ônus da prova incumbe ao autor, acerca do fato constitutivo do seu direito, e ao réu, quanto à existência de fato impeditivo, modificativo ou extintivo do direito do autor.

O CPC 2015 inovou no tema após muitas discussões doutrinárias e acolheu a teoria dinâmica do ônus da prova em situações pontuais, nas quais houver dificuldade na obtenção da verdade real em decorrência da aplicação da teoria estática. O artigo 373, NCPC, manteve a teoria estática como regra, nos incisos I e II, nos moldes do CPC revogado, mas lançou, nos §§1º a 4º, a teoria dinâmica. Abaixo exporemos as principais *nuances* acerca do tema.

3.1.1 A teoria estática e o ônus da prova

O Código Processual de 1939 importou a teoria estática de Chiovenda[6] no artigo 209 e, com algumas *nuances*, a fórmula foi repetida nas codificações processuais de 1973 (art. 333, CPC) e 2015.

---

[5] VENOSA, Sílvio de Salvo. *Introdução ao estudo do direito*: primeiras linhas. 4. ed. São Paulo: Ed. Atlas, 2014, p. 192.
[6] CHIOVENDA. Giuseppe. *Instituições de direito processual civil*. 3. ed. v. II e III. Tradução da 2ª edição do original italiano por Paolo Capitano. Campinas: Bookseller, 2002, p. 451-452. (*In*: CREMASCO, Suzana Santi. *A distribuição dinâmica do ônus da prova*. Rio de Janeiro: GZ Editora, 2009, p. 53-54)

A expressão ônus da prova indica que a parte pode agir em conformidade com seus próprios interesses, mas, se descumprir o ditame normativo que lhe impõe um *facere*, apesar de não cometer ilícito algum, ou sofrer qualquer sanção jurídica,[7] sujeita-se ao risco de resultado desfavorável. O ônus diferencia-se do "dever" (no qual é tolhida a liberdade de ação) e da "obrigação" (na qual a abstenção enseja uma sanção).

A compreensão do termo "ônus da prova" traduz a possibilidade de a parte trazer aos autos material probatório apto à prova de suas alegações para influir na convicção do julgador, sob pena de, em não o fazendo, sucumbir em suas alegações, de acordo com o aforismo *allegatio et non probatio quase non allegatio* (alegar e não provar é o mesmo que não alegar).

Sob um ângulo complementar, é regra de julgamento destinada ao juiz que esteja em estado de perplexidade irredutível na constituição dos fatos da causa.[8] Em um primeiro momento, impõe à parte a produção de provas aptas ao alegado (ônus da prova subjetivo);[9] em um segundo, no momento o juiz laborar a sentença, somente se as provas não forem suficientes, ele aplica o ônus que, na prática, traduz o resultado desfavorável àquele que não comprovou o alegado.[10] Na prática, distribuirá o prejuízo decorrente da inação ou insuficiência probatória (ônus da prova objetivo), o que traduz uma regra de julgamento. Importante consignar as premissas de que a prova produzida é do processo, e não das partes ("comunhão dos meios de prova"); por consectário, uma vez provadas as alegações das partes, o juiz não dará aplicação às regras de distribuição do ônus da prova.

Dito isso, pondera-se que o ônus estático da prova remonta ao direito romano e, desde então, na seara do processo, há diversas teorias sobre o tema. A teoria foi relativizada no CPC 15, que a impôs, mas possibilitou a adoção da teoria dinâmica em consideração a situações especiais objetos de julgamento.

3.1.2 A teoria dinâmica do ônus da prova

O direito aplicado deve produzir resultados justos. É necessário um ponto final nas discussões de maneira por que se satisfaça a racionalidade pela lógica e boa argumentação. Boas decisões judiciais têm conexão estreita com a aceitação social do Judiciário, pois, se a legitimação democrática dos membros do Executivo e do Legislativo advém do voto, a dos membros do Judiciário advém de decisões bem fundamentadas,

---

[7] O ônus da prova é essencialmente *prius*; evita o *non liquet*. Quem tem interesse na afirmação é que tem o ônus da prova; ônus, porque o provar é no interesse próprio, para que não caia no vácuo a afirmação. (MIRANDA, Pontes de. *Comentários ao Código de Processo Civil*. Tomo IV – arts. 282 a 443. 3. ed. Rio de Janeiro: Editora Forense, 1997, p. 253).

[8] CINTRA, Antônio Carlos de Araujo. *Comentários ao Código de Processo Civil*. v. IV – arts. 332 a 475. Rio de Janeiro: Editora Forense, 2000, p. 20.

[9] ROSENBERG, Leo. *La Carga de La Prueba*. Tradução por Ernesto Krotoschin. Buenos Aires: EJEA, 1956, p. 15. *In*: CREMASCO, Suzana Santi. *A distribuição dinâmica do ônus da prova*. Rio de Janeiro: GZ Editora, 2009, p. 30.

[10] O juiz só deverá considerar as regras sobre a distribuição do ônus da prova, portanto, no momento de julgar o mérito, eis que só assim poderá verificar quem será prejudicado em razão da inexistência de prova determinados fatos. Assim é que a inexistência de prova sobre o fato constitutivo levará à improcedência do pedido. Provado o fato constitutivo, no entanto, pouco importa quem levou aos autos os elementos de convicção necessários para que se considerasse tal fato como existente, e a falta de prova sobre a existência de fato extintivo do direito do autor, por exemplo, deverá o juiz a julgar procedente a pretensão. (CÂMARA, Alexandre Freitas. *Lições de direito processual civil*. Rio de Janeiro: Ed. Lumen Juris, 2004, p. 400-401)

racionais e convincentes. Por detrás do biombo da distribuição dinâmica está a própria legitimidade da função judicial.

O Judiciário tem seus membros egressos do concurso público ou escolhidos pelo sistema de *checks and balances* pelo Chefe do Executivo, e a fundamentação, como linguagem comunicacional, tem a tarefa de expor à sociedade, da maneira mais adequada, justa e ponderada, a decisão judicial adotada. Pela clareza e justiça de suas decisões, no caso concreto, os juízes justificam suas decisões e legitimam-se perante as partes e a sociedade.

Fundamentação e produção probatória são temas lógica e processualmente conectados, pois esta fornece elementos para a atividade primordial do julgador. Devem-se evitar soluções formais arquitetadas em estereótipos retratados no sistema legal estático da distribuição probatória. O processo ultrapassou a noção formal do devido processo legal para atingir o plano do processo justo, com escopo, além de jurídico, social e político – instrumentalidade positiva.[11] A atual fase deixa "a nítida conscientização de que a importância do processo está em seus resultados".[12]

A teoria das cargas dinâmicas que consiste, em resumo, na flexibilização do encargo probatório a quem tenha melhores condições de provar, independentemente da disposição legal, já estava presente em nossa legislação, em situações específicas. O artigo 6º, VIII, do Código de Defesa do Consumidor é claro nesse sentido; todavia, as lides não se restringem às de consumo e, *ipso facto*, as demais situações, que, por suas peculiaridades, também recomendem a inversão, ficaram órfãs da previsão legal. *De lege ferenda*, era necessária a edificação de uma nova norma para possibilitar uma "regra de inversão". Foi o que se deu via edição da Lei nº 13.105/2015.

Setor da doutrina já defendia a aplicação independentemente da autorização legal expressa,[13] via apreciação do juiz e tratamento diferenciado das situações diferentes, nos moldes da máxima aristotélica.

Jeremy Bentham, em 1823, já advertia que o ônus da prova deveria ser imposto, em cada caso concreto, à parte que a possa produzir com menos inconvenientes, ou seja, com menos dilações, vexames e gastos.[14]

---

[11] A força das tendências metodológicas do direito processual civil na atualidade dirige-se com grande intensidade para a efetividade do processo, a qual constitui expressão resumida da ideia de que o processo deve ser apto a cumprir integralmente toda a sua função sócio-político-jurídica, atingindo em toda a plenitude todos os seus escopos institucionais. Essa constitui a dimensão moderna de uma preocupação que não é nova e que já veio expressa nas palavras muito autorizadas de antigo doutrinador: "na medida do que for praticamente possível, o processo deve proporcionar a quem tem um direito tudo aquilo e precisamente aquilo que ele tem o direito de obter" (DINAMARCO, Cândido Rangel. *A instrumentalidade do processo*. 11. ed. São Paulo: Malheiros, 2003, p. 330-331).

[12] BEDAQUE, José Roberto dos Santos. *Direito e processo*: influência do direito material sobre o processo. 4. ed. São Paulo: Malheiros, 2006, p. 15.

[13] A ideia de que somente as relações de consumo reclamam a inversão do ônus da prova não tem sustentação. [...] Além disso, não existe motivo para supor que a inversão do ônus da prova somente é viável quando prevista em lei. Aliás, apropria norma contida no art. 333 não precisaria estar expressamente prevista, pois decorre do bom senso ou do interesse na aplicação da norma de direito material, que requer a presença de certos pressupostos de fato, alguns de interesses daquele que postula a sua atuação e outros daquele que não deseja vê-la efetivada. Recorde-se que o ordenamento alemão não contém norma similar a do art. 333, e por isso a doutrina alemã construiu a *Normentheorie*. (MARINONI, Luiz Guilherme; ARENHART, Sérgio Cruz. *Manual do processo de conhecimento*. 5. ed. São Paulo: Editora Revista dos Tribunais, 2006, p. 274-275).

[14] Bentham, partindo do pressuposto de que se deve proteger o autor e não o réu, porque o primeiro não se atreveria a proteger o autor e não o réu, porque o primeiro não se atreveria a propor a ação senão quando convencido da sua justiça, enquanto que o segundo, no mais das vezes, não tem outro intuito senão contrariar

O móvel da reinserção adveio da necessidade de melhor aquilatar a veracidade das informações em casos nos quais a norma impunha, inflexivelmente à parte que não tinha condições de provar, o encargo probatório.[15] Sua aplicação, em um primeiro momento, deu-se nos processos em que tinham por causa de pedir o erro médico, mas houve sua ampliação para o direito ambiental e para a tutela coletiva.

Nada mais justo que a parte que dispuser de melhores condições para provar determinado o faça, independentemente se o tiver alegado, para chegar ao mais próximo da verdade.[16] É importante destacar que o requisito fundamental é que a parte deve ter condições de provar, sob pena de suportar uma injusta inversão; demais disso, deve ser avisada, previamente (evitam-se as "decisões-surpresa", artigo 10, NCPC),[17] para que possa preparar-se, ou mesmo insurgir-se, contra a decisão. Como requisito fundamental para evitar surpresas, a distribuição do ônus da prova, em tais casos, se dá pelo juiz e previamente à instrução probatória.[18]

---

a demanda, aparta-se do princípio romano, que incumbe ao autor fazer a prova do alegado – *actore incumbit probatio*. Para o filósofo inglês, a obrigação da prova, num sistema de justiça franco e simples, de procedimento natural, "deve ser imposto, em cada caso, à parte que puder satisfazê-la com menores inconvenientes, isto é, menor perda de tempo, menores incômodos e menores despesas". (SANTOS, Moacyr Amaral. *Prova judiciária no cível e no comercial*. v. I. 3. ed. São Paulo: Editora Max Limonad, 1963, p. 100).

[15] A chamada doutrina das cargas probatórias dinâmicas pode e deve ser utilizada pelos órgãos jurisdicionais em determinadas situações, nas quais não funcionem adequada e valiosamente as previsões legais que, como norma, repartem os esforços probatórios. A mesma importa em um deslocamento do *onus probandi*, segundo forem as circunstâncias do caso, em cujo mérito aquele pode recair, *verbi gratia*, na cabeça de quem está em melhores condições técnicas, profissionais ou fáticas, para produzi-las, para além do seu posicionamento como autor ou réu, ou de tratar-se de fatos constitutivos, impeditivos, modificativos ou extintivos. (PEYRANO, Jorge W. *Nuevos lineamientos de las cargas probatorias dinamicas*. In: PEYRANO, Jorge W.; WHITE, Inés Lépori (Coords.). *cargas probatórias dinâmicas*. 1. ed. Santa Fe: Rubinzal-Culzoni Editores, 2004, p. 19-20. Extraído da obra *A distribuição dinâmica do ônus da prova, op., cit.*, p. 72).

[16] Se é por meio da prova que o juiz conhece a verdade, pode modelar a realidade e formar o seu convencimento de modo a proferir uma decisão justa e se é no conjunto probatório que se apresenta no processo que o juiz deve, necessariamente, respaldar a sua convicção, nada como criar meios que facilitem a obtenção e a vinda dos elementos probatórios aos autos.
A distribuição dinâmica do ônus da prova é um desses meios, na medida em que, ao impor o encargo de provar cada um dos fatos afirmados no processo àquele litigante que melhores condições tem para fazê-lo, aumenta-se substancialmente, a possibilidade de que a prova necessária à solução da controvérsia venha aos autos e o julgador tenha acesso a ela.
A carga dinâmica tem, pois, o condão de auxiliar no encontro da verdade real, elemento cujo alcance é essencial para que o magistrado consiga proferir uma solução condizente com o seu convencimento e, mais ainda, uma solução justa. E, com isso, a carga dinâmica faz com que a jurisdição consiga desempenhar – de fato e de direito – a mais importante função para a qual ela foi criada, qual seja, a de efetiva pacificação social (CREMASCO, Suzana Santi. *A distribuição dinâmica do ônus da prova, op. cit.*, p. 81).

[17] O artigo 10 veda ao juiz, em qualquer grau de jurisdição, decidir, com base em fundamento, a respeito do qual não se tenha dado às partes oportunidade de se manifestar, mesmo que seja matéria cognoscível de ofício – como condições da ação ou pressupostos processuais. Condensa a regra que veda as "decisões surpresa". A *ratio* é a mesma prevista no artigo 9º, mas apresenta um elemento diferenciador, que é a existência do "fundamento acerca do qual as partes não se manifestaram". Antes de o juiz proferir a decisão ou mesmo a sentença, em casos tais – existência de fundamentos acerca do qual não se tenha dado às partes oportunidade de se manifestar –, deverá, como condição *sine qua non*, oportunizar às partes a possibilidade de manifestação. Anota-se bem que não se está na situação em que já existente o "fundamento" nos autos e as partes deixaram de se manifestar, caso em que possível a decisão pelo órgão jurisdicional, mas a situação é aquela na qual não foi oportunizada às partes a manifestação.

[18] *Cargas probatórias dinâmicas* consiste no deslocamento da posição da parte, em relação ao ônus da prova. As regras que determinam tais posições, no processo, quanto à prova, em geral são imutáveis, ao longo da demanda. No entanto, por decisão do juiz, tais posições podem variar – e o sistema deixa de ser pétreo, para se tornar dinâmico. (KFOURI NETO, Miguel. *Culpa médica e ônus da prova*. São Paulo: Editora Revista dos Tribunais, 2002, p. 137)

A teoria renasceu na Argentina por força de Jorge W. Peyrano e foi nominada *Teoría de las Cargas Probatorias Dinamicas*.[19] A Corte Suprema do referido país, desde 1957, já houvera aplicado a teoria dinâmica ao inverter o encargo probatório e impor a servidor público a prova da legitimidade de seu enriquecimento. A inversão justificou-se porque nada mais lógico possibilitar ao servidor, que está em melhores condições, comprovar como se deu o enriquecimento e não impor o encargo ao Estado.[20] Além disso, também em sede de responsabilidade civil, a Corte inverteu o ônus, em 1997, situação na qual impôs ao médico a comprovação da adoção dos procedimentos adequados.

A ideia da distribuição dinâmica é estreitamente relacionada com a regra da cooperação, prevista no artigo 6º, NCPC, que impõe que os sujeitos do processo devem cooperar entre si para que se obtenha, em tempo razoável, decisão de mérito justa e efetiva.

O juiz deve realizar o intercâmbio entre as partes e facilitar o diálogo e a interação para a resolução da contenda. Nisto reside, propriamente, a inserção do Estado Democrático de Direito na seara processual para que haja uma real pacificação social pela efetiva *participação* dos envolvidos na realização dos fins estatais.[21]

O grande quê da teoria é que, somente pela análise do caso concreto, o magistrado, em um juízo de razoabilidade, recomendará a inversão para a parte que tenha melhores condições de provar. Entretanto, a aplicação da teoria é *excepcional e residual*, com a fundamentação por parte do julgador e a necessária ciência dos envolvidos no processo.[22]

A excepcionalidade advém da situação na qual é difícil ou impossível a produção da prova para aquele que tem o ônus respectivo (prova impossível ou diabólica) e tem, ainda, como requisito, a proibição da inversão ocasionar um ônus desmesurado que se traduza em um prejuízo certo – casos em que, ao invés de se inverter o encargo probatório, inverte-se a impossibilidade de provar.

Não se pode deixar de comentar que a teoria representa a adoção do princípio da adaptabilidade do procedimento ou elasticidade processual, consoante nomina Calamandrei, que disso já fazia expressa menção nos comentários ao Código de Processo Italiano, e traduz a possibilidade de maleabilidade do procedimento, conforme as necessidades da causa.[23] Objetiva, ainda, a aplicação da planificação processual

---

[19] Mas foi apenas no final do século XX que juristas argentinos, sob a coordenação de Jorge W. Peyrano, valendo-se da teoria de James Goldschmidt acerca da situação jurídica processual, delinearam e sistematizaram, de forma clara e precisa, os contornos da teoria da distribuição dinâmica do ônus da prova, batizada, entre eles, de *Teoría de las Cargas Probatórias Dinâmicas*. (In: A distribuição dinâmica do ônus da prova, op. cit., p. 71)

[20] In: A distribuição dinâmica do ônus da prova, op. cit., p. 71, nota de rodapé n. 4.

[21] PINHO, Humberto Dalla Bernardina de. Os princípios e as garantias fundamentais no Projeto de Código de Processo Civil: breves considerações acerca dos artigos 1º a 12 do PLS 166/10. *Revista Eletrônica de Direito Processual – REDP*, v. VI. Periódico do Pós-Graduação *Stricto Sensu* em Direito Processual da UERJ. Patrono: José Carlos Barbosa Moreira. p. 49-92, p. 49. Disponível em: <www.redp.com.br>.

[22] PEYRANO, Jorge W. *La Docrina de lãs cargas probatórias dinâmicas y La maquina de impedir em matéria jurídica*, p. 87; GODINHO, Robson Renault. A distribuição do ônus da prova na perspectiva dos direitos fundamentais. In: CAMARGO, Marcelo Novelino (Org.) et al. *Leituras complementares de constitucional*: direitos fundamentais. p. 195-195.

[23] A rigidez de um procedimento regulado de um – a adaptabilidade do procedimento como maneira de temperar a legalidade das formas – modo uniforme para todas as causas possíveis, tem o grande inconveniente de não prestar-se a satisfazer simultaneamente a exigência de cuidadosas e exaustivas investigações, que se sente especialmente em certas causas mais complicadas e difíceis, e a exigência de uma rápida resolução, que predomina nas causas mais simples e urgentes. Para conciliar harmoniosamente estas exigências contrapostas

das partes ante a observância do princípio constitucional da igualdade, ao tratar desigualmente os desiguais, em conformidade com a máxima aristotélica.

Antes mesmo da edição na nova norma processual, nos tribunais brasileiros já acolhiam a teoria.[24]

3.2 O novo Código de Processo Civil e a teoria dinâmica do ônus da prova

O artigo 373, I e II, NCPC, repetiu, em linhas gerais, o disposto no artigo 333, CPC, ao lançar a teoria estática do ônus da prova. Todavia, o §1º, artigo 373, NCPC, trouxe a importante norma a corrigir distorções, que não eram sanadas na redação anterior do CPC Buzaid. Dispõe que, nos casos previstos em lei – ou seja, nos quais haja uma norma autorizativa, *v.g.*, CDC, art. 6º, VIII – ou diante de peculiaridades da causa, relacionadas à impossibilidade ou à excessiva dificuldade de cumprir o encargo, nos termos do *caput* ou à maior facilidade de obtenção da prova do fato contrário, poderá o juiz atribuir o ônus da prova de modo diverso, desde que o faça por meio de decisão fundamentada, caso em que deverá dar à parte a oportunidade de se desincumbir do ônus que lhe foi atribuído.

Nota-se bem que a norma observa a possibilidade da inversão em outras normas – inversão legal – e, em um segundo momento, deixa a cavaleiro a hipótese da inversão

---

no sistema da legalidade, o Código tem se inspirado no princípio da adaptabilidade (ou, como também com autoridade se tem dito, da elasticidade) do procedimento: a cada etapa de seu iter processual as partes e o juiz encontram diante de si, oferecidos pela lei a sua eleição, múltiplos caminhos e lhes corresponde escolher, segundo as necessidades do caso, o mais longo ou os atalhos. [...] Não se incorre assim nos perigos que derivariam de deixar ao juiz convertido em árbitro absoluto do procedimento, porque o procedimento está fixado antecipadamente pela lei; mas a lei, no lugar de construí-lo todo de uma peça, o construiu como um mecanismo composto de peças desmontáveis e combináveis entre si de distintas maneiras, que corresponde à sensibilidade das partes e à prudência do juiz ao montar caso a caso do modo mais conforme aos fins da justiça. [...] Dessa adaptabilidade do procedimento à causa serão vistos, ao longo deste curso, exemplos muito variados. A mesma não consiste somente na possibilidade dada em certos casos à parte de escolher inicialmente entre distintos tipos de procedimento (por exemplo, entre o procedimento ordinário e o procedimento de inyunción, arts. 633 e ss.); senão, também, no – Art. 633 – poder dado ao juiz ou às partes de seguir, no curso do procedimento escolhido, o itinerário que melhor corresponda às dificuldades ao ritmo da causa. A lei, em suma, não traça um só caminho obrigatório para chegar à meta, senão que oferece uma série de variantes, de desvios e de conexões, cada uma das quais pode ter suas vantagens e seus inconvenientes. Assim, os escritos preparatórios – Exemplos de adaptabilidade – podem ser mais ou menos complicados; as audiências da fase de instrução podem ser uma ou várias, segundo as provas a praticar a preclusão das deduções pode ser mais ou menos rigorosa segundo os casos; o juiz instrutor pode remeter preliminarmente ao colégio a decisão das questões prejudiciais mais graves, ou bem prover com ordenança para continuar ininterruptamente a instrução até o final; as partes podem entrar em acordo para atribuir ao juiz o poder de decidir segundo equidade, ou recorrer diretamente em cassação pulando a fase de apelação. ...Trata-se, então, de uma combinação do princípio da legalidade com o da pluralidade das formas; o juiz e as partes devem seguir, em geral, as formas estabelecidas pela lei, mas podem escolher, em cada caso, entre os vários tipos de formas que a lei deixa à sua disposição. (CALAMANDREI, Piero. *Direito processual civil*: estudos sobre o processo civil. Coleção Ciência do Processo. v. I. Tradução de Luiz Abezia e Sandra Drina Fernandez Barbery. Campinas: Ed. Bookseller, 1999, p. 300-302)

[24] RESPONSABILIDADE CIVIL. MÉDICO. CLINICA. CULPA. PROVA. 1. Não viola regra sobre a prova o acórdão que, além de aceitar implicitamente o princípio da carga dinâmica da prova, examina o conjunto probatório e conclui pela comprovação da culpa dos réus. 2. Legitimidade passiva da clínica, inicialmente procurada pelo paciente. 3. Juntada de textos científicos determinada de ofício pelo juiz. Regularidade. 4. Responsabilização da clínica e do médico que atendeu o paciente submetido a uma operação cirúrgica da qual resultou a secção da medula. 5. Inexistência de ofensa a lei e divergência não demonstrada. (RECURSO ESPECIAL NÃO CONHECIDO". DJ 26.08.1996 p. 29688, JBCC vol. 194 p. 55, LEXSTJ v. 89 p. 155, RSTJ v. 87 p. 287)

judicial. Nesses casos, o magistrado deverá avaliar, em um juízo de discricionariedade regrada e de razoabilidade, as peculiaridades da causa que justificam a aplicação da teoria dinâmica em face da impossibilidade, ou da excessiva dificuldade, de cumprir o encargo ou mesmo da maior facilidade de obtenção da prova do contrário.

A necessidade de fundamentação da decisão que inverter o encargo probatório exsurge, por questão de lógica, por força do princípio constitucional respectivo (art. 93, IX, CF 88) e devido ao artigo 11 da nova norma processual. Em suma, o juiz deverá aquilatar quem tem melhores condições de provar e proceder à inversão, se for recomendável.

Outro requisito que vai ao encontro do posicionamento doutrinário já exposto é o fato de que a inversão não pode ocasionar uma dificuldade muito grande, ou impossibilidade, àquela parte que recebeu, pela dinamização, a incumbência probatória (art. 373, §2º, NCPC). Nesses casos, a inversão se condensaria, ao inverso, no mesmo móvel que justificou o seu proceder, ou seja, equivaleria à mera transferência da prova impossível, ou diabólica, de uma parte à outra.

Outro aspecto digno de nota é a possibilidade de convenção acerca do ônus da prova (art. 373, §3º, NCPC), conforme já previsto artigo 333, parágrafo único, CPC, *contrario sensu*. No caso, permite-se a inversão, por força de convenção das partes, e não por determinação do juiz, desde que o litígio não recaia sobre direito indisponível da parte ou se torne excessivamente difícil a uma parte o exercício do direito.

3.3 A aplicação da teoria dinâmica na seara eleitoral

A exposição acima foi necessária para que se possa analisar o tema com maior propriedade.

Postas as premissas, a primeira questão a se apontar é a aplicação do Código de Processo Civil na seara eleitoral, porque o tema vertente – prova dinâmica – é inovação inata à legislação processual.

É verdade sabida que se aplicam as diretrizes da lei processual ao direito eleitoral. O NCPC foi bastante claro nessa diretriz e, no artigo 15, fez remissão expressa à legislação eleitoral, ou seja, "na ausência de normas que regulem processos eleitorais, trabalhistas ou administrativos, as disposições deste Código lhes serão aplicadas supletiva e subsidiariamente".

Na aplicação subsidiária, a norma dispõe sobre determinado tema, mas de forma incompleta, e a "norma de extensão", a ser utilizada, complementa o necessário para que se dê uma melhor aplicação ao preceito. Já na aplicação supletiva, há uma lacuna "completa" porque a lei não disciplina o tema; há um vácuo normativo a ser colmatado.

O tema "ônus da prova" está na seara da teoria geral da prova, e o Código e as normas eleitorais não possuem uma disciplina específica no tema. Por isso, as disposições do Código de Processo Civil auxiliarão o direito eleitoral na superação das lacunas. Contudo, observa-se que é impactante a aplicação da teoria na seara eleitoral, como demonstrado em outra oportunidade,[25] e que há argumentos favoráveis e contrários.

---

[25] PELEJA JÚNIOR, Antônio Veloso; TEIXEIRA BATISTA, Fabrício Napoleão. *Código Eleitoral, aspectos processuais, ações e recursos*. 3. ed. Curitiba: Editora Juruá, 2014, p. 79-81.

O argumento-padrão da admissibilidade é a possibilidade de o autor não se desincumbir do encargo probatório em face das dificuldades encontradas – prova difícil ou diabólica. Assim, por exemplo, em caso que envolve a "prestação de contas", se não for possível ao autor demonstrar à saciedade os argumentos apontados na peça inicial, proceder-se-á à inversão, da forma pela qual o candidato que presta irregularmente suas contas é a "quem caberá demonstrar justa causa para a não observância da forma legal de suas contas eleitorais, justamente porque detém consigo todas as fontes de informações necessárias para demonstrar o valor, o destino e a finalidade de seus recursos e despesas de campanha eleitoral".[26]

O ponto seminal é proceder à verificação de que a inversão pode, ou não, representar um ônus demasiadamente pesado à parte, que terá dificuldade de se desincumbir do encargo probatório. Em outras palavras, reproduzem-se as mesmas circunstâncias justificadoras da inversão que passam a onerar a parte *ex adversa*.

O juiz deve aquilatar e justificar, lógica e fundamentadamente, sua decisão, e um de seus argumentos primordiais é a preservação do interesse público da lisura eleitoral (art. 23, Lei Complementar nº 64/90). Deve-se pontuar que o citado artigo da Lei das Inelegibilidades confere ao juiz, de forma expressa, poderes mais amplos do que os de ordinário; isso acontece ao permitir que se leve em consideração circunstâncias e fatos, mesmo que não alegados pelas partes. A justificativa é a importância do interesse debatido; no caso, a preservação do interesse público na lisura eleitoral. *Contrario sensu*, não está em jogo um interesse privado, mas o interesse público estritamente conectado à preservação moral e efetiva do processo eleitoral.

A teoria estática descrita no *caput* e nos incisos I e II, art. 373, NCPC pode revelar-se insuficiente para a colheita das provas nas representações eleitorais por arrecadação e/ou gastos ilícitos de campanha eleitoral para o que há de se averiguar a plausibilidade da inversão probatória, principalmente ante o fato de que a origem e o destino dos recursos eleitorais são de conhecimento restrito daquelas pessoas intimamente engajadas na campanha eleitoral, inclusive o próprio candidato a cargo eletivo.[27]

Ao invocar o artigo 373, §1º, NCPC como premissa de sua decisão, o juiz, atento à peculiaridade da causa eleitoral ou à dificuldade de a parte autora desincumbir-se do encargo, em conformidade com a teoria estática, poderá dinamizar a prova e inverter o encargo probatório.

No caso em tela, pode-se justificar a aplicação da teoria dinâmica, porque a Lei nº 9.504/97 disciplina, de modo exaustivo, nos artigos 17 a 32, os trâmites inerentes à arrecadação, aplicação dos recursos e prestação de contas nas campanhas eleitorais. A maneira minuciosa da descrição legal demonstra o cuidado do legislador, que busca prevenir e combater o "caixa 2", um espectro fantasmagórico a assombrar os pleitos eleitorais e que, atualmente, se intensificou de forma nunca antes vista, a ponto de colocar em xeque toda a lisura do pleito e a legitimidade dos atuais ocupantes dos cargos.

No caso em específico, os argumentos que podem justificar a inversão são (a) o fato de que incumbe ao candidato a prática dos atos, de modo que não é irrazoável a

---

[26] PELEJA JÚNIOR, Antônio Veloso; TEIXEIRA BATISTA, Fabrício Napoleão. *Código Eleitoral, aspectos processuais, ações e recursos*. 3. ed. Curitiba: Editora Juruá, 2014, p. 79-81.

[27] PELEJA JÚNIOR, Antônio Veloso; TEIXEIRA BATISTA, Fabrício Napoleão. *Código Eleitoral, aspectos processuais, ações e recursos*. 3. ed. Curitiba: Editora Juruá, 2014, p. 79-81.

ele que comprove a licitude no proceder – acerca da licitude da origem e da destinação dos recursos arrecadados em campanha eleitoral – e (b) a presença da dificuldade do autor da ação de provar o alegado. O grau de satisfação do interesse público é altíssimo, aliado ao fato de que a prática dos atos elencados, *manu militari*, pela norma, é de incumbência do candidato.

A situação que envolve a arrecadação, os gastos e a prestação de contas foi uma situação específica exposta, mas, deve-se analisar, *cum grano salis*, a aplicação da teoria a outras situações, nas quais, mesmo *in abstracto*, não há as mesmas hipóteses fático-jurídicas que permitem invocá-la.

Especificamente, cita-se a hipótese da ação de impugnação de registro de candidatura – AIRC, que visa ao indeferimento do registro de candidatura calcado na arguição de inelegibilidade *lato sensu* do candidato em face da ausência de condições de elegibilidade ou da presença de condições de inelegibilidade. A inelegibilidade decorre da ausência do preenchimento de condições constitucionais ou legais de elegibilidade, previstas no art. 14, §3º, I a VI, *a*, *b* e *c*, da Constituição Federal c/c o art. 9º, *caput*, da Lei nº 9.504/97.

Nessa hipótese, entendemos bastante difícil a aplicação da inversão do ônus probatório. O juiz deverá aquilatar no caso concreto se se recomenda a inversão. Mas, em posicionamento particular, não entendemos plausível que isso se dê, porque seria o mesmo que impor ao réu (na seara criminal) que comprovasse a sua inocência.

Uma terceira hipótese exemplificativa é a da ação de investigação judicial eleitoral – AIJE, que tem como fundamento legal o art. 22 da Lei Complementar nº 64/90, que possibilita a qualquer partido político, coligação, candidato ou ao Ministério Público Eleitoral representar à Justiça Eleitoral, relatar fatos e indicar provas, indícios e circunstâncias e pedir abertura de investigação judicial para apurar uso indevido, desvio ou abuso do poder econômico ou do poder de autoridade, ou utilização indevida de veículos ou meios de comunicação social, em benefício de candidato ou de partido político.

Essa hipótese é a que se nos apresenta a mais difícil para proceder à inversão, porque teria o pesado fardo de prejudicar a parte adversa se, porventura, ela não conseguir seu intento. Nesse caso, a situação se adequa à cláusula negativa contida no §2º, artigo 373, NCPC, qual seja, a decisão de inversão "não pode gerar situação em que a desincumbência do encargo pela parte seja impossível ou excessivamente difícil". A inversão equivale à prova diabólica ao reverso e prejudicaria a parte adversa que passou a ter o ônus probatório de comprovar a inexistência do fato.[28]

No campo eleitoral, deve-se ter bastante cuidado com a aplicação dos institutos inatos ao processo civil, pois a premissa que reina é a da obtenção dos cargos mediante a regra que privilegia a maioria. O princípio democrático não pode ser relativizado, à larga e à solta, mediante a utilização de técnicas processuais, se se tornar impossível

---

[28] É evidente que o fato de o réu ter condições de provar a não existência do fato constitutivo não permite, por si só, a inversão do ônus da prova. Isso apenas pode acontecer quando as especificidades da situação de direito material, objeto do processo, demonstrarem que não é racional exigir a prova do fato constitutivo, mas sim exigir a prova de que o fato constitutivo não existe. Ou seja, a inversão do ônus da prova é imperativo de bom senso quando ao autor é impossível, ou muito difícil, provar o fato constitutivo, mas ao réu é viável, ou muito mais fácil, provar sua inexistência. (MARINONI, Luiz Guilherme; ARENHART, Sérgio Cruz. *Manual do processo de conhecimento...*, p. 276).

ao réu o encargo probatório. A inversão deve ser a exceção, e não a regra. Por isso, os juízes devem ter especial atenção e prudência ao aquilatar os fatos, sob pena do risco de coroar a instância judicial como supletiva da vontade majoritária e transformar o Judiciário em tapetão a ser manejado pelos "perdedores" das eleições. Demais disso, representa uma quebra ao princípio da igualdade, ao igualar os desiguais, ao contrário da máxima aristotélica.

Assim, a aplicação da teoria no âmbito da seara eleitoral propiciaria o cometimento de injustiças e a fatal condenação do requerido, em demanda cujo pedido material se traduz, *v.g.*, em cassação do registro, do diploma, do mandato. Dentro da excepcionalidade que autoriza a dinamização da prova, deve ser ainda mais excepcional a inversão na seara eleitoral, uma situação excepcional ao quadrado.

Esse raciocínio aplica-se também às ações de captação e/ou gastos ilícitos de recursos, captação ilícita de sufrágio, impugnação de mandato eletivo (AIME), recurso contra expedição de diploma, por condutas vedadas a agentes públicos em campanhas eleitorais, representação por propaganda eleitoral ilícita e ação de perda de mandato por infidelidade partidária, porque *ubi eadem ratio Ibi eadem jus* (onde há a mesma razão aplica-se o mesmo direito).

4 Conclusão

É controversa a aplicação da teoria dinâmica na seara eleitoral. Na grande maioria dos casos, equivaleria a forçar o réu a provar sua inocência, sob pena de ser condenado.

As consequências da procedência do pedido são bastante impactantes e, por força do manejo da novidade do art. 373, §2º, NCPC, dissociado de seus pressupostos, pode-se interferir diretamente na vontade do eleitor.

Deve-se exigir a boa prudência do magistrado ao analisar os pressupostos, de modo a fazer bem pesar a balança da justiça, com discricionariedade e ponderação, ao não admitir exigências pesadas à demasia e, quiçá, absurdas e, por outro lado, não ter o receio de inverter o encargo probatório quando adequado, razoável e necessário para fazer prevalecer a verdade real, garantir a isonomia e o princípio da lisura das eleições, ponto central do princípio democrático.

Referências

BARROSO, Luís Roberto. Neoconstitucionalismo e constitucionalização do direito: o triunfo tardio do direito constitucional no Brasil. *Revista Eletrônica sobre a Reforma do Estado*, Salvador, BA, n. 9, mar./abr./maio 2007.

CALAMANDREI, Piero. *Direito processual civil*: estudos sobre o processo civil. Coleção Ciência do Processo. v. I. Tradução de Luiz Abezia e Sandra Drina Fernandez Barbery. Campinas: Ed. Bookseller, 1999.

CÂMARA, Alexandre Freitas. Doenças preexistentes e ônus da prova: o problema da prova diabólica e uma possível solução. *Revista Dialética de Direito Processual*, São Paulo, n. 31, out. 2005.

CHIOVENDA, Giuseppe. *Instituições de direito processual civil*. 3. ed. v. II e III. Tradução da 2ª edição do original italiano por Paolo Capitanio. Campinas: Bookseller, 2002.

CINTRA, Antônio Carlos de Araujo. *Comentários ao Código de Processo Civil*. v. IV – arts. 332 a 475. Rio de Janeiro: Editora Forense, 2000.

COMANDUCCI, Paolo. Formas de (neo)constitucionalismo: un análisis metateórico. *In*: CARBONELL, Miguel (ed.). *Neoconstitucionalismo(s)*. 2. ed. Madrid: Editorial Trotta, 2005.

CREMASCO, Suzana Santi. *A distribuição dinâmica do ônus da prova*. Rio de Janeiro: GZ Editora, 2009.

DINAMARCO, Cândido Rangel. *A instrumentalidade do processo*. 11. ed. São Paulo: Malheiros, 2003.

EDAQUE, José Roberto dos Santos. *Direito e processo*: influência do direito material sobre o processo. 4. ed. São Paulo: Malheiros, 2006.

GODINHO, Robson Renault. A distribuição do ônus da prova na perspectiva dos direitos fundamentais. *In*: CAMARGO, Marcelo Novelino (Org.) et al. *Leituras complementares de constitucional*: direitos fundamentais.

KFOURI NETO, Miguel. *Culpa médica e ônus da prova*. São Paulo: Editora Revista dos Tribunais, 2002.

MARINONI, Luiz Guilherme; ARENHART, Sérgio Cruz. *Manual do processo de conhecimento*. 5. ed. São Paulo: Revista dos Tribunais, 2006.

MARINONI, Luiz Guilherme; ARENHART, Sérgio Cruz. *Prova*. São Paulo: Revista dos Tribunais, 2009.

MIRANDA, Pontes de. *Comentários ao Código de Processo Civil*. Tomo IV – arts. 282 a 443. 3. ed. Rio de Janeiro: Editora Forense, 1997.

MONTEIRO, Washington de Barros. *Curso de direito civil*. 36. ed. v. 1. São Paulo: Editora Saraiva, 1999.

NADER, Paulo. *Introdução ao estudo do direito*. 37. ed. São Paulo: Grupo Gen, 2015.

PELEJA JÚNIOR, Antônio Veloso; TEIXEIRA BATISTA, Fabrício Napoleão. *Código Eleitoral, aspectos processuais, ações e recursos*. 3. ed. Curitiba: Editora Juruá, 2014.

PINHO, Humberto Dalla Bernardina de. Os princípios e as garantias fundamentais no Projeto de Código de Processo Civil: breves considerações acerca dos artigos 1º a 12 do PLS 166/10. *Revista Eletrônica de Direito Processual – REDP*. v. VI. Periódico da Pós-Graduação *Stricto Sensu* em Direito Processual da UERJ. p. 49-92. Patrono: José Carlos Barbosa Moreira Disponível em: <www.redp.com.br>.

ROSENBERG, Leo. *La carga de la prueba*. Trad. Ernesto Krotoschin. Buenos Aires: EJEA, 1956.

SANTOS, Moacyr Amaral. *Prova judiciária no cível e no comercial*. v. I. 3. ed. São Paulo: Editora Max Limonad, 1963.

VENOSA, Sílvio de Salvo. *Introdução ao estudo do direito*: primeiras linhas. 4. ed. São Paulo: Ed. Atlas, 2014.

Informação bibliográfica deste livro, conforme a NBR 6023:2002 da Associação Brasileira de Normas Técnicas (ABNT):

PELEJA JÚNIOR, Antônio Veloso. Dinamização do ônus da prova no direito eleitoral. *In*: TAVARES, André Ramos; AGRA, Walber de Moura; PEREIRA, Luiz Fernando (Coord.). *O direito eleitoral e o novo Código de Processo Civil*. Belo Horizonte: Fórum, 2016. p. 279-291. ISBN 978-85-450-0133-1.

A DINAMIZAÇÃO DO ÔNUS DA PROVA NO DIREITO ELEITORAL

DYOGO CROSARA

1 Introdução

Foi publicada, no Diário Oficial da União de 16 de março de 2015, a Lei nº 13.105, que traz ao mundo jurídico o novo Código Processual Civil Brasileiro – CPC, substituindo o chamado "Código de Buzaid", publicado em 1973, durante o período ditatorial.

A nova lei é fruto de um intenso estudo realizado por uma Comissão de Juristas, presidida pelo atual ministro do Supremo Tribunal Federal, Luiz Fux, e que teve uma ampla equipe de juristas, incluindo renomados advogados, professores e membros do Poder Judiciário.

Tal norma entrará em vigor já em 18 de março de 2016, ou seja, antes do processo eleitoral vindouro, no qual suas disposições já deverão ser obedecidas por todos envolvidos no pleito, sendo que ele também se aplicará aos processos em andamento, como bem lembrou Luiz Fux em estudo sobre o tema:

> A lei processual tem efeito imediato e geral, aplicando-se aos processos pendentes; respeitados os direitos subjetivo-processuais adquiridos, o ato jurídico perfeito, seus efeitos já produzidos ou a se produzir sob a égide da nova lei, bem como a coisa julgada. [...] A lei processual aplica-se aos procedimentos em curso, impondo ou suprimindo atos ainda não praticados, desde que compatível com o rito seguido desde o início da relação processual e eu não sacrifique os fins de justiça do processo. (FUX, 2014, p. 34)

Uma das principais alterações que o novo CPC trará ao nosso mundo do Direito se dará certamente no que atine a prova, alterando pilares até então consagrados, como, por exemplo, a carga probatória e a possibilidade de modificação por decisão judicial de tal carga.

Nesse cenário se destaca certamente a introdução no CPC da chamada dinamização do ônus da prova, que confere ao julgador a possibilidade de alterar as premissas legais gerais, tornando o processo dinâmico e com ênfase à busca de algo mais aproximado da verdade real, e não apenas da chamada verdade processual.

Vale aqui lembrar que tal teoria já está positivada em algumas legislações esparsas, como no Código do Consumidor, e vem ganhando campo em vários Tribunais.

Diante desse cenário é necessário que aqueles que militam na Justiça Eleitoral estudem a nova legislação processual, que por vezes é aplicada no processo eleitoral, seja de forma analógica ou mesmo de forma subsidiária.

O processo eleitoral já goza, pela legislação vigente, de rotina de produção probatória distinta da consagrada pelo processo eleitoral, sendo que a nova alteração irá realçar ainda mais o papel dos magistrados em sua colheita e até mesmo produção.

Aos que atuam no Direito Eleitoral, torna-se necessária a discussão sobre a aplicação dessas novas disposições ao processo eleitoral, especialmente diante das especificidades dos ritos previstos pela LC nº 64/90, bem como pela lei das eleições e também pela impossibilidade de uso dos recursos previstos pelo novo CPC, em especial o agravo de instrumento, no âmbito da Justiça Eleitoral.

Essas importantes questões, que prestigiam o fomento do debate, serão objeto do presente artigo.

2 A aplicação do novo CPC ao processo eleitoral

Durante a vigência do Código de Processo Civil de 1973, muito se discutiu sobre a possibilidade de aplicação do ordenamento processual civil ao processo eleitoral, sendo que vários doutrinadores divergem sobre o tema.

Ressalte-se que, ao contrário do que se dá em processos cíveis ou criminais, as normas eleitorais, inclusive as processuais, não estão reunidas num único diploma legal, mas sim diversificadas em: leis complementares, como a LC nº 64/90; leis ordinárias, como ocorre com a Lei nº 9.504/97; e, ainda em resoluções emanadas pelo Tribunal Superior Eleitoral, como se dá com a Res. TSE nº 22.610/2007.

Esse cenário leva a problemas no estudo do processo eleitoral, como bem leciona Marcelo Abelha sobre o tema:

> É patente a afirmação de que um dos maiores obstáculos para a compreensão e massificação do direito processual eleitoral é a "balbúrdia legislativa" existente sobre o tema. Sem sombra de dúvidas alguns fatores contribuíram e contribuem decisivamente para que exista esse emaranhado de normas eleitorais esparsas, e, em especial, das normas eleitorais processuais. São eles:
> a) o nosso *Código Eleitoral é de 1965*, portanto, anterior ao texto constitucional que regulamentou muitas questões relativas ao tema eleitoral (direito partidário, direitos políticos, etc.);
> b) há uma *letargia legislativa fisiológica propositai contrária ao aprimoramento e sistematização das técnicas processuais eleitorais*, pois em última análise essas técnicas voltar-se-ão contra a classe política. Manter um sistema confuso é uma maneira "inteligente" de dificultar o acesso à justiça e permitir uma maior participação popular;
> c) *as técnicas processuais criadas são casuísticas*, ou seja, são criadas para atender situações específicas sem uma preocupação de estabelecer um sistema processual eleitoral, com princípios regentes.
> A nossa visão panorâmica se inicia, obviamente, pelo texto constitucional, qual seja, a norma hierarquicamente superior no nosso ordenamento jurídico. (RODRIGUES, 2010)

Sem embargo disso, verifica-se que o complexo de normas que regem o processo eleitoral não alcança todo o emaranhado de ações e atos processuais que são utilizados nos processos eleitorais, fazendo com que seja necessária a aplicação de normas processuais civis, inclusive no que atine a discussão sobre a carga probatória.

Nesse sentido, a jurisprudência eleitoral consolidou o entendimento de que "observadas as normas especiais contidas no Código Eleitoral e na legislação eleitoral, são aplicáveis subsidiariamente, no processo eleitoral, as normas do Código de Processo Civil" (BRASIL, 2012).

Veja-se que o Código de Processo Civil tem sido aplicado em alguns casos, mesmo quando há norma eleitoral dispondo de maneira diversa. Tal fato ficou bastante claro, quando o Tribunal Superior Eleitoral discutiu a aplicação da regra do art. 275 do Código Eleitoral, que difere das disposições do art. 538 do CPC.

A norma eleitoral prevê no §4º do art. 275 que "os embargos de declaração suspendem o prazo para a interposição de outros recursos, salvo se manifestamente protelatórios e assim declarados na decisão que os rejeitar" (BRASIL. Código Eleitoral. Lei nº 4.737 de 15 de julho de 1965), enquanto o Código de Processo Civil de 1973 prevê que "os embargos de declaração interrompem o prazo para a interposição de outros recursos, por qualquer das partes" (BRASIL. Código de Processo Civil. Lei nº 5.869 de 11 de janeiro de 1973).

Diante dessa divergência, se a interposição de embargos suspende ou interrompe o prazo para a interposição de novos recursos, a jurisprudência eleitoral se consolidou no seguinte sentido:

> AGRAVO REGIMENTAL. RECURSO ESPECIAL ELEITORAL. PRESTAÇÃO DE CONTAS. PARTIDO POLÍTICO. EXERCÍCIO FINANCEIRO DE 2009. EMBARGOS DE DECLARAÇÃO. INTERRUPÇÃO DO PRAZO RECURSAL. PROVIMENTO.
> 1. Os embargos de declaração interrompem o prazo para a interposição de outros recursos. Precedentes.
> 2. Agravo regimental provido. (BRASIL, 2012)

Tal posicionamento se mostra acertado, especialmente pela natureza do processo eleitoral, que não se assemelha ao processo penal, mas sim a um processo cível, especialmente face à natureza político-administrativa de suas sanções. Veja que a doutrina perfilha igual entendimento ao defender que:

> Sendo o CPC uma norma fundamental de direito processual civil é claro que será aplicado subsidiariamente, e nenhuma lei precisaria dizer isso. Mas, o que queremos deixar em reflexão é se não devemos disciplinar as demandas eleitorais como demandas coletivas que possuem procedimentos específicos, próprios da legislação eleitoral, mas que poderia ser subsidiariamente informados e tutelados pelos princípios e regras do processo coletivo. Só depois, naquilo que não contrariar o espírito coletivo da demanda, é que se aplicaria o Código de Processo Civil. (RODRIGUES, *op. cit.*)

Visando sanar qualquer discussão, o novo Código de Processo Civil expressamente prevê em seu art. 15, a aplicação de suas disposições ao processo eleitoral, prevendo que "na ausência de normas que regulem processos eleitorais, trabalhistas ou administrativos, as disposições deste Código lhes serão aplicadas supletiva e subsidiariamente" (BRASIL. Lei nº 13.105 de 16 de março de 2015).

Assim, o novo diploma fará com que várias de suas previsões tenham influência direta no processo eleitoral, alterando consideravelmente vários pontos importantes na atuação de todos que militam nessa esfera.

3 A teoria dinâmica da prova no novo CPC

A regra básica trazida pelo art. 333 do CPC de 1973 não será alterada pelo novo Código, sendo o *caput* do citado dispositivo uma cópia fiel da antiga redação, prevendo que:

> Art. 373. O ônus da prova incumbe:
> I – ao autor, quanto ao fato constitutivo de seu direito;
> II – ao réu, quanto à existência de fato impeditivo, modificativo ou extintivo do direito do autor. (BRASIL. Lei nº 13.105 de 16 de março de 2015)

Num processo civil marcado pela boa-fé, pela isonomia efetiva e pela busca da verdade real, o mecanismo previsto pela regra citada não se mostra completo, não sendo suficiente para garantir os novos anseios trazidos pelo legislador a simples repetição da teoria estática da distribuição do ônus da prova.

Em brilhante lição sobre a teoria dinâmica o Magistrado Goiano Reinaldo Alves Ferreira bem ensina que:

> No CPC/1973, verifica-se dos incisos I e II do artigo 333 uma regra geral ou estática relacionada à distribuição do ônus da prova. Segundo o referido dispositivo, recai sobre o autor o ônus quanto ao fato constitutivo do seu direito, sendo imposto ao réu o ônus de produzir provas relacionadas aos fatos impeditivos, modificativos ou extintivos do direito afirmado pelo autor. Trata-se de regra simples, de fácil compreensão, mas que, como será observado abaixo, poderá constituir-se, uma vez aplicada de forma indiscriminada, em fonte de injustiças.
> Contudo, a teoria estática da distribuição do ônus da prova, como o próprio o nome está a indicar, é inflexível, sobressaindo dela regras rígidas e imutáveis a respeito da distribuição do ônus probatório. É que a teoria estática, não leva em consideração as peculiaridades do direito material posto à apreciação do Estado-Juiz e, com maior clareza, não dá atenção às condições pessoais das partes, ou seja, à capacidade ou aptidão das partes na desincumbência do ônus probatório. Segundo a teoria estática, portanto, o Juiz deverá, em qualquer situação, orientar-se no seu julgamento por regras fixas, imutáveis e objetivas, aprioristicamente catalogadas, fato que, a toda evidência, poderá caracterizar, no caso concreto, malferimento ao princípio da isonomia, ao permitir que partes manifestamente desiguais sejam tratadas como se fossem iguais. Para a aplicação da referida teoria parte-se da falsa premissa de que os sujeitos processuais se encontram em patamar de igualdade no processo e que as regras previamente estipuladas teriam o condão de solucionar todas as questões submetidas ao crivo da atividade jurisdicional.
> Assim, é de uma clareza solar que a teoria estática não é suficiente, diante das mais variadas situações concretas, para orientar o juiz na busca da certeza jurídica. (FERREIRA, 2016)

Atendendo a tal anseio, alteração substancial sobre o tema foi trazida pelos parágrafos primeiro a quarto do citado art. 373 do NCPC, que implantou a teoria dinâmica da prova no nosso novo diploma processual, prevendo que:

§1º Nos casos previstos em lei ou diante de peculiaridades da causa relacionadas à impossibilidade ou à excessiva dificuldade de cumprir o encargo nos termos do caput ou à maior facilidade de obtenção da prova do fato contrário, poderá o juiz atribuir o ônus da prova de modo diverso, desde que o faça por decisão fundamentada, caso em que deverá dar à parte a oportunidade de se desincumbir do ônus que lhe foi atribuído.

§2º A decisão prevista no §1º deste artigo não pode gerar situação em que a desincumbência do encargo pela parte seja impossível ou excessivamente difícil.

§3º A distribuição diversa do ônus da prova também pode ocorrer por convenção das partes, salvo quando:

I – recair sobre direito indisponível da parte;

II – tornar excessivamente difícil a uma parte o exercício do direito.

§4º A convenção de que trata o §3º pode ser celebrada antes ou durante o processo. (BRASIL. Lei nº 13.105 de 16 de março de 2015)

Tal dispositivo é verdadeiramente uma conquista para o nosso Direito Processual, permitindo que as partes tenham um papel ativo na formação da convicção do juiz, bem como garantindo que a prova seja produzida por quem melhor tenha condições de fazê-lo.

Essa teoria tem embrião no Direito Alemão, no início do século XX, sendo que, na segunda metade de tal século, foi o Direito Argentino quem bem a desenvolveu, sendo lição básica a do processualista Maximiliano García Grande no artigo "Cargas probatorias dinámicas: ni nuevas, ni argentinas, ni aplicables", publicado pela Academia Virtual Iberoamericana de Direito e Altos Estudos Judiciais, onde ele leciona que:

> *Podemos esbozar que las cargas probatorias dinámicas implican que la carga de probar determinado hecho recae sobre quien está en mejores condiciones fáticas de hacerlo, encontrándose la contraparte en una imposibilidad o extrema dificultad de acompañar dicho material probatorio. Se valoran las posiciones de ambas as partes, tanto de quien alegó el hecho como también de la contraria. El primero debe encontrarse en una imposibilidad o dificultad para demostrar su afirmación y, la contraparte, hallarse en una posición de gran facilidad para derribar el hecho descrito por aquél. La carga probatoria dinámica supone entonces que el onus probando se encuentra sobre aquél que se encuentra en mejor posición para probar determinados hechos que dificultosamente pueden ser demostrados por quien los alego.* (GARCÍA GRANDE, 2011)

Permitir que haja possibilidade de modificação da distribuição do ônus probatório é certamente uma conquista importante, visando que o processo seja um meio de busca da Justiça real, permitindo que a convicção se forme com os elementos necessários para o julgamento, e não apenas com provas restritas ao critério e as possibilidades das partes. O que o legislador busca é garantir justamente o processo democrático que inspirou todo o novo arcabouço processual.

Pela teoria dinâmica, os magistrados têm o poder/dever de, analisando o caso concreto, definir a quem caberá trazer aos autos determinada prova, podendo dar um equilíbrio de forças efetivo, e não apenas aparente.

Importante aqui observar os critérios para aplicação de tal dispositivo criados pelo nosso novo Código de Formas.

O primeiro deles trata das hipóteses de aplicação. A regra geral vigente no Código de 1973 é repetida, como dito, pelo *caput* do art. 373 do NCPC, ou seja, não serão em todos os casos em que a possibilidade de alteração do ônus probatório será utilizada. Isso será possível "nos casos previstos em lei ou diante das peculiaridades da causa".

Assim, a regra geral é a mesma, cabendo ao magistrado, de ofício ou a requerimento das partes, promover a alteração, devendo justificar o motivo e a necessidade de afastamento da regra geral, como ensina Humberto Theodoro Júnior:

> Não se trata de revogar o sistema do direito positivo, mas de complementá-lo à luz de princípios inspirados no ideal de um processo justo, comprometido sobretudo com a verdade real e com os deveres de boa-fé e lealdade que transformam os litigantes em cooperadores do juiz no aprimoramento da boa prestação jurisdicional. (THEODORO JÚNIOR, 2014)

O segundo item importante é a previsão de que a alteração é possível tanto em caso de impossibilidade de obtenção da prova quanto em situações em que o juiz vislumbre que uma parte tem maior facilidade em obter determinada prova.

Em várias ações eleitorais, em especial nas que apuram a prática de condutas vedadas, a parte que compõe o polo passivo, por ser um agente público ou com ele ter vínculo direto tem, em regra, a possibilidade de acessar melhor as provas e trazê-las aos autos. Atualmente, em tais ações, é difícil a obtenção de algumas provas que poderiam provar o ilícito, mas que dificilmente será possível aos autores das ações trazer tal prova aos autos. Alterando o ônus isso poderá mudar.

Outro ponto importante é que o legislador na redação do art. 373, parágrafo primeiro, do NCPC, não utilizou a expressão "inversão do ônus da prova", como amplamente utilizado pela doutrina, especialmente porque não se trata de fato de uma inversão, como explica Antônio Danilo Moura de Azevedo:

> Normalmente, a maioria dos operadores do direito, neste rol o próprio legislador, emprega o termo *inversão do ônus da prova*, em vez de *modificação do ônus da prova*. Embora a expressão já esteja arraigada no mundo jurídico, não podemos deixar de objurgá-la, tendo em vista que, na realidade, inversão não ocorre. Se assim fosse, caberia ao réu o ônus da prova dos fatos constitutivos do autor, e, ao autor, a prova dos fatos modificativos, extintivos e impeditivos aduzidos pelo réu em seu desfavor. E não é assim que se sucede. (AZEVEDO, 2011)

Por fim, encontram-se duas outras premissas: a necessidade de decisão justificada para a inversão e a garantia de que seja oportunizada à parte a oportunidade de se desincumbir do ônus que lhe foi atribuído, sendo esse ponto de alto relevo para o processo eleitoral, especialmente dos ritos existentes na LC nº 64/90 e na Lei nº 9.504/97, como será aqui exposto oportunamente.

Feita essa análise, cumpre salientar que correto o posicionamento doutrinário no sentido de que:

> O legislador, por mais que tente, jamais poderá prever todas as situações da vida real e, ao criar uma regra apriorística a respeito do ônus probatório, não poderá atingir ou regulamentar todos os casos concretos que poderão ser levados à apreciação do Estado-Juiz, diante da multiplicidade dos conflitos intersubjetivos existentes, como decorrência das multifacetadas relações de direito material. Enfim, "o sistema deixa de ser pétreo, para se tornar dinâmico". (FERREIRA, 2016)

Essa alteração, mais que uma opção legislativa, se mostra uma verdadeira mudança de comportamento de todos os agentes processuais, elevando as partes a sujeitos ativos na formulação das provas, sendo um bom caminho para se chegar à verdade daquilo que é posto em julgamento.

4 A aplicação da teoria dinâmica no processo eleitoral

Quando se fala em procedimentos eleitorais, logo vem à mente o rito processual da lei das eleições e, sobretudo, o rito da Lei Complementar nº 64/90, utilizado nas ações de maior relevância, dentre elas as que apuram abuso de poder, captação ilícita de sufrágio, condutas vedadas e as infrações ao art. 30-A da Lei nº 9.504/97. Sobre essa norma, nos ateremos neste artigo.

Acerca da aplicação da prova, a LC nº 64/90 traz muito pouco sobre os critérios de apreciação, sendo o dispositivo básico para os julgamentos o previsto pelo art. 23 da citada norma, que prevê:

> Art. 23. O Tribunal formará sua convicção pela livre apreciação dos fatos públicos e notórios, dos indícios e presunções e prova produzida, atentando para circunstâncias ou fatos, ainda que não indicados ou alegados pelas partes, mas que preservem o interesse público de lisura eleitoral. (BRASIL. Lei Complementar nº 64 de 18 de maio de 1990)

O princípio da livre convicção estampado pelo art. 23 da LC nº 64/90 não se imiscui na definição do ônus probatório, sendo que tal tarefa tem sido, há muito, definida de acordo com o que prevê as regras do Código de Processo Civil.

Inúmeros são os julgados que aplicam ao processo eleitoral a regra do ônus probatório previsto pelo art. 333 do CPC de 1973, como se vê por recentes posicionamentos do Tribunal Superior Eleitoral, nos Recursos Especiais Eleitorais nº 29.433, de Porto Murtinho/MS, e nº 958.152.967, originário de Quiterianópolis/CE.

Tal observação é importante para reconhecer que não haverá novidade na aplicação do novo art. 373 no processo eleitoral, visto que já é comum a aplicação das previsões do CPC de 1973 na definição do ônus probatório.

Assim, especialmente quanto à regra geral prevista pelo *caput* de tal dispositivo, é pacífica e tranquila a sua aplicação.

Quanto à aplicação da teoria dinâmica é necessária uma análise pormenorizada quanto a essa possibilidade, especialmente porque se verifica que a forma e o momento de alteração do ônus da prova previsto pelo NCPC não se adequam ao rito procedimental previsto pela LC nº 64/90.

Como se sabe, as provas a serem produzidas durante o processo eleitoral devem vir descritas de forma específica na inicial e na defesa, incluindo o rol das testemunhas, o que, inicialmente, poderia levar a conclusão de que seria impossível à parte que tiver imposto a ela um ônus probatório diverso da regra geral, se desincumbir daquilo que lhe foi atribuído.

Todavia, tal incompatibilidade de ritos não torna impossível a aplicação da teoria dinâmica, visto que, ao analisar o caso concreto, após a apresentação da defesa, o magistrado poderá definir pela inversão e, num prazo breve, dar o direito à parte de apresentar novas provas visando se desincumbir daquilo que foi determinado, fato que não lhe gerará nenhum prejuízo e permitirá uma melhor análise da matéria.

Veja que ao alterar parcialmente o rito processual, o juiz não estará gerando um prejuízo à parte, especialmente porque estará dilatando o prazo da instrução, o que afastará qualquer possibilidade de declaração de nulidade, especialmente diante do que dispõe o art. 219 do Código Eleitoral, que expressamente determina que na "aplicação da lei eleitoral o juiz atenderá sempre aos fins e resultados a que ela se dirige, abstendo-se de pronunciar nulidades sem demonstração de prejuízo" (BRASIL. Código Eleitoral de 15 de julho de 1965).

Essa questão também ajuda a entender o momento em que será possível a modificação do ônus probatório. No processo eleitoral não há o despacho saneador, previsto pelo art. 357 do NCPC, que, em seu inciso III, preconiza que esse é o momento adequado para a definição da distribuição do ônus da prova.

Todavia, nada impede que, adequando parcialmente o rito da LC nº 64/90, o juiz, logo após a apresentação da defesa pela parte requerida, faça a análise da necessidade ou não de alteração, facultando, em seguida, que a parte que teve seu ônus modificado tenha a oportunidade de complementar seu rol de provas.

Aliás, a ausência da fase saneadora faz muita falta ao processo eleitoral, especialmente para a delimitação dos pontos controvertidos, ou na redação do inciso II do art. 357 do NCPC, a delimitação dos fatos sobre os quais recairá a atividade probatória.

Em diversas vezes, as partes podem ser surpreendidas nas audiências de instrução por fatos novos, que sequer foram descritos na inicial, gerando uma verdadeira surpresa processual, sem que magistrados coíbam tal prática. Caso existisse uma decisão saneadora, a parte demandada certamente teria melhores condições de defesa por saber qual seria o objeto de prova.

Assim, não é a falta de previsão legal para um despacho saneador que leva à impossibilidade de que ele seja proferido – e muito menos que haja a alteração do ônus probatório. Da mesma forma, não há que se falar em impossibilidade de aplicação da teoria dinâmica por impossibilidade de recurso imediato contra a decisão que modificar o ônus da prova. Como se sabe, nos termos do art. 1.015, XI, do NCPC, caberá agravo de instrumento contra a decisão interlocutória que promover a redistribuição do ônus da prova, nos termos do §1º do art. 373 do NCPC.

Todavia, no processo eleitoral o agravo de instrumento só tem previsão contra decisão denegatória de recurso especial, não existindo possibilidade de seu manejo em face de decisão interlocutória.

Na seara eleitoral, as decisões interlocutórias são irrecorríveis, sendo que é admitido excepcionalmente o uso do mandado de segurança, quando determinada decisão for teratológica ou contiver manifesta ilegalidade, conforme tem entendido o Tribunal Superior Eleitoral. Vejamos julgado nesse sentido:

ELEIÇÕES 2012. AGRAVO REGIMENTAL. AGRAVO DE INSTRUMENTO. INDE-FERIMENTO DA PRODUÇÃO DE PROVAS. DECISÃO INTERLOCUTÓRIA. IRRECORRIBILIDADE. DESPROVIMENTO.

1. É pacífico nesta Corte o entendimento de serem irrecorríveis as decisões interlocutórias no processo eleitoral, podendo a parte interessada impugnar-lhe o conteúdo nas razões do recurso contra a sentença de 1º grau ou, em caso de teratologia ou manifesta ilegalidade, impetrar mandado de segurança.

2. Para demonstrar o dissenso jurisprudencial, é indispensável a realização do cotejo analítico, mencionando-se a similitude fática e jurídica entre o acórdão recorrido e as decisões paradigmas.
3. Agravo regimental desprovido. (BRASIL, 2015)

Embora o manejo do mandado de segurança seja medida excepcional e a jurisprudência das cortes eleitorais oscile quanto ao seu cabimento, é inegável que em casos de manifesta ilegalidade na alteração do ônus probatório será possível o seu cabimento, especialmente diante do prejuízo que a parte poderá ter com tal decisão. Ressalto que não serão todos os casos de modificação do ônus que permitirão a impetração do *writ*, mas aqueles em que houver manifesta ilegalidade e patente prejuízo à parte.

Além disso, as decisões interlocutórias publicadas no bojo do processo eleitoral não precluem, ou seja, poderão ser objeto do recurso eleitoral a ser eventualmente interposto. Desse modo, o tribunal pode rever a carga imposta a cada parte e alterá-la, passando ao julgamento da lide de acordo com a correta distribuição do ônus probatório.

Ressalte-se que para que o tribunal discuta a decisão que mudar o ônus da prova, tal matéria deverá, obrigatoriamente, constar do recurso eleitoral, sendo defeso ao tribunal analisar uma decisão interlocutória sem que ela seja expressamente atacada em preliminar recursal.

Por várias vezes convivemos com ações eleitorais em que a verdade real dos fatos fica muito distante daquilo que está encartado aos autos. O juiz, mesmo diante da previsão do art. 23 da LC nº 64/90, cuja redação merece várias críticas, se atém, e não poderia ser diferente, ao que está nos autos.

Pela atual redação da LC nº 64/90, o juiz já tem a possibilidade de ser um sujeito ativo na busca da prova, tanto que o inciso VI do art. 22 autoriza que ele produza diligências de ofício, algo que infelizmente é pouco utilizado. Essa atuação, segundo a jurisprudência do próprio Tribunal Superior Eleitoral autoriza, coloca o magistrado como sujeito ativo e passivo da condução da prova, o que fica evidente em importante julgado do ministro Henrique Neves, onde constou da ementa que "para buscar a verdade real, o magistrado, que é o destinatário final da prova, ao receber o feito para julgamento, pode convertê-lo em diligência, a fim de ouvir, como testemunhas do juízo, pessoas que tenham sido referidas no processo" (BRASIL, 2015).

Assim, já há na legislação eleitoral previsão que a aproxima dos princípios norteadores do novo CPC.

Com a teoria dinâmica da prova, o juiz poderá se aproximar ainda mais dessa desejada "verdade real", sem se tornar um investigador, mas determinando a quem tem melhor condições de provar que o faça.

Poderemos verificar a aplicação da teoria dinâmica de forma clara na instrução de representações, ações de impugnação de mandato, ações de investigação judicial eleitoral e de impugnações de registro, sendo que essa aplicação certamente será importante em feitos onde a prova se encontra com uma parte e que a outra não tenha possibilidade de acesso.

Em ações que visam à apuração de abuso de poder político ou de condutas vedadas, por diversas vezes, documentos ou outros meios de prova que podem confirmar a prática ou não de um ilícito ficam em poder do agente político investigado, que, por decorrência da tipificação da conduta vedada, tem uma ligação direta com o Poder Público. Todavia, na teoria estática, a parte autora da ação não dispõe de tal prova, e a parte requerida pode escondê-la ou impedir que ela venha aos autos.

Com a possibilidade de modificação do ônus, o juiz poderá determinar que se inverta essa lógica, determinando a uma parte que ela faça a prova, demonstrando, por exemplo, que seus atos foram praticados de acordo com a lei. Não se trata e nem se admite que se imponha a alguém a produção de prova negativa, mas sim que se exiba o que foi feito e que a partir daí possa o julgador analisar a conduta diante da norma.

Nas últimas eleições municipais de 2012, várias foram as ações eleitorais em que se discutiu a legalidade de doações de bens ou serviços públicos frente ao que prevê o parágrafo 10 do art. 73 da Lei das Eleições. Várias ações foram julgadas improcedentes por não conseguir a parte impugnante provar a ilegalidade de doações. Em casos como esse, em que a documentação se encontra em órgãos públicos ligados ao sujeito passivo da ação, poderá o juiz alterar o ônus da prova e determinar que o agente prove a legalidade do procedimento, conferindo a ele condições amplas de carrear documentos que estão ao seu alcance ou produzir outros meios de prova que desejar.

Outra situação típica de aplicação da teoria dinâmica se dará em ações que apurem abuso de poder ou infração ao art. 30-A da Lei das Eleições. Provar a legalidade de uma doação, demonstrar que a origem do recurso é lícita ou que a destinação a ele dada está de acordo com a norma deve ser obrigação de quem tem em seu poder as prestações de contas, os recibos, as notas fiscais, os contratos, bem como o histórico da despesa.

A parte que impugnar tem o dever de provar que a movimentação financeira existiu, mas certamente é mais fácil determinar que a parte impugnada prove que tal movimentação se deu de acordo com a lei do que exigir que um partido, coligação ou mesmo o Ministério Público se incumbam de tal ônus. Ressalte-se aqui que em todos os casos o juiz deve analisar quem de fato tem acesso à prova e de forma fundamentada indicar o que deve incumbir a cada ente processual.

No mesmo sentido, será possível a aplicação da teoria dinâmica em casos de demonstração da legalidade de desincompatibilização de cargo ou função pública exigida pelo art. 1º da LC nº 64/90. O candidato tem melhor acesso à prova de sua desincompatibilização e da extinção ou suspensão de seu vínculo funcional. Pode ser também nesses casos determinado que ele faça prova da legalidade e do cumprimento dos prazos legais, o que tornará certamente a sentença que analisar a impugnação de registro mais justa e próxima da verdade dos fatos.

Diversa é a situação em que alguns julgadores, mesmo antes da vigência do NCPC, têm tentado obrigar a parte requerida em ações eleitorais a provar a inexistência de atos ou fatos. Isso se dá repetidamente em ações para a apuração de captação ilícita, nas quais o ônus de provar a "compra de voto" deve ser sempre de quem acusa, não sendo exigível que se tente compelir a parte requerida a provar que não comprou voto. Essa determinação de produção de prova negativa não pode ser imposta a uma parte, sob o risco de ofender a regra do parágrafo 2º do art. 373 do NCPC.

Aliás, aqui reside uma importante preocupação sobre a aplicação da teoria dinâmica no processo eleitoral. Sabidamente, qualquer decisão judicial, especialmente com o encurtamento do período de campanha, terá uma enorme repercussão no resultado do pleito.

Os magistrados devem entender que a modificação do ônus da prova é medida excepcional, que deve ser fundamentada e tomada em casos em que seja efetivamente possível a parte que receber o encargo efetuar tal prova. Como bem lembra Clóvis Brasil Pereira, "é preciso que se tenha em mente que a parte que receberá o encargo deve estar apta a dele se desincumbir, sob pena de manter-se a situação de desequilíbrio indesejada invertendo-se unicamente o polo da demanda por ela prejudicado" (PEREIRA, 2015).

Não se pode exigir de uma parte aquilo que ela não pode provar e muito menos que ela seja obrigada a produzir uma daquelas chamadas "provas diabólicas", como já tem assentado o Superior Tribunal de Justiça, conforme demonstra o seguinte julgado:

> AGRAVO REGIMENTAL. RECURSO ESPECIAL. AGRAVO DE INSTRUMENTO. PEÇA OBRIGATÓRIA. CERTIDÃO DE INTIMAÇÃO DA DECISÃO AGRAVADA. FORMALISMO EXCESSIVO. PROVA DIABÓLICA. MEIO DIVERSO DE VERIFICAÇÃO DA TEMPESTIVIDADE. NOTIFICAÇÃO EXTRAJUDICIAL. POSSIBILIDADE.
>
> 1 – Em homenagem ao princípio da instrumentalidade, a ausência da certidão de intimação da decisão agravada pode ser suprida por outro instrumento hábil a comprovar a tempestividade do agravo de instrumento.
>
> 2 – Exigir dos agravados a prova de fato negativo (a inexistência de intimação da decisão recorrida) equivale a prescrever a produção de prova diabólica, de dificílima produção. Diante da afirmação de que os agravados somente foram intimados acerca da decisão originalmente recorrida com o recebimento da notificação extrajudicial, caberia aos agravantes a demonstração do contrário.
>
> 3 – Dentro do contexto dos deveres de cooperação e de lealdade processuais, é perfeitamente razoável assumir que a notificação remetida por uma das partes à outra, em atenção à determinação judicial e nos termos da Lei 6.015/73, supre a intimação de que trata o art. 525, I, do CPC.
>
> Agravo a que se nega provimento. (BRASIL, 2010)

Abusos na aplicação da teoria deverão ser coibidos e competirá ao Cortes Superiores, em especial aos TREs, garantir a correta aplicação de tal previsão.

5 Considerações finais

Certamente os próximos meses serão de estudo e uma série de dúvidas sobre os impactos no novo Código de Processo Civil em todas as áreas do Direito, inclusive no processo eleitoral, especialmente diante das severas críticas que alguns dispositivos da nova lei vêm recebendo, até mesmo de membros do Supremo Tribunal Federal.

É evidente que a nova norma traz uma série de discussões sobre sua efetividade, todavia, devemos reconhecer que ela responde a importantes anseios por um processo mais célere e justo, como bem definiu Tiago Asfor Rocha em artigo sobre o tema:

> Essas modificações não estão ocorrendo por mero oportunismo. Anseios antigos da comunidade jurídica estão sendo consolidados. Dentre eles, a racionalização do sistema recursal, regulamentação do incidente de desconsideração da personalidade jurídica, fixação de prazo para publicação das decisões nos Tribunais e simplificação do procedimento em geral. O Novo CPC não olvidou também de disciplinar preocupações recentes da sociedade. Isso, especialmente, ao tratamento de milhares de demandas repetidas (por exemplo, demandas envolvendo questões previdenciárias, planos econômicos, pleitos contra bancos, planos de saúde e empresas de telefonia, entre outras) que afloram diuturnamente nos Tribunais e Fóruns do país e que merecem solução única,

sob pena de tratamento anti-isonômico entre os jurisdicionados. Nesse ponto, cria-se uma espécie de microssistema das questões repetitivas, que serão definidas seja pelo incidente de resolução de demandas repetitivas (que pode ser considerada a grande aposta do Novo CPC), seja pelo procedimento de julgamento dos recursos repetitivos dirigidos aos Tribunais Superiores (STF e STJ). (LIMA, 2015)

A construção do Direito, material e processual, é feita diariamente e caberão a todos os atores do processo as melhores interpretações dessas novas normas, sendo que sempre deverá se ter em mente os princípios norteadores do novo CPC: a celeridade e a boa-fé.

No campo da prova, elemento essencial do processo, grandes avanços foram verificados, permitindo que a verdade real se aproxime da verdade dos autos. Instrumentos como o previsto pelos parágrafos do art. 373 do NCPC serão importantes para que se atinjam tais objetivos, permitindo uma equidade durante a formação da prova e da convicção do juiz.

No processo eleitoral, que prima pela celeridade e atua apenas com direitos indisponíveis, é necessário que esses instrumentos sejam utilizados como ferramenta para o aprimoramento da Justiça, contribuindo, com isso, para o fortalecimento de nossa democracia.

Abstract: This article examines how one of the main changes to the Law 13,105/2015, which establish the new Civil Procedure Code in Brazil, will modify the electoral process: the possibility of changing the evidential burden by Magistrate. The subject of analysis was made from the information about this rule's application to the electoral process, studying doctrinal positions and judged, especially at the Supreme Electoral Tribunal.

Keywords: Burden of proof. Changes. Dynamism. Electoral process. New CPC.

Referências

AZEVEDO, Danilo Moura de. *A teoria dinâmica de distribuição do ônus da prova no direito processual civil brasileiro*. Disponível em: <http://www.egov.ufsc.br/portal/sites/default/files/anexos/18508-18509-1-PB.pdf>. Acesso em: 11 jan. 2016.

BRASIL. Lei nº 13.105, de 16 de março de 2015.

BRASIL. Superior Tribunal de Justiça. Agravo Regimental em Recurso Especial nº 1.187.970/SC, Rel. Min. Nancy Andrighi, Terceira Turma, julgado em 05.08.2010, DJe 16.08.2010. Disponível em: <http://www.stj.gov.br>. Acesso em: 05 fev. 2016.

BRASIL. Tribunal Superior Eleitoral. Agravo Regimental em Agravo de Instrumento nº 51.175, Acórdão de 17.12.2014, Rel. Min. Gilmar Ferreira Mendes. Disponível em: <www.tse.jus.br/jurisprudencia>. Acesso em: 11 jan. 2016.

BRASIL. Tribunal Superior Eleitoral. Agravo Regimental em Recurso Especial Eleitoral nº 225.447, Acórdão de 02.05.2012, Rel. Min. Marco Aurélio Mendes de Farias Mello, Rel. designado(a) Min. José Antônio Dias Toffoli. Disponível em: <www.tse.jus.br/jurisprudencia>. Acesso em: 11 jan. 2016.

BRASIL. Tribunal Superior Eleitoral. Embargos de Declaração em Agravo Regimental em Agravo de Instrumento nº 18.914, Acórdão de 08.08.2013, Rel. Min. José Antônio Dias Toffoli. Disponível em: <www.tse.jus.br/jurisprudencia>. Acesso em: 11 jan. 2016.

BRASIL. Tribunal Superior Eleitoral. Recurso Especial Eleitoral nº 18.886, Acórdão de 08.09.2015, Rel. Min. Henrique Neves da Silva. Disponível em: <www.tse.jus.br/jurisprudencia>. Acesso em: 12 jan. 2016.

FERREIRA, Reinaldo Alves. *Da teoria dinâmica da distribuição do ônus da prova no Novo Código de Processo Civil*. Disponível em: <http://www.jurisway.org.br/monografias/monografia.asp?id_dh=15636>. Acesso em: 12 jan. 2016.

FUX, Luiz. *Teoria Geral do processo civil*. Rio de Janeiro: Forense. 2014.

GARCÍA GRANDE, Maximiliano. Cargas probatorias dinámicas: ni nuevas, ni argentinas, ni aplicables. Azul, 2004. *VI Congreso Procesal Garantista*, Academia Virtual Iberoamericana de Direito e Altos Estudos Judiciais. Disponível em: <www.academiadederecho.com>. Acesso em: 12 jan. 2016.

LIMA, Tiago Asfor Rocha. *Novo CPC é a maior revolução jurídica da primeira metade do século XXI*. Disponível em: <http://www.conjur.com.br/2015-abr-04/tiago-asfor-rocha-cpc-maior-revolucao-juridica-seculo>. Acesso em: 12 jan. 2016.

MEDINA, José Miguel Garcia. *No novo CPC, a ordem cronológica de julgamentos não é inflexível*. Disponível em: <http://www.conjur.com.br/2015-fev-09/processo-cpc-ordem-cronologica-julgamentos-nao-inflexivel>. Acesso em: 12 jan. 2016.

NUNES, Elpídio. *Princípio da cronologia*: art. 12 do projeto do novo Código de Processo Civil (NCPC). Disponível em: <http://atualidadesdodireito.com.br/novocpc/2012/09/17/principio-da-cronologia-art-12-do-projeto-do-novo-codigo-de-processo-civil-ncpc/>. Acesso em: 12 jan. 2016.

PEREIRA, Clóvis Brasil. *A teoria da distribuição dinâmica do ônus da prova e a perspectiva de sua positivação no Novo Código de Processo Civil Brasileiro*. Disponível em: <http://www.prolegis.com.br>. Acesso em: 12 jan. 2016.

RODRIGUES, Marcelo Abelha. *A subsidiariedade do CPC no processo eleitoral*. Disponível em: <http://www.marceloabelha.com.br/publi/A%20subsidiariedade%20do%20CPC%20no%20processo%20eleitoral_1_.docx>. Acesso em: 12 jan. 2016.

THEODORO JÚNIOR, Humberto. *Curso de Direito Processual Civil*: teoria geral do direito processual civil e processo de conhecimento. Vol. I. 55. ed. Forense, 2014.

WAMBIER, Luiz Rodrigues. *Inovações na contagem de prazos no Projeto do Novo CPC*. Disponível em: <http://atualidadesdodireito.com.br/novocpc/2013/09/17/inovacoes-na-contagem-de-prazos-no-projeto-do-novo-cpc-luiz-rodrigues-wambier>. Acesso em: 12 jan. 2016.

WAMBIER, Tereza Arruda Alvim. Fundamentação da decisão judicial no novo CPC brasileiro. *Informativo Ideias & Opiniões*, ano X, out. 2014. Disponível em: <http://www.wambier.com.br/comunidade/artigos/4>. Acesso em: 12 jan. 2016.

Informação bibliográfica deste livro, conforme a NBR 6023:2002 da Associação Brasileira de Normas Técnicas (ABNT):

CROSARA, Dyogo. A dinamização do ônus da prova no Direito Eleitoral. *In*: TAVARES, André Ramos; AGRA, Walber de Moura; PEREIRA, Luiz Fernando (Coord.). *O direito eleitoral e o novo Código de Processo Civil*. Belo Horizonte: Fórum, 2016. p. 293-305. ISBN 978-85-450-0133-1.

"COMPRA DE VOTOS", DIREITO SANCIONADOR E ÔNUS DA PROVA

PAULO HENRIQUE DOS SANTOS LUCON

1 Introdução

O art. 41-A da Lei das Eleições (Lei nº 9.504/97) representou um grande avanço no combate à captação ilícita de sufrágio, comumente chamada de "compra de votos". Na verdade, as ações fundadas no aludido dispositivo devem ser tratadas a partir de uma perspectiva maior, pois voltadas à preservação da moralidade do processo eleitoral e ao respeito aos direitos fundamentais dos investigados. Cumprem essas ações, portanto, um papel relevante e específico, pois buscam reprimir (*rectius*: punir) condutas voltadas à captação ilícita de votos e ao mesmo tempo visam evitar a restrição indevida de um direito fundamental individual (capacidade eleitoral passiva) por meio do aporte de garantias típicas do processo penal. Neste artigo, à luz do art. 41-A da Lei nº 9.504/97, procurar-se-á destacar alguns aspectos dessa intercomunicabilidade que deve existir entre o processo penal e o direito eleitoral sancionador.[1]

2 Direito sancionador

No caráter sancionador das ações que têm por *causa petendi* as condutas relacionadas no art. 41-A da Lei nº 9.504/97, reside justamente sua nota característica e distintiva: a ação eleitoral fundada no aludido dispositivo pode resultar na perda de mandato eletivo. Trata-se de uma direta interferência do Poder Judiciário na vontade popular manifestada nas urnas. Por força de ato ilícito ou ímprobo no processo eleitoral, é possível, pois, de acordo com as provas e os fundamentos da decisão, a aplicação da sanção máxima a um candidato eleito, que é a perda de seu mandato. A natureza punitiva de tal sanção – que se distingue, à toda evidência, da mera reparação fundada

---

[1] O art. 41-A foi incluído pela Lei nº 9.840/99, primeira lei com origem em iniciativa popular ocorrida após a Constituição Federal de 1988.

nos mecanismos de responsabilidade civil – impõe à ação eleitoral fundada no art. 41-A da Lei nº 9.504/97 um regime jurídico processual próprio.

Ainda que se considere, portanto, que referida ação não tenha natureza penal por não haver sanção restritiva da liberdade (o que pode ser almejado em ação penal eleitoral própria e que tenha os mesmos fundamentos fáticos), é certo que no dispositivo legal que a fundamenta há uma manifestação inequívoca do poder punitivo do Estado, inserindo-se, tal ação, logo, no quadro geral do Direito Administrativo Sancionador,[2] o que impõe a observância de uma série de garantias que, embora tradicionalmente ligadas aos direitos material e processual penais, compõem um núcleo comum, de *status* constitucional, diante do *ius puniendi* estatal. Pode-se dizer que existe, nesse campo, uma inevitável "atração [...] de princípios típicos do processo penal",[3] assumindo a demanda um "caráter acentuadamente penal",[4] não faltando, aliás, autorizadíssimos autores a defenderem, mesmo sem respaldo literal no texto constitucional, a natureza tipicamente criminal da ação.[5] Essa aproximação é verificada também no direito comparado. O Tribunal Constitucional da Espanha ressalta que "os princípios inspiradores da ordem penal são de aplicação, com certos matizes, ao Direito sancionador, dado que ambos são manifestação do ordenamento punitivo do Estado" (Sentenças de 30 de janeiro e 8 de junho de 1981 daquela Corte).[6]

Seja como for, o certo é que devem ser observadas, consoante reconhecem amplamente doutrina e jurisprudência pátrias, as seguintes normas estruturantes na aplicação das sanções de natureza administrativa: tipicidade da conduta punível, presunção de inocência ou regra *in dubio pro reo*,[7] culpabilidade e pessoalidade da sanção (do que decorre a inviabilidade de imputação de responsabilidade objetiva, solidária ou por fato de outrem),[8] e individualização das sanções aplicadas. Além dessas garantias, é necessário dizer que a inelegibilidade ou a cassação de mandato eletivo deve ser precedida do devido processo legal (processual e substancial) e dos seus consectários (garantias processuais e princípios da proporcionalidade e razoabilidade), tais como o direito fundamental ao exercício do contraditório e à prova, por expressa previsão constitucional (art. 5º, LIV, CF).[9]

Tem-se, portanto, que a nota marcante da ação eleitoral fundada no art. 41-A do Código Eleitoral reside na aplicação de uma sanção punitiva ao responsável pela

---

[2] Em relação à ação de improbidade administrativa, cf. a esse respeito, a ampla tese de OSÓRIO, Fábio Medina. *Direito administrativo sancionador*. 3. ed. São Paulo: RT, 2009, *passim*, que refere especificamente a ação de improbidade como exemplo típico de medida administrativa sancionadora (n. 2.1.2.1, p. 82).

[3] ZAVASCKI, Teori Albino. *Processo coletivo*. 2. ed. São Paulo: RT, 2007, n. 5.6, p. 118 (em relação ao processo de improbidade).

[4] KNIJNIK, Danilo. *A prova nos juízos cível, penal e tributário*. Rio de Janeiro: Forense, n. 4.3.2, p. 167.

[5] Veja-se, nesse sentido, a interessante defesa da natureza penal da ação de improbidade administrativa (ou, ao menos, "complexa") do instituto levada a cabo por JUSTEN FILHO, Marçal. *Curso de direito administrativo*. 2. ed. São Paulo: Saraiva, 2006, p. 705-707.

[6] Decisões citadas por ENTERRÍA, Eduardo García de; FERNANDEZ, Tomas-Ramon. *Curso de derecho administrativo*. Madrid: Civitas, vol. II, cap. XVIII, p. 168-169. Os autores voltam a tratar especificamente da aplicação dos princípios ao processo sancionador nas p. 184 e ss. do volume.

[7] ZAVASCKI, Teori Albino. *Processo coletivo*. 2. ed. São Paulo: RT, 2007, n. 5.7, p. 119.

[8] OSÓRIO, Fábio Medina. *Direito administrativo sancionador*. 3. ed. São Paulo: RT, 2009, n. 5.3, p. 371-372.

[9] LUCON, Paulo Henrique dos Santos. Devido processo legal substancial. *In*: INSTITUTO BRASILEIRO DE DIREITO PROCESSUAL. Site institucional. Disponível em: <www.direitoprocessual.org.br> [estudo apresentado nas IV Jornadas de Direito Processual Civil, 8 ago. 2001] e *Revista Iberoamericana de Derecho Procesal*, Buenos Aires, v. II, 2002 [atualizado e publicado em: DIDIER JR., Fredie (Coord.). *Leituras complementares de processo*. 3. ed. Salvador, Ius Podium, 2005].

prática de ato ilegal, consistente na doação, oferta, promessa, ou entrega ao eleitor de bem ou vantagem pessoal de qualquer natureza com o fim de obter-lhe voto. Diante da natureza essencialmente punitiva dessa ação, ela deve ser compreendida à luz do regime jurídico do Direito Administrativo Sancionador, que guarda um núcleo comum com as normas estruturantes do direito penal e processual penal, impondo a observância, pelo *ius puniendi* estatal, da tipicidade das condutas, da presunção de inocência, da culpabilidade e pessoalidade das sanções, bem como da sua respectiva individualização. Impõe-se a tais ações, ademais, a aplicação de um *standard* probatório mais rigoroso, dado o bem jurídico em julgamento (a cassação do diploma de um candidato, vale lembrar, representa uma interferência direta do Poder Judiciário em sentido contrário ao quanto manifestado pelos cidadãos no exercício de seu direito de voto). Em outras palavras, para a cassação do registro ou do diploma de um candidato, não pode o julgador se basear apenas em uma mera probabilidade de que o ato ilícito tenha ocorrido. Eventual condenação por captação ilícita de sufrágio deve estar baseada em elementos que permitam ao julgador formar seu convencimento além de qualquer dúvida razoável. Tais conclusões reforçam, aliás, a aplicação do disposto no Código Eleitoral nos arts. 287 ("aplicam-se aos fatos incriminados nesta lei as regras gerais do Código Penal") e 364 ("no processo e julgamento dos crimes eleitorais e dos comuns que lhes forem conexos, assim como nos recursos e na execução, que lhes digam respeito, aplicar-se-á, como lei subsidiária ou supletiva, o Código de Processo Penal").

3 Formação do convencimento judicial: necessidade da presença de dolo

A formação do convencimento judicial se dá a partir de elementos jurídicos (leis, precedentes judiciais, doutrina) e de elementos não jurídicos (senso comum, experiência, máximas de experiência). Nada há de surpreendente nisso – afinal de contas, a aplicação do direito não pode ser compreendida senão a partir da realidade e do contexto social em que o juiz está inserido – o que não significa, contudo, que a decisão judicial possa se afastar de parâmetros lógicos universais.[10] Nesse sentido, o art. 239 do Código de Processo Penal – aplicável subsidiariamente ao Direito Eleitoral, nos termos do art. 364 do Código Eleitoral –, estabelece que o juiz pode concluir por *indução* a existência de uma circunstância a partir de um fato conhecido ou provado. A doutrina, contudo, a fim de preservar o devido processo legal substancial, estabelece uma série de limites à aplicação desse raciocínio. Não se admite, por exemplo, que a existência de um único indício seja apta a ensejar eventual condenação,[11] tampouco se admite que um indício seja a base de outro raciocínio indiciário.[12]

---

[10] TARUFFO, Michele. Senso comum, experiência e ciência no raciocínio do juiz. *Revista Forense*, v. 355, p. 101-118, mai./jun. 2001.

[11] Nesse sentido é a lição de Gustavo Badaró: "Prevalece o entendimento de que uma pluralidade de indícios, desde que coerentes e concatenados, pode dar a certeza exigida para a condenação. Por outro lado, embora a certeza absoluta seja inatingível, *não é razoável admitir a condenação com base em um único indício*, por mais veemente que seja. Tal situação não permite que se considere atingida a 'elevadíssima probabilidade' necessária para a condenação penal. O indício, que permite um raciocínio inferencial com base em uma regra de normalidade, ou do que comumente acontece, jamais autorizará um juízo de certeza, mas sim de mera probabilidade, o que é insuficiente para a condenação" (BADARÓ, Gustavo. *Processo Penal*. São Paulo: Campus, 2012, n. 10.11.3, p. 337 – grifo no original).

[12] A doutrina se manifesta em sentido contrário à utilização desse raciocínio até mesmo no processo civil em que o *standard* probatório suficiente para eventual condenação é inferior ao dos litígios que envolvem direitos e

O que importa destacar, acima de tudo – para fins de interpretação do art. 41-A da Lei nº 9.504/97 –, é a impossibilidade lógica de se presumir um evento anímico. Ultrapassa os limites do raciocínio indiciário presunções tendentes a demonstrar a intenção de se praticar uma determinada conduta, porque não existe uma relação necessária entre o antecedente inconteste e a intenção que se quer demonstrar. A título de ilustração figure-se a seguinte hipótese: em virtude da presença de um indivíduo portando uma arma na cena de um crime, pode-se presumir ter sido ele o autor do delito, mas não se pode inferir de que modo isso ocorreu. Tanto pode ter havido uma especial intenção de agir do agente de cometer o crime, quanto pode ter ocorrido uma simples negligência ou imperícia no manuseio da arma. Em outras palavras, a fim de se evitar subjetivismos na decisão judicial, a verificação do dolo quando exigida somente pode ocorrer a partir da prova direta das alegações de fato que demonstram o especial fim de agir do agente.

Não se pode, portanto, cassar o diploma de um candidato eleito a partir de um dolo presumido. Dado o caráter punitivo das ações eleitorais fundadas no art. 41-A da Lei nº 9.504/97 e a necessária aplicação a essas ações dos princípios que informam o direito administrativo sancionador, raciocínio similar pode e deve ser realizado quando for o caso de aplicação desse dispositivo, sobretudo porque as condutas descritas em referido dispositivo só podem ensejar eventual condenação, se praticadas dolosamente. Importante ressaltar que tais condutas não se perfazem como meros ilícitos civis, desprovidos de cunho punitivo ou punidos apenas e tão somente como ilícitos não penais. Bem ao contrário, as sanções previstas para a prática das condutas descritas bem as aproxima de autênticos tipos penais. De tal assertiva decorre a necessidade de se realizar precisa descrição dos fatos e sua posterior subsunção aos "verbos dos tipos" que caracterizariam a captação de sufrágio, quais sejam, doação, oferta, promessa ou entrega ao eleitor de bem, vantagem pessoal de qualquer natureza, inclusive as relacionadas com emprego ou função pública, sempre com o especial fim de obtenção de voto. Crucial que se atente para o seguinte aspecto: o especial fim de obter voto. O §1º do art. 41-A, aliás, deixa evidente que a existência do dolo é essencial para que fique caracterizada a captação ilícita de sufrágio.

Considerada a natureza das sanções previstas às condutas vedadas e a menção ao dolo, como elemento subjetivo dos diversos tipos (verbos) relacionados pelo dispositivo, impossível não se considerar ainda outra norma de Direito Eleitoral. Trata-se do já mencionado art. 287 do Código Eleitoral (Lei nº 4.737/65) que, de forma expressa, menciona: "aplicam-se aos fatos incriminados nesta lei as regras gerais do Código Penal". Obviamente, em vários aspectos, o Código Eleitoral teve sua conformação alterada

---

garantias individuais, tal como ocorre no Direito Penal e no Direito Eleitoral: "Também Ricci opõe-se à utilização dos indícios de segundo grau no processo civil, afirmando que 'o motivo de proibir-se uma presunção da presunção (*presumptio de presumptum*) foi claramente explicado por Andrioli. Estabelecido que a presunção deve originar-se de um fato certo, para chegar a um fato ignorado, não pode existir presunção se não houver um fato certo de partida [...] como observa Montesano, somente configurando-se um fato certo à base da presunção [...] pode salvar-se as partes da prática eliminação de todas as suas garantias defensivas, o que ocorre quando um resultado probatório é determinado exclusivamente por um processo subjetivo mental do julgador [...]. Esta última situação é justamente aquela que se verificaria se o fato, que constitui a base da inferência presuntiva, fosse definido com recurso a outras presunções, já que o mecanismo lógico de comprovação de um fato seria produto exclusivo da mente do julgador [...]" (KNIJNIK, Danilo. *A prova nos juízos cível, penal e tributário*. Rio de Janeiro: Forense, 2007, p. 61-62).

pela legislação ulterior. Não obstante, no que se refere aos seus aspectos criminais, a Lei nº 9.504/97 em nada o alterou, exceto ao prever novas condutas que, pela natureza de suas punições, muito as aproxima de novas condutas típicas e ilícitas, como ocorre, v.g., com o seu art. 41-A. A indiscutível ausência de Parte Geral no Código Eleitoral, destinada aos crimes eleitorais, conduz à aplicação das normas do Código Penal para os delitos eleitorais, sejam aqueles expressamente tipificados, sejam aqueles que, por sua conformação ou previsão de sanção, demonstrem inequívoca equivalência a comportamentos delituosos. Para exemplificar, o art. 23 do Código Penal (Parte Geral), que versa sobre a exclusão da ilicitude, pode e deve ser aplicado aos delitos eleitorais; assim também, acrescente-se, a caracterização da culpabilidade prevista no art. 18 do Código Penal. Nesse sentido, de acordo com o parágrafo único desse dispositivo, salvo os casos expressos em lei, a ninguém poderá ser imposta a pena pela prática de um crime, se este não foi cometido dolosamente. As condutas do art. 41-A, como já referido, não se praticam a título de culpa. Condutas culposas são excepcionais no Direito Penal, e, no caso das ações eleitorais por captação ilícita de sufrágio, o dolo é expressamente exigido pelo §1º do art. 41-A.

Dolo, bem o define a doutrina como sendo a intenção criminosa, equiparando-o ao *dolo malus* do Direito Romano. O dolo se faz caracterizar quando presente a vontade consciente de praticar a conduta típica considerada (doutrina finalista).[13] Há outras formas doutrinárias de qualificar o dolo. Na visão causalista, por exemplo, o dolo é definido como a vontade de praticar a conduta típica acompanhada da consciência de que se realiza um ato ilícito. Finalmente, o dolo axiológico representaria a vontade consciente de praticar a conduta tipificada, compreendendo o autor o desvalor que tal conduta representa para o ordenamento. Quando não se vislumbra qualquer das formas de dolo doutrinariamente consideradas, a partir de qualquer interpretação que se possa devotar ao art. 18 do Código Penal, não há como se aplicar o art. 41-A, ainda mais porque tal artigo exige um dolo específico, qual seja, o que exige, para sua conformação, uma especial finalidade na obtenção do resultado (no caso, a obtenção de voto).

Na forma adotada pela legislação brasileira, o dolo também deve ser marcado pela atualidade. Não se admite um *dolo anterior* ao fato praticado. O dolo se considera no momento da realização da conduta. As condutas que não foram realizadas com o especial fim são aquelas em que o dolo não se verifica. Cezar Roberto Bitencourt afirma que "a vontade de realização do tipo objetivo pressupõe a possibilidade de influir no curso causal, pois tudo o que estiver fora da possibilidade de influência concreta do agente pode ser desejado ou esperado, mas não significa querer realizá-lo".[14] O art. 18 do Código Penal, aplicado ao Direito Eleitoral em função do disposto no art. 287 do Código Eleitoral, disciplina o conceito de dolo direto, exigido pelo §1º do art. 41-A da Lei nº 9.504/97 (§1º Para a caracterização da conduta ilícita,[15] é desnecessário o pedido explícito de votos, bastando a evidência do dolo consistente no especial fim de agir").

O denominado Direito Administrativo Sancionador determina, como visto, que essa aproximação com o Direito Penal seja realizada a fim de que seja encontrado sentido para norma que verse punição por reprovabilidade idêntica à exigida ao Direito

---

[13] NUCCI, Guilherme de Souza. *Código Penal Comentado*. 10. ed. São Paulo: RT, 2010, p. 204.
[14] BITENCOURT, Cezar Roberto. *Erro de tipo e de proibição*. 3. ed. São Paulo: Saraiva, p. 27.
[15] Qual seja, a captação do voto pela realização de uma das condutas expressas no *caput*.

Penal. Como decorrência lógica do afirmado, tem-se, pois, que a aplicação de sanção administrativa punitiva (tais como as previstas na ação fundada no art. 41-A) deve repousar, necessariamente, sobre mecanismos fundados na responsabilidade subjetiva (isto é, levando-se em consideração os elementos volitivos do agente).

À luz da tipologia dos atos descritos na referida norma, a presença do elemento subjetivo é sempre necessária. A captação ilícita de sufrágio constitui "imoralidade no processo eleitoral" qualificada pelo dano à livre manifestação de vontade do eleitor e a correspondente vantagem ao candidato que, clara e deliberadamente, praticou o ato. A intenção de praticar a ilegalidade deve ser, portanto, cristalina. Há, assim, um aspecto subjetivo inafastável na composição das condutas descritas no art. 41-A da Lei nº 9.504/97. Em suma: só pode ser imposta a sanção de perda do mandato eletivo se houve conluio, má-fé ou desonestidade, situações que devem ser efetivamente comprovadas e não podem ser simplesmente presumidas.[16] A demonstração do elemento subjetivo deve ser feita de modo pormenorizado, sob pena de nulidade da decisão por ausência de motivação e desrespeito à regra da individualização das sanções.

4 Distribuição do ônus da prova no Código de Processo Civil de 2015 e modelo de constatação a ser empregado na aplicação das sanções por captação ilícita de sufrágio

O art. 373 do Código de Processo Civil de 2015 guarda relação de semelhança com o art. 333 do Código de Processo Civil de 1973. Ambos disciplinam, cada qual a seu tempo, a temática dos ônus probatórios. Enquanto categoria jurídica autônoma que define determinada posição jurídica processual, ônus são atribuídos às partes a fim de que elas deles se desincumbam atendendo, assim, a um determinado objetivo perseguido pela lei, sob pena de lhes ser imposta uma situação jurídica desfavorável (na definição de Goldschmidt, ônus como imperativo do próprio interesse).[17] Os ônus também podem ser vistos como uma faculdade processual cujo não exercício acarreta consequências para o processo. As regras sobre o ônus da prova geram uma autêntica "distribuição de riscos" entre as partes, com relação "ao mau êxito da prova", já que sua aplicação constitui "em certo sentido, como elemento de motivação, um sucedâneo da prova faltante".[18]

No que concerne à verificação dos fatos narrados pelas partes, impõem-se a elas o ônus de provar os fatos que respectivamente dão suporte às suas alegações. O ônus pode, portanto, ser visto pelo aspecto subjetivo, enquanto atividade das partes, e pelo

---

[16] Nesse sentido, é exata a lição de CÂMARA, Jacintho de Arruda. A Lei de improbidade administrativa e os contratos inválidos já executados. *In*: BUENO, Cassio Scarpinella; PORTO FILHO, Pedro Paulo de R. (Coord.). *Improbidade administrativa*: questões polêmicas e atuais. 2. ed. São Paulo: Malheiros, 2003, n. 4.1, p. 252. Também nesse sentido: GARCIA, Emerson; ALVES, Rogério Pacheco. *Improbidade administrativa*. 3. ed. Rio de Janeiro: Lumen Juris, 2006, n. 73.3, p. 449: "Em não sendo identificado o dolo do contratado, não haverá que se falar em má-fé e, *ipso facto*, em ato de improbidade. Por tal motivo, é imprescindível que os legitimados à propositura das ações que visem à aplicação da Lei nº 8.429/92 descrevam, de forma ampla e clara, todos os atos que possam demonstrar a má-fé com que tenha atuado o contratado".

[17] GOLDSCHMIDT, James. *Derecho procesal civil*. Tradução espanhola da segunda edição alemã de Leonardo Prieto. Barcelona: Labor, 1936, p. 8.

[18] MOREIRA, José Carlos Barbosa. Julgamento e ônus da prova. *In*: MOREIRA, José Carlos Barbosa. *Temas de direito processual*. São Paulo: Saraiva, 1988, p. 75- 81.

aspecto objetivo, enquanto regra de julgamento ou resolução do processo – tal é o ônus da prova subjetivo e objetivo. No entanto, ao julgador não se impõe propriamente um ônus, mas sim um dever de julgar de acordo com as regras referentes ao ônus da prova (daí a impropriedade da expressão ônus da prova objetivo). Ao autor, portanto, incumbe o ônus de provar os fatos constitutivos de seu direito, enquanto ao réu incumbe a prova dos fatos impeditivos, modificativos ou extintivos do direito do autor. A origem dessa distribuição dos ônus probatórios tem natureza prática, pois cada parte tende a ter maior facilidade de provar as alegações que fizer – e ética, na medida em que se espera das partes a responsabilidade de alegar apenas fatos que elas tenham reais condições de demonstrar. Caso isso não ocorra, dada a vedação ao *non liquet*, como técnica de julgamento, impõe-se o julgamento desfavorável à parte que não se desincumbiu de seu respectivo ônus. Assim, se houver insucesso na investigação fática (o que não ocorrerá com as questões de direito, dada a aplicação do *iura novit curia*), sendo obrigado a julgar, deve o magistrado se valer do ônus probatório como técnica de julgamento a fim de impor decisão desfavorável à parte que não se desincumbiu de seu respectivo ônus. A distribuição legal do ônus da prova é regra de encerramento do processo, apta a viabilizar o julgamento pelo juiz. Tal consequência determina, portanto, o comportamento das partes no processo, daí o porquê de se falar em dimensão subjetiva do ônus probatório, já que as partes passam a orientar suas condutas com o propósito de se desincumbir de seus respectivos ônus.

O art. 373, §1º, do Código de Processo Civil de 2015 positiva a chamada técnica de dinamização do ônus probatório. De acordo com esse dispositivo,

> [...] nos casos previstos em lei ou diante de peculiaridades da causa relacionadas à impossibilidade ou à excessiva dificuldade de cumprir o encargo nos termos do *caput* ou à maior facilidade de obtenção da prova do fato contrário, poderá o juiz atribuir o ônus da prova de modo diverso, desde que o faça por decisão fundamentada, caso em que deverá dar à parte a oportunidade de se desincumbir do ônus que lhe foi atribuído.

A dinamização do ônus probatório, em realidade, não consiste em uma inovação introduzida pelo novo Código de Processo Civil no ordenamento jurídico brasileiro. Técnica semelhante consta do art. 6, VIII, do Código de Defesa do Consumidor, segundo o qual constitui direito básico do consumidor "a facilitação da defesa de seus direitos, inclusive com a inversão do ônus da prova, a seu favor, no processo civil, quando, a critério do juiz, for verossímil a alegação ou quando for ele hipossuficiente, segundo as regras ordinárias de experiências". São distintos, a seu turno, os requisitos estabelecidos pelo Código de Processo Civil para que ocorra a dinamização do ônus probatório nas demandas não submetidas ao regime do Código de Defesa Consumidor.

Em realidade, são dois os requisitos que devem ser atendidos conjuntamente para que se proceda à dinamização: impossibilidade ou excessiva dificuldade da parte em cumprir o ônus que a princípio lhe seria imposto aliada à maior facilidade de obtenção da prova do fato contrário pela outra parte. Ocorrendo, pois, a dinamização, que exige sempre decisão fundamentada, o ônus de provar determinado fato recai sobre a parte que tem mais facilidade na produção dessa prova, mesmo não estando ela inicialmente incumbida dessa tarefa. A dinamização é, portanto, apenas circunstancial. Não se transferem todos os ônus probatórios, apenas aqueles que exigem uma "*probatio diabólica*" para uma das partes e cuja contraprova é de fácil acesso à parte contrária.

Assim, por exemplo, caso a dinamização beneficie o autor, não será a ele atribuído o ônus de provar fato constitutivo de seu direito, incumbindo, então, ao réu demonstrar a inveracidade das alegações do autor. Incumbirá, pois, ao réu produzir contraprova a fim de demonstrar que o fato aduzido pelo autor não ocorreu ou ocorreu de maneira distinta, sob pena de lhe ser imposto julgamento desfavorável.

A dinamização, em síntese, apenas ocorrerá em hipóteses excepcionais, quando se verificar a existência de uma *"probatio* diabólica" (prova impossível ou difícil de ser feita) para uma das partes aliada a uma facilidade na produção da contraprova pelo outra parte. A dinamização, a propósito, não pode atribuir a outra parte ônus do qual ela não possa se desincumbir. Nesse sentido, é o que dispõe o §2º do art. 373: "a decisão prevista no §1º deste artigo não pode gerar situação em que a desincumbência do encargo pela parte seja impossível ou excessivamente difícil".

Com relação à fase processual, para que se dê a dinamização do ônus da prova, deve ela preferencialmente ocorrer em momento anterior ao início da fase instrutória, pois, assim, adequadamente se ofertará à parte que foi atribuído esse novo ônus a possibilidade efetiva de dele se desincumbir sem que isso provoque uma demora excessiva no processo. Não obstante, caso a dinamização ocorra durante a fase instrutória ou mesmo depois de seu encerramento, deve-se observar o contraditório e permitir que novo momento instrutório ocorra. Se assim não for, a parte será surpreendida muito provavelmente com um julgamento desfavorável sem que a ela tenha sido concedida a oportunidade de se desincumbir de um ônus que ela não sabia lhe incumbir. E, como se sabe, não podem ser admitidas decisões-surpresa sem a observância do contraditório. O processo não é um palco de armadilhas.

A técnica da dinamização do ônus probatório tem por fim último contribuir para que a formação do convencimento judicial se dê com base em um maior número de elementos possíveis e é passível de aplicação ao direito processual eleitoral, haja vista o disposto no art. 15 do Código de Processo Civil de 2015 ("na ausência de normas que regulem processos eleitorais, trabalhistas ou administrativos, as disposições deste Código lhes serão aplicadas supletiva e subsidiariamente"). No âmbito do direito processual eleitoral sancionador, contudo, esta técnica não encontra condições materiais de ser aplicada. A inserção das ações eleitorais fundadas no art. 41-A da Lei nº 9.504/97 no quadro das ações que atraem garantias típicas do processo penal faz com que a regra a respeito do ônus probatório a ser aplicada nesses casos seja aquela prevista no art. 156 do Código de Processo Penal ("a prova da alegação incumbirá a quem a fizer").

Como corolário do princípio da presunção de inocência, tem-se, então, que ao autor da ação fundada no art. 41-A da Lei nº 9.504/97 cabe o encargo de provar a efetiva ocorrência do ato ilícito, seu elemento subjetivo do tipo, bem como o nexo causal que liga a conduta ao dano consistente na manifestação de vontade viciada no momento em que o eleitor vota por conta da captação ilícita de sufrágio. Tal ônus recai, portanto, sobre o fato constitutivo do direito de punir, que envolve a prova da conduta e do elemento subjetivo requerido. O tratamento decorrente da presunção de inocência conduz, inclusive, à não aplicabilidade dos efeitos da revelia ao réu, de modo que nem a falta de contestação ou a contestação por negativa geral dispensam o autor da prova dos fatos constitutivos do ato ilícito.[19] Não há, portanto, como invocar uma inversão do

---

[19] ZAVASCKI, Teori Albino. *Processo coletivo*. 2. ed. São Paulo: RT, 2007, n. 5.7, p. 119.

encargo de provar nas ações eleitorais sancionatórias, algo que implicaria a transferência de uma *"probatio* diabólica" ao impor ao réu o ônus de produzir prova negativa.

Sabe-se que o raciocínio por meio de presunções permite a inferência de um fato desconhecido (fato probando) a partir de um fato conhecido (indício), calcada na constatação de uma relação de causalidade entre os dois fatos, segundo o que normalmente acontece (*id quod plerumque accidit*). A prova indiciária (*circunstancial evidence*), portanto, é aquela em que se parte de um fato provado (indício) para que se chegue, por meio de uma inferência calcada em uma probabilidade indutiva, ao fato probando.[20]

As presunções são comumente classificadas em legais (estabelecidas pelo legislador) e simples (ou *hominis*, resultantes do raciocínio do julgador). As primeiras, por sua vez, podem ser relativas (*juris tantum*) ou absolutas (*juris et de jure*), conforme admitam ou não, respectivamente, prova em contrário, ou seja, comprovação de que o fato probando na verdade não ocorreu. Costuma-se, aludir, ainda, a presunções mistas ou intermédias, para designar tipos presuntivos em que somente alguns meios de contraprova, especialmente previstos em lei, são admitidos.[21] Contudo, enquanto as presunções relativas inserem-se no âmbito da prova e, mais especificamente, na determinação do ônus probatório, as presunções absolutas exaurem sua função no plano do direito material. Por meio das presunções absolutas, dispensa-se a própria ocorrência do fato presumido, decorrendo a inadmissibilidade de prova em contrário, na verdade, da sua irrelevância jurídica. Há, assim, "uma equiparação de eficácia", por meio da qual a lei "atribui efeitos iguais a diferentes esquemas de fato", tal como ocorre nas ficções jurídicas, que tem a mesma função normativa, embora não sejam inspiradas pelo mesmo raciocínio probabilístico.[22]

Disso decorre que tanto as ficções quanto as presunções absolutas são inadmissíveis na esfera do direito sancionador, porquanto implicam ofensa ao princípio da culpabilidade e da tipicidade dos ilícitos. Mesmo as presunções relativas só podem ser utilizadas diante de indícios devidamente comprovados que levem ao fato probando por meio de indução (v.g., a captação de voto indevido). Fora daí, não há qualquer razão para uma inversão do encargo de provar.

Importa ainda indagar, à luz da presunção de inocência e do princípio *in dubio pro reo*, qual o modelo de constatação a ser empregado pelo juiz na análise da prova. Danilo Knijnik distingue três "modelos de constatação", vale dizer, três padrões de convencimento fático que devem nortear a decisão do magistrado, segundo a matéria que lhe é submetida para julgamento.[23] Assim, enquanto no processo civil "comum" – típico dos conflitos meramente patrimoniais – vale o modelo da preponderância de provas, no processo penal – presidido pela garantia *in dubio pro reo* – o *standard* aplicável equivaleria à noção de prova além da dúvida razoável (*beyond reasonable doubt*). Entre

---

[20] CATALANO, Elena Maria. Prova indiziaria, probabilistic evidence e modelli matematici di valutazione. *Rivista di diritto processuale*, p. 517, 1996.
[21] É a lição clássica de SANTOS, Moacyr Amaral. *Prova judiciária no cível e comercial*. Vol. 5. São Paulo: Max Limonad, p. 426-429.
[22] MOREIRA, José Carlos Barbosa. As presunções e a prova. In: MOREIRA, José Carlos Barbosa. *Temas de direito processual*. São Paulo: Saraiva, 1977, n. 5, p. 64 e ss.
[23] KNIJNIK, Danilo. *A prova nos juízos cível, penal e tributário*. Rio de Janeiro: Forense, 2007, especialmente p. 34-48. Em verdade, o autor defende a existência de um quarto modelo, aplicável à condenação penal fundada em prova indiciária (ou indireta), ainda mais rigoroso do que aquele da *prova além da dúvida razoável*, que se traduziria na *excludente de qualquer hipótese de inocência* (KNIJNIK, 2007, p. 41-43).

as duas noções extremas, um modelo intermediário estaria apto a guiar o juízo em processos civis diferenciados, nos quais avultam valores mais caros ao ordenamento que a mera pecúnia (aproximando-se, por vezes, dos processos penais), recebendo este o nome de prova clara e convincente. Resulta claro, diante da já afirmada ambivalência da ação fundada no art. 41-A, que ostenta natureza essencialmente sancionatória e pode levar à restrição de direitos fundamentais do administrado (suspensão de direitos políticos e perda de mandato eletivo, por exemplo), que deve ser empregado um modelo de constatação mais exigente. Isso significa que o juiz tem de se valer, nos processos eleitorais em geral, de um modelo de constatação inerente ao processo penal, ou seja, a prova além da dúvida razoável.[24] Quando menos, o *standard* de prova deve corresponder à "prova clara e convincente", pelo qual "a parte tem de convencer o julgador de que a verdade de sua proposição é altamente provável, mais do que simplesmente 'mais provável' do que não".[25]

5 Conclusões

Não se desconhece que cada ramo do direito processual merece ser estudado segundo suas particularidades e seus princípios informadores para que assim se possa alcançar os fins que lhes são próprios. Ocorre que, alguns fenômenos são comuns a mais de uma área do conhecimento, o que exige a dispensa de um tratamento uniforme nesses casos. É o que se verifica, por exemplo, nas situações em que se faz necessária a imposição de sanções como a cassação do registro ou do diploma de um candidato eleito.

Dada a natureza do bem jurídico em questão nesses casos, indispensável passa a ser, então, o recurso às garantias e princípios informadores do processo penal, de modo que nas ações com fundamento no art. 41-A da Lei nº 9.504/97:

(I) Cabe ao demandante a prova dos atos praticados que possam importar em captação ilícita de sufrágio, o que exige também a demonstração do elemento subjetivo indispensável à sua configuração.

(II) A presunção de legitimidade do resultado das urnas reforça a necessidade de distribuir o ônus da prova de acordo com as regras típicas do processo penal, sob pena de violação da confiança depositada pelos eleitores, não havendo qualquer justificativa para uma inversão do encargo de provar.

(III) E finalmente, mas não menos importante, para satisfazer seu encargo de provar, o demandante deve demonstrar, segundo um padrão alto de convencimento, a veracidade de suas proposições, adotando o magistrado para eventual condenação um modelo de constatação da prova aproximado ao processo penal (princípio in *dubio pro reo,* prova acima da dúvida razoável).

Informação bibliográfica deste livro, conforme a NBR 6023:2002 da Associação Brasileira de Normas Técnicas (ABNT):

LUCON, Paulo Henrique dos Santos. "Compra de votos", direito sancionador e ônus da prova. In: TAVARES, André Ramos; AGRA, Walber de Moura; PEREIRA, Luiz Fernando (Coord.). *O direito eleitoral e o novo Código de Processo Civil.* Belo Horizonte: Fórum, 2016. p. 307-316. ISBN 978-85-450-0133-1.

---

[24] Ver, sempre em relação ao processo administrativo sancionador: KNIJNIK, Danilo. *A prova nos juízos cível, penal e tributário.* Rio de Janeiro: Forense, 2007, n. 4.3.2, p. 169.

[25] KNIJNIK, Danilo. *A prova nos juízos cível, penal e tributário.* Rio de Janeiro: Forense, 2007, n. 2.4, p. 39.

DECISÕES NO PROCESSO DE REGISTRO DE CANDIDATURA E COISA JULGADA: OS ARTIGOS 502 E 503 DO NCPC E O DIREITO ELEITORAL

ELAINE HARZHEIM MACEDO

1 Introdução

Este trabalho propõe-se a fazer um diálogo entre o direito processual civil, especialmente a partir do novo CPC, e o processo judicial eleitoral,[1] buscando uma aproximação entre as duas ordens processuais, até porque contam com dois pontos importantes e determinantes de convergência: *(a)* a Constituição republicana e a jurisdição como uma das funções da soberania nacional, a ser exercida pelo Poder Judiciário; *(b)* o novo Código de Processo Civil, Lei nº 13.105, de 16 de março de 2015, mais precisamente em seu art. 15, dispõe sobre a aplicação – supletiva e subsidiária – das normas processuais ao processo eleitoral (no que aqui importa), quando ausentes normas específicas do microssistema eleitoral.

Centrou-se esta proposta de diálogo entre distintas fontes do direito, optando-se por analisar, em específico e pontualmente, o processo de registro de candidatura, aqui compreendendo todo o espaço jurisdicional entre a proposta de candidaturas, o procedimento registral, eventuais impugnações e as respectivas decisões, confrontando com um dos institutos, de natureza constitucional-processual e de maior relevância no âmbito da jurisdição e de sua função de pacificação dos conflitos, que é o instituto da coisa julgada, com sua regulamentação no CPC/2015.

---

[1] O processo judicial eleitoral também é nominado como contencioso eleitoral. *Data venia*, entende-se que a primeira identificação é mais adequada, por duas razões: primeiro, diz com a função jurisdicional exercida pela Justiça Eleitoral, diretamente comprometida com a função maior do Poder Judiciário nos termos do art. 2º da Constituição republicana, distinguindo-se das funções administrativas, normativas e consultivas que, historicamente, passaram a ser atribuídas e exercidas pela Justiça Eleitoral; segundo, porque a função jurisdicional pode ser exercida, independentemente da área de sua atuação, através de processos contenciosos ou de procedimentos da chamada jurisdição voluntária, tema que já recebeu do Direito Processual exaustiva investigação, concluindo-se (ainda que sem unanimidade) que os interesses por ela tutelados correspondem à função precípua do Poder Judiciário, no exercício da jurisdição.

Por óbvio que indispensável cruzar-se, antes, alguns caminhos que podem orientar a uma resposta legítima, adequada e possível para os inúmeros questionamentos que deste diálogo decorrem.

Assim, há que se enfrentar como ponto de partida as funções da Justiça Eleitoral, destacando a função jurisdicional das demais funções, o que nem sempre é tarefa tranquila, ao efeito de perscrutar a natureza do instituto eleitoral investigado e sua aderência ou não ao instituto da coisa julgada,

Nesse sentido, cumpre, primeiro estabelecer, ainda que brevemente, que a Justiça Eleitoral é mais que um órgão judicial, compondo um órgão eleitoral, que agrega funções múltiplas, o que se mostra fundamental para a análise de seus institutos, pois ela não se esgota tão somente na função jurisdicional para, no seguimento, analisar qual a natureza jurídica do procedimento do registro de candidaturas e as implicações das possíveis conclusões com o instituto da coisa julgada, inspirada e estimulada pela segurança jurídica e consequente estabilidade das decisões judiciais no tempo.

2 A Justiça Eleitoral e suas funções

Histórica e politicamente consagrou-se que a realização de eleições no Brasil compete à Justiça Eleitoral, órgão alocado ao Poder Judiciário, cuja composição encontra amparo no texto constitucional, mantendo-se o modelo com a Constituição de 1988, que o consagrou e também aumentou seu campo de atuação.

Diferentemente dos demais órgãos afeitos à atividade jurisdicional, a Justiça Eleitoral engloba atividades múltiplas (e aqui não se está falando em auto-organização, o que é comum nas demais instituições que repartem as funções estatais, mas como atividades-meio), voltadas à execução das eleições municipais e gerais em todo o território nacional, afastando-se tal atividade da peculiar função jurisdicional, mas dessa não abdicando quando instalado o conflito eleitoral.

Nesse sentido, não é demasiado afirmar que a rigor a Justiça Eleitoral é "maior" do que um órgão jurisdicional. Na verdade, pode-se tomá-la como um "órgão eleitoral", instância de decisões, jurisdicionais ou não, que respondem pelas eleições dentro de um microssistema.[2]

De sorte que, sem embargo das funções de autoadministração, ínsitas às instituições dos demais poderes como forma de garantir a sua independência e que para este trabalho desimportam, a Justiça Eleitoral exerce, constitucional e legalmente autorizada, as funções a seguir detalhadas, galgadas à condição de poder, seja por sua natureza (pela eleição se dá a investidura dos agentes políticos que integram os Poderes Legislativo e Executivo), seja por sua força constitucional, cuja aceitação pela comunidade jurídica, de regra, não encontra, resistência maior, o que não impede nem afasta o debate doutrinário e jurisprudencial sobre o tema.

Função executiva: foi por meio da função executiva que se deu o nascimento da Justiça Eleitoral.[3] Pode-se afirmar que a realização de tarefas administrativas, destinadas

---

[2] Para aprofundar o tema, remete-se o leitor para: MACEDO, Elaine Harzheim; SOARES, Rafael Morgental. O poder normativo da Justiça Eleitoral e a separação dos poderes: um paradigma democrático? *CONPEDI*, UFSC, p. 265-293, 2014. Disponível em <http://www.publicadireito.com.br/publicacao/ufsc/>.

[3] Conforme o primeiro Código Eleitoral, instituído pelo Decreto nº 21.076, de 24.02.1932, art. 5º.

tanto aos eleitores como aos partidos e candidatos é a maior responsável pelo seu volume de serviço, não se limitando aos anos eleitorais, qualificando-se como um serviço público permanente, ofertado ao eleitor brasileiro em todo o território nacional. Com foco nestas atividades, poder-se-ia bem concluir que a Justiça Eleitoral é uma agência de eleições, zelando pelo cadastro eleitoral (registre-se, o maior cadastro público do Brasil), alistando os eleitores e os distribuindo em seções eleitorais; expedindo os respectivos títulos eleitorais; registrando os partidos políticos que desejam disputar eleições; no período da campanha eleitoral, distribuindo proporcionalmente entre os concorrentes o tempo nas divulgações das campanhas partidárias e eleitorais via rádio e televisão; prestando informações ao público em geral sobre o processo eleitoral, muitas delas com forte conteúdo educativo;[4] planejando e executando toda a votação informatizada, o que significa gerar *softwares* complexos, distribuir urnas eletrônicas, contar e divulgar os votos, e por derradeiro proclamando os resultados.

Função jurisdicional: trata-se de função que veio crescendo de importância nos últimos anos, especialmente a partir da Constituição de 1988. Verdade que há países que sequer reconhecem a possibilidade de controle jurisdicional das eleições, entendendo o processo eleitoral como manifestação intocável de soberania popular, e mesmo em caso de violações às regras do jogo os resultados são estabilizados. No Brasil não só o Poder Judiciário atua sobre questões eleitorais, inclusive ao efeito de desfazer a vontade popular se julgá-la viciada, como se constitui um ramo judiciário especializado no assunto, contando para tanto órgãos próprios. São inúmeros os processos que vão desde o enfrentamento de controvérsias nas candidaturas até o julgamento das contas eleitorais e partidárias e a manutenção ou não do mandato. O diferencial nesta estrutura é que a jurisdição eleitoral, como já registrado, é pautada por princípios bastante peculiares, como a pluralidade de origem dos membros dos tribunais e a temporariedade dos mandatos, o que acaba promovendo uma oxigenação desejável nos cargos cuja responsabilidade é lidar com questões políticas. Não bastasse isso, os processos jurisdicionais percorrem caminho que pode chegar ao Supremo Tribunal Federal via recurso extraordinário, a exemplo de qualquer processo cível ou criminal, ainda que na fase de cognição e respectiva decisão e enfrentamento de questão infraconstitucional se resolva a demanda no âmbito dos órgãos especializados.

Função consultiva: confirmando a natureza da Justiça Eleitoral como órgão eleitoral, entre suas competências está a de responder a questionamentos em tese sobre matéria eleitoral,[5] com o objetivo de evitar disputas decorrentes de má ou duvidosa interpretação, orientando dessa forma não só os agentes promotores do processo eleitoral, mas os próprios órgãos judiciais inferiores, auxiliando-os na aplicação da lei eleitoral à gama de diversidades casuísticas. Trata-se de mecanismo que visa a estabilizar o jogo e evitar questionamentos futuros sobre a legitimidade dos resultados. Embora as consultas respondidas sejam tratadas, informalmente, como jurisprudência do tribunal consultado, a tanto não se equiparam, pois a função consultiva não pode

---

[4] Exemplo disso é a campanha de conscientização da participação das mulheres no processo político-eleitoral, em atenção à garantia constitucional da isonomia e da democrática inclusão política, que o TSE promoveu em 2014, com ampla divulgação nas rádios e TV, com força no art. 93-A da Lei nº 9.504/97 (incluído pela Lei nº 12.891/2013).

[5] Lei nº 4.737/65 (Código Eleitoral), art. 23, inciso XII, art. 30, inciso VIII.

ser confundida com exercício antecipado da jurisdição. Suas respostas não vinculam o tribunal consultado e muito menos os demais órgãos de hierarquia inferior. A tarefa consultiva tem muito mais caráter administrativo do que jurisdicional, pois tal como as autoridades da administração fiscal esclarecem sobre matéria fiscal, as eleitorais o fazem na sua respectiva área.

Função regulamentar: a Justiça Eleitoral produz regulamentos com o objetivo de instrumentalizar a aplicação da legislação eleitoral. O manejo do poder regulamentar não pode ir de encontro às definições legais, mas apenas definir os meios pelos quais a legislação deve ser cumprida. Trata-se de poder infralegal, porque decorrente da própria legislação eleitoral que o prevê.[6] O principal instrumento de exercício deste poder são as Instruções, também denominadas Resoluções, expedidas pelo TSE. Dada a importância de tais atos normatizadores para o processo eleitoral, uma vez que o TSE normalmente compila a legislação eleitoral e incorpora sua jurisprudência consolidada nesses regulamentos), eles são rotineiramente identificados como "legislação eleitoral".[7] Eventualmente, seja por incluir sua jurisprudência, seja por inovar em relação ao que o legislador previu (ou não previu, no caso de omissão), o TSE avança e produz atos normativos primários, que visivelmente escapam do poder regulamentar, configurando autêntico poder normativo, tema polêmico na doutrina eleitoralista.

Tema mais adiante a ser explorado, a coisa julgada, cediço, é instituto que alcança garantia constitucional, mas que é da essência do processo judicial (sem embargo de refletir-se em alguns institutos de direito material), daí a importância em distinguir atos praticados pela Justiça Eleitoral, de natureza administrativa (ou executiva), consultiva ou regulamentadora, estranhos à coisa julgada, e os de natureza jurisdicional, ao tutelar conflitos ou interesses eleitorais, sensíveis, esses sim, à coisa julgada.

3 A judicialidade do registro de candidaturas

O registro de candidaturas é um momento decisivo do processo eleitoral.[8] Decisivo em dois sentidos: primeiro porque define o quadro de partidos políticos, coligações e candidatos que disputarão as eleições, e segundo porque esta definição é resultado de uma decisão da Justiça Eleitoral. Submetendo ao órgão eleitoral competente

---

[6] Mais uma vez, remete-se o leitor, para maiores desdobramentos sobre o tema: MACEDO, Elaine Harzheim; SOARES, Rafael Morgental. O poder normativo da Justiça Eleitoral e a separação dos poderes: um paradigma democrático? CONPEDI, UFSC, p. 265-293, 2014. Disponível em: <http://www.publicadireito.com.br/publicacao/ufsc/>.

[7] Lei nº 4.737/65 (Código Eleitoral), art. 1º. Este Código contém normas destinadas a assegurar a organização e o exercício de direitos políticos precipuamente os de votar e ser votado.
Parágrafo único. O Tribunal Superior Eleitoral expedirá Instruções para sua fiel execução.
Art. 23 – Compete, ainda, privativamente, ao Tribunal Superior:
IX – expedir as instruções que julgar convenientes à execução deste Código;
Lei nº 9.096/95 (Lei dos Partidos Políticos), art. 61. O Tribunal Superior Eleitoral expedirá instruções para a fiel execução desta Lei.
Lei nº 9.504/97 (Lei das Eleições), art. 105. Até o dia 5 de março do ano da eleição, o Tribunal Superior Eleitoral, *atendendo ao caráter regulamentar e sem restringir direitos ou estabelecer sanções distintas das previstas nesta Lei*, poderá expedir todas as instruções necessárias para sua fiel execução, ouvidos, previamente, em audiência pública, os delegados ou representantes dos partidos políticos. (Redação dada pela Lei nº 12.034, de 2009) (grifado).

[8] Para aprofundamento do tema, remete-se o leitor para: MACEDO, Elaine Harzheim; SOARES, Rafael Morgental. O procedimento do registro de candidaturas no paradigma do processo eleitoral democrático: atividade administrativa ou jurisdicional? *CONPEDI*, UFP, Direitos fundamentais IV, p. 514-543, 2014.

o pedido de registro de candidaturas, os partidos, coligados ou não, desejam uma emanação declaratória que reconheça a sua habilitação e a de seus filiados-candidatos para a competição das urnas.

No caso dos partidos políticos e coligações, a Justiça Eleitoral verifica a regularidade de seus atos constitutivos e a validade da convenção partidária que deliberou sobre coligações e listagem de candidatos. Havendo irregularidade ou nulidade em um desses atos, ou mesmo o descumprimento de uma formalidade essencial ao regular trâmite do processo de registro (ex.: pedido intempestivo, apresentado após o dia 15 de agosto – Lei nº 13.165/2015, art. 2º, dando nova redação ao art. 11 da Lei das Eleições), o partido não tem reconhecido o direito de disputar as eleições, e por isso a situação dos respectivos filiados sequer é considerada, eis que a filiação partidária é condição constitucional de elegibilidade. Trata-se, é verdade, de situação excepcional: raramente há impugnação ao registro de partido político ou de coligação para impedir sua participação no processo eleitoral, e ainda mais rara é a hipótese de acolhimento desse tipo de pedido. Mas tal não diminui a importância da hipótese aventada.

Superada a habilitação partidária para o pleito, a Justiça Eleitoral passa a analisar as condições de elegibilidade e as eventuais inelegibilidades dos candidatos. A imensa maioria preenche os requisitos, e, assim, vê declarado o seu direito político fundamental à elegibilidade para a eleição que se aproxima, o que ocorre por meio de edital.

Todo esse trâmite se desenvolve de forma rápida, mesmo sumária, no mais das vezes sem qualquer manifestação adicional do partido e do candidato requerente (há apenas parecer prévio do Ministério Público Eleitoral), pois uma das características do agir da Justiça Eleitoral é a celeridade, justificada pelo fato de que o calendário eleitoral é apertado e comprime, em três meses, a habilitação dos candidatos e a propaganda eleitoral. Em termos quantitativos a fase impugnatória, que viabiliza a abertura do contraditório a respeito da elegibilidade, também é de baixa incidência prática, mas nem por isso pouco importante, dada a grandeza do direito discutido.

É a partir desse quadro de sumariedade constante (que engloba todos os pedidos de registro) e contraditório eventual (que se forma em impugnações) que a doutrina eleitoralista divide o procedimento de candidaturas em duas fases distintas. Partindo de um conceito de jurisdição calcado na contenciosidade, afirma-se que apenas o estabelecimento de controvérsia sobre a elegibilidade de algum candidato (ou partido político/coligação) é capaz de desencadear a atuação jurisdicional do órgão eleitoral: antes disso o procedimento seria "meramente" administrativo.[9]

Desse modo, o procedimento de registro de candidaturas, visto como um modelo teórico completo – desde o pedido até a homologação definitiva –, teria um caráter

---

[9] O procedimento é de natureza administrativa. Na verdade, o juiz eleitoral ou o tribunal fazem o exame formal dos requisitos para o deferimento do registro, analisando os documentos legais apresentados. [...] Na prática, ocorrem autuações diversas. O procedimento do registro engloba todos os candidatos a candidatos de um determinado partido político ou coligação, enquanto o processo da ação impugnativa é autônomo [...] (RAMAYANA, Marcos. *Direito Eleitoral*. 11. ed. Rio de Janeiro: Impetus, 2010, p. 367). Dentre os que reconhecem o caráter jurisdicional do procedimento de registro de candidaturas está Adriano Soares da Costa: "Alguns autores identificam nesse fenômeno uma ação de jurisdição voluntária. [...] Soares da Costa assinala tratar-se de 'uma ação de jurisdição voluntária, sem espaço para o estabelecimento de contraditório'. [...] a relação processual forma-se 'linearmente entre requerente e juiz eleitoral, sem que haja angularização, ou seja, sem a existência de um polo passivo'" (GOMES, José Jairo. *Direito Eleitoral*. 3. ed. Belo Horizonte: Del Rey, 2008, p. 191, citando SOARES DA COSTA, Adriano. *Instituições de Direito Eleitoral*. 6. ed. Belo Horizonte: Del Rey, 2006).

misto: administrativo na ampla maioria dos casos (os não controvertidos, quando a homologação é direta ou quando do indeferimento não há recurso) – e jurisdicional numa minoria controvertida, quando instaurada a controvérsia.[10] A jurisdição, então, seria excepcional.

De fato, na lida cotidiana do direito eleitoral percebe-se uma tendência a "administrativizar" tanto quanto possível os atos eleitorais. Havendo dúvida, a matéria é tratada como administrativa, o que vem ocorrendo inclusive no caso do registro de candidaturas, cujo substrato jurídico – elegibilidade e inelegibilidades – tem forte repercussão no âmbito jurisdicional, havendo ações para reconhecer e também impor inelegibilidade, como o Recurso Contra a Expedição de Diploma (RCED) e a Ação de Investigação Judicial Eleitoral (AIJE).

Seja porque o "administrativo" seria em tese mais célere e simples do que o "jurisdicional",[11] seja porque, afinal de contas, a Justiça Eleitoral, embora "justiça", seria muito mais um órgão gestor das eleições do que propriamente judicante,[12] a inclinação ao administrativo é patente.

Entretanto, a presunção de que a Justiça Eleitoral é menos justiça e mais administradora desafia algumas considerações. Primeiramente, entende-se que não é possível estabelecer precedência entre atividades que são complementares entre si, voltadas ao mesmo objetivo final. Administração, jurisdição, orientação, regulamentação e eventual normatização, tudo converge igualmente para a promoção de eleições livres e democráticas.

Empreendendo-se uma releitura da conformação histórica da Justiça Eleitoral, pode-se sustentar que a opção por investir o Judiciário no poder de conduzir as eleições não se justifica apenas em virtude da maior imparcialidade de seus membros em comparação aos integrantes dos outros poderes (lembremos que Executivo e Legislativo são compostos por pessoas eleitas, e que, portanto, seriam suspeitas de dirigir seu próprio processo eletivo); esta opção histórica abre a possibilidade para um processo eleitoral eminentemente jurisdicional, justamente porque é a jurisdição, ao fim e ao cabo, que garante o exercício dos direitos fundamentais, dos quais os direitos políticos são componentes.

Ou seja, a vantagem de se ter uma "justiça" eleitoral não se resume à imparcialidade de seus membros.[13] A ela agrega-se o fato de que seus integrantes são portadores de jurisdição e especialistas na matéria eleitoral, podendo *atuar* a lei de forma técnica e definitiva. Ora, na medida em que a estabilização do processo eleitoral é um

---

[10] [...] uns entendem que esse processo tem cunho administrativo, ao passo que outros afirmam constituir um misto de administrativo e jurisdicional (GOMES, José Jairo. Direito Eleitoral. 3. ed. Belo Horizonte: Del Rey, 2008, p. 191).

[11] Características desejáveis a um processo eleitoral comprimido no tempo.

[12] Comparadas as grandezas, o volume de trabalho administrativo (que, certamente, existe) é bastante maior do que o jurisdicional.

[13] Embora, evidentemente, haja nítida vantagem ética no fato de que juízes não elegíveis sejam os condutores do processo eletivo, conforme CANELA JR., Osvaldo. O controle jurisdicional do processo político no Brasil. *Paraná eleitoral: Revista Brasileira de Direito Eleitoral e Ciência Política*, v. 1, n. 2. Curitiba: TRE, 2012: "[...] o poder Judiciário passou a ser chamado, no contexto social, ao controle da ética do processo eleitoral" (CANELA JR., 2012, p. 183); "Cabe ao poder Judiciário, especialmente à Justiça Eleitoral, proceder à correta leitura da dimensão ética pretendida pela soberania popular no processo político, ultrapassando, em sua tarefa hermenêutica, o mero silogismo lógico-sistemático, para atingir um grau de comunicação eficiente com a sociedade, fazendo prevalecer suas mais altas aspirações no momento histórico" (CANELA JR., 2012, p. 191).

valor fundamental para a afirmação democrática, quer parecer que a opção por um modelo jurisdicional de atuação das autoridades eleitorais é preferível a um modelo administrativo. Nesse último, a falta de vocação para a definitividade pode resultar numa indefinição indesejável ao quadro político, além de abrir a possibilidade de discussão jurisdicional, até mesmo em instância alheia à Justiça Eleitoral, daquilo que fora decidido administrativamente na própria Justiça Eleitoral.[14]

Em suma, a concentração das atividades eleitorais num órgão jurisdicional (considerada a tópica desse órgão no quadro da separação tripartite dos poderes) revela a preferência por um modelo cujas decisões são tomadas sob o manto da jurisdição, com caráter definitivo e por isso mesmo estabilizador, sendo excepcional o caráter administrativo de suas emanações, mesmo porque a aptidão maior de um magistrado é prestar jurisdição.

Ao discutir os conceitos de jurisdição eleitoral, justiça eleitoral e administração eleitoral, Fernández Rodríguez e Barral[15] esclarecem que a ideia de se criar uma jurisdição eleitoral (ou seja, de se instaurar o exercício da jurisdição sobre as questões do processo eleitoral) parte da necessidade de fortalecer a democracia. A partir disso os autores definem uma tipologia baseada em quatro modelos verificáveis no mundo democrático: a) inexistência de jurisdição eleitoral; b) jurisdição eleitoral exercida pela jurisdição ordinária; c) jurisdição eleitoral reservada a tribunais eleitorais especializados; d) jurisdição eleitoral exercida pela corte constitucional.

No caso brasileiro temos uma jurisdição eleitoral especializada, fato que, concebido no contexto da tipologia indicada, revela uma predileção pela condução jurisdicional das eleições. A consideração do registro de candidaturas como um ato administrativo estaria melhor lançada nos países que adotam os modelos "a" e "b" – inexistência de jurisdição eleitoral ou jurisdição eleitoral exercida pela jurisdição ordinária –, não no Brasil. Qual o sentido de se considerar administrativo um julgamento proferido por um juiz (ou tribunal) eleitoral brasileiro investido em jurisdição, no âmbito de uma justiça criada exatamente para julgar (e certamente administrar) as eleições, e ainda por cima em matéria diretamente afeta aos direitos fundamentais?

Assim, a confusão entre administração e jurisdição que se estabelece no âmbito da Justiça Eleitoral, quando um juiz ou tribunal de eleições atua, como regra deve ser resolvida em favor da jurisdição. Com isso não se está a desmerecer de modo algum o agir administrativo. Pelo contrário: sem ele simplesmente não há processo eleitoral. O que se diz é que, naquelas circunstâncias especiais, nevrálgicas do processo eleitoral, como no caso de registro de candidaturas, é a jurisdição que atua, em defesa dos direitos fundamentais dos candidatos, desde que, por óbvio, este direito esteja presente – e a melhor forma de dizer isso no Estado Democrático de Direito é mediante a jurisdição. Disso resulta a incidência das regras do art. 93 CF sobre os atos assim praticados, com todas as consequências daí advindas: devido processo legal, juiz natural, vedação de

---

[14] O fenômeno já é perceptível: com a ampliação das hipóteses de inelegibilidade provocada pela Lei Complementar nº 135/2010, que alterou a LC nº 64/90 e ficou conhecida como "Lei da Ficha Limpa", algumas modalidades de inelegibilidade passaram a ser versadas em outras esferas alheias à Justiça Eleitoral, o que rompe com uma tradição de concentração do trato da matéria eleitoral na justiça especializada.

[15] FERNÁNDEZ RODRÍGUEZ, José Júlio; BARRAL, Daniel Neira. Jurisdição Eleitoral: reflexão teórico-pragmática baseada em uma aproximação ao caso europeu. *Estudos Eleitorais*, Brasília, vol. 1. n. 1, p. 10-28, 2012.

prova ilícita, duplo grau de jurisdição, entre outras, conforme art. 5º da Constituição – e não as do art. 37, que orientam o agir administrativo.

Nesse contexto, o espaço da atividade administrativa não seria meramente residual. Ele seria ocupado por todos os atos e decisões sem interferência direta ou que possibilitassem controvérsia sobre o exercício de direitos políticos fundamentais, por exemplo: a fixação dos locais de votação, a convocação de mesários e membros da junta eleitoral, a preparação e a distribuição de urnas eletrônicas, a contratação de serviços terceirizados, a coleta e contagem dos votos e o que mais releva, a manutenção do cadastro de eleitores. Tais atos, para não serem maculados por inconstitucionalidade, devem atender e submeterem-se aos princípios vetores da administração, em especial, aí sim, ao art. 37 da Constituição de 1988, o que não se sucede com os atos jurisdicionais, que se subordinam às garantias individuais e coletivas da jurisdição e do processo alinhados no art. 5º, da Carta Magna.

Ainda, o receio de um alongamento indevido do procedimento de registro de candidaturas, provocado por sua natureza jurisdicional, não se confirma. Antes o contrário: visualizar o registro como matéria administrativa pode ensejar a busca por outros mecanismos jurisdicionais de defesa dos direitos políticos, como o mandado de segurança, e isso até mesmo fora da Justiça Eleitoral, conforme dito. O suposto alongamento parece se embasar numa visão distorcida de jurisdição como atividade morosa, pesada e ordinária, incompatível com a celeridade eleitoral, e necessariamente contenciosa e triangular. Ora, tais características "negativas", típicas de um modelo de ordinariedade, vêm dando lugar à substancialização da jurisdição, que não é refratária à sumariedade, antes a deseja, na medida em que a efetividade de certos direitos (como os políticos) só é garantida quando não há delonga. Assim, a Justiça Eleitoral, enquanto justiça, é um espaço privilegiado para a condução dessa transição paradigmática, atuando com celeridade, mas nem por isso administrativamente.

Por esses motivos, a relação jurídica que se estabelece entre o requerente do registro e o órgão eleitoral, no caso de homologação direta, não é linear.[16] O julgador não participa do procedimento na posição de Estado-administrador, em situação simétrica e oposta ao peticionário, e na incumbência de defender o interesse público, que pode mesmo ser antagônico ao interesse do particular-candidato; ele é o Estado-juiz, imparcial, e está na mesma posição angular (equidistante) em que estaria caso tivesse de julgar a impugnação. Nessa qualidade, ele tanto pode declarar a existência do direito político fundamental à elegibilidade quanto não reconhecê-lo, inclusive de ofício. Nesta última hipótese, o Estado-juiz não está defendendo o interesse público nos moldes em que o faz um administrador, muito embora o resultado prático possa ser exatamente esse:[17] ele está simplesmente a negar a existência do direito político vindicado, tendo sua decisão eficácia declaratória e aptidão para produzir coisa julgada.[18]

---

[16] Registre-se a posição contrária de Zilio: "[...] o pedido de candidatura se configura como uma relação jurídica linear (partido político/candidato – Juiz Eleitoral), distinguindo-se da ação de impugnação ao registro de candidatura – que se caracteriza pela angularização da matéria judicializada" (ZILIO, Rodrigo López. *Direito Eleitoral*: noções preliminares, elegibilidade e inelegibilidade, processo eleitoral (da convenção à diplomação), ações eleitorais. 4. ed. Porto Alegre: Verbo Jurídico, 2014, p. 270).

[17] Afinal é interesse da coletividade que candidaturas impuras não se desenvolvam.

[18] Contra a eficácia declaratória a posição de Ramayana: "A decisão, no processo administrativo eleitoral, é de natureza constitutiva, pois, a partir do deferimento do registro, o candidato passa a ser considerado juridicamente candidato" (RAMAYANA, Marcos. *Direito Eleitoral*. 11. ed. Rio de Janeiro: Impetus, 2010, p. 367).

Resta dizer que a defesa do caráter jurisdicional do procedimento de registro não é simples capricho teórico. O processo jurisdicional contemporâneo, no Estado democrático de Direito, constitui garantia de direitos fundamentais.[19] Pois é a jurisdição que entregará ao candidato requerente uma decisão técnica e suficientemente fundamentada, como é de rigor, o que lhe será valioso inclusive e especialmente no caso de indeferimento, por possibilitar o manejo do competente recurso com foco exclusivo na matéria controvertida.

Nesse sentido, o procedimento de registro de candidaturas é aqui concebido como jurisdicional desde seu início, sendo incidental o estabelecimento de controvérsia pela via da impugnação, que não origina, mas apenas prolonga a prestação jurisdicional.

Do contrário, teríamos dificuldades substanciais: como tratar a homologação de um novo candidato que viesse a substituir outro considerado inelegível pela Justiça Eleitoral no curso do procedimento de registro? Teríamos um novo procedimento administrativo, surgido no contexto de um procedimento jurisdicionalizado? Ou este novo candidato teria um "tratamento jurisdicional" apenas pelo fato de que sua inclusão na listagem do partido, como substituto, se deu na fase judicializada do registro? Se este novo candidato for admitido sem controvérsias, terá havido um procedimento administrativo ou jurisdicional? Como admitir a natureza recursal de uma peça processual que busca desfazer uma decisão homologatória de registro não impugnada? Haveria recurso sem sentença prévia? Se a decisão que indeferir a candidatura não for impugnada por recurso, poderá o requerente renovar o pedido, supondo que tenha perdido o prazo para recurso, mas haja prazo hábil para o registro (pedido e decisão antes da data fatal)? Na verdade, a resposta se mostra simples, quando se tem como meta um processo jurisdicional democrático, resolvendo-se, no mais das vezes, como questões incidentais tais ocorrências que fogem à postulação inicial.

Como visto, o caráter administrativo do registro – aqui renegado – deixa diversas questões em aberto. Assim, embora se reconheça a falta de clareza do ordenamento jurídico, há sobradas razões para afirmar o caráter jurisdicional de todo o procedimento de registro de candidaturas, para o que seria desejável o maior amadurecimento da matéria eleitoral, com o desenvolvimento paulatino de uma teoria geral do processo judicial eleitoral, capaz de absorver as peculiaridades e oferecer uma dogmática apropriada, menos dependente do processo civil.

4 Ação de impugnação ao registro de candidatura: sumarização do processo e técnica de inversão do contraditório

Por tudo que já foi dito, o requerimento formulado pelo partido político ou coligação visando ao registro da candidatura de seu(s) candidato(s), nos termos do art. 94, c/c art. 87, do CE e arts. 10, *caput* e seus parágrafos, e 11 da LE, reveste-se de natureza postulatória, perante o órgão judicial competente (eleições municipais, juiz eleitoral da respectiva Zona Eleitoral; eleições gerais, os Tribunais Regionais Eleitorais; eleições presidenciais, o Tribunal Superior Eleitoral), instaurando, a partir de sua distribuição

---

[19] CASTRO, Letícia Lacerda de. Processo constitucional e democracia: ensaio sobre a construção participada da decisão eleitoral no Estado Democrático de Direito. *Estudos Eleitorais*, Brasília, vol. 1. n. 1, p. 9-27, 2013.

no juízo apropriado, um processo de natureza jurisdicional, cujo procedimento é, essencialmente, documental e cujo *iter* é estabelecido de forma célere, bastante concentrada, como de resto os procedimentos documentais autorizam (v.g, mandado de segurança), até porque dispensam dilação probatória.[20]

Sem adentrar no detalhamento dos percursos procedimentais, não havendo impugnação por parte dos legitimados, entre os quais se inclui o Ministério Público, o juízo competente deverá decidir pelo registro ou por seu indeferimento, pois, se tratando de matéria de ordem pública, não está o juiz adstrito a tão somente as alegações dos interessados.[21] A decisão nesses termos proferida submete-se à regra constitucional do art. 93, inciso IX, da CF, e o processo de registro recebe da legislação tratamento prioritário sobre quaisquer outros, na forma do art. 16º, §2º. Não bastasse isso, as decisões proferidas em sede de processos de registro de candidaturas são passíveis de recurso, irrelevante se o primeiro grau se dá na primeira instância, hipótese regulada pelo art. 265, do CE, genericamente previsto para as decisões judiciais de primeiro grau e que ainda permanece em vigor, ou se de competência originária dos tribunais regionais, quando incidentes os arts. 257 e 258, do CE, mas em ambos os casos instaurando-se a instância recursal, ao efeito de reexaminar a decisão impugnada.

Procedimento assim concebido enquadra-se como uma luva na hipótese de procedimento documental, muito adequado para o direito material de regência, porque aquele que pretende se candidatar a um cargo eletivo no Executivo ou no Legislativo deve desde logo demonstrar que preenche todos os requisitos legais para ser aceito na disputa. Cumpre ao Judiciário viabilizar a publicidade do pedido, o que a publicação de editais atende *quantum satis*, e decidir sobre o (in)deferimento do registro, sem embargo de baixar em diligência se concluir que há vícios capazes de serem sanados antes da decisão final ou ainda determinar alguma diligência mais detalhada que entender pertinente para a formação de sua convicção.[22]

Contudo, uma vez publicizada a pretensão registral, nada impede que qualquer legitimado – partido político, coligação, candidato, Ministério Público (art. 3º da LC nº 64/90), ou ainda, de acordo com o art. 97, §3º, do CE, qualquer eleitor[23] –, pode se opor, oposição essa que ganha foro de ação incidental de impugnação ao registro de candidatura (AIRC).

---

[20] Muito excepcionalmente esta fase poderá levar a alguma dilação probatória, como é o caso do candidato sob o qual recaem dúvidas sobre sua condição de alfabetizado.

[21] Aliás, não é diferente com o procedimento civil ordinário, onde a ausência de contestação não assegura a procedência da ação, mas sim terem-se como verdadeiros os fatos alegados, autorizar o julgamento antecipado e permitir a dispensa de intimação do demandado. Nada impede, porém, que em feitos onde ocorra revelia, venha a ser proferida sentença de improcedência, convencendo-se o juiz que o direito pleiteado não se aplica aos fatos alegados. Com mais razão no processo de registro de candidatos a cargos eletivos, onde o mote maior é a democracia representativa, toda a controvérsia versando sobre direitos fundamentais.

[22] Situação que pode gerar essa providência é a preocupação de investigar se há decisões proferidas por órgãos colegiados ainda não transitadas em julgado que possam macular a candidatura por força de eventual inelegibilidade, nos termos da LC nº 165/2010, quando cediço que as certidões negativas que versam sobre a vida pregressa do candidato não abrangem tais dados.

[23] A legitimação de eleitor para impugnar candidaturas é tema polêmico, que não cabe aqui explorar, ficando apenas o registro. A orientação jurisprudencial do TSE, a exemplo do AgR-RO nº 4618-161PB, da relatoria do então Min. Arnaldo Versiani, publicado em 14.09.10, é no sentido de apenas autorizar que o cidadão notifique a inelegibilidade da qual tenha conhecimento à autoridade judicial.

Segundo o disposto no art. 3º, *caput*, da LC nº 64/90, o prazo para sua interposição se dá em 5 (cinco) dias e sua natureza de ação incidental é acolhida pela doutrina tradicional.[24] Sua incidentalidade é em relação ao processo de registro, disso também não havendo discordância (que recai, como já se viu alhures, ao se enfrentar a natureza jurídica do processo de registro).

Versa sobre a imputada ausência de condição de elegibilidade e/ou presença de causa de inelegibilidade do candidato, objetivando o afastamento do candidato da disputa eleitoral, e abrindo discussão sobre fatos que dizem respeito ao candidato até a data do registro de candidatura, ou seja, fatos pretéritos ao registro, sobrevindo sua propositura a partir do ajuizamento do pedido de registro e/ou publicação do edital referido no art. 97, do CE.

Uma vez proposta a impugnação, tanto o candidato como o partido ou coligação terão o prazo legal para promover a defesa, contestando a impugnação, desdobrando-se eventual dilação probatória, inclusive prova testemunhal se for o caso. Encerrada a instrução, as partes e o Ministério Público, que intervém no feito se não é seu autor, ofertarão as alegações finais no prazo de 5 (cinco) dias, devendo o juiz ou relator, de imediato, proferir sentença ou submeter o processo a julgamento pelo colegiado.

Cuida-se, portanto, de ação incidental de cognição, permitindo a mais ampla dilação probatória, com intervenção direta no julgamento do (in)deferimento do registro do candidato, de forma que, provida a ação de impugnação, o registro será indeferido, ou, desprovida a impugnação, o registro será deferido. Por outro lado, define-se também como técnica de sumarização do processo através da inversão do contraditório, cumprindo ao réu ou interessado (nesse caso, interessado) provocar o contraditório, prática milenar do processo civil, a exemplo dos embargos na execução e dos embargos na ação monitória. Embora com natureza de ação (provoca o contraditório junto ao Poder Judiciário), apresenta-se incidentalmente a outro processo já em curso.

A obra está feita: o Código Eleitoral de 1965 e a Lei Complementar das Inelegibilidades valeram-se da técnica da inversão do contraditório, permitindo que os interessados diretos (partido, coligação, candidato) ou a sociedade, representada pelo Ministério Público, e até o eleitor como cidadão, irrelevante aqui os termos em que essa intervenção possa ocorrer, participem de tão importante momento político, que praticamente dá início aos atos de campanha, divulgação dos projetos, conhecimento pelo povo de quem serão os candidatos e quais suas propostas, ou seja, os atos pré-eleição e que revelam significativa importância para o resultado final do sufrágio. Com essa intervenção, opera-se uma fiscalização mais subjetivamente ampla e democrática sobre os candidatos, contribuindo com o juízo eleitoral para que fatos não descritos no processo de registro venham à tona e sejam judicialmente avaliados e sopesados com a pretensão registral.

Vê-se, pois, que esse balanço entre o processo de registro e a ação incidental de impugnação ao registro da candidatura representa importante forma de sumarização da jurisdição e substancialização do processo, legitimando a prestação jurisdicional e aproximando-a da dignidade do direito material posto em causa: a tutela dos direitos fundamentais políticos e a normalidade e legitimidade das eleições, espaço de construção democrática das investiduras nos Poderes Legislativo e Executivo.

---

[24] COSTA, Adriano Soares da. *Instituições de direito eleitoral*. 8. ed. Rio de Janeiro: Ed. Lumen Juris, 2009.

E a decisão que plasma o registro (com ou sem impugnação) e a ação incidental da impugnação ao registro de candidatura revestem-se de natureza jurisdicional, devendo seguir as garantias processuais do art. 5º da Constituição republicana, entre os quais, o instituto da coisa julgada, como antes salientado.

5 Coisa julgada no novo CPC e o processo de registro de candidaturas

O instituto da coisa julgada, independentemente se sua incidência se dá no processo civil, penal, trabalhista ou qualquer outro microssistema processual, como é o caso do Direito Eleitoral, é tema de hemorrágica discussão teórica e prática, não havendo consenso na sua conceituação ou mesmo nos limites subjetivos ou objetivos que representam a coluna vertebral da coisa julgada.

Para os objetivos deste ensaio, será utilizado como premissa teórica o art. 502 do Código de Processo Civil de 2015, que estabelece a coisa julgada (material) como a decisão de mérito que se torna estável, qualificando-se pela imutabilidade (de seus efeitos) e indiscutibilidade (do que foi plasmado na solução da controvérsia submetida à intervenção do Poder Judiciário), alcançando a plena estabilidade no presente e no futuro.

5.1 Noções gerais sobre a coisa julgada no novo CPC

O milenar instituto da coisa julgada – não cumprindo a este trabalho, considerando seus limites, o enfrentamento verticalizado de todas suas nuances – vem resgatado no Código de 2015, não se afastando do art. 5º, inciso XXXVI, da Constituição de 1988, mas se voltando para um novo processo, como espaço democrático de composição de conflitos, e para os novos direitos, produto das últimas 5 ou 6 décadas, estabelecendo alguns paradigmas a serem respeitados.

A exemplo do Código de 1973, o novo CPC traz, em seu artigo preambular, o art. 502, uma tentativa de conceituar a coisa julgada material, na medida em que prevê sua incidência sobre as decisões de mérito. Contudo, ao incluir a coisa julgada material expressamente, não afasta a coisa julgada formal, reconhecida amplamente pela doutrina processual. Nesse sentido, se a decisão proferida não tiver conteúdo de mérito, e nem por isso deixa de ser decisão, ainda assim sofre ela as consequências da preclusão, submetendo-se à coisa julgada formal. Nesse sentido, as decisões extintivas do processo, conforme art. 485; as decisões interlocutórias que não se submetem ao recurso de agravo de instrumento, conforme art. 1.015 e que não foram arguidas como preliminar em sede de apelação à luz do §1º do art. 1.009, todos do CPC de 2015.

De qualquer sorte, uma das modificações introduzidas pelo CPC de 2015 na regulação da coisa julgada, está exatamente no art. 502, ao optar pela definição de "decisão" para identificar o ato judicial que pode se qualificar pela coisa julgada material. Nesse fio, determina o dispositivo a imutabilidade e a indiscutibilidade a "decisão de mérito", ao que se agrega o art. 503, que estende essa estabilidade também para as questões prejudiciais (e necessariamente incidentais, indiferente se essa incidentalidade se dá internamente ao processo em curso ou como medida autônoma), conforme seu §1º, atrelada, neste caso, a alguns pressupostos prévios (vinculação ao julgamento de mérito, presença de contraditório prévio e efetivo, competência processual).

Desses dois artigos (502 e 503) pode se depreender que há um maior espaço para se reconhecer a estabilidade alcançada pela coisa julgada, a saber: eventuais decisões interlocutórias que resolvam parcialmente o conflito de direito material podem se qualificar pela indiscutibilidade, assim como quaisquer outras questões incidentais com conteúdo de mérito, desde que prejudiciais ao conflito principal, o que, dizendo com outras palavras, guarda dependência ou vinculação com a questão principal. Nesse fio, José Tadeu Neves Xavier.[25]

Veja-se que a redação do novo texto normativo não faz referência expressa à sentença, e sim à decisão de mérito, pois há casos em que decisões interlocutórias podem adquirir a autoridade de coisa julgada, como é verificado na decisão parcial de mérito, admitida no art. 356.

Significa dizer, de outro ângulo, que o processo mais substancializado (voltado para a resolução do conflito que lhe foi submetido, ou, mais especificamente, para o direito material controvertido) está pronto para compor e decidir as questões principais e as incidentais, qualificando-se a decisão proferida, desde que observados os requisitos processuais pertinentes (a exemplo, contraditório), pela imutabilidade e indiscutibilidade do que foi decidido, estabilizando no tempo a controvérsia.

Essa previsão genericamente concebida pelo novo CPC tem como objetivo atender a efetividade e a tempestividade do processo civil, mais precisamente o processo subjetivo e individual. De sorte que sua adaptação (art. 15 do CPC de 2015), atuando supletiva e subsidiariamente, ao processo judicial eleitoral requer do intérprete uma tarefa nada singela, na medida em que os bens tutelados na jurisdição eleitoral são outros, pois, se de um lado atendem os interesses (legítimos) dos partidos, coligações e candidatos (interesses individuais ou coletivo de um grupo bem definido), de outro atendem a sustentação da democracia, pela tutela à verdade eleitoral, à regularidade das eleições, à isonomia entre os candidatos, entre outros vetores que regem as eleições e os direitos políticos fundamentais de votar e ser votado.

E exatamente porque os bens tutelados pelo Direito Eleitoral guardam essa dignidade constitucionalmente garantida, é que o olhar do intérprete terá que construir a devida adequação dos institutos processuais civis, aos conflitos eleitorais, em especial a coisa julgada.

5.2 Coisa julgada e o processo de registro de candidaturas

Adentrando no âmbito do direito eleitoral, impõe-se, a partir da premissa afirmada na primeira parte deste artigo, analisar o instituto da coisa julgada no processo de registro das candidaturas, para tanto pondo em relevo as decisões nele proferidas.

De sorte que a primeira fase do registro, aqui definida como atividade jurisdicional, embora utilizando-se de um procedimento documental de contraditório deferido (o que implica técnica de sumarização do processo, com vistas à sua tempestividade e celeridade), pode, como qualquer decisão judicial, inclinar-se para o deferimento ou indeferimento da pretensão registral, irrelevante se se dá na forma coletiva ou individual, excluindo um ou mais dos candidatos ofertados pelo colegiado partidário. Indeferindo o

---

[25] XAVIER, José Tadeu Neves. Anotações aos artigos 502 a 508. *In*: XAVIER, José Tadeu Neves. *Novo Código de Processo Civil Anotado*. Porto Alegre: OAB, 2015, p. 38.

DRAP[26] por irregularidades atribuídas ao partido político ou às coligações, prejudicadas estão todas as candidaturas individuais, pois no Brasil não há previsão normativa que autorize a candidatura individual. Nesse *iter*, o art. 14, §3º, da Constituição, ao dispor sobre as condições de elegibilidade, inclui entre elas, por seu inciso III, o alistamento eleitoral. O indeferimento, porém, pode atingir apenas um ou mais dos candidatos, o que certamente não prejudica os demais, alcançando apenas a esfera do patrimônio jurídico eleitoral do candidato recusado e, igualmente, do partido ou coligação que certamente, ao acolher a candidatura na respectiva convenção, estaria colocando seus anseios de sucesso no pleito eleitoral também na potencialidade eleitoral daquele candidato excluído.

Numa ou noutra hipótese, fato é que o julgamento pelo indeferimento da candidatura, coletiva ou individual, alcançará a estabilidade – respeitado, por óbvio, o esgotamento dos eventuais recursos cabíveis. Esta estabilidade, aqui o primeiro questionamento, alcançará tão somente o processo julgado (e decidido) ou se repercutirá para além dele, impedindo que o mesmo juiz – ou outros juízos – no mesmo ou em outro processo, rediscuta aquela decisão? Não há dúvida nenhuma que a decisão se qualificou pela coisa julgada material, estendendo-se para além do processo de registro, circunstanciada à pretensão de candidatura naquele pleito específico (causa de pedir e do pedido do registro indeferido).

Tais afirmativas valem também para a hipótese que a decisão de indeferimento tenha sido proferida em sede de Ação de Impugnação ao Registro de Candidatura julgada procedente, isso porque o juiz pode indeferir o registro de ofício ou quando provocado.

O problema de ordem processual surge nas hipóteses de deferimento do registro, irrelevante se o deferimento se deu de ofício, sem qualquer impugnação ou, uma vez impugnada a pretensão de registro por qualquer legitimado venha a ser julgada improcedente a AIRC, consolidando-se a presença do candidato no pleito.

Sob o ângulo do processo civil subjetivo e individual, o instituto da coisa julgada incide sobre qualquer decisão de mérito, seja ela de acolhimento ou de rejeição do pedido, o que o novo CPC não alterou. Mas o processo civil se viu nas últimas décadas na iminência de contemplar hipóteses onde a improcedência não leva à coisa julgada material, apenas à formal, como se dá nos conflitos coletivos, sendo exemplos tradicionais de previsão legal deste condicionamento a Ação Popular (art. 18), a Ação Civil Pública (art. 16), o CDC ao tratar das ações coletivas (art. 103) e a Lei do Mandado de Segurança (art. 22). De um modo geral, nesses casos, relativizam-se os efeitos da coisa julgada material, especialmente no que diz com seus limites subjetivos, admitindo-se a renovação da ação proposta.

Ora se tal situação concreta já impôs à doutrina e à legislação processual, sem excluir a jurisprudência, o reconhecimento de limitações à coisa julgada material, certamente não é o Direito Eleitoral, microssistema dotado de fontes específicas de regulação, órgãos competentes para atuar no processo eleitoral, bens tutelados, princípios e vetores próprios do sistema, que se mostrará indiferente ao instituto da coisa julgada, especialmente tendo-se como mira os bens tutelados.

---

[26] Demonstrativo de Regularidade dos Atos Partidários, eletronicamente utilizado pelos partidos políticos e coligações na postulação das candidaturas individuais, a quem o órgão coletivo representa, sem embargo do RRC (Requerimento de Registro de Candidatura), que acompanhará o DRAP, complementando-o.

Afirmar uma candidatura é influir diretamente no processo de condução da democracia brasileira. Aqui há muito mais que o simples – ainda que legítimo – interesse particular do candidato ou do partido a que está vinculado.

E a legislação eleitoral está atenta a essa função – promover eleições legítimas, dando sustentação constitucional aos eleitos – prevendo medidas diversas que, mesmo após o registro, possam rever a constitucionalidade, a regularidade e a legitimação do candidato registrado e que ou prossiga no pleito ou já tenha sido eleito, atuando retroativamente ao efeito de cassar (ou desconstituir) o registro, a diplomação e até o próprio mandato.

Relativamente ao processo de registro, objeto específico deste trabalho, mesmo que, *ad argumentandum*, não reconhecida a sua natureza de processo jurisdicional, na sua primeira fase como procedimento, de regra, documental, podendo ou não se instituir uma segunda fase, via AIRC, como ação incidental e adoção da técnica de inversão do contraditório (muito útil no processo civil), incontestável que, por derradeiro, o ato judicial proferido defere ou indefere o registro. Superada a decisão de negativa de registro, a qualificar-se pela coisa julgada material, remanesce para estudo a decisão que defere o registro e sua aderência ao instituto da coisa julgada.

A discussão de direito material sobre a candidatura (individual ou coletiva) versa sobre temas bens específicos (ausência de condição de elegibilidade, conforme art. §3º, CR, e, na forma coletiva, obediência à cota de gênero; ausência de condição de registrabilidade; incidência de uma causa de inelegibilidade, hipótese cuja fonte ou é constitucional ou com previsão em Lei Complementar, conforme art. 14, §§4º, 5º, 6º, 7º e 8º, da CR e LC nº 64/90, atualizada pela LC nº 135/2010, conforme §9º do referido dispositivo constitucional.

Extraindo a discussão sobre as condições de registrabilidade, normalmente de menor repercussão jurídica e no mais das vezes facilmente superada, as outras duas causas de pedir, condições de elegibilidade e causas de inelegibilidade, encontram respaldo constitucional. Ora, tais hipóteses decididas em favor da candidatura não podem transitar materialmente em julgado, tornando indiscutível a decisão, pela importância de seus reflexos sobre a legitimidade das eleições.

Tanto é assim que o sistema prevê hipóteses de sua rediscussão, a exemplo do que ocorre com a ação de Recurso contra Expedição de Diploma (RCED), prevista no art. 262 do CE, com a redação que lhe foi dada pela Lei nº 12.891/13. Trata-se de ação, independentemente do nome que lhe foi atribuída por legislação vetusta (CE) que é anterior ao próprio Código de Processo Civil de 1973. O cabimento (ou causa de pedir) do RCED se dá nos casos de inelegibilidade superveniente (hipótese que afasta a discussão da coisa julgada, porque o fundamento do pleito de cassação do diploma, com reflexos na desconstituição do registro, é distinto daquele decido em sede de ação de registro, afastando por si só a identidade pela causa de pedir); e os casos de natureza constitucional ou de falta de condição de elegibilidade. Nessas duas últimas hipóteses, a causa de pedir é a mesma (no todo ou em parte, tanto faz), tenha ou não sido expressamente enfrentada e decidida no processo em que deferiu o registro da candidatura,[27] abrindo a oportunidade de rediscutir o registro, ainda que com foco na diplomação, mas cuja decisão, por óbvio, afeta o próprio registro.

---

[27] Hipótese que se enquadra no art. 508 do NCPC: transitada em julgado a decisão de mérito, considerar-se-ão repelidas todas as alegações e as defesas que a parte poderia opor tanto ao acolhimento quanto à rejeição do pedido.

Reconhecido pela sentença o ferimento à disposição constitucional ou qualquer outra falta de condição de elegibilidade, o registro será desconstituído, do que se conclui que a decisão anterior não está amparada pela indiscutibilidade ou imutabilidade da coisa julgada, ainda que seja decisão de mérito, alcançando apenas a coisa julgada formal.

Não se descarta, ainda, que o tema não preclusivo, considerando sua força constitucional, não venha a ser levantado em sede de representação atípica, provocando-se o reexame da concessão do registro do candidato ou do próprio órgão colegiado, antes mesmo da diplomação, o que afasta a via estreita do RCED. Alguns exemplos que podem ser citados, exigindo por certo espaço mais amplo para o seu aprofundamento, aqui são colacionados, até para demonstrar a fragilidade e omissão dos textos legislativos de regência. Assim, a título de candidatura individual, a hipótese de um candidato ter perdido sua nacionalidade brasileira em processo próprio, cuja decisão ocorreu entre o período do registro, o curso da candidatura e a própria eleição; ainda sob o mesmo espectro, o candidato que à época do registro não detinha qualquer parentesco proibitivo do art. 14, §7º, da Constituição, mas que vencido o registro venha a contrair casamento com qualquer das autoridades ali relacionadas

Também aqui a hipótese é de reexaminar o registro concedido e, se for o caso, desconstituí-lo, a demonstrar a ausência da estabilidade deferida, confirmando a incidência da coisa julgada formal e não material.

De outro lado, hipótese ainda não pacificada na jurisprudência, diz com a condição coletiva de registro do partido ou da coligação no tocante à quota de gênero. Um dos temas que têm sido levados aos tribunais, ainda de forma franciscana, diz com a regularidade da candidatura do partido político ou coligação que no momento do DRAP preenche as regras legais quanto à cota de gênero, mas que, fraudando a lei eleitoral (art. 10, §3º, da Lei nº 9.504/97, logo em seguida à decisão favorável ao registro, reformula a sua lista de candidatos mediante pedido de renúncia à candidatura em massa ou quase na sua totalidade pelas candidatas mulheres, alterando profundamente o quadro de candidaturas.[28]

Apenas para não pecar pelo silêncio, o fato é que o tema de gênero nas eleições só mais recentemente é que tem sido objeto de discussão legislativa, jurisprudencial e doutrinária, acusando uma resistência cultural à plena adoção da garantia de isonomia entre gêneros e denunciando, no mínimo, o atraso da consagração da efetiva democracia no território brasileiro. É praticamente inaceitável sob o aspecto jurídico e democrático concluir que o cumprimento das regras do jogo – como têm sido resolvidos os conflitos que surgem sobre a igualdade de gênero – limitem-se à decisão, com conteúdo de coisa julgada formal, do deferimento do DRAP, não permitindo seu reexame em processo posterior.

Por outro lado, o próprio processo de registro de candidaturas mostra-se, ainda, acanhado quanto às possíveis arguições levantadas junto ao Poder Judiciário, embora configure um dos portais mais relevantes na realização das eleições.

---

[28] MACEDO, Elaine Harzheim. A cota de gênero no processo eleitoral como ação afirmativa na concretização de direitos políticos fundamentais: tratamento legislativo e jurisdicional. *Revista da AJURIS/Associação dos Juízes do Rio Grande do Sul*, n. 133, p. 205-243, 2014.

6 Considerações finais

Na seara do Direito Eleitoral, o século XX e os primeiros anos do século XXI podem representar a evolução dos direitos políticos fundamentais, concentrando-se nesse período a vivência de muitos séculos, se comparados a outros ramos do Direito.

Na aurora do século XX, Hans Kelsen previa o desaparecimento da distinção entre jurisdição e administração, entendendo que a separação só se justificava pela forma de organização dos tribunais.[29] Pois no Brasil do século XXI, que há oito décadas organiza seus tribunais eleitorais atribuindo-lhe tarefas administrativas e jurisdicionais, não se vislumbram os sinais da profecia kelseniana.

A justaposição dessas atividades permanece desafiando a doutrina, que se debate acerca da natureza administrativa ou jurisdicional das emanações da Justiça Eleitoral. E não em vão, pois o que distingue uma de outra atividade não é apenas a organização dos tribunais, mas a natureza das atividades que desenvolvem. É dizer, o traço distintivo não está no órgão, mas no ato. Daí porque a importância do instituto da coisa julgada no processo judicial eleitoral.

No ordenamento jurídico brasileiro, administração e jurisdição possuem pressupostos e efeitos distintos, e o fato de que uma autoridade judiciária desempenhe, ao mesmo tempo e no contexto do mesmo macroprocesso – o processo eleitoral – atividades distintas constitui um importante desafio intelectual: o que faz um juiz ou tribunal eleitoral quando homologa ou recusa uma candidatura? Administra? Julga?

A essas angústias preexistentes, soma-se, agora, o novo Código de Processo Civil, que instaura, a partir de seu art. 15, um verdadeiro deserto a ser desbravado no processo judicial eleitoral, ressaltando-se que sua aplicação subsidiária (já reconhecida pela doutrina e jurisprudência eleitoralista construídas com base no CPC de 1973) foi mantida, mas o que releva é o acréscimo da aplicação supletiva.

Revisitando tema ainda não pacífico, qual seja, o caráter jurisdicional do registro de candidaturas, e sua submissão ao instituto da coisa julgada, especialmente os arts. 502 e 503 do novo CPC, representa um primeiro passo na consolidação da jurisdição eleitoral, que deve ser compreendida por suas próprias características determinantes do processo eleitoral, mas cuja sustentação na legislação processual civil, interpretados os dois sistemas à luz de um processo democrático, efetivo e tempestivo, pode contribuir, em muito, ao seu objetivo maior e sua missão institucional de prover eleições livres, legítimas e que autenticamente representem a vontade popular.

Referências

CANELA JR., Osvaldo. O controle jurisdicional do processo político no Brasil. Paraná eleitoral: *Revista Brasileira de Direito Eleitoral e Ciência Política*, v. 1, n. 2. Curitiba: TRE, 2012.

CASTRO, Letícia Lacerda de. Processo constitucional e democracia: ensaio sobre a construção participada da decisão eleitoral no Estado Democrático de Direito. *Estudos Eleitorais*, Brasília, vol. 1. n. 1, p. 9-27, 2013.

---

[29] A distinção entre jurisdição e administração reside exclusivamente no modo de organização dos tribunais. A tradicional oposição entre jurisdição e administração, e o dualismo baseado nessa oposição, existente nos aparelhos estatais de execução, só podem ser explicados historicamente, e são fadados a desaparecer se não forem enganadores os sintomas que já indicam uma unificação desses aparelhos. (KELSEN, Hans. *Jurisdição Constitucional*. São Paulo: Martins Fontes, 2003, p. 14)

COSTA, Adriano Soares da. *Instituições de direito eleitoral*. 8. ed. Rio de Janeiro: Ed. Lumen Juris, 2009.

FERNÁNDEZ RODRÍGUEZ, José Júlio; BARRAL, Daniel Neira. Jurisdição Eleitoral: reflexão teórico-pragmática baseada em uma aproximação ao caso europeu. *Estudos Eleitorais*, Brasília, vol. 1. n. 1, p. 10-28, 2012.

GOMES, José Jairo. *Direito Eleitoral*. 3. ed. Belo Horizonte: Del Rey, 2008, p. 191.

KELSEN, Hans. Jurisdição Constitucional. São Paulo: Martins Fontes, 2003, p. 14.

MACEDO, Elaine Harzheim. A cota de gênero no processo eleitoral como ação afirmativa na concretização de direitos políticos fundamentais: tratamento legislativo e jurisdicional. *Revista da AJURIS/Associação dos Juízes do Rio Grande do Sul*, n. 133, p. 205-243, 2014.

MACEDO, Elaine Harzheim; SOARES, Rafael Morgental. O poder normativo da Justiça Eleitoral e a separação dos poderes: um paradigma democrático? *CONPEDI*, UFSC, p. 265-293, 2014. Disponível em <http://www.publicadireito.com.br/publicacao/ufsc/>.

MACEDO, Elaine Harzheim; SOARES, Rafael Morgental. O procedimento do registro de candidaturas no paradigma do processo eleitoral democrático: atividade administrativa ou jurisdicional? *CONPEDI*, UFP, Direitos fundamentais IV, p. 514-543, 2014.

RAMAYANA, Marcos. *Direito Eleitoral*. 11. ed. Rio de Janeiro: Impetus, 2010, p. 367.

RAMAYANA, Marcos. *Processo e ideologia*: o paradigma racionalista. Rio de Janeiro: Forense, 2004.

XAVIER, José Tadeu Neves. Anotações aos artigos 502 a 508. *In*: XAVIER, José Tadeu Neves. *Novo Código de Processo Civil Anotado*. Porto Alegre: OAB, 2015, p. 382-385.

ZILIO, Rodrigo López. *Direito Eleitoral*: noções preliminares, elegibilidade e inelegibilidade, processo eleitoral (da convenção à diplomação), ações eleitorais. 4. ed. Porto Alegre: Verbo Jurídico, 2014, p. 270.

Informação bibliográfica deste livro, conforme a NBR 6023:2002 da Associação Brasileira de Normas Técnicas (ABNT):

MACEDO, Elaine Harzheim. Decisões no processo de registro de candidatura e coisa julgada: os artigos 502 e 503 do NCPC e o Direito Eleitoral. *In*: TAVARES, André Ramos; AGRA, Walber de Moura; PEREIRA, Luiz Fernando (Coord.). *O direito eleitoral e o novo Código de Processo Civil*. Belo Horizonte: Fórum, 2016. p. 317-334. ISBN 978-85-450-0133-1.

O LIVRE CONVENCIMENTO DO JUIZ ELEITORAL *VERSUS* A FUNDAMENTAÇÃO ANALÍTICA EXIGIDA PELO NOVO CÓDIGO DE PROCESSO CIVIL

ENEIDA DESIREE SALGADO

THIAGO PRIESS VALIATI

PAULA BERNARDELLI

1 Um debate (que deveria ser) desnecessário

O novo Código de Processo Civil (Lei nº 13.105/2015, em vigor a partir de 16 de março de 2016), pretende revolucionar a adjudicação do direito, trazendo grandes inovações.

O tema da prova tem sido objeto de discussão em face de um tratamento diferenciado em relação ao regime anterior, com algumas alterações na sistematização do "direito probatório", algumas repetições incompreensíveis (como a referência a telegrama ou radiograma como meio de prova, com menção ao original constante da estação expedidora assinado pelo remetente) e outras indesejáveis, como a que mantém os "fatos notórios" como independentes de prova – embora pareça relevante provar, ao menos, a notoriedade do fato.

O mais interessante artigo para o recorte proposto para esse ensaio é o 489, que traz os elementos da sentença, e seus parágrafos, que tratam da fundamentação da decisão. O que surge como um grande avanço, na realidade, já está determinado pela Constituição de 1988, em seu artigo 93, IX, que exige a fundamentação de todas as decisões do Poder Judiciário: "Todos os julgamentos dos órgãos do Poder Judiciário serão públicos, e fundamentadas todas as decisões, sob pena de nulidade".

O Código de Processo Civil de 1973 indicava como requisitos essenciais da sentença o relatório, os fundamentos e o dispositivo (artigo 458). O novo Código de Processo Civil é mais detalhado e, além dos requisitos da sentença, estabelece outros elementos para o reconhecimento da fundamentação das decisões judiciais (como a explicação sobre a relação do texto normativo indicado e o caso em análise; a aclaração no uso de conceitos jurídicos indeterminados; a vedação à invocação de "motivos que se prestariam a justificar qualquer outra decisão"; a exigência de enfrentamento de todos os argumentos trazidos ao processo que afastariam a decisão tomada; a impossibilidade de simplesmente invocar súmula ou precedente sem vincular ao caso; e a proibição de deixar de seguir súmula, jurisprudência ou precedente invocado sem demonstrar a superação do entendimento ou sua não aplicação ao caso) e demanda que a ponderação seja explicitada, com referência expressa às premissas fáticas (artigo 489, §§1º e 2º).

Trata-se, simplesmente, de um desenvolvimento do princípio constitucional da fundamentação das decisões judiciais, do direito fundamental do acesso à justiça e, ainda, de uma série de outros desdobramentos específicos, como a ampla defesa. Seria de fato desnecessário tratar do tema no Código de Processo Civil, pois a fundamentação adequada e suficiente de qualquer ato do Poder Público – e, portanto, também do Poder Judiciário – é corolário do Estado de Direito, da República, como justificação para o exercício do poder estatal.

Se alguém, no entanto, se propuser a ler decisões judiciais na seara eleitoral, vai se deparar com expressões interessantes em processos que levaram à cassação de mandatos eletivos e que, portanto, descartaram a vontade popular manifestada nas urnas. Os "fundamentos" trazidos por vezes são bastante genéricos, como "o conjunto da obra, esse somatório de fatores"[1] e, especialmente, os inúmeros casos de cassação com base em "indícios e presunções", permitidos pela legislação eleitoral.

Como o Código de Processo Civil aplica-se subsidiariamente às ações eleitorais, trata-se de investigar como se compatibiliza o artigo 489 e seus parágrafos do novo CPC com o artigo 23 da Lei Complementar nº 64/1990, uma espécie de supertrunfo de constitucionalidade duvidosa ao alcance do juiz eleitoral, pois afirma que o julgador ou o tribunal "formará sua convicção pela livre apreciação dos fatos públicos e notórios, dos indícios e presunções e prova produzida, atentando para circunstâncias ou fatos, ainda que não indicados ou alegados pelas partes, mas que preservem o interesse público de lisura eleitoral".

2 O processo eleitoral e o direito processual eleitoral

2.1 Os bens jurídicos protegidos

O Direito Eleitoral tem como escopo realizar dois princípios constitucionais estruturantes: o princípio democrático e o princípio republicano. Ambos são fundamentos centrais do Estado de Direito brasileiro e, de sua concretização, depende a qualidade da justificação do exercício do poder político.

A ideia republicana demanda um conteúdo específico do exercício do poder, vinculado necessariamente à noção de bem público; e também, conforme assinala Geraldo Ataliba, impõe a participação das minorias e sua livre expressão e canais institucionais para a oposição, baseada em três princípios: a legalidade, a isonomia

---

[1] Tribunal Superior Eleitoral. Recurso contra Expedição de Diploma nº 671/MA. Voto do Ministro Carlos Ayres Brito, página 99 do acórdão.

e a intangibilidade das liberdades públicas.[2] Além disso, pressupõe temporalidade e alternância no poder. No cerne do ideal republicano está a exigência de igualdade.

O princípio democrático impõe que o exercício do poder público deve sua legitimação à soberania popular. No desenho constitucional brasileiro, os integrantes do Poder Legislativo e os chefes do Poder Executivo devem sua investidura à escolha do corpo eleitoral, entre os nomes indicados pelos partidos políticos, em um sistema que normativamente prima pelo pluralismo. Essa escolha popular dá-se por meio de eleições, que garantem formalmente a democracia quando realizadas em um contexto de liberdade, igualdade, ampla informação, competição eleitoral, lealdade e respeito às regras.

Uma democracia efetiva demanda um debate político público e robusto sobre as questões centrais da convivência social e sobre as alternativas colocadas à disposição do eleitorado. As crescentes restrições sobre a propaganda eleitoral, no entanto, circunscrevem o debate, ainda mais combinadas com a abertura para a divulgação antecipada de algumas candidaturas, o que atingem fortemente a igualdade na competição eleitoral. Também são nocivos aos fundamentos de uma democracia real a utilização do poder político para beneficiar um dos competidores e intervenção sub-reptícia dos meios de comunicação social em descumprimento de sua função social.

Para proteger a democracia republicana, faz-se necessário um sistema de controle das eleições. E o Brasil, por uma razão histórica, aposta em uma estrutura do Poder Judiciário bastante peculiar, que reúne atribuições administrativas e jurisdicionais.[3]

A Justiça Eleitoral brasileira tem como missão constitucional garantir que a escolha do eleitorado se dê livre do abuso de poder econômico, de poder político, corrupção e fraude (artigo 14, §§9º e 10), com o funcionamento adequado dos partidos políticos (artigo 17, III), em eleições normais e legítimas.

O grande ponto está em como proteger simultaneamente os bens jurídicos indicados pela Constituição. A liberdade do voto de um único eleitor pode se ver atingida no caso de uma captação ilícita de sufrágio; trata-se, sem dúvida, de ofensa a bem constitucionalmente protegido. Não parece, no entanto, absolutamente lógico decorrer daí a anulação de todos os demais votos proferidos em favor do candidato beneficiado pela captação, desprezando-se completamente a manifestação eleitoral (em princípio legítima) dos demais cidadãos. A questão fica ainda mais dramática quando a constatação da captação ilícita não inclui sequer prova do conhecimento da ilicitude pelo candidato, nem sua anuência.

Assim, o que se verifica é que, em determinados casos, a aplicação do direito eleitoral a pretexto de proteger bens jurídicos acaba por ofender os princípios basilares de uma democracia. Isso não significa, no entanto, que a solução seja abandonar as regras eleitorais e o sistema de controle das eleições. A tarefa é trazer coerência e previsibilidade à atuação da Justiça Eleitoral.

---

[2] ATALIBA, Geraldo. *República e Constituição*. São Paulo: Revista dos Tribunais, 1985. ATALIBA, Geraldo. Eficácia dos princípios constitucionais: República: periodicidade e alternância: reeleição das mesas do Legislativo. *Revista de Direito Público*, São Paulo, n. 55-56, p. 166-170, jul./dez. 1980.

[3] Para uma crítica do modelo brasileiro e uma proposta de novo desenho, ver SALGADO, Eneida Desiree. Um novo modelo de administração das eleições e de Justiça Eleitoral para o Brasil. *Direito Eleitoral*: debates ibero-americanos. Curitiba: Ithala, 2014, p. 129-138.

2.2 O caráter assistemático das regras processuais eleitorais

Deve-se reconhecer que não é simples a tarefa de aplicar o direito eleitoral. Suas normas, espalhadas por diplomas diversos, elaborados em contextos políticos muito distintos, são repletas de conceitos jurídicos indeterminados, e não é fácil compatibilizar seus comandos. Para alcançar uma consistência na adjudicação do direito eleitoral, seria importante uma consolidação das regras eleitorais, com uma análise prévia da compatibilidade da legislação com a Constituição, além do afastamento cabal do (inconstitucionalmente autoconcedido) poder normativo do Tribunal Superior Eleitoral.

O âmbito processual é refém dessa situação. As ações eleitorais estão espalhadas por diversos diplomas, como a Lei das Eleições (representações, reclamações e direitos de resposta), a Lei das Inelegibilidades (ação de impugnação de registro de candidato, ação de investigação judicial eleitoral), o Código Eleitoral (recurso contra a expedição do diploma, ações penais) e na Constituição (ação de impugnação de mandato eletivo).

Durante a campanha eleitoral, as ações mais frequentes são as representações, que cabem nos casos de descumprimento da Lei das Eleições, por propaganda irregular, por divulgação de pesquisa não registrada e, seguindo o rito de ação de investigação judicial eleitoral, por captação ilícita de sufrágio e por prática de conduta vedada a agente público. No rito previsto para as representações, não há previsão de dilação probatória (ainda que possa ocorrer), nem de alegações finais, em nome da celeridade exigida no período eleitoral. Há ainda o direito de resposta, com prazos ainda mais exíguos.

O registro de candidatura pode ser atacado por recurso contra a expedição de diploma na instância superior àquela responsável pela diplomação. Fruto da confusão, em uma mesma autoridade, da função de administração das eleições com a função jurisdicional, o recurso (que não tem natureza jurídica de recurso e, por mudança de interpretação judicial, permite a produção de provas)[4] é previsto no Código Eleitoral e atualmente tem como hipóteses de cabimento inelegibilidade superveniente ou de natureza constitucional e falta de condição de elegibilidade. Anteriormente à Lei nº 12.891/2013, o recurso cabia também por incompatibilidade, por erro na interpretação do sistema proporcional, por erro na apuração ou no cálculo do quociente eleitoral e por concessão ou denegação do diploma "em manifesta contradição com a prova dos autos"

---

[4] De decisões que não permitiam a produção de provas [Recurso contra expedição de diploma. A hipótese do art. 262, IV, do Código Eleitoral, pressupõe prova pré-constituída em investigação judicial eleitoral (LC nº 64/90, art. 22), independentemente de decisão transitada em julgado. Recurso conhecido pelo dissenso, mas improvido. Ac. nº 19.518, de 30.10.2001, rel. Min. Luiz Carlos Madeira. Também: Recurso contra expedição de diploma fundado no art. 262, IV, do Código Eleitoral. Prova colhida em ação de investigação judicial sem trânsito em julgado. Cabimento. Precedentes do TSE. Recurso provido para que o TRE aprecie a matéria. No recurso contra expedição de diploma é imprescindível a prova pré-constituída. Entretanto, segundo a nova posição desta Corte, a prova pode ser colhida em ação de investigação judicial sem trânsito em julgado. Ac. nº 3.247, de 6.6.2002, rel. Min. Sálvio de Figueiredo], o Tribunal Superior Eleitoral passou a permitir instrução probatória em sede de recurso [Governador. Recurso contra expedição de diploma (art. 262, IV, c.c. os arts. 222 e 237 do Código Eleitoral). Abuso do poder econômico: indícios. Ausência de comprovação de financiamento de campanha com recursos públicos. [...] VI – Possibilidade de admissão de produção de prova no recurso contra expedição de diploma, desde que a parte assim tenha requerido e a indique na petição inicial, nos termos do art. 270 do Código Eleitoral, assegurando-se ao recorrido a contraprova pertinente (AgRgRCEd nº 613, rel. Min. Carlos Velloso). VII – As provas testemunhais e periciais apresentadas nas razões recursais ou com as contra-razões devem ser colhidas em procedimento prévio, com a garantia do contraditório (art. 270, §1º do Código Eleitoral). Diversamente em relação à prova documental, que vale por si, se idônea e não contiver vício na sua elaboração (CPC, arts. 364 a 373), cabendo à parte contrária contestá-la, se for o caso (Ac. nº 12.083, rel. Min. Pertence). Ac. nº 612, de 29.4.2004, rel. Min. Carlos Velloso].

por compra de votos, falsidade, fraude, coação e abuso de poder político ou econômico. Em decisão de setembro de 2013, o Tribunal Superior Eleitoral, por estreita maioria, decidiu que o recurso contra a expedição de diploma, na quarta hipótese apontada, era incompatível com a Constituição.[5] Antes disso, no entanto, a ação foi apta a cassar mandatos, inclusive de governadores.

O mandato eletivo pode ser atacado por ação de impugnação de mandato eletivo, prevista apenas na Constituição. O §10 do artigo 14, no entanto, fala apenas nas hipóteses – abuso do poder econômico, corrupção e fraude – e do prazo (15 dias a partir da diplomação). Sem previsão quanto ao rito, até 2004 aplicava-se o rito ordinário do processo civil, o que, muitas vezes, levava à perda do objeto da ação em face do término do mandato impugnado; a Resolução nº 21.634/2004 impõe a aplicação do rito da ação de impugnação de registro de candidato, previsto na Lei das Inelegibilidades. A competência para processar e julgar a ação é da instância que faz a diplomação, distinta, portanto, da que recebe e decide sobre o recurso contra a expedição do diploma. A construção jurisprudencial acaba ainda por excluir o cidadão da legitimidade ativa da impugnação de mandato eletivo por não vislumbrar interesse jurídico do eleitor no afastamento de mandatários;[6] desta maneira, os legitimados são os mesmos do recurso contra a expedição do diploma – partidos políticos, coligações, candidatos e o Ministério Público Eleitoral – e, até 2013, os mesmos fatos podiam ser fundamento do ataque ao mandato por duas ações distintas, de competência de dois órgãos diferentes, sem que se reconhecesse litispendência.[7]

A Lei das Inelegibilidades traz o rito da ação de impugnação de registro de candidato em face de inelegibilidade ou incompatibilidade, com a previsão de legitimidade de "qualquer candidato, a partido político, coligação ou ao Ministério Público", prazo de cinco dias contados da publicação do pedido de registro e competência do órgão da Justiça Eleitoral responsável pelo registro de candidatura. O prazo para resposta é de sete dias, e é prevista dilação probatória seguida de prazo comum de cinco dias para alegações finais das partes e do Ministério Público.

A ação de investigação judicial eleitoral, também prevista na Lei das Inelegibilidades, tem como hipóteses de cabimento o abuso de poder político, o abuso de poder econômico, o uso indevido dos meios de comunicação social e o desrespeito às normas de arrecadação e gastos de recursos nas campanhas eleitorais. Seu rito, como afirmado, aplica-se ainda às representações por compra de votos e por condutas vedadas.

A falta de um código processual eleitoral ou, ao menos, de um capítulo específico sobre as ações eleitorais implica a aplicação subsidiária do Código de Processo Civil à matéria eleitoral. Porém, em face da necessidade de respostas judiciais rápidas, o rito "ordinário" eleitoral passou a ser o da Lei das Inelegibilidades.

---

[5] TRIBUNAL SUPERIOR ELEITORAL. RCED 884/PI. Relator Min. Dias Toffoli. Julgamento em 17 de setembro de 2013.

[6] TRIBUNAL SUPERIOR ELEITORAL. Resolução nº 21.355, de 6 de março de 2003. "Petição. Impugnação dos diplomas de presidente e vice-presidente da República. Via processual imprópria e ilegitimidade ativa do requerente. Arquivamento do feito." NE: O requerente é eleitor e não possui legitimidade para o ajuizamento de ação de impugnação de mandato eletivo ou do recurso contra expedição de diploma, por isso inviável a aplicação da regra da fungibilidade. Relator Ministro Sálvio de Figueiredo. DJ 01.04.2003, p. 142.

[7] TRIBUNAL SUPERIOR ELEITORAL. RCED 767. Relator Min. Marcelo Ribeiro. Julgamento em 4 de fevereiro de 2010.

2.3 O rito da ação de investigação judicial eleitoral e o polêmico artigo 23 da Lei Complementar nº 64/90

Algumas ações eleitorais podem levar à perda do mandato eletivo – e, portanto, à desconsideração da decisão popular manifestada nas urnas – e à restrição da elegibilidade por um período considerável (para a eleição em que disputaram e para as que se realizem nos oito anos seguintes). Em face da gravidade dos efeitos da decisão, o rito das ações deveria dar o maior alcance possível aos princípios do contraditório, da ampla defesa e do devido processo legal. Não é, no entanto, o que ocorre.

A ação de investigação judicial eleitoral está prevista no artigo 22 da Lei das Inelegibilidades. Como uma redação confusa, a lei reconhece legitimidade a "qualquer partido político, coligação, candidato ou Ministério Público Eleitoral" para representar "diretamente ao Corregedor-Geral ou Regional" da Justiça Eleitoral, "relatando fatos e indicando provas, indícios e circunstâncias e pedir abertura de investigação judicial para apurar uso indevido, desvio ou abuso do poder econômico ou do poder de autoridade, ou utilização indevida de veículos ou meios de comunicação social, em benefício de candidato ou de partido politico". A prática de conduta vedada a agente público e a captação ilícita de sufrágio são hipóteses previstas na Lei das Eleições.

Inicialmente, cabe ressaltar que, em eleições municipais, quem conhece, processa e julga a ação de investigação judicial eleitoral é o juiz eleitoral, conforme o artigo 24 da lei. O rito da ação prevê: cinco dias para "ampla defesa, juntada de documentos e rol de testemunhas"; cinco dias para ouvir as testemunhas das partes (seis, no máximo, para cada um); três dias para diligências (inclusive determinadas de ofício, além de ouvir terceiros ou ordenar exibição de documentos, segundo os incisos VII e VIII do artigo 22 da lei); dois dias para alegações finais (inclusive do Ministério Público); e conclusão imediata para apresentação de relatório. Há prazo para o corregedor assentar o relatório (3 dias), para o procurador eleitoral se pronunciar sobre as imputações e conclusões do relatório (48 horas) e para o tribunal julgar o feito (sessão subsequente ao pedido de inclusão em pauta).

Apesar de ser mais aberta ao contraditório e à ampla defesa do que as demais ações eleitorais não previstas na Lei das Inelegibilidades, é interessante ressaltar as restrições em matéria probatória e, ainda, a oportunidade apenas reservada ao Ministério Público manifestar-se depois do relatório.

O mais preocupante, no entanto, é a regra disposta no artigo 23 da lei,[8] que, como visto, permite ao tribunal (ou ao juiz, em caso de eleição municipal) formar livremente sua convicção, incluindo aí elementos não constantes do processo e que, portanto, não passaram sob o crivo do contraditório. O famigerado artigo tem servido para, em todas as ações eleitorais (mesmo as não previstas na Lei das Inelegibilidades), justificar a não apreciação de todas as alegações das partes na decisão e, ainda, afastar o resultado das urnas pelo "conjunto da obra".

O Partido Socialista Brasileiro propôs, em 15 de junho de 1994, ação direta de inconstitucionalidade (ADI nº 1.082) contra o dispositivo, com pedido de liminar,

---

[8] Ao tratar da ação de impugnação de registro de candidatura, o parágrafo único do artigo 7º da lei traz dispositivo análogo: "O Juiz, ou Tribunal, formará sua convicção pela livre apreciação da prova, atendendo aos fatos e às circunstâncias constantes dos autos, ainda que não alegados pelas partes, mencionando, na decisão, os que motivaram seu convencimento".

afirmando que as normas investiriam os julgadores "de poderes absolutos, imperiais, de o fazer [condenar] baseado em fatos, presunções, etc., que não constem dos autos, que sequer hajam sido indicados ou alegados pelo acusador", afrontando a segurança jurídica e o devido processo legal. Para os proponentes, essa autorização legal em relação à convicção do julgador ofende a exigência de paridade de armas, a igualdade substancial, a garantia constitucional do contraditório, entre outros argumentos menos técnicos.[9] A justificativa para o pedido de liminar foi a proximidade da eleição e a demora na tramitação e decisão das ações diretas de inconstitucionalidade no Supremo Tribunal Federal.[10]

A manifestação da Advocacia-Geral da União afirma que o processo é "meio de busca da verdade" e que a finalidade do processo assim compreendida provoca "fendas no princípio dispositivo", com a influência do "princípio da inquisitoriedade" quando presente o interesse público. Para o representante da AGU, os dispositivos atacados seriam um avanço em busca da verdade e que não haveria perigo para as partes em face da exigência de motivação das decisões constante do artigo 93, IX, da Constituição. Ainda, invoca razões éticas, pois as decisões do juiz que se baseiem em fatos públicos e notórios ou em seu próprio conhecimento serão para proteger a sociedade, evitando que determinadas "pessoas empolguem o mandato popular", não podendo permitir a eleição de que é inelegível por "formalismo processual estéril".

O pedido de liminar é analisado em 1º de julho de 1994, sob a relatoria do Ministro Néri da Silveira. Em seu voto negando a liminar, o relator afirma:

> Certo é que o juiz pode conhecer de ofício de aspectos da causa, máxime em se cuidando de relações de direito público, ou de causas em que predominante interesse público se faça presente, ou enquadráveis entre as que se denominam de ordem pública. Não é possível, hoje, deixar de considerar o processo como eficaz instrumento de ação política estatal, notadamente no que respeita a litígios vinculados à composição do poder político, quando isso se faz sob o controle do Poder Judiciário, tal como sucede no âmbito do processo eleitoral, desde o alistamento até o registro de partidos, de candidatos e a diplomação dos eleitos.

Baseia-se, ainda, no artigo 131 do Código de Processo Civil.

Em 17 de novembro de 1994, o relator envia os autos à Advocacia-Geral da União e à Procuradoria-Geral da República, sucessivamente. A AGU responde em 7 de fevereiro de 1995, sem novos argumentos, defendendo a constitucionalidade dos dispositivos. No mesmo dia, o processo é encaminhado à PGR, que só responde em 13 de novembro de 2001, afirmando que "não mais se considera a demanda como de interesse exclusivo dos litigantes, mas, como processo cujo escopo é também a garantia de direito objetivo". Geraldo Brindeiro continua: "Assim, atua o juiz no processo, de forma imparcial, com absoluta liberdade para formar sua livre convicção, sendo-lhe permitido aferir sobre

---

[9] Como, por exemplo, à página 18: "É intolerável que se relegue o juiz - ser humano sujeito de virtudes e paixões – ao pântano das intrigas, ao inconsequente 'vaudevill' dos botequins de esquina, à leviandade rasteira, à areia movediça dos apetites ou à escravização da mídia. Ou, até, às suas próprias e individuais tendências e paixões políticas. Insuportável!".

[10] SUPREMO TRIBUNAL FEDERAL. Ação Direta de Inconstitucionalidade 1.082-DF. Petição inicial disponível em: <http://redir.stf.jus.br/estfvisualizadorpub/jsp/consultarprocessoeletronico/ConsultarProcessoEletronico.jsf?seqobjetoincidente=1591570>.

a necessidade de realização de prova, ainda que de ofício, desde que indicando os motivos que lhe formaram o convencimento", opinando pela improcedência da ação.

Concluso ao relator em 10 de novembro de 2001, em 3 de abril de 2002 o Ministro Néri da Silveira apresenta o relatório e pede dia para julgamento. Em 22 de abril, o feito foi apresentado, mas "o julgamento foi adiado em virtude do adiantado da hora". Em 8 de maio, o processo foi retirado de pauta em face da aposentadoria do relator. O processo foi distribuído ao Ministro Gilmar Mendes, que alegou impedimento em 30 de abril de 2003 por ter atuado como Advogado-Geral da União no processo. Em 7 de maio, o presidente determina a redistribuição, e o processo vai ao Ministro Maurício Correa, que o recebe em 14 de maio, mas assume a presidência do STF. O novo relator é o Ministro Marco Aurélio, segundo movimentação processual de 11 de junho de 2003. Apenas em 15 de maio de 2012, há pedido para inclusão em pauta do processo, e o julgamento se dá em 22 de maio de 2014.

Quase vinte anos depois da propositura da ação, o Supremo Tribunal Federal decide sobre o dispositivo, sob uma avançada discussão sobre o novo Código de Processo Civil, pois a comissão de juristas, presidida pelo então Ministro do Superior Tribunal de Justiça Luiz Fux, já se reunia desde 2009 e já se apontava para "o reforço do novo CPC no respeito ao contraditório".[11]

A ementa da decisão unânime, pela improcedência da ação e, portanto, pela constitucionalidade das normas impugnadas, é a seguinte:

> Surgem constitucionais as previsões, contidas nos artigos 7º, parágrafo único, e 23 da Lei Complementar nº 64/90, sobre a atuação do juiz no que é autorizado a formar convicção atendendo a fatos e circunstâncias constantes do processo, ainda que não arguidos pelas partes, e a considerar fatos públicos e notórios, indícios e presunções, mesmo que não indicados ou alegados pelos envolvidos no conflito de interesses.[12]

Do voto do relator, extrai-se o argumento de que é possível restringir o princípio dispositivo sem quebrar a imparcialidade do magistrado, desde que "obedecida a razoabilidade e o respeito ao contraditório". O Ministro Marco Aurélio trata da produção de provas pelo magistrado e afirma que essa possibilidade "não serve a tornar o magistrado o protagonista da instrução processual". Aduz: "As partes continuam a ter a função precípua de propor os elementos indispensáveis à instrução do processo, mesmo porque não se extinguem as normas atinentes à isonomia e ao ônus da prova". Adiante, assevera que "mais segura do que a proibição rígida de produção de provas pelo magistrado é a intransigência concernente à necessidade de fundamentação de todas as decisões judiciais, de acordo com o estado do processo, bem como a abertura de oportunidade para as partes contraditarem os elementos obtidos a partir da iniciativa estatal". E, por fim, completa: "A possibilidade de o juiz formular presunções mediante

---

[11] CÂMARA DOS DEPUTADOS. Novo CPC recebe críticas de integrante da comissão de juristas. *Câmara Notícias*. 07 jun 2010. Disponível em: <http://www2.camara.leg.br/camaranoticias/noticias/DIREITO-E-JUSTICA/148592-NOVO-CPC-RECEBE-CRITICAS-DE-INTEGRANTE-DA-COMISSAO-DE-JURISTAS.html>.

[12] SUPREMO TRIBUNAL FEDERAL. Ação Direta de Inconstitucionalidade nº 1.082-DF. Relator Ministro Marco Aurélio. Julgamento em 22 de maio de 2015. Inteiro teor do acórdão disponível em: <http://redir.stf.jus.br/estfvisualizadorpub/jsp/consultarprocessoeletronico/ConsultarProcessoEletronico.jsf?seqobjetoincidente=1591570>.

raciocínios indutivos feitos a partir da prova indiciária, de fatos publicamente conhecidos ou das regras da experiência não afronta o devido processo legal, porquanto as premissas da decisão devem vir estampadas no pronunciamento, o qual está sujeito aos recursos inerentes à legislação processual".

Apenas Luiz Fux e Ricardo Lewandowski tecem considerações ao tema durante o julgamento. Para o Ministro Fux, presidente da comissão de juristas responsável pela elaboração do novo Código de Processo Civil, "o Ministro Marco Aurélio trouxe um dado relevantíssimo no seu voto, afirmando que, no processo eleitoral, estão em jogo interesse indisponíveis, que são matérias cognoscíveis de ofício. Então, aquilo que o juiz pode conhecer de ofício independe de alegação da parte". E conclui: "Portanto, não há, realmente, uma violação do princípio do contraditório, porque evidentemente, num primeiro momento, se são fatos que não foram alegados, e o juiz leve em consideração, e ninguém falou nada sobre esses fatos e nem provou nada, a afronta ao princípio do devido processo legal e ao contraditório é claríssimo. Mas aqui, não; aqui são interesses indisponíveis que permitem ao juiz conhecê-los de ofício, o que significa dizer: independentemente de provocação da parte".

Por sua vez, o Ministro Ricardo Lewandowski defende seu posicionamento pela constitucionalidade dos dispositivos, afirmando que, "no passado, na seara processual, imperava o antigo brocardo latino: *quod non est in actis, non est in mundo*; ou seja, tudo aquilo que não estivesse nos autos não poderia ser considerado, porque não estaria no mundo, pelo menos, no mundo jurídico", mas hoje "ele não é mais, o magistrado, um nefelibata, alguém que vive numa torre de marfim, mas vive no mundo e deve considerar todas as circunstâncias que envolvem aquele processo que está em julgamento", e o mais importante para as partes "é o cumprimento do que consta no artigo 93, inciso IX, da Constituição, exatamente a fundamentação e a publicidade de todas as decisões".

Interessante ressaltar que não apenas a possibilidade de indeferimento de provas e determinação de ofício da produção de outras é defendida pelo Supremo Tribunal Federal, pois estaria permitido o contraditório sobre a prova produzida, mas também a decisão fundamentada no conhecimento pessoal do juiz, sem que a questão seja trazida aos autos para que as partes se manifestem sobre ela. Ou seja, permite-se – e isso será evidenciado nas decisões proferidas em matéria eleitoral – que haja decisão por perda de mandato e imposição de pena de inelegibilidade por argumento não submetido ao contraditório, em clara ofensa aos princípios basilares do Estado de Direito.

Com essa faculdade dada aos julgadores, não há previsibilidade, não há segurança jurídica, não há confiança legítima, não há contraditório, não há ampla defesa, não há devido processo legal no âmbito jurídico e jurisdicional que deveria assegurar a concretização dos princípios republicano e democrático.

3 A teoria da prova e a livre apreciação no direito eleitoral

3.1 Os efeitos das decisões – soberania popular e direitos fundamentais

Característica marcante do processo eleitoral é o fato de que as decisões proferidas no âmbito desses processos não interferem somente na dinâmica individual das partes envolvidas na lide. Ao garantir a existência de processos eleitorais incólumes, que respeitem os princípios constitucionais da autenticidade eleitoral, da necessária participação das minorias e da máxima igualdade na disputa eleitoral,[13] as decisões proferidas nessa justiça especializada acabam sempre atingido, direta ou indiretamente, direitos fundamentais.

Isso porque a lisura do processo eleitoral depende diretamente do correto e pleno exercício do direito político fundamental ativo e passivo. O processo eleitoral, ao garantir o pleno exercício da liberdade de expressão do voto e também da liberdade de pleitear votos para ocupação de cargos eletivos está, invariavelmente, tutelando os direitos políticos fundamentais ativo e passivo. A proteção desses direitos fundamentais deve ter como foco a normalidade e a legitimidade das eleições, sem se afastar da "regra de ouro do Estado Democrático, qual seja a origem popular do poder".[14] Deve-se buscar, sempre, a proteção da autenticidade do escrutínio, afastando escolhas viciadas pelos abusos. Dessa forma, o fim último do processo eleitoral e objeto principal de suas decisões é, em verdade, a soberania popular.

A soberania popular aparece como elemento constitucionalmente protegido no artigo 14 da Constituição Federal, que determina que a manifestação desta soberania se dá "pelo voto direto e secreto, com valor igual para todos"; o mesmo artigo, em seus parágrafos, estabelece as condições de alistamento, de elegibilidade e delimita inelegibilidades, além de, em seu §1º, dispor que o alistamento eleitoral e o exercício do direito político ativo são "obrigatórios para os maiores de dezoito anos".

A manifestação da vontade soberana, portanto, não é apenas um direito de todo cidadão, mas também um dever constitucionalmente estabelecido. A relevância do ato fica evidente também no parágrafo único do artigo 1º, que, ao estabelecer os fundamentos da República, determina que "todo o poder emana do povo, que o exerce por meio de representantes eleitos ou diretamente". O mesmo texto é repetido pelo Código Eleitoral em seu artigo 2º, demonstrando que o voto, como manifestação da vontade dos cidadãos representados e instrumento maior de exercício da soberania popular, é o meio de instituição dos mandatos daqueles que irão, como representantes, exercer o poder emanado do povo.

Ruy Samuel Espíndola aponta que esse momento de vontade instituinte é comparável ao momento de vontade constituinte, por se tratarem de "momentos inaugurais para o Direito", ou "reiniciais" no caso do voto. A vontade constituinte, pontua o autor, "é momento que objetiva perenidade e permanência diretiva"; a vontade das urnas, por sua vez, é extensão da vontade constituinte, é "fruto de um poder constituído, o povo (que também é o titular do poder constituinte), do corpo de eleitores e do corpo de candidatos". Ambas são, portanto, "vontades chaves de uma democracia constitucional: vontade constituinte – fundante e inaugural – e vontade das urnas – renovadora e continuadora da obra feita pelo poder constituinte". Essa vontade popular manifestada pelo voto, ainda, é um "somatório processual e quantitativo de vontades concorrentes", pois é o fim de um processo longo de manifestação de vontade do candidato que se filia, do partido que o escolhe em convenção e, por fim, do eleitor.[15]

---

[13] SALGADO, Eneida Desiree. *Princípios constitucionais eleitorais*. 2 ed. Belo Horizonte: Fórum, 2015.
[14] COÊLHO, Marcus Vinicius Furtado. A gravidade das circunstâncias no abuso de poder eleitoral. *In*: ROLLEMBERG, Gabriela; DIAS, Joelson; KUFA, Karina. *Aspectos polêmicos e atuais no direito eleitoral*. Belo Horizonte: Arraes, 2012, p. 69-74.
[15] ESPÍNDOLA, Ruy Samuel. Justiça Eleitoral contramajoritária e direitos políticos fundamentais de voto e de candidatura. *In*: SALGADO, Eneida Desiree; SANTANO, Ana Claudia. *Direito eleitoral*: debates ibero-americanos. Curitiba: Íthala, 2014, p. 223-242.

A manifestação da soberania popular se dá justamente neste momento em que a escolha de exercer o direito político ativo e o exercício do direito político passivo se encontram. A proteção desses direitos fundamentais é, inegavelmente, a proteção da manifestação da vontade do povo e, embora seja claro o caráter fundamental dos direitos políticos, justamente por conformarem a vontade popular soberana, é bastante comum que seu exercício encontre obstáculos e sofra um controle (na maior parte das vezes, pouco criterioso) do Poder Judiciário, alterando, com bastante frequência, o resultado final desta manifestação de vontade.

Há quem defenda a necessidade desse controle judicial das decisões populares alegando se tratar de uma forma de garantia das "pretensões éticas da cidadania", dando à Justiça Eleitoral a tarefa de "proceder à correta leitura da dimensão ética pretendida pela soberania popular no processo político, ultrapassando [...] fazendo prevalecer suas mais altas aspirações no momento histórico".[16]

Esse "caráter moralizador" da Justiça Eleitoral é defendido pelo próprio Poder Judiciário, como na discussão travada na Consulta nº 1.621 ao Tribunal Superior Eleitoral, em que o Ministro Carlos Ayres Britto, acompanhado pelos Ministros Joaquim Barbosa e Felix Fischer, defendeu "a exigência de uma honrada vida pessoal pregressa como inafastável condição de elegibilidade" implícita na Constituição como hipótese de inelegibilidade, concluindo que a presunção de não culpabilidade não se aplica plenamente aos direitos políticos, podendo, portanto, o Poder Judiciário fazer essa análise da vida pregressa e negar registros de candidatura para candidatos sem condenações transitadas em julgado. Esse entendimento encontrou sua expressão máxima com a aprovação da Lei Complementar nº 135 de 2010, popularmente conhecida como Lei Ficha Limpa, que "legalizou" a restrição de direito político fundamental por decisão de órgão colegiado mesmo que pendente de recurso.

Parece mais correta, contudo, a visão de Jorge Miranda, para quem toda restrição a direito fundamental deve estar pautada na proteção de outros direitos e interesses protegidos pela Constituição, como a liberdade de escolha pelos eleitores, isenção e independência no exercício do cargo, princípio da renovação dos titulares e preservação das instituições essenciais da soberania.[17] As restrições ao direito político passivo são justificadas somente a partir de previsão constitucional: "A Constituição não inclui a 'reputação ilibada' ou a vida pregressa cândida como condição de elegibilidade, no elenco taxativo do artigo 14, parágrafo 3º, nem a vida pregressa maculada ou a reputação manchada como hipótese de inelegibilidade".[18]

A partir dessa perspectiva de existência de limites claros para a interferência no exercício de direitos fundamentais e da compreensão do voto como exercício complexo da convergência de vontades é que se devem observar os efeitos das decisões proferidas pela Justiça Eleitoral. Com base nisso, é possível dimensionar que uma declaração de inelegibilidade, a cassação de um registro ou de um diploma, claramente configura uma

---

[16] CANELA JR., Osvaldo. O controle jurisdicional do processo político no Brasil. *Paraná Eleitoral*: Revista Brasileira de Direito Eleitoral e Ciência Política. Tribunal Regional Eleitoral do Paraná, Núcleo de Pesquisa em Sociologia Política Brasileira – UFPR, v. 1, n. 2. Curitiba: TRE, 2012, p. 191.

[17] MIRANDA, Jorge. *Direito constitucional III: direito eleitoral e direito parlamentar*. Lisboa: Associação Acadêmica da Faculdade de Direito, 2003, p. 63.

[18] SALGADO, Eneida Desiree. *Princípios constitucionais estruturantes do direito eleitoral*. 2010. Tese (Doutorado em Direito) – Faculdade de Direito da UFPR. Universidade Federal do Paraná, Curitiba, p. 134.

decisão individual que afeta somente as partes envolvidas, mas, sim, da construção do tratamento que se dá aos direitos fundamentais envolvidos e dos limites possíveis da interferência do Poder Judiciário na manifestação da soberania popular.

No cenário atual, o magistrado eleitoral, "graças a uma jurisprudência e legislação cada vez mais ambiciosas", não somente tem o poder de certificar os registros de candidaturas, proclamar e diplomar os eleitos, como também "de cassar mandatos alcançados com o voto popular, tornar inelegíveis os cidadãos e, inclusive, sindicar e censurar o que os candidatos podem dizer e os eleitores podem ouvir numa campanha eleitoral".[19] Neste contexto, "somente por uma ficção, um grande equívoco [...] é que podemos pensar que a Justiça Eleitoral, ao cassar registro, diploma ou mandato eletivo, [...] estará apenas cassando a vontade individual, privada e solitária de um cidadão candidato".[20]

Mais equivocada ainda é a ideia de que, com isso, a Justiça Eleitoral "estará preservando e tutelando a vontade dos eleitores, vez que é justamente a soberania popular que 'foi realmente cassada' com a decisão judicial ceifadora de registro, diploma ou mandato, notadamente quando se trata de candidato eleito".[21]

Justamente por isso é que o controle judicial da soberania popular deve, diferentemente do que ocorre hoje, obedecer limites estritos. Uma vez que o alcance das decisões judiciais atinge toda a estrutura democrática, o Poder Judiciário só deveria intervir na relação direta entre eleitores e eleitos em casos de necessidade extrema, nunca para alterar a vontade do eleitor, mas somente para garantir sua livre formação e manifestação.

3.2 O livre convencimento do juiz e o ônus da prova

A inserção do já tratado artigo 23 da LC nº 64/90 na legislação eleitoral buscava dar mais efetividade ao processo eleitoral, autorizando o juiz a formar sua convicção sem a necessidade de analisar todas as provas trazidas ou, ainda, com base em elementos que sequer foram trazidos aos autos e, "portanto, fatos sobre os quais não tenha sido oportunizado às partes o seu conhecimento, para que sobre eles se manifestassem em matéria de defesa".[22] Este mesmo dispositivo tem sido usado para fundamentar decisões que negam pedidos de produções de provas, argumentando a impossibilidade da produção probatória requerida com base na necessária celeridade do processo eleitoral.

Embora a celeridade não pareça razão suficiente para negar a produção de provas necessárias, muito menos para negar à parte "o direito de defender-se amplamente, o que pressupõe a possibilidade de realizar provas e contraprovas sobre todos os fatos

---

[19] GUEDES, Néviton. As eleições municipais e o processo de democracia. *Revista Consultor Jurídico*, 17 set. 2012. Disponível em: <http://www.conjur.com.br/2012-set-17/constituicao-poder-eleicoes-municipais-processo-democracia>.

[20] ESPÍNDOLA, Ruy Samuel. O avanço da Justiça Eleitoral sobre a vontade das urnas. *Consultor Jurídico*, 05 nov. 2012. Disponível em: <http://www.conjur.com.br/2012-nov-05/ruy-samuel-espindola-avanco-justica-vontade-urnas>.

[21] ESPÍNDOLA, Ruy Samuel. Justiça Eleitoral contramajoritária e direitos políticos fundamentais de voto e de candidatura. In: SALGADO, Eneida Desiree; SANTANO, Ana Claudia. *Direito eleitoral*: debates ibero-americanos. Curitiba: Ithala, 2014, p. 223-242.

[22] COELHO, Margarete de Castro. *A democracia na encruzilhada*: reflexões acerca da legitimidade democrática da Justiça Eleitoral brasileira para cassação de mandatos eletivos. Belo Horizonte: Fórum, 2015, p. 154.

que lhe forem imputados",[23] esta construção argumentativa já está bastante consolidada na jurisprudência pátria.

A construção da ideia de livre convencimento do magistrado – aliada à possibilidade de ignorar provas, negar pedido de produção probatória sem necessidade de maiores justificativas e à permissão de fundar seu julgamento em "indícios e presunções" – parece a receita ideal para a existência de excessos por parte dos julgadores (como se toda decisão pautada meramente em indícios não fosse já um excesso) em desconsiderar a vontade das urnas na incansável busca do Poder Judiciário pela moralidade da representação.

É admissível que o magistrado possa indeferir provas por considerá-las desnecessárias, mas isso não pode ser feito de forma completamente arbitrária. A dificuldade de delimitação da prova de captação ilícita de sufrágio e abuso de poder econômico é apontada, inclusive, como um dos fatores principais para a quantidade excessiva de cassações de mandatos eletivos. A prova desses ilícitos eleitorais deveria ser "robusta, incontroversa, a fim de desestimular o 'aventureirismo jurídico', consistente na utilização da Justiça Eleitoral por 'candidatos derrotados e inescrupulosos' que, demonstrando pouco apreço pelo resultado das urnas, usam a Justiça Eleitoral como 2º ou 3º turno do processo eleitoral".[24]

Não é este, no entanto, o entendimento do Tribunal Superior Eleitoral, que, no Agravo Regimental na Representação nº 3217-96.2012.6.00.0000,[25] entendeu, com base no livre convencimento do magistrado eleitoral, preconizado no artigo 23 da LC nº 64/90, que "o magistrado, ao fundamentar sua decisão, está obrigado a responder tão somente aos argumentos que servirem ao seu convencimento", podendo ignorar qualquer outra prova apresentada nos autos que julgue desnecessária. Da mesma forma foi decidido nos Embargos de Declaração nº 3176-32/2010,[26] em que se declarou que o magistrado "é livre para motivar sua decisão tão somente com os argumentos que servirem ao seu convencimento, sem necessidade de analisar todas as alegações das partes."

Indo além da possibilidade de ignorar ou negar a produção de provas, o Tribunal Superior Eleitoral estabeleceu, no julgamento dos Embargos de Declaração no Recurso Ordinário nº 2.098, que "o art. 23 da Lei Complementar nº 64/90 expressamente firma a ideia de que o magistrado pode fundamentar sua convicção em elementos que não foram anteriormente apresentados às partes", afirmando "que a convicção do julgador, nos feitos em que se apuram ilícitos eleitorais, será formada não apenas relevando a prova produzida, mas fatos públicos e notórios, bem como indícios e presunções".

O julgamento por indícios e presunções parece caminhar justamente no sentido contrário do objetivo da legislação e da atuação da Justiça Eleitoral. Considerando a

---

[23] COELHO, Margarete de Castro. *A democracia na encruzilhada*: reflexões acerca da legitimidade democrática da Justiça Eleitoral brasileira para cassação de mandatos eletivos. Belo Horizonte: Fórum, 2015, p. 156.
[24] COELHO, Margarete de Castro. *A democracia na encruzilhada*: reflexões acerca da legitimidade democrática da Justiça Eleitoral brasileira para cassação de mandatos eletivos. Belo Horizonte: Fórum, 2015, p. 156.
[25] TRIBUNAL SUPERIOR ELEITORAL. Agravo Regimental em Representação nº 321.796, Acórdão de 07.10.2010, Relator(a) Min. ALDIR GUIMARÃES PASSARINHO JÚNIOR, Publicação: DJE - Diário da Justiça Eletrônico, Tomo 229, Data 30.11.2010, Página 7-8.
[26] TRIBUNAL SUPERIOR ELEITORAL. Embargos de Declaração em Representação nº 317.632, Acórdão de 09.08.2011, Relator(a) Min. FÁTIMA NANCY ANDRIGHI, Publicação: DJE - Diário da Justiça Eletrônico, Data 24.8.2011, Página 21-22.

relevância dos valores protegidos pelo processo eleitoral e o inevitável impacto social de suas decisões, a legislação deveria garantir um julgamento pautado em provas robustas e irrefutáveis de que a lisura do pleito e a vontade do eleitor foram efetivamente corrompidas e, portanto, devem ser invalidadas, e não em "fatos públicos e notórios" e "indícios e presunções".

Nesse mesmo sentido, defendendo a inconstitucionalidade desse dispositivo, Lenio Streck coloca que, além da inconstitucionalidade, há também essa evidente contradição no texto legal, pois a preservação do interesse público exige justamente que a anulação de uma eleição "deve estar calcada em provas firmes. Robustas. Consistentes. E que esses fatos (e indícios e presunções) não possam ser apreciados livremente". Num ambiente democrático "não há espaço para livre convencimento e tampouco (ou muito menos) livre apreciação da prova".[27]

3.3 A prova testemunhal singular, o artigo 41-A e o novo Código de Processo Civil

O artigo 41-A da Lei nº 9.504/97 estabelece que "constitui captação de sufrágio, vedada por esta Lei, o candidato doar, oferecer, prometer, ou entregar, ao eleitor, com o fim de obter-lhe o voto, bem ou vantagem pessoal de qualquer natureza, inclusive emprego ou função pública, desde o registro da candidatura até o dia da eleição", estabelecendo como sanção possível, inclusive, a cassação do registro ou diploma.

Assim, ancorada por uma visão (consideravelmente distorcida) do fim maior do controle jurisdicional das eleições (qual seja, a garantia da soberania popular através da lisura do pleito), em conjunto com o entendimento a respeito do artigo 23 da Lei Complementar nº 64/90, construiu-se um posicionamento jurisprudencial a respeito deste dispositivo legal que determina que, em casos de captação ilícita de sufrágio, basta prova testemunhal em relação à compra de um único voto (ainda que por interposta pessoa) para a desconsideração completa da vontade manifestada nas urnas.

Para essa desconsideração da vontade popular, nem mesmo é necessária a comprovação de potencialidade real de macular as eleições do ato tido como ilícito. No Acórdão nº 12.282[28] do Tribunal Superior Eleitoral, o Ministro Marco Aurélio estabeleceu que o que se busca na ação eleitoral é a garantia da lisura do pleito, e que esta "fica comprometida com a simples prática do ato reprovado, pouco importando o reflexo que tenha nos resultados da eleição".

Com base no entendimento de desnecessidade de potencialidade e na possibilidade de julgamento com base em meras presunções, proliferaram cassações por captação ilícita de sufrágio feitas com base em conjunto probatório bastante frágil, quando não quase inexistente. Os exemplos existem aos montes, como no julgamento

---

[27] STRECK, Lenio Luiz. O que é a livre convicção dos indícios e presunções? *Revista Consultor Jurídico*. 13 fev. 2014. Disponível em: <http://www.conjur.com.br/2014-fev-13/senso-incomum-livre-conviccao-indicios-presuncoes>.

[28] TRIBUNAL SUPERIOR ELEITORAL. RECURSO ESPECIAL ELEITORAL nº 12.282, Acórdão nº 12282 de 16.05.1995, Relator(a) Min. MARCO AURÉLIO MENDES DE FARIAS MELLO, Publicação: DJ - Diário de Justiça, Data 16.06.1995, Página 18.342, *RJTSE – Revista de Jurisprudência do TSE*, v. 7, Tomo 3, Página 110.

do Agravo Regimental no Agravo de Instrumento nº 11.467,[29] ocasião em que o Tribunal Superior Eleitoral firmou o entendimento de que, ainda que a Lei Complementar nº 64/90 estabeleça, em seu artigo 22, a possibilidade de oitiva posterior de testemunha não indicada no rol inicial, essa providência fica a critério do magistrado em razão do princípio do livre convencimento e da necessidade de imprimir celeridade ao procedimento, mantendo, assim, um acórdão que condenou um candidato por captação ilícita de sufrágio e cassou seu registro com base apenas em prova testemunhal.

A insuficiência da prova testemunhal, mesmo quando não singular, como elemento único de prova dos fatos alegados é reconhecida em todas as outras áreas do direito. É possível encontrar uma série de julgados em direito previdenciário,[30] administrativo,[31] penal,[32] entre outras áreas, tratamento justamente da "insuficiência de prova documental válida e fragilidade de julgar a demanda pautando-se somente na prova testemunhal".

No direito eleitoral, no entanto, ambiente de proteção da soberania popular, essa não parece ser uma preocupação existente para os magistrados. Há muito que a prova testemunhal é considerada suficiente para promover a cassação de eleitos e a alteração do resultado das urnas.

O absurdo reiterado de promover cassações com base em prova testemunhal singular resultou somente numa alteração legislativa sem grande significado. A Lei nº 13.165 de 2015 introduziu no Código Eleitoral o artigo 368-A, dispondo que "a prova testemunhal singular, quando exclusiva, não será aceita nos processos que possam levar à perda do mandato". O dispositivo, no entanto, existindo no mesmo cenário legislativo que o já mencionado artigo 23 da Lei das Inelegibilidades, não parece trazer nenhuma mudança significativa no sentido de garantir que a soberania popular seja desconstituída somente quando houver provas suficientes de seu desvirtuamento, como deveria ocorrer.

Este posicionamento, pautado numa livre convicção absoluta do magistrado, no entanto, parece encontrar pouco espaço para sua manutenção dentro da nova lógica de fundamentação de decisões trazida pelo novo Código de Processo Civil, que apresenta um acertado apego à necessidade de fundamentação analítica das decisões e vinculação do magistrado às provas constantes nos autos.

---

[29] TRIBUNAL SUPERIOR ELEITORAL. Agravo Regimental em Agravo de Instrumento nº 11.467, Acórdão de 27.04.2010, Relator(a) Min. ARNALDO VERSIANI LEITE SOARES, Publicação: DJE – Diário da Justiça Eletrônico, Data 24.05.2010, Página 60.

[30] Como exemplo: TRF-5 - AC: 7561820144059999, Relator: Desembargador Federal Paulo Machado Cordeiro, Data de Julgamento: 01.04.2014, Segunda Turma, Data de Publicação: 03.04.2014.

[31] Como exemplo: TRF-5 - AC: 447191 RN 0000994-28.2007.4.05.8400, Relator: Desembargador Federal Frederico Pinto de Azevedo (Substituto), Data de Julgamento: 18.09.2008, Terceira Turma, Fonte: Diário da Justiça, Data: 13.11.2008, Página 173, n. 221, ano 2008.

[32] APELAÇÃO – PENAL – INJÚRIA RACIAL E AMEAÇA – NEGATIVA DE AUTORIA – FRAGILIDADE DA PROVA TESTEMUNHAL – INSUFICIÊNCIA PROBATÓRIA – PRINCÍPIO IN DUBIO PRO REO – PROVIMENTO. Deve-se reconhecer a insuficiência de provas, quando a acusada nega a autoria delitiva e a prova testemunhal é raquítica na imputação dos crimes à agente, mormente quando evidenciado o interesse extraprocessual da testemunha e da vítima na condenação. Apelação defensiva a que se dá provimento, para afastar o juízo condenatório. (TJ-MS - APL: 00014282620138120010 MS 0001428-26.2013.8.12.0010, Relator: Des. Carlos Eduardo Contar, Data de Julgamento: 17.08.2015, 2ª Câmara Criminal, Data de Publicação: 31.08.2015)

4 A nova lógica do direito processual: a fundamentação analítica e o sistema probatório

4.1 O fim do livre convencimento

O Código de Processo Civil de 1973 estipulava no seu artigo 131 que "o juiz apreciará *livremente* a prova, atendendo aos fatos e circunstâncias constantes dos autos, ainda que não alegados pelas partes; mas deverá indicar, na sentença, os motivos que lhe formaram o convencimento". No projeto original do novo Código de Processo Civil, o juiz também possuiria o poder discricionário do livre convencimento. O artigo 378 destaca que "o juiz apreciará *livremente* a prova [...]". Por sua vez, o artigo 401 dispunha que "a confissão extrajudicial será *livremente* apreciada [...]". Já o artigo 490 dizia que "a segunda perícia não substitui a primeira, cabendo ao juiz apreciar *livremente* o valor de uma e outra". Todavia, mediante emenda supressiva do relator Paulo Teixeira – e atendendo à sugestão de Lenio Streck –, todas as referências a tal poder foram retiradas do novo ordenamento processual. A justificativa para o expurgo de qualquer referência ao livre convencimento dos magistrados é bem delineada no Projeto: "O livre convencimento se justificava em face da necessidade de superação da prova tarifada".[33]

Em verdade, como esclarece William Santos Ferreira, a denominação "livre" utilizada no Código de Processo Civil de 1973 buscava não propriamente conceder uma "liberdade" para o magistrado decidir como bem desejasse, mas apenas significava um sistema desvinculado de um "sistema tarifado", de "provas legais", tão somente isto. Contudo, o que se observou em quarenta anos de vigência do antigo código foi um completo desvirtuamento da norma, tendo o "livre convencimento motivado" servido de recurso teórico "para até 'liberar' o julgador de esforços de demonstração de correção do julgamento referente ao plano fático, de especificação dos elementos do conjunto probatório dos autos que o convenceram".[34]

Trata-se de uma grande conquista hermenêutica em matéria de teoria do direito, em que pese alguns juízes insistirem em afirmar que o princípio secular do livre convencimento ainda subsiste no ordenamento processual pátrio.[35] O livre convencimento dos magistrados acaba por gerar decisões discrepantes (mesmo para casos idênticos), porquanto os valores de cada juiz, como lembra Lenio Streck, são contingenciais.

---

[33] Embora historicamente os Códigos Processuais estejam baseados no livre convencimento e na livre apreciação judicial, não é mais possível, em plena democracia, continuar transferindo a resolução dos casos complexos em favor da apreciação subjetiva dos juízes e tribunais. (STRECK, Lenio. Dilema de dois juízes diante do fim do livre convencimento do NCPC. *In*: DE MACÊDO, Lucas Burril; PEIXOTO, Ravi; FREIRE, Alexandre (Orgs.). *Novo CPC doutrina selecionada*: processo de conhecimento, provas. v. 3. Salvador: Juspodivm, 2015, p. 300).

[34] FERREIRA, William Santos. Comentários ao art. 371. *In*: WAMBIER, Teresa Arruda Alvim *et al*. *Breves comentários ao Novo Código de Processo Civil*. São Paulo: Editora Revista dos Tribunais, 2015, p. 1.001.

[35] Diante da forte resistência pelo fim do livre convencimento no novo Código de Processo Civil (mormente de alguns magistrados), Lenio Streck salienta que ele passou a ser um "apátrida gnosiológico" e invoca o argumento da interpretação histórica, especialmente tendo em vista que ele foi manifestamente expungido do novo código (STRECK, Lenio. Dilema de dois juízes diante do fim do livre convencimento do NCPC. *In*: DE MACÊDO, Lucas Burril; PEIXOTO, Ravi; FREIRE, Alexandre (Orgs.). *Novo CPC doutrina selecionada*: processo de conhecimento, provas. v. 3. Salvador: Juspodivm, 2015, p. 300). Por sua vez, Luiz Guilherme Marinoni, Sérgio Cruz Arenhart e Daniel Mitidiero alegam que "o direito brasileiro adotou – e continua adotando, conquanto a supressão do adjetivo 'livre', tendo em conta que a eventualidade de ter o juiz de escolher entre duas versões probatórias é inelimável – a regra da valoração racional da prova (art. 371)". (MARINONI, Luiz Guilherme; ARENHART, Sérgio Cruz; MITIDIERO, Sérgio. *Novo curso de Processo Civil*: tutela dos direitos mediante procedimento comum. São Paulo: Editora Revista dos Tribunais, 2015, p. 424)

"Mesmo um conjunto de 'boas pessoas' não garante decisões adequadas a Constituição."[36] Eis o grande perigo desse poder discricionário que o livre convencimento possibilita: depender da posição pessoal do magistrado, e não do direito, entendido como uma estrutura.

Com efeito, a chamada teoria das cargas dinâmicas das provas foi consagrada no texto definitivo do novo Código de Processo Civil no artigo 373, §§1º e 2º. "Pela teoria das cargas probatórias dinâmicas, o ônus da prova de determinado fato recai sobre a parte que encontra melhores condições fáticas, econômicas, técnicas, jurídicas etc. de demonstrá-lo no caso concreto."[37] João Batista Lopes, ao discorrer acerca da recepção da referida teoria pelo novo Código de Processo Civil, comenta sobre o perigo da discricionariedade judicial, gerando insegurança jurídica para as partes. No projeto original do novo Código, o artigo 358 era ainda mais genérico e estipulava que: "Considerando as circunstâncias da causa e as peculiaridades do fato a ser provado, o juiz poderá, em decisão fundamentada, observado o contraditório, distribuir de modo diverso o ônus da prova, impondo-o à parte que estiver em melhores condições de produzi-la". Para o aludido autor, os conceitos genéricos utilizados no dispositivo, como "circunstâncias da causa e peculiaridades fato", conferem ao magistrado um excessivo poder, que deve ser afastado.[38] João Batista Lopes, então, indaga se a atividade probatória do juiz se reveste de caráter discricionário e conclui que "a atividade probatória, e como consequência, a aplicação da teoria das cargas dinâmicas da prova, não se reveste de caráter discricionário".[39] De fato, a atividade probatória do magistrado não é discricionária, pois não se rege por conveniência e oportunidade, mas, ao contrário, pelo critério da necessidade e do interesse.[40]

---

[36] Diante da forte resistência pelo fim do livre convencimento no novo Código de Processo Civil (mormente de alguns magistrados), Lenio Streck salienta que ele passou a ser um "apátrida gnosiológico" e invoca o argumento da interpretação histórica, especialmente tendo em vista que ele foi manifestamente expungido do novo código (STRECK, Lenio. Dilema de dois juízes diante do fim do livre convencimento do NCPC. In: DE MACÊDO, Lucas Burril; PEIXOTO, Ravi; FREIRE, Alexandre (Orgs.). *Novo CPC doutrina selecionada*: processo de conhecimento, provas. v. 3. Salvador: Juspodivm, 2015, p. 300). Por sua vez, Luiz Guilherme Marinoni, Sérgio Cruz Arenhart e Daniel Mitidiero alegam que "o direito brasileiro adotou – e continua adotando, conquanto a supressão do adjetivo 'livre', tendo em conta que a eventualidade de ter o juiz de escolher entre duas versões probatórias é inelimínavel – a regra da valoração racional da prova (art. 371)". (MARINONI, Luiz Guilherme; ARENHART, Sérgio Cruz; MITIDIERO, Sérgio. *Novo curso de Processo Civil*: tutela dos direitos mediante procedimento comum. São Paulo: Editora Revista dos Tribunais, 2015, p. 424).

[37] CAMBI, Eduardo. Teoria das cargas probatórias dinâmicas: distribuição dinâmica do ônus da prova: exegese do art. 373, §§1º e 2º do NCPC. *Revista de Processo – RePro*, ano 40, 246, ago. 2015, p. 89.

[38] Por outro lado, Ricardo Alexandre da Silva salienta que a dinamização do ônus da prova obviamente deverá ser fundamentada, "indicando pormenorizadamente as razões que motivam a flexibilização, sob pena de nulidade nos termos do artigo 11. A decisão que dinamiza o ônus da prova enseja a interposição de agravo de instrumento" (DA SILVA, Ricardo Alexandre. Dinamização do ônus da prova no Projeto de Código de Processo Civil. In: FREIRE, Alexandre et al. (Orgs.). *Novas tendências do Processo Civil*: estudos sobre o Projeto do Novo Código de Processo Civil. Salvador: Juspodivm, 2014, p. 553).

[39] LOPES, João Batista. Ônus da prova e teoria das cargas dinâmicas no Novo Código de Processo Civil. *Revista de Processo – RePro*, ano 37, 204, fev. 2012. p. 238-240. João Batista Lopes salienta que, "se considerarmos a virtude semântica do termo *discricionário*, geralmente associado à ideia de *conveniência* e *oportunidade*, por influência do direito administrativo, a resposta será, inquestionavelmente, negativa, É que, a atividade probatória não se rege pela conveniência ou oportunidade, mas sim, pelo critério da necessidade e interesse. O *thema probandum* consiste, precisamente, nos fatos que *precisam* ser provados, não ficando à mercê da conveniência ou oportunidade". (LOPES, João Batista. Ônus da prova e teoria das cargas dinâmicas no Novo Código de Processo Civil. *Revista de Processo – RePro*, ano 37, 204, fev. 2012, p. 239).

[40] Eduardo Cambi também fala sobre esse aumento de poder judicial: "O magistrado continua sendo o gestor da prova, agora com poderes ainda maiores, porquanto, ao invés de partir do modelo clássico (CPC/1973, art. 333),

O livre convencimento, em verdade, possibilita uma postura ativista do Poder Judiciário, e tal postura deve ser combatida, pois permite uma lamentável atuação pragmática dos juízes nacionais. Em relação ao pragmatismo, Richard Posner lembra que o pragmático defende que as normas jurídicas devem ser encaradas como instrumentais na consecução dos seus objetivos. Dessa forma, o pragmatismo afasta-se do formalismo, porquanto, de modo contrário a tal corrente, o pragmático "considera que os conceitos devem servir às necessidades humanas e, portanto, deseja que sempre se considere a possibilidade de ajustar as categorias do direito para que se adaptem às práticas das outras comunidades que não a jurídica".[41] Os pragmáticos defendem, nesse vértice, uma ampliação das "fronteiras da interpretação", na qual os magistrados orientam suas decisões em razão de suas consequências práticas. Em suma, o pragmatismo é uma rejeição da noção de que o direito é fundado em princípios imutáveis e permanentes.[42]

Nesse cenário, cabe a crítica à atuação ativista do Supremo Tribunal Federal – tribunal de cúpula do Poder Judiciário pátrio – e a compreensão que possui de si mesmo como superior ao Legislativo e Executivo. A tendência à centralização do controle de constitucionalidade não se adapta ao Estado de Direito e com a visão da lei como produto do processo democrático. A atuação do Supremo Tribunal Federal não é ilimitada, pois, quando a Constituição não possibilita apenas uma hipótese para a sua concretização, ou quando o poder constituinte posterga a possibilidade de decisão, a decisão política cabe ao legislador: "A ausência de limites no exercício das funções dos agentes públicos não encontra guarida em um Estado de Direito, em uma Constituição democrática".[43] Elival da Silva Ramos também critica a postura ativista do Supremo Tribunal Federal, afirmando que é injustificável o tribunal se subordinar aos fatos ao invés da Constituição Federal.[44]

Ademais, o fim do livre convencimento está estritamente relacionado ao dever de fundamentação das decisões judiciais, conforme será visto a seguir. Como esclarece Lenio Streck,

> da perspectiva normativa do princípio que exige a fundamentação das decisões, *o juiz não tem a opção* para se convencer por qualquer motivo, uma espécie de discricionariedade em sentido fraco que seja; ele deve explicitar com base em que razões, que devem ser intersubjetivamente sustentáveis, ele decidiu desta e não daquela maneira.[45]

---

para depois inverter o ônus *probandi* (CDC, art. 6º, VIII), cabe verificar, no caso concreto, quem está em melhores condições de produzir a prova e, destarte, distribuir este ônus entre as partes (NCPC, art. 373, §1º). (CAMBI, Eduardo. Teoria das cargas probatórias dinâmicas: distribuição dinâmica do ônus da prova: exegese do art. 373, §§1º e 2º do NCPC). *Revista de Processo – RePro*, ano 40, 246, ago. 2015, p. 89).

[41] POSNER, Richard A. *Para além do direito*. São Paulo: Editora WMF Martins Fontes, 2009, p. 421-422.

[42] POSNER, Richard A. *Para além do direito*. São Paulo: Editora WMF Martins Fontes, 2009, p. 422-423 e 428. "Ao abordarem uma questão que tenha sido colocada como de interpretação de uma lei, os pragmatistas perguntarão qual das resoluções possíveis tem as melhores consequências, considerando-se tudo aquilo que é ou deveria ser do interesse dos juristas, incluindo-se a importância de preservar a linguagem como meio de comunicação eficaz e de preservar a separação dos poderes, através do acatamento, em linhas gerais, das decisões do legislativo relativamente ao interesse público". (POSNER, Richard A. *Para além do direito*. São Paulo: Editora WMF Martins Fontes, 2009, p. 422-423).

[43] SALGADO, Eneida Desiree. *Princípios constitucionais estruturantes do direito eleitoral*. 2010. Tese (Doutorado em Direito) – Faculdade de Direito da UFPR. Universidade Federal do Paraná, Curitiba, p. 86-88.

[44] RAMOS, Elival da Silva. *Ativismo judicial*: parâmetros dogmáticos. São Paulo: Saraiva, 2010, p. 245.

[45] STRECK, Lenio. Dilema de dois juízes diante do fim do livre convencimento do NCPC. *In*: DE MACÊDO, Lucas Burril; PEIXOTO, Ravi; FREIRE, Alexandre (Orgs.). *Novo CPC doutrina selecionada*: processo de conhecimento, provas. v. 3. Salvador: Juspodivm, 2015, p. 301.

4.2 A fundamentação das decisões judiciais

O novo Código de Processo Civil, ao retirar qualquer referência ao livre convencimento, consolida e dá amplo destaque ao dever de fundamentação das decisões judiciais. Como lembra William Santos Ferreira, "não há liberdade no ato de julgamento, há um dever de fundamentar a posição tomada, que deve ter como pauta de conduta a preocupação em buscar convencer as partes acerca da correção do posicionamento judicial".[46]

Nesse passo, o artigo 11 do Código estipula que "todos os julgamentos dos órgãos do Poder Judiciário serão públicos, e fundamentadas todas as decisões, sob pena de nulidade". Paulo Cezar Pinheiro Carneiro, ao comentar o referido dispositivo, salienta que "este dever é uma decorrência natural do acesso à justiça e do devido processo legal, garantias expressamente asseguradas pela Constituição (art. 5º, XXXV e LIV e art. 93, IX".[47] Segundo o referido autor, a motivação configura uma garantia às partes, que possuem o direito de obter do Estado uma decisão devidamente motivada e que analise integralmente os pontos duvidosos e todos os argumentos apresentados, seja de fato ou de direito.[48]

Além disso, como visto, o artigo 489, além de pontuar em seu *caput* e inciso II que os fundamentos – em que o juiz analisará as questões de fato e de direito – configuram elementos essenciais da sentença judicial, dispõe em seu §1º que não se considera fundamentada qualquer decisão judicial que:

> I – se limitar à indicação, à reprodução ou à paráfrase de ato normativo, sem explicar sua relação com a causa ou a questão decidida; II – empregar conceitos jurídicos indeterminados, sem explicar o motivo concreto de sua incidência no caso; III – invocar motivos que se prestariam a justificar qualquer outra decisão; IV – não enfrentar todos os argumentos deduzidos no processo capazes de, em tese, infirmar a conclusão adotada pelo julgador; V – se limitar a invocar precedente ou enunciado de súmula, sem identificar seus fundamentos determinantes nem demonstrar que o caso sob julgamento se ajusta àqueles fundamentos; VI – deixar de seguir enunciado de súmula, jurisprudência ou precedente invocado pela parte, sem demonstrar a existência de distinção no caso em julgamento ou a superação de entendimento.

Por conseguinte, relacionando-se o disposto no artigo 371 (que preceitua que "o juiz apreciará a prova constante dos autos...") com o supracitado artigo 489, fica patente que são inadmissíveis declarações gerais do juiz que não possibilitam a individualização do julgamento da causa ou o correlacionem precisamente à prova constante dos autos. Afinal, se certa decisão apresenta "fundamentação" que serve para justificar qualquer decisão, então essa decisão não particulariza o caso concreto:[49] "Além de um dever

---

[46] FERREIRA, William Santos. Comentários ao art. 371. *In*: WAMBIER, Teresa Arruda Alvim *et al*. *Breves comentários ao Novo Código de Processo Civil*. São Paulo: Editora Revista dos Tribunais, 2015, p. 1.001.

[47] CARNEIRO, Paulo Cezar Pinheiro. Comentários ao art. 11. *In*: WAMBIER, Teresa Arruda Alvim *et al*. *Breves comentários ao Novo Código de Processo Civil*. São Paulo: Editora Revista dos Tribunais, 2015, p. 85-86.

[48] CARNEIRO, Paulo Cezar Pinheiro. Comentários ao art. 11. *In*: WAMBIER, Teresa Arruda Alvim *et al*. *Breves comentários ao Novo Código de Processo Civil*. São Paulo: Editora Revista dos Tribunais, 2015, p. 86.

[49] MARINONI, Luiz Guilherme; ARENHART, Sérgio Cruz; MITIDIERO, Sérgio. *Novo curso de Processo Civil*: tutela dos direitos mediante procedimento comum. São Paulo: Editora Revista dos Tribunais, 2015, p. 444.

de fundamentar, o destaque é para a imprescindibilidade do absoluto repúdio às 'motivações' formalistas ou fictícias, que tornam impossível o controle da parcialidade e da valoração das provas e da reconstrução dos fatos".[50]

Por outro lado, Clarissa Tassinari e Ziel Ferreira Lopes alertam que a ideia de fundamentação analítica, sob essa perspectiva *exclusiva*, é insuficiente, porquanto desconsidera os aspectos materiais da decisão judicial: "É evidente que uma decisão analiticamente fundamentada pode ser, em tese, mais criteriosa, porque detalhada – o que é bom para o processo –, mas isso, por si só, não garante que esteja fundamentada, isto é, amparada em bases constitucionais e legislativas solidas".[51] Logo, caso seja utilizada de forma inadequada, a ideia de fundamentação analítica pode acabar despistando insuficiências na exposição dos fundamentos da decisão.[52]

Luiz Guilherme Marinoni, Sérgio Cruz Arenhart e Daniel Mitidiero, em que pese salientarem que a valoração da prova continua sendo livre pelo juiz, destacam que as razões que fundaram o seu convencimento a respeito da prova devem constar da fundamentação da decisão. Trata-se, pois, de uma forma de controle da atividade judicial. "É por essa razão que se diz que o juiz tem de estar *racionalmente convencido* das alegações de fato à luz do conjunto probatório."[53]

Leonardo Carneiro Cunha, nesse sentido, lembra que os fundamentos constituem elemento fundamental comum a toda e qualquer decisão judicial; a ausência dos fundamentos, em verdade, acarreta a nulidade da decisão, nos termos do já citado artigo 93, inciso IX, do texto constitucional. Portanto, decisão sem fundamentação é decisão nula. Essa nulidade convalida-se com o trânsito em julgado da decisão. Operado o trânsito em julgado, a decisão com ausência de fundamentação torna-se decisão rescindível, sendo passível, por consequência, de ação rescisória. Ultrapassado o prazo da rescisória, o vício é convalidado, ocorrendo a coisa julgada soberana.[54]

Demais disso, o artigo 373, §1º, que consolidou a recepção pelo novo código da já mencionada teoria das cargas dinâmicas, consagra mais uma vez o dever de fundamentação ao dispor que "poderá o juiz atribuir o ônus da prova de modo diverso, desde que o faça por *decisão fundamentada*". A fundamentação da decisão que distribui o ônus da prova diversamente ao estipulado pelos incisos I e II do artigo 373 é uma forma de controle da atividade judicial, que, como já destacado anteriormente, não é discricionária, tendo em vista que se rege pelo critério da necessidade e do interesse.

Como dito, o novo Código de Processo Civil consagra o já existente dever de fundamentação no ordenamento processual brasileiro. Todos os cidadãos possuem o direito constitucional de terem as suas causas devidamente analisadas pelo Poder

---

[50] FERREIRA, William Santos. Comentários ao art. 371. *In*: WAMBIER, Teresa Arruda Alvim *et al*. *Breves comentários ao Novo Código de Processo Civil*. São Paulo: Editora Revista dos Tribunais, 2015, p. 1.001.

[51] TASSINARI, Clarissa; LOPES, Ziel Ferreira. Aproximações hermenêuticas sobre o art. 489, §1º do NCPC. *In*: ALVIM, Thereza Arruda *et al*. *O Novo Código de Processo Civil Brasileiro*: estudos dirigidos: sistematização e procedimentos. Rio de Janeiro: Forense, 2015, p. 100.

[52] TASSINARI, Clarissa; LOPES, Ziel Ferreira. Aproximações hermenêuticas sobre o art. 489, §1º do NCPC. *In*: ALVIM, Thereza Arruda *et al*. *O Novo Código de Processo Civil Brasileiro*: estudos dirigidos: sistematização e procedimentos. Rio de Janeiro: Forense, 2015, p. 100-101.

[53] MARINONI, Luiz Guilherme; ARENHART, Sérgio Cruz; MITIDIERO, Sérgio. *Novo curso de Processo Civil*: tutela dos direitos mediante procedimento comum. São Paulo: Editora Revista dos Tribunais, 2015, p. 424.

[54] DA CUNHA, Leonardo Carneiro. Comentários ao art. 11. *In*: WAMBIER, Teresa Arruda Alvim *et al*. *Breves comentários ao Novo Código de Processo Civil*. São Paulo: Editora Revista dos Tribunais, 2015, p. 1.229.

Judiciário, mas não apenas isto; possuem também o direito de que este forneça respostas legítimas e motivadas, em conformidade com o ordenamento jurídico, mormente a Constituição Federal. A conclusão alcançada por Clarissa Tassinari e Ziel Ferreira Lopes é paradigmática: o Poder Judiciário não pode se desincumbir da responsabilidade que assume perante a sociedade; o dever de fundamentação, é dizer, exerce um papel fundamental para o constrangimento de magistrados num processo de crescimento da interferência jurisdicional na vida dos cidadãos (ativismo judicial).[55]

4.3 A aplicabilidade do novo Código de Processo Civil ao direito eleitoral: racionalidade do sistema

Por derradeiro, resta investigar a aplicabilidade do novo Código de Processo Civil ao direito eleitoral, haja vista dispositivo da Lei Complementar nº 64 que permite julgamentos por presunções e por livre convencimento.

O referido dispositivo, referido reiteradamente, estipula em seu artigo 23 que "o Tribunal formará sua convicção pela livre apreciação dos fatos públicos e notórios, dos indícios e presunções e prova produzida, atentando para circunstâncias ou fatos, ainda que não indicados ou alegados pelas partes, mas que preservem o interesse público de lisura eleitoral".

Conforme destaca José Jairo Gomes, "ao juiz é dado apreciar e valorar as provas constantes dos autos, formando livremente sua convicção. Significa que as provas não possuem valor legal, prefixado".[56] Ao comentar o dispositivo da Lei das Inelegibilidades, o mencionado autor sublinha que tal possibilidade não seria possível no processo civil comum, tendo em vista que, neste, o juiz deve restringir-se tão somente aos autos. No processo eleitoral, por outro lado, o magistrado deve estar sintonizado com o contexto político ao seu redor, sob risco de incorrer em injustiças. Todavia, José Jairo Gomes também sublinha a importância do princípio da motivação das decisões judiciais na seara do direito eleitoral, destacando que, sem fundamentação, a decisão seria um mero ato de poder, e não uma solução construída em processo dialético.[57]

Em verdade, tal artigo esbarra na norma disposta no artigo 10 do novo Código de Processo Civil, que não permite que o magistrado decida com fulcro em fundamento a respeito do qual não se tenha dado às partes oportunidade de se manifestar, ainda que se trate de matéria fática ou jurídica sobre a qual deve decidir de ofício. O artigo 23, "supertrunfo" do magistrado eleitoral, permite justamente o oposto: deixa que o magistrado assuma um dos lados na persecução eleitoral e analise fatos não alegados ou até a tirar conclusões pautadas em presunções sem base legal.[58] Além disso, o artigo 23 da Lei Complementar nº 64/1990 também encontra oposição com o artigo 371 do NCPC, que versa sobre a atividade probatória do juiz.

---

[55] TASSINARI, Clarissa; LOPES, Ziel Ferreira. Aproximações hermenêuticas sobre o art. 489, §1º do NCPC. In: ALVIM, Thereza Arruda et al. *O Novo Código de Processo Civil Brasileiro*: estudos dirigidos: sistematização e procedimentos. Rio de Janeiro: Forense, 2015, p. 101.
[56] GOMES, José Jairo. *Direito eleitoral*. 8. ed. São Paulo: Atlas, 2012, p. 58.
[57] GOMES, José Jairo. *Direito eleitoral*. 8. ed. São Paulo: Atlas, 2012, p. 58-59.
[58] STRECK, Lenio. Julgar por presunção no direito eleitoral é compatível com o novo CPC? *Senso Incomum*. Disponível em: <www.conjur.com.br/2015-nov-05/senso-incomum-julgar-presuncao-direito-eleitoral-compativel-cpc>. Acesso em: 20 jan. 2015.

Apesar de o dispositivo já ter sido declarado constitucional pelo Supremo Tribunal Federal na ADI nº 1.082, como visto, fato é que, além de esbarrar em diversos preceitos constitucionais, como os artigos 5º, LIV e LV, também encontra forte oposição na nova lógica do direito processual e a necessária fundamentação analítica. Afinal, como conciliar tal artigo com a necessidade de motivação das decisões judiciais? Os termos genéricos do dispositivo ("circunstâncias ou fatos" e "interesse público de lisura eleitoral"), que aumentam inevitavelmente a discricionariedade do magistrado, são potencializados pelo fato de não necessitarem ser indicados ou alegados pelas partes, o que, como já demonstrado, esbarra no artigo 10 do novo Código de Processo Civil.

A aplicabilidade do novo Código de Processo Civil ao Direito Eleitoral, a propósito, é expressamente prevista no artigo 15 do novo ordenamento processual, que dispõe que, "na ausência de normas que regulem processos eleitorais, trabalhistas ou administrativos, as disposições deste Código lhes serão aplicadas supletiva e subsidiariamente".[59]

Ao analisar a incompatibilidade do referido dispositivo com o novo Código de Processo Civil, Lenio Streck expõe o problema: ou se aplica a nova legislação como um modo de trazer garantias efetivas no seio do processo eleitoral, com respeito aos princípios constitucionais, ou não se aplica. E arremata destacando que, "neste caso, também não se pode aplicar 'as partes boas', por assim dizer, como o poder de o relator (artigo 932) resolver monocraticamente os recursos. Ou a aplicação é em todo coerente e íntegro (art. 926 – CPC) ou não se poderá fazê-lo *ad hoc*".[60]

Como referido anteriormente, o livre convencimento, inclusive no direito eleitoral, permite um ativismo desmedido do Poder Judiciário. Nesse sentido, Margarete de Castro Coelho destaca a postura excessivamente ativista assumida pela Justiça Eleitoral: não apenas quando decide além do que foi disposto pelo Poder Legislativo, mas também quando não se contenta em apenas ditar regras para a "fiel execução das leis" e, assim, inovar no ordenamento jurídico, "introduzindo novas regras sobre matérias, cuja competência legislativa a Constituição reservara ao Poder Legislativo".[61] Apesar de Margarete de Castro Coelho enveredar esforços em criticar a função regulamentar da Justiça Eleitoral, é certo que o livre convencimento dos juízes eleitorais também possibilita a instauração de um cenário de ativismo desenfreado tão combatido pela autora. Para Coelho, "ao Judiciário não cabe afirmar que representa melhor os valores da cidadania e, desse modo, substituir os legisladores na condução das mudanças políticas almejadas pela sociedade".[62]

Desse modo, é essencial que a nova lógica do direito processual e, por conseguinte, o fim do livre convencimento sejam manifestamente recepcionados pelo direito eleitoral a fim de que a postura ativista assumida pela Justiça Eleitoral seja expurgada.

---

[59] Todas as chamadas "normas fundamentais do Processo Civil" aplicam-se efetivamente ao direito eleitoral (arts. 1º a 12, Capítulo I, do NCPC), como, por exemplo, o princípio da primazia do mérito, disposto no artigo 4º do novo Código de Processo Civil, e o da cooperação das partes, previsto no artigo 6º do NCPC.

[60] STRECK, Lenio. Julgar por presunção no direito eleitoral é compatível com o novo CPC? *Senso Incomum*. Disponível em: <www.conjur.com.br/2015-nov-05/senso-incomum-julgar-presuncao-direito-eleitoral-compativel-cpc>. Acesso em: 20 jan. 2015.

[61] COELHO, Margarete de Castro. Sobre o envolvimento de instituições judiciais em disputas políticas: o papel da justiça eleitoral brasileira. *Direito Eleitoral*: debates ibero-americanos. Curitiba: Ithala, 2014, p. 15.

[62] COELHO, Margarete de Castro. Sobre o envolvimento de instituições judiciais em disputas políticas: o papel da justiça eleitoral brasileira. *Direito Eleitoral*: debates ibero-americanos. Curitiba: Ithala, 2014, p. 17.

Em verdade, a recepção da nova lógica é manifesta: em que pese à natureza de lei complementar da Lei das Inelegibilidades, fato é que alguns dispositivos da referida legislação são materialmente de lei ordinária, como é o caso do seu artigo 23; sendo assim, o novo Código de Processo Civil revoga tacitamente tais dispositivos, haja vista que a parte processual pode ser alterada por lei ordinária.[63]

Ou, de maneira mais singela e direta, deve-se reconhecer, de plano e apesar da improcedência da ação direta de inconstitucionalidade que buscava afastar o dispositivo, que um Estado Democrático de Direito não permite que o poder estatal baseie suas decisões judiciais em elementos não conhecidos pelas partes da relação processual em caso algum. Menos ainda quando está em jogo a soberania popular. A escolha do eleitorado não pode ser substituída pela decisão de um magistrado ou de um tribunal, sob pena de falsear, de maneira inequívoca, o caráter democrático do sistema político.

Referências

ATALIBA, Geraldo. *República e Constituição*. São Paulo: Revista dos Tribunais, 1985.

ATALIBA, Geraldo. Eficácia dos princípios constitucionais: República: periodicidade e alternância: reeleição das mesas do Legislativo. *Revista de Direito Público*, São Paulo, n. 55-56, p. 166-170, jul./dez. 1980.

CAMBI, Eduardo. Teoria das cargas probatórias dinâmicas: distribuição dinâmica do ônus da prova: Exegese do art. 373, §§1º e 2º do NCPC. *Revista de Processo – RePro*, ano 40, 246, ago. 2015.

CANELA JR., Osvaldo. O controle jurisdicional do processo político no Brasil. *Paraná Eleitoral*: Revista Brasileira de Direito Eleitoral e Ciência Política. Tribunal Regional Eleitoral do Paraná, Núcleo de Pesquisa em Sociologia Política Brasileira – UFPR - v. 1, n. 2, Curitiba: TRE, 2012, p. 191.

CARNEIRO, Paulo Cezar Pinheiro. Comentários ao art. 11. In: WAMBIER, Teresa Arruda Alvim *et al*. *Breves comentários ao Novo Código de Processo Civil*. São Paulo: Editora Revista dos Tribunais, 2015.

COELHO, Margarete de Castro. *A democracia na encruzilhada*: reflexões acerca da legitimidade democrática da Justiça Eleitoral brasileira para cassação de mandatos eletivos. Belo Horizonte: Fórum, 2015.

COELHO, Margarete de Castro. Sobre o envolvimento de instituições judiciais em disputas políticas: o papel da justiça eleitoral brasileira. *Direito Eleitoral*: debates ibero-americanos. Curitiba: Ithala, 2014.

COÊLHO, Marcus Vinicius Furtado. A gravidade das circunstâncias no abuso de poder eleitoral. In: ROLLEMBERG, Gabriela; DIAS, Joelson; KUFA, Karina. *Aspectos polêmicos e atuais no direito eleitoral*. Belo Horizonte: Arraes, 2012, p. 69-74.

DA CUNHA, Leonardo Carneiro. Comentários ao art. 11. In: WAMBIER, Teresa Arruda Alvim *et al*. *Breves comentários ao Novo Código de Processo Civil*. São Paulo: Editora Revista dos Tribunais, 2015.

DA SILVA, Ricardo Alexandre. Dinamização do ônus da prova no Projeto de Código de Processo Civil. In: FREIRE, Alexandre *et al*. (Orgs.). *Novas tendências do Processo Civil*: estudos sobre o Projeto do Novo Código de Processo Civil. Salvador: JusPodivm, 2014.

---

[63] Conforme destaca Lenio Streck: "A parte processual pode ser alterada por lei ordinária. E/ou pode sofrer os influxos de outra Lei, como é o caso do novo CPC. [...] O artigo 15 do CPC explicita que na ausência de normas que regulem processos eleitorais, trabalhistas ou administrativos, as disposições deste Código lhe serão aplicadas supletiva e subsidiariamente. Ou seja, há uma conjugação de supletividade e subsidiariedade. Não somente o CPC colmata lacunas (entendidas no sentido tradicional), como permite, por óbvio, que o novo texto seja utilizado para dar nova ou outra interpretação a dispositivo do ramo do direito previsto para essa dupla função (supletividade e subsidiariedade)" (STRECK, Lenio. Julgar por presunção no direito eleitoral é compatível com o novo CPC? *Senso Incomum*. Disponível em: <www.conjur.com.br/2015-nov-05/senso-incomum-julgar-presuncao-direito-eleitoral-compativel-cpc>. Acesso em: 20 jan. 2015).

ESPÍNDOLA, Ruy Samuel. Justiça Eleitoral contramajoritária e direitos políticos fundamentais de voto e de candidatura. In: SALGADO, Eneida Desiree; SANTANO, Ana Claudia. *Direito eleitoral*: debates ibero-americanos. Curitiba: Ithala, 2014, p. 223-242.

FERREIRA, William Santos. Comentários ao art. 371. In: WAMBIER, Teresa Arruda Alvim *et al*. *Breves comentários ao Novo Código de Processo Civil*. São Paulo: Editora Revista dos Tribunais, 2015.

GOMES, José Jairo. *Direito eleitoral*. 8. ed. São Paulo: Atlas, 2012.

GUEDES, Néviton. As eleições municipais e o processo de democracia. *Revista Consultor Jurídico*, 17 set. 2012. Disponível em: <http://www.conjur.com.br/2012-set-17/constituicao-poder-eleicoes-municipais-processo-democracia>.

LOPES, João Batista. Ônus da prova e teoria das cargas dinâmicas no Novo Código de Processo Civil. *Revista de Processo – RePro*, ano 37, 204, fev. 2012, p. 238-240.

MARINONI, Luiz Guilherme; ARENHART, Sérgio Cruz; MITIDIERO, Sérgio. *Novo curso de Processo Civil*: tutela dos direitos mediante procedimento comum. São Paulo: Editora Revista dos Tribunais, 2015.

MIRANDA, Jorge. *Direito constitucional III*: direito eleitoral e direito parlamentar. Lisboa: Associação Académica da Faculdade de Direito, 2003.

POSNER, Richard A. *Para além do direito*. São Paulo: Editora WMF Martins Fontes, 2009.

RAMOS, Elival da Silva. *Ativismo judicial*: parâmetros dogmáticos. São Paulo: Saraiva, 2010.

SALGADO, Eneida Desiree. Um novo modelo de administração das eleições e de Justiça Eleitoral para o Brasil. *Direito eleitoral*: debates ibero-americanos. Curitiba: Ithala, 2014, p. 129-138.

SALGADO, Eneida Desiree. *Princípios constitucionais eleitorais*. 2. ed. Belo Horizonte: Fórum, 2015.

SALGADO, Eneida Desiree. *Princípios constitucionais estruturantes do direito eleitoral*. 2010. Tese (Doutorado em Direito) – Faculdade de Direito da UFPR. Universidade Federal do Paraná, Curitiba.

STRECK, Lenio. Dilema de dois juízes diante do fim do livre convencimento do NCPC. In: DE MACÊDO, Lucas Burril; PEIXOTO, Ravi; FREIRE, Alexandre (Orgs.). *Novo CPC doutrina selecionada*: processo de conhecimento, provas. v. 3. Salvador: JusPodivm, 2015.

STRECK, Lenio Luiz. O que é a livre convicção dos indícios e presunções? *Revista Consultor Jurídico*. 13 fev. 2014. Disponível em: <http://www.conjur.com.br/2014-fev-13/senso-incomum-livre-conviccao-indicios-presuncoes>.

STRECK, Lenio. Julgar por presunção no direito eleitoral é compatível com o novo CPC? *Senso Incomum*. Disponível em: <www.conjur.com.br/2015-nov-05/senso-incomum-julgar-presuncao-direito-eleitoral-compatível-cpc>.

TASSINARI, Clarissa; LOPES, Ziel Ferreira. Aproximações hermenêuticas sobre o art. 489, §1º, do NCPC. In: ALVIM, Thereza Arruda *et al*. *O Novo Código de Processo Civil Brasileiro*: estudos dirigidos: sistematização e procedimentos. Rio de Janeiro: Forense, 2015.

Informação bibliográfica deste livro, conforme a NBR 6023:2002 da Associação Brasileira de Normas Técnicas (ABNT):

SALGADO, Eneida Desiree; VALIATI, Thiago Priess; BERNARDELLI, Paula. O livre convencimento do juiz eleitoral *versus* a fundamentação analítica exigida pelo novo Código de Processo Civil. In: TAVARES, André Ramos; AGRA, Walber de Moura; PEREIRA, Luiz Fernando (Coord.). *O direito eleitoral e o novo Código de Processo Civil*. Belo Horizonte: Fórum, 2016. p. 335-358. ISBN 978-85-450-0133-1.

PONDERAÇÃO E DEVER GERAL DE FUNDAMENTAÇÃO NO DIREITO ELEITORAL

JOÃO ANDRADE NETO

1 Introdução

Entre as novidades introduzidas pelo novo Código de Processo Civil (NCPC),[1] uma que tem despertado considerável interesse entre juristas é o art. 489, que trata da estrutura da sentença. Particularmente os §§1º e 2º do artigo, que dispõem sobre a fundamentação das decisões judiciais, têm motivado a publicação de um grande número de estudos.[2] Todavia, poucos desses trabalhos consideram a aplicação das novas regras processuais no Direito Eleitoral, e menos ainda focam no §2º do art. 489, ou tentam oferecer uma leitura que permita integrá-lo ao sistema de fundamentação estabelecido pelo NCPC. Nesse sentido, este estudo se propõe a preencher algumas lacunas na doutrina.

O §2º do art. 489 do NCPC prevê: "No caso de colisão entre normas, o juiz deve justificar o objeto e os critérios gerais da ponderação efetuada, enunciando as razões que autorizam a interferência na norma afastada e as premissas fáticas que fundamentam a conclusão". Supõe-se aqui que o parágrafo se refira à ponderação (ou sopesamento ou balanceamento) em sentido próprio,[3] não ao sentido vulgar do termo. Por sentido vulgar, entende-se a ideia de "reflexão", como aparece no dicionário. Todavia, em sentido próprio, ou técnico-jurídico, a ponderação (*Abwägung*, em alemão; *balancing*, em inglês) é a última etapa do teste, princípio, ou regra da proporcionalidade (*Verhältnismäßigkeit*).[4]

---

[1] BRASIL. Lei nº 13.105, de 16 de março de 2015. Código de Processo Civil. *D.O.U.*, 17 mar. 2015.

[2] Ver, p. ex., DIDIER JR., Fredie. *Editorial 116*. Fredie Didier Jr., 2010; THEODORO JR., Humberto. O compromisso do projeto de novo código de processo civil com o processo justo. *Revista de informação legislativa*, v. 48, n. 190, p. 237-263, 2011; NUNES, Dierle. *Novo CPC*: Fundamentar decisões judiciais com amplitude e profundidade é cada vez mais necessário.., *Justificando*.

[3] Sobre o sentido próprio da "ponderação", ver SARMENTO, Daniel. *A ponderação de interesses na Constituição Federal*. 1. ed. Rio de Janeiro: Lumen Juris, 2003, cap. 5, em especial.

[4] ALEXY, Robert. *A Theory of Constitutional Rights*. Oxford: Oxford University Press, 2010a, p. 66–69.

Logo, nem proporcionalidade nem ponderação são sinônimos de "razoabilidade"[5] – diferentemente do que se vê com alguma frequência na doutrina,[6] na jurisprudência eleitoral,[7] ou mesmo em resoluções do Tribunal Superior Eleitoral (TSE),[8] por exemplo.

Desenvolvida como método para resolução de conflitos entre direitos fundamentais pelo Tribunal Constitucional Federal da Alemanha (BVerfG – *Bundesverfassungsgericht*), nas décadas de 1950 e 1960, a proporcionalidade se espalhou por vários países do mundo. Já na década de 1970, passou a ser utilizada pelo Tribunal de Justiça da União Europeia e pelo Tribunal Europeu dos Direitos Humanos. Depois disso, chegou a países da Europa Ocidental, como Portugal e Espanha, às Américas do Norte (exceto pelos EUA) e do Sul, ao Oriente Médio (Israel), África do Sul, Oceania e, mais recentemente, às partes central e mais oriental da Ásia.[9] Uma decisiva contribuição para a aceitação global da proporcionalidade foi dada por Robert Alexy, que ofereceu uma concepção convincente para o termo e uma Teoria dos Princípios capaz de embasar elementos que, na jurisprudência do BVerfG, pareciam conflitantes.[10]

Com o NCPC, senão o teste de proporcionalidade, ao menos seu último subteste, a ponderação, torna-se um método de adjudicação legalmente reconhecido no Brasil. Não se pode perder de vista, porém, que se tratou, inicialmente, de um "empréstimo judicial": tanto o teste de proporcionalidade quanto a ponderação aparecem em decisões judiciais brasileiras, juntamente com a teoria de Alexy, já na década de 1990[11] – antes de qualquer previsão legislativa a respeito. Nesse sentido, o NCPC veio regular o que já era prática no judiciário brasileiro.

No Direito Eleitoral, a ponderação fora usada pelo Supremo Tribunal Federal (STF) para, por exemplo, dirimir a controvérsia acerca da exigência de trânsito em julgado para a execução de acórdão de Tribunal Regional Eleitoral (TRE) que, julgando procedente representação por captação ilícita de sufrágio, cassasse o mandato de candidato eleito e já empossado.[12] A ponderação aparece também no voto dos Ministros Joaquim Barbosa e Gilmar Mendes na ADPF nº 144, que decidiu pela impossibilidade de a Justiça Eleitoral indeferir o pedido de registro de candidatura de pré-candidatos que respondessem a processo criminal ainda sem decisão transitada em julgado.[13] O pensamento de Alexy fora expressamente citada nesta decisão.

---

[5] SILVA, Virgílio Afonso da. O proporcional e o razoável. *Revista dos Tribunais*, v. 798, p. 23-50, 2001.

[6] Ver, por ex., BARROSO, Luís Roberto. *Interpretação e aplicação da Constituição*: fundamentos de uma dogmática constitucional transformadora. São Paulo: Saraiva, 2009, p. 358–364.

[7] Ver, por exemplo, BRASIL. Tribunal Superior Eleitoral. AgR-REspe 390.462 AM, 2012: "Representação. Propaganda eleitoral antecipada. [...] 3. *A multa fixada dentro dos limites legais não ofende os princípios da proporcionalidade e da razoabilidade*" (grifo nosso).

[8] Veja-se o §4º do art. 54 da Resolução nº 23.406: "*A sanção de suspensão do repasse de novas quotas do Fundo Partidário, por desaprovação total ou parcial da prestação de contas do candidato, deverá ser aplicada de forma proporcional e razoável, pelo período de 1 mês a 12 meses [...]*" (BRASIL. Tribunal Superior Eleitoral. Resolução nº 23.406, 2014, grifo nosso).

[9] BARAK, Aharon. *Proportionality*: constitutional rights and their limitations. Cambridge, U.K.; New York: Cambridge University Press, 2012, p. 182.

[10] ALEXY, Robert. *A Theory of Constitutional Rights*. Oxford: Oxford University Press, 2010a, p. 5-10.

[11] Sobre a migração da proporcionalidade para o Brasil, ver ANDRADE NETO, João. *On the Influence of the Principles Theory on the Case Law of the Federal Supreme Court of Brazil*: A case study on judicial borrowing. Tese de doutorado. Universität Hamburg (UHH), Hamburg, 2015, cap. 1 e 2, em especial.

[12] BRASIL. Supremo Tribunal Federal. MC AC 509 AP, 2005.

[13] BRASIL. Supremo Tribunal Federal. ADPF 144 DF, 2010.

Considerando essa prática judicial que precedeu a alteração legislativa, parte-se da premissa de que o legislador tinha em mente a ponderação de inspiração alexyana – ou seja, o NCPC se referiu ao conceito da Teoria dos Princípios.[14] Questão diversa, que será deixada de lado aqui, é se o Código acertou ao fazê-lo.[15] Também não se afirmará neste artigo que o §2º do art. 489 torna a ponderação obrigatória. Essa conclusão forte é controversa e demanda estudos de maior fôlego. Para alcançar os objetivos deste trabalho, basta admitir a conclusão fraca, segundo a qual, o §2º do art. 489 do NCPC não torna obrigatório ponderar, mas, caso o juiz opte por fazê-lo, deve seguir um modelo de fundamentação específico. Deve justificar "o objeto e dos critérios gerais da ponderação, enunciando as razões que autorizam a interferência na norma afastada e as premissas fáticas que fundamentam a conclusão".[16] A decisão que não o fizer é eivada de nulidade – esta é uma das principais conclusões deste estudo.

Outra conclusão é a de que os §§1º e 2º do art. 489 do NCPC se aplicam ao Direito Processual Eleitoral, devendo ser observados pelo TSE, TREs e juízes eleitorais. A fim de demonstrar isso, o trabalho se estrutura da seguinte forma. A seção 1 explica em que consiste a fundamentação judicial. A seção 2 mostra que, no ordenamento jurídico brasileiro, a fundamentação judicial é simultaneamente um princípio constitucional, um direito fundamental subjetivo dos jurisdicionados e um dever endereçado a todos os juízes e tribunais. A seção 3 explora as funções desempenhadas pelo princípio constitucional da fundamentação. A seção 4 defende a nulidade das decisões judiciais não fundamentadas de acordo com os §§1º e 2º do art. 489 do NCPC. Finalmente, a seção 5 demonstra por que os parágrafos em questão se aplicam às decisões judiciais proferidas em processos eleitorais.

2 Em que consiste a fundamentação judicial?

Os §§1º e 2º do art. 489 do NCPC regulamentam o inciso IX do art. 93 da CRF/88, que determina: "todos os julgamentos dos órgãos do Poder Judiciário serão públicos, e fundamentadas todas as decisões, sob pena de nulidade". Também o inciso II do art. 489 do NCPC dispõe: "São elementos essenciais da sentença [...] os fundamentos, em que o juiz analisará as questões de fato e de direito". Tanto a CRF/88 quanto o NCPC falam, portanto, em "fundamentos" e "fundamentação" quando se referem à decisão judicial. Notavelmente, a CRF/88 reserva o termo "motivação" para as decisões administrativas, ao determinar, no inciso X do art. 93, que "as decisões administrativas dos tribunais serão motivadas". No entanto, parte considerável da doutrina prefere falar na "motivação" das decisões judiciais.[17] Isso se deve, muito provavelmente, à influência do Direito Administrativo, ramo em que este termo é predominantemente utilizado.[18]

---

[14] TARTUCE, Flávio. Técnica da Ponderação no Novo CPC: Posição favorável. *GENJurídico*.

[15] Sobre a adoção da teoria alexyana, ver STRECK, Lenio Luiz. Técnica da Ponderação no Novo CPC: Posição contrária. *GENJurídico*. Segundo Streck (STRECK, Lenio Luiz. cf. Ponderação de normas no novo CPC? É o caos. Presidente Dilma, por favor, veta!, *Consultor Jurídico*), "a ponderação do novo CPC está a quilômetros-luz do que propõe Alexy".

[16] Brasil (2015, art. 489, §2º).

[17] Ver, por exemplo, MOREIRA, José Carlos Barbosa. A motivação da sentença como garantia inerente ao Estado de Direito. *Revista da Faculdade de Direito UFPR*, v. 19, n. 0, p. 281 ss., 1979; SOUZA, Raphael Ramos Monteiro de. Luzes sobre Têmis: A motivação como imperativo ético e legitimador do juiz. *Revista da AGU*, v. X, n. 29, p. 9, 2011.

[18] Ver, por todos, MELLO, Celso Antônio Bandeira de. *Discricionariedade e controle jurisdicional*. 2. ed. São Paulo: Malheiros, 2008, p. 102-103. Cf. FIGUEIREDO, Lúcia Valle. Estado de Direito e Devido Processo Legal. *Revista Diálogo Jurídico*, n. 11, p. 8-10, 2002.

De fato, no Direito Comparado, autores defendem que a recente ênfase dada à fundamentação das decisões judiciais, particularmente pelas cortes constitucionais, é consequência da projeção da racionalidade administrativa para o Direito Constitucional. Cohen-Eliya e Porat, por exemplo, observaram em vários países a tendência de adotar a "cultura da justificação" em substituição à antiga "cultura da autoridade", o que qualificaram como "'administrativização' constitucional".[19] Alguns traços dessa mudança cultural ainda demandam estudo mais aprofundado, mas se sabe que a força dela vem da difundida intuição de que todos os agentes estatais devem justificar as ações que praticam em nome do Estado.[20]

De qualquer maneira, outro termo frequentemente relacionado a "fundamentação" é "justificação".[21] Mas aqui a questão de fundo é conceitual e não meramente terminológica. Há duas maneiras de conceber a atividade de fundamentar as decisões judiciais. A fundamentação "pode ser compreendida ora como a indicação das razões que motivam o julgamento, [...] ora como a indicação dos móbeis psicológicos de uma decisão".[22] É, no entanto, apenas no primeiro sentido que a fundamentação é juridicamente relevante. A mera exposição dos estados mentais e psicológicos que levaram um juiz a decidir de um jeito e não de outro não é capaz de fornecer a fundamentação exigida pelo Direito,[23] qual seja, "uma justificação que persuadiria as partes, as instâncias superiores e a opinião pública da legitimidade da decisão".[24] Nesse sentido, fundamentação implica justificação jurídica.

Em termos gerais, uma decisão judicial é considerada fundamentada se a cadeia de argumentos de fato e de Direito que leva ao resultado do julgamento (dispositivo) pode ser seguida sem saltos nem obstáculos, ou, ao menos, reconstruída – caso em que as suposições tacitamente assumidas devem poder ser facilmente identificadas e expostas.[25] Em termos técnico-jurídicos, justificar uma decisão judicial significa aduzir razões que sustentem uma dada conclusão – a norma concreta do caso[26] – e demonstrem que ela é correta, ou seja, conforme o Direito.[27] Uma decisão suficientemente fundamentada, isto é, material ou substancialmente fundamentada, é justificada – ainda que o público, as partes ou tribunais superiores possam discordar da conclusão. Material e substantivamente, portanto, a fundamentação é condição de validade da decisão – tanto em sentido lógico quanto jurídico.[28] E, no Direito brasileiro, a fundamentação adequada

---

[19] COHEN-ELIYA, Moshe; PORAT, Iddo. Proportionality and the Culture of Justification. *American Journal of Comparative Law*, v. 59, n. 2, p. 475, 2011. A tese desses autores foi detalhada em ANDRADE NETO, João. Cultura Constitucional em Transição: Da autoridade para a justificação. *XXIV Congresso Nacional do CONPEDI*: Teoria Constitucional, Florianópolis: CONPEDI, 2015, p. 21-43.

[20] COHEN-ELIYA, Moshe; PORAT, Iddo. Proportionality and the Culture of Justification. *American Journal of Comparative Law*, v. 59, n. 2, p. 463-490, 2011.

[21] Ver, por exemplo, VIGO, Rodolfo Luis. Razonamiento justificatorio judicial. *Doxa*, v. 2, n. 21, p. 495, 1998.

[22] PERELMAN, Chaïm. Ética e direito. São Paulo: Martins Fontes, 2005, p. 559.

[23] PERELMAN, Chaïm. Ética e direito. São Paulo: Martins Fontes, 2005, p. 560.

[24] PERELMAN, Chaïm. Ética e direito. São Paulo: Martins Fontes, 2005, p. 560.

[25] GOLDING, Martin P. *Legal Reasoning*. Peterborough, Ontario: Broadview Press, 2001, p. 3.

[26] SAÍKI, Silvio Luís de Camargo. A norma jurídica da motivação das decisões judiciais. *Revista Jurídica da Presidência*, v. 9, n. 88, 2008, p. 5-9.

[27] ALEXY, Robert. *The Argument from Injustice*: A Reply to Legal Positivism. New York: Oxford University Press, 2010c, p. 38-39.

[28] ALEXY, Robert. *The Argument from Injustice*: A Reply to Legal Positivism. New York: Oxford University Press, 2010c, p. 38-39.

é ainda um princípio constitucional, um dever dos juízes e um direito fundamental dos jurisdicionados, como se demonstra a seguir.

3 Dever, direito e princípio constitucional de fundamentação

Segundo Cintra, Grinover e Dinamarco,[29] no Direito brasileiro, a motivação das decisões judiciais fora tradicionalmente concebida como garantia das partes e era apenas indiretamente derivada do §4º do art. 153 da Constituição de 1969, que dispunha: "A lei não poderá excluir da apreciação do Poder Judiciário qualquer lesão de direito individual". A Constituição de 1988 teria, portanto, inovado na ordem jurídica interna ao formular uma regra sobre a matéria e dar a ela *status* constitucional inequívoco – seguindo a tendência então observada no Direito Comparado depois da reconstitucionalização democrática da Itália, em 1948, de Portugal, em 1976, da Espanha, em 1978, e de países latino-americanos.[30]

Ao abrigar regra expressa acerca da fundamentação como condição de validade das decisões judiciais, o inciso IX do art. 93 da CRF/88 deu maior peso institucional a um princípio antes implícito, derivado de outros dispositivos constitucionais. Como observa Moreira, "a atribuição de dignidade constitucional [...] ao dever, imposto aos juízes, de motivar as decisões" acrescenta mais que estabilidade à norma, "colocada ao abrigo das vicissitudes legislativas em nível ordinário".[31] Na verdade, podem-se mencionar três outras consequências relevantes que decorrem do fato de que a regra estabelecida no inciso IX do art. 93 da CRF/88 institucionalizou um princípio que a preexistia.

Em primeiro lugar, princípios constitucionais não são apenas expressão do que é juridicamente devido – obrigatório, permitido ou proibido; eles também expressam o que é moralmente bom.[32] Consequentemente, a constitucionalização atribuiu uma carga valorativa positiva ao dever de fundamentação, como de resto acontece com os outros direitos fundamentais. Nas palavras de Moreira, o *status* constitucional "sugere [...] visualização diversa da matéria, pela adequada valoração de seu enquadramento num sistema articulado de garantias fundamentais".[33] Não por outra razão, a doutrina relaciona a garantia da fundamentação das decisões judiciais a outras normas e direitos com forte apelo moral, como o Estado Democrático de Direito e o devido processo constitucional.[34]

Em segundo lugar, princípios constitucionais, por sua natureza, tendem a se espalhar por todos os ramos do Direito, forçando os intérpretes, particularmente o juiz, a considerá-los e concretizá-los em toda decisão, tanto quanto possível, dadas as possibilidades fáticas e jurídicas do caso.[35] Em terceiro lugar, princípios constitucionais

---

[29] CINTRA, Antônio Carlos de Araújo; GRINOVER, Ada Pellegrini; DINAMARCO, Cândido Rangel. *Teoria Geral do Processo*. 17. ed. São Paulo: Malheiros, 2001, p. 68.

[30] CINTRA, Antônio Carlos de Araújo; GRINOVER, Ada Pellegrini; DINAMARCO, Cândido Rangel. *Teoria Geral do Processo*. 17. ed. São Paulo: Malheiros, 2001, p. 68; Moreira (1979, p. 282); Souza (2011, p. 14).

[31] Moreira (1979, p. 282).

[32] Alexy (2010c, p. 74-76).

[33] Moreira (1979, p. 282).

[34] BRÊTAS, Ronaldo de Carvalho Dias. Princípios Constitucionais Diretores da Jurisdição no Estado Democrático de Direito. *Revista Estação Científica*: Edição Especial "Direito", v. 1, n. 4, p. 110-122, 2009.

[35] Alexy (2010a, p. 47-48), defende que princípios são "mandamentos de optimização" (tradução nossa).

são normas tanto objetivas quanto subjetivas, do que decorre a identidade entre eles e os direitos fundamentais.[36] Isso significa que, ao princípio constitucional da fundamentação judicial (norma objetiva), corresponde um direito fundamental subjetivo à fundamentação, cujo titular é o jurisdicionado,[37] e um correspectivo dever de fundamentação, endereçado a todos os juízes e tribunais – também aos juízes e tribunais eleitorais.

Sobre as funções que a fundamentação, compreendida como norma objetiva (princípio constitucional), desempenha no ordenamento jurídico, fala-se a seguir.

4 Funções do princípio da fundamentação

Seguindo a lição de Moreira, a doutrina brasileira tende a justificar o *status* de princípio dado à fundamentação judicial pela CRF/88 em razão das funções (i) endoprocessuais e (ii) extraprocessuais que ela desempenha.[38] A fundamentação serve a uma função endoprocessual quando se volta para "o público interno" da ação, isto é, "os litigantes da causa e os magistrados que, na sequência natural dos atos, possam vir a (re)examinar a controvérsia".[39] Em contraste, ela serve a uma função extraprocessual quando satisfaz demandas mais gerais de eficácia social ou legitimação política. A despeito da influência dessa classificação, quem a adota frequentemente o faz a partir de um enfoque metajurídico –, deixando de lado a justificação jurídica propriamente dita. Assim se reduz o princípio constitucional a um valor meramente político com relevante impacto social.

Trata-se de um equívoco comum.[40] Ignora-se o fato de que há exemplos históricos de sistemas jurídicos em que nem toda decisão judicial tem/tinha de ser publicamente justificada, sem que, com isso, sejam/fossem socialmente ineficazes e politicamente ilegítimas.[41] Ademais, e nisto consiste o maior erro dessa posição, não se leva suficientemente a sério o fato de que a fundamentação das decisões judiciais é um princípio constitucional – e, portanto, uma norma jurídica. Logo, a função que desempenha é também jurídica, para além de quaisquer repercussões nas esferas social e política. Há que se superar, então, a dicotomia entre funções endo e extraprocessuais proposta por Moreira,[42] em prol de uma classificação mais adequada ao *status* de princípio constitucional dado à fundamentação pela CRF/88.

---

[36] Alexy (2010a, p. 388)

[37] DIDIER JR., Fredie. *Sobre a fundamentação da decisão judicial*. Fredie Didier Jr., 2006, p. 4.

[38] Moreira (1979, p. 288-289). Ver também TUCCI, José Rogério Cruz. Ainda sobre a nulidade da sentença imotivada. *Revista de Processo*, v. 14, n. 56, 1989, p. 223; MIRANDA, Daniel Gomes de, Decisão Judicial sem Fundamentação no Projeto do Novo Código de Processo Civil. *In*: VIANA, Juvêncio Vasconcelos; MAIA, Gretha Leite; AGUIAR, Ana Cecília Bezerra (Orgs.). *O Projeto do Futuro CPC*: tendências e desafios de efetivação. Fortaleza: CRV, 2013, p. 162.

[39] Souza (2011, p. 19).

[40] Ver, por. ex., Cintra, Grinover e Dinamarco (2001, p. 68); TARUFFO, Michele. Il significato costituzionale dell'obbligo di motivazione. *In*: GRINOVER, Ada Pellegrini; DINAMARCO, Cândido Rangel; WATANABE, Kazuo (Orgs.). *Participação e processo*. São Paulo: Revista dos Tribunais, 1988, p. 43.

[41] TARUFFO, Michele. *La Motivazione della Sentenza Civile*. Padova: CEDAM, 1975, p. 329-330, 382-383.

[42] Moreira (1979, p. 288-289).

4.1 Teses fortes e fracas sobre a função jurídica da fundamentação

Na literatura especializada, podem-se agrupar as teses acerca da função normativa (ou jurídica) do princípio da fundamentação em dois grupos. O primeiro, que aqui se denomina o *grupo das teses fracas*, reúne autores que atribuem à fundamentação uma função basicamente instrumental, ou seja, consideram-na um meio para atingir determinados fins normativamente previstos e/ou desejáveis. A fundamentação seria um meio de, por exemplo, "possibilitar a verificação sobre a imparcialidade do magistrado",[43] "promover a uniformização da jurisprudência",[44] ou controlar a discricionariedade judicial.[45] Outro exemplo de tese fraca se extrai de Moreira, para quem o dever de fundamentação serve também ao direito das partes "de ser ouvidas e de ver examinadas pelo órgão julgador as questões que houverem suscitado".[46] Semelhante opinião têm Miranda[47] e Souza.[48] Ressalte-se que esta foi a primeira função atribuída à fundamentação das decisões judiciais no Direito Brasileiro, pelas Ordenações Filipinas, já no século XVII.[49]

O segundo grupo, das teses fortes, reúne autores que atribuem à fundamentação uma função normativa própria. Dela dependeriam a validade da decisão particularmente considerada e, de modo mais abrangente, a legitimidade do próprio poder jurisdicional. Essa opinião é compartilhada por Barros,[50] Brêtas[51] e Leal,[52] por exemplo. Também Moreira reconhece que a fundamentação é elemento essencial para o controle da legalidade da decisão e garantia da própria atuação jurisdicional.[53] Noutras palavras, a fundamentação tem valor jurídico em si – de condição de validade de uma decisão particular e fundamento jurídico último do exercício da jurisdição em geral –, o que faz com que fundamentar seja devido independentemente da satisfação de outras normas.

---

[43] REDONDO, Bruno Garcia. Os deveres-poderes do juiz no projeto de novo código de processo civil. *Revista de Informação Legislativa*, v. 48, n. 190, p. 93, 2011. No mesmo sentido, Moreira (1979, p. 286); Miranda (2013, p. 162-163); Cintra, Grinover e Dinamarco (2001, p. 68); Taruffo (1988, p. 43).

[44] Moreira (1979, p. 285). Ver também SUMMERS, Robert S. Two Types of Substantive Reasons: The Core of a Theory of Common-Law Justification. *Cornell Law Review*, v. 63, n. 5, p. 713, 1978.

[45] Moreira (1979, p. 286). Cf. STRECK, Lênio Luiz. Hermenêutica, constituição e processo, ou de "como discricionariedade não combina com democracia". *In*: OLIVEIRA, Marcelo Andrade Cattoni de; MACHADO, Felipe Daniel Amorim (Orgs.). *Constituição e processo*: a contribuição do processo ao constitucionalismo brasileiro. Belo Horizonte: Del Rey, 2009, p. 16.

[46] Moreira (1979, p. 286-287).

[47] Miranda (2013, p. 162).

[48] Souza (2011, p. 20).

[49] Moreira (1979, p. 285), se refere ao §7º do Título LXVI do Livro III das Ordenações Filipinas: "E para as partes saberem que lhes convém apellar [sic], ou aggravar [sic] das sentenças diffinitivas [sic], ou vir com embargos a ellas [sic], e os Juízes da mór [sic] alçada entenderem melhor os fundamentos, por que os Juízes inferiores se movem a condenar, ou absolver, mandamos que todos nossos Desembargadores, e quaesquer [sic] outros Julgadores, ora sejam Letrados, ora o não sejam, declarem especificadamente [sic] em suas sentenças diffinitivas [sic], assim na primeira instancia, como no caso da appellação [sic], ou aggravo [sic], ou revista, as causas, em que se fundaram a condenar, ou absolver, ou a confirmar, ou revogar" (ALMEIDA, Candido Mendes de (Org.). *Ordenações Filipinas*. 14. ed. Rio de Janeiro: Typ. do Instituto Philomathico, 1870, p. 669).

[50] BARROS, Flaviane de Magalhães. A fundamentação das decisões a partir do modelo constitucional de processo. *Revista do Instituto de Hermenêutica Jurídica*, v. 1, n. 6, 2008.

[51] BRÊTAS, Ronaldo de Carvalho Dias. *Processo constitucional e Estado Democrático de Direito*. Belo Horizonte: Del Rey, 2012, p. 122.

[52] LEAL, André Cordeiro. *O Contraditório e a Fundamentação das Decisões no Direito Processual Democrático*. Belo Horizonte: Mandamentos, 2002, p. 101. Reconheça-se que o autor estabelece uma relação entre o princípio do contraditório e o dever de fundamentação, mas sem subordinar este àquele.

[53] Moreira (1979, p. 286-288).

4.2 A insuficiência das teses fracas

Se é correto que a fundamentação legitima não apenas a decisão do caso particular, mas o próprio exercício da jurisdição pelo Poder Judiciário, o problema das teses fracas é a insuficiência. Elas não veem valor intrínseco na fundamentação e buscam para o dever de fundamentar uma justificativa em outra norma jurídica. Ao fazerem-no, subordinam a exigência de fundamentação à possibilidade de alcançar ou contribuir para realizar a finalidade que aquela outra norma propõe. Mas haverá casos em que meios alternativos promoverão aqueles fins normativos mais eficientemente ou a menores custos, e circunstâncias em que a exposição pública de fundamentos não contribuirá em nada para promover aquela finalidade. Nessas situações, forçoso concluir, a justificação seria desnecessária ou até supérflua, segundo as teses fracas.

Tome-se a tese de que a fundamentação é um meio de controle da discricionariedade judicial.[54] Ela poderia levar à enganosa conclusão de que decisões fáceis, que se obtêm pela subsunção do caso concreto ao texto legal sem esforço interpretativo adicional, não têm de ser justificadas – o que contraria qualquer interpretação razoável do inciso IX do art. 93 da CRF/88, que determina sejam "fundamentadas todas as decisões". Considere-se também a tese de que a fundamentação é devida porque serve ao controle da decisão por tribunais superiores.[55] Fosse apenas essa sua função, tribunais que ocupam o topo da hierarquia judiciária, como o STF, seriam desobrigados de fundamentar as decisões.[56] No entanto, como se sabe, não é isso o que ocorre.

Como último argumento acerca da insuficiência das teses fracas, pense-se ainda na tese segundo a qual a fundamentação é um meio de garantir a imparcialidade judicial.[57] Ora, há outros meios mais eficientes e econômicos de assegurar tal princípio. Juízes poderiam decidir casos difíceis com base no "cara ou coroa", por exemplo. Essa solução é obviamente absurda não porque seja parcial – estritamente, não o é –, mas porque desrespeita o princípio/direito fundamental segundo o qual toda decisão judicial deve ser adequadamente fundamentada. Noutras palavras, o dever de fundamentação tem valor jurídico próprio, para além de qualquer papel instrumental que possa vir a desempenhar no ordenamento jurídico. Um juiz que declarasse, "esta é a minha decisão, e ela não é fundamentada", praticaria um ato nulo, ainda que, sobre o resultado do julgamento em si, não recaísse nenhuma suspeita de imparcialidade.[58]

Pode-se dizer, então, que o dever de fundamentação se justifica (ou se fundamenta juridicamente) imediatamente no inciso IX do art. 93 da CRF/88, que determina sejam "fundamentadas todas as decisões". De modo mediato, porém, ele se ampara no próprio princípio do Estado Democrático de Direito. As decisões judiciais têm de ser justificadas porque, embora não sejam representantes eleitos pelo povo, juízes decidem em nome desse mesmo povo, ao aplicarem o Direito elaborado por aqueles representantes.[59]

---

[54] Moreira (1979, p. 286).
[55] Souza (2011, p. 20).
[56] Exemplo inspirado em Moreira (1979, p. 288).
[57] Cintra, Grinover, Dinamarco (2001, p. 68); Redondo (2011, p. 93).
[58] Exemplo inspirado em Alexy (2010c, p. 38), segundo quem, um juiz que declarasse, "Sentencio o acusado à prisão perpétua, o que é uma interpretação incorreta do Direito vigente", cometeria uma contradição performativa.
[59] ALEXY, Robert. Constitutional Rights, Democracy, and Representation. *Rivista di filosofia del diritto*, n. 1, p. 572, 2015, afirma que os tribunais representam o povo na argumentação jurídica.

Ou seja, juízes detêm autorização jurídica (ou o poder-dever) para decidir de acordo com o Direito e, a cada decisão, devem demonstrar que o fazem, sob pena de nulidade.

5 A nulidade das decisões judiciais não fundamentadas

Uma vez compreendida a função normativa – ou propriamente jurídica – do princípio constitucional da fundamentação, cumpre examinar como o NCPC tratou da matéria. Os §§1º e 2º do art. 489 do NCPC são regras sem correspondência expressa no Código de 1973.[60] Por certo, o antigo CPC já impunha o dever de fundamentação, extraído de diversos dispositivos. O art. 131 estabelecia que "O juiz [...] dever[ia] indicar, na sentença, os motivos que lhe formaram o convencimento". Já o inciso II do art. 458 previa serem "requisitos essenciais da sentença [...] os fundamentos, em que o juiz analisará as questões de fato e de direito". Por fim, o art. 165 estendia a todas as decisões judiciais o dever de fundamentação inicialmente vinculado às sentenças: "As sentenças e acórdãos serão proferidos com observância do disposto no art. 458; as demais decisões serão fundamentadas, ainda que de modo conciso".

Ocorre, porém, que o §1º do art. 489 do NCPC não apenas impõe o dever de fundamentar, como faziam tais dispositivos do antigo CPC, e faz o inciso II do art. 489 do NCPC;[61] mais que isso, o §1º "afirma o dever de fundamentação adequada (analítica e efetiva)".[62] Deixando de lado a discussão sobre se o rol de hipóteses listadas no parágrafo é exemplificativo ou taxativo,[63] o fato é que a norma equipara decisões *mal* ou *só aparentemente fundamentadas* a decisões *não fundamentadas*. Ele faz incidir sobre todas as decisões que não o satisfaçam a sanção de nulidade prevista no inciso IX do art. 93 da CRF/88, cuja redação se repete no art. 11 do NCPC: "Todos os julgamentos dos órgãos do Poder Judiciário serão públicos, e *fundamentadas todas as decisões, sob pena de nulidade*" (grifo nosso).

5.1 O §1º do art. 489 e a nulidade das decisões judiciais não fundamentadas

O §1º do art. 489 do NCPC categoricamente afirma que não se considera fundamentada a decisão judicial que: (I) se limite à indicação, reprodução ou paráfrase de ato normativo, sem explicar sua relação com a causa ou a questão decidida; (II) empregue conceitos jurídicos indeterminados, sem explicar o motivo concreto de sua incidência no caso; (III) invoque motivos que se prestariam a justificar qualquer outra decisão; (IV) não enfrente todos os argumentos deduzidos no processo capazes de, em tese, infirmar a conclusão adotada pelo julgador; (V) se limite a invocar precedente ou enunciado de súmula, sem identificar seus fundamentos determinantes nem demonstrar que o caso sob julgamento se ajusta àqueles fundamentos; (VI) ou deixe de seguir enunciado de

---

[60] BRASIL. Lei nº 5.869, de 11 de janeiro de 1973. Institui o Código de Processo Civil. *D.O.*, 17.01.1973.
[61] Brasil (2015, art. 489, II): "São elementos essenciais da sentença: [...] II – os fundamentos, em que o juiz analisará as questões de fato e de direito".
[62] Redondo (2011, p. 94).
[63] Didier Júnior (2010), p. ex., considera que "A lista é meramente exemplificativa, mas consolida situações claras de violação ao dever constitucional de motivar, já reconhecidas pela doutrina e pela jurisprudência brasileiras".

súmula, jurisprudência ou precedente invocado pela parte, sem demonstrar a existência de distinção no caso em julgamento ou a superação do entendimento.[64]

Na verdade, desde a promulgação da CRF/88, parte da doutrina já defendia a nulidade de decisões judiciais não fundamentadas ou fundamentadas apenas formalmente,[65] e o NCPC veio reforçar essa posição. De acordo com o NCPC, para que uma decisão judicial seja válida, não basta que dela conste qualquer fundamentação, como se poderia depreender da leitura isolada do inciso II do art. 489. Exige-se, diferentemente, que a decisão seja substancial ou materialmente fundamentada, cumpridos os requisitos do §1º do art. 489, sob pena de nulidade. Ou seja, uma decisão que não satisfaça os critérios de fundamentação estabelecidos ali não é fundamentada; e toda decisão não fundamentada é nula.[66]

5.2 O §2º do art. 489 e a nulidade das decisões judiciais não fundamentadas

Questão controversa é saber se a mesma conclusão se aplica ao §2º do art. 489 do NCPC, que determina: "No caso de colisão entre normas, o juiz deve justificar o objeto e os critérios gerais da ponderação efetuada, enunciando as razões que autorizam a interferência na norma afastada e as premissas fáticas que fundamentam a conclusão". Uma decisão judicial que se valha da ponderação para resolver uma colisão entre princípios, sem, entretanto, justificá-la como determina o §2º seria também não fundamentada e, portanto, nula? A leitura literal e isolada desse parágrafo poderia levar a uma resposta negativa. Afinal de contas, quando pretendeu condicionar a existência de fundamentação a critérios minimamente objetivos, a lei o fez expressamente no §1º. Poder-se-ia argumentar, então, que, se pretendesse condicionar a validade da decisão à ponderação justificada, o NCPC não teria disposto sobre a hipótese em um parágrafo à parte (§2º); ele a teria submetido à regra geral do parágrafo anterior (§1º, compondo-lhe o inciso VII. A resposta negativa revela-se, porém, apressada e incorreta, como se expõe a seguir.

5.2.1 Colisão entre normas?

A questão de se a ausência de justificação para o resultado da ponderação leva à nulidade da decisão judicial não pode ser respondida sem adentrar no conceito de colisão entre princípios – a que o §2º do art. 489 do NCPC se refere, de modo atécnico, como "colisão entre normas". De fato, princípios são normas, como também o são as regras. Uma norma jurídica é uma regra ou um princípio, de acordo com a lição de Alexy.[67] Mas alguns atributos diferenciam essas duas espécies de norma, entre os quais, o fato de que apenas princípios colidem, de modo que somente princípios podem ser ponderados. A ponderação é, portanto, um método de aplicação de princípios, em

---

[64] Brasil (2015).
[65] Ver, por exemplo, Tucci (1989, p. 230); CARNEIRO, Athos Gusmão. Sentença mal fundamentada e sentença não fundamentada. *Revista de Processo*, v. 21, n. 81, p. 223, 1996.
[66] Miranda (2013, p. 164).
[67] Alexy (2010a, p. 44-47).

contraste com a subsunção, que é o meio tradicional de aplicação de regras.[68] Há, na doutrina brasileira, quem defenda ser possível que se ponderem regras.[69] Mas essa posição é logicamente insustentável.

A teoria do Direito não nega nem desconhece a possibilidade de antinomia (ou conflito) entre regras. Bobbio, por exemplo, dedicou especial atenção a ela.[70] Segundo o jurista italiano, duas regras incompatíveis não podem ser ambas válidas, de modo que, ou se desfaz a incompatibilidade e se integram as duas ao ordenamento, ou se declara a invalidade de ambas ou a de uma delas.[71] Observe-se, porém, que, na maioria dos casos, tem-se uma antinomia apenas aparente, solúvel por meio dos critérios cronológico (*lex posteriori derogat priori*), hierárquico (*lex superior derogat inferiori*) ou de especialidade (*lex specialis derogat generali*).[72] A solução do conflito se dá, então, quer pela eliminação da regra anterior ou hierarquicamente inferior, que é declarada inválida, ou pela dissolução da própria antinomia, o que é possível em se tratando de regras gerais e especiais.[73]

Os conflitos (ou colisões) entre princípios são, no entanto, essencialmente distintos dos conflitos (ou antinomias) entre regras. Enquanto estes se resolvem no plano da validade, aqueles se resolvem no plano do peso.[74] Daí porque se fala em ponderação. Da mesma forma como, no caso de uma colisão, não se declara a invalidade de nenhum dos princípios constitucionais colidentes, em caso de antinomia, não se ponderam regras. E não se o faz porque elas não têm peso. Apesar disso, autores nacionais defendem uma espécie de "ponderação à brasileira", que incluiria as regras.[75] Didier Júnior, Oliveira e Braga, por exemplo, citam, como hipóteses que demandam a ponderação entre regras: a interpretação analógica, o conflito em um caso concreto de regras compatíveis em abstrato, a possibilidade de superação do sentido das regras por razões contrárias, e a existência de conceitos indeterminados que tornam as regras semanticamente abertas.[76]

Todavia, esses doutrinadores confundem os conceitos a que pretendem aludir. Primeiro, a analogia é uma forma distinta de aplicação do Direito, um terceiro método, ao lado da subsunção e da proporcionalidade.[77] Segundo, o conflito entre regras se resolve de acordo com os critérios para solução de antinomias mencionados acima, ou de acordo com soluções conciliatórias, como a interpretação conforme a constituição,[78] por exemplo. Terceiro, a possibilidade de que se introduzam exceções a regras não é

---

[68] Alexy (2015, p. 24).
[69] ÁVILA, Humberto Bergmann. *Teoria dos princípios*: da definição à aplicação dos princípios jurídicos. 13. ed. São Paulo: Malheiros Editores, 2012, p. 57; DIDIER JR., Fredie; OLIVEIRA, Rafael Alexandria de; BRAGA, Paula Sarno. *Curso de direito processual Civil*. 10. ed. Salvador: JusPodivm, 2015, p. 325.
[70] BOBBIO, Norberto. *Teoria do Ordenamento Jurídico*. 10. ed. Brasília: Universidade de Brasília (UnB), 1999, cap. 3.
[71] Estritamente falando, Bobbio (*op. cit.*, p. 92) se refere a antinomias entre "normas" e não só "regras", mas, dada a distinção entre princípios e regras posteriormente introduzida por Alexy, não há incoerência em tratar a teoria do jurista italiano, nesse ponto, como uma tese sobre regras apenas.
[72] Bobbio (*op. cit.*, p. 92-97).
[73] Bobbio (*op. cit.*, p. 97).
[74] Alexy (2010a, p. 50).
[75] Tartuce (2016). Cf. Ávila (2012, p. 57-70).
[76] Didier Jr.; Oliveira; Braga (2015, p. 325).
[77] ALEXY, Robert. Two or Three? *In*: BOROWSKI, Martin (Org.). *On the nature of legal principles*: Proceedings of the workshop "The Principles Theory" at the 23rd World Congress of the International Association for Philosophy of Law and Social Philosophy (IVR). Kraków, 2007, Stuttgart: Franz Steiner Verlag, Nomos, 2010.
[78] Sobre a interpretação conforme a constituição, ver MEYER, Emílio Peluso Neder. *A decisão no controle de constitucionalidade*. São Paulo: Editora Método, 2008, p. 40-64.

ignorada pela Teoria dos Princípios. Alexy trata dela, porém, como um caso de colisão entre o princípio que sustenta a regra e o que lhe impõe a exceção.[79] Quarto, há, de fato, inúmeras regras constitucionais que expressam princípios.[80] E, como observa Sarmento, "É possível que o princípio inspirador de determinada regra entre em tensão, num caso concreto, com outro princípio constitucional".[81] Todavia, mesmo nesses casos, ponderam-se os princípios, com o resultado de que "a eventual não aplicação do primeiro princípio, em decorrência de uma ponderação [...], levará também à não incidência da regra que dele for um desdobramento".[82]

5.2.2 Ponderação de princípios

Segundo Alexy, é da natureza dos princípios constitucionais colidir uns com os outros, e, diante de uma colisão entre princípios, a opção mais racional é ponderar.[83] A questão que se coloca é, pois: em que casos o juiz está autorizado a julgar com base em princípios? De modo bastante simplificado, pode-se dizer que a aplicação de princípios pode ocorrer em casos de abertura da legislação, incerteza quanto aos métodos jurídicos, e divergência acerca das ideias de correção e justiça.[84] A abertura da legislação decorre da linguagem da lei (ambiguidade, vagueza ou abertura valorativa) ou da estrutura do sistema jurídico (problemas de consistência, coerência, incompletude ou obsolescência).[85] Em nenhuma dessas hipóteses, a aplicação do Direito pode ser feita por simples subsunção. Muitos desses "casos duvidosos", em que o material legislativo não oferece uma resposta clara ou satisfatória, convidam à aplicação de princípios, os quais, a seguir a lição de Alexy, necessariamente colidem e demandam ponderação.[86] Logo, a "ponderação é inevitável",[87] cumpridos os requisitos anteriores de adequação e necessidade que a precedem no teste de proporcionalidade.

Mas note-se que todas as hipóteses mencionadas, como típicos casos difíceis ou duvidosos, estão listadas em algum dos incisos do §1º do art. 489 do NCPC. Os princípios explícitos são usualmente indicados no texto constitucional por "conceitos jurídicos indeterminados", para usar os termos do inciso II do §1º. Expressões como "moralidade para exercício de mandato" e "normalidade e legitimidade das eleições", ambas do §9º do art. 14 da CRF/88, traduzem exemplos de abertura da linguagem constitucional, que, de acordo com Alexy, convidam à aplicação de princípios. E dado o alto teor de abstração de princípios explícitos e derivados, nenhuma decisão que os aplique "sem explicar sua relação com a causa ou a questão decidida" (NCPC, art. 489,

---

[79] Alexy (2010a, p. 83).
[80] Alexy (2010a, p. 24-25).
[81] Sarmento (2003, p. 106).
[82] Sarmento (2003, p. 106).
[83] Alexy (2010a, p. 72–76).
[84] ALEXY, Robert. Statutory Interpretation in the Federal Republic of Germany. *In*: MACCORMICK, Neil; SUMMERS, Robert S. (Orgs.). *Interpreting Statutes*: a comparative study. Aldershot, Hants, England; Brookfield, Vt., USA: Dartmouth, 1991, p. 74 e ss.
[85] ALEXY, Robert. Statutory Interpretation in the Federal Republic of Germany. *In*: MACCORMICK, Neil; SUMMERS, Robert S. (Orgs.). *Interpreting Statutes*: a comparative study. Aldershot, Hants, England; Brookfield, Vt., USA: Dartmouth, 1991, p. 74–77.
[86] Alexy (2015, p. 25-26).
[87] Alexy (2010a, p. 73).

§1º, I), ou sem precisar por que deles se extraiu uma certa conclusão e não qualquer outra (NCPC, art. 489, §1º, III), pode ser considerada fundamentada. Ainda assim, tais correlações entre a aplicação de princípios e os incisos do §1º não justificam, por si sós, o destaque dado à ponderação no §2º.

5.2.3 Ponderação e justificação

Como exposto, o apelo a princípios constitucionais na decisão judicial inevitavelmente obriga à observância do NCPC, art. 489, §1º, I, II e III. Isso porque princípios são, por definição, conceitos jurídicos indeterminados. E, por não terem hipótese de incidência textualmente definida, necessariamente demandam argumentos adicionais sobre sua relação com a questão a ser decidida. Além disso, por apontarem para uma certa direção, sem que, de sua incidência, decorra uma consequência jurídica certa e inafastável, princípios requerem do intérprete que justifique por que se optou por aquela decisão dentre o universo de soluções possíveis. Logo, a decisão judicial que aplique princípios sem explicar o motivo concreto de sua incidência no caso ou sua relação com a causa decidida e a solução particular adotada, é nula, nos termos dos mencionados incisos do §1º do art. 489 do NCPC.

Mas os requisitos do §2º vão além disso. Este parágrafo não trata de exigências genéricas para a fundamentação de qualquer apelo a princípios constitucionais, mas de condições específicas para a fundamentação de decisões em que se fez uso do método da ponderação. Primeiro, o juiz tem que identificar os princípios em colisão, o que o §2º chamou de "objeto [...] da ponderação". Em segundo lugar, deve fundamentar a escolha pelos "critérios gerais da ponderação". Em terceiro lugar, deve esclarecer qual dos princípios prevaleceu no caso e por que – ou enunciar "as razões que autorizam a interferência na norma afastada e as premissas fáticas que fundamentam a conclusão", para usar a linguagem do NCPC. Se não o fizer, a decisão será nula.

Observe-se que a própria ponderação é um método para justificar decisões judiciais tomadas com base em princípios constitucionais. A fundamentação que ela oferece é, no entanto, somente formal: ela estrutura o raciocínio judicial em termos racionais e "diz o que é que tem que ser racionalmente justificado" – ou assim acredita Alexy.[88] Cabe ao juiz, ainda, preencher os espaços que ela deixa vazios, aduzindo as razões materiais ou substantivas que levam a uma conclusão e não a outra. Todos os tipos de argumento comumente aceitos na argumentação jurídica podem ser usados para tanto.[89] Enquanto a primeira forma de justificação é "interna", a segunda é "externa".[90] Portanto, diferentemente do que habitualmente se vê na jurisprudência brasileira, para fins de uma fundamentação adequada, não basta que o juiz anuncie que, em virtude da ponderação realizada, a consequência imposta pelo princípio X foi afastada e a do princípio Y prevaleceu.[91] Quem assim procede não oferece a justificação externa exigida para que se considere fundamentada a decisão.

---

[88] Alexy (2010a, p. 107).
[89] Alexy (2010a, p. 101).
[90] ALEXY, Robert. *A Theory of Legal Argumentation*: The Theory of Rational Discourse as Theory of Legal Justification. Oxford; New York: Oxford University Press, 2010b, p. 221.
[91] Alexy (2010b, p. 100-101).

Isso demonstra que a relação entre ponderação e fundamentação é mais complexa do que parece à primeira vista. Na verdade, se Alexy estiver correto, a ponderação é "inevitável": diante de uma colisão entre princípios, não haveria outro meio de resolver racionalmente o caso.[92] A questão se deslocaria, então, da escolha entre ponderar ou não ponderar, para a escolha entre fazê-lo expressa e abertamente, expondo o passo a passo da decisão, ou tácita e sigilosamente, encobrindo os verdadeiros argumentos e as operações que levaram à conclusão. A segunda atitude favorece o arbítrio, o "intuicionismo" e o abuso de poder judicial; a primeira ajuda a reprimi-los.[93] O argumento alexyano, de que há uma relação de *necessidade conceitual* entre princípios constitucionais e o método da ponderação,[94] tem especial importância para justificar a aplicação do §2º do art. 489 do NCPC ao Direito Processual Eleitoral, como se demonstrará a seguir.

6 Os §§1º e 2º do art. 489 se aplicam ao Direito Eleitoral?

A resposta à pergunta se os §§1º e 2º se aplicam ao Direito Eleitoral é óbvia só à primeira vista. Como já se expôs, o dever constitucional de fundamentação se impõe a todos os juízes e tribunais no exercício da jurisdição; portanto, também à Justiça Eleitoral. Mas a pergunta é se os juízes e tribunais eleitorais devem seguir o NCPC ao fundamentarem as decisões que proferem, sob pena de nulidade. Alguém poderia lembrar que o art. 15 do NCPC dispõe expressamente, "*Na ausência de normas que regulem processos eleitorais, trabalhistas ou administrativos, as disposições deste Código lhes serão aplicadas supletiva e subsidiariamente*".[95] Sendo assim, bastaria demonstrar que inexiste no Direito Eleitoral norma específica acerca da fundamentação das decisões proferidas em processos judiciais eleitorais para concluir que, sim, na ausência de tais normas, os §§2º e 3º do art. 489 incidem sobre a matéria, como disposto no art. 15, também do NCPC. No entanto, tal resposta é só aparentemente suficiente.

Quando se coloca a questão anterior, de se qualquer das normas do NCPC se aplica a processos judiciais eleitorais, é logicamente inconsistente, para não dizer tautológico, procurar no art. 15 do próprio NCPC uma resposta. A única maneira de romper com o raciocínio circular – segundo o qual o NCPC incide sobre o processo judicial eleitoral porque ele mesmo diz que sim – é procurar confirmação disso em outras fontes do Direito positivo. Importante destacar, não se quer dizer que o art. 15 seja supérfluo. Longe disso, ele desempenha o importante papel de definir o âmbito de validade material do NCPC e o faz da maneira mais abrangente possível.[96] O problema é que ele não pode ser critério para resolver antinomias jurídicas se ele mesmo é uma das regras potencialmente antinômicas em questão.

---

[92] Alexy (2010b, p. 73).
[93] Alexy (2010b, p. 73).
[94] Alexy (2010b, p. 66-67).
[95] Brasil (2015 – grifo nosso).
[96] A expressão "validade material" é aqui empregada no sentido proposto por Bobbio (1999, p. 88).

6.1 Argumentos gerais pela aplicação dos §§1º e 2º do art. 489 no Direito Eleitoral

Conscientes disso ou não, autores têm procurado justificar a incidência do NCPC sobre o direito processual eleitoral com base em outras razões. Esses argumentos são basicamente de dois tipos. O primeiro é o *argumento do sistema de regras*. Ele se utiliza, de um lado, do conceito de lacuna legal, e, de outro, da Lei de Introdução às Normas do Direito Brasileiro (LINDB)[97] e do critério da especialidade (*lex specialis derogat generali*), tradicionalmente utilizado para resolver antinomias jurídicas entre regras.[98] Nos termos do §2º do art. 2º da LINDB, "A lei nova, que estabeleça disposições gerais ou especiais a par das já existentes, não revoga nem modifica a lei anterior". Isso quer dizer que, embora o NCPC seja regra posterior e de mesma hierarquia, ele não revoga nem modifica as disposições processuais previstas no Código Eleitoral ou na legislação eleitoral extravagante, pois estas são regras especiais, e aquele, norma geral. Decorre também do §2º do art. 2º da LINDB que as regras do NCPC incidam se ausentes normas processuais eleitorais. A isso, a doutrina se refere como aplicação supletiva.[99] Nesse caso, tecnicamente falando, nem há antinomia.[100] Há, isto sim, lacuna na legislação – a qual, em se tratando da fundamentação da decisão judicial no processo eleitoral, foi finalmente preenchida pela nova legislação processual civil.

O segundo tipo de *argumento* é o *do sistema de princípios legais*, comumente utilizado para justificar a aplicação subsidiária do NCPC ao processo eleitoral. A aplicação subsidiária não se confunde com a supletiva porque a primeira "ocorre também em situações nas quais não há omissão"[101] ou lacuna. Para justificar a aplicação subsidiária do NCPC, o argumento do sistema de princípios legais apela ao caráter principiológico do novo Código, que lhe garantiria propriedades de sobredireito. Como explicam Wambier *et al.*, "Trata-se [...] de uma possibilidade de enriquecimento, de leitura de um dispositivo sob outro viés, de extrair-se da norma processual eleitoral [...] um sentido diferente, iluminado pelos princípios fundamentais do processo civil".[102] Em razão das limitações de espaço, não se discutirá a fundo esse argumento nem os problemas que ele não enfrenta. Advirta-se, porém, que quem se propõe a extrair consequências de princípios legais (isto é, infraconstitucionais) deveria antes formular uma teoria geral que os acomodasse, o que ainda não foi feito. A Teoria dos Princípios, de Alexy, a mais comumente citada no Brasil, é uma teoria dos princípios constitucionais (portanto, dos direitos fundamentais) e, embora não negue a existência de princípios legais, não se dedica a estudá-los.[103]

---

[97] BRASIL. Decreto-Lei nº 4.657, de 4 de setembro de 1942. *D.O.*, 9 jul. 1942.

[98] Sobre "lacunas", ver Bobbio (1999, cap. 4), e, para mais detalhes sobre os critérios de solução de antinomias jurídicas, Bobbio (1999, p. 92-97).

[99] WAMBIER, Teresa Arruda Alvim *et al. Primeiros Comentários ao Novo Código de Processo Civil Artigo por Artigo*. São Paulo: RT, 2015, p. 75.

[100] Bobbio (1999, p. 88).

[101] Wambier *et al.* (2015, p. 75).

[102] Wambier *et al.* (2015, p. 75).

[103] KLATT, Matthias; MEISTER, Moritz. *The Constitutional Structure of Proportionality*. Oxford: Oxford University Press, 2012, p. 23.

Pode-se, todavia, conceber uma versão mais sofisticada do argumento do sistema de princípios. Ela se basearia não nos princípios do NCPC, mas nos da CRF/88 para justificar a aplicação subsidiária do NCPC no processo eleitoral. Seria, portanto, um *argumento do sistema de regras legais e princípios constitucionais*. Essa versão do argumento defende que o NCPC veio suprir uma "lacuna axiológica" do Direito Processual Eleitoral, já que as regras eleitorais vigentes estavam aquém de realizar, em um grau minimamente adequado, os direitos fundamentais processuais (como o contraditório e a ampla defesa) e, em especial, o direito à fundamentação racional previsto no inciso IX do art. 93 da CRF/88.[104]

6.2 Argumentos específicos pela aplicação do §2º do art. 489 no Direito Eleitoral

Particularmente no que se refere ao §2º do art. 489 do NCPC, pode-se formular um outro tipo de argumento para justificar sua aplicação ao Direito Processual Eleitoral: o *argumento da necessidade conceitual*. Cumpre aqui relembrar o que se dissera sobre a ponderação de princípios no fim da seção anterior. Se Alexy estiver correto, e a ponderação for mesmo "inevitável",[105] resta ao juiz apenas a escolha entre ponderar abertamente e de modo metodologicamente controlado ou encobrir o próprio arbítrio e intuicionismo sob camadas de retórica. Nesse caso, a função do §2º do art. 489 seria a mesma que a do §1º: oferecer critérios objetivos para uma fundamentação adequada. A diferença é que, enquanto este parágrafo estabelece critérios gerais para a justificação externa de qualquer decisão, seja ela obtida por meio de subsunção, ponderação ou analogia, aquele se preocupa em estabelecer critérios para decisões obtidas por meio da ponderação apenas.

Indo mais além, dizer que a ponderação é inevitável implica inferir que ela está presente, implícita ou explicitamente, em qualquer decisão judicial difícil que envolva a aplicação de princípios. Em matéria eleitoral, pense-se no RE nº 630.147, julgado pelo STF, que explicitamente mencionou a ponderação. O caso tratou da possibilidade de que a inelegibilidade prevista na Lei da Ficha Limpa alcançasse agentes políticos que, a fim de evitar as consequências de uma eventual condenação, renunciassem ao mandato depois de oferecida a denúncia ou representação.[106] Nessa decisão, o resultado da ponderação foi anunciado sem qualquer preocupação em explicitar os critérios usados para tanto – como ora exige o NCPC. Considere-se também outra decisão difícil do STF: a que extraiu da CRF/88 o princípio da fidelidade partidária.[107] É instigante pensar nas hipóteses de justa causa para desfiliação que, primeiro o STF e depois o TSE extraíram da Constituição e do Direito Eleitoral, como resultado de um exercício implícito de

---

[104] Ver KOURY, Suzy Elizabeth Cavalcante. As repercussões do novo Código de processo civil no direito do trabalho: Avanço ou retrocesso? *Revista do Tribunal Superior do Trabalho*, v. 78, n. 3, p. 260 e ss., 2012. A autora se vale do conceito de "lacuna axiológica" para justificar a aplicação subsidiária do NCPC no processo trabalhista. Embora seu objeto do estudo seja o Direito Processual do Trabalho, algumas das conclusões são generalizáveis e aplicáveis também ao Direito Processual Eleitoral.

[105] Alexy (2010a, p. 66-67, p. 73).

[106] BRASIL. Supremo Tribunal Federal. RE 630.147, 2011.

[107] BRASIL. Supremo Tribunal Federal. MS 26.602, 2008.

ponderação – o que não se admitiria sob a vigência do NCPC, uma vez que a decisão do STF não satisfaria as condições do §2º do art. 489.

De qualquer maneira, ainda que não se endosse o dogma alexyano segundo o qual a ponderação é inevitável, o argumento do sistema de regras oferece razão suficiente para afirmar que juízes eleitorais devem observar os §§1º e 2º do art. 489 do NCPC ao decidirem. Pois, diferentemente do que pode ocorrer com outros dispositivos legais, não há antinomia aqui.[108] Tratava-se, afinal, de uma lacuna do microssistema eleitoral. Nem o Código Eleitoral nem a legislação eleitoral esparsa disciplinavam a matéria.

7 Conclusões

Da regra prevista no inciso IX do art. 93 da CRF/88, segundo a qual, "todos os julgamentos dos órgãos do Poder Judiciário serão públicos, e fundamentadas todas as decisões, sob pena de nulidade", decorrem normas tanto objetivas quanto subjetivas. A CRF/88 estabelece, por um lado, um princípio constitucional, por outro, um direito subjetivo fundamental à decisão fundamentada, de titularidade do jurisdicionado, e um correspondente dever de fundamentar, endereçado a juízes e tribunais judiciários. É esse princípio constitucional/direito fundamental que os §§1º e 2º do art. 489 do NCPC vieram regulamentar. As decisões judiciais que não cumprirem os requisitos estabelecidos nos mencionados parágrafos são nulas, por força do inciso IX do art. 93 da CRF/88. Questão controversa, que este trabalho se dedicou a responder, é se essa conclusão se aplica ao Direito Eleitoral.

A resposta que se obteve foi afirmativa. Quatro tipos de argumento em favor da aplicação subsidiária e/ou supletiva dos §§1º e 2º do art. 489 do NCPC ao Direito Eleitoral foram considerados. Segundo o *argumento do sistema de regras*, havia uma lacuna na legislação acerca da fundamentação das decisões judiciais eleitorais, finalmente preenchida pelo NCPC, que se aplica supletivamente. Conforme o *argumento do sistema de princípios legais*, a natureza principiológica do NCPC justifica sua aplicação subsidiária ao Direito Processual Eleitoral, independentemente de lacunas. Já para o *argumento do sistema de regras legais e princípios constitucionais*, as regras processuais eleitorais vigentes estavam aquém de realizar, em um grau minimamente adequado, o direito fundamental à decisão fundamentada; justifica-se, então, a aplicação do NCPC para suprir uma "lacuna axiológica" deixada pelo Direito Processual Eleitoral. De qualquer maneira, ainda que não se endossem os demais argumentos, o primeiro, do sistema de regras, oferece razão suficiente para afirmar que juízes eleitorais devem observar os §§1º e 2º do art. 489 do NCPC ao decidirem.

---

[108] O mesmo não se pode dizer das regras acerca da formação do convencimento do juiz no Direito Eleitoral. O art. 23 da Lei Complementar (LC) nº 64 dispõe: "O Tribunal formará sua convicção pela livre apreciação dos fatos públicos e notórios, dos indícios e presunções e prova produzida, atentando para circunstâncias ou fatos, ainda que não indicados ou alegados pelas partes, mas que preservem o interesse público de lisura eleitoral" (BRASIL. Lei Complementar nº 64, de 18 de maio de 1990. D.O., 21 mai. 1990). A constitucionalidade do julgamento por presunção já era questionada pela doutrina. Ver, por exemplo, NOGUEIRA, Alexandre de Castro. *Decisão Judicial na Justiça Eleitoral*: Lei de Inelegibilidades e Interpretação Teleológica. Curitiba: Juruá, 2015, p. 204; STRECK, Lênio Luiz. Por Que é Proibido Julgar por Presunções em uma Democracia: À guisa de prefácio. In: NOGUEIRA, Alexandre de Castro. *Decisão Judicial na Justiça Eleitoral*: Lei de Inelegibilidades e Interpretação Teleológica. Curitiba: Juruá, 2015, p. 13-14. Com a publicação do NCPC, autores passaram a questionar também a compatibilidade do art. 23 da LC nº 64/90 com o novo sistema processual brasileiro. Ver, p. ex., STRECK, Lênio Luiz. Julgar por presunção no direito eleitoral é compatível com novo CPC? *Consultor Jurídico*.

Mas há ainda um quarto tipo de argumento, que trata especificamente dos critérios para ponderação justificada previstos no §2º do art. 489. Ele se extrai da Teoria dos Princípios, de Alexy, segundo quem, ponderar é inevitável se princípios constitucionais estiverem em jogo, porque é da natureza deles colidir, e a ponderação é o meio racional de resolver tais colisões. Partindo dessa premissa, o *argumento da necessidade conceitual*, como denominado, insiste que o NCPC não tornou a ponderação obrigatória, pois já não havia escolha entre ponderar ou não. O que estava em questão era a escolha entre fazê-lo abertamente e de modo metodologicamente controlado, de um lado, ou arbitrariamente, de outro. Nesse sentido, o que o §2º do art. 489 introduziu no Direito brasileiro, também no Direito Processual Eleitoral, foram critérios para uma ponderação justificada.

Levada à última consequência, a Teoria dos Princípios, de Alexy, afirma que a ponderação está presente, implícita ou explicitamente, em qualquer decisão judicial difícil, isto é, em qualquer decisão que envolva a aplicação de princípios. Em matéria eleitoral, isso significa dizer que o STF ponderou quando deliberou sobre a constitucionalidade da Lei da Ficha Limpa, ou a possibilidade de perda de mandato em caso de infidelidade partidária, por exemplo. Mas se é assim, observa-se que, nesses, como em outros casos, o resultado foi anunciado sem qualquer preocupação em "justificar o objeto e os critérios gerais da ponderação efetuada", ou enunciar "as razões que autorizam a interferência na norma afastada e as premissas fáticas que fundamentam a conclusão", como exige o §2º do art. 489 do NCPC. Forçoso concluir, portanto, que, se proferidas hoje, essas e outras decisões em matéria eleitoral seriam nulas.

Referências

ALEXY, Robert. *A Theory of Constitutional Rights*. Trad. Julian Rivers. Oxford: Oxford University Press, 2010a.

ALEXY, Robert. *A Theory of Legal Argumentation:* The Theory of Rational Discourse as Theory of Legal Justification. Trad. Ruth Adler; Neil MacCormic. Oxford; New York: Oxford University Press, 2010b.

ALEXY, Robert. Constitutional Rights, Democracy, and Representation. *Rivista di Filosofia del Diritto*, n. 1, p. 23-36, 2015.

ALEXY, Robert. Statutory Interpretation in the Federal Republic of Germany. *In*: MACCORMICK, Neil; SUMMERS, Robert S. (Orgs.). *Interpreting Statutes:* A comparative study. Aldershot, Hants, England ; Brookfield, Vt., USA: Dartmouth, 1991, p. 73-121.

ALEXY, Robert. *The Argument from Injustice*: A reply to legal positivism. Trad. Stanley L. Paulson; Bonnie Litschewski Paulson. New York: Oxford University Press, 2010c.

ALEXY, Robert. Two or Three? *In*: BOROWSKI, Martin (Org.). *On the Nature of Legal Principles:* Proceedings of the workshop "The Principles Theory" at the 23rd World congress of the International Association for Philosophy of Law and Social Philosophy (IVR), Kraków, 2007. Stuttgart: Franz Steiner Verlag, Nomos, 2010d, p. 9-18.

ALMEIDA, Candido Mendes de (Org.). *Ordenações Filipinas*. 14. ed. Rio de Janeiro: Typ. do Instituto Philomathico, 1870. 5v.

ANDRADE NETO, João. Cultura Constitucional em Transição: Da autoridade para a justificação. *In*: *XXIV Congresso Nacional do CONPEDI – UFMG/FUMEC/Dom Helder Câmara*: Teoria Constitucional. Florianópolis: CONPEDI, 2015, p. 21-43.

ANDRADE NETO, João. *On the Influence of the Principles Theory on the Case Law of the Federal Supreme Court of Brazil*: A case study on judicial borrowing. Tese de doutorado. Universität Hamburg (UHH), Hamburg, 2015.

ÁVILA, Humberto Bergmann. *Teoria dos Princípios*: Da definição à aplicação dos princípios jurídicos. 13. ed. São Paulo: Malheiros Editores, 2012.

BARAK, Aharon. *Proportionality*: Constitutional rights and their limitations. Trad. Doron Kalir. Cambridge, U.K.; New York: Cambridge University Press, 2012.

BARROS, Flaviane de Magalhães. A fundamentação das decisões a partir do modelo constitucional de processo. *Revista do Instituto de Hermenêutica Jurídica*, v. 1, n. 6, 2008.

BARROSO, Luís Roberto. *Interpretação e aplicação da Constituição:* Fundamentos de uma dogmática constitucional transformadora. São Paulo: Saraiva, 2009.

BOBBIO, Norberto. *Teoria do Ordenamento Jurídico*. Trad. Maria Celeste Cordeiro Leite dos Santos. 10. ed. Brasília: Universidade de Brasília (UnB), 1999.

BRASIL. Decreto-Lei nº 4.657, de 4 de setembro de 1942. D.O. de 9 jul. 1942.

BRASIL. Lei nº 5.869, de 11 de janeiro de 1973. D.O. de 17.01.1973.

BRASIL. Lei Complementar nº 64, de 18 de maio de 1990. D.O. de 21 mai. 1990.

BRASIL. Lei nº 13.105, de 16 de março de 2015. D.O.U. de 17 mar. 2015.

BRASIL. Supremo Tribunal Federal. Arguição de Descumprimento de Preceito Fundamental nº 144. Tribunal Pleno. Relator: Min. Celso de Mello, Diário de Justiça eletrônico n. 35, 26 fev. 2010.

BRASIL. Supremo Tribunal Federal. Mandado de Segurança nº 26.602, 4 out. 2007. Tribunal Pleno. Relator: Ministro Eros Grau. Diário de Justiça, 17 out. 2008, p. 190.

BRASIL. Supremo Tribunal Federal. Medida Cautelar em Ação Cautelar nº 509 AP, Relator: Eros Grau. Tribunal Pleno. Diário de Justiça, 8 abr. 2005.

BRASIL. Supremo Tribunal Federal. RE nº 630.147, Relator: Min. Ayres Britto. Relator p/Acórdão: Min. Marco Aurélio. Tribunal Pleno. Diário de Justiça eletrônico n. 230, 5 dez. 2011.

BRASIL. Tribunal Superior Eleitoral. AgR-Respe nº 390.462 AM, Relator: Min. Arnaldo Versiani Leite Soares. Diário de Justiça eletrônico n. 220, 16 nov. 2012.

BRASIL. Tribunal Superior Eleitoral. Resolução nº 23.406, de 27 fev. 2014.

BRÊTAS, Ronaldo de Carvalho Dias. Princípios Constitucionais Diretores da Jurisdição no Estado Democrático de Direito. *Revista Estação Científica:* Edição Especial "Direito", v. 1, n. 4, p. 98-136, 2009.

BRÊTAS, Ronaldo de Carvalho Dias. *Processo Constitucional e Estado Democrático de Direito*. Belo Horizonte: Del Rey, 2012.

CARNEIRO, Athos Gusmão. Sentença Mal Fundamentada e Sentença Não Fundamentada. *Revista de Processo*, v. 21, n. 81, p. 220-225, 1996.

CINTRA, Antônio Carlos de Araújo; GRINOVER, Ada Pellegrini; DINAMARCO, Cândido Rangel. *Teoria Geral do Processo*. 17. ed. São Paulo: Malheiros, 2001.

COHEN-ELIYA, Moshe; PORAT, Iddo. Proportionality and the Culture of Justification. *American Journal of Comparative Law*, v. 59, n. 2, p. 463-490, 2011.

DIDIER JR., Fredie. Editorial 116. Fredie Didier Jr., 15 dez. 2010. Disponível em: <http://www.frediedidier.com.br/editorial/editorial-116/>. Acesso em: 3 fev. 2016.

DIDIER JR., Fredie. *Sobre a fundamentação da decisão judicial*. Fredie Didier Jr., 16 nov. 2006. Disponível em: <http://www.frediedidier.com.br/en/artigos/sobre-a-fundamentacao-da-decisao-judicial/>. Acesso em: 19 fev. 2016.

DIDIER JR., Fredie; OLIVEIRA, Rafael Alexandria de; BRAGA, Paula Sarno. *Curso de direito processual Civil*. 10. ed. Salvador: JusPodivm, 2015.

FIGUEIREDO, Lúcia Valle. Estado de Direito e Devido Processo Legal. *Revista Diálogo Jurídico*, n. 11, 2002.

GOLDING, M. P. *Legal reasoning*. Peterborough, Ontario: Broadview Press, 2001.

KLATT, Matthias; MEISTER, Moritz. *The Constitutional Structure of Proportionality*. 1. ed. Oxford: Oxford University Press, 2012.

KOURY, Suzy Elizabeth Cavalcante. As repercussões do novo Código de Processo Civil no Direito do Trabalho: Avanço ou retrocesso? *Revista do Tribunal Superior do Trabalho*, v. 78, n. 3, p. 254-268, 2012.

LEAL, André Cordeiro. *O Contraditório e a Fundamentação das Decisões no Direito Processual Democrático*. Belo Horizonte: Mandamentos, 2002.

MELLO, Celso Antônio Bandeira de. *Discricionariedade e Controle jurisdicional*. 2. ed. São Paulo: Malheiros, 2008.

MEYER, Emílio Peluso Neder. *A decisão no controle de constitucionalidade*. São Paulo: Editora Método, 2008.

MIRANDA, Daniel Gomes de. Decisão Judicial sem Fundamentação no Projeto do Novo Código de Processo Civil. *In*: VIANA, Juvêncio Vasconcelos; MAIA, Gretha Leite; AGUIAR, Ana Cecília Bezerra (Orgs.). *O Projeto do Futuro CPC*: Tendências e desafios de efetivação. Fortaleza: CRV, 2013, p. 161-170.

MOREIRA, José Carlos Barbosa. A Motivação da Sentença como Garantia Inerente ao Estado de Direito. *Revista da Faculdade de Direito UFPR*, v. 19, n. 0, 1979. Disponível em: <http://ojs.c3sl.ufpr.br/ojs/index.php/direito/article/view/8836>.

NOGUEIRA, Alexandre de Castro. *Decisão Judicial na Justiça Eleitoral*: Lei de Inelegibilidades e interpretação teleológica. Curitiba: Juruá, 2015.

NUNES, Dierle. Novo CPC: Fundamentar decisões judiciais com amplitude e profundidade é cada vez mais necessário... *Justificando*. Disponível em: <http://justificando.com/2014/10/23/fundamentar-decisoes-judiciais-com-amplitude-e-profundidade-e-cada-vez-mais-necessario/>. Acesso em: 14 fev. 2016.

PERELMAN, Chaïm. *Ética e direito*. Trad. Maria Ermantina de Almeida Prado Galvão. São Paulo: Martins Fontes, 2005.

REDONDO, Bruno Garcia. Os deveres-poderes do juiz no projeto de novo código de processo civil. *Revista de Informação Legislativa*, v. 48, n. 190, p. 89-102, 2011.

SAÍKI, Silvio Luís de Camargo. A norma jurídica da motivação das decisões judiciais. *Revista Jurídica da Presidência*, v. 9, n. 88, p. 1-17, 2008.

SARMENTO, Daniel. *A ponderação de interesses na Constituição Federal*. 1. ed. Rio de Janeiro: Lumen Juris, 2003.

SILVA, Virgílio Afonso da. O proporcional e o razoável. *Revista dos Tribunais*, v. 798, p. 23-50, 2001.

SOUZA, Raphael Ramos Monteiro de. Luzes sobre Têmis: A motivação como imperativo ético e legitimador do juiz. *Revista da AGU*, v. X, n. 29, p. 7-36, 2011.

STRECK, Lênio Luiz. Hermenêutica, Constituição e Processo, ou de "como discricionariedade não combina com democracia". *In*: OLIVEIRA, M.A.C. de; MACHADO, F.D.A. (Orgs.). *Constituição e processo*: a contribuição do processo ao constitucionalismo brasileiro. Belo Horizonte: Del Rey, 2009, p. 3-27.

STRECK, Lênio Luiz. Julgar por presunção no direito eleitoral é compatível com novo CPC? *Consultor Jurídico*. Disponível em: <http://www.conjur.com.br/2015-nov-05/senso-incomum-julgar-presuncao-direito-eleitoral-compativel-cpc>. Acesso em: 15 fev. 2016.

STRECK, Lênio Luiz. Ponderação de normas no novo CPC? É o caos. Presidente Dilma, por favor, veta! *Consultor Jurídico*. Disponível em: <http://www.conjur.com.br/2015-jan-08/senso-incomum-ponderacao-normas-cpc-caos-dilma-favor-veta>. Acesso em: 4 nov. 2015.

STRECK, Lênio Luiz. Por Que é Proibido Julgar por Presunções em uma Democracia: À guisa de prefácio. *In*: NOGUEIRA, Alexandre de Castro. *Decisão Judicial na Justiça Eleitoral*: Lei de Inelegibilidades e Interpretação Teleológica. Curitiba: Juruá, 2015, p. 13-14.

STRECK, Lênio Luiz. *Técnica da Ponderação no Novo CPC*: Posição contrária. *GENJurídico*. Disponível em: <http://genjuridico.com.br/2016/02/15/tecnica-de-ponderacao-no-novo-cpc-posicao-favoravel-flavio-tartuce-e-posicao-contraria-lenio-luiz-streck/>.

SUMMERS, Robert S. Two Types of Substantive Reasons: The Core of a Theory of Common-Law Justification. *Cornell Law Review*, v. 63, n. 5, p. 707-788, 1978.

TARTUCE, Flávio. Técnica da Ponderação no Novo CPC: Posição favorável. *GENJurídico*. Disponível em: <http://genjuridico.com.br/2016/02/15/tecnica-de-ponderacao-no-novo-cpc-posicao-favoravel-flavio-tartuce-e-posicao-contraria-lenio-luiz-streck/>.

TARUFFO, Michele. Il significato costituzionale dell'obbligo di motivazione. *In*: GRINOVER, A.P.; DINAMARCO, C.R.; WATANABE, K. (Orgs.). *Participação e processo*. São Paulo: Revista dos Tribunais, 1988, p. 37-50.

TARUFFO, Michele. *La Motivazione della Sentenza Civile*. Padova: CEDAM, 1975.

THEODORO JR., Humberto. O compromisso do projeto de novo código de processo civil com o processo justo. *Revista de informação legislativa*, v. 48, n. 190, p. 237-263, 2011.

TUCCI, José Rogério Cruz. Ainda sobre a nulidade da sentença imotivada. *Revista de Processo*, v. 14, n. 56, p. 223-233, 1989.

VIGO, Rodolfo Luis. Razonamiento justificatorio judicial. *Doxa*, v. 2, n. 21, p. 483-499, 1998.

WAMBIER, Teresa Arruda Alvim *et al*. *Primeiros Comentários ao Novo Código de Processo Civil Artigo por Artigo*. São Paulo: RT, 2015.

Informação bibliográfica deste livro, conforme a NBR 6023:2002 da Associação Brasileira de Normas Técnicas (ABNT):

ANDRADE NETO, João. Ponderação e dever geral de fundamentação no Direito Eleitoral. *In*: TAVARES, André Ramos; AGRA, Walber de Moura; PEREIRA, Luiz Fernando (Coord.). *O direito eleitoral e o novo Código de Processo Civil*. Belo Horizonte: Fórum, 2016. p. 359-379. ISBN 978-85-450-0133-1.

CONCEITOS JURÍDICOS INDETERMINADOS NO DIREITO ELEITORAL: UM OLHAR A PARTIR DA NECESSIDADE DE FUNDAMENTAÇÃO NAS DECISÕES JUDICIAIS PREVISTA NO NOVO CÓDIGO DE PROCESSO CIVIL

MARCELO RAMOS PEREGRINO FERREIRA

ORIDES MEZZAROBA

1 Introdução

A questão mais relevante, ou melhor dizendo, a mais premente missão que se impõe hoje ao direito eleitoral é a determinação da incidência normativa do novo Código de Processo Civil – NCPC ao processo eleitoral. O novel Código transforma o processo civil e, por conseguinte, altera igualmente as lides eleitorais, "supletiva e subsidiariamente", por expressa disposição normativa.[1]

Muitos aspectos poderiam ser abordados, mas preferiu-se dissertar exclusivamente sobre a nova roupagem da fundamentação das decisões judiciais, que mereceu um desdobramento importante e que terá basilar repercussão no direito eleitoral, porquanto o detalhamento necessário de hoje previsto no art. 458 do Código de Processo Civil se contrasta com a frouxidão argumentativa do regime anterior.

2 O problema da fundamentação das decisões no contexto Constitucional

A necessidade de fundamentação das decisões judiciais não é tema novo. A ausência de ineditismo, todavia, não tem permitido um avanço na concepção e necessidade expressas na Constituição da República Federativa do Brasil.

---

[1] Art. 15. Na ausência de normas que regulem processos eleitorais, trabalhistas ou administrativos, as disposições deste Código lhes serão aplicadas supletiva e subsidiariamente.

A Exposição de Motivos do Código de Processo Penal (Decreto-Lei nº 3.689, de 3.10.1941) já enunciava a necessidade da motivação da sentença, cujo trecho de incorrigível otimismo nacional merece leitura:

> A sentença deve ser *motivada*. Com o sistema do relativo arbítrio judicial na aplicação da pena, consagrado pelo novo Código Penal, e o do *livre convencimento* do juiz, adotado pelo presente projeto, é a *motivação* da sentença que oferece garantia contra os excessos, os erros de apreciação, as falhas de raciocínio ou de lógica ou os demais vícios de julgamento.

Com efeito, a Constituição da República Federativa do Brasil assinala em seu artigo 93, inciso IX, a publicidade e a obrigatoriedade da fundamentação de todas as decisões judiciais, apondo, inclusive, a sanção correspondente pelo descumprimento: a nulidade. Tal norma é repetida no art. 11 do novo Código de Processo Civil.

A escolha da Constituição se contrapõe ao arbítrio estatal e à discricionariedade judicial. Nessa linha de raciocínio, Schmitz recorda da imagem dos dois reis para a justificação do arbítrio medieval: um a carregar o corpo físico, humano e falível; outro, o corpo político, como a "personificação do próprio exercício da soberania"[2] e, destarte, verdadeiro, legítimo e insuscetível do erro, mesmo que acobertando o capricho e a discricionariedade da realeza medieval.

A exigência constitucional, assim, decorre de que o Poder Estatal é exercido em nome do povo (e não mais na imagem de um corpo infalível de inspiração divina), através da representação democrática e, portanto, deve-lhe reverência, por meio do detalhamento do uso dessa atribuição, bem como de sua respectiva publicidade.

Há uma subliminar censura à utilização de critérios próprios de justiça pelo aplicador do direito, alheios ao ordenamento formado pelo corpo legislativo com legitimidade democrática para tanto. Esta censura é a eterna aventura em prol da construção de um império da lei ou de uma "justiça como regularidade", como a define Rawls: "a administração regular e imparcial da lei, e, nesse sentido, equitativa". Para esse autor, em sua concepção de Justiça, trata do sistema legal como uma ordem coercitiva destinada a reger condutas e estruturar a coesão social com íntima relação com a liberdade, pois essas normas

> [...] constituem os fundamentos sobre os quais as pessoas podem se apoiar umas nas outras e com base nos quais elas podem legitimamente objetar quando suas expectativas são frustradas. Se as bases dessas reivindicações forem incertas, incertos também serão os limites das liberdades dos indivíduos.[3]

Veja-se que a regularidade e a estabilidade das decisões judiciais têm direta relação com a liberdade das pessoas.

A fundamentação das decisões judiciais não careceria de norma específica, porquanto deriva também da necessidade de controle das decisões estatais, ao mesmo tempo em que permite a impugnação dessas emanações, sendo traço distintivo do Estado Democrático de Direito.

---

[2] SCHMITZ, Leonard Ziesemer. *Fundamentação das decisões Judiciais*: a crise na construção de respostas no processo civil. São Paulo: RT, 2015.

[3] RAWLS, John. *Uma Teoria da Justiça*. São Paulo: Martins Fontes, [s.d.], p. 291.

A publicidade dos atos judiciais e sua fundamentação incorporam-se, no regime constitucional brasileiro, como direitos fundamentais do cidadão, o que importa dizer que, como tais, restringem a atuação dos poderes públicos em geral, servindo como limites intransponíveis da atuação estatal: limite formal e material.

Ao tratar da fundamentação da sentença, Marinoni afirma que também

> [...] constitui o parâmetro mais fiel da reta observância do direito ao contraditório como dever ao diálogo no processo. A bem acabada densificação de seus contornos na legislação infraconstitucional é uma das tarefas fundamentais dentro de um processo realmente preocupado com a sua qualificação como justo.[4]

A fundamentação, na visão de Marinoni, deste modo, ao tocar na sentença, refere-se à consideração dos argumentos das partes, o que efetiva o direito ao contraditório.

De todo modo, por obra da irradiação desta força normativa da Constituição, todos os ramos do direito sofrem a influência do dever de publicidade e do dever de fundamentar, mas a inovação do Código de Processo Civil vai além, ao especificar um conteúdo próprio e adequado da "decisão fundamentada", pela via da exclusão daquilo que é considerado aquém da norma legal.

Na impossibilidade de uma única resposta para o caso concreto e da abertura do sistema jurídico,[5] o esforço da novel legislação é a de imprimir mais segurança e previsibilidade às decisões judiciais, afastando-se, assim, de excessivas generalizações ou o balizamento em expressões cujo conteúdo semântico seja tão vago que sequer se saiba qual o supedâneo da decisão específica.

Na mesma medida, num contexto em que a intervenção do Poder Judiciário é cada vez mais acentuada exatamente para garantir os direitos fundamentais, exercendo funções muitas vezes consideradas "atípicas" ou "ativistas", em especial no relacionamento com o Poder Legislativo, seja por meio do controle concentrado de constitucionalidade[6] ou, por exemplo, na definição de ritos do *impeachment* da Presidente da República,[7] a fundamentação se presta também para avaliar a extensão do controle jurisdicional exercido.

---

[4] MARINONI, Luiz Guilherme; MITIDIERO, Daniel. *O Projeto do Novo CPC*: Críticas e Propostas. São Paulo: RT, 2010, p. 128.

[5] Para Alexy, as normas de direitos fundamentais implicam na abertura do sistema jurídico à Moral, na medida em que os "conceitos materiais básicos de direito fundamentais", como a dignidade, a liberdade e igualdade, levam, inexoravelmente, ao problema da Justiça. Parece ser decorrente desta abertura grande parte da indeterminação normativa (ALEXY, Robert. *Teoria dos Direitos Fundamentais*. São Paulo: Malheiros, 2011, p. 544).

[6] Muitos exemplos poderiam ser mencionados, mas pense-se na recente decisão sobre o financiamento da política por meio da contribuição das pessoas jurídicas, compreendido como inconstitucional pelo Supremo Tribunal Federal. O STF, em 17 de setembro de 2015, "julgou procedente em parte o pedido formulado na Ação Direta de Inconstitucionalidade (ADI) 4650 para declarar a inconstitucionalidade dos dispositivos legais que autorizavam as contribuições de pessoas jurídicas às campanhas eleitorais, vencidos, em menor extensão, os ministros Teori Zavascki, Celso de Mello e Gilmar Mendes, que davam interpretação conforme, nos termos do voto ora reajustado do ministro Teori Zavascki" (STF. STF conclui julgamento sobre financiamento de campanhas eleitorais. Disponível em: <http://www.stf.jus.br/portal/cms/verNoticiaDetalhe.asp?idConteudo=300015>. Acesso em: 24 nov. 2015).

[7] Veja-se as decisões nos Mandados de Segurança (MS) 33.837 e 33.838, impetrados respectivamente pelos deputados Wadih Damous (PT-RJ) e Rubens Pereira Júnior (PCdoB-MA). Nos mandados, foi concedida liminar para obstar o procedimento para o *impeachment* criado pelo Pres. da Câmara, por meio de questão de ordem. Disponível em: <http://www.stf.jus.br/portal/cms/verNoticiaDetalhe.asp?idConteudo=301640&caixaBusca=N>. Acesso em: 24 nov. 2015.

A questão se torna ainda mais intrincada quando se sabe que a jurisdição constitucional não raro decide em confronto com a própria literalidade do texto,[8] mas, obviamente, alicerçada em berço constitucional, igualmente, o qual exige um maior esforço argumentativo. Obviamente há aqui uma redução da complexidade do tema, excluindo-se, por exemplo, o amplo debate sobre a linguagem, o sujeito e a interpretação ao longo do tempo.[9]

A Constituição representa um pacto político, erigido em determinado momento histórico, prenhe de valores e aspirações de um povo. Existe uma superioridade fundante das normas constitucionais que se traduz na necessidade de outras normas buscarem ali seu fundamento de validade.

Ademais, há uma natureza própria das normas constitucionais, "principiológicas e esquemáticas", como sugere Barroso,[10] o que as faz portarem grau maior de abstração e de vagueza e, destarte, "menor densidade jurídica".

Na mesma linha, deve-se levar em consideração que a superioridade normativa das normas constitucionais impõe um novo papel ao Poder Judiciário. É que cabe à jurisdição constitucional, segundo Ferrajoli, em seu modelo constitucional ou *neojuspositivista*, falar da validade para além das formas e da sua positividade ou meio de produção, também com a "coerência de sua substância". Forma e substância se vinculam "enquanto condições de validade de normas produzidas".[11]

De acordo com Ferrajoli, a dimensão substancial da democracia trazida pelo paradigma constitucional é importante em razão disso. A dimensão formal é insuficiente para assegurar a própria existência da democracia política e, em razão disso, foi consagrada no pós-guerra "a democracia constitucional como sistema de limites e vínculos substanciais – o princípio da igualdade, a dignidade da pessoa humana e os direitos fundamentais – às decisões de qualquer maioria". Foi convencionada a "imposição constitucional destes ao poder normativo das maiorias contingentes". "A democracia constitucional transformou estes limites políticos (*igualdade, dignidade da pessoa e os direitos fundamentais*) em limites e em regras jurídicas. Esta foi a grande inovação do constitucionalismo europeu do segundo pós-guerra".

Da imposição desses limites, surge a democracia constitucional – atenta a uma dimensão substancial, abarcando tanto aquilo que é proibido como aquilo que é obrigatório. Isso trouxe um novo modelo de validade da produção legislativa, ou seja, a legislação deve obedecer a essa apreciação substancial. Há um nexo isomórfico entre as condições jurídicas de validade e as condições políticas do exercício do poder: em suma, entre o direito e a política e entre a teoria do direito e a teoria política.[12]

---

[8] Aqui também se faz uma simplificação e se afasta da discussão, por exemplo, entre a norma e o texto da norma presente no capítulo X (MULLER, Friedrich. *Teoria Estruturante do Direito*. 3. ed. São Paulo: RT, 2011, p. 187-215).

[9] Leonard Schmitz, no capítulo I ("Compreendendo quem e o quê – premissas para estudar as decisões judiciais"), faz este percurso de Descartes, perpassando a ontologia hermenêutica de Heidegger, Kant, a semiologia de Saussure, Gadamer e as mais relevantes discussões acerca do conhecimento, com ênfase nas relações entre o sujeito e o objeto de conhecimento (SCHMITZ, Leonard Ziesemer. *Fundamentação das decisões Judiciais*: A Crise na construção de respostas no processo civil. São Paulo: RT, 2015, p. 37-83 – Coleção Liebman. Coord.: Teresa Arruda Alvim Wambier e Eduardo Talamini).

[10] BARROSO, Luís. *Interpretação e Aplicação da Constituição*. 7. ed. São Paulo: Saraiva, 2010, p. 111.

[11] FERRAJOLI, Luigi. *A Democracia Através dos Direitos*: O Constitucionalismo Garantista como Modelo Teórico e como Projeto Político. São Paulo: Thomson Reuters, 2015, p. 21.

[12] FERRAJOLI, Luigi. *A Democracia Através dos Direitos*: O Constitucionalismo Garantista como Modelo Teórico e como Projeto Político. São Paulo: Thomson Reuters, 2015, p. 46.

A fixação desses limites substanciais para o exercício do poder pela jurisdição constitucional afasta a "pureza" do direito, por assim dizer, para se embrenhar em uma hermenêutica própria, onde o texto pode não ter relação imediata com o conteúdo da norma aplicada, pois será este informado por outros valores encartados na Constituição.

E cabe ao Poder Judiciário a garantia desses direitos fundamentais esboçados na Constituição, ungidos com um grau de hierarquia máximo, mas também com *força de imposição extrema* na ordem jurídica, conforme expressão de Alexy,[13] porque vinculantes da atuação dos três poderes.

Assim é que se tem a decisão acerca da união estável, reconhecida como "entidade familiar a união estável entre o homem e a mulher" pelo art. 1.723 do Código Civil. Homem e mulher podem parecer termos unívocos, mas o STF entendeu, dando uma "interpretação conforme" contra a literalidade do dispositivo, que tal união poderia acalentar pessoas do mesmo sexo,[14] sob a proteção do art. 3º, inciso IV, da Constituição da República Federativa do Brasil.

No âmbito penal, pode-se lembrar a inviolabilidade do lar (art. 5º, inciso XI, da CF/88), excetuado "durante o dia, por determinação judicial", o que impediria uma devassa noturna. No entanto, o STF permitiu a entrada no período noturno em escritório de advocacia para instalação de aparelho de gravação e "exploração" do local.[15] Noutro caso recente e polêmico, o Supremo determinou a prisão provisória de um senador da República, líder do governo,[16] quando a dicção expressa da Constituição admite prisão somente em casos de flagrância de crime inafiançável, tal qual a jurisprudência anterior.[17] No caso concreto, malgrado estivesse presente o flagrante, nenhum dos crimes era inafiançável, tendo compreendido o relator que não poderia ser fixada fiança, pois estavam presentes os "motivos que autorizam a decretação da prisão preventiva" (art. 312, IV, do CPP).

---

[13] ALEXY, Robert. *Constitucionalismo Discursivo*. Porto Alegre: Livraria do Advogado, 2011, p. 49.

[14] Ação Direta de Inconstitucionalidade (ADI) 4.277 e a Arguição de Descumprimento de Preceito Fundamental (ADPF) 132.

[15] Este exemplo foi dado por André de Carvalho Ramos, informalmente, na arguição de defesa de dissertação de mestrado na PUC/SP: "Escuta ambiental e exploração de local. Captação de sinais óticos e acústicos. Escritório de advocacia. Ingresso da autoridade policial, no período noturno, para instalação de equipamento. Medidas autorizadas por decisão judicial. Invasão de domicílio. Não caracterização. [...] Inteligência do art. 5º, X e XI, da CF; art. 150, §4º, III, do CP; e art. 7º, II, da Lei nº 8.906/1994. [...] Não opera a inviolabilidade do escritório de advocacia, quando o próprio advogado seja suspeito da prática de crime, sobretudo concebido e consumado no âmbito desse local de trabalho, sob pretexto de exercício da profissão" (Inq nº 2.424, rel. Min. Cezar Peluso, julgamento em 26.11.2008, Plenário, DJE de 26.3.2010).

[16] Trata-se da ação cautelar nº 4.039. Quanto ao crime inafiançável, o Procurador-Geral da República fez um pedido para que no caso concreto a prisão temporária fosse permitida, com uma interpretação conforme a EC nº 35/2001, ou seja, reconheceu que inexistira crime inafiançável. A decisão afirmou que o crime é permanente e que não é suscetível de fiança, em razão do art. 324, IV (não será concedida fiança, presentes os motivos que autorizam a decretação da prisão preventiva), do CPP. Disponível em: <http://www.stf.jus.br/arquivo/cms/noticiaNoticiaStf/anexo/Acao_Cautelar_4039.pdf>. Acesso em: 26 nov. 2015

[17] Manifestação do Min. Celso de Mello na Rcl. nº 7.936/AL (DJE nº 76, divulgado em 22.04.2014): "Refiro-me ao fato de que os Deputados Estaduais, presente o contexto das prerrogativas constitucionais que lhes foram expressamente atribuídas (CF, art. 27, §1º, c/c o art. 53, §2º), dispõem da garantia de imunidade parlamentar que lhes assegurar um estado de relativa incoercibilidade pessoal (*freedom from arrest*), de tal modo que os integrantes do Poder Legislativo dos Estados-membros só podem ser presos, se e quando em situação de flagrância por crime inafiançável, vedada, em consequência, contra eles, a efetivação de prisão temporária, de prisão preventiva ou de qualquer outra modalidade de prisão cautelar".

Ainda no Supremo Tribunal Federal, pode-se citar o caso Ellwanger.[18] Quando o ministro Moreira Alves defendeu que o judaísmo não é raça e, portanto, não haveria racismo, com fundamento no art. 5º, XLVII, ou seja, práticas discriminatórias contra judeus ou outros grupos religiosos não estão incluídas no âmbito de proteção deste dispositivo. A maioria dos ministros, todavia, fez uma interpretação cultural de raça para permitir a proteção também das minorias religiosas, e bem assim afastar o *hate speech*.

Alexy dá conta de outro caso sobre as farmácias em que, também contra o texto expresso do art. 12, parágrafo primeiro, inciso 1, da Constituição da Alemanha, a liberdade de escolha profissional foi submetida à reserva de regulamentação.[19]

Nesses casos haverá, evidentemente, um hercúleo ônus argumentativo para se afastar da literalidade da norma e fazer valer a incidência de outras normas mais relevantes, em determinado momento histórico. Todavia, isso demonstra o quão distante de um sentido corriqueiro (ou mesmo literal) podem ser as decisões judiciais e a necessidade de sua mais ampla fundamentação. Mais do que isso, porque na prática o ordenamento é aquilo que os juízes dizem ser, valendo na medida da interpretação dada.

E a missão da Corte Constitucional, decorrente desse modelo, determina um protagonismo da jurisdição, um embate inequívoco com o poder, em especial quando em jogo os direitos políticos, cabendo lembrar, conforme a lição de Nascimento,[20] tratar-se de um fenômeno internacional, em particular na América Latina:

> [...] afastamento de 4 dentre 9 membros na Argentina, em 2003; os ataques ao Tribunal boliviano, em 2007, durante os trabalhos da Assembleia Constituinte; a crise que se seguiu à anulação do primeiro turno das eleições pela Corte Constitucional da Turquia, em 2007; a destituição dos membros do Tribunal Constitucional do Equador, também em 2007, em represália ao tribunal ter declarado a invalidade da cassação de 50 deputados de oposição ao presidente Rafael Correa, considerados culpados pelo Supremo Tribunal Eleitoral por obstruir a Assembleia Constituinte.

E também por esta razão a necessidade de estabilidade das decisões judiciais pelo reforço da fundamentação exigida, pela criação de mecanismos processuais (súmula, repercussão geral, precedentes), todos informados pela aspiração à segurança jurídica e à igualdade, dentre outros valores que chamam pela uniformidade jurisprudencial. Esses mecanismos servem para diminuir a discricionariedade neste cenário de protagonismo judicial.

Em síntese, a fundamentação adequada é uma busca para emprestar ainda mais racionalidade às decisões judiciais pela exposição e especificação do processo decisório, num cenário já ambíguo, por força dos muitos conceitos indeterminados e cláusulas gerais positivados na Constituição como "dignidade da pessoa humana", "liberdade", "igualdade", "moral", "interesse público" e quejandas. Trata-se de um repto normativo àquelas decisões que, de tão deficientes, quanto às suas razões, podem ser tachadas de meramente arbitrárias.

---

[18] HC 82.424, ata nº 26, DJ de 17.09.2003.
[19] ALEXY, Robert. *Teoria dos Direitos Fundamentais*. São Paulo: Malheiros, 2011, p. 553.
[20] NASCIMENTO, Rogério José Bento Soares do. Direitos Políticos na jurisprudência do Supremo Tribunal Federal. In: SARMENTO, Daniel; SARLET, Ingo (Org.). *Direitos Fundamentais no Supremo Tribunal Federal: Balanço e Crítica*. Rio de Janeiro: Lumen Juris, 2011, p. 728.

3 A problemática da fundamentação no novo Código de Processo Civil

No Código de Processo Civil anterior, a necessidade de fundamentação repousava no art. 458, cuja exigência de fundamentação da sentença não foi capaz de coibir a vagueza e indeterminação e, destarte, a ausência de fundamentação propriamente dita.

É preciso, no entanto, verificar que a reforma do código tem como pauta a tentativa de reforçar a segurança jurídica. O novo Código de Processo Civil oferece novo tratamento à jurisprudência, exigindo uniformidade e apelando aos tribunais para que a mantenham "estável, íntegra e coerente" (art. 926). Esses atributos da jurisprudência serão alcançados por meio do obséquio às figuras mencionadas no art. 927, cujo atendimento deve ser observado: I – as decisões do Supremo Tribunal Federal em controle concentrado de constitucionalidade; II – os enunciados de súmula vinculante; III – os acórdãos em incidente de assunção de competência ou de resolução de demandas repetitivas e em julgamento de recursos extraordinário e especial repetitivos; IV – os enunciados das súmulas do Supremo Tribunal Federal em matéria constitucional e do Superior Tribunal de Justiça em matéria infraconstitucional; V – a orientação do plenário ou do órgão especial aos quais estiverem vinculados.

A nova legislação, de fato, promove a segurança jurídica por meio de vários mecanismos. Segundo Schmitz, os "encurtamentos procedimentais",[21] presentes algumas das figuras mencionadas (rol do art. 927), como a concessão da tutela de evidência (art. 311, II), a improcedência liminar do pedido (art. 332), a desnecessidade do reexame necessário (art. 496, §4º), dentre outros. O mesmo autor alerta, todavia, que se está diante não da simplificação dos horizontes interpretativos, por meio da adoção de precedentes, cujo mérito será o de diminuir as hipóteses hermenêuticas. Muito pelo contrário, pois o que se vê é a ampliação de fontes normativas, cabendo ao intérprete o manuseio da lei, acrescido da compreensão do procedente, por exemplo.[22]

Vê-se que a fundamentação insere-se nesta tentativa normativa de estabilidade, integridade e coerência da jurisprudência dos tribunais, com vistas à preservação da liberdade das pessoas, como sugere Rawls, porquanto se as decisões contrariam, a todo tempo, as legítimas expectativas, tornando o ordenamento incerto, com decisões contraditórias para casos semelhantes, a rigor, não há direito.

Sobre a fundamentação das decisões judiciais, sejam elas sentenças, acórdãos ou decisões interlocutórias, o art. 489, §1º, do NCPC, elenca o que não pode ser considerado como devidamente construído:

> I – se limitar à indicação, à reprodução ou à paráfrase de ato normativo, sem explicar sua relação com a causa ou a questão decidida; II – empregar conceitos jurídicos indeterminados, sem explicar o motivo concreto de sua incidência no caso; III – invocar motivos que se prestariam a justificar qualquer outra decisão; IV – não enfrentar todos os argumentos deduzidos no processo capazes de, em tese, infirmar a conclusão adotada pelo julgador; V – se limitar a invocar precedente ou enunciado de súmula, sem identificar seus fundamentos determinantes nem demonstrar que o caso sob julgamento se ajusta àqueles

---

[21] SCHMITZ, Leonard Ziesemer. *Fundamentação das decisões Judiciais*: a crise na construção de respostas no processo civil. São Paulo: RT, 2015, p. 333.
[22] SCHMITZ, Leonard Ziesemer. *Fundamentação das decisões Judiciais*: a crise na construção de respostas no processo civil. São Paulo: RT, 2015, p. 334.

fundamentos; VI – deixar de seguir enunciado de súmula, jurisprudência ou precedente invocado pela parte, sem demonstrar a existência de distinção no caso em julgamento ou a superação do entendimento.

Por isso, a "decisão sucinta",[23] aquela decisão não pormenorizada de cada uma das alegações[24] ou o *decisum* que exprima com clareza as razões do sentenciante[25] admitidas pelo Supremo Tribunal Federal, hoje, dificilmente serão compatíveis com o NCPC. É que o art. 489, §1º, do NCPC, por exclusão, obriga a explicitação, à individualização, à derribada das teses apresentadas e à correlação entre o caso concreto e os atos normativos (inciso I), com os conceitos jurídicos indeterminados usados (II), com precedente ou enunciado de súmula invocados pela parte (VI).

De forma geral, a nova norma pretende, por meio da explicitação da fundamentação, emprestar racionalidade à decisão judicial; explicitar as razões de convencimento, reduzir a discricionariedade e limitar o recurso à consciência e ao conceito pessoal de justiça do intérprete. Está em jogo uma tentativa de reduzir a vontade do julgador no processo decisório.

4 Os fundamentos dos conceitos indeterminados

A indeterminação é um traço da linguagem. Segundo Cassirer, a linguagem, "por sua própria natureza e essência, é metafórica. Incapaz de descrever as coisas diretamente, ela recorre a modos indiretos de descrição, a termos ambíguos e equívocos".[26]

Se a linguagem em si é metafórica, a lei, por sua vez, carrega por definição o traço da abstração e generalidade. Por conseguinte, a vagueza de seus termos tem um caráter funcional, o de permitir atingir um número indefinido de sujeitos e, por vezes, de situações. Kelsen, escorando-se no seu modelo de escalonamento de normas, explica que "[...] a norma do escalão superior tem sempre, em relação ao ato de produção normativa ou de execução que a aplica, o caráter de um quadro ou moldura a preencher por este ato. Mesmo uma ordem o mais pormenorizada possível tem de deixar àquele que a cumpre ou executa uma pluralidade de determinações a fazer".[27]

---

[23] A falta de fundamentação não se confunde com fundamentação sucinta. Interpretação que se extrai do inciso IX do art. 93 da CF/1988 (HC 105.349-AgR, rel. Min. Ayres Britto, julgamento em 23.11.2010, Segunda Turma, DJE de 17.2.2011).

[24] O art. 93, IX, da CF exige que o acórdão ou decisão sejam fundamentados, ainda que sucintamente, sem determinar, contudo, o exame pormenorizado de cada uma das alegações ou provas, nem que sejam corretos os fundamentos da decisão (AI 791.292-QO-RG, rel. Min. Gilmar Mendes, julgamento em 23.6.2010, Plenário, DJE de 13.8.2010, com repercussão geral). No mesmo sentido: AI 737.693-AgR, rel. Min. Ricardo Lewandowski, julgamento em 9.11.2010, Primeira Turma, DJE de 26.11.2010; AI 749.496-AgR, rel. Min. Eros Grau, julgamento em 18.8.2009, Segunda Turma, DJE de 11.9.2009; AI 697.623-AgR-ED-AgR, rel. Min. Cármen Lúcia, julgamento em 9.6.2009, Primeira Turma, DJE de 1.7.2009; AI 402.819-AgR, rel. Min. Sepúlveda Pertence, julgamento em 12.8.2003, Primeira Turma, DJ de 5-9-2003.

[25] O que se impõe ao juiz, por exigência do art. 93, IX, da CF, é o dever de expor com clareza os motivos que o levaram a condenar ou a absolver o réu. Havendo condenação, aplicará a pena na medida em que entenda necessária para a prevenção e a repressão do crime, expondo os motivos pelos quais chegou ao quantum aplicado definitivamente, o que ocorreu na hipótese (HC 102.580, rel. Min. Ricardo Lewandowski, julgamento em 22.6.2010, Primeira Turma, DJE de 20.8.2010).

[26] CASSIRER, Ernst. *Ensaio Sobre o Homem*: Introdução a uma filosofia da cultura humana. São Paulo: Martins Fontes, 2005, p. 182.

[27] KELSEN, Hans. *Teoria Pura do Direito*. São Paulo: Martins Fontes, 1991, p. 364.

Evidente que também há o que Kelsen chama de "indeterminação não intencional do ato de aplicação do Direito", quando persiste uma "pluralidade de significações" de uma palavra, sem um sentido unívoco.

Na medida de sua aplicação, esta indeterminação da norma vai encontrando concretude e chega à sua densificação maior na aplicação do caso concreto.

E a indeterminação também se encontra quando abundam normas, com sentidos contraditórios, para a resolução de um caso específico. E pode haver indeterminação na definição do ordenamento jurídico aplicável no atual cenário de "pluralidade de ordens jurídicas", onde a ordem interna coexiste e dialoga com os sistemas internacionais de proteção aos direitos humanos.[28]

Para Marinoni, "conceitos jurídicos indeterminados se caracterizam pela circunstância de o seu pressuposto de incidência constituir um termo indeterminado. A sua consequência, contudo, é determinada".[29] O autor faz uma distinção importante entre os conceitos indeterminados e as cláusulas gerais. Diferenciam-se na medida em que, nas cláusulas gerais, os pressupostos de incidência, quanto às consequências, são indeterminados.

Como exemplo, pode ser citado o caso da Constituição da República Federativa do Brasil afirmar serem inelegíveis (consequência) os analfabetos (pressuposto de incidência) (art. 14, §4º), nada obstante, não conceitue o analfabetismo,[30] nem tampouco a legislação nacional trate do assunto. Se a definição mais evidente – aquele que não sabe ler nem escrever, pode resumir grande parte dos casos, há uma gradação desta qualidade e uma zona de penumbra, de indeterminação, cuidando-se de um conceito indeterminado.[31]

Os partidos políticos são de livre criação, fusão, incorporação e extinção (art. 17 da Constituição). Nem a liberdade (pressuposto de incidência) é determinada, nem tampouco as consequências dessa violação o são. O mesmo pode-se dizer do caráter

---

[28] CARVALHO RAMOS, André de. A relação entre o Direito Internacional e o Direito Interno no contexto da pluralidade das ordens jurídicas. *Anuário Brasileiro de Direito Internacional*, v. 1, p. 102, 2012.

[29] MARINONI, Luiz Guilherme; MITIDIERO, Daniel. *O Projeto do Novo CPC*: Críticas e Propostas. São Paulo: RT, 2010, p. 130.

[30] De acordo com o documento "Recommendation concerning the standardization of educational statistics", publicado em 1958, pela Unesco, são as seguintes as definições acerca do alfabetismo: a) Uma pessoa é alfabetizada se consegue compreender, ler e escrever uma curta declaração sobre algo de seu dia a dia. b) Uma pessoa é analfabeta se não consegue compreender, ler e escrever uma curta declaração sobre algo de seu dia a dia. c) Uma pessoa é funcionalmente alfabetizada se consegue se engajar naquelas atividades em que a leitura é requerida para o funcionamento efetivo do seu grupo e comunidade e também permite que a pessoa continue a usar a leitura, a escrita e o cálculo para o desenvolvimento de sua comunidade e seu próprio. d) Uma pessoa é funcionalmente analfabeta se não consegue se engajar naquelas atividades em que a leitura é requerida para o funcionamento efetivo de seu grupo e comunidade e também não permite que a pessoa continue a usar a leitura, a escrita e o cálculo para o desenvolvimento de sua comunidade e seu próprio. Tradução livre do original: "(a) *A person is literate who can with understanding both read and write a short simple statement on his everyday life.* (b) *A person is illiterate who cannot with understanding both read and write a short simple statement on his everyday life.* (c) *A person is functionally literate who can engage in all those activities in which literacy is required for effective functioning of his group and community and also for enabling him to continue to use reading, writing and calculation for his own and the community's development.* (d) *A person is functionally illiterate who cannot engage in all those activities in which literacy is required for effective functioning of his group and community and also for enabling him to continue to use reading, writing and calculation for his own and the community's development".* Disponível em: <http://portal.unesco.org/en/ev.php-URL_ID=13136&URL_DO=DO_TOPIC&URL_SECTION=201.html>. Acesso em: 8 dez. 2015.

[31] A jurisprudência do TSE admite a realização de teste de alfabetização perante o juiz eleitoral, que deve se dar de forma individualizada e reservada (Ac. de 23.10.2012 no AgR-REspe nº 28.986, rel. Min. Nancy Andrighi; Ac. de 23.10.2012 no AgR-REspe nº 19.067, rel. Min. Arnaldo Versiani).

nacional, do funcionamento parlamentar de acordo com a lei e de todas as cláusulas gerais acerca do direito partidário.

5 Conceitos indeterminados na jurisprudência sobre o Direito Eleitoral

Em quase todos os ramos do Direito, a doutrina especializada em cada campo, ao longo do tempo, atingiu consensos sobre determinados conceitos funcionais para sua área específica. Nesse sentido, "dolo", "tributo", "taxa", "possibilidade jurídica do pedido", "decadência" e "prescrição" são conceitos sobre os quais, embora possa haver uma residual indeterminação, houve pactos semânticos, ou seja, há consensos estáveis sobre o que aqueles signos representam, quais as ideias subjacentes àquelas representações gráficas. Evidentemente, esforço consistente da doutrina, da jurisprudência, salpicado pelo tempo, formou um mínimo de ferramentas, capazes de conferir certo rigor ao direito. Isso tudo para afirmar que essa vantagem rumo à segurança jurídica de outros ramos do Direito não tem equivalência no Direito Eleitoral.

E aí se tem agravada a indeterminação do Direito e de seus conceitos, numa área onde se situa o nascedouro da democracia representativa. É que a Constituição da República aduz, no seu art. 1º, parágrafo único, que o exercício do poder popular pode se dar diretamente ou por meio da representação política.[32] Esta representação política se dá, de forma evidente, pelos partidos políticos, como afirma Mezzaroba, como "recurso no processo de formação da vontade política do Povo".[33]

Para Silva, as funções do sistema eleitoral são a de transformar a vontade popular em mandatos, a legitimação da dominação e do poder político e, talvez mais importante, permitir o exercício da soberania popular por meio da participação dos cidadãos.[34]

5.1 A problemática da inelegibilidade

Os direitos políticos fulguram, com destaque, no festejado Título II da Constituição da República, em capítulo próprio (IV), sendo imperativo qualificá-los como direitos fundamentais, não apenas pela topografia expressa na Carta, mas pelo conteúdo que encetam em face da opção do Constituinte de adoção de um regime democrático.

Afirma-se elegibilidade como "um dos elementos integrantes da capacidade eleitoral passiva (direito político de ocupar um cargo eletivo)", preenchidas as condições legais e constitucionais e ausentes os pressupostos negativos (não incidência de causas de inelegibilidade), segundo Rodrigues.[35] Para Gomes, direitos políticos são "as prerrogativas e os deveres inerentes à cidadania" e a elegibilidade "é o direito público subjetivo atribuído ao cidadão de disputar cargos públicos-eletivos".[36] A elegibilidade, assim, é faceta do direito subjetivo, o direito político fundamental de votar e ser eleito.

---

[32] Para uma vasta descrição dos significados da palavra "representação" no direito comparado e na história, *vide*: MEZZAROBA, Orides. *Introdução ao Direito Partidário Brasileiro*. 2. ed. Rio de Janeiro: Lumen Juris, 2004, p. 9-45.
[33] MEZZAROBA, Orides. *Introdução ao Direito Partidário Brasileiro*. 2. ed. Rio de Janeiro: Lumen Juris, 2004, p. 237.
[34] SILVA, Virgílio Afonso da. *Sistemas eleitorais*: tipos, efeitos jurídico-políticos e aplicação ao caso brasileiro. São Paulo: Malheiros, 1999, p. 38.
[35] RODRIGUES, Marcelo Abelha; JORGE, Flávio Cheim. *Manual de Direito Eleitoral*. São Paulo: RT, 2014, p. 59-69.
[36] GOMES, José Jairo. *Direito Eleitoral*. 3. ed. Belo Horizonte: Del Rey, 2008, p. 125.

Parte-se do conceito de inelegibilidade de Costa como o "estado jurídico da perda ou de ausência de elegibilidade";[37] sendo assim, sempre efeito jurídico, mas não necessariamente sanção. Importa ao caso a inelegibilidade dita cominada, aquela oriunda da prática de um ato ilícito que pode se revelar na sua forma simples (na eleição presente) ou potenciada (eleição futura).

Não há insuperável controvérsia sobre o conceito de elegibilidade ou dos direitos políticos na doutrina.

Quando do julgamento da Ação Direta de Inconstitucionalidade nº 4.578 e Ações Declaratórias de Constitucionalidade nº 30 e nº 29, opostas contra a chamada Lei da Ficha Limpa, este *direito subjetivo fundamental* (o direito de votar e ser votado, a elegibilidade) foi transformado em *regime jurídico*, tudo para afastar as teses da impugnação da irretroatividade das leis[38] (art. 5º, inc. XXXV), da necessidade da proteção da confiança ao administrado, coisa julgada, ato jurídico perfeito e direito adquirido (art. 5º, inc. XXXVI). O relator ministro Fux afirma:

> Em outras palavras, a elegibilidade é a adequação do indivíduo ao regime jurídico – constitucional e legal complementar – do processo eleitoral, consubstanciada no não preenchimento de requisitos "negativos" (as inelegibilidades). Vale dizer, o indivíduo que tenciona concorrer a cargo eletivo deve aderir ao estatuto jurídico eleitoral. Portanto, a sua adequação a esse estatuto não ingressa no respectivo patrimônio jurídico, antes se traduzindo numa relação ex lege dinâmica.

O grave da decisão do STF, neste caso, é que se alterou o conceito para restringir-se um direito fundamental, excluindo-se o necessário ônus argumentativo para que tal se opere. Ao afirmar que a inelegibilidade não se trata de um *direito*, mas de um *regime*, como não há discussão acerca da limitação de direitos fundamentais, mas de regime, este debate se perde. Mais que isso: perde-se a necessidade de exposição do fundamento

---

[37] COSTA, Adriano Soares da. *Instituições de Direito Eleitoral*. 9. ed. Curitiba: Forum, 2013, p. 223.

[38] A crítica à retroatividade da Lei da Ficha Limpa já foi realizada alhures: "E, para Canotilho, a retroatividade admitida é aquela que não fira, de forma autônoma, uma diretriz constitucional, sem a necessidade de se recorrer à tautologia de se dizer simplesmente que "devem se proteger os direitos adquiridos por serem direitos adquiridos". No caso concreto, é consabido, há ofensa clara e direta ao direito fundamental de participação política com a retroação havida, consubstanciado no Artigo 23 da Convenção Americana e na Constituição Federal (art. 14). A propósito, quando Canotilho menciona a retrospectividade ou retroatividade quanto aos efeitos jurídicos, cita, expressamente, os casos das normas modificadoras de uma profissão, regras de promoção nas carreiras públicas, normas que regulam relações jurídicas contratuais duradouras e normas dos regimes previdenciários. São todos casos em que preexiste uma relação jurídica e esta se prolonga no tempo, diferentemente dos direitos políticos. Adriano Soares da Costa também viu esta anomalia e é peremptório ao afirmar que "não há a característica continuativa do enquadramento do cidadão na legislação eleitoral". Mais do que isso, o alerta do autor luso afasta, por completo, sua indevida utilização: "Todavia, a proteção do cidadão procura-se por outros meios, designadamente através dos direitos fundamentais – saber se a nova normação jurídica tocou desproporcionada, desadequada e desnecessariamente dimensões importantes dos direitos fundamentais, ou se o legislador teve o cuidado de prever uma disciplina transitória justa para as situações em causa". A conclusão do min. Fux, ao que tudo indica, implica em atribuir, à obra de Canotilho, uma conclusão que não lhe pertence. Exatamente por isso, é vazio, de todo sentido, o esforço hermenêutico de afirmar-se a inelegibilidade como um regime jurídico e que, assim, poderia ser alterado ao alvitre do legislativo, sem se olvidar a afronta aos direitos individuais. Em rigor, a interpretação do Supremo afirma que não há direitos a serem defendidos, porque aquilo que se busca não é um direito propriamente dito (direito à elegibilidade), pois integrante de um regime jurídico que pode ser alterado. Altera-se a forma para poder se fustigar o conteúdo, quando o adequado se assenta no reconhecimento da restrição e em seu enfrentamento sob a luz da proporcionalidade" (PEREGRINO, Marcelo. *O controle de convencionalidade da Lei da Ficha Limpa*: Direitos Políticos e Inelegibilidades. Rio de Janeiro: Lumen Juris, 2015).

constitucional para a limitação desse direito convertido em regime. Silva critica esta relativização, porque nela "[...] a restrição ocorre de forma disfarçada, com base em exclusão a priori de condutas, estados e posições jurídicas de qualquer proteção" e assim "liberam o legislador e o aplicador do direito de qualquer ônus argumentativo".[39]

O julgamento acima demonstra um desacerto entre a doutrina e as decisões do Supremo Tribunal Federal acerca de conceitos funcionais do direito eleitoral como a inelegibilidade ou a sua distorção para fins alheios ao direito eleitoral, como a promoção da virtude cívica nacional pela imposição da moralidade e qualidade na escolha dos cidadãos.[40] Trata-se de um *objetivismo moral*, numa "concepção ontológica de quem considera que exista um mundo objetivo de valores morais com relação ao qual uma tese moral pode ser qualificada como verdadeira ou como falsa".[41]

Aliás, esse é um traço histórico dos regimes de exceção: a tentativa de moralização. A propósito, basta ver que a "moralização do sistema representativo" foi um dos "máximos ideais" da Revolução dos anos 30 no Brasil, compondo o seu *slogan*, segundo Leal,[42] e os contornos da inelegibilidade atuais foram delineados no regime ditatorial iniciado em 1964[43] pelo uso de conceitos indeterminados como "a vida pregressa do

---

[39] SILVA, Virgílio Afonso da. *Os Direitos Fundamentais:* Conteúdo essencial, restrições e eficácia. São Paulo: Malheiros, 2002, p. 253.

[40] Este é o propósito declarado nas manifestações de outros ministros no mesmo julgamento: "Min. Ayres Britto (fls. 257-383): 'Então a Lei da Ficha Limpa tem essa ambição de mudar uma cultura perniciosa, deletéria, de maltrato, de malversão da coisa pública para implantar no país o que se poderia chamar de qualidade de vida política, pela melhor seleção, pela melhor escolha dos candidatos. Candidatos respeitáveis. Esse é um dos conteúdos do que estou chamando de princípio do devido processo eleitoral substantivo. O outro conteúdo é o direito que tem o eleitor de escolher pessoas sem esse passado caracterizado por um estilo de vida de namoro aberto com a delitividade, a delituosidade'. O Min. Joaquim Barbosa, de seu turno, apontou a lei complementar como o próprio Estatuto da Moralidade Eleitoral, fls. 57 do acórdão, não sem, antes, vaticinar que 'a sociedade que anseia pela moralização da política brasileira, para que não haja mais engodo do eleitorado, manipulações e falsas promessas, para que os eleitores comecem a ter a liberdade de escolha veral, verdadeira' (fls. 57). O relator Min. Fux, fundou-se, igualmente, no 'anseio da população pela moralização do exercício dos mandatos eletivos no país' (fls. 10), pontuando que 'as cobranças da sociedade civil no manejo da coisa pública se acentuaram recentemente' (fls. 12). A Min. Rosa Weber, de seu turno, notou 'o esforço hercúleo da população brasileira em trazer para a seara política uma norma de eminente caráter moralizador, em que pretendentes a cargos eletivos, mesmo gozando de péssima reputação, carecedores de honestidade e boa-fé, com vida pregressa emoldurada de extensa ficha de registros negativos junto aos órgãos da Administração Pública, incluído no rol de processos criminais em curso, podiam lançar mão do poder político para encobrir as condutas desabonadoras passadas e presentes, utilizando o mandato eletivo em proveito próprio' (fls. 154). A Min. Carmem Lúcia lançou a necessidade de 'proteção ético-jurídica do processo eleitoral, sobrepondo-se o direito da sociedade a uma eleição moralizada, proba, impessoal e legal [...] em quem o sistema estabeleça as condições ético-jurídicas de exercer o mandato que lhe venha a ser conferido'" (PEREGRINO, Marcelo. *O controle de convencionalidade da Lei da Ficha Limpa:* Direitos Políticos e Inelegibilidades. Rio de Janeiro: Lumen Juris, 2015).

[41] FERRAJOLI, Luigi. *A Democracia Através dos Direitos:* O Constitucionalismo Garantista como Modelo Teórico e como Projeto Político. São Paulo: Thomson Reuters, 2015, p. 110.

[42] LEAL, Victor Nunes. *Coronelismo, Enxada e voto:* O município e o Regime Representativo no Brasil. São Paulo: Companhia das Letras, p. 215.

[43] Este um fato histórico: "A Constituição desse período trágico para a vida política nacional, desde pronto, assentou os contornos das inelegibilidades a serem concretizadas pelo legislador ordinário, levando em *consideração* 'a vida pregressa do candidato', 'o regime democrático', 'a probidade administrativa', 'a normalidade e legitimidade das eleições contra a influência ou o abuso do exercício de função, cargo ou emprego público da administração direta e indireta, ou do poder econômico', a 'moralidade para o exercício do cargo' (art. 151), todas as expressões consagradas no atual Direito Eleitoral. A Constituição de 1967 trouxe a disciplina mais farta e generosa sobre as inelegibilidades em toda a história constitucional brasileira, demonstrando a eficácia, para os regimes de força, da subtração dos direitos políticos como etapa *impostergável* para sua própria viabilização" (PEREGRINO, Marcelo. *O controle de convencionalidade da Lei da Ficha Limpa:* Direitos Políticos e Inelegibilidades. Rio de Janeiro: Lumen Juris, 2015).

candidato", "o regime democrático", "a probidade administrativa" e a "moralidade para o exercício do cargo".

5.2 O caráter nacional dos partidos

Outra celeuma relacionada a uma cláusula geral refere-se ao caráter "nacional" do partido, presente na Constituição (art. 17, I), desde sua promulgação. Por meio da Resolução nº 21.002, de 26.02.02, o Tribunal Superior Eleitoral expediu normativa, após consulta realizada, sob o fundamento que a circunscrição maior abrange a menor, impondo a chamada "verticalização", nos seguintes termos:

> Consulta. Coligações. Os partidos políticos que ajustarem coligação para eleição de presidente da República não poderão formar coligações para eleição de governador de estado ou do Distrito Federal, senador, deputado federal e deputado estadual ou distrital com outros partidos que tenham, isoladamente ou em aliança diversa, lançado candidato à eleição presidencial.

Negada a liminar na ADI interposta, tal tema foi objeto de Emenda Constitucional nº 52 somente no ano de 2006,[44] onde restou assegurado

> [...] aos partidos políticos autonomia para definir sua estrutura interna, organização e funcionamento e para adotar os critérios de escolha e o regime de suas coligações eleitorais, sem obrigatoriedade de vinculação entre as candidaturas em âmbito nacional, estadual, distrital ou municipal, devendo seus estatutos estabelecer normas de disciplina e fidelidade partidária. (§1º, art. 17).

O sentido do "caráter nacional dos partidos" foi novamente alterado, desta vez pelo Parlamento.

5.3 A fidelidade partidária

A questão da "fidelidade partidária" também ilustra o tema. É interessante notar que a "disciplina partidária" adquiriu relevância constitucional no período da ditadura militar, por meio do art. 149, V, da Constituição de 1967.

Ainda que a disciplina e fidelidade sejam matérias, a toda evidência, de competência interna dos estatutos do partido, conforme expressa dicção legal (art. 15, V, Lei dos Partidos Políticos),[45] o Supremo Tribunal Federal, no ano de 2007, ao julgar os Mandados de Segurança nº 26.602, nº 26.603 e nº 26.604, impetrados por partidos políticos, avançou de maneira inaugural na matéria para apor a pena de perda de mandato aos trânsfugas, os deputados que mudaram de partido após as eleições.

---

[44] O STF deu interpretação conforme (ADI nº 3.685) para que tal dispositivo somente fosse aplicado na eleição posterior.
[45] Art. 15. O Estatuto do partido deve conter, entre outras, normas sobre: [...] V – fidelidade e disciplina partidárias, processo para apuração das infrações e aplicação das penalidades, assegurado amplo direito de defesa; [...]

Ramos, ao apontar este caso como um exemplo de ativismo judicial, ressalta que com este julgamento houve uma alteração da jurisprudência vintenária do STF sobre o tema, citando o precedente MS nº 20.927-5/DF, de cuja ementa constava: "a inaplicabilidade do princípio da fidelidade partidária aos parlamentares se estende, no silêncio da Constituição e da lei, aos respectivos suplentes".[46] Segundo Ramos, este caso "configura um dos episódios mais característicos de ativismo judiciário de toda a história daquela Excelsa Corte",[47] merecedor de censura, pois "a afirmação de um princípio constitucional não pode servir de pretexto argumentativo ao Poder Judiciário para impor normatização que ultrapasse os limites da competência, antes executória do que criadora de normas disciplinadoras de conduta".[48]

Esta impetração se deveu à consulta formulada por partido político ao TSE (Consulta nº 1.398/DF) acerca da manutenção da vaga obtida no sistema proporcional na hipótese de cancelamento de filiação ou transferência do candidato eleito para outra legenda. Em resposta à consulta, interessante notar que o relator compreendeu não como sanção a perda do mandato, mas como efeito jurídico do ato de desfiliação, em razão do mandato pertencer ao partido.

O Tribunal Superior Eleitoral, assim, editou a Resolução nº 22.610/2007 para regulamentar as hipóteses de justa causa e ordenar o procedimento para a perda de mandato. Posteriormente, essa resolução foi combatida na ADI nº 5.081/DF, no ano de 2015. O ministro Barroso, em nova viragem jurisprudencial, acolheu a tese de "infidelidade majoritária" ao dizer que a pena da perda de mandato não se aplicava aos trânsfugas eleitos pelo sistema majoritário, com a seguinte justificativa:

> O sistema majoritário, adotado para a eleição de presidente, governador, prefeito e senador, tem lógica e dinâmica diversas da do sistema proporcional. As características do sistema majoritário, com sua ênfase na figura do candidato, fazem com que a perda do mandato, no caso de mudança de partido, frustre a vontade do eleitor e vulnere a soberania popular. (CF, art. 1º, parágrafo único; e art. 14, *caput*)

Ora, a fidelidade refere-se a um vínculo com o partido, e não a forma pela qual se é eleito.

5.4 O princípio da anterioridade eleitoral

A "anterioridade eleitoral", garantia do art. 16 da Carta, foi objeto de interpretação do Supremo Tribunal Federal. O conceito de anterioridade eleitoral tem duas fases, segundo o ministro Gilmar Ferreira Mendes (RE nº 633.703/MG), cujo relato se aproveita: i) a primeira com os julgamentos das ADI nºs 733/718/ e 354; ii) a segunda pelas decisões nas ADI nºs 3.345, 3.685 e 3.741 e da ADI-MC nº 4.307.

Na ADI nº 733, compreendeu-se que a lei estadual que cria municípios em ano de eleições não altera o processo eleitoral e, assim, não se sujeita ao princípio da

---

[46] RAMOS, Elival da Silva. *Ativismo Judicial*: Parâmetros Dogmáticos. São Paulo: Saraiva, 2013, p. 247.
[47] RAMOS, Elival da Silva. *Ativismo Judicial*: Parâmetros Dogmáticos. São Paulo: Saraiva, 2013, p. 249.
[48] RAMOS, Elival da Silva. *Ativismo Judicial*: Parâmetros Dogmáticos. São Paulo: Saraiva, 2013, p. 250.

anterioridade do art. 16. Do mesmo modo, não se aplica a restrição para a norma que altera o sistema de votação e apuração de resultado (ADI nº 354), com destaque para a conceituação de "processo eleitoral" extraída do voto vencido dos ministros Marco Aurélio, Carlos Velloso, Celso de Mello, Sepúlveda Pertence e Aldir Passarinho. Em 2005, na ADI nº 3.354 esses votos vencidos foram determinantes para uma nova definição de "processo eleitoral",[49] mantendo incólume a resolução do TSE que definiu critérios de proporcionalidade para fixação do número de vereadores. Somente na ADI nº 3.685 houve a primeira declaração de inconstitucionalidade fundada no art. 16, afastando-se a EC nº 52/2006 que deu plena autonomia aos partidos para formarem coligações nos planos federal, estadual e municipal, revogando a legislação infraconstitucional que estabelecia a "verticalização".

É relevante apontar que restou decidido que o vocábulo "lei" (art. 16) abrangia também emenda constitucional, bem como a identificação do art. 16 como uma "garantia fundamental do cidadão-eleitor, do cidadão-candidato e dos partidos políticos". Na ADI nº 3.741 contra a "minirreforma eleitoral" para o pleito de 2006, foram sintetizados os contornos interpretativos do princípio da anterioridade.[50]

5.5 O art. 23 – Lei Complementar nº 64/1990

A interpretação vaga se situa também no art. 23 – Lei Complementar nº 64/1990, e é convocada para se integrar à atribuição do magistrado de decidir "pela livre apreciação dos fatos públicos e notórios" e pela preservação do "interesse público de lisura eleitoral".

O "interesse público de lisura eleitoral" traz à luz a própria existência de um interesse público como tal, impondo a superioridade desta vaga noção de lisura sobre os direitos fundamentais. Com precisão, Cristovam assinalou a questão ao apontar um exemplo da colisão entre a liberdade de expressão a proibição da realização de um determinado evento, por força do "interesse público":

---

[49] Veja-se da ementa do acórdão da ADI nº 3.354: "A norma consubstanciada no art. 16 da Constituição da República, que consagra o postulado da anterioridade eleitoral (cujo precípuo destinatário é o Poder Legislativo), vincula-se, em seu sentido teleológico, à finalidade ético-jurídica de obstar a deformação do processo eleitoral mediante modificações que, casuisticamente introduzidas pelo Parlamento, culminem por romper a necessária igualdade de participação dos que nele atuam como protagonistas relevantes (partidos políticos e candidatos), vulnerando-lhes, com inovações abruptamente estabelecidas, a garantia básica de igual competitividade que deve sempre prevalecer nas disputas eleitorais. Precedentes. O processo eleitoral, que constitui sucessão ordenada de atos e estágios causalmente vinculados entre si, supõe, em função dos objetivos que lhe são inerentes, a sua integral submissão a uma disciplina jurídica que, ao discriminar os momentos que o compõem, indica as fases em que ele se desenvolve: (a) fase pré-eleitoral, que, iniciando-se com a realização das convenções partidárias e a escolha de candidaturas, estende-se até a propaganda eleitoral respectiva; (b) fase eleitoral propriamente dita, que compreende o início, a realização e o encerramento da votação e (c) fase pós-eleitoral, que principia com a apuração e contagem de votos e termina com a diplomação dos candidatos eleitos, bem assim dos seus respectivos suplentes".

[50] Esses contornos surgem na ementa: "I – Inocorrência de rompimento da igualdade de participação dos partidos políticos e dos respectivos candidatos no processo eleitoral. II – Legislação que não introduz deformação de modo a afetar a normalidade das eleições. III – Dispositivos que não constituem fator de perturbação do pleito. IV – Inexistência de alteração motivada por propósito casuístico. V – Inaplicabilidade do postulado da anterioridade da lei eleitoral. VI – Direto à informação livre e plural como valor indissociável da ideia de democracia".

[...] o caso do direito de manifestação e reunião deixa evidente que, em diversas situações, justificadas administrativas de "preventiva" defesa da "ordem pública", da "segurança da coletividade" e de uma dimensão de interesse público (muito próxima de uma ideia de interesses da maioria), permitem que a Administração Pública facilmente confunda/camufle a imediata e severa restrição a direitos e garantias individuais pela via de uma retórica frouxa de defesa do interesse público. Por vezes, o grande problema não gravita somente na órbita abrangente do conceito político-axiológico do interesse público. Reside, também, na sua desvirtuada e autoritária aplicação pelo Poder Público, afastada de uma ponderação dialética de defesa e promoção dos direitos fundamentais.[51]

E segue o autor, no cerne da matéria:

[...] o conceito de interesse público confunde-se com os valores indisponíveis assegurados pela Constituição, sob o signo inafastável dos direitos fundamentais e da centralidade do princípio da dignidade da pessoa humana (personalização da ordem constitucional). Não se deve, pois, buscar o interesse público (singular), mas os interesses públicos consagrados no texto constitucional, que inclusive podem apresentar-se entre si conflitantes (ou com outros interesses privados) na conformação do caso concreto, a exigir necessariamente uma adequada e sofisticada ponderação de valores, ainda que não imune a uma elevada dose de instabilidade e insegurança jurídico política.[52]

O interesse público na lisura eleitoral deve ser lido por meio da Constituição e dos outros valores ali inseridos. Daí porque se pode afirmar que esse dispositivo (art. 23), por óbvio, não reina mais só e deve ser lido também com a mitigação decorrente do art. 489, §1º, do NCPC exigente que a decisão, com fundamentação adequada, não se limite à indicação de ato normativo, sem *explicar sua relação com a causa ou a questão decidida, ou seu emprego sem explicar o motivo concreto de sua incidência no caso ou mesmo a invocação de motivos que se prestariam a justificar qualquer outra decisão.*

5.6 A jurisprudência retrocessiva dos direitos fundamentais

A jurisprudência eleitoral, todavia, vai além, porquanto mesmo na ausência de indeterminação amplia o sentido próprio de normas restritivas de direitos fundamentais, quando que o que se exige é o oposto: o desenvolvimento progressivo dos direitos políticos,[53] como assentado na Convenção Americana Sobre Direitos Humanos (art. 26).[54]

---

[51] CRISTÓVAM, José Sérgio da Silva. *Administração Pública Democrática e Supremacia do Interesse Público*: Novo Regime Jurídico-Administrativo e Seus Princípios Constitucionais Estruturantes. Curitiba: Juruá, 2015, p. 108.

[52] CRISTÓVAM, José Sérgio da Silva. *Administração Pública Democrática e Supremacia do Interesse Público*: Novo Regime Jurídico-Administrativo e Seus Princípios Constitucionais Estruturantes. Curitiba: Juruá, 2015, p. 117.

[53] André de Carvalho Ramos adiciona, ao tema, a noção de desenvolvimento progressivo, afirmando que a "*progressividade* abarca dois sentidos: por um lado, sugere-se a *gradualidade* da plena efetividade, de outro, impõe-se o dever ao Estado de garantir o *progresso*, ou seja, veda-se consequentemente o *regresso*, o amesquinhamento dos direitos sociais já concretizados no momento de ratificação dos tratados" (RAMOS, André de Carvalho. *Teoria Geral dos Direitos Humanos na Ordem Internacional*. 4. ed. São Paulo: Saraiva, 2014, p. 253).

[54] Artigo 26 – Desenvolvimento progressivo – Os Estados-partes comprometem-se a adotar as providências, tanto no âmbito interno, como mediante cooperação internacional, especialmente econômica e técnica, a fim de conseguir progressivamente a plena efetividade dos direitos que decorrem das normas econômicas, sociais e sobre educação, ciência e cultura, constantes da Carta da Organização dos Estados Americanos, reformada pelo Protocolo de Buenos Aires, na medida dos recursos disponíveis, por via legislativa ou por outros meios apropriados.

Um exemplo é a interpretação dada ao art. 41-A, da Lei nº 9.604/97. Diz a norma: "constitui captação de sufrágio, vedada por esta Lei, o candidato doar, oferecer, prometer, ou entregar, ao eleitor, com o fim de obter-lhe o voto, bem ou vantagem pessoal de qualquer natureza, inclusive emprego ou função pública [...]". A norma é clara ao exigir a conduta pessoal específica e insubstituível do candidato para a realização da "compra de votos". Todavia, a jurisprudência passou a admitir a prática das condutas por *terceiros*, desde que houve "anuência" do candidato.[55]

Na mesma desafortunada linha, a criação jurisprudencial do "prefeito itinerante" envolveu uma analogia com a proibição da reeleição (art. 14, §5), para impedir a participação de prefeito eleito e reeleito, para um município diverso, ou seja, afastar a terceira eleição para cargo de mesma natureza, ausente qualquer norma legal sobre o tema (STF, RE 637.485/RJ,[56] TSE, RESPE 41.980-06). Essa novidade da interpretação extensiva para cassar direitos fundamentais foi barrada quando se tratou de prefeito de uma capital (RESPE nº 35.906), por maioria de 4 a 3 votos, ao argumento que o TRE/SC respondera a uma consulta sobre o mesmo tema, agasalhando a pretensão do itinerante sobre a possibilidade de sua participação em eleição a município limítrofe. A consulta "vinculante" permitiu que os direitos políticos fundamentais fossem salvos nessa oportunidade.

E isto sem falar nos atos ilícitos eleitorais decorrentes dos abusos de autoridade, de poder econômico, cujas definições fogem da precisão, encontrando-se dispersas em casos concretos apreciados pela jurisprudência.

Os casos adrede narrados apenas demonstram a relevância e as graves consequências, para o funcionamento da democracia representativa, da interpretação do direito eleitoral.

A nova realidade do Código de Processo Civil demandará das decisões judiciais explicitação, todas as vezes em que se usam tais conceitos indeterminados e cláusula gerais, *o que redundará em maior qualidade do provimento jurisdicional.*

6 Conclusão

A incidência do novo Código de Processo Civil sobre as lides eleitorais é notícia bem-vinda, porque a promessa é a redução da arbitrariedade instaurada, por meio do

---

[55] Veja-se o seguinte julgado: "[...]. Captação ilícita de sufrágio. Art. 41-A da Lei nº 9.504/97. Prova robusta. Inexistência. Provimento. 1. Para caracterizar a captação ilícita de sufrágio, exige-se prova robusta de pelo menos uma das condutas previstas no art. 41-A da Lei nº 9.504/97, da finalidade de obter o voto do eleitor e da participação ou anuência do candidato beneficiado, o que não se verifica na espécie. [...]" (Ac. de 15.2.2011 no REspe nº 36.335, rel. Min. Aldir Passarinho Júnior).

[56] Este trecho do acórdão sintetiza a criatividade do Supremo: "O instituto da reeleição tem fundamento não somente no postulado da continuidade administrativa, mas também no princípio republicano, que impede a perpetuação de uma mesma pessoa ou grupo no poder. O princípio republicano condiciona a interpretação e a aplicação do próprio comando da norma constitucional, de modo que a reeleição é permitida por apenas uma única vez. Esse princípio impede a terceira eleição não apenas no mesmo município, mas em relação a qualquer outro município da federação. Entendimento contrário tornaria possível a figura do denominado "prefeito itinerante" ou do "prefeito profissional", o que claramente é incompatível com esse princípio, que também traduz um postulado de temporariedade/alternância do exercício do poder. Portanto, ambos os princípios – continuidade administrativa e republicanismo – condicionam a interpretação e a aplicação teleológicas do art. 14, §5º, da Constituição. O cidadão que exerce dois mandatos consecutivos como prefeito de determinado município fica inelegível para o cargo da mesma natureza em qualquer outro município da federação".

uso de cláusulas gerais, conceitos indeterminados, ou seja, decisões com fundamentações inadequadas, em que o julgador se afasta do ordenamento ou dele se vale para impor suas convicções pessoais de justiça no caso concreto, em substituição à legalidade.

Com efeito, a inovação do novo Código de Processo Civil chega em boa hora para incrementar aquilo já ínsito ao Estado Democrático e de Direito, a necessidade de contenção do arbítrio do julgador, de modo a dotar a atividade jurisdicional de *estabilidade* ("consiste na não alteração arbitrária de decisões adotadas pelo Estado") e *previsibilidade* ("é a exigência de ao menos certa calculabilidade, por parte dos cidadãos, em relação aos efeitos jurídicos dos atos normativos").[57] E esses atributos da atuação jurisdicional no Estado de Direito somente podem ser aferidos por meio da fundamentação adequada.

Por evidente, a inovação não será panaceia, mas traz alento ao esforço da doutrina séria de direito eleitoral que pretende solidificar os conceitos funcionais, para que se reduzam a grave insegurança reinante na área, com a alteração sistemática das definições ao sabor das circunstâncias.

No mesmo diapasão, o apelo às "entidades metafísicas", como diz Ferrajoli, como o "corpo social", "nação", o "povo" ou a "vontade geral" como fundamento de validade dos ordenamentos, é negado pelo Estado Constitucional e visto como "obscuros fundamentos ideológicos", porquanto as Constituições democráticas declaram como seu fundamento axiológico e positivo as garantias dos direitos fundamentais.[58] O Estado, destarte, não se pode perder de vista, torna-se instrumento para as garantias desses direitos fundamentais.

É este olhar que se debruça sobre o direito eleitoral, marcado pela inovação do processo civil: o olhar constitucional em busca da maior proteção ao direito fundamental político de votar e ser votado e uma maior autonomia do direito, em relação à vontade de seu intérprete.

Informação bibliográfica deste livro, conforme a NBR 6023:2002 da Associação Brasileira de Normas Técnicas (ABNT):

FERREIRA, Marcelo Ramos Peregrino; MEZZAROBA, Orides. Conceitos jurídicos indeterminados no Direito Eleitoral: um olhar a partir da necessidade de fundamentação nas decisões judiciais prevista no novo Código de Processo Civil. In: TAVARES, André Ramos; AGRA, Walber de Moura; PEREIRA, Luiz Fernando (Coord.). *O direito eleitoral e o novo Código de Processo Civil*. Belo Horizonte: Fórum, 2016. p. 381-398. ISBN 978-85-450-0133-1.

---

[57] SCHMITZ, Leonard Ziesemer. *Fundamentação das decisões Judiciais*: a crise na construção de respostas no processo civil. São Paulo: RT, 2015, p. 182.
[58] FERRAJOLI, Luigi. *A Democracia Através dos Direitos*: O Constitucionalismo Garantista como Modelo Teórico e como Projeto Político. São Paulo: Thomson Reuters, 2015, p. 88.

OS REFLEXOS DO NCPC NO SISTEMA RECURSAL ELEITORAL CÍVEL

SANDRO MARCELO KOZIKOSKI

1 Considerações preliminares

O presente ensaio está voltado ao exame dos impactos do NCPC (Lei nº 13.105/2015, com as alterações impostas pela Lei nº 13.256/2016) no *sistema recursal cível* da Justiça Eleitoral. Isto porque, não se pode ignorar que o CPC 2015 está assentado em premissas epistemológicas muito distintas daquelas extraídas do Código Buzaid. Afinal, foram instituídas técnicas de *desestímulo* aos recursos *infundados*, com a previsão da *sucumbência em grau recursal* para certas modalidades (CPC, art. 85, §11º),[1] relativizando-se, inclusive, o princípio da proibição da *reformatio in pejus*, pois o prognóstico de *improvimento* conduzirá ao agravamento da situação do recorrente.

Além disso, sob os auspícios do sistema recursal do Código de 1973, costumava-se assentar a premissa de que o duplo grau de jurisdição estava excluído de qualquer forma de *convenção* das partes.[2] Porém, a admissão dos negócios processuais *atípicos*, na

---

[1] Ora, "o propósito do artigo 85, §11º, do NCPC é justamente desestimular o uso indiscriminado do direito de recorrer, para que o processo tramite em um prazo razoável, sem provocar atos processuais desnecessários ou manifestamente protelatórios. Pretende, ainda, impor ao recorrente ônus econômico pelo prolongamento indevido do tempo do processo e, assim, evitar recursos automáticos, sem nenhum risco para a parte que recorre ou com uma análise prévia, mais rigorosa, da viabilidade da tese recursal. [...] Com isso, espera-se que a sucumbência recursal sirva como fator de desestímulo ao abuso do direito de recorrer. Tal instituto, se gerar os efeitos pretendidos, tem grandes chances de contribuir para a redução da demora na prestação jurisdicional, ao desafogar os tribunais da enorme quantidade de recursos interpostos sem qualquer fundamento razoável, com o propósito de retardar o andamento processual ou sem nenhuma viabilidade jurídica de modificar a decisão recorrida" (CAMBI, Eduardo; POMPÍLIO, Gustavo. Majoração dos honorários sucumbenciais no recurso de apelação. *In*: DIDIER JR., Fredie (Coord.). *Novo CPC doutrina selecionada*: processo nos tribunais e meios de impugnação às decisões judiciais. Salvador: Juspodivm, 2015, p. 546).

[2] Sob a égide do CPC 1973, tal premissa era sintetizada por Nelson Nery Júnior: "Não poderia haver renúncia prévia ao recurso porque estaria sendo suprimido o duplo grau de jurisdição, princípio de ordem pública sobre o qual não se admite convenção das partes; a admitir-se convenção sobre a recorribilidade ou não dos atos judiciais, estar-se-ia pactuando com o 'processo convencional', desrespeitando-se norma de ordem pública, o que é vedado pela maioria dos sistemas processuais; [...]" (NERY JR., Nelson. *Princípios fundamentais*: teoria geral dos recursos. 4. ed. São Paulo: Revista dos Tribunais, 1997. p. 333).

forma do art. 190 do CPC 2015, impõe uma nova compreensão do dirigismo processual e ainda do papel protagônico das partes na condução do processo. Trata-se de verdadeira técnica de *contratualização* do procedimento.[3] Por certo, o universo das convenções processuais alcança o sistema recursal da jurisdição cível, permitindo-se até mesmo a possibilidade de *supressão* do duplo grau de jurisdição.[4] Contudo, apesar das inúmeras potencialidades destas técnicas de adequação procedimental, forçoso reconhecer que a ampla gama de matérias de *ordem pública* presentes no processo eleitoral afastam-lhe das práticas convencionais autorizadas pelo art. 190 do CPC 2015.

De qualquer forma, retomando o propósito central da presente investigação, é inequívoco que o exame dos impactos do CPC 2015 no processo eleitoral deve ser visto a partir da *subsidiariedade* da legislação processual cível em relação ao universo da justiça especializada, premissa aceita pela jurisprudência e demais comentaristas da matéria.[5] Para afastar quaisquer dúvidas, o art. 15 do CPC 2015 dispõe que "na ausência de normas que regulem processos eleitorais, trabalhistas ou administrativos, as disposições deste Código lhes serão aplicadas supletiva e subsidiariamente". Portanto, torna-se recomendável distinguir, a partir da etimologia daqueles vocábulos, o critério de aplicação *supletiva* e ainda o emprego da norma jurídica de forma *subsidiária*, podendo-se concluir que "a primeira se destina a suprir algo que não existe em uma determinada legislação, enquanto a segunda serve de ajuda ou de subsídio para a interpretação de alguma norma ou mesmo um instituto".[6]

Então, descartando o propósito de uma abordagem exaustiva da matéria, até por força das dificuldades contextuais ligadas à relativa escassez de literatura jurídica eleitoralista, a tarefa que se impõe é investigar os possíveis reflexos do CPC 2015 em relação ao sistema recursal cível eleitoral. É certo, ademais, que a modelagem definitiva

---

[3] Inaugura-se, então, um "sistema comparticipativo cooperativo pautado nos direitos fundamentais dos cidadãos e no qual todos os sujeitos processuais assumem responsabilidades e possibilidade de interlocução ativa. Como exemplo, se de um lado ocorre uma otimização da direção dos juízes, mediante técnicas de gestão processual do conflito, de outro permite o exercício da autonomia privada das partes mediante o uso de convenções de procedimento (cláusula de negociação processual – art. 189)" (THEODORO JR., Humberto; NUNES, Dierle; BAHIA, Alexandre Melo Franco; PEDRON, Flávio Quinad. *NCPC*: fundamentos e sistematização. 2015, p. 14).

[4] Ao tratar dos negócios jurídicos processuais (CPC 2015, art. 190), Flávio Luiz Yarshell ressalva que: "Afigura-se possível, portanto: I. regular os atos de comunicação processual; II. regular prazos e datas (a lei fala em fixação de calendário), embora sujeitos ao controle do órgão judicial; III. suprimir recursos; IV. determinar que recurso de apelação não tenha efeito suspensivo; V. condicionar o cumprimento de decisão ao trânsito em julgado; VI. restringir ou alargar a regra de responsabilidade patrimonial (ressalvados direitos de terceiros); VII. autorizar que o juiz decida por equidade; VIII. limitar litisconsórcio ou intervenção de terceiros; IX. flexibilizar a rigidez do processo, de sorte a afastar a preclusão para atos postulatórios (afastando a estabilização do processo, preservado o contraditório); X. restringir a publicidade do processo (tal como ocorre com a arbitragem)" (YARSHELL, Flávio Luiz. Convenção das partes em matéria processual no Novo CPC. *Revista do Advogado – AASP*, a. XXXV, n. 126, mai. 2015, p. 94). *Vide* ainda: OLIVEIRA, Paulo Mendes. Negócios processuais e o duplo grau de jurisdição. *In*: CABRAL, Antonio do Passo; NOGUEIRA, Pedro Henrique Nogueira. *Negócios processuais*. Salvador: Juspodivm, 2015, p. 437).

[5] "E ainda que não exista disposição expressa a respeito da aplicação supletiva das leis processuais cíveis ao processo eleitoral, doutrina e jurisprudências são uníssonas ao defender a incidência subsidiária do primeiro sobre o segundo (TSE, Ag.Rg no AgIn 6.809, rel. Min. Caputo Bastos, j. 11.04.2006). O TSE também tem regulado, através de resoluções, a aplicação subsidiária do Código de Processo Civil ante a ausência de normas específicas eleitorais, como no caso das ações cautelares (Res. 22.676/2008)" (CARNEIRO, Paulo Cezar Pinheiro. O novo código e o processo eleitoral. *In*: WAMBIER, Teresa Arruda Alvim *et al*. *Breves comentários ao Novo Código de Processo Civil*. São Paulo: Editora Revista dos Tribunais, 2015, p. 96).

[6] CARNEIRO, Paulo Cezar Pinheiro. O novo código e o processo eleitoral. *In*: WAMBIER, Teresa Arruda Alvim *et al*. *Breves comentários ao Novo Código de Processo Civil*. São Paulo: Editora Revista dos Tribunais, 2015, p. 96.

dos temas recursais dar-se-á após o escrutínio paulatino dos Tribunais nacionais, com o enfrentamento jurisprudencial respectivo, de modo que não há qualquer intenção profética nas prognoses traçadas a seguir.

2 A mudança no rol dos recursos cíveis e suas projeções em relação aos meios impugnativos recursais utilizados na Justiça Eleitoral

Perante a Justiça Eleitoral, excluída a alçada criminal, são admitidas as seguintes espécies recursais: (i) recurso eleitoral, (ii) embargos de declaração, (iii) agravo, (iv) recurso especial, (v) recurso extraordinário, (vi) recurso ordinário, e (vii) embargos de divergência.[7]

Portanto, diante do rol ajustado do art. 994 do CPC 2015, que resultou na extinção do agravo retido e ainda na supressão dos embargos infringentes[8] (substituídos pela técnica de julgamento prevista no art. 942 do NCPC), questão relevante em relação ao cabimento recursal está relacionada com o emprego do agravo de instrumento na Justiça Eleitoral. É certo que, descartadas certas interpretações *extensivas*, o seu emprego em matéria eleitoral estava restrito às hipóteses de impugnação das decisões denegatórias de certos recursos excepcionais. No entanto, as mudanças impostas pela Lei nº 12.322/2010 e ainda os influxos do NCPC recomendam o reexame da matéria. Peculiaridades surgem ainda em relação aos embargos de declaração. É o que será visto a seguir.

a) O agravo de inadmissão para "destrancamento" de recurso excepcional

De forma similar ao regime instituído pelo art. 544 do CPC 1973, em sua versão original, as decisões presidenciais *denegatórias* do recurso especial eleitoral estavam adstritas ao emprego do agravo de instrumento (Código Eleitoral, art. 279, *caput*), embora sujeitas a prazo distinto. O §5º do art. 279 do Código Eleitoral apontava, inclusive, que a autoridade presidencial "não poderá negar seguimento ao agravo, ainda que interposto fora do prazo legal". No entanto, ainda assim, o Supremo Tribunal Federal editou a Súmula nº 727, ressalvando que o magistrado não pode "deixar de encaminhar

---

[7] Para José Jairo Gomes, poder-se-ia arrolar as seguintes espécies recursais em matéria eleitoral: "i) primeira instância (juiz eleitoral) – recurso eleitoral, embargos de declaração, agravo; ii) segunda instância (TRE) – recurso ordinário, recurso especial, embargos de declaração, agravo; iii) terceira instância (TSE) – recurso ordinário, recurso extraordinário, embargos de declaração, agravo; iv) última instância (STF) – agravo regimental ou interno, embargos de declaração, embargos de divergência, embargos infringentes" (GOMES, José Jairo. *Recursos eleitorais e outros temas*. São Paulo: Atlas, 2013. p. 7-8).

[8] Por certo, a supressão dos embargos infringentes não resulta em prejuízo específico para as rotinas do processo eleitoral. Afinal, cabe recordar que, em várias oportunidades, o TSE "manifestou-se a respeito, afirmando que as decisões dele emanadas não são passíveis de embargos infringentes. Da mesma forma, as decisões dos TER não comportam o aludido recurso. Eles foram criados, para curta existência, pela antiga Lei Orgânica dos Partidos Políticos (Lei 5.682, de 21.07.1971, já revogada), que, ao tratar das decisões judiciais sobre arguição de infidelidade partidária, com a finalidade de obtenção da decretação da perda de mandatos legislativos (federais, estaduais ou municipais), consagrou, como novidade no processo eleitoral, o cabimento de embargos ao próprio Tribunal, se houvesse, no julgamento respectivo, pelo menos dois votos divergentes. Embora a lei não se refira especificamente a embargos infringentes, não cabe nenhuma dúvida de que os nela mencionados eram dessa natureza. Mas isso pertence à história do Direito Eleitoral e de sua tumultuada legislação" (COSTA, Tito. *Recursos em matéria eleitoral*. 9. ed. São Paulo: Revista dos Tribunais, 2010, p. 114).

ao Supremo Tribunal Federal o agravo de instrumento interposto da decisão que não admite recurso extraordinário, ainda que referente a causa instaurada no âmbito dos Juizados Especiais".

É certo que a forma *instrumental* do agravo manejado contra as decisões denegatórias dos recursos excepcionais foi abolida com o advento da Lei nº 12.322/2010, prevalecendo o regime de interposição por mera *inserção*, o que resultou ainda na alteração de sua nomenclatura (CPC de 1973, art. 544).

Oportuno consignar que a modificação de cunho procedimental gerou inequívoca discussão no ambiente do processo eleitoral, de modo que o TSE foi instado a se pronunciar sobre a aplicabilidade do regime de *inserção* em substituição à formação do *instrumento* de agravo (regime prevalecente na regra do art. 279 do Código Eleitoral). E, após certa hesitação jurisprudencial, firmou-se a orientação de que a simplificação procedimental resultava em vantagens inequívocas em prol da celeridade desejada pelo processo eleitoral[9] (porém, numa solução híbrida, prevaleceu o prazo especial deste último), *verbis*:

> PROCESSO ADMINISTRATIVO. LEI Nº 12.322/2010. ALTERAÇÃO DO ART. 544 DO CPC. INTERPOSIÇÃO DE AGRAVO NOS PRÓPRIOS AUTOS DO PROCESSO PRINCIPAL. APLICAÇÃO NA JUSTIÇA ELEITORAL. CRIAÇÃO DO NÚCLEO DE ANÁLISE PROCESSUAL. PREJUDICIALIDADE.
>
> 1. Considerando os benefícios trazidos pela Lei nº 12.322/2010 ao agravo, bem como a ausência de incompatibilidade entre o procedimento trazido pela recente modificação legislativa e a natureza dos feitos eleitorais, cuja apreciação demanda rápida resposta do Poder Judiciário, é de se aplicar, no âmbito da Justiça Eleitoral, a nova redação conferida ao art. 544 do CPC, apenas no que concerne à interposição do agravo de decisão obstativa de recurso especial nos próprios autos do processo principal, mantendo-se, todavia, o prazo recursal de três dias, previsto no Código Eleitoral.
>
> 2. A regra para interposição do agravo de instrumento, na sistemática prevista pelo Código Eleitoral, não configura norma especial criada pelo legislador em atenção às peculiaridades do interesse tutelado pela Justiça Eleitoral, não incidindo, portanto, o princípio de que a regra geral posterior não derroga a especial anterior.
>
> 3. Tendo em vista a adoção das modificações introduzidas no art. 544 do CPC, resta prejudicada a criação do Núcleo de Análise Processual, proposto pela Secretaria Judicial deste Tribunal (Processo Administrativo nº 144.683, Acórdão de 20.10.2011, rel. Min. Marcelo Henriques Ribeiro de Oliveira, DJE 18.05.2012, p. 379-380).

E, agora, sob os auspícios do CPC 2015, convém repisar que o art. 1.042 foi alterado ainda no período de *vacatio legis* pela Lei nº 13.256/2016,[10] prevalecendo, de qualquer

---

[9] A nova sistemática harmoniza-se com os princípios da celeridade e economia processuais, e atende melhor à racionalidade do processo. É que o agravo deve subir ao tribunal nos próprios autos do processo principal, o que torna desnecessária a formação de instrumento. Ademais, sendo ele provido, o tribunal *ad quem* poderá apreciar imediatamente o mérito da questão principal, o que evita o dispêndio de tempo, recursos humanos e materiais (GOMES, José Jairo. *Recursos eleitorais e outros temas*. São Paulo: Atlas, 2013. p. 83).

[10] Art. 1.042. Cabe agravo contra decisão do presidente ou do vice-presidente do tribunal recorrido que inadmitir recurso extraordinário ou recurso especial, salvo quando fundada na aplicação de entendimento firmado em regime de repercussão geral ou em julgamento de recursos repetitivos: I – (Revogado); II – (Revogado); III – (Revogado); §1º (Revogado): I – (Revogado); II – (Revogado); a) (Revogada); b) (Revogada); §2º A petição de agravo será dirigida ao presidente ou ao vice-presidente do tribunal de origem e independe do pagamento de custas e despesas postais, aplicando-se a ela o regime de repercussão geral e de recursos repetitivos, inclusive

forma, o regime de interposição por simples *inserção* no processo em que venha a ser proferida a decisão presidencial denegatória. Na versão *sancionada* da Lei nº 13.105/2015, o *agravo de inadmissão* estava relacionado ainda com os recursos excepcionais abrangidos pelo regime de *afetação* dos repetitivos; mas os incisos I, II e III do *caput*, §1º, e incisos I e II, e alíneas "a" e "b" do art. 1.042 do CPC 2015 foram revogados pela referida Lei nº 13.256/2016.

Com a sua interposição perante a jurisdição comum, a parte agravada será intimada para oferecimento de resposta no prazo de 15 (quinze) dias (CPC, art. 1.042, §3º). Findo o prazo em questão, abre-se oportunidade para a autoridade presidencial realizar juízo de retratação em relação à decisão denegatória (CPC, art. 1.042, §4º) que, restando mantida, resultará na remessa do processo ao tribunal superior competente. Atente-se ainda que haverá necessidade de interposição de um agravo de inadmissão para cada recurso excepcional obstado (CPC, art. 1.042, §6º), com a observância do regime de *inserção* nos autos do processo.

Logo, parece aceitável concluir que as decisões proferidas pela autoridade presidencial que obstem o processamento do *recurso especial eleitoral* poderão ser impugnadas por meio de agravo (de inadmissão), observando-se o prazo peculiar do art. 279 do Código Eleitoral,[11] mas interposto por mera *inserção*, conforme sistemática inaugurada pela Lei nº 13.322/2010 e mantida pelo regime "repristinado" do art. 1.042 do CPC 2015 (Lei nº 13.256/2016).

b) O agravo de instrumento no processo eleitoral

Ainda no tocante ao emprego do agravo de instrumento, oportuno observar que o CPC 2015 alterou suas hipóteses de cabimento, com reflexos no regime preclusivo de impugnação das decisões interlocutórias. Assim, o §1º do art. 1.009 do CPC 2015 passou a dispor que "as questões resolvidas na fase de conhecimento, se a decisão a seu respeito não comportar agravo de instrumento, não são cobertas pela preclusão e devem ser suscitadas em preliminar de apelação, eventualmente interposta contra a decisão final, ou nas contrarrazões".

Portanto, ainda que, em regra, a jurisprudência eleitoral formada até o momento se mostrasse refratária ao cabimento do agravo de instrumento para impugnação das

---

quanto à possibilidade de sobrestamento e do juízo de retratação. §3º O agravado será intimado, de imediato, para oferecer resposta no prazo de 15 (quinze) dias. §4º Após o prazo de resposta, não havendo retratação, o agravo será remetido ao tribunal superior competente. §5º O agravo poderá ser julgado, conforme o caso, conjuntamente com o recurso especial ou extraordinário, assegurada, neste caso, sustentação oral, observando-se, ainda, o disposto no regimento interno do tribunal respectivo. §6º Na hipótese de interposição conjunta de recursos extraordinário e especial, o agravante deverá interpor um agravo para cada recurso não admitido. §7º Havendo apenas um agravo, o recurso será remetido ao tribunal competente, e, havendo interposição conjunta, os autos serão remetidos ao Superior Tribunal de Justiça. §8º Concluído o julgamento do agravo pelo Superior Tribunal de Justiça e, se for o caso, do recurso especial, independentemente de pedido, os autos serão remetidos ao Supremo Tribunal Federal para apreciação do agravo a ele dirigido, salvo se estiver prejudicado.

[11] Por fim, registre-se que em matéria eleitoral o prazo para sua interposição será em regra de três dias, ou vinte e quatro horas, em caso de representações eleitorais, cuja petição deverá ser dirigida ao Presidente do Tribunal recorrido, conforme dispõe o art. 544, §2º, do CPC (BARROS, Francisco Dirceu; PAES, Janiere Portela Leite. *Recursos eleitorais*: cíveis e criminais. Rio de Janeiro: Elsevier, 2014, p. 90).

decisões interlocutórias comuns,[12] a matéria comportará novo enfoque sob a vigência do CPC 2015. Ora, à guisa de exemplo, se é verdadeiro que as decisões interlocutórias proferidas sob o rito da LC nº 64/1990 eram consideradas *irrecorríveis*,[13] com maior razão dar-se-á a sua impugnação de forma diferida para o momento de interposição do recurso final, na forma do §1º do art. 1.009 do CPC 2015.

Não se pode ignorar, contudo, que o CPC 2015 superou a possibilidade de interposição do agravo de instrumento fundado tão somente nas categorias "risco de dano irreparável" ou "difícil reparação",[14] Assim, em caráter exemplificativo, calha observar que o *indeferimento* por si só da prova pleiteada pelo interessado não induz cabimento de agravo de instrumento à luz do CPC 2015. Portanto, tais questões demandarão novo exame por parte da jurisprudência eleitoralista, com o enfrentamento da possibilidade de interposição do agravo de instrumento fundado no risco de dano irreparável e inutilidade do provimento final,[15] o que comporta especial atenção em função do modelo de celeridade exigido pela Justiça eleitoral.

Além disso, por força dos parâmetros de interpretação sistemática, cabe observar que certas decisões interlocutórias proferidas na fase de *execução* do processo eleitoral

---

[12] Registro. Substituição. Impugnação. Acórdão regional. Anulação da sentença. Sentença *extra petita*. Ausência de dilação probatória. Decisão não definitiva. Recurso. Não cabimento. 1. Conforme firme jurisprudência do TSE, as decisões interlocutórias ou sem caráter definitivo são irrecorríveis, ficando os eventuais inconformismos para posterior manifestação em recurso contra a decisão final do processo. 2. Ainda que o recorrente insista na possibilidade de apresentação de recurso contra a decisão regional que anulou a sentença de primeiro grau e determinou o retorno dos autos à origem para realização da dilação probatória, o TSE tem assentando a irrecorribilidade nas hipóteses que versam sobre pronunciamento não definitivo do Tribunal Regional Eleitoral. Agravo regimental a que se nega provimento. (Ac. de 8.10.2013 no AgR-REspe nº 21.853, rel. Min. Henrique Neves da Silva)

[13] [...]. 1. Nos termos da jurisprudência consolidada desta c. Corte, nas ações regidas pela Lei Complementar nº 64/90, entre elas a Ação de Investigação Judicial Eleitoral (AIJE), é irrecorrível decisão interlocutória, podendo ser impugnado o seu conteúdo no recurso a ser interposto para o Tribunal *ad quem* da sentença que julgar a causa. 2. Sendo manifestamente incabível o recurso interposto perante o e. TRE/MG, o recurso especial dele proveniente também não pode ser admitido, razão pela qual deve ser negado provimento ao agravo de instrumento. [...] (Ac. de 27.4.2010 no AgR-AI nº 11.384, rel. Min. Aldir Passarinho Júnior).

[14] Considerando a opção do legislador pela remoção da chamada 'cláusula de abertura' do artigo 522 contida no CPC/73, que permite a recorribilidade de qualquer decisão interlocutória, desde que demonstrada a sua potencialidade para causar à parte lesão grave e de difícil reparação, como já defendido acima, acredita-se que o rol trazido pelo NCPC é taxativo, *numerus clausus*, resgatando, dessa forma, a sistemática adotada pelo CPC/1939 e claramente objetivando a limitação do número destes recursos em tramitação nos tribunais (JOBIM, Marco Félix; CARVALHO, Fabrício de Farias. A disciplina dos agravos no novo código de processo civil. *In*: DIDIER JR., Fredie (Coord.). *Novo CPC doutrina selecionada*: processo nos tribunais e meios de impugnação às decisões judiciais. Salvador: Juspodivm, 2015, p. 638).

[15] [...] Recurso especial eleitoral retido. Decisão interlocutória referente à matéria probatória. Ausência de dano irreparável ou de difícil reparação ou mesmo da perda do objeto do recurso por sua não apreciação imediata. [...] 1. As Cortes Superiores pátrias admitem temperamentos à regra geral da retenção quando ficar evidenciado que o não processamento imediato do recurso resulte à parte lesão de difícil reparação ou dano irreparável. Além desta hipótese, é afastada a regra da retenção quando a demora na apreciação do recurso culmine na perda de seu objeto, decorrente da inutilidade final do provimento jurisdicional requerido [...]. 2. *In casu*, o recurso especial retido foi interposto de decisão interlocutória referente à necessidade ou não de realização de audiência de instrução. 3. Segundo a jurisprudência do STJ, na hipótese de decisão interlocutória referente à produção de provas deve-se aplicar a regra que mantém o recurso especial retido, até decisão final, por não se vislumbrar prejuízo imediato às partes e, muito menos, risco de dano irreparável, porquanto o magistrado, na sentença, poderá corrigir eventual ilegalidade, ao valorar o conteúdo probatório pertinente, segundo sua livre convicção [...]" (Ac. de 16.3.2010 no AgR-AI nº 11.459, rel. Min. Felix Fischer).

comportarão impugnação por meio de agravo de instrumento,[16] pois, nesse sentido, dar-se-á a observância analógica do parágrafo único do art. 1.015 do CPC 2015.[17]

Logo, apesar de uma certa convergência entre os posicionamentos jurisprudenciais consolidados em matéria eleitoral e as novas hipóteses de cabimento recursal previstas no CPC 2015, subsistirão situações específicas que demandarão enfrentamento por parte dos eleitoralistas e da jurisprudência pátria.

c) O agravo interno e os julgamentos monocráticos

A técnica dos julgamentos monocráticos está amplamente sedimentada na seara jurídica nacional, aplicando-se inclusive no sistema recursal da Justiça Eleitoral.[18] No regime do CPC 2015, foram ampliadas as situações que autorizam o seu emprego, conforme disposição do art. 932 transcrito a seguir:

> Art. 932. Incumbe ao relator: [...]
> II – apreciar o pedido de tutela provisória nos recursos e nos processos de competência originária do tribunal;
> III – não conhecer de recurso inadmissível, prejudicado ou que não tenha impugnado especificamente os fundamentos da decisão recorrida;
> IV – negar provimento a recurso que for contrário a:
> a) súmula do Supremo Tribunal Federal, do Superior Tribunal de Justiça ou do próprio tribunal;
> b) acórdão proferido pelo Supremo Tribunal Federal ou pelo Superior Tribunal de Justiça em julgamento de recursos repetitivos;
> c) entendimento firmado em incidente de resolução de demandas repetitivas ou de assunção de competência.
> V – depois de facultada a apresentação de contrarrazões, dar provimento ao recurso se a decisão recorrida for contrária a:
> a) súmula do Supremo Tribunal Federal, do Superior Tribunal de Justiça ou do próprio tribunal;

---

[16] Aliás, conforme lembrança de José Jairo Gomes "o agravo de instrumento é pacificamente admitido em certos casos de aplicação subsidiária da legislação processual. É isso que ocorre, e.g., na hipótese de processo de execução judicial de sanção eleitoral pecuniária: multa. Com efeito, a legislação eleitoral (vide CE, art. 367, IV; Res. TSE nº 21.975/2004, art. 3º, §2º) é clara ao determinar que as regras processuais da Lei n. 6.830/1980 devem ser aplicadas à espécie. E o primeiro artigo dessa norma dispõe que, havendo omissão em seu texto, aplica-se subsidiariamente o CPC. É então imperiosa a admissão de agravo de instrumento, por exemplo, para atacar decisão interlocutória que rejeita o recebimento de exceção de pré-executividade [...]" (GOMES, José Jairo. *Recursos eleitorais e outros temas*. São Paulo: Atlas, 2013, p. 78).

[17] Art. 1.015. [...] Parágrafo único. Também caberá agravo de instrumento contra decisões interlocutórias proferidas na fase de liquidação de sentença ou de cumprimento de sentença, no processo de execução e no processo de inventário.

[18] Agravo regimental contra decisão monocrática que negou seguimento a representação ajuizada em face de alegado abuso de poder (art. 22 da Lei Complementar nº 64/90). Hipótese na qual não se aplicam os §§6º e 7º do art. 36 do Regimento Interno do TSE, tendo em vista o rito próprio estabelecido na Lei Complementar nº 64/90 (art. 22), o qual determina seja levada a questão ao exame do Plenário. Decisão no sentido de que se publique pauta de julgamento, concedendo-se a ambas as partes oportunidade para sustentar oralmente. Agravo provido. (Ac. de 15.8.2002 no AgRgRp nº 404, rel. Min. Sálvio de Figueiredo, red. designada Min. Ellen Gracie)

b) acórdão proferido pelo Supremo Tribunal Federal ou pelo Superior Tribunal de Justiça em julgamento de recursos repetitivos;

c) entendimento firmado em incidente de resolução de demandas repetitivas ou de assunção de competência.

Portanto, as decisões monocráticas proferidas com substrato no art. 932 do CPC passam a admitir o uso do agravo interno (ou regimental). A competência para julgá-lo, em princípio, será do órgão colegiado ou fracionário ao qual o relator estiver vinculado. Portanto, o art. 1.021 do CPC 2015 passou a dispor que "contra decisão proferida pelo relator caberá agravo interno para o respectivo órgão colegiado, observadas, quanto ao processamento, as regras do regimento interno do tribunal". O art. 1.070 do CPC 2015 acrescenta que "é de 15 (quinze) dias o prazo para a interposição de qualquer agravo, previsto em lei ou em regimento interno de tribunal, contra decisão de relator ou outra decisão unipessoal proferida em tribunal". Além disso, o §2º do art. 1.021 do CPC assinala que, interposto o agravo interno, o relator intimará o agravado para se manifestar sobre o recurso no prazo de 15 (quinze) dias e, findo o qual, "não havendo retratação, o relator levá-lo-á a julgamento pelo órgão colegiado, com inclusão em pauta".

Essas situações despertam peculiar interesse, porque o agravo regimental estava previsto no Regimento Interno do Tribunal Superior Eleitoral e ainda replicado nos demais Tribunais Regionais Eleitorais. Desse modo, a discussão acerca do seu emprego envolverá: (i) a aplicabilidade subsidiária dos arts. 1.021 e 1.070 do CPC 2015 ao processo eleitoral; (ii) a definição do prazo de sua utilização, haja vista que a previsão genérica de 15 (quinze) dias para sua interposição e o tempo de resposta suplantam qualquer previsão recursal da legislação eleitoralista;[19] e, (iii) por fim, a própria observância do contraditório prévio em tais casos. A discussão é sensível, porque qualquer posicionamento refratário ao emprego do agravo interno resultará na irrecorribilidade dos pronunciamentos monocráticos, em detrimento do juízo natural dos recursos e da competência reservada aos órgãos colegiados.

Por fim, atente-se que a técnica de *conversão* de embargos de declaração em agravo interno,[20] admissível na Justiça eleitoral, passou a encontrar respaldo legal no §3º do art. 1.024 do CPC 2015.[21] Ocorre que em prol da fungibilidade, o dispositivo em questão do CPC 2015 contemplou ainda a possibilidade de aditamento da peça recursal. Assim, não faltarão críticas para ressaltar que tais práticas depõem contra a celeridade desejada pela Justiça eleitoral, o que implicará na necessidade de soluções ajustadoras.

---

[19] Para Tito Costa, à luz do sistema anterior ao NCPC, "não havendo prazo especial para esse tipo de recurso, aplica-se a regra geral do prazo de três dias do art. 258 do CE" (COSTA, Tito. *Recursos em matéria eleitoral*. 9. ed. São Paulo: Revista dos Tribunais, 2010, p. 88).

[20] Embargos de declaração. Agravo de instrumento. Decisão monocrática. Não conhecimento. 1. O recurso cabível contra decisão monocrática do relator é o agravo regimental, nos termos do art. 36, §8º, do Regimento Interno do TSE. 2. Inviável, na espécie, a adoção do princípio da fungibilidade para conhecer dos embargos como agravo regimental, haja vista que não foram impugnados os fundamentos do *decisum*. 3. A simples veiculação de dúvidas sobre a nulidade dos votos e eventual recontagem pelo Juízo de primeiro grau não se amolda às hipóteses de cabimento previstas no art. 275 do Código Eleitoral, além de consubstanciar inovação temática. 4. Embargos de declaração não conhecidos. (Ac. de 22.10.2013 no ED-AI nº 147.697, rel. Min. Dias Toffoli)

[21] Art. 1.024. [...] §3º O órgão julgador conhecerá dos embargos de declaração como agravo interno se entender ser este o recurso cabível, desde que determine previamente a intimação do recorrente para, no prazo de 5 (cinco) dias, complementar as razões recursais, de modo a ajustá-las às exigências do art. 1.021, §1º.

d) Os embargos de declaração na justiça eleitoral

O art. 1.022 do CPC 2015 passou a dispor que os embargos de declaração são cabíveis "contra qualquer decisão judicial". Trata-se da consagração do princípio da ampla embargabilidade. Portanto, apesar da redação restrita do art. 275 do Código Eleitoral, parece indisputável que os embargos de declaração comportam interposição em face das sentenças e até mesmo diante das decisões interlocutórias de 1ª (primeira) instância proferidas no processo eleitoral. Além disso, o CPC 2015 adequou as hipóteses de cabimento dos embargos declaratórios e, por força da superação da teoria da *motivação suficiente* (CPC 2015, art. 489, §1º), o parágrafo único do art. 1.022 do CPC assevera que "considera-se omissa a decisão que: I – deixe de se manifestar sobre tese firmada em julgamento de casos repetitivos ou em incidente de assunção de competência aplicável ao caso sob julgamento; II – incorra em qualquer das condutas descritas no art. 489, §1º".

De outro lado, com a redação imposta pelo art. 1.067 do CPC 2015, o §5º do art. 275 do Código Eleitoral assinala que "os embargos de declaração interrompem o prazo para a interposição de recursos". Não há verdadeira novidade no preceito em questão, pois, em consonância com a regra *atualizada* do art. 1.026 do CPC 2015, a jurisprudência eleitoralista vinha entendendo que os embargos de declaração *interrompiam* o prazo para interposição de outros recursos.[22]

Oportuno anotar ainda que a admissão do recurso especial eleitoral está jungida à presença da questão federal evidenciada no julgado recorrido, ou seja, ao *prequestionamento* da matéria que dá ensejo ao seu cabimento. Muito já se discorreu sobre o assunto. De forma majoritária, defendia-se, até então, que para a interposição dos recursos excepcionais, o tema federal ou constitucional deveria ter sido examinado pelo tribunal local, ainda que de forma *implícita*,[23] dispondo o julgado impugnado acerca da matéria circunscrita na norma jurídica contrariada. Com a ressalva de posições específicas, reputa-se *dispensável* o prequestionamento *explícito* ou *numérico*,[24] bastando que subsistisse *causa decidida* com a abordagem da questão jurídica capaz de ensejar o cabimento dos recursos extraordinário ou especial. Além disso, no que tange à *justiça ordinária*, Leonardo Castanho Mendes observa que, até então, o prequestionamento era visualizado como *iniciativa exigida das partes*, ou ainda como *atividade desenvolvida pelo tribunal recorrido*.[25] Seja *atividade* ao *encargo das partes* ou ainda *resultado do julgamento*

---

[22] Agravo regimental. Agravo de instrumento. Eleições 2008. Prefeito. Embargos de declaração. Prazo. Interrupção. Provimento. 1. Os embargos de declaração interrompem o prazo para a interposição de outros recursos. Precedentes. 2. Agravo regimental provido. (TSE – Ag.R-AI – nº 369.422 RJ – DJe 05.04.2011, p. 46)

[23] Ao tratar da distinção, Luis Eduardo Simardi Fernandes aponta que "haverá prequestionamento explícito quando a norma jurídica tida por violada for mencionada expressamente na decisão recorrida. Em contrapartida, implícito será o prequestionamento quando o aresto decidir a questão federal ou constitucional, sem, contudo, indicar o dispositivo tido por violado" (FERNANDES, Luis Eduardo Simardi. *Embargos de declaração*: efeitos infringentes, prequestionamento e outros aspectos polêmicos. São Paulo: Revista dos Tribunais, 2003, p. 207).

[24] A exigência, que alguns chamam de 'prequestionamento *numérico*', é absolutamente descabida e não tem nenhum fundamento, sendo mero rigorismo formal de nenhuma valia técnica. O que não há como negar é que naqueles casos, onde se lê, da decisão recorrida, a menção a algum texto de direito positivo, a constatação de qual 'questão' ou 'tese' foi ou deixou de ser *decidida* fica mais perceptível e, neste sentido, mais evidente a ocorrência do que os usos e costumes consagraram sob o nome de 'prequestionamento *explícito*' (BUENO, Cassio Scarpinella. *Curso sistematizado de direito processual civil*: Recursos: Processos e incidentes nos Tribunais. Sucedâneos recursais: técnicas de controle das decisões jurisdicionais. Vol. 5. 2. ed. São Paulo: Saraiva, 2010, p. 276).

[25] Basicamente, duas são as acepções com que se utiliza o termo: a) prequestionamento é a *atividade das partes*, que provocam o tribunal a emitir manifestação sobre certa questão; para essa acepção, prequestionar significa, pois, suscitar, previamente, determinada questão, que é ponto controvertido; b) prequestionamento é a *atividade*

realizado pela Corte local, não há como ignorar que os embargos de declaração vinham sendo utilizados com o propósito de provocar o prequestionamento, conforme autorizado pela Súmula nº 98 do Superior Tribunal de Justiça.[26]

Em função das polêmicas e posições que gravitavam em torno do tema, o art. 1.025 do CPC 2015 passou a dispor "consideram-se incluídos no acórdão os elementos que o embargante suscitou, para fins de prequestionamento, ainda que os embargos de declaração sejam inadmitidos ou rejeitados, caso o tribunal superior considere existentes erro, omissão, contradição ou obscuridade".

Vê-se, então, que diante da regra do art. 1.025 do CPC 2015, o prequestionamento deve ser compreendido como atividade ao *encargo da parte*, independentemente da manifestação subsequente do órgão julgador ao qual se dirigem os embargos de declaração. Atente-se que as regras processuais da Justiça Eleitoral não tratam desta matéria, de modo que a interpretação de tal questão deverá seguir as futuras orientações dos Tribunais Superiores, que estão convidados a deliberar sobre os impactos que o art. 1.025 do NCPC acarretará no volume de trabalho daquelas Cortes.

3 Os reflexos do NCPC no sistema recursal civil da Justiça Eleitoral

Oportuno reiterar que o NCPC contemplou diversas inovações naquilo que concerne com as regras integrantes da teoria geral dos recursos e ainda com o regime de admissibilidade recursal. Logo, há que se investigar, brevemente, o impacto desses dispositivos em relação ao sistema recursal cível eleitoral.

a) O NCPC e a supressão do juízo *prévio* de admissibilidade dos recursos ordinários

O *recurso inominado eleitoral*, dirigido ao Tribunal Regional e admissível nos *pleitos municipais* (Lei nº 4.737/65, arts. 265 e ss.), tem o seu processamento disciplinado na forma do art. 267 do Código Eleitoral, cujo §6º dispõe que

> [...] findos os prazos a que se referem os parágrafos anteriores, o Juiz Eleitoral fará, dentro de quarenta e oito horas, subir os autos ao Tribunal Regional com a sua resposta e os documentos em que se fundar, sujeito à multa de dez por cento do *salário mínimo* regional por dia de retardamento, salvo se entender de reformar a sua decisão.

Em tal hipótese,

> [...] é assente que a decisão que recebe o recurso realiza o primeiro juízo de admissibilidade. Entretanto, após a apresentação das contrarrazões, o próprio juiz pode reformar essa decisão e inadmitir o recurso, realizando, desta feita, um segundo juízo de admissibilidade.[27]

---

desenvolvida pelo tribunal recorrido no sentido de decidir previamente uma questão que será submetida a reexame da instância excepcional (MENDES, Leonardo Castanho. *O recurso especial e o controle difuso de constitucionalidade*. São Paulo: Revista dos Tribunais, 2006, p. 136-137).

[26] [...] 1. Não são protelatórios os embargos de declaração que apontaram aparentes omissões no julgado regional e pretenderam prequestionar matéria de direito tida como relevante. (Ac. de 14.06.2011 no REsp. nº 481.884, rel. Min. Nancy Andrighi)

[27] GOMES, José Jairo. *Recursos eleitorais e outros temas*. São Paulo: Atlas, 2013, p. 52.

Por outro lado, que subsistem casos em que o recurso eleitoral não está sujeito ao juízo de admissibilidade na instância *a quo*, como é o caso da regra do art. 8º, §2º, da LC nº 64 1990.[28] Por sua vez, o art. 277 do Código Eleitoral dispensa tratamento similar ao processamento do recurso ordinário interposto contra decisão do Tribunal Regional,[29] inexistindo previsão do juízo de admissibilidade ao encargo do juízo *a quo*.

Cabe observar, portanto, que em situações correlatas, o CPC 2015 inclinou-se pela supressão do juízo *prévio* de admissibilidade dos recursos *ordinários*, relegando a apreciação dos pressupostos recursais ao juízo *ad quem*. Como é de se notar, o art. 1.010 do NCPC dispõe que o apelo será interposto no juízo de primeiro grau, intimando-se o apelado para contrarrazões e, concluídas as providências dos §§1º e 2º daquele dispositivo, "os autos serão remetidos ao tribunal pelo juiz, independentemente de juízo de admissibilidade".[30] Trata-se, então, de mecanismo que suplanta o juízo *diferido* de admissão recursal ordinária, eliminando, por via de consequência, os recursos subsequentes interpostos contra as decisões proferidas pelo juízo *a quo*, referentes à inadmissão, atribuição de efeitos ao recurso interposto, etc., hipóteses de não rara ocorrência na Justiça Comum.

Oportuno consignar que a Lei nº 13.256/2016, num certo efeito *repristinatório* do regime de admissibilidade presente no Código de 1973, fez por retomar o juízo de admissibilidade *desdobrado* ou *bipartido* no tocante aos recursos excepcionais, em que o exame *provisório* envolvendo a *admissão* ou *inadmissão* do recurso especial ou extraordinário competirá à autoridade presidencial do Tribunal local (CPC 1973, art. 542, §1º; CPC 2015, art. 1.030, V).

Logo, excetuados os recursos excepcionais oponíveis na Justiça Eleitoral, parece aceitável concluir que, doravante, os demais mecanismos impugnativos de natureza recursal não estão sujeitos à admissibilidade *prévia*, mas tão somente ao juízo *diferido* por parte do juízo *ad quem*. Em relação ao recurso especial eleitoral, prevalece hígida a disciplina do art. 278 do Código Eleitoral, cuja sistemática geral está balizada pelo regime do art. 1.030, V, do CPC 2015 (Lei nº 13.256/2016). Não há que se olvidar que, prevalecendo tal entendimento, dar-se-á uma maior padronização dos regimes de admissibilidade em matéria recursal, conferindo-se prestígio aos princípios informativos da Justiça Eleitoral.

---

[28] Art. 8º Nos pedidos de registro de candidatos a eleições municipais, o Juiz Eleitoral apresentará a sentença em cartório 3 (três) dias após a conclusão dos autos, passando a correr deste momento o prazo de 3 (três) dias para a interposição de recurso para o Tribunal Regional Eleitoral. §1º A partir da data em que for protocolizada a petição de recurso, passará a correr o prazo de 3 (três) dias para a apresentação de contrarrazões. §2º Apresentadas as contrarrazões, serão os autos imediatamente remetidos ao Tribunal Regional Eleitoral, inclusive por portador, se houver necessidade, decorrente da exiguidade de prazo, correndo as despesas do transporte por conta do recorrente, se tiver condições de pagá-la.

[29] Art. 277. Interposto recurso ordinário contra decisão do Tribunal Regional, o presidente poderá, na própria petição, mandar abrir vista ao recorrido para que, no mesmo prazo, ofereça as suas razões. Parágrafo único. Juntadas as razões do recorrido, serão os autos remetidos ao Tribunal Superior.

[30] Art. 1.010. A apelação, interposta por petição dirigida ao juízo de primeiro grau, conterá: [...]
§1º O apelado será intimado para apresentar contrarrazões no prazo de 15 (quinze) dias. §2º Se o apelado interpuser apelação adesiva, o juiz intimará o apelante para apresentar contrarrazões. §3º Após as formalidades previstas nos §§1º e 2º, os autos serão remetidos ao tribunal pelo juiz, independentemente de juízo de admissibilidade.

b) A forma de fluência e cômputo dos prazos recursais

O §4º do art. 218 do NCPC afasta eventual arguição de *extemporaneidade* nos casos de recursos *precipitados,* ao reputar "tempestivo o ato praticado antes do termo inicial do prazo".[31] Aliás, de acordo com o art. 1.003 do NCPC, a *ciência inequívoca* dos *procuradores* do recorrente acerca do conteúdo da decisão impugnada é suficiente para repelir a objeção de *extemporaneidade* do recurso "prematuro", um dos principais exemplos de *jurisprudência defensiva*[32] (para alguns, jurisprudência *ofensiva*)[33] praticada pelas Cortes Superiores. Tem-se, então, verdadeira normatização *contrafática,* com vistas a coibir os padrões decisórios que buscavam tão somente descongestionar os Tribunais.[34]

Portanto, conectada com a premissa do art. 1.003 do NCPC, é preciso atentar que, durante o período eleitoral, a leitura e a publicação do acórdão ou de outro ato decisório podem ocorrer na própria sessão de julgamento do Tribunal Eleitoral e, desse modo, o prazo respectivo terá sua fluência a partir do encerramento da sessão (desde que assentada na ata respectiva a hora de tal encerramento).[35] Ou seja, as técnicas de manejo e recorribilidade imediatas passam a estar alinhadas, afastando qualquer arguição de extemporaneidade do recurso eleitoral prematuro.[36]

Os §§3º e 4º do art. 1.003 do NCPC[37] também franquearam que as regras de organização judiciária venham a disciplinar outras formas de apresentação dos recursos,

---

[31] Não por outra razão, o Enunciado nº 22 do Fórum Permanente de Processualistas Civis – FPPC – prescreve que: "O Tribunal não poderá julgar extemporâneo ou intempestivo recurso, na instância ordinária ou na extraordinária, interposto antes da abertura do prazo". O Enunciado nº 23 do FPPC, ao seu turno, aponta que: "Fica superado o enunciado 418 da súmula do STJ após a entrada em vigor do CPC".

[32] Teresa Arruda Alvim Wambier observa que o CPC 2015 contempla "[...] muitos dispositivos desestimulando a jurisprudência dita 'defensiva': acórdãos que não admitem recursos, principalmente nos Tribunais Superiores, com base em causas não relevantes e/ou a que a parte recorrente não deu causa. Recursos têm sido inadmitidos porque há um carimbo borrado (que pode gerar dúvidas quanto à tempestividade do recurso) ou porque tenha sido interposto *antes* de o prazo começar a correr (neste caso, frequentemente considera-se o recurso intempestivo, v. art. 218, §4º, do NCPC). Todos os artigos que combatem esta espécie de jurisprudência têm em vista, na mesma linha dos outros comentados até agora, *aproveitar* o processo e o recurso, dar à parte o que ela deseja que é a decisão de mérito (art. 487 do NCPC)" (WAMBIER, Teresa Arruda Alvim. O código de processo civil de 2015: notas marcantes. *In*: OLIVEIRA, Pedro Miranda de (Org.). *Impactos do novo CPC na advocacia.* Florianópolis: Conceito Editorial, 2015, p. 25).

[33] "Aquilo que se convencionou chamar de 'jurisprudência defensiva', ao nosso ver, é, na verdade, *jurisprudência ofensiva*: ofende o princípio da legalidade; ofende o princípio da inafastabilidade do controle jurisdicional; ofende o princípio do contraditório; ofende o princípio da boa-fé; ofende o princípio da cooperação. Enfim, ofende o bom senso, a segurança jurídica e o princípio da razoabilidade. É ofensiva ao exercício da advocacia, pois coloca em xeque a relação cliente/advogado. E, dessa forma, ofende a cidadania" (OLIVEIRA, Pedro Miranda de. Aspectos relevantes do sistema recursal previsto no novo CPC. *In*: OLIVEIRA, Pedro Miranda de (Org.). *Impactos do novo CPC na advocacia.* Florianópolis: Conceito Editorial, 2015, p. 315).

[34] "Ao se perceber uma série de vícios e descumprimentos à normatização (inclusive constitucional), *a nova legislação tenta, contrafaticamente, implementar comportamentos mais consentâneos com as finalidades de implementação de efetividade e garantia de nosso modelo processual constitucional*" (NUNES, Dierle. A função contrafática do Direito e o Novo CPC. *Revista do Advogado – AASP*, a. XXXV, n. 126, mai. 2015, p. 53).

[35] *Vide*, neste aspecto o conteúdo do (i) §3º do art. 14 da Resolução nº 23.367/2011; (ii) os §§3º e 4º do art. 59 da Resolução nº 23.373/2011.

[36] Agravo regimental. Recurso especial. Interposição. Tempestividade. Registro de candidatura. Eleições 2012. Prefeito. Pedido deferido. Coligação. DRAP. Regularidade. Decisão agravada. [...]. 1. É tempestivo o agravo prepóstero interposto contra decisão monocrática, a cujo inteiro teor as partes têm acesso nos próprios autos, antes da respectiva publicação [...]" (Ac. de 20.11.2012 no AgR-REspe nº 14.321, rel. Min. Luciana Lóssio).

[37] Art. 1.003. [...] §3º No prazo para interposição de recurso, a petição será protocolada em cartório ou conforme as normas de organização judiciária, ressalvado o disposto em regra especial. §4º Para aferição da tempestividade do recurso remetido pelo correio, será considerada como data da interposição a data de postagem.

inclusive a postagem pelo correio. Trata-se de providência compatível com os princípios que regem o processo eleitoral, o que exigirá certos ajustes por parte da organização judiciária da Justiça Eleitoral.

O art. 219 do CPC 2015, por sua vez, passou a dispor que "na contagem de prazo em dias, estabelecido por lei ou pelo juiz, computar-se-ão somente os dias úteis". Porém, na justiça ordinária, é inequívoco que essa regra comporta interpretação à luz do art. 216 do mesmo diploma legal, ao assinalar que, além de certas datas declaradas em lei, "são feriados, para efeito forense, os sábados, os domingos e os dias em que não haja expediente forense". Portanto, salvo melhor juízo, não há que se cogitar da aplicabilidade do *caput* do art. 219 do NCPC ao processo eleitoral, notadamente porque, durante os pleitos eletivos,[38] os prazos processuais transcorrem em secretaria ou cartório e, como tal, não se suspendem nos sábados, domingos e feriados.[39] Pode-se afirmar, inclusive, que a jurisprudência eleitoral se firmou nesse sentido.[40] Logo, eventual compreensão diversa significa subverter a celeridade ínsita ao processo eleitoral, razão pela qual, pode-se concluir pela inaplicabilidade do *caput* do art. 219 do CPC 2015 à justiça especializada eleitoral.

c) A padronização dos prazos cíveis e as regras especiais do processo eleitoral

De acordo com o legislador 2015, "excetuados os embargos de declaração, o prazo para interpor os recursos e para responder-lhes é de 15 (quinze) dias" (CPC, art. 1.003, §5º). Por imposição direta do *contraditório* e da *isonomia*, assiste ao recorrido semelhante prazo para oferecimento de resposta. Com relação aos embargos de declaração, o art. 1.023 do CPC 2015 conferiu prazo de 5 (cinco) dias para sua interposição. E, apesar de conferir nova redação ao art. 275 do Código Eleitoral, o art. 1.067 do CPC 2015 manteve o prazo distinto dos embargos declaratórios oponíveis perante a Justiça Especializada.[41]

Há que se recordar, de outro lado, que o art. 258 do Código Eleitoral prevê que "sempre que a lei não fixar prazo especial, o recurso deverá ser interposto em três dias da publicação do ato, resolução ou despacho". Exceção digna de destaque está presente no §8º do art. 96 da Lei nº 9.504/1997, ao dispor que quando cabível recurso contra as decisões proferidas em reclamações e representações disciplinadas naquele diploma legal, ele "deverá ser apresentado no prazo de vinte e quatro horas da publicação da

---

[38] O TSE, ao editar os *calendários* para eleições, costuma determinar que tanto cartórios eleitorais como as secretarias do TER permaneçam abertos sábados, domingos e feriados, a partir de 90 dias antes da data das eleições (COSTA, Tito. *Recursos em matéria eleitoral*. 9. ed. São Paulo: Revista dos Tribunais, 2010, p. 61).

[39] Aliás, o art. 16 da LC nº 64/1990 dispõe que "os prazos a que se referem o art. 3º e seguintes desta lei complementar são peremptórios e contínuos e correm em secretaria ou Cartório e, a partir da data do encerramento do prazo para registro de candidatos, não se suspendem aos sábados, domingos e feriados".

[40] 2. A jurisprudência desta Corte é firme no sentido de que, os prazos relativos a processos de registro de candidatura são peremptórios, contínuos e correm em secretaria ou em cartório, não se suspendendo, durante o período eleitoral, aos sábados, domingos e feriados [...] (Ac. de 11.10.2012 no AgR-REspe nº 64.318, rel. Min. Dias Toffoli).

[41] Art. 1.067. O art. 275 da Lei n. 4.737, de 15 de julho de 1965 (Código Eleitoral), passa a vigorar com a seguinte redação: 'Art. 275. São admissíveis embargos de declaração nas hipóteses previstas no Código de Processo Civil. §1º Os embargos de declaração serão opostos no prazo de 3 (três) dias, contado da data de publicação da decisão embargada, em petição dirigida ao juiz ou relator, com a indicação do ponto que lhes deu causa'.

decisão em cartório ou sessão, assegurado ao recorrido o oferecimento de contrarrazões, em igual prazo, a contar da sua notificação".[42]

Portanto, reiterando o que já foi dito com relação ao agravo de inadmissão manifestado contra decisão denegatória do recurso especial eleitoral, o prazo para sua interposição é de 03 (três) dias. O mesmo se diga em relação à hipótese prevista no art. 276 do Código Eleitoral, cujo §1º dispõe que "é de 3 (três) dias o prazo para a interposição do recurso, contado da publicação da decisão nos casos dos nº I, letras *a* e *b* e II, letra *b* e da sessão da diplomação no caso do nº II, letra *a*". Então, os artigos 279 e 282 do Código Eleitoral apenas corroboram tais parâmetros, de modo que a especialização deve prevalecer ante o critério cronológico.[43]

Questão mais tormentosa está relacionada com o prazo do agravo interno, cujo fundamento de validade não é mais a regra regimental, mas sim a previsão do art. 1.021 do CPC 2015, consoante anotado. Para esses casos, tem-se argumentado que "se os recursos excepcionais devem ser interpostos no prazo de três dias, é razoável entender-se que outros recursos a ele ligados – como o agravo nos próprios autos e o agravo regimental contra decisão monocrática do relator – devam observar aquele mesmo lapso".[44]

Além disso, apesar da chancela do art. 186 do CPC 2015 em prol da contagem diferenciada de prazos para o Ministério Público, tal situação não é aplicável ao processo eleitoral. Idêntico raciocínio se coloca no tocante à existência de litisconsortes assistidos por diferentes procuradores, hipótese que também sofreu restrições no art. 229 do CPC 2015, comparativamente à regra anterior do art. 191 do CPC 1973.

d) A desistência do recurso interposto (CPC, art. 998)

O art. 998 do NCPC buscou apaziguar algumas discussões doutrinárias acerca do termo *ad quem* para a *desistência* recursal, ao ressalvar que o interessado poderá fazê-lo "a qualquer tempo". Porém, o parágrafo único do art. 998 do CPC assinala que "a desistência do recurso não impede a análise de questão cuja repercussão geral já tenha sido reconhecida e daquela objeto de julgamento de recursos extraordinários ou especiais repetitivos". Convém assinalar que, antes mesmo do advento do CPC 2015, o Superior Tribunal de Justiça já havia se manifestado pela *autonomia* das questões *subjacentes* aos recursos repetitivos após seleção para julgamento (STJ, QO REsp 1.063.343/RS, rel. Min. Nancy Andrighi, DJ 04.06.2009).

---

[42] Mas o prazo recursal de 24 horas não é aplicável se, apesar de o fato ser previsto na Lei n. 9.504/1997, esta contiver regra específica estabelecendo lapso diverso. Assim, o prazo recursal será de três dias (e não de 24 h) nos seguintes casos: processo de prestação de contas de campanha (LE, art. 30, §§5º e 6º), ação por arrecadação ou gasto ilícito de recurso em campanha eleitoral (LE, art. 30-A, §3º), ação por captação ilícita de sufrágio (LE, art. 41-A, §4º), ação por conduta vedada (LE, art. 73, §12); ação por doação irregular de campanha feita por pessoa jurídica (LE, art. 81, §4º) (GOMES, José Jairo. *Recursos eleitorais e outros temas*. São Paulo: Atlas, 2013, p. 32).

[43] Não por outra razão, comentando as antinomias de 2º (segundo) grau, Maria Helena Diniz afirma que "[...] em caso de antinomia entre o critério da especialidade e o cronológico, valeria o metacritério *lex posterior generalis non derogat priori speciali*, segundo o qual a regra de especialidade prevaleceria sobre a cronológica" (DINIZ, Maria Helena. *Conflito de normas*. 10. ed. São Paulo: Saraiva, 2014, p. 64).

[44] GOMES, José Jairo. *Recursos eleitorais e outros temas*. São Paulo: Atlas, 2013, p. 32.

Portanto, a ressalva expressa do parágrafo único do art. 998 do CPC desperta certas inquietações,[45] pois diante da desistência recursal dar-se-á o trânsito em julgado respectivo, desaparecendo o substrato procedimental para exame da matéria *sub judice*,[46] relativizando-se ainda o princípio dispositivo. Em termos práticos, o parágrafo único do art. 998 do CPC permite o exame da questão jurídica subjacente ao recurso *afetado*,[47] o que é salutar em prol do enfrentamento da litigiosidade repetitiva. E, dessa forma, é possível concluir que a inovação do parágrafo único do art. 998 do CPC 2015 não está tão distante do universo cognitivo da Justiça eleitoral, pois a jurisprudência especializada vinha entendendo que a subsistência de questões de ordem pública afasta a simples extinção do processo,[48] de modo a se permitir, sob certas condições, o exame do tema jurídico subjacente.

e) Ausência de suspensividade dos recursos eleitorais e técnicas processuais voltadas à obtenção do efeito suspensivo

O art. 995 do NCPC aponta que "os recursos não impedem a eficácia da decisão, salvo disposição legal ou decisão judicial em sentido diverso". Em relação à eficácia imediata das decisões judiciais, convém recordar que ressalvadas eventuais disposições em contrário,[49] os mecanismos recursais oponíveis perante a Justiça Eleitoral não são dotados de *suspensividade*, sendo que o art. 995 do CPC 2015 está alinhado com o art. 257 do Código Eleitoral.[50] Interessa destacar, entretanto, que a jurisprudência em

---

[45] Se o pedido de desistência do recorrente for deferido, a decisão impugnada transitada em julgado, e a decisão sobre a questão jurídica objeto do recurso representativo será julgada fora desse recurso, o que deixa no ar a inevitável pergunta: onde ocorrerá tal julgamento? Criar-se-á uma espécie de incidente processual no tribunal? Impossível, porque não haverá mais processo em trâmite para que exista incidente processual. O tribunal se limitará a dar sua opinião sobre o tema, já que não julgará especificamente um pedido da parte? Tal postura contraria a fundamental regra de que o Poder Judiciário não serve como órgão consultivo, exceção feita à Justiça Eleitoral (NEVES, Daniel Amorim Assunção. *Novo código de processo civil*. São Paulo: Método, 2015, p. 541).

[46] Para Flávio Cheim Jorge, "a questão, portanto, será julgada no plano abstrato" (JORGE, Flávio Cheim. Dos recursos. *In*: WAMBIER, Teresa Arruda Alvim *et al*. *Breves comentários ao Novo Código de Processo Civil*. São Paulo: Editora Revista dos Tribunais, 2015, p. 2.225).

[47] Solução original e inovadora, que atende a um só tempo ao interesse público de que à questão se dê uma solução e preserva a liberdade das partes, no sentido de fazerem acordo, desistirem do recurso, etc. Assim, o processo em que foi interposto o recurso de que se desistiu teria o destino, escolhido pelas partes, preservado (WAMBIER, Teresa Arruda Alvim *et al*. (Coord.). *Primeiros comentários ao novo código de processo civil*: artigo por artigo. São Paulo: Editora Revista dos Tribunais, 2015, p. 1.430-1.431).

[48] 1. Em recurso contra expedição de diploma, a desistência manifestada pelo recorrente não implica extinção do feito sem resolução do mérito, tendo em vista a natureza eminentemente pública da matéria. Precedentes: REspe nº 26.146/TO, rel. Min. José Delgado, DJ de 22.3.2007; AgRgREspe nº 18.825/MG, rel. Min. Waldemar Zveiter, DJ de 27.4.2001. (ARCED 661 SE, rel. Min. Félix Fischer, j. 31.03.2009, DJE 29.04.2009, p. 57)

[49] Com efeito, importa registrar as hipóteses em que a legislação eleitoral atribui *efeito suspensivo*: a) Decisão que indefere Registro de Candidatura em sede de AIRC, consoante dispõe o art. 16-A da Lei n. 9.504/1997; b) Decisão em Recurso contra a expedição de diploma – RCED, com fulcro no art. 216 do Código Eleitoral; c) Decisão que declara inelegibilidade de candidato com fundamento no art. 22, XIV, LC n. 64/1990 c/c art. 15 do mesmo Diploma legal; d) Condenação criminal, consoante dispõe o art. 363 do Código Eleitoral; e) Desaprovação de contas dos órgãos partidários, consoante disposto no art. 37, §4º, da Lei n. 9.096/1995; f) Cassação do direito de transmissão de propaganda partidária, conforme art. 45, §5º, da Lei dos partidos políticos (BARROS, Francisco Dirceu; PAES, Janiere Portela Leite. *Recursos eleitorais*: cíveis e criminais. Rio de Janeiro: Elsevier, 2014, p. 23).

[50] Quando a Lei Eleitoral, mais precisamente o Código, estabelece que, de modo geral, os recursos não terão efeito suspensivo, está com sua atenção voltada para o interesse público, sem perder de vista a celeridade do processo eleitoral (o processo aqui entendido como aquele complexo de atos relativos à realização de eleições em todas as suas fases e que vão desde a escolha em convenções partidárias até sua eleição e diplomação) (COSTA, Tito. *Recursos em matéria eleitoral*. 9. ed. São Paulo: Revista dos Tribunais, 2010, p. 58).

matéria cível eleitoral sedimentou a possibilidade de atribuição de efeito suspensivo de forma excepcional para certos recursos, com o eventual manejo de *tutela cautelar* para tal propósito.

Ocorre que o §3º do art. 1.012 do CPC 2015 passou a dispor que nos casos *excepcionais*, em que o apelo é recebido somente no efeito *devolutivo*, sujeitando a sentença ao regime do cumprimento *provisório*, dar-se-á a possibilidade de atribuição da eficácia suspensiva, por meio de simples *requerimento avulso* dirigido (i) ao tribunal, no período compreendido entre a interposição do apelo e sua distribuição, ficando o relator designado para tal exame prevento para julgá-lo; ou ainda (ii) ao relator, quando já distribuída a apelação. Para concessão do efeito suspensivo, compete ao interessado demonstrar a probabilidade de provimento do recurso ou, sendo relevante a fundamentação, o risco de dano grave ou de difícil reparação advindo da execução provisória do julgado.

Por sua vez, o §4º do art. 1.012 do CPC 2015 assegura ainda que "a eficácia da sentença poderá ser suspensa pelo relator se o apelante demonstrar a probabilidade de provimento do recurso ou se, sendo relevante a fundamentação, houver risco de dano grave ou de difícil reparação". Diante do conectivo "ou", pode-se inferir que a 1ª (primeira) hipótese – "probabilidade de provimento do recurso" – assemelha-se, em certa medida, com uma *tutela da evidência* (CPC 2015, art. 311), porém adstrita à seara recursal (*vide* Enunciado nº 423 do FPPC). Por outro lado, sendo "relevante a fundamentação",[51] far-se-á necessário demonstrar ainda o risco de dano grave ou de difícil reparação. Aliás, a regra do §4º do art. 1.012 do CPC difere sutilmente da norma extraível do parágrafo único do art. 995 do CPC.[52] De qualquer forma, forçoso reconhecer que a opção pelo *requerimento avulso* para obtenção de efeito suspensivo ao recurso interposto é mais consentânea com a simplificação do procedimento recursal.

Atente-se ainda que os recursos excepcionais também são desprovidos de efeito suspensivo (CPC, art. 1.029, §5º). Manteve-se a sistemática consagrada no CPC de 1973, que autorizava a exequibilidade provisória da decisão recorrida.[53] Portanto, com o advento da Lei nº 13.256/2016, num certo efeito *repristinatório* das Súmulas nºs 634 e 635 do STF (condenadas à *revisão* ou *cancelamento* diante da redação originária do §5º do

---

[51] De algum modo, a expressão *fundamentação relevante* supõe alguma dose de *fumus boni iuris*, de aparência de bom direito, de probabilidade ou possibilidade concreta de que o recurso seja provido. Do contrário, não há falar-se em *dano*. A eficácia da sentença, mesmo que, por exemplo, invasiva do patrimônio do réu *não pode ser qualificada de dano*, se não há possibilidade concreta (não remota, em tese) de que o recurso seja provido (WAMBIER, Teresa Arruda Alvim *et al.* (Coord.). *Primeiros comentários ao novo código de processo civil*: artigo por artigo. São Paulo: Editora Revista dos Tribunais, 2015, p. 1.446).

[52] Com efeito, ao passo em que para toda espécie recursal a atribuição de efeito suspensivo encontra-se vinculada à cumulação da probabilidade do provimento do recurso com a possibilidade de risco de dano grave, de difícil ou incerta reparação caso a decisão produza efeitos imediatamente, no que tange à apelação, além de o legislador limitar as hipóteses para fins de eficácia da sentença, mesmo provisoriamente, ressalvou que tal poderá ser suspensa caso seja demonstrada a probabilidade de provimento, ou, sendo relevante a fundamentação, houver risco de dano grave ou de difícil reparação – abstraindo-se qualquer juízo de incerteza quanto à reparação (CURI, Rodrigo Brandeburgo. Apelação, eficácia da sentença e o novo CPC: breves considerações. *In:* OLIVEIRA, Pedro Miranda de (Org.). *Impactos do novo CPC na advocacia*. Florianópolis: Conceito Editorial, 2015, p. 338).

[53] São válidas e persistem atuais as lições de Gleydson K. Lopes de Oliveira: "Sendo precipuamente vocacionados à tutela do direito objetivo – constitucional e de lei federal – é razoável que o legislador não lhes tenha conferido o referido efeito" (OLIVEIRA, Gleydson Kleber Lopes de. As tutelas de urgência nos recursos extraordinários. *In:* NERY JR., Nelson; WAMBIER, Teresa Arruda Alvim (Coords.). *Aspectos polêmicos e atuais dos recursos cíveis e de outros meios de impugnação às decisões judiciais*. Vol. 7. São Paulo: Revista dos Tribunais, 2003, p. 333).

art. 1.029 do CPC), o pedido de concessão de *efeito suspensivo* a recurso extraordinário ou a recurso especial poderá ser formulado perante (i) o tribunal superior respectivo, caso já publicada a decisão presidencial de admissão, restando pendente a distribuição; (ii) o relator, se distribuído o recurso excepcional; ou ainda (iii) perante a autoridade presidencial, no período compreendido entre a interposição do recurso e seu prognóstico de admissão, bem como ainda nos casos de sobrestamento na forma do art. 1.037 do CPC. Ou seja, as *tutelas de urgência* destinadas à atribuição de efeito suspensivo aos recursos excepcionais serão apresentadas de acordo com o juízo de admissibilidade compartilhado reiterado pela Lei nº 13.256/2016. E, *mutatis mutandis*, nada obsta que os pleitos de atribuição de efeito suspensivo, para os recursos eleitorais similares, observem os parâmetros em questão.

Vê-se, portanto, que a simplificação das técnicas voltadas à obtenção do efeito suspensivo em matéria recursal é perfeitamente amoldável ao sistema recursal eleitoral cível, pois não conflitam com nenhuma de suas *diretrizes* ou de suas *normas principiológicas*.

4 Conclusões

Como visto, o CPC 2015 está assentado em premissas muito distintas daquelas extraídas do Código Buzaid. Contudo, forçoso reconhecer que o caráter de *subsidiariedade* da legislação processual foi reforçado pelo art. 15 do CPC 2015. Portanto, apesar de uma certa convergência entre os posicionamentos jurisprudenciais consolidados em matéria eleitoral e as novas hipóteses de cabimento recursal previstas no CPC *renovado*, subsistirão situações específicas que demandarão enfrentamento por parte dos eleitoralistas e da jurisprudência pátria.

Logo, convém reforçar que o estágio atual de compreensão do fenômeno jurídico deve ser compreendido como um sistema de regras e princípios que reclamam, permanentemente, a reconstrução dos seus significados. Desse modo, a técnica processual adequada ao caso concreto, exigida para o seu acertamento, deve considerar a necessária distinção entre o *texto* positivado e a norma jurídica daí decorrente, eis que o sistema recursal eleitoral sofrerá inequivocamente os influxos do CPC 2015.

Referências

BARROS, Francisco Dirceu; PAES, Janiere Portela Leite. *Recursos eleitorais*: cíveis e criminais. Rio de Janeiro: Elsevier, 2014.

BUENO, Cassio Scarpinella. *Curso sistematizado de direito processual civil*: Recursos: Processos e incidentes nos Tribunais. Sucedâneos recursais: técnicas de controle das decisões jurisdicionais. Vol. 5. 2. ed. São Paulo: Saraiva, 2010.

CAMBI, Eduardo; POMPÍLIO, Gustavo. Majoração dos honorários sucumbenciais no recurso de apelação. *In*: DIDIER JR., Fredie (Coord.). *Novo CPC doutrina selecionada*: processo nos tribunais e meios de impugnação às decisões judiciais. Salvador: Juspodivm, 2015.

CARNEIRO, Paulo Cezar Pinheiro. O novo código e o processo eleitoral. *In*: WAMBIER, Teresa Arruda Alvim *et al*. Breves comentários ao Novo Código de Processo Civil. São Paulo: Editora Revista dos Tribunais, 2015.

COSTA, Tito. *Recursos em matéria eleitoral*. 9. ed. São Paulo: Revista dos Tribunais, 2010.

CURI, Rodrigo Brandeburgo. Apelação, eficácia da sentença e o novo CPC: breves considerações. *In*: OLIVEIRA, Pedro Miranda de (Org.). *Impactos do novo CPC na advocacia*. Florianópolis: Conceito Editorial, 2015.

DINIZ, Maria Helena. *Conflito de normas*. 10. ed. São Paulo: Saraiva, 2014.

FERNANDES, Luis Eduardo Simardi. *Embargos de declaração*: efeitos infringentes, prequestionamento e outros aspectos polêmicos. São Paulo: Revista dos Tribunais, 2003.

GOMES, José Jairo. *Recursos eleitorais e outros temas*. São Paulo: Atlas, 2013.

JOBIM, Marco Félix; CARVALHO, Fabrício de Farias. A disciplina dos agravos no novo código de processo civil. *In*: DIDIER JR., Fredie (Coord.). *Novo CPC doutrina selecionada*: processo nos tribunais e meios de impugnação às decisões judiciais. Salvador: Juspodivm, 2015.

JORGE, Flávio Cheim. Dos recursos. *In*: WAMBIER, Teresa Arruda Alvim *et al*. *Breves comentários ao Novo Código de Processo Civil*. São Paulo: Editora Revista dos Tribunais, 2015.

MENDES, Leonardo Castanho. *O recurso especial e o controle difuso de constitucionalidade*. São Paulo: Revista dos Tribunais, 2006.

NERY JR., Nelson. *Princípios fundamentais*: teoria geral dos recursos. 4. ed. São Paulo: Revista dos Tribunais, 1997.

NEVES, Daniel Amorim Assunção. *Novo código de processo civil*. São Paulo: Método, 2.015.

NUNES, Dierle. A função contrafática do Direito e o Novo CPC. *Revista do Advogado – AASP*, a. XXXV, n. 126, mai. 2015

OLIVEIRA, Gleydson Kleber Lopes de. As tutelas de urgência nos recursos extraordinários. *In*: NERY JR., Nelson; WAMBIER, Teresa Arruda Alvim (Coords.). *Aspectos polêmicos e atuais dos recursos cíveis e de outros meios de impugnação às decisões judiciais*. Vol. 7. São Paulo: Revista dos Tribunais, 2003.

OLIVEIRA, Paulo Mendes. Negócios processuais e o duplo grau de jurisdição. *In*: CABRAL, Antonio do Passo; NOGUEIRA, Pedro Henrique Nogueira. *Negócios processuais*. Salvador: Juspodivm, 2015.

OLIVEIRA, Pedro Miranda de. Aspectos relevantes do sistema recursal previsto no novo CPC. *In*: OLIVEIRA, Pedro Miranda de (Org.). *Impactos do novo CPC na advocacia*. Florianópolis: Conceito Editorial, 2015.

THEODORO JR., Humberto; NUNES, Dierle; BAHIA, Alexandre Melo Franco; PEDRON, Flávio Quinad. *NCPC:* fundamentos e sistematização. 2015.

WAMBIER, Teresa Arruda Alvim *et al*. (Coord.). *Primeiros comentários ao novo código de processo civil*: artigo por artigo. São Paulo: Editora Revista dos Tribunais, 2015.

WAMBIER, Teresa Arruda Alvim. O código de processo civil de 2015: notas marcantes. *In*: OLIVEIRA, Pedro Miranda de (Org.). *Impactos do novo CPC na advocacia*. Florianópolis: Conceito Editorial, 2015.

YARSHELL, Flávio Luiz. Convenção das partes em matéria processual no Novo CPC. *Revista do Advogado – AASP*, a. XXXV, n. 126, mai. 2015.

Informação bibliográfica deste livro, conforme a NBR 6023:2002 da Associação Brasileira de Normas Técnicas (ABNT):

KOZIKOSKI, Sandro Marcelo. Os reflexos do NCPC no sistema recursal eleitoral cível. *In*: TAVARES, André Ramos; AGRA, Walber de Moura; PEREIRA, Luiz Fernando (Coord.). *O direito eleitoral e o novo Código de Processo Civil*. Belo Horizonte: Fórum, 2016. p. 399-416. ISBN 978-85-450-0133-1.

O RECURSO ORDINÁRIO E SEU EFEITO SUSPENSIVO NA SEARA ELEITORAL

WALBER DE MOURA AGRA

1 Introdução

O processo eleitoral compreende todos os atos que são inerentes à formação da representação popular, como, por exemplo, os atos que envolvem a preparação e a realização das eleições ou a apuração de votos e dos eleitos. A importância do processo eleitoral está concatenada com a devida condução e enaltecimento da lisura nas eleições visando salvaguardar a vontade popular. Nesse contexto, o seu desenvolvimento teórico e sua consolidação na prática permitirão extirpar vários vícios que maculam as eleições brasileiras.

Este artigo tem a finalidade de desanuviar a minirreforma sofrida no campo eleitoral no ano de 2015 por meio da Lei nº 13.165, especificamente sua inferência no recurso ordinário juntamente ao advento do novo Código de Processo Civil, o qual entrará em vigor no ano corrente.

A priori, passa-se a descortinar a teoria geral dos recursos e dissecar a ideia do princípio do duplo grau de jurisdição que encontra amparo constitucional implícito, principalmente na espécie recursal da apelação e do recurso ordinário. Nesse caminho, destaca-se o recurso ordinário em geral, suas hipóteses de cabimento, as principais alterações sofridas com o novo ordenamento processual e, preponderantemente, a incidência de seu efeito suspensivo.

É fundamental ter em vista que, até a promulgação da minirreforma eleitoral, não havia a possibilidade da aplicação do efeito suspensivo ao recurso ordinário, a não ser que se impetrasse uma ação cautelar. Além do que, ele não era cabível contra decisões proferidas no 1º grau de jurisdição, pois, antes, todas as decisões arguidas em cognição exauriente pelo juiz de piso estariam propensas a serem atacadas, preponderantemente, por meio do recurso inominado eleitoral. Agora, com mais uma exceção ao efeito imediato das decisões eleitorais, caminha-se para o *standard* de que essas decisões apenas produzam efeitos depois da decisão de segundo grau.

Por fim, sem falsa pretensão, espera-se ter alcançando o objetivo deste artigo, qual seja demonstrar que a minirreforma eleitoral trouxe ao contexto jurídico uma inovação que ajuda a desconstruir o já combalido parâmetro da eficácia imediata das decisões do processo eleitoral.

2 Recursos ordinários em geral

A palavra recurso tem origem no latim e está concatenada com a ideia de voltar para o lugar de onde saiu.[1] Moacyr Amaral Santos preconiza que o recurso é o meio pelo qual se provoca o reexame necessário de decisão prolatada por uma mesma autoridade ou por outra de hierarquia superior, com o fim precípuo de reformar ou modificar a decisão.[2] Gabriel Resende atribui ao psicológico da tendência humana a irresistível necessidade em recorrer.[3] Já Flávio Cheim Jorge sintetiza a conceituação do recurso como meio utilizado para a impugnação das decisões judiciais.[4]

Misael Montenegro Filho compreende que os instrumentos recursais são mecanismos processuais a serem manuseados voluntariamente pelo prejudicado da decisão judicial com o intuito de obter a reforma desta, a invalidação, esclarecimento ou a integração, solicitando expressamente que nova decisão seja proferida em substituição ou não do pronunciamento impugnado.[5]

Nota-se que os doutrinadores brasileiros, quanto à conceituação do recurso, convergem no mesmo sentido, diferentemente do direito processual alemão.[6] O italiano Francesco Carnelutti foi quem atribuiu ao instituto do recurso o conceito de remédio, aduzindo que este teria por escopo dar esclarecimento ou a integração de uma decisão judicial.[7] Daniel Amorim elenca cinco características inerentes a qualquer meio recursal: a) voluntariedade; b) expressa previsão em lei federal; c) desenvolvimento no próprio processo no qual a decisão impugnada foi proferida; d) manejável pelas partes, terceiros prejudicados e Ministério Público; e) com o objetivo de reformar, anular, integrar ou esclarecer decisão judicial.[8]

Nesse sentido, a finalística do recurso está intimamente ligada, sem sombra de dúvidas, à função exercida pelo Estado, concernente à prestação da tutela jurisdicional justa e adequada.[9] Ademais, a possibilidade de modificação das decisões tem que conviver, por vezes, com o princípio da irrecorribilidade em algumas instâncias, que, inclusive, é norma expressa no texto constitucional, tal qual se extrai, por exemplo, no campo eleitoral o art. 121, §3º, da CRFB/88.

---

[1] MONTEIRO, João. *Theoria do processo civil e comercial*. 4. ed. Rio de Janeiro: Off. Graph. Do Jornal do Brasil, 1925, p. 589.
[2] SANTOS, Moacyr Amaral. *Primeiras linhas de direito processual civil*. 11. ed. v. 3. São Paulo: Saraiva, 1990, p. 82.
[3] RESENDE FILHO, Gabriel. *Direito processual civil*. v. III. n. 92. São Paulo: Saraiva, 1968, p. 77.
[4] JORGE, Flávio Cheim. *Teoria geral dos recursos cíveis*. 5. ed. São Paulo: RT, 2011, p. 30.
[5] MONTENEGRO FILHO, Misael. *Curso de Direito processual civil*: teoria geral dos recursos, recursos em espécies, processo de execução. v. II. 9. ed. São Paulo: Atlas, 2013, p. 8.
[6] NERY JR., Nelson. *Princípios fundamentais: teoria geral dos recursos*. 4. ed. São Paulo: ed. RT, 1997, p. 194.
[7] CARNELUTTI, Francisco. *Instituciones del nuevo processo civil italiano*. Trad. Jaime Guasp. Barcelona: Bosch, 1942, p. 311.
[8] NEVES, Daniel Amorim Assumpção. *Manual de direito processual civil*: volume único. 4. ed. Rio de Janeiro: Método, 2012, p. 564.
[9] JORGE, Flávio Cheim. *Teoria geral dos recursos cíveis*. 5. ed. São Paulo: ed. RT, 2011, p. 37.

O Código de Processo Civil de 1973, em seu artigo 496, traz 8 (oito) espécies recursais, entre elas, a apelação, o agravo, os embargos infringentes, os embargos de declaração, o recurso ordinário, o recurso especial, o recurso extraordinário e os embargos de divergência em recurso especial e em recurso extraordinário.[10] Com a promulgação do novo Código de Processo Civil, o sistema processual passou a englobar 9 (nove) espécies recursais trazendo expressamente o agravo interno e, no mesmo dispositivo, o agravo em recurso especial ou extraordinário, pois, no antigo Código, tal espécie recursal encontrava-se em artigo isolado. Afastou-se a figura dos embargos infringentes, que, na prática, já não eram tão usuais, sendo extirpados de vez da esfera processual.[11]

A prerrogativa recursal decorre da regra do princípio do duplo grau de jurisdição, advindo do inciso LV do art. 5º da CRFB/88, o qual institui que, aos litigantes em processo judicial ou administrativo e aos acusados em geral, são assegurados o contraditório e ampla defesa, com os meios e recursos a ela inerentes. O Supremo Tribunal Federal já afastou tal interpretação, preconizando, em síntese, que o duplo grau de jurisdição é um princípio implícito da Constituição Federal e não estaria presente no inciso LV do art. 5º, sendo este o entendimento majoritário.[12] Todavia, mesmo sendo princípio implícito, configura-se indiscutível sua supremacia, supralegalidade e concretude normativa.

O italiano Fazzalari entende que o termo "grau" estabelece uma nova fase do processo.[13] A Constituição Federal traz duas hipóteses em que outorga a possibilidade expressamente ao duplo grau de jurisdição, sendo uma ao recurso ordinário, e a outra, à apelação, haja vista aduzir a viabilidade de julgamento da espécie recursal em única

---

[10] Art. 496. São cabíveis os seguintes recursos: (Redação dada pela Lei nº 8.038, de 25.5.1990)
I - apelação;
II - agravo de instrumento;
II - agravo; (Redação dada pela Lei nº 8.950, de 13.12.1994)
III - embargos infringentes;
IV - embargos de declaração;
V - recurso ordinário;
VI - recurso especial; (Incluído pela Lei nº 8.038, de 25.5.1990)
VII - recurso extraordinário; (Incluído pela Lei nº 8.038, de 25.5.1990)
VIII - embargos de divergência em recurso especial e em recurso extraordinário. (Incluído pela Lei nº 8.950, de 13.12.1994)

[11] Art. 994. São cabíveis os seguintes recursos:
I - apelação;
II - agravo de instrumento;
III - agravo interno;
IV - embargos de declaração;
V - recurso ordinário;
VI - recurso especial;
VII - recurso extraordinário;
VIII - agravo em recurso especial ou extraordinário;
IX - embargos de divergência.

[12] DINAMARCO, Cândido Rangel. *A reforma da reforma*. São Paulo: Malheiros, 2002, p. 151. WAMBIER, Luiz Rodrigues; WAMBIER, Teresa Arruda Alvim. *Breves comentários à 2ª fase da reforma do Código De Processo Civil*: Lei nº 10.352, de 26.12.2001: Lei 10.358, de 27.12.2001. São Paulo: RT, 2002, p. 95.

[13] *È nome riservato ad uma fase del processo che possa condurre ad uma nuova cognizione e ad uma nuova pronuncia che, sai di reforma oppure di conferma della precedente, ne prenda il posto* (FAZZALARI, Elio. *Il Processo Ordinário Cognizione*: 2 Impugnazioni. Torino: UTET, 1990, p. 24.

instância pelos Tribunais Superiores ou julgar as causas decididas pelos juízes federais e pelos juízes estaduais no exercício da competência federal da área de sua jurisdição.[14]

Carnelutti compreende que a função da apelação está em submeter a lide e o negócio a um segundo exame que ofereça maiores garantias que o primeiro.[15] O recurso ordinário, por exemplo, segundo o constitucionalista André Ramos Tavares, é um recurso onde o duplo grau de jurisdição está plasmado constitucionalmente no direito pátrio. Por este motivo, não se admitem supressões às hipóteses já garantidas.[16]

O recurso ordinário constitucional é um dos meios impugnatórios ao julgamento, dirigido ao *decisum* de mérito e denegatório proferido pelas Cortes ou de seus órgãos fracionários na vivência de sua competência originária.[17] Quis o constituinte que esse recurso fosse amparado em nível constitucional, tornando-se uma garantia ao duplo grau de jurisdição. Tal recurso materializa a exceção à irrecorribilidade das decisões provenientes dos Tribunais Superiores e, como é cediço, as exceções devem ser interpretadas restritivamente, desde que seja factualmente e normativamente possíveis.

Disserta Araken de Assis que o recurso ordinário constitucional emergiu junto à instituição da Justiça Federal, com o condão de devolver as decisões dos juízes federais para uma reapreciação pelo Supremo Tribunal Federal. Originariamente, tratava-se de instrumento de transição que supria a ausência de uma segunda instância na Justiça Comum Federal, servindo também à valorização do direito/garantia fundamental ao *habeas corpus*.[18]

Possui base constitucional no art. 102, inciso II, da Constituição Federal competência do Supremo Tribunal Federal (STF) e no art. 105, inciso II, competência do Superior Tribunal de Justiça (STJ). No STF, caberá a interposição do recurso ordinário constitucional quando houver decisões denegatórias de *habeas corpus*, *habeas data*, mandado de segurança e mandado de injunção julgada em instância única por tribunal superior, isto é, pelo Superior Tribunal de Justiça, Tribunal Superior do Trabalho, Tribunal Superior Eleitoral, Tribunal Superior Militar. No STJ, caberá a interposição de recurso ordinário constitucional quando houver decisões denegatórias em *habeas corpus*, mandado de segurança e em decisões proferidas em causas que foram partes o Estado estrangeiro ou Organização Internacional de um lado e, de outro, município ou pessoa residente ou domiciliada no Brasil, sendo proferidas em última instância pelos Tribunais Regionais Federais e Tribunais de Justiça.

Em regra, apesar de posicionamentos contrários, o recurso ordinário possui efeito devolutivo e suspensivo, seguindo os *standards* estabelecidos para a apelação. Contudo, terá efeito apenas devolutivo nas hipóteses descritas no art. 1.012 do NCPC, como nos casos de condenação em alimentos, extinção do processo sem resolução de mérito ou a confirmação, concessão ou revogação de tutela provisória. Uma vez que os casos de deferimento ou não de efeito suspensivo é *ope legis*, não há necessidade de se impetrar cautelar para a realização desse efeito. Ressalva-se o caso de denegação de

---

[14] Art. 102, inc. II; art. 105, inc. II; art. 108, inc. II. (MENDES, Gilmar Ferreira; COELHO, Inocêncio Mártires; BRANCO, Paulo Gustavo Gonet. *Curso de Direito Constitucional*. 2. ed. São Paulo: Saraiva, 2008, p. 495).

[15] CARNELUTTI, Francesco. *Instituciones Del Proceso Civil*. Buenos Aires: EJEA, 1973, p. 227.

[16] TAVARES, André Ramos. *Curso de direito constitucional*. 10 ed. São Paulo: Saraiva, 2012, p. 758.

[17] STJ. AgRg nos EDcl na MC 19774. 3ª Turma. Julg.: 02.10.2012. Rel. Min. Paulo de Tarso Sanseverino.

[18] ASSIS, Araken de. Recurso ordinário. In: *Direito processual civil*: as reformas e questões atuais do direito processual civil. Porto Alegre: Livraria do Advogado, 2008, p. 72.

writs constitucionais, como o mandado de segurança, cujo recurso ordinário apresenta apenas efeito devolutivo em razão de não haver nenhuma eficácia produzida pelo juízo *a quo* para ser suspensa.

O recurso ordinário está regulamentado no Código de Processo Civil, no art. 539, incisos I e II, e agora vem delineado nos arts. 1.027 e 1.028 do novo Código de Processo Civil,[19] trazendo, inclusive, os órgãos de encaminhamento da espécie recursal. O ajuizamento de recurso ordinário dirigido ao Supremo Tribunal Federal será possível quando se tratar de decisões denegatórias em mandados de segurança, *habeas data* e mandado de injunção, decididos em única instância pelos tribunais superiores.

Será cabível o ajuizamento do recurso ordinário ao Superior Tribunal de Justiça nas decisões denegatórias no mandado de segurança decidido em única instância pelos tribunais regionais federais ou pelos tribunais de justiça dos Estados e do Distrito Federal e Territórios, bem como nos processos em que forem partes, de um lado, Estado estrangeiro ou organismo internacional e, de outro, município ou pessoa residente ou domiciliada no país.

Nesse último caso, das decisões interlocutórias, caberá o recurso de agravo dirigido para o STJ, o qual obedecerá às disposições relativas ao agravo de instrumento e ao regimento interno do Superior Tribunal de Justiça. E em relação aos requisitos de admissibilidade e ao procedimento, aplicam-se as disposições relativas à apelação e o regimento interno do Superior Tribunal de Justiça.[20]

Também se emprega ao recurso ordinário disposições concernentes à apelação; portanto, se o processo estiver em condições de imediato julgamento, o Tribunal poderá decidir desde logo o mérito recursal,[21] sendo esta uma das principais alterações trazidas pelo novo Código devido à possibilidade de aplicação da causa madura ao recurso ordinário, tese conflitante com o entendimento hodierno do STF.[22] A causa

---

[19] Art. 539. Serão julgados em recurso ordinário: (Redação dada pela Lei nº 8.950, de 13.12.1994)
I - pelo Supremo Tribunal Federal, os mandados de segurança, os habeas data e os mandados de injunção decididos em única instância pelos Tribunais superiores, quando denegatória a decisão; (Redação dada pela Lei nº 8.950, de 13.12.1994)
II - pelo Superior Tribunal de Justiça: (Redação dada pela Lei nº 8.950, de 13.12.1994)
a) os mandados de segurança decididos em única instância pelos Tribunais Regionais Federais ou pelos Tribunais dos Estados e do Distrito Federal e Territórios, quando denegatória a decisão; (Incluído pela Lei nº 8.950, de 13.12.1994)
b) as causas em que forem partes, de um lado, Estado estrangeiro ou organismo internacional e, do outro, Município ou pessoa residente ou domiciliada no País. (Incluído pela Lei nº 8.950, de 13.12.1994)
Parágrafo único. Nas causas referidas no inciso II, alínea b, caberá agravo das decisões interlocutórias. (Incluído pela Lei nº 8.950, de 13.12.1994)
Art. 540. Aos recursos mencionados no artigo anterior aplica-se, quanto aos requisitos de admissibilidade e ao procedimento no juízo de origem, o disposto nos Capítulos II e III deste Título, observando-se, no Supremo Tribunal Federal e no Superior Tribunal de Justiça, o disposto nos seus regimentos internos. (Redação dada pela Lei nº 8.950, de 13.12.1994)

[20] 1.027, §1º, Novo Código de Processo Civil.

[21] I - reformar sentença fundada no art. 485;
II - decretar a nulidade da sentença por não ser ela congruente com os limites do pedido ou da causa de pedir;
III - constatar a omissão no exame de um dos pedidos, hipótese em que poderá julgá-lo;
IV - decretar a nulidade de sentença por falta de fundamentação.

[22] RECURSO ORDINÁRIO EM MANDADO DE SEGURANÇA. ADMINISTRATIVO. PROCESSUAL CIVIL. DECADÊNCIA. AFASTAMENTO. MÉRITO. ANÁLISE. SUPRESSÃO DE INSTÂNCIAS. ART. 515, 3º, CPC. ANALOGIA. APLICAÇÃO. TEORIA DA CAUSA MADURA. IMPOSSIBILIDADE. RETORNO DOS AUTOS À ORIGEM. PRECEDENTES DO C. STF. [...] II - *No recurso ordinário em mandado de segurança, não se admite a aplicação analógica da regra do §3º do artigo 515 do Código de Processo Civil e, por consequência, a adoção da denominada*

madura, segundo os processualistas Marinoni e Mitidiero, é aquela cujo processo já se encontra com todas as alegações necessárias feitas e todas as provas admissíveis colhidas.[23] Inclusive, há duras críticas acerca da inaplicabilidade da teoria da causa madura ao recurso ordinário, pois não há usurpação de competência dos demais Tribunais Superiores.[24]

Quanto à análise do requerimento do efeito suspensivo no recurso ordinário, o pedido deverá ser dirigido ao Tribunal Superior respectivo, ficando o relator designado para seu exame e prevento para o julgamento.

Outrossim, mantém-se a possibilidade de o Tribunal reapreciar os fundamentos da inicial ou da defesa, não examinados pela sentença (efeito devolutivo).[25] Ou seja, transfere ao órgão *ad quem* o conhecimento de matérias que já tenham sido objeto ou não da decisão no juízo *a quo*,[26] inexistindo, portanto, restrição na análise das questões fáticas arguidas em sede de recurso ordinário.

Outra inovação trazida com o novo Código de Processo Civil, materializada no art. 937, *caput* e inciso II, é que o recurso deve ser interposto perante o tribunal de origem, cabendo ao seu presidente ou vice-presidente determinar a intimação do recorrido para, em 15 (quinze) dias, apresentar as contrarrazões, ou seja, passou a ser obrigatória a intimação do recorrido para contrarrazoar o recurso.

3 Recurso ordinário eleitoral

Ao sistema recursal eleitoral, aplicam-se o Código Eleitoral e o Código de Processo Civil, principalmente a parte pertinente à teoria dos recursos.[27]

A Assembleia Constituinte de 87/88 optou por denominar irrecorríveis as decisões do Tribunal Superior Eleitoral, excetuando as que contrariam a Constituição e as que denegam *habeas corpus* ou mandado de segurança, conforme §3º do art. 121 da CRFB/88. No mesmo sentido, perfilou-se o Código Eleitoral que, em seu art. 22, parágrafo único, afirmou a irrecorribilidade das decisões do Tribunal Superior. Ressalvando o art. 281, o qual se dirige às decisões que declaram a invalidade de lei ou ato contrário à Constituição Federal e às denegatórias de *habeas corpus* ou mandado de segurança, das quais caberá recurso ordinário para o Supremo Tribunal Federal, a ser interposto no prazo de três

---

"Teoria da Causa Madura", sob pena de supressão de instâncias judiciais. Precedentes do e. STF e deste c. STJ. Recurso ordinário parcialmente provido para, afastada a preliminar de decadência, determinar-se a remessa dos autos à instância de origem para análise do mérito da impetração. (STJ - RMS: 28099 DF 2008/0238593-4, Relator: Ministro ARNALDO ESTEVES LIMA, Data de Julgamento: 22.06.2010, T5 - QUINTA TURMA, Data de Publicação: DJe 03.11.2010)

[23] MARINONI, Luiz Guilherme *apud* MITIDIERO, Daniel. *Código de Processo Civil*: comentado artigo por artigo. 2. ed. São Paulo: Rev. Dos Tribunais, 2010, p. 533.

[24] NEGRÃO, Theotonio; GOUVÊA, José Roberto F. *Código de Processo Civil e legislação processual em vigor*. 41. ed. São Paulo: Saraiva, 2009, p. 705.

[25] [...] RECURSO DE REVISTA. EFEITO DEVOLUTIVO DO RECURSO ORDINÁRIO. PROFUNDIDADE. OMISSÃO DA SENTENÇA. QUESTÃO SUSCITADA PELA PARTE. EMBARGOS DE DECLARAÇÃO. DESNECESSIDADE 1. A teor dos §§1º e 2º do art. 515 do CPC, a devolução do Recurso Ordinário é ampla, em profundidade. Com efeito, o recurso devolve à cognição do Tribunal, além da questão efetivamente apreciada pela sentença, também aquela que não o foi, muito embora suscitada e discutida no processo. [...]
(TST - RR: 5786720115020463, Data de Julgamento: 19.08.2015, Data de Publicação: DEJT 21.08.2015)

[26] NEVES, Daniel Amorim Assumpção. *Manual de direito processual civil*: volume único. 4. ed. Rio de Janeiro: Método, 2012, p. 580.

[27] GOMES, José Jairo. *Direito eleitoral*. 10. ed. Atlas: São Paulo, 2014, p. 567-568.

dias. Conforme o art. 282, uma vez denegado o recurso, o recorrente pode interpor, dentro de três dias, agravo de instrumento.

Para as decisões dos Tribunais Regionais Eleitorais, a regulamentação não foi diversa, apesar de possuir rol de exceções ampliado, somando-se às situações já arroladas as hipóteses de contrariedade a texto expresso de lei; de divergência interpretativa entre dois ou mais tribunais; as que versam sobre inelegibilidade ou expedição de diplomas nas eleições federais ou estaduais; as situações de anulação de diplomas ou decretos de perda de mandatos eletivos federais ou estaduais; e as que também denegam *habeas data* e mandado de injunção, conforme incisos do §4º do art. 121 da CRFB/88.

O recurso ordinário, protegido pela supralegalidade constitucional, conforme consagrado pelo Tribunal Superior Eleitoral, é recurso cabível nas hipóteses previstas na ação de impugnação de pedido de registro de candidatura (LC nº 64/90, arts. 3º ao 8º); nas ações de investigação judicial eleitoral julgado em segunda instância (LC nº 64/90, arts. 19 a 22); nos casos de impugnação de mandato eletivo, também julgados em segunda instância (art. 14, §§10 e 11 da Constituição Federal); e ainda naqueles casos previstos nos incisos III a V do §4º do art. 121 da CRFB/88, e alíneas *a* e *b* do inciso II do art. 276 do Código Eleitoral, competindo o julgamento ao Tribunal Superior, conforme inciso II do art. 22 do CE/65.

O eleitoralista Joel J. Cândido sintetiza os casos nos quais o recurso ordinário se configura cabível, sendo eles o *habeas corpus*, mandado de segurança, o *habeas data* e o mandado de injunção decididos em única instância pelos Tribunais Regionais Eleitorais, se denegatória a decisão; a decisão que julgar ação de impugnação de mandato eletivo em segundo grau; a decisão que julgar ação de investigação judicial eleitoral em segundo grau;[28] e a decisão que julgar ação de impugnação de pedido de registro de candidatura em segundo grau.[29]

Por força do §1º do art. 276 do CE/65, o recurso será tempestivo se interposto em três dias, prazo contado da publicação da decisão, quando diante da denegação de *habeas corpus* ou mandado de segurança ou perda de mandato; e da sessão de diplomação, quando se tratar da expedição de diplomas.[30] Ademais, conforme §2º do mesmo dispositivo, sempre que o Tribunal Regional determinar a realização de novas eleições, o prazo para a interposição dos recursos contar-se-á da sessão em que for proclamado o resultado das eleições suplementares.

O Tribunal Superior Eleitoral fez indubitável o cabimento do recurso em discussão quando o Tribunal *a quo* julgar caso de inelegibilidade ou expedição de diploma nas eleições estaduais ou federais.[31] A Corte Superior também assentou o cabimento de recurso ordinário quando se tratar de anulação de diploma ou decretação de perda de mandato eletivo estadual ou federal por decisão originária do Tribunal

---

[28] Recurso ordinário. Eleições 2010. Deputado estadual. Ação de investigação judicial eleitoral (AIJE). Art. 22 da LC 64/1990. Uso indevido dos meios de comunicação social. Configuração. Potencialidade lesiva. Inaplicabilidade da LC 135/2010. Parcial provimento (Recurso Ordinário 938.324, Acórdão de 31.05.2011, Rel. Min. Fátima Nancy Andrighi, *DJE* 1º.08.2011, p. 231-232).

[29] CÂNDIDO, Joel José. *Direito eleitoral brasileiro*. 12. ed. São Paulo: Edipro, 2006, p. 251.

[30] O fomento de qualquer discussão acerca dessa afirmação é abrandado pelo art. 258 do CE/65, que determina que sempre que a lei não fixar prazo especial, o recurso deverá ser interposto em três dias da publicação do ato, resolução ou despacho.

[31] TSE. Ac. de 18.3.2010 no RO nº 1.522, rel. Min. Marcelo Ribeiro.

Superior Eleitoral,[32] também sendo pertinente para as decisões produzidas em ação de impugnação de mandato eletivo[33] e quando houver denegação de *habeas corpus*, mandado de segurança, *habeas data* ou mandado de injunção.[34]

No mesmo sentido, asseverou cabível recurso ordinário à Corte Superior contra a decisão regional cujo feito versa acerca da captação ilícita de sufrágio em face de candidato que concorreu a mandato de deputado estadual.[35] A Corte Superior tem se posicionado pelo não cabimento do recurso ordinário constitucional quando o acórdão recorrido enfrentar apenas questões preliminares-processuais. Tem-se que a decisão que não enfrenta o mérito da lide não suporta recurso ordinário,[36] não havendo sequer de se falar em cerceamento de defesa quando o relator, em decisão monocrática, nega seguimento a recurso ordinário por questão meramente processual, tal qual intempestividade.[37]

A necessidade de que o recurso ordinário leve a questão à instância superior está expressa em uma tripla dimensão, quais sejam normativa, teorética e jurisprudencial, tendo o Tribunal Superior assinalado que o recurso ordinário pode ser recebido como agravo interno quando o recurso se dirige ao próprio Tribunal e nele se pretende a reforma da decisão proferida.[38]

Insta ressaltar a possibilidade da aplicação do princípio da fungibilidade nesta seara recursal, pois, para Araken de Assis, o manuseio do recurso ordinário acarreta frequentes equívocos acerca da sua especificidade.[39] Nesse sentido, é bem verdade que, por via do princípio da singularidade dos recursos, toda impugnação de ato judicial deve ser realizada por meio da sua respectiva via recursal, sob pena de inadmissibilidade. Porém, há certas situações em que há dúvida objetiva acerca do recurso cabível para atacar determinada decisão judicial, admitindo-se o recurso inadequado para não decorrer em prejuízo para a parte recorrente.[40] Não pode ser utilizado o princípio da fungibilidade se houver erro crasso na interposição recursal ou se não houver adequação no procedimento desses recursos.

Exemplo de aceitação do princípio da fungibilidade acontece quando o recurso especial é impetrado, em uma questão que versa sobre expedição de diploma de uma eleição federal, quando o recurso cabível era o ordinário.[41] Neste caso, o Tribunal Superior Eleitoral reconheceu ser admissível o recebimento de recurso especial como ordinário. Do outro lado, não se aceitou o princípio da fungibilidade quando, ao invés

---

[32] TSE. Ac. de 1º.6.2006 no RO nº 790, rel. Min. José Delgado.
[33] COSTA, Adriano Soares da. *Instituições de direito eleitoral*: teoria da inelegibilidade: direito processual eleitoral. v. I. 9. ed. Fórum: Belo Horizonte, 2013, p. 447.
[34] TSE. Ac. de 1º.6.2006 no RO nº 790, rel. Min. José Delgado.
[35] TSE. *Ac. de 8.10.2009 no RO nº 2.373, rel. Min. Arnaldo Versiani.*
[36] TSE. Ac. de 1º.6.2006 no RO nº 790, rel. Min. José Delgado.
[37] TSE. Ac. de 3.10.2006 no AgRgRO nº 1.013, rel. Min. Cezar Peluso.
[38] TSE. Ac. de 5.10.2010 no REspe nº 220637, rel. Min. Arnaldo Versiani.
[39] DE ASSIS, Araken. *Manual dos recursos*. 2. ed. São Paulo: Revista dos Tribunais, 2008, p. 672.
[40] DONIZETTI, Elpídio. *Curso didático de direito processual civil*. 7. ed. Rio de Janeiro: Lumen Juris, 2007, p. 394.
[41] Cabe recurso ordinário contra decisão que versa sobre expedição de diploma em eleições federais e estaduais (art. 276, II, *a*, do Código Eleitoral). Na espécie, é admissível o recebimento do recurso especial como recurso ordinário por aplicação do princípio da fungibilidade (Recurso Especial Eleitoral 646.984, Acórdão de 07.06.2011, Rel. Min. Fátima Nancy Andrighi, *DJE* 24.08.2011, p. 12).

de se entrar com um especial, impetrou-se um ordinário, já que aquele exige como requisitos a necessidade de prequestionamento e de suas especificidades de cabimento.[42] Uma das principais dificuldades para se aceitar a fungibilidade entre o ordinário e o especial é que aquele permite uma reanálise do conteúdo probatório, enquanto este veda essa possibilidade em decorrência de entendimento sumulado do Superior Tribunal de Justiça (Súmula nº 279).

Presentes os requisitos de admissibilidade, os comuns aos recursos em geral,[43] consideradas as peculiaridades da matéria eleitoral, o recurso ordinário constitucional é dotado de efeito devolutivo genérico,[44] devolvendo-se ao órgão judicante o conhecimento da matéria.[45]

Com a alteração legislativa denominada minirreforma eleitoral (Lei nº 13.165/2015), alterações válidas para as eleições de 2016, observa-se que o recurso ordinário será o instrumento válido para todas as decisões que dispuserem acerca das inelegibilidades constitucionais, infraconstitucionais ou supervenientes. Além do que, foi-lhe outorgado efeito suspensivo e possibilidade de impetração de decisão de primeiro grau.

4 Efeito suspensivo

Flávio Cheim Jorge traz a ideia que o ajuizamento de um recurso a determinado processo faz com que sofra consequências novas, haja vista a situação enfrentada em razão desse ato processual.[46] Barbosa Moreira considera o efeito suspensivo uma decorrência natural da instância recursal.[47]

Nelson Nery Júnior preconiza que o efeito suspensivo adia a produção dos efeitos da decisão impugnada.[48] A doutrina traz uma distinção clássica entre efeito suspensivo próprio (*ope legis*) e o impróprio (*ope judicis*),[49] em que o primeiro tem previsão legal, e o segundo pertine ao magistrado concedê-lo ou não.[50]

A contrario sensu da tendência dominante no direito processual europeu, que elimina o efeito suspensivo *ope legis* dos recursos, atribuindo esse efeito apenas *ope*

---

[42] Inaplicável, na espécie, o princípio da fungibilidade. Não se converte o recurso ordinário em apelo especial quando o deslinde da controvérsia demandar reexame do acervo fático-probatório, obstado pelas Súmulas nº 7/STJ e 279/STF. O princípio da fungibilidade recursal somente deve se aplicar quando ultrapassados todos os óbices à admissibilidade do recurso especial, o que não ocorre no caso em análise. (Processo RO 1.517/TO. Relator: José Augusto Delgado).

[43] MIRANDA, Gilson Delgado; PIZZOL, Patrícia Miranda. *Recursos no processo civil*. 6. ed. São Paulo: Atlas, 2009, p. 186-187.

[44] MARINONI, Luiz Guilherme; ARENHART, Sérgio Cruz. *Processo de conhecimento*. 10. ed. São Paulo: Revista dos Tribunais, 2011, p. 555-556.

[45] Neste ponto, filio-me à defesa de que independe se a matéria foi devolvida a órgão superior ao qual emanou a decisão ou ao próprio prolator. No mesmo sentido, MEDINA, José Miguel Garcia; WAMBIER, Teresa Arruda Alvim. *Processo civil moderno*. v. 2. 3. ed. São Paulo: Revista dos Tribunais, 2013, p. 113.

[46] JORGE, Flávio Cheim. *Teoria geral dos recursos cíveis*. 5. ed. São Paulo: Ed. RT, 2011, p. 286.

[47] BARBOSA MOREIRA, José Carlos. Conteúdo e efeitos da sentença: variações sobre o tema. In: *Temas de direito processual*. Quarta série, p. 176.

[48] NERY JR., Nelson. *Princípios fundamentais*: teoria geral dos recursos. 4. ed. São Paulo: Ed. RT,1997, p. 196.

[49] CUNHA, Leonardo José Carneiro. Meios processuais para concessão de efeito suspensivo a recurso que não o tem. In: ALVIM, Arruda; ALVIM, Eduardo Arruda (Coords.). *Revista Autônoma de Processo*. 1. ed. 2. tiragem. Curitiba: Juruá Editora, 2007, p. 348.

[50] NEVES, Daniel Amorim Assumpção. *Manual de direito processual civil*: volume único. 4. ed. Rio de Janeiro: Método, 2012, p. 585.

judicis, de acordo com a apreciação do relator,[51] ao estabelecer normativamente o efeito suspensivo à apelação, o NCPC preferiu trilhar outro caminho, no que também foi seguido pelo recurso ordinário eleitoral.

A suspensão como efeito recursal é empecilho à imediata produção dos efeitos da decisão que se impugna, caractere que perdura até que seja julgado o recurso. Para Eurico Lopes-Cardoso, esse efeito é uma consequência direta da inexigibilidade imediata da decisão.[52] Nesse sentido, enquanto o efeito devolutivo conduz o ato judicial para uma reapreciação de seus fundamentos, o suspensivo dirige-se aos efeitos a serem produzidos, haja vista que ato judicial não se suspende.[53]

A atribuição de efeito suspensivo ao recurso está condicionada à recorribilidade da decisão e à existência de um regime já estipulado de suspensividade, podendo a própria lei se encarregar da previsão do efeito ou deixar sua concessão pelo juízo, uma vez presentes os requisitos legais.[54] Existente a previsão legal de recebimento do recurso com efeito suspensivo, a decisão impugnável em espécie já surge no mundo jurídico eivada de eficácia, desde que haja a interposição do recurso específico.[55] Esta, por sua vez, tem o condão de prolongar o estado inicial de ineficácia.

O novo Código de Processo Civil traz expressamente em seu texto o efeito suspensivo ao recurso da apelação (art. 1.012). No que se refere ao efeito suspensivo no agravo de instrumento, verifica-se que poderá ser dado tanto o efeito suspensivo como o deferimento da antecipação de tutela, total ou parcialmente, a depender do caso (art. 1019, I). Já os embargos de declaração perderam o efeito suspensivo em seu recebimento, mas ainda interrompem o prazo para a interposição de recurso, podendo ser suspensa a eficácia de decisão monocrática ou colegiada quando demonstrada a probabilidade de provimento do recurso ou, sendo relevante a fundamentação, se houver risco de dano grave ou de difícil reparação (art. 1.026, §1º). Os demais recursos poderão, evidentemente, possuir o efeito suspensivo a depender da natureza recursal e da matéria a ser julgada.

Como é cediço, o art. 257 do Código Eleitoral, em seu *caput*, consagra a regra de que os recursos eleitorais não possuem efeito suspensivo, sendo recebidos tão somente no seu efeito devolutivo, excepcionando-se algumas hipóteses previstas na legislação eleitoralista. Dentre elas, cite-se a inclusão do §2º no referido dispositivo, que prescreve o efeito suspensivo ao recurso ordinário contra decisão proferida por juiz eleitoral ou por Tribunal Regional Eleitoral, o qual resulte em cassação de registro, afastamento do titular ou perda de mandato eletivo. Penetrando em cada hipótese do citado parágrafo, somadas as outras excepcionalidades, observa-se que são tantas as possibilidades de aplicação do efeito suspensivo que, em tese, a exceção passou a ser a regra, o que contribui para um novo cenário no âmbito do processo eleitoral.

---

[51] THEODORO JÚNIOR, Humberto; NUNES, Dierle; BAHIA, Alexandre Melo Franco; PEDRON, Flávio Quinaud Pedron. *Novo CPC*: fundamentos e sistematização Lei 13.105, de 16.03.2015. Rio de Janeiro: Forense, 2015, p. 366.

[52] LOPES-CARDOSO, Eurico. *Código de Processo Civil anotado*. 4. ed. Coimbra: Almedina, 1972, p. 378.

[53] DINAMARCO, Candido Rangel. *Efeitos dos recursos, aspectos polêmicos e atuais dos recursos cíveis de acordo com a Lei 10.352/01*. Coord. por Teresa Arruda Alvim Wambier e Nelson Nery Júnior. São Paulo: Revista dos Tribunais, 2002, p. 52.

[54] MIRANDA, Pontes de. *Comentários ao Código de Processo Civil*. T. VII. Rio de Janeiro: Forense, 2000, p. 16.

[55] NEVES, Daniel Amorim Assumpção. *Manual de direito processual civil*: volume único. 4. ed. Rio de Janeiro: Forense; São Paulo: MÉTODO, 2012, p. 583.

Partindo-se da vivência da regra, mesmo que o número de exceções retire sua força normativa, o recebimento do recurso no duplo efeito apenas poderia ocorrer se fosse pleiteado mediante ação cautelar na qual fique evidenciada a presença de *fumus boni juris* e *periculum in mora*, além da exata tipificação da grave lesão de difícil reparação.[56]

Postula-se nessas linhas que, pela extensão da possibilidade da aplicação dos efeitos suspensivos, acrescentando-se ainda a possibilidade de deferimento de medida cautelar, bem como pela recente decisão do Supremo Tribunal Federal, no HC nº 126.292, o efeito suspensivo das decisões de primeira instância tornou-se a regra do processo eleitoral. As possibilidades de efeitos suspensivos *ope legis* são as seguintes: recurso contra a condenação criminal, conforme art. 363 do CE/65; contra a expedição de diploma, consoante art. 216 do CE/65; em face da desaprovação de contas dos órgãos partidários, nos termos do §4º do art. 37 da Lei nº 9.096/95; contra a cassação do direito de transmissão de propaganda partidária, conforme §5º do art. 45 da Lei nº 9096/95; da decisão que declara a inelegibilidade de candidato, por força do art. 15 da LC nº 64/90 e nos casos de registro sub judice, conforme preconiza o art. 16-A da Lei nº 9.504/97.

As reservas *ope judicis* são mais excepcionais, concedendo-se efeito suspensivo aos recursos eleitorais com caráter de medida cautelar, uma vez presentes os requisitos do *fumus boni iuris* e *periculum in mora*.[57] A cautelar em espécie vem como garantia oferecida à atividade jurisdicional, destinando-se à concessão de tempo para que a justiça seja feita, densificando a eficácia das decisões judiciais.[58]

O recurso ordinário, após a promulgação da Lei nº 13.165/2015, ostentará o efeito suspensivo sempre que versar sobre matérias de cassação de registro, afastamento do titular ou perda de mandato eletivo em razão de evitar decisões que acarretem injustiças. Não obstante, não se pode conceber efeito suspensivo em recurso ordinário quando a decisão for denegatória de mandado de segurança, *habeas corpus*, *habeas data* e mandado de injunção, motivada pelo fato da inexistência de efeito a ser suprimido.

Insta ressaltar que essa espécie recursal possui o efeito devolutivo e translativo, transferindo a matéria decidida pelo juiz de instância inferior a um órgão de jurisdição superior, dando nova oportunidade de apreciação e julgamento à questão já decidida, podendo a instância *ad quem* analisar questões que não foram apreciadas na instância *a quo*. Saliente-se que, em se tratando de recurso ordinário, é possível a reavaliação do acervo fático-probatório pela Corte *ad quem*, haja vista que sua devolutividade é ampla, sem sofrer limites quanto à reapreciação das provas.[59]

5 O efeito suspensivo como regra no processo eleitoral

O recurso ordinário eleitoral, após a promulgação da Lei nº 13.165/2015, trouxe inovações à espécie recursal. Note-se que o art. 257 do Código Eleitoral incluiu o §2º, originando a possibilidade de ajuizamento do recurso após a sentença do juízo "*a quo*"

---

[56] Ac. de 16.8.2012 no AgR-AC *nº 41.727, rel.* Min. Gilson Dipp.
[57] TSE. AgRg em AC n. 4278-89.2010. Julg.: 1º.03.2011. DJe 29.04.2011. Rel. Min. Marcelo Henriques Ribeiro de Oliveira. AgRg em AC n. 410-69. 2011. Julg.: 06.10.2011. DJe 11.11.2011. Rel. Min. Arnaldo Versiani Leite Soares.
[58] CINTRA, Antônio Carlos de Araújo; GRINOVER, Ada Pellegrini; DINAMARCO, Cândido Rangel. *Teoria geral do processo*. 25. ed. São Paulo: Malheiros, 2009, p. 341.
[59] Agravo Regimental em Recurso Ordinário 462.727, Acórdão de 08.02.2011, Rel. Min. Marcelo Henriques Ribeiro de Oliveira, *DJE* 11.04.2011, p. 30-31.

monocrático, o que antes não era possível, já que todas as decisões prolatadas em sede de juízo de primeiro grau seriam atacadas por meio do recurso inominado eleitoral.

Mas, indubitavelmente, a grande modificação foi a inclusão da obrigatoriedade do efeito suspensivo ao recurso ordinário constitucional. A Lei nº 13.165/15, ao incluir o §2º no art. 257 do CE/65, determinou que o recurso ordinário interposto contra decisão proferida por juiz eleitoral ou por Tribunal Regional Eleitoral que acarrete a cassação de registro, o afastamento do titular ou a perda de mandato eletivo será recebido pelo Tribunal competente com efeito suspensivo, demostrando preocupação de que decisões de primeira instância pudessem rever o resultado da manifestação popular, preferindo assegurar a segurança jurídica para que esses posicionamentos apenas tivessem efeito depois do julgamento definitivo do segundo grau.

Também inova ao possibilitar sua incidência quando houver cassação de registro ou afastamento do titular. Essas hipóteses de recursos ordinários outrora não existiam. Antes suas incidências eram: a) versar sobre inelegibilidade ou expedição de diplomas nas eleições federais ou estaduais; b) anular diplomas ou decretarem a perda de mandato; c) denegar *habeas corpus, habeas data*, mandado de injunção e mandado de segurança.

Antes da Lei nº 13.165/2015, que permitiu recurso ordinário de decisão de primeiro grau, o mencionado recurso era apenas permitido, em alguns casos, de decisões proferidas pelos Tribunais Regionais Eleitorais para o Tribunal Superior Eleitoral e, em número mais restrito, de decisões proferidas pelo Tribunal Superior Eleitoral para o Supremo Tribunal Federal.[60]

O próprio preceito constitucional estabelece que tal modalidade de recurso serve para combater pronunciamentos de Tribunais. Contra decisão monocrática, há recurso específico para órgão colegiado da própria corte de origem, o que impede o imediato acesso a tribunal *ad quem*, consoante princípio do esgotamento das vias recursais.[61]

Portanto, a partir das eleições de 2016, os recursos ordinários eleitorais, que tenham como matéria as causas supramencionadas, passarão a ter ares no âmbito eleitoral como a apelação tem no âmbito cível, com a aplicação dos efeitos devolutivo e suspensivo, haja vista a sistemática normativa inserida com a minirreforma eleitoral.

Essa conquista tem o condão de propiciar estabilidade aos resultados eleitorais, prevendo que haverá efeito suspensivo da decisão proferida em primeiro grau, garantindo-se a não execução das sentenças sem antes ocorrer à apreciação do feito pelo órgão superior.

Nesse contexto, o magistrado que estiver exercendo o múnus na seara eleitoral terá o dever de aplicar os dois efeitos ao recurso, pois não se faz o juízo de admissibilidade recursal na origem, apenas no órgão julgador do recurso. Evidencia-se ainda mais a proximidade do recurso ordinário eleitoral com a espécie recursal da apelação, o que nos remonta ao enaltecimento da garantia do duplo grau de jurisdição, insculpido implicitamente na Constituição Federal.

A interposição do recurso ordinário eleitoral impede o trânsito em julgado da matéria e confere segurança jurídica àqueles que estão passando pelo crivo do Poder Judiciário nos casos de cassação de registro, afastamento do titular ou perda de

---

[60] GOMES, José Jairo. *Recursos eleitorais e outros temas*. São Paulo: Atlas, 2013, p. 85.
[61] SOUZA, Bernardo Pimentel. *Dos recursos constitucionais*. Brasília: Brasília Jurídica, 2007, p. 79.

mandato eletivo. Destarte, assegura-se diretamente a proteção da soberania popular e, consequentemente, a lisura nas eleições, aspecto primordial no enaltecimento da democracia brasileira.

Por outro viés, analisando-se as modificações implementadas no recurso ordinário, percebe-se a determinação de que até o duplo grau de jurisdição, o efeito suspensivo nas decisões da justiça eleitoral torne-se a regra, fazendo com que a eficácia imediata seja a exceção, diante da ampla lista dos recursos com efeitos suspensivos. Nesse caminho, o Supremo Tribunal Federal, ao realizar o julgamento do HC nº 126.292 no dia 17 de fevereiro de 2016, verberou pela viabilidade de dar mais efetividade a decisões de tribunais inferiores, dotando de efetividade as decisões de segunda instância. Ou seja, de acordo com a tendência do Supremo, as decisões têm efeito imediato a partir da 2ª instância, no que corrobora com a satisfação do direito de forma mais célere, sem se aguardar o julgamento dos recursos de outras instâncias.

A designação de efeito suspensivo ao recurso ordinário não foi um ato legislativo insólito. Ele vem em uma sequência de outorga de efeito suspensivo em várias espécies processuais, como mencionado anteriormente, no que fornece novos parâmetros ao direito processual eleitoral.

Despiciendo dizer a necessidade de celeridade aos feitos eleitorais, em razão do *deadline* instransponível, que é o dia das eleições; e da premência de se evitar insegurança jurídica quanto à possibilidade de mudança do resultado do pleito. Todavia, ao esperar-se pela concretização do duplo grau de jurisdição, procura-se maior estabilidade das decisões, pois parte-se do pressuposto que uma decisão ratificada por duas instâncias seja mais difícil de ser modificada. Essa é a tendência da teorética eleitoralista, no que possibilita que o efeito suspensivo perdure até a segunda instância para impedir-se abruptas mudanças de comando do Executivo.

6 Conclusão

O novo Código de Processo Civil trouxe diversas conquistas para a consagração da efetividade processual, como a unificação dos prazos, o contraditório substancial, o exaurimento de fundamentação da sentença etc., prerrogativas essas que ensejam uma figura ativa do magistrado. Quanto às espécies recursais, verificou-se o fortalecimento do princípio do duplo grau de jurisdição, viabilizando o exercício do contraditório e da ampla defesa. Nesse contexto, o instituto recursal ganha o escopo de salvaguardar o interesse das partes, haja vista a deficiência em algumas decisões proferidas em sede de cognição exauriente dos juízes de piso.

E, perfilhando consoante a senda trilhada pelo novo Código de Processo Civil e o entendimento desenvolvido pelo STF, no julgamento do HC nº 126.292, o Código Eleitoral traz a aplicabilidade obrigatória ao recurso ordinário do efeito suspensivo, após a inclusão do §2º, do art. 257 do Código Eleitoral, aos casos que possuam como objeto a cassação de registro, afastamento do titular ou perda de mandato eletivo.

Portanto, a inovação trazida pela minirreforma eleitoral, que consagra a viabilidade de ajuizamento de recurso ordinário no primeiro grau com efeito suspensivo, garante a manutenção da decisão exarada pela soberania popular, engrandecendo ainda mais a democracia brasileira por evidenciar a necessidade de concretização do princípio do duplo grau de jurisdição para ensejar a modificação do resultado do pleito eleitoral.

Já que, o que está em jogo no direito eleitoral não são interesses individuais, mas, sim, interesses indisponíveis, e resguardá-los é o fim precípuo do processo eleitoral.

A conclusão a que se chega é que, com mais essa exceção ao princípio da eficácia imediata das decisões eleitorais, dentre as várias outras mencionadas anteriormente, principalmente a possibilidade de obtenção de medidas cautelares, o efeito imediato das decisões deixa de ser regra e passa a ser exceção, de forma que decisões que afrontem o resultado apurado nas urnas necessitam ser ratificados para que possam produzir o seu efeito, no que consagra o princípio da soberania popular.

Referências

ASSIS, Araken de. Recurso ordinário. *In*: *Direito processual civil*: as reformas e questões atuais do direito processual civil. Porto Alegre: Livraria do Advogado, 2008.

BARBOSA MOREIRA, José Carlos. Conteúdo e efeitos da sentença: variações sobre o tema. *In*: *Temas de direito processual*: quarta série.

CÂNDIDO, Joel José. Direito eleitoral brasileiro. 12. ed. São Paulo: Edipro, 2006.

CARNELUTTI, Francisco. *Instituciones del nuevo processo civil italiano*. Trad. Jaime Guasp. Barcelona: Bosch, 1942.

CARNELUTTI, Francesco. *Instituciones del proceso civil*. Buenos Aires: EJEA, 1973.

CINTRA, Antônio Carlos de Araújo; GRINOVER, Ada Pellegrini; DINAMARCO, Cândido Rangel. *Teoria geral do processo*. 25. ed. São Paulo: Malheiros, 2009.

COSTA, Adriano Soares da. Instituições de direito eleitoral: teoria da inelegibilidade. *Direito processual eleitoral*. v. I. 9. ed. Fórum: Belo Horizonte, 2013.

CUNHA, Leonardo José Carneiro. Meios processuais para concessão de efeito suspensivo a recurso que não o tem. *In*: ALVIM, Arruda; ALVIM, Eduardo Arruda (Coords.). *Revista Autônoma de Processo*. 1. ed. 2. tiragem. Curitiba: Juruá Editora, 2007.

DINAMARCO, Cândido Rangel. *A reforma da reforma*. São Paulo: Malheiros, 2002.

DINAMARCO, Candido Rangel. *Efeitos dos recursos, aspectos polêmicos e atuais dos recursos cíveis de acordo com a Lei 10.352/01*. Coord. por Teresa Arruda Alvim Wambier e Nelson Nery Júnior. São Paulo: Revista dos Tribunais, 2002.

DONIZETTI, Elpídio. *Curso didático de direito processual civil*. 7. ed. Rio de Janeiro: Lumen Juris, 2007.

FAZZALARI, Elio. *Il Processo Ordinário Cognizione*: 2 Impugnazioni. Torino: UTET, 1990.

GOMES, José Jairo. *Direito eleitoral*. 10. ed. São Paulo: Atlas, 2014.

GOMES, José Jairo. *Recursos eleitorais e outros temas*. São Paulo: Atlas, 2013.

JORGE, Flávio Cheim. *Teoria geral dos recursos cíveis*. 5. ed. São Paulo: Ed. RT, 2011.

LOPES-CARDOSO, Eurico. *Código de Processo Civil anotado*. 4. ed. Coimbra: Almedina, 1972.

MARINONI, Luiz Guilherme apud MITIDIERO, Daniel. *Código de Processo Civil*: comentado artigo por artigo. 2. ed. São Paulo: Revista dos Tribunais, 2010.

MARINONI, Luiz Guilherme; ARENHART, Sérgio Cruz. *Processo de conhecimento*. 10. ed. São Paulo: Revista dos Tribunais, 2011.

MENDES, Gilmar Ferreira; COELHO, Inocêncio Mártires; BRANCO, Paulo Gustavo Gonet. *Curso de direito constitucional*. 2. ed. São Paulo: Saraiva, 2008.

MIRANDA, Pontes de. *Comentários ao Código de Processo Civil*. T. VII. Rio de Janeiro: Forense, 2000.

MIRANDA, Gilson Delgado; PIZZOL, Patrícia Miranda. *Recursos no processo civil*. 6. ed. São Paulo: Atlas, 2009.

MONTEIRO, João. *Theoria do processo civil e comercial*. 4. ed. Rio de Janeiro: Off. Graph. do Jornal do Brasil, 1925.

MONTENEGRO FILHO, Misael. *Curso de direito processual civil*: teoria geral dos recursos, recursos em espécies, processo de execução. v. II. 9. ed. São Paulo: Atlas, 2013.

NEGRÃO, Theotonio; GOUVÊA, José Roberto F. *Código de Processo Civil e legislação processual em vigor*. 41. ed. São Paulo: Saraiva, 2009.

NERY JR., Nelson. *Princípios fundamentais*: teoria geral dos recursos. 4. ed. São Paulo: Ed. RT, 1997.

NERY JR., Nelson. *Princípios do processo civil na Constituição Federal*. 7. ed. rev. atual. São Paulo: RT, 2002.

NEVES, Daniel Amorim Assumpção. *Manual de direito processual civil*: volume único. 4. ed. Rio de Janeiro: Método, 2012.

RESENDE FILHO, Gabriel. *Direito processual civil*. v. III. n. 92. São Paulo: Saraiva, 1968.

SANTOS, Moacyr Amaral. *Primeiras linhas de direito processual civil*. 11. ed. São Paulo: Saraiva, 1990.

SOUZA, Bernardo Pimentel. *Dos recursos constitucionais*. Brasília: Brasília Jurídica, 2007.

TAVARES, André Ramos. Curso de direito constitucional. 10. ed. São Paulo: Saraiva, 2012.

THEODORO JÚNIOR, Humberto; NUNES, Dierle; BAHIA, Alexandre Melo Franco; PEDRON, Flávio Quinaud Pedron. *Novo CPC*: fundamentos e sistematização Lei 13.105, de 16.03.2015. Rio de Janeiro: Forense, 2015.

WAMBIER, Luiz Rodrigues; WAMBIER, Teresa Arruda Alvim. *Breves comentários à 2ª fase da reforma do Código de Processo Civil*: Lei nº 10.352, de 26.12.2001: Lei 10.358, de 27.12.2001. São Paulo: RT, 2002.

Informação bibliográfica deste livro, conforme a NBR 6023:2002 da Associação Brasileira de Normas Técnicas (ABNT):

AGRA, Walber de Moura. O recurso ordinário e seu efeito suspensivo na seara eleitoral. *In*: TAVARES, André Ramos; AGRA, Walber de Moura; PEREIRA, Luiz Fernando (Coord.). *O direito eleitoral e o novo Código de Processo Civil*. Belo Horizonte: Fórum, 2016. p. 417-431. ISBN 978-85-450-0133-1.

A AÇÃO DE RESSARCIMENTO DE DANOS CAUSADOS À UNIÃO NO CASO DA ANULAÇÃO DE ELEIÇÕES PELA JUSTIÇA ELEITORAL

FERNANDO NEISSER

1 Introdução

1.1 Pressupostos fáticos e jurídicos

O exercício da atividade jurisdicional pela Justiça Eleitoral pode levar à anulação de uma eleição e à determinação de realização de novo pleito na mesma circunscrição. Estão no Código Eleitoral as hipóteses de anulação da votação,[1] cabendo especial atenção àquelas descritas no seu art. 222, segundo o qual "é também anulável a votação, quando viciada de falsidade, fraude, coação, uso de meios de que trata o art. 237, ou emprego de processo de propaganda ou captação de sufrágios vedado por lei".[2]

Até 29 de setembro de 2015 vigia a redação original do art. 224, prevendo em seu *caput* que novas eleições seriam convocadas, considerando-se prejudicados todos os votos quando a nulidade decretada pela Justiça Eleitoral atingisse mais de metade dos votos dados na respectiva circunscrição.[3]

Apesar da semelhança terminológica, cabe ressaltar que a nulidade a que o art. 224 faz referência não é aquela representada pelo voto nulo (manifestação expressa do eleitor já nestes termos), mas apenas a situação em que é a Justiça Eleitoral quem determina a anulação do voto, por entender presente caso de falsidade, fraude, coação, emprego de processo de propaganda ou captação de sufrágio vedado por lei, interferência do poder econômico e desvio ou abuso do poder de autoridade.

---

[1] Arts. 221 a 223.
[2] A menção ao art. 237 do Código Eleitoral amplia ainda as hipóteses de anulação da votação, como se vê: "Art. 237. A interferência do poder econômico e o desvio ou abuso do poder de autoridade, em desfavor da liberdade do voto, serão coibidos e punidos".
[3] Art. 224. Se a nulidade atingir a mais de metade dos votos do país nas eleições presidenciais, do Estado nas eleições federais e estaduais ou do município nas eleições municipais, julgar-se-ão prejudicadas as demais votações e o Tribunal marcará dia para nova eleição dentro do prazo de 20 (vinte) a 40 (quarenta) dias.

Assim, um candidato condenado em processo judicial, pela Justiça Eleitoral, por captação ilícita de sufrágio, por exemplo, infringindo a regra do art. 41-A da Lei nº 9.504/97,[4] tem cassado o seu registro de candidatura, diploma ou mandato, a depender do momento em que sobrevier a decisão. De um modo ou de outro, retirando-se aquele candidato do pleito, a Justiça Eleitoral declara anulados todos os votos dados a si, mesmo aqueles contra os quais não se tenha tido acusação de ilicitude na aquisição.

Neste cenário, pela regra então vigente, haveria de se distinguir duas situações com repercussões distintas: uma, na qual o candidato obtivera mais de metade dos votos válidos; e outra, na qual sua votação não atingira tal patamar.

No segundo caso sugerido, realizava-se o recálculo de votos dos candidatos remanescentes, considerando como não válidos aqueles do candidato cassado, eis que anulados pela Justiça Eleitoral. Assim, proclamava-se vencedor no pleito o candidato não cassado que tivesse obtido os votos necessários para tanto.

Por outro lado, se a anulação determinada pela Justiça Eleitoral recaísse sobre mais de metade dos votos, como sugerido no primeiro exemplo, tinha aplicação a regra do art. 224, *caput*, do Código Eleitoral, com a realização de eleições suplementares naquela circunscrição.

A diferença de tratamento nesses casos levou o legislador a promover recente alteração com o advento da Lei nº 13.165/15, que inseriu o §3º ao art. 224 do Código Eleitoral para afirmar que, sempre que houver cassação de candidato eleito, haverá necessidade de realização de pleito suplementar.[5]

De uma forma ou de outra, é certo que, nos últimos anos, uma série de eleições suplementares foi realizada, especialmente em pequenos municípios. Levantamento realizado pelo Tribunal Superior Eleitoral em 2013 apontou que cento e setenta e nove pleitos foram refeitos apenas entre 2008 e 2013.[6] Outra pesquisa, também conduzida pela Justiça Eleitoral, mostrou que aproximadamente seis milhões de reais haviam sido dispendidos com a renovação das eleições, dos quais metade apenas no interregno de 2010 a 2011.[7]

As cassações de candidatos, eleitos ou não, vêm crescendo constantemente em tempos recentes. Seja em função do aumento de hipóteses legais de perda de mandato,[8] seja pela pressão da opinião pública, que contribuiu para o endurecimento da

---

[4] Art. 41-A. Ressalvado o disposto no art. 26 e seus incisos, constitui captação de sufrágio, vedada por esta Lei, o candidato doar, oferecer, prometer, ou entregar, ao eleitor, com o fim de obter-lhe o voto, bem ou vantagem pessoal de qualquer natureza, inclusive emprego ou função pública, desde o registro da candidatura até o dia da eleição, inclusive, sob pena de multa de mil a cinquenta mil Ufir, e cassação do registro ou do diploma, observado o procedimento previsto no art. 22 da Lei Complementar nº 64, de 18 de maio de 1990.

[5] §3º A decisão da Justiça Eleitoral que importe o indeferimento do registro, a cassação do diploma ou a perda do mandato de candidato eleito em pleito majoritário acarreta, após o trânsito em julgado, a realização de novas eleições, independentemente do número de votos anulados.

[6] Disponível em: <http://www.tse.jus.br/imprensa/noticias-tse/2013/Maio/gasto-com-novas-eleicoes-realizadas-em-88-cidades-de-20-estados-esta-sendo-cobrado-na-justica>. Acesso em: 15 nov. 2015.

[7] Disponível em: <http://agencia.tse.jus.br/sadAdmAgencia/noticiaSearch.do?acao=get&id=1448540>. Acesso em: 15 nov. 2015.

[8] A Lei nº 9.540/97, ao trazer as chamadas condutas vedadas aos agentes públicos em campanha eleitoral (arts. 73 a 77), iniciou o movimento de ampliação de hipóteses de cassação. Em seguida, foi aprovada a Lei nº 9.840/99, tratando da compra de votos. Anos depois, com a Lei nº 11.300/06, as restrições à distribuição de brindes e showmícios aprofundaram este movimento. Sobreveio ainda a Lei nº 12.034/09, estipulando nova possibilidade de cassação pela ocorrência de ilícitos relacionados à captação de recursos e realização de despesas eleitorais,

jurisprudência, é certo que nunca houve tamanho número de afastamentos de políticos por determinação judicial.

Notícia de 2009 dava conta que, apenas entre o final de 2008 e março do ano subsequente, trezentos e cinquenta e sete prefeitos, vice-prefeitos e vereadores eleitos no pleito anterior já haviam sido cassados.[9] Marcando o incremento do aludido rigor, em 2013 a Justiça Eleitoral batia o recorde de eleições suplementares, realizando setenta e sete delas.[10] Apenas o ciclo municipal de 2008 a 2012 teve cento e sessenta e três eleições suplementares.[11]

Foi exatamente com esse pano de fundo que o Tribunal Superior Eleitoral e a Advocacia-Geral da União iniciaram as tratativas que culminaram com a assinatura de convênio, no início de 2012, para permitir a mensuração dos custos incorridos com a realização de novas eleições e seu encaminhamento para viabilizar o ajuizamento de ações de reparação de danos contra os seus supostos causadores.

Nas palavras do então Presidente do Tribunal Superior Eleitoral, Ministro Ricardo Lewandowski, o montante dispendido com novos pleitos "é um dinheiro público, é um prejuízo, um dano que foi causado ao erário em função de um ilícito praticado e o nosso ordenamento jurídico autoriza, então, que esses danos sejam regularmente ressarcidos".[12]

Cabe dar destaque, ainda, a outro trecho de seu pronunciamento, quando afirma que "este convênio possui um significado maior, justamente o significado pedagógico: uma mensagem que nós mandamos àqueles candidatos que não queiram agir corretamente, dando causa às anulações das eleições: que tomem mais cuidado". A pretensão efetiva do convênio é bem resumida em uma sentença: "Dessa forma nós estaremos contribuindo para a moralização dos costumes políticos".[13]

---

com a inserção do art. 30-A na Lei nº 9.504/97. Não se pode deixar de lado, ainda, o advento da Lei Complementar nº 135/10, ampliando os casos de inelegibilidade da Lei Complementar nº 64/90 e, com isso, acarretando novos óbices às candidaturas.

[9] Disponível em: <http://www.conjur.com.br/2009-mai-06/justica-eleitoral-cassou-mandato-357-politicos-eleitos-2008>. Acesso em: 15 nov. 2015.

[10] Outro fator citado por [Márlon] Reis é o maior rigor do Judiciário, em resposta às cobranças da sociedade. "A Justiça Eleitoral, por outro lado, sente o aumento da demanda por maior lisura nos processos eleitorais e reage a isso com interpretações que asseguram uma aplicação mais rigorosa da lei", disse. Disponível em: <http://noticias.uol.com.br/politica/ultimas-noticias/2013/11/03/2013-tera-recorde-de-novas-eleicoes-por-afastamento-de-prefeitos-sp-e-rs-lideram.htm>. Acesso em: 15 nov. 2015.

[11] Disponível em: <http://noticias.uol.com.br/politica/ultimas-noticias/2012/12/09/pais-fecha-atual-mandato-de-prefeitos-com-163-eleicoes-suplementares.htm>. Acesso em: 15 nov. 2015.

[12] Disponível em: <http://www.tse.jus.br/imprensa/noticias-tse/2012/Janeiro/tse-e-agu-firmam-convenio-para-cobrar-de-politicos-cassados-gastos-com-pleitos-suplementares>. Acesso em: 15 nov. 2015. Da mesma notícia é que se extrai os seguintes detalhes do acordo: "Por meio da parceria firmada nesta quinta-feira, que valerá por cinco anos, a Justiça Eleitoral repassará à Advocacia-Geral da União informações acerca dos políticos que tiveram seus mandatos cassados ou os registros de candidatura indeferidos, ocasionando, assim, a realização de novas eleições. Os dados serão transmitidos sem a emissão de nenhum juízo por parte do TSE, para que a AGU avalie se deve responsabilizar judicialmente e cobrar de determinado político o custo gerado ao erário devido à anulação do pleito regular e a consequente realização do pleito suplementar. A Justiça Eleitoral também informará a AGU sobre os custos de realização das novas eleições. A partir daí, os advogados da União poderão ajuizar ações civis públicas de ressarcimento cobrando os valores gastos nos pleitos suplementares. Essas ações tramitarão na Justiça Federal".

[13] Conforme explicitado pela assessoria de imprensa do TSE, o alerta se dirigiria não apenas aos próprios candidatos, mas aos seus partidos, como se vê: "Ao destacar em seu pronunciamento o 'caráter pedagógico e didático', o presidente do TSE frisou que a parceria também serve de 'alerta' tanto para os políticos cassados que causaram a necessidade de realização de eleições suplementares como para os partidos, a fim de que escolham

O intuito pretendido, que extravasa os estritos limites da noção de ressarcimento de danos materiais causados, foi também ressaltado na oportunidade por Luís Inácio Adams, Advogado-Geral da União na ocasião, quando afirmou que o convênio seria uma "forma de fazer avançar mais a nossa democracia e a legitimidade da nossa representação política que tem sido cada vez mais aperfeiçoada".[14]

No início de 2015, a Advocacia-Geral da União publicou balanço das ações de ressarcimento ajuizadas desde 2012. O destaque foi dado ao incremento da arrecadação ocasionado pela procedência de parte das demandas, bem como pelos acordos a que se conseguiu chegar a outros tantos casos. Segundo se narra, até aquele momento haviam sido propostas oitenta e quatro ações, enquanto outros cento e dezesseis casos aguardavam ajuizamento.[15]

De especial relevo é a parte final da matéria, na qual se narra a mudança de entendimento da jurisprudência e da própria AGU ao longo dos três anos. Inicialmente, apenas ilícitos eleitorais praticados por candidatos davam suporte aos pedidos de ressarcimento de danos. Em seguida, começaram a ser propostas e aceitas, pela Justiça Federal, ações que tinham por fundamento a ideia de abuso de direito, nos casos em que candidatos considerados inelegíveis insistiam em manter suas candidaturas e, ao final, tinham negado seu registro apenas depois de realizada a eleição.[16]

Em resposta ao movimento encetado pela parceria do TSE com a AGU e às constantes condenações que sobrevieram na Justiça Federal nos últimos anos, o Congresso Nacional, no bojo da última reforma eleitoral, com a Lei nº 13.165/15, fez inserir no art. 224 do Código Eleitoral o novo §4º, prevendo que "a eleição a que se refere o §3º correrá a expensas da Justiça Eleitoral".

---

melhor seus candidatos". Disponível em: <http://www.tse.jus.br/imprensa/noticias-tse/2012/Janeiro/tse-e-agu-firmam-convenio-para-cobrar-de-politicos-cassados-gastos-com-pleitos-suplementares>. Acesso em: 15 nov. 2015.

[14] Disponível em: <http://www.tse.jus.br/imprensa/noticias-tse/2012/Janeiro/tse-e-agu-firmam-convenio-para-cobrar-de-politicos-cassados-gastos-com-pleitos-suplementares>. Acesso em: 15 nov. 2015.

[15] Disponível em: <http://www.agu.gov.br/page/content/detail/id_conteudo/310802>. Acesso em: 15 nov. 2015.

[16] O terceiro é que os tribunais, provocados pelas ações das procuradorias, começam a ampliar o leque de situações em que o direito a receber os gastos com a realização de novo pleito é reconhecido. Inicialmente, a Justiça entendia que o pagamento deveria ser feito apenas nos casos em que o candidato era cassado por ter cometido irregularidades, como compra de votos, durante a eleição. Mais recentemente, no entanto, o Judiciário passou a aceitar que os candidatos que disputam o pleito sub judice, são eleitos (conseguem manter a candidatura por força judicial) e depois acabam sendo barrados em definitivo pela Justiça, também devem pagar as despesas de uma nova eleição. A ideia abraçada pela nova jurisprudência que começa a se consolidar é a de que a sociedade como um todo não pode ser obrigada a arcar com os custos que só foram necessários porque determinado candidato assumiu, por sua conta e risco, concorrer ao cargo público mesmo sabendo que poderia ser barrado, conforme destaca Renato Dantas. "O que tentamos colocar perante o Judiciário é que o político que mantém uma candidatura com base em uma liminar sabe durante todo o tempo que ela pode ser revertida", afirma o diretor do DPP. O caso mais emblemático até o momento envolveu decisão do Tribunal Regional Federal da 4ª Região (TRF4) que condenou o vencedor da eleição de 2008 para prefeito de Cândido de Abreu (PR) a ressarcir as despesas com um novo pleito após a Justiça Eleitoral confirmar que ele teve o registro da candidatura negado. O candidato foi barrado desde o início da campanha, mas insistiu em disputar a eleição enquanto recursos contra o indeferimento do registro da candidatura eram analisados pelo Judiciário. "Foi uma decisão muito festejada por nós, porque os tribunais têm um poder maior de formação da jurisprudência. Os juízes da primeira instância tendem a analisar e acolher essas decisões. Foi uma vitória muito grande", conclui Dantas. Disponível em: <http://www.agu.gov.br/page/content/detail/id_conteudo/310802>. Aceso em: 15 nov. 2015.

1.2 Proposta do artigo

Diante do cenário estampado no item 1.1, propõe-se uma análise, que não se pretende exaustiva, que parte da identificação das diferentes hipóteses que podem culminar na anulação de eleições por parte da Justiça Eleitoral.

Conforme se postula, não concorrem sempre e da mesma forma os elementos que poderiam dar substrato à identificação de um dano indenizável, a depender dos motivos suscitados no exercício da jurisdição para a determinação da realização de novo pleito.

Em seguida, busca-se analisar os eventuais obstáculos à plena configuração do elemento subjetivo daquele que dá causa às eleições suplementares, bem como aos fatores que podem interromper ou, ao menos, conturbar o aperfeiçoamento do nexo de causalidade entre conduta e dano.

Mais adiante, de forma breve, pretende-se averiguar se as alterações promovidas pela Lei nº 13.165/15 têm o condão de evitar o ajuizamento das ações de ressarcimento debatidas neste artigo, como parece ter sido o intuito do legislador.

Ao final, à guisa de conclusão, propõe-se um balanço da análise empreendida, ressaltando o equívoco da leitura rasa que vem dando substrato às ações indenizatórias ao igualar todas as hipóteses de anulação de eleições e ignorar os debates atinentes à configuração em cada caso da responsabilidade civil do agente causador do dano.

Do mesmo modo, sugere-se uma abordagem distinta a essas hipóteses, pela qual os custos incorridos, como típicas despesas decorrentes da ação fiscalizatória do Estado, fazem parte de suas hodiernas obrigações, compondo parte daquilo que se denomina custo de democracia.

2 Hipóteses de anulação de eleições

Uma breve taxonomia das causas de anulação de eleições, ao menos no que importa ao tema da responsabilidade civil, deve ter por base uma dicotomia clara. Há, de um lado, hipóteses fundadas na ocorrência de um ato ilícito, uma conduta, cujo reconhecimento pela Justiça Eleitoral acarreta a cassação do registro, diploma ou mandato do candidato. De outro, casos nos quais o debate gira em torno de sua condição de elegibilidade ou da incidência de alguma causa de inelegibilidade.

Neste segundo grupo de situações, após o pedido de registro de candidatura, sobrevém uma impugnação por parte de algum dos legitimados, passando o interessado a conduzir sua candidatura na condição *sub judice*. Com amparo no art. 16-A da Lei nº 9.504/97,[17] autoriza-se o prosseguimento normal da campanha até o trânsito em julgado da ação de impugnação ao pedido de registro de candidatura.

Por fim, não como um terceiro gênero autônomo, há situações nas quais a anulação da eleição advém da confluência da cassação de dois ou mais candidatos; hipótese em que nenhum deles, individualmente, obtivera mais de metade dos votos válidos.

---

[17] Art. 16-A. O candidato cujo registro esteja sub judice poderá efetuar todos os atos relativos à campanha eleitoral, inclusive utilizar o horário eleitoral gratuito no rádio e na televisão e ter seu nome mantido na urna eletrônica enquanto estiver sob essa condição, ficando a validade dos votos a ele atribuídos condicionada ao deferimento de seu registro por instância superior.

Desse modo, no primeiro grupo de casos, a anulação decorre de ato ilícito, enquanto que, no segundo, se abre discussão para a possibilidade de abuso no exercício de situação jurídica.

2.1 Ato ilícito imputável ao candidato

A legislação eleitoral traz uma série de atos ilícitos que pode acarretar a sanção de cassação do registro de candidatura, do diploma ou perda do mandato. A regra geral será considerar cassado o registro se a decisão ocorrer entre o seu requerimento e a data imediatamente anterior à diplomação dos eleitos, costumeiramente realizada na primeira quinzena de dezembro do ano eleitoral. Se a manifestação jurisdicional vier ao mundo jurídico depois desta data, será considerado cassado do diploma do candidato eleito. Por fim, se já empossado no cargo, o efeito da decisão será o de promover a decretação da perda do mandato eletivo.

Atualmente, a dura sanção pode decorrer de problemas relativos à arrecadação de recursos ou realização de despesas, a teor do que dispõe o art. 30-A da Lei nº 9.504/97;[18] pela compra de votos, alcunhada de captação ilícita de sufrágio no âmbito eleitoral, nos termos do já colacionado art. 41-A; pela prática de alguma das condutas vedadas aos agentes públicos em campanhas eleitorais, como preveem os arts. 73 a 77 da mesma lei; ou, ainda, pelas figuras genéricas do abuso de poder político, econômico, de autoridade ou pelo uso indevido dos meios de comunicação social, hipóteses contempladas no art. 22 da Lei Complementar nº 64/90.[19]

Em todos esses casos, é possível que a prática do ilícito seja imputada ao próprio candidato que dela se beneficia. Conquanto cada vez mais rara, ante os estratagemas de que se valem os agentes que intencionam corromper a vontade eleitoral, esta é a hipótese mais clara e simples de análise.

Neste exemplo, cabe a regra geral, segundo a qual "só responde pelo fato aquele que lhe dá causa, por conduta própria". Aquilo que Sérgio Cavalieri Filho chama de "responsabilidade direta, por fato próprio, cuja justificativa está no próprio princípio informador da teoria da reparação".[20]

Para Carlos Roberto Gonçalves, "via de regra a obrigação de indenizar assenta-se na prática de um fato ilícito",[21] o que torna a situação deste subitem duplamente típica, no sentido de comum: atine a uma conduta ilícita, praticada pelo próprio agente ao qual se quer imputar a obrigação de reparar o dano.

Mais do que isso, nesses casos o ilícito é praticado ineludivelmente com culpa em seu sentido civil. Quem compra votos ou se vale da máquina pública na tentativa

---

[18] Art. 30-A. Qualquer partido político ou coligação poderá representar à Justiça Eleitoral, no prazo de 15 (quinze) dias da diplomação, relatando fatos e indicando provas, e pedir a abertura de investigação judicial para apurar condutas em desacordo com as normas desta Lei, relativas à arrecadação e gastos de recursos.

[19] Art. 22. Qualquer partido político, coligação, candidato ou Ministério Público Eleitoral poderá representar à Justiça Eleitoral, diretamente ao Corregedor-Geral ou Regional, relatando fatos e indicando provas, indícios e circunstâncias e pedir abertura de investigação judicial para apurar uso indevido, desvio ou abuso do poder econômico ou do poder de autoridade, ou utilização indevida de veículos ou meios de comunicação social, em benefício de candidato ou de partido político, obedecido o seguinte rito.

[20] CAVALIERI FILHO, Sérgio. *Programa de responsabilidade civil*. 11. ed. São Paulo: Atlas, 2014, p. 39.

[21] GONÇALVES, Carlos Roberto. *Responsabilidade civil*. 16. ed. São Paulo: Saraiva, 2015, p. 64.

de granjear apoio, o faz ao menos com consciência da possibilidade de violação da expectativa jurídica que há em sentido contrário. Tem-se, portanto, a confluência ainda de um terceiro elemento a tornar ainda mais simples a questão, a culpa. Como diz Anderson Schreiber, "a culpa é, inegavelmente, a categoria nuclear da responsabilidade civil concebida pelos juristas da Modernidade", uma vez que o "sistema de responsabilidade" se funda "no mau uso da liberdade individual".[22]

Mesma compreensão apresenta Orlando Gomes, afirmando que, "apesar da multiplicação de casos submetidos ao princípio da responsabilidade objetiva, permanece, como regra geral o preceito que condiciona a obrigação de reparar o dano à culpa do agente", pois "ainda que se multipliquem as situações nas quais a obrigação de indenizar seja imposta independentemente de culpa, a solução continuará com o caráter de exceção que possui atualmente", uma vez que "a ideia de culpa não pode ser dissociada do conceito de delito".[23]

Não se quer, com essas ponderações, dar por resolvida a questão. Mesmo aqui, como se verá em itens subsequentes, outros elementos da responsabilidade civil podem se ver afastados ou mitigados. De qualquer sorte, no que toca à configuração do elemento subjetivo, é ela clara na hipótese de ato ilícito praticado pelo próprio candidato beneficiário.

2.1.1 Ato ilícito e a cumulação das sanções previstas em lei com o ressarcimento

Há uma questão lateral que, conquanto não se possa dirimir em razão dos estritos limites deste artigo, merece menção. Trata-se do debate sobre a possibilidade de cumulação das sanções previstas na lei para os atos ilícitos eleitorais com a ação de ressarcimento de danos.

Não se desconhece que os planos jurídicos analisados são diferentes. Em tese, nada obsta que o Estado, em sua função jurisdicional, decida pela aplicação da pena prevista em lei para a violação de um dever enquanto a vítima, que experimentou em sua órbita de direitos uma lesão, pleiteie reparação.[24] Os mecanismos pelos quais se integram as formas de resposta, contudo, costumam encontrar amparo expresso na legislação.

Assim, os arts. 63 a 68 do Código de Processo Penal, prevendo de forma clara a possibilidade de acionamento pelo "ofendido, seu representante legal ou seus herdeiros" do acusado para obter "o efeito de reparação do dano".[25] Mesmo se a vítima optar por

---

[22] SCHREIBER, Anderson. *Novos paradigmas da responsabilidade civil*: da erosão dos filtros da reparação à diluição dos danos. 5. ed. São Paulo: Atlas, 2013, p. 12.

[23] GOMES, Orlando. *Responsabilidade civil*. BRITO, Edvaldo (Atualizador). Rio de Janeiro: Forense, 2011, p. 88.

[24] Por todos, ainda que no âmbito do Direito Penal, valem as colocações de Roberto de Abreu e Silva, quando diz que "o agente ativo de ilícito criminal, que no exercício de sua liberdade de ação causa danos à pessoa inocente, viola ao mesmo tempo normas de direito penal e civil. Consequência lógica é sujeitar-se o autor da infração à responsabilizações penal e civil mediante o devido processo legal, que se efetivará nos processos penal e civil". SILVA, Roberto de Abreu e. A sentença criminal condenatória e a reparação de danos. *Revista da EMERJ*, v. 13, n. 50, 2010, p. 129-154 (p. 133).

[25] Art. 63. Transitada em julgado a sentença condenatória, poderão promover-lhe a execução, no juízo cível, para o efeito da reparação do dano, o ofendido, seu representante legal ou seus herdeiros. Parágrafo único. Transitada em julgado a sentença condenatória, a execução poderá ser efetuada pelo valor fixado nos termos do inciso IV do *caput* do art. 387 deste Código sem prejuízo da liquidação para a apuração do dano efetivamente sofrido.

não aguardar a manifestação definitiva do juízo criminal para pleitear indenização, ainda assim a autorização para tal forma de tratar a questão encontra-se no Código de Processo Penal, em seu art. 64.[26]

Nem se trata, inclusive, de via de mão única, do Direito Penal para o Direito Civil. Há também previsão da repercussão que a reparação pode ter na área penal, como a condição explícita trazida no art. 94, III, do Código Penal para que se possa obter os efeitos da reabilitação.[27]

Essa integração não fica adstrita ao campo penal. Na seara das improbidades administrativas, a matéria é ainda mais clara, uma vez que o ressarcimento integral do dano causado compõe o rol das sanções para cada tipo de ilícito.[28] Mesmo que não se trate o ressarcimento ontologicamente de uma pena, no sentido estrito, com o que se concorda com as ponderações de Bruno Barros de Assunção,[29] preocupou-se a lei em trazê-lo ao lado das sanções e integrado a elas.

Se esta é a regra em outros âmbitos sancionatórios, com maior razão deveria sê-lo no campo eleitoral. Como afirma Eneida Desiree Salgado, "a legalidade específica, absoluta ou estrita, alcança determinados ramos do Direito, como o Direito Penal, o Direito Tributário, o Direito Administrativo e o Direito Eleitoral, relacionados intimamente com o núcleo essencial dos direitos fundamentais".[30]

Afinal, nas palavras da mesma autora, "as normas eleitorais, que estabelecem as regras do jogo da disputa democrática, não podem ser elaboradas em gabinetes

---

[26] Art. 64. Sem prejuízo do disposto no artigo anterior, a ação para ressarcimento do dano poderá ser proposta no juízo cível, contra o autor do crime e, se for caso, contra o responsável civil.

[27] Art. 94. A reabilitação poderá ser requerida, decorridos 2 (dois) anos do dia em que for extinta, de qualquer modo, a pena ou terminar sua execução, computando-se o período de prova da suspensão e o do livramento condicional, se não sobrevier revogação, desde que o condenado: [...] III - tenha ressarcido o dano causado pelo crime ou demonstre a absoluta impossibilidade de o fazer, até o dia do pedido, ou exiba documento que comprove a renúncia da vítima ou novação da dívida.

[28] Art. 12. Independentemente das sanções penais, civis e administrativas previstas na legislação específica, está o responsável pelo ato de improbidade sujeito às seguintes cominações, que podem ser aplicadas isolada ou cumulativamente, de acordo com a gravidade do fato: I - na hipótese do art. 9º, perda dos bens ou valores acrescidos ilicitamente ao patrimônio, ressarcimento integral do dano, quando houver, perda da função pública, suspensão dos direitos políticos de oito a dez anos, pagamento de multa civil de até três vezes o valor do acréscimo patrimonial e proibição de contratar com o Poder Público ou receber benefícios ou incentivos fiscais ou creditícios, direta ou indiretamente, ainda que por intermédio de pessoa jurídica da qual seja sócio majoritário, pelo prazo de dez anos; II - na hipótese do art. 10, ressarcimento integral do dano, perda dos bens ou valores acrescidos ilicitamente ao patrimônio, se concorrer esta circunstância, perda da função pública, suspensão dos direitos políticos de cinco a oito anos, pagamento de multa civil de até duas vezes o valor do dano e proibição de contratar com o Poder Público ou receber benefícios ou incentivos fiscais ou creditícios, direta ou indiretamente, ainda que por intermédio de pessoa jurídica da qual seja sócio majoritário, pelo prazo de cinco anos; III - na hipótese do art. 11, ressarcimento integral do dano, se houver, perda da função pública, suspensão dos direitos políticos de três a cinco anos, pagamento de multa civil de até cem vezes o valor da remuneração percebida pelo agente e proibição de contratar com o Poder Público ou receber benefícios ou incentivos fiscais ou creditícios, direta ou indiretamente, ainda que por intermédio de pessoa jurídica da qual seja sócio majoritário, pelo prazo de três anos. Parágrafo único. Na fixação das penas previstas nesta lei o juiz levará em conta a extensão do dano causado, assim como o proveito patrimonial obtido pelo agente.

[29] Nessa ordem de fatores, resta evidente que o ressarcimento do dano ao erário não consubstancia sanção em sentido estrito, ou seja, instrumento de repressão e punição ao transgressor da norma, tal como, por exemplo, a suspensão dos direitos políticos e a aplicação de multa, e sim mecanismo de tutela de direitos e interesses, no caso, a higidez do patrimônio público atingido pelo ato de improbidade. ASSUNÇÃO, Bruno Barros de. Natureza jurídica do ressarcimento integral do dano na Lei n. 8.429/1992: o posicionamento do STJ e seus reflexos na aplicação do art. 12 e na atuação do membro do MPF. *Boletim Científico ESMPU*, Brasília, ano 10, n. 36, 2011, p. 11-27 (p. 18).

[30] SALGADO, Eneida Desiree. *Princípios constitucionais eleitorais*. 2. ed. Belo Horizonte: Fórum, 2015, p. 233.

ou salas de sessões", uma vez que "sua fundamentação pública e sua construção democrática são essenciais para a legitimidade de suas imposições e restrições".[31] Se estas considerações se voltam, na construção original, a criticar a elaboração de resoluções pelo Tribunal Superior Eleitoral, com maior vigor podem ser aplicadas no âmbito do convênio celebrado entre aquela corte e a Advocacia-Geral da União, e que é objeto de análise neste estudo.

O fundamento desse questionamento reside exatamente no potencial limitador do exercício dos direitos políticos, especialmente no direito de ser candidato, embutido na ampliação de pena que se oculta nas ações de ressarcimento. Por esta razão é que faz sentido o alerta da professora da Universidade Federal do Paraná quando assenta que "a legitimidade para a restrição de direitos – direitos políticos, como a elegibilidade [...] – está, por força do princípio do Estado de Direito, no órgão representativo". Parecem igualmente direcionadas ao caso aqui analisado suas palavras ao afirmar que "em nome, simultaneamente, de uma necessária 'moralização' do processo e de um imperioso impulso na reforma política, o Tribunal Superior Eleitoral vem, frequentemente, inovando em matéria eleitoral, criando direitos e obrigações".[32]

Nesta linha de raciocínio é que se coloca em dúvida a própria legitimidade da cumulação como proposta, amparada exclusivamente na regra geral dos arts. 186 e 187 do Código Civil, quando parece claro que o intuito sub-reptício da estratégia é agravar o sancionamento dos atos ilícitos praticados.

2.2 Ato ilícito imputável a agente do candidato

Um segundo grupo de casos, certamente mais usual, ocorre quando não o candidato, mas um agente de sua campanha é responsável pela prática do ato ilícito, que culmina, posteriormente, com a anulação da eleição.

Alguns dos ilícitos previstos na legislação eleitoral, especialmente a compra de votos, do art. 41-A, exige ao menos a ciência e anuência do candidato com sua prática, o que lança a questão ao item precedente. Para que se tenha a imputação do ilícito ao candidato, não se faz necessário que tenho agido de mão própria, mas sua anuência e consentimento com a prática permitem atribuir-lhe a conduta a título de culpa.

Neste subitem, portanto, fala-se naquelas hipóteses em que o candidato, mesmo desconhecendo e, portanto, não tendo chance de anuir ou discordar da conduta praticada por um agente de sua campanha, dela se beneficia. É a hipótese, por exemplo, do cabo eleitoral ou coordenador de campanha que promove uma compra sistemática de votos, caracterizando cenário de abuso de poder econômico. Aqui, a teor do disposto no inciso XIV do art. 22 da Lei Complementar nº 64/90, admite-se a cassação do candidato pelo benefício auferido.[33]

---

[31] SALGADO, Eneida Desiree. Ob. cit., p. 249-250.
[32] SALGADO, Eneida Desiree. Ob. cit., p. 251.
[33] XIV – julgada procedente a representação, ainda que após a proclamação dos eleitos, o Tribunal declarará a inelegibilidade do representado e de quantos hajam contribuído para a prática do ato, cominando-lhes sanção de inelegibilidade para as eleições a se realizarem nos 8 (oito) anos subsequentes à eleição em que se verificou, além da cassação do registro ou diploma do candidato diretamente beneficiado pela interferência do poder econômico ou pelo desvio ou abuso do poder de autoridade ou dos meios de comunicação, determinando a remessa dos autos ao Ministério Público Eleitoral, para instauração de processo disciplinar, se for o caso, e de ação penal, ordenando quaisquer outras providências que a espécie comportar.

O TSE não hesita em promover tal entendimento, como dá mostras, por exemplo, caso em que foram encontradas quinze cestas básicas na residência de um cabo eleitoral contratado por candidato destinadas à distribuição para eleitores.[34]

Aqui, a possível configuração da necessidade de indenizar não decorre do mero benefício auferido pelo candidato, mas do fato de que a conduta ilícita que teria acarretado a anulação das eleições foi praticada por um terceiro ao qual ele estava vinculado diretamente, um agente de sua campanha. Tem aplicação, portanto, a disciplina do art. 932, III, do Código Civil como exceção à regra geral da responsabilidade subjetiva por fato próprio do art. 186.

Assim, caso demonstrado o vínculo entre candidato e agente causador do dano, não se cogita da necessidade de comprovação de culpa por parte do candidato. Já Caio Mário da Silva Pereira narrava a evolução da responsabilidade do empregador pelos atos do empregado, afirmando que ela "percorre uma curva de cento e oitenta graus, partindo da concorrência de culpa, caracterizada pela culpa *in eligendo* ou *in vigilando*; passando pela presunção de culpa; e marchando para a responsabilidade objetiva".[35]

Não repercute na questão qual o título pelo qual o causador do dano encontra-se vinculado ao candidato, se formal ou informal, declarado na prestação de contas da campanha ou não. Sílvio de Salvo Venosa afirma que "a lei açambarca qualquer situação de direção", sendo "irrelevante que na relação jurídica entre o autor material e o responsável exista vínculo trabalhista ou de hierarquia", admitindo-se, inclusive, a "função eventual para outrem".[36] É natural que tais elementos, se existentes, facilitem a identificação do liame, mas este pode ser provado por quaisquer meios lícitos admitidos, vedando-se apenas a presunção; eis que esta poderia aqui repercutir como uma forma transversa de criação de responsabilidade objetiva sem lei que a previsse.

O critério relevante para atribuição da responsabilidade pelo fato de terceiro assemelhado a empregado será sempre a existência de relação hierárquica ou, nas palavras de Carlos Roberto Gonçalves, "requisito essencial, portanto, entre preponente e preposto é o vínculo de subordinação". É aquela pessoa que "trabalha sob a direção alheia, sem ter independência alguma nas funções que lhe são confiadas".[37]

Cumula-se a esse requisito a exigência que a conduta do agente que praticou o ato que acarretou a anulação da eleição tenha ocorrido de forma ao menos culposa e, por fim, que tal conduta tenha ocorrido "no exercício da função que lhe competia, ou em razão dela".[38]

Da mesma forma que se disse no item anterior, tais requisitos não são bastantes, por si só, para afirmar que caberá ao candidato a obrigação de indenizar. Mas, ao menos no que toca a este ponto, existindo relação hierárquica, culpa do agente e realização da conduta em função desta subordinação, poderá em tese o candidato responder pelo ato ilícito praticado em seu benefício.

---

[34] TSE, Recurso Contra Expedição de Diploma nº 616, Rel. Min. José Delgado, DJ em 23.08.2006.
[35] PEREIRA, Caio Mário da Silva. *Responsabilidade civil*: de acordo com a Constituição de 1988. 9. ed. Rio de Janeiro: Forense, 1999, p. 96.
[36] VENOSA, Sílvio de Salvo. *Direito civil*: responsabilidade civil. 5. ed. v. IV. São Paulo: Atlas, 2005, p. 87.
[37] GONÇALVES, Carlos Roberto. Ob. cit., p. 155.
[38] GONÇALVES, Carlos Roberto. Ob. cit., p. 157.

2.3 Ato ilícito tendo o candidato por mero beneficiário

Se no subitem anterior é possível estender a responsabilidade do candidato pela conduta praticada por seu agente, no caso de terceiro alheio à campanha tal solução não se mostra adequada. Como assevera Carlos Roberto Gonçalves, "no sistema da responsabilidade subjetiva, deve haver nexo de causalidade entre o dano indenizável e o ato ilícito praticado pelo agente" e "só responde por dano, em princípio, aquele que lhe der causa",[39] nos termos do que dispõe o art. 186 do Código Civil.

Assim, tratando-se de ato ilícito, conjuga-se a regra mencionada com o dispositivo do art. 927 do Código Civil, não havendo espaço para que se fale em mera responsabilidade objetiva decorrente do proveito obtido pelo candidato.

A tal conclusão se chega pela dicção que parece mais adequada da regra do parágrafo único do art. 927, que afirma que "haverá obrigação de reparar o dano, independentemente de culpa, nos casos especificados em lei, ou quando a atividade normalmente desenvolvida pelo autor do dano implicar, por sua natureza, risco para os direitos de outrem".

Dada a inexistência de lei que preveja a responsabilidade objetiva no caso do candidato beneficiado por ato ilícito de terceiro, seria necessário postular que a "atividade normalmente desenvolvida pelo autor do dano" implica, por sua natureza, "risco para os direitos de outrem". Ocorre que a própria ideia de candidatura é transitória, não costumeira. Não se trata de atividade normalmente desenvolvida, mas apenas extraordinariamente e por período curto de tempo.

Outra saída seria postular a aplicação de uma teoria do risco proveito, que, como sugere Sérgio Cavalieri Filho, diz que "responsável é aquele que tira proveito da atividade danosa, com base no princípio de que, onde está o ganho, aí reside o encargo – *ubi emolumentum, ibi onus*".[40]

Nenhum desses caminhos parece aplicável à hipótese aqui tratada, especialmente quando se tem em conta a multiplicidade de interesses que se conjugam no período eleitoral e a possibilidade de diversos candidatos se beneficiarem de condutas em relação às quais manifestariam pronta repulsa se soubessem de sua ocorrência. Alguns exemplos podem aclarar o que se pretende dizer.

Imagine-se um candidato a vereador que se empenhe em um esquema de compra de votos, situação lamentavelmente comum. Caso o nome do candidato ao cargo de prefeito seja bastante conhecido ou tenha boa ascendência sobre a população, é natural que o referido vereador peça aos eleitores que votem em ambos, nele e no candidato majoritário. De qualquer modo, seu material de propaganda, no mais das vezes, já conterá a propaganda a prefeito, além de sua própria.

Outra hipótese igualmente comum e não menos lamentável é o caso do meio de comunicação de determinada localidade; uma emissora de rádio, por exemplo, que se empenha em criticar exacerbadamente um candidato. Ela não faz diretamente propaganda positiva para outro, mas colabora decididamente para que um deles perca votos.

---

[39] GONÇALVES, Carlos Roberto. Ob. cit., p. 141.
[40] CAVALIERI FILHO, Sérgio. Ob. cit., p. 182.

Caso a Justiça Eleitoral entenda pela configuração do uso indevido dos meios de comunicação social, por se tratar de concessionária, indiretamente todos os demais candidatos teriam sido beneficiados. De modo mais específico, aquele candidato que obteve mais votos, em detrimento do que foi alvo das críticas, poderia até vir a ser eleito em razão desse benefício.

Em situações como essas, causaria repulsa imaginar que a atribuição de uma responsabilidade objetiva ao candidato pelo mero fato de ter sido beneficiado, impingindo-lhe a obrigação de reparar os danos causados à União com a realização de novas eleições.

Ocorre que, no plano estritamente eleitoral, a consequência em relação ao candidato beneficiado poderia se aperfeiçoar. Isso porque o já mencionado inciso XIV do art. 22 da Lei Complementar nº 64/90 prevê pena de "cassação do registro ou diploma do candidato diretamente beneficiado pela interferência do poder econômico ou pelo desvio ou abuso do poder de autoridade ou dos meios de comunicação".

Assim, é plausível que se tenha a responsabilização do candidato perante a Justiça Eleitoral sem que disso decorra a responsabilidade civil de indenizar; desde que aquela tenha decorrido da condição de mero beneficiário sem que se constatasse vínculo direto entre o candidato e o agente que praticou a conduta ilícita.

2.4 Candidato que disputa com registro indeferido

O segundo grupo de situações que pode levar à anulação de uma eleição diz respeito a problemas identificados no ato de registro da candidatura, não em condutas praticadas ao longo da campanha eleitoral. Como se sabe, a Lei Complementar nº 64/90, dando concretude ao comando do §9º do art. 14 da Constituição Federal, estabelece os casos de inelegibilidade, com o intuito de proteger "a probidade administrativa" e "moralidade para exercício de mandato considerada a vida pregressa do candidato".[41]

Desse modo, após a apresentação do pedido de registro de candidatura, abre-se prazo em edital para quaisquer dos legitimados – outros candidatos, partidos, coligações ou Ministério Público Eleitoral – ajuizarem correspondente impugnação, suscitando que o candidato não reúne as condições de elegibilidade dos §§3º e 4º do art. 14 da Constituição Federal[42] ou que contra si pende alguma das inúmeras causas de inelegibilidade do art. 1º da Lei Complementar nº 64/90.

O candidato que sofre impugnação tem, por outro lado, amparo expresso em lei para continuar normalmente sua campanha. O art. 16-A da Lei nº 9.504/97, já mencionado, assenta que "o candidato cujo registro esteja *sub judice* poderá efetuar todos os atos relativos à campanha eleitoral, inclusive utilizar o horário eleitoral gratuito no

---

[41] Art. 14. [...] §9º Lei complementar estabelecerá outros casos de inelegibilidade e os prazos de sua cessação, a fim de proteger a probidade administrativa, a moralidade para exercício de mandato considerada vida pregressa do candidato, e a normalidade e legitimidade das eleições contra a influência do poder econômico ou o abuso do exercício de função, cargo ou emprego na administração direta ou indireta.

[42] §3º São condições de elegibilidade, na forma da lei: I - a nacionalidade brasileira; II - o pleno exercício dos direitos políticos; III - o alistamento eleitoral; IV - o domicílio eleitoral na circunscrição; V - a filiação partidária; VI - a idade mínima de: a) trinta e cinco anos para Presidente e Vice-Presidente da República e Senador; b) trinta anos para Governador e Vice-Governador de Estado e do Distrito Federal; c) vinte e um anos para Deputado Federal, Deputado Estadual ou Distrital, Prefeito, Vice-Prefeito e juiz de paz; d) dezoito anos para Vereador. §4º São inelegíveis os inalistáveis e os analfabetos.

rádio e na televisão e ter seu nome mantido na urna eletrônica enquanto estiver sob essa condição", condicionando a validade dos votos, contudo, "ao deferimento de seu registro por instância superior".

O parágrafo único do mesmo art. 16-A é claro ao fixar a regra de cálculo dos votos dados àquele candidato, assentando que "o cômputo, para o respectivo partido ou coligação, dos votos atribuídos ao candidato cujo registro esteja *sub judice* no dia da eleição fica condicionado ao deferimento do registro do candidato".

Assim, se o candidato chega à data das eleições ainda com seu registro *sub judice*, obtém maioria suficiente para se eleger, mas posteriormente seu registro é indeferido pela Justiça Eleitoral, os votos que lhe foram dados são anulados e, com isso, faz-se, em certos casos, necessária a realização de novas eleições.[43]

Nesta senda, o candidato que conduz sua campanha respondendo à impugnação de registro o faz no exercício de direito subjetivo. A questão que se coloca é saber em que momento e se é possível que tal exercício desborde para o abuso de direito e, com isso, dê suporte a eventual obrigação de indenizar.

A primeira hipótese tratada, como aponta o título deste subitem, é do candidato que estava na condição de inelegível na data da eleição. Em outras palavras, a última decisão proferida pela Justiça Eleitoral antes do pleito lhe era contrária e, portanto, ele permanecia na condição de candidato por ter interposto recurso, cujo julgamento definitivo aguardava.

É preciso reconhecer que tal descrição não é suficiente, uma vez que abarca situações que transparecem graus diversos de intensidade no esforço do exercício do direito subjetivo de manter-se candidato *sub judice*.

Uma coisa é disputar uma eleição tendo contra si apenas uma sentença proferida pelo Juiz Eleitoral, em primeira instância, contra a qual se aguarda julgamento de recurso eleitoral[44] interposto ao Tribunal Regional Eleitoral, no exercício de jurisdição ordinária. Outra, bastante diversa, é disputar o mesmo pleito com manifestação definitiva e negativa do Tribunal Superior Eleitoral, evitando o trânsito em julgado da ação mediante a reiterada oposição de embargos declaratórios, por exemplo.

Uma terceira situação, para acrescer em complexidade o debate, é a do candidato que, mesmo tendo em relação à sua candidatura decisões contrárias, se apoia em jurisprudência de instância superior que lhe é favorável, mas, ainda assim, esta sofre evolução depois do pleito e se firma em sentido contrário às suas pretensões.

Conquanto diverso o *animus* que move os candidatos de cada exemplo trazido, para fins da taxonomia não exaustiva proposta neste artigo é possível agrupar todos na condição de "candidato que disputa com registro indeferido".

Isso porque a solução que se apontará aqui é a de admitir a possibilidade, em tese, de configuração do abuso de direito, a teor do que dispõe o art. 187 do Código Civil,[45] apurando-se, caso a caso, se aperfeiçoados os requisitos para tanto.

---

[43] Como visto anteriormente, com as alterações trazidas pela Lei nº 13.165/15, sempre haverá novo pleito em caso de candidato eleito em pleito majoritário. Como este artigo discute ações ajuizadas em decorrência de candidatos cassados sob outro pálio legal, mantém-se em parte da argumentação a referência à antiga redação do art. 224 do Código Eleitoral, sem seu atual §3º.

[44] No Direito Eleitoral, o recurso que leva o debate da causa à segunda instância, com ampla devolução, chama-se recurso eleitoral, não apelação, como no caso do Processo Civil.

[45] Art. 187. Também comete ato ilícito o titular de um direito que, ao exercê-lo, excede manifestamente os limites impostos pelo seu fim econômico ou social, pela boa-fé ou pelos bons costumes.

A postura sugerida é mais rigorosa do que aquela explicitada por Frederico Franco Alvim, para quem "há hipóteses de renovação que não se originam da prática de ilícitos, senão apenas do exercício de um direito", do que dá como exemplos "os gastos relativos a eleições convocadas em razão de decisões fulcradas no art. 16-A, da Lei 9.504/97, ou no art. 26-C da Lei Complementar 64/90", que "em regra não poderão ser cobrados dos candidatos, que seguiram na disputa plenamente respaldados por aquele permissivo legal".[46]

O Código Civil de 2002 configurou o abuso de direito como ato ilícito e o fez definindo que este se configura quando os limites impostos pelo fim econômico ou social do direito, pela boa fé ou pelos bons costumes são excedidos manifestamente.

Esse exercício de situação jurídica,[47] de se manter candidato mesmo que *sub judice*, deve se dar com vistas à finalidade para a qual ela foi protegida na lei. Como diz Sérgio Cavalieri Filho, "todas as situações jurídicas [...] Que se conceituam como direito subjetivo, são reconhecidas e protegidas pela norma tendo em vista uma finalidade". Como não se trata no caso vertente de fins econômicos ou de bons costumes, parece certo que o limite da licitude do exercício da situação jurídica será o de sua finalidade social e da boa-fé, pois que sempre que "o direito é exercido de acordo com essas finalidades, está dentro de seus quadros teleológicos".[48] Esta é a mesma linha do Enunciado nº 37 da I Jornada de Direito Civil do Conselho da Justiça Federal,[49] lembrado por Carlos Roberto Gonçalves, que vai além e afirma que "a teoria do abuso de direito ganhou autonomia e se aplica a todos os campos do direito", sendo óbvia sua aceitação no Direito Eleitoral.[50]

Nessa linha de raciocínio, plausível a solução que vê esta caracterização em concreto do exercício abusivo de situação jurídica como "função jurisdicional, uma vez que tais limites não são expressos pela fonte normativa". Assim, o "magistrado, na busca desses limites, há de perquirir não a intenção do agente, mas a atipicidade do exercício", ou seja, aquele exercício "de um direito mediante desvio de sua função".[51]

Parece claro, contudo, que o juiz não é livre para afirmar a existência de abuso em qualquer hipótese, dado que o art. 187 do Código Civil traz os requisitos que, conquanto encerrem conceitos de certo modo abertos, dão certa concretude ao tema. O excesso no exercício da situação jurídica há de ser manifesto, por exemplo, afastando o subjetivismo exacerbado da análise judicial.

Assim, quem recorre dentro de limites que não configurem violação à boa-fé processual não pode ser visto como alguém que excedeu manifestamente o exercício de sua situação jurídica. Nos exemplos dantes trazidos, não se poderia considerar abusivas as condutas de quem apenas recorrera à segunda instância, ainda ordinária,

---

[46] ALVIM, Frederico Franco. *Curso de direito eleitoral*: atualizado de acordo com as Leis 12.873/13, 12.891/13 e com as resoluções expedidas pelo Tribunal Superior Eleitoral para as eleições 2014. Curitiba: Juruá, 2014, p. 465.

[47] Cabe referência aqui à crítica formulada por Planiol à expressão "abuso de direito", que se constituiria em *contradictio in adiectio*, uma logomaquia, pois que se há direito, então não há abuso. Daí porque parece melhor usar "exercício abusivo de situação jurídica". A polêmica é lembrada por PEREIRA, Caio Mário da Silva. Ob. cit. p. 252-255.

[48] CAVALIERI FILHO, Sérgio. Ob. cit., p. 203.

[49] A responsabilidade civil decorrente do abuso de direito independe de culpa e fundamenta-se no critério objetivo-finalístico.

[50] GONÇALVES, Carlos Roberto. Ob. cit., p. 82-83.

[51] GOMES, Orlando. Ob. cit., p. 61.

ou de quem tinha ao seu lado a jurisprudência então dominante de instância superior, mesmo que esta tenha se alterado posteriormente.

Mesma preocupação há de se ter no que toca à finalidade social, em razão da qual se garante ao candidato impugnado a continuidade de sua campanha. Por certo que o intuito por trás desta regra é a preservação das condições de disputa entre os candidatos que tenham chances de obter o deferimento de seus pedidos de registro.

Seria mais do que prejudicial, verdadeiramente irreversível, afastar da propaganda eleitoral um candidato que tivesse potencial para reverter o indeferimento de seu registro posteriormente. Claro que não se há de falar em exercício de futurologia, muito menos em um mergulho psicológico ao âmago do candidato, de modo a que se possa aferir se age crendo estar dentro dos limites do exercício justo de seu direito.

Desse modo, critérios objetivos devem amparar a análise judicial, tendo por configurado, ao menos em tese, o exercício abusivo de situação jurídica apenas quando concomitantemente: tenha havido a reiterada interposição de recursos repetitivos, já perante o Tribunal Superior Eleitoral (ao menos), e a jurisprudência dominante no tema fosse contrária às pretensões do candidato.

Ao revés, não parece possível cogitar de exercício abusivo de situação jurídica quando, alternativamente: o candidato atua dentro dos limites da boa-fé processual no que toca ao manejo de recursos; o caso ainda não foi apreciado pelo Tribunal Superior Eleitoral; ou a jurisprudência majoritária lhe era favorável ao momento da eleição.

2.5 Candidato que disputa com registro deferido

O vagar necessário no subitem precedente compensa o fato de que agora se pode apreciar este e o próximo de modo sucinto. Aqui, como se nota, o candidato chega à data do pleito tendo seu registro deferido. É o seu adversário, em regra, quem ajuizou a impugnação, quem mantém a questão *sub judice* ao recorrer e aguardar o julgamento do apelo.

Muitas vezes o exercício abusivo de situação jurídica está exatamente na ação daquele que impugna inadvertidamente o adversário e evita o trânsito em julgado da decisão que defere o registro apenas com a finalidade de perpetuar o constrangimento do candidato.

Em tempos de "fichalimpismo",[52] a mera existência de uma acusação de que certo candidato tem a "ficha suja" é, muitas vezes, mais do que suficiente para afastar

---

[52] A expressão refere-se ao discurso excessivamente moralista que tem impregnado o debate no campo do Direito Eleitoral, tendo a Lei Complementar nº 135/10 como um de seus paradigmas. O tema é tratado com vigor por Adriano Soares da Costa, quando afirma que "o moralismo eleitoral transforma todos os debates jurídicos eleitorais em debates morais e - o que é tanto pior! - sempre no compromisso de interditar o mais que possível que os políticos sejam... políticos. Há sempre um sentimento embutido nessa lógica: entrou na política, bandido é. E, na ânsia de higienização da política, deseja-se acabar com os políticos, o que nada mais é do que selar o fim da própria democracia. E, nessa concepção de mundo, esqueceram de um pequeno detalhe: o expurgo a ser feito deveria ser através do voto, salvo em casos extremos de crimes adrede positivados. Mais, em uma era da entronização acrítica do '*fichalimpismo*', o moralismo eleitoral reina absoluto, sem compromisso nenhum com o direito positivo vigente. É a justiça de mão própria togada, armada do direito achado na rua...". COSTA, Adriano Soares da. *Quitação eleitoral e hipermoralização do direito*: na era do "fichalimpismo". Disponível em: <http://adrianosoaresdacosta.blogspot.com.br/search/label/fichalimpismo>. Acesso em: 15 nov. 2015. A questão é debatida de forma lateral, mas não menos correta, por Marcelo Ramos Peregrino Ferreira, quando traz o conceito de "Direito Eleitoral do Inimigo", em clara alusão à obra de Günther Jakobs e o "Direito Penal do Inimigo". FERREIRA, Marcelo Ramos Peregrino. *Direito eleitoral do inimigo*. Disponível em: <http://emporiododireito.com.br/direito-eleitoral-do-inimigo-por-marcelo-peregrino/>. Acesso em: 15 nov. 2015.

eleitores e doadores, inviabilizando a sua candidatura. Pouco importa, ao fim e ao cabo, se o candidato logra obter seu registro perante a Justiça Eleitoral, pois que as suposições lançadas contra si podem espraiar-se além dos limites de sua capacidade de responder aos eleitores.

De toda sorte, parece fora de dúvida que, em situações como essas, não se há falar em exercício abusivo de situação jurídica. Assim, ainda que o recurso interposto venha a ser provido após as eleições e, com isso, indefira-se o registro de candidatura, levando à anulação do pleito, não há como negar que o candidato atuava dentro dos limites legais.

Calha destacar que essa compreensão já encontrou eco na jurisprudência, como se nota no julgamento da Apelação Cível nº 0000688-48.2010.4.05.8305, pelo Tribunal Regional Federal da 5ª Região, em situação na qual o candidato disputou com aval do Tribunal Regional Eleitoral e, apenas depois de realizada a eleição na qual se sagrou vencedor, teve seu registro indeferido no Tribunal Superior Eleitoral.[53]

Afinal, se a própria Justiça Eleitoral assentara a possibilidade de seu registro ser deferido, ainda que em decisão posteriormente reformada, não se tem como afirmar peremptoriamente a violação da boa-fé objetiva no agir do candidato.

2.6 Candidato cujo registro não é julgado no prazo legal

Diversos fatores podem concorrer para que a Justiça Eleitoral não realize o julgamento da impugnação ao pedido de registro de candidatura de um determinado candidato no prazo que a lei impõe. De acordo com §1º do art. 16 da Lei nº 9.504/97, todos os pedidos de registro, "inclusive os impugnados e os respectivos recursos, devem estar julgados pelas instâncias ordinárias, e publicadas as decisões a eles relativas" até vinte dias antes do pleito.

Se na vigência do antigo regramento tal obrigação já era constantemente violada, quiçá agora, sob a normatização trazida com a Lei nº 13.165/15, que alterou o art. 11 da Lei nº 9.504/97 e postergou o pedido de registro de 5 de julho para 15 de agosto do ano eleitoral, reduzindo em quarenta dias o tempo dado à Justiça Eleitoral para apreciar os casos.

---

[53] No caso concreto, não há dúvidas de que se trate de hipótese típica de responsabilidade civil subjetiva. Todavia, entendo que na espécie não houve sequer a prática de ato ilícito por parte do candidato ora recorrente. Isso porque ao contrário do que concluiu o magistrado a quo, existia sim controvérsia acerca da inelegibilidade ou não do ora apelante, na medida em que o próprio Tribunal Regional Eleitoral de Pernambuco modificou a decisão monocrática do Juízo Eleitoral no sentido de deferir o pedido de registro de candidatura do ora recorrente ao cargo de prefeito do Município de Caetés-PE, situação esta que implicou a participação do réu/apelante no pleito de 2008. Ora, se o político concorreu às eleições por força de decisão eleitoral de 2º grau que, interpretando a Constituição, lhe conferiu o registro de candidatura, por entender que ele era elegível, penso que não se pode dizer que o mesmo candidato cometeu ato ilícito em razão de o TSE, após as eleições, ter reformado decisão unânime do TRE para negar-lhe o registro, situação que deu ensejo a anulação do pleito eleitoral e a realização de eleições suplementares, eis que não se constitui violação ou abuso a direito a conduta do candidato de pleitear o seu registro à Justiça Eleitoral, mesmo porque, como dito alhures, a matéria em debate não era pacífica à época. [...] Desse modo, se a conduta do requerente não foi contrária ao Direito, na medida em que sua participação no pleito de 2008 estava amparada por decisão judicial do TRE-PE [...] não há como responsabilizá-lo pela ocorrência do dano (gastos com a realização de eleições suplementares), visto que o referido evento danoso não foi proveniente de um ato ilícito. (TRF da 5ª Região, Apelação Cível nº 0000688-48.2010.4.05.8305, Rel. Des. Francisco Wildo, j. em 06.03.2012).

A se tomar, por exemplo, a eleição municipal de 2016, que se realizará em 2 de outubro, a lei impõe que até 12 de setembro daquele ano os pedidos de registro e suas impugnações já tenham sido julgados pelos Tribunais Regionais Eleitorais, que perfazem com os Juízes Eleitorais a instância ordinária.[54]

O rito de análise das impugnações aos pedidos de registro está descrito nos arts. 2 a 16 da Lei Complementar nº 64/90. Segundo suas regras, a partir da entrada do pedido de registro, cabe ao Juiz Eleitoral publicar edital, dando conta dos candidatos pleiteantes. No prazo de cinco dias poderá sobrevir impugnação das partes legitimadas (art. 3º).[55] Se o edital for publicado no dia subsequente ao pedido, o prazo para as impugnações correrá, portanto, até 21 de agosto.

Considerando-se que haja pronta notificação do candidato impugnado, este terá sete dias para apresentar sua defesa (art. 4º). Se houver necessidade de oitiva de testemunhas, estas serão ouvidas nos quatro dias subsequentes (art. 5º, *caput*). O Juiz Eleitoral terá, então, cinco dias, a contar de então, para as diligências suplementares que porventura se façam necessárias ou sejam requeridas pelas partes (art. 5º, §2º). Com isso, já se estará em 6 de setembro.

Conta-se, em seguida, prazo comum de cinco dias às partes para que apresentem alegações finais (art. 6º), ao que se somam três dias de prazo para que sobrevenha a sentença (art. 8º). Como se percebe, a sentença será prolatada apenas em 14 de setembro, um dia antes do prazo para que o Tribunal Regional Eleitoral apreciasse o recurso que contra ele fosse interposto.

Ainda que se pudesse superar o prazo legal e considerar como compulsória a análise até a data do pleito, mesmo assim haveria dificuldade. Da sentença, conta-se o prazo de três dias para interposição do recurso, com outros três para apresentação das contrarrazões (art. 8º e seu §1º).

Imaginando a chegada do feito ao tribunal e sua autuação em apenas um dia, abre-se então vistas à Procuradoria Regional Eleitoral para que se manifeste em parecer no prazo de dois dias (art. 10). A partir de então, o relator terá três dias para encaminhar o feito a julgamento (art. 10, parágrafo único).

Retomando a conta, percebe-se que, apenas em 26 de setembro, a segunda-feira antes das eleições de 2 de outubro, o processo estará em condições de ser incluído em pauta. Isso se não tiver havido, por exemplo, necessidade de oposição de embargos de declaração contra a sentença na primeira instância ou, o que é de se esperar, qualquer atraso nos prazos impróprios que devem ser cumpridos pela Justiça Eleitoral.

Parece cristalino, nesta senda, que não haverá respeito ao prazo legal, de vinte dias antes da eleição para julgamento nas instâncias ordinárias, e nem mesmo que se conseguirá chegar a tal desiderato antes do próprio dia da eleição.

---

[54] Conforme o Calendário Eleitoral aprovado pelo TSE, consubstanciado na Instrução nº 525-51.2015.6.00.0000: "12 de setembro – segunda-feira (20 dias antes) 1. Data em que todos os pedidos de registro de candidatos a prefeito, vice-prefeito e vereador, inclusive os impugnados e os respectivos recursos, devem estar julgados pelas instâncias ordinárias, e publicadas as decisões a eles relativas". Disponível em: <https://www.google.com.br/url?sa=t&rct=j&q=&esrc=s&source=web&cd=4&cad=rja&uact=8&ved=0ahUKEwipuYiFiqDJAhUGSCYKHcs5CnMQFgg2MAM&url=http%3A%2F%2Fwww.justicaeleitoral.jus.br%2Farquivos%2Fcalendario-eleitoral-das-eleicoes-2016&usg=AFQjCNHICgMkQ4J_6X2rdRoexsn5OZPHEg>. Acesso em: 20 nov. 2015.

[55] As menções entre parênteses nesta sequência são todas à Lei Complementar nº 64/90, que trata do rito das impugnações aos pedidos de registro de candidatura.

Ademais, é ainda possível cogitar de pedido extemporâneo de registro, formulado em substituição a candidato cassado, falecido ou de qualquer modo desistente. Esta é a hipótese aberta pelo art. 13 da Lei nº 9.504/97.[56] O prazo imposto neste caso é trazido pelo §3º do mesmo artigo, assentando que "a substituição só se efetivará se o novo pedido for apresentado até 20 (vinte) dias antes do pleito, exceto em caso de falecimento de candidato, quando a substituição poderá ser efetivada após esse prazo".

Conforme já visto, não é possível tramitar uma ação de impugnação de pedido de registro no escasso prazo de vinte dias ou, pior, em espaço de tempo menor, caso a substituição tenha se dado por falecimento do outro candidato.

Assim, plausível imaginar que muitas vezes o candidato disputará a eleição sem ter uma manifestação da Justiça Eleitoral sobre a sua elegibilidade. Neste cenário, já seria possível invocar os mesmos argumentos que sustentaram as conclusões do subitem anterior para afastar a hipótese de configuração do dever de indenizar por ausência de abuso no exercício de situação jurídica.

Ocorre que aqui outro óbice se soma àquele. Não se pode esquecer que eventual demora por parte da Justiça Eleitoral em produzir manifestação sobre o deferimento ou indeferimento do registro do candidato é, mesmo que indiretamente, uma contribuição da própria vítima no aparecimento do dano.

Afinal, é a Justiça Eleitoral, no exercício da atividade administrativa de realização das eleições, quem, em nome da União, experimenta diretamente o dano decorrente da necessidade de repetição da eleição. Se a anulação do pleito anterior decorre do indeferimento posterior de registro de candidato, cuja análise não foi realizada pela própria Justiça Eleitoral no tempo que a lei lhe impunha, parece fora de dúvida a configuração de fato da vítima.

A questão que merece ser analisada é a extensão da contribuição do papel da vítima, Justiça Eleitoral, na ocorrência do dano; se total e exclusiva, ou apenas parcial. O tema é espinhoso e não tem como ser resolvido nos estritos limites deste artigo. Isso porque, dentre outras razões, o dano aqui debatido não decorre de um fato natural, de uma acumulação de efeitos mecânicos e mensuráveis que destroem fisicamente um objeto.

Ao contrário, o dano é eminentemente jurídico. Mais do que isso, normativo. Quer-se com isso dizer que é a norma quem estipula o momento a partir do qual a coisa – eleição – se torna imprestável para os fins pretendidos – aferir com fidedignidade a vontade do eleitor e refleti-la na escolha de candidatos.

Não se pode, portanto, resolver esse imbróglio com a mesma singeleza com a qual se trata a divisão de responsabilidades em um acidente automobilístico, exemplo costumeiramente utilizado.

Respeitadas, portanto, as limitações aqui impostas, resta clara a contribuição da vítima na própria existência do dano. Isso porque, caso julgado em tempo o pedido de registro de candidatura, ter-se-ia uma das duas hipóteses já versadas nos subitens precedentes. Ao menos se pode falar, portanto, em culpa comum ou concorrente,

---

[56] Art. 13. É facultado ao partido ou coligação substituir candidato que for considerado inelegível, renunciar ou falecer após o termo final do prazo do registro ou, ainda, tiver seu registro indeferido ou cancelado.

tratada no art. 945 do Código Civil e com força para mitigar o dever de indenizar de forma proporcional à contribuição de cada parte para a ocorrência do evento danoso.[57]

Não se descarta, contudo, que casos haja em que se possa falar em fato exclusivo da vítima. Isso ocorrerá quando a Justiça Eleitoral descumprir os prazos que a lei impõe a cada ato de sua responsabilidade, por exemplo: atrasando a publicação do edital, a notificação do impugnado, a juntada das peças aos autos, a prolação da sentença, o encaminhamento dos autos ao tribunal, a preparação do voto do relator, o encaminhamento à mesa, a inclusão em pauta e o julgamento do recurso.

Margarete de Castro Coelho traz ponderações críticas a esse cenário, afirmando que há "uma injustificável morosidade do Judiciário, inadmissível mediante o calendário eleitoral, que prevê data certa para que todos os seus atos se realizem, inexoravelmente", uma vez que, para isso, o legislador "procurou disponibilizar meios suficientes para que a Justiça Eleitoral se desincumbisse de seu mister tempestivamente", "atribuindo prioridade aos atos referentes ao registro", "mantendo Cartórios e Secretarias em regime de plantão e publicando suas decisões em cartório ou na Sessão de Julgamento", bem como "evitando delongas com notificações ou citações".[58]

A matéria já recebeu tratamento da jurisprudência, tendo sido apreciada pelo Tribunal Regional Federal da 5ª Região, que adotou entendimento na linha aqui defendida. Assim, negou-se o pleito de indenização ao assentar que "as novas eleições poderiam ter sido evitadas caso tivesse sido cumprido pelo TSE o prazo que o próprio tribunal estabeleceu na RES nº 22.717/2008, que editou para regulamentar a escolha e registro dos candidatos municipais na eleição de 2008".[59]

---

[57] Art. 945. Se a vítima tiver concorrido culposamente para o evento danoso, a sua indenização será fixada tendo-se em conta a gravidade de sua culpa em confronto com a do autor do dano.
Carlos Roberto Gonçalves diz que "há casos em que a culpa da vítima é apenas parcial, ou concorrente com a do agente causador do dano. Autor e vítima contribuem, ao mesmo tempo, para a produção de um mesmo fato danoso. É a hipótese, para alguns, de 'culpas comuns', e, para outros, de 'culpa concorrente'. Nesses casos, existindo uma parcela de culpa também do agente, haverá repartição de responsabilidades, de acordo com o grau da culpa" (GONÇALVES, Carlos Roberto. Ob. cit., p. 653).

[58] COELHO, Margarete de Castro. A democracia na encruzilhada: reflexões acerca de legitimidade democrática da Justiça Eleitoral brasileira para a cassação de mandatos eletivos. Belo Horizonte: Fórum, 2015, p. 145.

[59] DIREITO CIVIL E ADMINISTRATIVO. INDENIZAÇÃO POR DANOS MATERIAIS. INDEFERIMENTO DE REGISTRO DE CANDIDATURA QUE DEU CAUSA A ELEIÇÕES SUPLEMENTARES PARA O CARGO DE PREFEITO. EXERCÍCIO REGULAR DE UM DIREITO. NÃO OCORRÊNCIA DE ATO ILÍCITO. PROVIMENTO DA APELAÇÃO. 1. Trata-se de apelação interposta pelo réu contra sentença que o condenou ao pagamento de R$24.558,00 (vinte e quatro mil, quinhentos e cinquenta e oito reais) a título de indenização por danos materiais, decorrentes da repetição das eleições no Município de São José da Laje/AL, em função do indeferimento do registro de sua candidatura pelo TRE-AL; 2. Segundo a inicial ofertada pela União Federal, o demandado sagrou-se vencedor das eleições municipais de 2008. Posteriormente, teve indeferido o registro de sua candidatura, com fundamento no Art. 1º, I, g, da LC 64/90, por haver sete prestações de contas desaprovadas pelo Tribunal de Contas da União e vida pregressa incompatível com a moralidade pública, o que deu ensejo à realização de novas eleições em 15 de março de 2009; 3. Eis as etapas pelas quais tramitou o processo (RE nº 377): (i) em face de liminar que suspendera decisão do TCU que havia rejeitado prestação de contas, a candidatura foi inicialmente deferida pelo juízo eleitoral de piso; (ii) contra tal decisão, foi interposto recurso pelo Ministério Público Eleitoral de Alagoas em 22.08.2008, provido pelo TRE-AL em 06.09.2008; (iii) foi, então, interposto Recurso Especial pelo ainda candidato em 10.09.2008; (iv) apenas em 18.12.2008 -- posteriormente às eleições, portanto -- foi negado seguimento ao recurso pelo ministro relator. O demandado interpôs agravo regimental, o qual foi indeferido em 4/09/2009. Em face de outros incidentes processuais (inclusive recurso extraordinário cujo seguimento foi negado), o feito continuou tramitando até 19.05.2011. 4. Do exposto, percebe-se que a realização da eleição suplementar foi ocasionada pela morosidade (quiçá natural) na prestação jurisdicional, levando em consideração que o Recurso Especial, interposto pelo apelado em setembro de 2008, foi apreciado pelo Tribunal Superior Eleitoral apenas em dezembro daquele ano, mais de três meses após seu ajuizamento e com dois meses de atraso em relação ao pleito. As novas eleições poderiam ter sido evitadas caso tivesse sido cumprido pelo

Nesse caso, a Justiça Eleitoral age com culpa ante um candidato que nem mesmo sabe qual a posição da jurisdição sobre o seu caso, presumindo-se, portanto, que atua estritamente dentro dos limites do exercício regular de seu direito. Nas palavras de Sérgio Cavalieri Filho, aqui, "o fato exclusivo da vítima exclui o próprio nexo causal em relação ao aparentemente causador direto do dano", e, assim, "não se deve falar em simples ausência de culpa deste, mas em causa de isenção de responsabilidade".[60]

2.7 Mais de um candidato cassado: somatória dos votos implica necessidade de nova eleição

A última hipótese a ser analisada neste item soa esdrúxula, mas permite entrever os desafios que o tema coloca. Diz o *caput* do art. 224 do Código Eleitoral que se julga prejudicada toda a votação quando "a nulidade atingir a mais de metade dos votos".

Nem se diga que tal hipótese restou revogada com o advento da Lei nº 13.165/15, uma vez que a redação do *caput* do art. 224 permaneceu hígida, tendo sido acrescidos apenas os §§3º e 4º ao artigo. Deste modo, atualmente as eleições podem ser anuladas em duas hipóteses distintas: quando o candidato vencedor ao pleito majoritário for cassado, independentemente do número de votos que obteve; ou quando a somatória dos votos anulados atingir mais da metade dos sufrágios válidos dados.

Não se exige, portanto, que a anulação dos votos tenha decorrido de causa única. É absolutamente possível, assim, que dois ou mais candidatos a prefeito, por exemplo, venham a ser cassados em ações judiciais distintas e, na somatória de seus votos, atinja-se a marca de "mais de metade dos votos".[61] Pior, é igualmente imaginável que segundo e terceiro colocados, cada qual com trinta por cento dos votos válidos, ao serem cassados, determinem a anulação das eleições vencidas pelo outro candidato, que obtivera quarenta por cento dos sufrágios.

Neste cenário, o candidato contra o qual não houve condenação se veria na situação de precisar concorrer em novo pleito. Mas este não seria o problema a merecer debate no âmbito deste artigo. Questão maior seria entrever a forma de imputação do dever de indenizar aos dois candidatos cassados do exemplo quando nenhum deles foi responsável direto e exclusivo pela anulação das eleições, uma vez que não atingiu mais de metade dos votos.

Em um caso como esses não se pode falar, a princípio, em concorrência de culpas ou de causas. Tal instituto, quer parecer, presta-se a mitigar a responsabilidade quando

---

TSE o prazo que o próprio tribunal estabeleceu na RES nº 22.717/2008, que editou para regulamentar a escolha e registro dos candidatos municipais na eleição de 2008 (Art. 62. Todos os recursos sobre pedido de registro de candidatos devem estar julgados pelo Tribunal Superior Eleitoral, e as respectivas decisões publicadas, até o dia 25 de setembro de 2008); 5. A Advocacia Geral da União argumenta que todo aquele que comete ato ilícito tem o dever de arcar com as consequências. Contudo, esse não é o caso dos autos. Ao requerer sua candidatura para reeleição ao cargo de prefeito, bem como quando se defendeu e fez uso dos recursos previstos na legislação contra a decisão que indeferiu sua candidatura, o apelante estava agindo em exercício regular de seu direito. Assim, não há razão para a condenação ao ressarcimento de evento que a própria União, por sua morosidade, deu causa; 6. Apelação provida. (TRF da 5ª Região, 2ª Turma, Apelação Cível nº 0004972-73.2012.4.05.8000, Rel. Des. Paulo Roberto de Oliveira Lima, DJE em 23.10.2015).

[60] CAVALIERI FILHO, Sérgio. Ob. cit., p. 87.

[61] Caso assim ocorreu no município de Coronel José Dias e é narrado na obra de Margarete Coelho: COELHO, Margarete de Castro. Ob. cit., p. 151 e ss.

ocorre "participação da vítima no evento danoso", uma vez que, "na apuração dos fatos, eclode a circunstância eventual de haver a vítima concorrido para o desfecho".[62]

Também não se configura a figura da concausa, uma vez que esta ocorre quando há uma causa principal e outra vem a se somar a ela, apenas concorrendo para a conformação do resultado danoso final. Nas palavras de Sérgio Cavalieri Filho, "não inicia nem interrompe o nexo causal, apenas o reforça, tal como um rio menor que deságua em outro maior, aumentando-lhe o caudal".[63]

O que se tem, em verdade, é caso de coparticipação, de causalidade comum, "que se verifica quando as condutas de duas ou mais pessoas concorrem efetivamente para o evento",[64] ainda que em hipótese distinta daquela costumeiramente analisada. Em geral, fala-se de casos em que ambos atuam na mesma causa ou "quando o fato praticado por um agente é a causa adequada do fato praticado por outro", no clássico exemplo do duplo atropelamento, quando o segundo é a causa da morte, mas apenas teve efeito em decorrência da vítima ter permanecido na via quando atropelada pelo primeiro motorista.[65]

Na discussão deste subitem, contudo, as causas são completamente independentes. Não precisa haver, como de fato em regra não há, qualquer relação entre a cassação de um candidato e de outro. Cada qual pode ter incorrido em alguma das hipóteses descritas nos subitens 2.1 a 2.6. Ocorre que, se analisadas as situações de forma igualmente independente, nenhuma das condutas teria força para acarretar a anulação das eleições e, com isso, a causação do dano. Deste modo, apenas quando vistas em conjunto é que as condutas adquirem relevância.

Mais do que isso, não parece certo vislumbrar que um candidato possa ter concorrido de forma mais relevante do que outro, ainda que o número de votos obtido seja maior. Isto porque não há diferença jurídica entre o candidato cassado com quarenta e nove por cento dos votos e aquele, igualmente cassado, com apenas dois por cento da preferência dos eleitores. Em ambos os casos, as consequências isoladas de suas condutas são inócuas para fins de acarretar a anulação do pleito.

Nesse cenário, portanto, não restaria outra alternativa que a aplicação do entendimento cabível no caso de causalidade comum, "pela qual todos que integram o grupo serão considerados responsáveis pelo evento", uma vez que "o fundamento da responsabilidade total que se impõe a cada participante nasce da circunstância de que as diversas condutas, em conexão com outras, dão origem ao resultado".[66]

3 Elemento subjetivo e nexo de causalidade

No item 2, foi proposta uma taxonomia das hipóteses que podem levar à anulação das eleições, demonstrando-se que não deve haver uniformidade no tratamento de todas

---

[62] PEREIRA, Caio Mário da Silva. *Responsabilidade civil*. 2. ed. Rio de Janeiro: Forense, 1991, p. 91-92, *apud* CAVALIERI FILHO, Sérgio. Ob. cit., p. 77.
[63] CAVALIERI FILHO, Sérgio. Ob. cit., p. 78.
[64] CAVALIERI FILHO, Sérgio. Ob. cit., p. 81.
[65] CAVALIERI FILHO, Sérgio. Ob. cit., p. 81.
[66] CAVALIERI FILHO, Sérgio. Ob. cit., p. 81.

elas, dados os obstáculos que se impõem; ora à identificação do elemento subjetivo, ora à configuração do nexo de causalidade.

Neste item, por outro lado, pretende-se brevemente expor duas outras ordens de preocupações. Uma, relativa à identificação do conceito de "candidato que deu causa à anulação das eleições", ponderando-se algumas matizações que certas circunstâncias podem trazer. Outra, voltada ao problema da relação necessária entre número de votos obtidos pelo candidato e efeito danoso decorrente de sua conduta, vista como problema de nexo causal.

3.1 O candidato que dá causa à anulação das eleições e sua inelegibilidade

Uma das questões essenciais que se colocam no presente debate é a necessidade de atribuir, imputar, o resultado danoso – anulação das eleições – a um candidato em particular. É preciso poder dizer que alguém deu causa à anulação das eleições, de modo a permitir que a União o acione judicialmente com o intuito de cobrar o dano causado pela necessidade da realização de novo pleito.

Além dos problemas que foram destacados nos subitens 2.1 a 2.7, que por vezes mitigam ou excluem tal possibilidade, há outras hipóteses nas quais as circunstâncias fáticas implicam matizações. Duas delas serão tratadas a seguir: o caso do candidato que disputa o pleito com causa de inelegibilidade suspensa, mas posteriormente revogada; e o do candidato a vice em chapa majoritária, em relação ao qual não se atribui a prática direta de qualquer ilícito.

3.1.1 O candidato que disputa albergado por antecipação dos efeitos de tutela recursal: o art. 26-C da Lei Complementar nº 64/90

A Lei Complementar nº 135/10, além de criar novas hipóteses de inelegibilidades não previstas na redação original da Lei Complementar nº 64/90, antecipou os efeitos do reconhecimento da inelegibilidade em outros tantos casos. E o fez assentando a regra geral da não exigência de trânsito em julgado para que ao sujeito fosse obstaculizado o acesso à candidatura.

O novo regramento fixou o critério do julgamento em órgão colegiado como elemento suficiente para embasar o afastamento da possibilidade de disputa da eleição pelo cidadão. Tal restrição vale no caso de condenação: no âmbito da Justiça Eleitoral pela prática de abuso de poder econômico ou político (art. 1º, I, *d*);[67] pela prática dos crimes contidos no rol próprio (art. 1º, I, *e*); por abuso de poder político ou econômico e sejam detentores de cargo na administração (art. 1º, I, *h*); por corrupção eleitoral, compra de votos, condutas vedadas ou irregularidades na arrecadação e realização de despesas eleitorais (art. 1º, I, *j*); por ato doloso de improbidade administrativa que tenha acarretado enriquecimento ilícito e lesão ao erário, contra os quais tenha sido aplicada a pena de suspensão de direitos políticos (art. 1º, I, *l*); por terem desfeito ou simulado

---

[67] As referências aqui são todas à Lei Complementar nº 64/90, com a redação que lhe deu a Lei Complementar nº 135/10.

desfazer vínculo conjugal com o intuito de evitar caracterizar inelegibilidade (art. 1º, I, *n*); e por realizar doação eleitoral em excesso (art. 1º, I, *p*).

Diversas críticas se opõem à solução dada pelo legislador. Além de constituir o arquétipo do já mencionado "fichalimpismo", entende-se que remanescem as inconstitucionalidades afastadas pelo STF no julgamento da ADI nº 4.578 e nas ADCs 29 e 30.[68] Respeitando-se a posição contrária, parece frágil o argumento levantado em defesa do reconhecimento de efeitos imediatos a decisões colegiadas sem trânsito em julgado, em violação à regra do art. 5º, LVII, da Constituição Federal.[69]

Conforme já se afirmou, "a compreensão externada pela maioria do STF olvida que o direito de ser votado, chamado de *jus honorum* ou direito político passivo, compõe o arcabouço dos direitos e garantias fundamentais desde os primórdios da formulação da moderna Democracia". Assim, "a inelegibilidade do indivíduo antes do trânsito em julgado da condenação, bem como a aplicação da lei a fatos delituosos pretéritos, são notórias situações de fortíssima corrosão aos princípios da presunção de inocência e da legalidade, respectivamente".[70]

As previsões da legislação violam não apenas a Constituição Federal, mas também o Pacto de São José da Costa Rica, que impede a multiplicação de causas de inelegibilidade nos termos em que postos em nossa legislação.[71] Fica-se, assim, ao lado das conclusões do brilhante trabalho de Marcelo Peregrino, quando diz que "malgrado a Lei Complementar nº 64/90 tenha sobrevivido ao crivo de constitucionalidade e tenha surgido com as melhores intenções pelo esforço popular, não supera o cotejo do controle de convencionalidade".[72]

De todo modo, é certo que a legislação permanece aplicável em sua inteireza, incluindo aí a regra de contenção inserta com o art. 26-C da Lei Complementar nº 64/90. Tal norma tem a finalidade de permitir ao candidato que tenha sido condenado por órgão colegiado obter, na instância superior, medida cautelar que suspenda os efeitos causadores de inelegibilidade da decisão recorrida "sempre que existir plausibilidade da pretensão recursal e desde que a providência tenha sido expressamente requerida, sob pena de preclusão, por ocasião da interposição do recurso".[73]

---

[68] Infelizmente, a transmissão ao vivo das sessões de julgamento do STF, aliada à repercussão midiática que um caso como estes tem, por vezes pode toldar a argumentação jurídica das decisões. A crítica encontra eco, dentre outros, na abalizada doutrina de Margarete de Castro Coelho: COELHO, Margarete de Castro. Ob. cit., p. 115.

[69] LVII - ninguém será considerado culpado até o trânsito em julgado de sentença penal condenatória.

[70] NETTO, Alamiro Velludo Salvador; NEISSER, Fernando Gaspar. Lei da Ficha Limpa e Direito Penal: a corrosão dos princípios da legalidade e da presunção de inocência. *Boletim IBCCrim*, ano 20, n. 233, abr. 2012, p. 2-3.

[71] O tema é tratado no artigo 23 do Pacto, com a seguinte redação: "Artigo 23. Direitos políticos: 1. Todos os cidadãos devem gozar dos seguintes direitos e oportunidades: a. de participar na direção dos assuntos públicos, diretamente ou por meio de representantes livremente eleitos; b. de votar e ser eleitos em eleições periódicas autênticas, realizadas por sufrágio universal e igual e por voto secreto que garanta a livre expressão da vontade dos eleitores; e c. de ter acesso, em condições gerais de igualdade, às funções públicas de seu país. 2. A lei pode regular o exercício dos direitos e oportunidades a que se refere o inciso anterior, exclusivamente por motivos de idade, nacionalidade, residência, idioma, instrução, capacidade civil ou mental, ou condenação, por juiz competente, em processo penal".

[72] FERREIRA, Marcelo Ramos Peregrino. *O controle de convencionalidade da Lei da Ficha Limpa*: direitos políticos e inelegibilidades. Rio de Janeiro: Lumen Juris, 2015, p. 248.

[73] Art. 26-C. O órgão colegiado do tribunal ao qual couber a apreciação do recurso contra as decisões colegiadas a que se referem as alíneas *d*, *e*, *h*, *j*, *l* e *n* do inciso I do art. 1º poderá, em caráter cautelar, suspender a inelegibilidade sempre que existir plausibilidade da pretensão recursal e desde que a providência tenha sido expressamente requerida, sob pena de preclusão, por ocasião da interposição do recurso.

Tem-se, desse modo, a possibilidade de que o candidato condenado em Tribunal Regional Eleitoral, por exemplo, pela prática de abuso de poder econômico nas eleições, obtenha a suspensão dos efeitos da decisão pelo Tribunal Superior Eleitoral, autorizando-se, assim, o deferimento de seu registro.

Ocorre que o §2º do mesmo art. 26-C prevê que o julgamento posterior do recurso na causa principal, se mantiver a decisão recorrida, acarretará a desconstituição do registro ou do diploma do candidato.[74]

Assim, nessa hipótese, caso o candidato a cargo majoritário tenha se sagrado vencedor, já com a redação do §3º do art. 224 do Código Eleitoral, ou se seus votos somarem mais de metade dos válidos, pela regra do *caput*, será caso de anulação das eleições e convocação de pleito suplementar.

Aqui, ressalvado entendimento contrário, entende-se aplicável o mesmo raciocínio que deu suporte às conclusões do subitem 2.5, situação em que o candidato disputa o pleito com seu registro deferido, vindo posteriormente a sofrer reforma esta decisão.

A diferença entre os casos pende toda em favor do candidato, já que é possível que a ação de impugnação ao seu pedido de registro de candidatura tenha até mesmo transitado em julgado quando da eleição, admitindo-se, contudo, a retrotração dos efeitos negativos causados pelo julgamento na instância superior de seu recurso, com a consequente cassação da cautelar conferida nos termos do art. 26-C da Lei Complementar nº 64/90.

Não se tem, nesse cenário, como admitir preenchido o requisito essencial da presença do elemento subjetivo no agir do candidato que permanece na disputa albergado por cautelar conferida em feito autônomo ao seu pedido de registro de candidatura, mas que tenha sobre ele os efeitos aqui tratados.

3.1.2 O candidato a vice ao qual não se imputa conduta ilícita ou inelegibilidade

O art. 91 do Código Eleitoral proclama o princípio da unicidade da chapa majoritária quando diz que "o registro de candidatos a presidente e vice-presidente, governador e vice-governador, ou prefeito e vice-prefeito, far-se-á sempre em chapa única e indivisível, ainda que resulte a indicação de aliança de partidos".

Em decorrência desse princípio, entende-se que a cassação de um de seus membros implica, necessariamente, no afastamento integral da chapa. Bem resumindo a remansosa jurisprudência no tema, vale a ponderação do Min. Ayres Britto, citado pelo Ministro Felix Fischer, quando afirma que "em razão da unicidade monolítica da chapa majoritária, a responsabilidade dos atos do titular repercute na situação jurídica do vice, ainda que este nada tenha feito de ilegal, comportando-se exemplarmente".[75]

O fato de que o companheiro de chapa sofre a sanção mesmo quando não se lhe imputa qualquer ato ilícito ou inelegibilidade fez com que a jurisprudência adotasse

---

[74] §2º Mantida a condenação de que derivou a inelegibilidade ou revogada a suspensão liminar mencionada no *caput*, serão desconstituídos o registro ou o diploma eventualmente concedidos ao recorrente.

[75] TSE, Recurso Contra Expedição de Diploma nº 703, Rel. Min. Felix Fischer, DJE em 01.09.2009.

compreensão pela existência de litisconsórcio passivo necessário quando possível a aplicação da cassação.[76]

No que pertine ao presente estudo, cabe perquirir se essa compreensão levaria a uma necessária responsabilidade solidária de indenizar entre os candidatos a titular e vice, em caso de realização de eleições suplementares decorrente da cassação da chapa majoritária.

De antemão, já se percebe que tal solução violaria a regra geral da responsabilidade subjetiva. Fazer parte de chapa majoritária não é atividade de risco, muito menos consta da legislação qualquer exceção a permitir a aplicação da responsabilidade objetiva.

Mas na própria compreensão da Justiça Eleitoral, é possível também encontrar elementos que afastam a responsabilidade de indenizar nesses casos. Isso porque não é estranho à jurisprudência o debate sobre o conceito de "candidato que dá causa à anulação das eleições". A questão surge quando o candidato ao qual se imputa a necessidade de anulação das eleições pede registro para se candidatar na eleição suplementar então convocada.

Nesses casos, depois de idas e vindas, a jurisprudência no TSE firmou-se no sentido da vedação da participação no novo pleito do candidato que teria dado causa à anulação da eleição anterior. Se originalmente hesitava-se em reconhecer uma causa de inelegibilidade sem previsão legal, o entendimento que acabou prestigiado foi o de que, em atenção ao princípio geral do direito, não cabe a quem dá causa a uma nulidade dela se aproveitar.

Assim, ainda em 2007, já afirmava o Min. José Delgado que "a jurisprudência no sentido de que o candidato causador da nulidade poderia participar das eleições já está superada" e que "o novel entendimento, do qual corroboro, é no sentido de que o candidato que deu causa à anulação do pleito não tem condições de participar do novo pleito para completar o mandato".[77]

Em outro precedente, como disse o Min. Marco Aurélio, "a perplexidade é enorme, pois se contraria não só a ordem natural das coisas como também o princípio da razoabilidade, a direcionar à interpretação do arcabouço normativo de forma a não se chegar a verdadeiro absurdo", que seria "configurado na viabilização de uma segunda oportunidade, no mesmo pleito eleitoral, para aqueles que deram causa à anulação do escrutínio realizado, vindo a se beneficiarem, em passo seguinte, após a glosa, da própria torpeza".[78]

Além do respeito ao princípio geral, há norma específica aplicável no âmbito do Direito Eleitoral. Trata-se do parágrafo único do art. 219 do Código Eleitoral, segundo o qual "a declaração de nulidade não poderá ser requerida pela parte que lhe deu causa nem a ela aproveitar".

---

[76] AGRAVO REGIMENTAL. RECURSO ESPECIAL ELEITORAL. ELEIÇÕES 2008. PREFEITA. REPRESENTAÇÃO. ABUSO DE PODER. CONDUTA VEDADA. ART. 73 DA LEI 9.504/97. AUSÊNCIA DE CITAÇÃO DO VICE-PREFEITO. DECADÊNCIA DO DIREITO DE AÇÃO. NÃO PROVIMENTO. [...] 2. Há litisconsórcio passivo necessário entre titular e vice da chapa majoritária nas ações eleitorais que possam implicar a cassação do registro ou do diploma. Precedentes. (TSE, Agravo Regimental no Recurso Especial Eleitoral nº 784884, Rel. Min. Castro Meira, DJE em 24.06.2013).

[77] TSE, Recurso Especial Eleitoral nº 26.805, Rel. Min. José Delgado, DJ em 21.08.2007.

[78] TSE, Mandado de Segurança nº 3413, Rel. Min. Marco Aurélio, DJ em 19.06.2006.

Assentadas essas premissas, cabe verificar qual o entendimento que a Justiça Eleitoral dá ao caso do companheiro de chapa que vem a sofrer os efeitos da cassação, mas em relação ao qual não houve imputação da prática de ato ilícito, nem reconhecimento de inelegibilidade. E para tal compreensão, é didática a análise do acórdão proferido no Recurso Especial Eleitoral nº 35.901, julgado pelo TSE em 29.09.2009.

Na ocasião, referente ao município de Aguaí/SP, o então candidato a vice-prefeito na chapa cassada pleiteou registro de candidatura como prefeito para o pleito suplementar convocado. A parte contrária sustentava a aplicabilidade da regra do parágrafo único do art. 219 do Código Eleitoral, uma vez que "o recorrido tinha consciência quanto aos riscos de integrar chapa composta por um membro inelegível e que a própria legislação eleitoral faculta a substituição de candidato que tenha seu registro *sub judice*".[79]

O argumento não foi acolhido pelo TSE. Admitiu-se, é certo, que, "pelo princípio da unicidade da chapa majoritária, o cancelamento do registro do titular, após o pleito, atinge o registro do vice". Contudo, não se vislumbrou "a aventada violação ao art. 219 do CE, haja vista que a anulação do pleito não foi ocasionada por ato do recorrido" e, portanto, "nada impede a sua candidatura ao pleito renovado". Do parecer da Procuradoria-Geral Eleitoral, favorável ao candidato, trouxe ainda o relator que, "uma vez constatado que o ora recorrido não foi sancionado, à época, por qualquer inelegibilidade, não há que se falar em culpa deste pela anulação das eleições".

Com base nesse entendimento, que permanece válido no âmbito da jurisprudência do TSE, é que se pode afirmar não ser aceitável o ajuizamento de ação de ressarcimento de danos contra o companheiro de chapa, se em relação a ele nenhum ato ilícito foi imputado quando da decisão que acarretou a nulidade da eleição anulada.

3.2 O número de votos dados ao candidato e o nexo causal: causalidade comum ou caso fortuito

Como já se aventou no subitem 2.6, o fato do dano debatido não ser natural, mas normativo, encerra algumas dificuldades dogmáticas de difícil resolução. Uma delas, talvez das mais complexas, diz respeito à exigência de que o candidato tenha obtido certa quantidade de votos para que se possa cogitar de causação do próprio evento danoso, ou seja, de anulação da eleição. A questão é bem colocada por Anderson Schreiber, quando diz que o "nexo de causalidade natural ou lógico diferencia-se do jurídico, no sentido de que nem tudo que, no mundo dos fatos ou da razão, é considerado como causa de um evento pode assim ser considerado juridicamente".[80]

Conforme postulado mais adiante, no subitem 4.1, a recente alteração promovida com a Lei nº 13.165/15 não teve o condão de afastar a dúvida, uma vez que segue havendo necessidade de que causas externas ao controle do candidato concorram para a ocorrência do dano. Se antes se exigia certo número de votos, agora se fala em candidato vencedor. De um modo ou de outro, entra na conta a manifestação do corpo eleitoral, conjunto formado por terceiros alheios à relação entre candidato e União.

---

[79] TSE, Recurso Especial Eleitoral nº 35.901, Rel. Min. Marcelo Ribeiro, DJE em 03.11.2009.
[80] SCHREIBER, Anderson. Ob. cit., p. 55.

Assim, percebe-se que a conduta do candidato, seja ela um ilícito eleitoral propriamente dito, seja o abuso no exercício de situação jurídica, não é suficiente, em nenhuma hipótese, para acarretar a anulação do pleito. Deste modo, se é correto dizer, como faz parte substancial da doutrina e da jurisprudência, que o Código Civil adotou a teoria da causalidade adequada no que toca ao nexo causal,[81] então há um problema em se afirmar que o dano debatido é efeito "direto e imediato" da conduta do agente.

Nessa linha de raciocínio, seria necessário perquirir se o ato ilícito ou o exercício abusivo de situação jurídica se colocam como causa "mais direta, a mais determinante segundo o curso natural e ordinário das coisas"[82].

Esse entendimento, contudo, afasta-se da teoria da causalidade adequada e se aproxima da noção de causalidade eficiente, "segundo a qual as condições que concorrem para um certo resultado não são equivalentes, existindo sempre um antecedente que, em virtude de um intrínseco poder qualitativo ou quantitativo, elege-se como verdadeira causa do evento".[83]

A teoria da causalidade eficiente, contudo, "terminou por cair em desprestígio", uma vez que seus proponentes "jamais lograram alcançar um acordo acerca de critérios mais ou menos objetivos que permitissem selecionar, entre as diversas causas de um dano, aquela que teve o poder intrínseco de produzi-lo no caso concreto".[84]

Retorna-se, assim, à teoria da causalidade adequada, adotada no Código Civil. O problema é que as soluções tradicionalmente analisadas pela doutrina para as hipóteses de interrupção ou intromissão no nexo causal também soam estranhas para a resolução do caso em análise.

Não parece adequado cogitar de causalidade comum, teoria que bem responde à situação do subitem 2.6. Isso porque a ideia encerrada ali é a de que "cada partícipe atua em relação causal em prol do efeito comum".[85] Requisito essencial, ainda que implícito, é que as condutas de todos os envolvidos constituam atos ilícitos culposos ou, ao menos, representem o exercício abusivo de situação jurídica.

E tal qualidade não se pode vislumbrar, de forma alguma, no ato do eleitor que escolhe depositar seu voto neste ou naquele candidato. A não ser na específica hipótese do cidadão que vende seu voto, uma vez que a corrupção eleitoral é crime único que encerra as modalidades ativa e passiva em um mesmo tipo penal,[86] o eleitor não poderia ser visto como partícipe de ato ilícito por votar no candidato que, por exemplo, tem contra si uma causa de inelegibilidade.

Também a noção de caso fortuito apenas com grande dificuldade poderia se prestar a dar resposta ao problema em análise. É certo, por um lado, que os estritos termos do parágrafo único do art. 393 do Código Civil abririam esta possibilidade ao exigir para configuração do caso fortuito apenas que o fato seja necessário e que seus efeitos sejam inevitáveis.[87]

---

[81] CAVALIERI FILHO, Sérgio. Ob. cit., p. 64-69.
[82] CAVALIERI FILHO, Sérgio. Ob. cit., p. 69.
[83] SCHREIBER, Anderson. Ob. cit., p. 59.
[84] SCHREIBER, Anderson. Ob. cit., p. 60.
[85] CAVALIERI FILHO, Sérgio. Ob. cit., p. 81.
[86] Código Eleitoral: "Art. 299. Dar, oferecer, prometer, solicitar ou receber, para si ou para outrem, dinheiro, dádiva, ou qualquer outra vantagem, para obter ou dar voto e para conseguir ou prometer abstenção, ainda que a oferta não seja aceita: Pena - reclusão até quatro anos e pagamento de cinco a quinze dias-multa".
[87] Art. 393. O devedor não responde pelos prejuízos resultantes de caso fortuito ou força maior, se expressamente não se houver por eles responsabilizado. Parágrafo único. O caso fortuito ou de força maior verifica-se no fato necessário, cujos efeitos não era possível evitar ou impedir.

Ocorre que a doutrina vislumbra a necessidade que o fato ensejador do caso fortuito não seja desejado ou querido pelo agente a quem se atribui a causação do dano. E obviamente não se pode dizer que o candidato não tenha trabalhado exaustivamente para a obtenção daqueles votos que, ao lhe serem dados, aperfeiçoam os requisitos necessários para a anulação da eleição.

Assim é que Sérgio Cavalieri Filho afirma que "o caso fortuito e a força maior excluem o nexo causal por constituírem também causa estranha à conduta do aparente agente".[88] Em outras palavras, Carlos Roberto Gonçalves diz que "o fato deve ser necessário, não determinado por culpa do devedor, pois, se há culpa, não há caso fortuito".[89] De caso fortuito, portanto, parece difícil falar.

Desse modo, tem-se uma situação na qual não se vislumbra claro nexo causal, uma vez que, para a existência do dano, há que se ter a colaboração do agir de terceiros; mas tampouco se consegue afastá-lo pelas vias usuais, ante a insuficiência delas ao caso.

De todo modo, ainda que em posição criticável por representar decisionismo desprovido muitas vezes de fundamento dogmático, parece certo que "a indefinição quanto às teorias da causalidade tem servido, muito mais do que a qualquer das soluções teóricas propostas, a garantir, na prática, reparação às vítimas dos danos". Assim, "os tribunais têm, por toda parte, se valido de miríade de teorias do nexo causal para justificar um juízo antecedente de responsabilização". Por essas razões "pode-se afirmar que as cortes têm se recusado a dar à prova do nexo causal o mesmo tratamento rigoroso e dogmático que, no passado, haviam atribuído à prova da culpa" e, assim, "preferindo navegar por opções teóricas mais ou menos amplas diante de uma legislação lacônica sobre a matéria".[90]

4 As alterações advindas da Lei nº 13.165/2015

Faz parte de qualquer democracia moderna, por conta da divisão das funções do poder, o conflito entre os Poderes Judiciário e Legislativo. No caso brasileiro, há, contudo, um gravame que o distingue de outros países: o fato de que, ao Poder Judiciário, pela Justiça Eleitoral, cabe a tarefa não apenas de realizar as eleições e julgar as lides nela ocorridas, mas também de normatizar os pleitos, muitas vezes inovando no mundo jurídico.[91] Este "cabo de guerra" foi visto, recentemente, quando o Tribunal Superior Eleitoral determinou a verticalização das coligações nos âmbitos federal e estadual, no que foi respondido pelo Congresso Nacional com a aprovação da Emenda Constitucional nº 52, de 2016, posteriormente afastada no pleito daquele ano por nova decisão do STF na ADIN nº 3.685.

---

[88] CAVALIERI FILHO, Sérgio. Ob. cit., p. 90.
[89] GONÇALVES, Carlos Roberto. Ob. cit., p. 667.
[90] SCHREIBER, Anderson. Ob. cit., p. 65-66.
[91] O tema foi tratado com esmero por Manoel Carlos de Almeida Neto, em tese de doutoramento publicada, na qual afirma serem fundamentos legais deste poder normativo "o art. 1º, parágrafo único, combinado com o art. 23, IX, ambos do Código Eleitoral (Lei 4.737/65), o art. 105 da Lei das Eleições (Lei 9.504/97 e o art. 61 da Lei dos Partidos Políticos (Lei 9.096/95)", que "estabelecem competência privativa ao TSE para expedir as instruções que julgar convenientes à fiel execução dos referidos diplomas normativos". (ALMEIDA NETO, Manoel Carlos de. *Direito eleitoral regulador*. São Paulo: RT, 2014, p. 113). Em sentido contrário, com visão crítica aos excessos regulamentares, calha destacar a posição de Eneida Desiree Salgado, afirmando que "a Justiça Eleitoral exerce funções regulamentares sem autorização constitucional ou legal". (SALGADO, Eneida Desiree. Ob. cit., p. 257).

Do mesmo modo, ante a criação de hipóteses de infidelidade partidária, a causar a perda de mandato de parlamentares, pela via da Resolução nº 22.610/07 do TSE,[92] sobreveio regulamentação própria pelo Congresso Nacional com a Lei nº 13.165/15, reduzindo as hipóteses de justa causa para mudança de partido político.

No que importa ao tema em comento, nem mesmo se fala em resposta aos excessos regulamentares da Justiça Eleitoral, mas ao que se entende por exagero no próprio exercício jurisdicional, em razão das sucessivas cassações de candidaturas e mandatos eletivos nos últimos anos, já tratadas em item anterior. A redação original do *caput* do art. 224, ao prever nova eleição apenas quando a anulação recaísse sobre mais de metade dos votos, permitia que se desse a posse ao segundo colocado, criando um grave problema de legitimidade.[93]

Além disso, a sucessão de eleições suplementares e a iniciativa aqui debatida, de que se promovesse a cobrança dos custos incorridos pela Justiça Eleitoral dos candidatos, levaram o Congresso Nacional a fazer inserir um §4º no art. 224 do Código Eleitoral, prevendo que "a eleição a que se refere o §3º correrá a expensas da Justiça Eleitoral e será: I – indireta, se a vacância do cargo ocorrer a menos de seis meses do final do mandato; II – direta, nos demais casos".

Daí caber perquirir se essas recentes mudanças legislativas alteram o quadro descrito nos itens anteriores.

4.1 A obrigatoriedade de novas eleições

O acréscimo do §3º ao art. 224 do Código Eleitoral mostra-se uma louvável iniciativa do Congresso Nacional na construção de um ambiente com maior segurança jurídica. Isso porque a realização de novas eleições em função do número de votos obtidos pelo candidato cassado trazia uma inaceitável quebra da previsibilidade das consequências jurídicas dos atos praticados.

Ademais, violava-se ainda a ideia isonômica, uma vez que situações semelhantes em tudo o mais, mas discrepantes na quantidade de votos que cada candidato obteve, levavam a resultados diametralmente opostos: em um cenário, o segundo colocado era alçado ao cargo em disputa; em outro, realizava-se novas eleições.

Prestigia-se, ainda, o princípio constitucional do respeito ao voto, mantendo nas mãos dos eleitores o direito inalienável de escolher os seus representantes. Quando um candidato que ficara em segundo lugar "herdava" o primeiro posto e, com isso, assumia o mandato, a única certeza que se podia ter é que o desejo dos eleitores não havia sido respeitado.

Ainda que pudesse se reconhecer a necessidade de afastar da disputa um candidato inelegível ou que houvesse agido de forma ilícita no correr da campanha, tal situação não implicava reconhecer, por presunção, que o eleitorado teria escolhido o segundo colocado se o cenário fosse outro.

Embutia-se na solução de dar posse ao segundo colocado uma sanção implícita adicional àquele candidato cassado, que se obrigava a ver seu adversário político

---

[92] Referida resolução decorreu da resposta à Consulta nº 1.398 pelo Tribunal Superior Eleitoral, pela qual se entendeu pertencer ao partido político o mandato do parlamentar eleito.

[93] Para as críticas a essa questão, por todos, veja-se: COELHO, Margarete Castro. Ob. cit., p. 148-151.

vencendo o pleito. Não resta qualquer dúvida que tal raciocínio é eivado da mais grosseira inconstitucionalidade, seja por desprezar o princípio segundo o qual não há pena sem prévia cominação legal, seja por punir a própria população, de forma colateral, que via o seu legítimo direito de escolha tolhido.

A alteração, por fim, não altera significativamente a dúvida trazida no subitem 3.2, uma vez que não deixa de ter relevo o número de votos recebidos pelos candidatos para que se afira a necessidade de anulação do pleito. Isso porque apenas há uma alteração: passa-se a exigir que o candidato tenha sido eleito, não mais que tenha obtido maioria dos votos.

Contudo, o efeito jurídico segue o mesmo. Em outras palavras, para que o dano se consubstancie, é necessário que concorram causas alheias ao controle do próprio candidato, ou seja, que certo número de eleitores decida nele votar, fazendo-o vencedor, na nova legislação, ou detentor da maioria dos votos, no texto original.

4.2 A atribuição de responsabilidade pelo pagamento das novas eleições à Justiça Eleitoral

Não parece haver qualquer dúvida quanto ao intuito do legislador ao inserir o §4º ao art. 224 do Código Eleitoral. Sua pretensão era barrar o ajuizamento das ações de ressarcimento de danos, que são objeto de discussão neste artigo. O problema é que a técnica redacional, que não foi das mais felizes, não parece permitir adotar a interpretação pretendida.

Em primeiro lugar, é de se observar que a regra fica restrita "à eleição a que se refere o §3º", ou seja, ao caso do vencedor no pleito majoritário. Deste modo, se a causa da convocação da nova eleição for a regra geral do *caput* do art. 224, a anulação de mais da metade dos votos válidos, não haveria espaço para que se aplicasse a exceção contida no parágrafo em comento.

Além disso, ao dizer que a eleição "correrá a expensas da Justiça Eleitoral", não se criou obstáculo a que posteriormente a União venha a buscar se ressarcir daquilo que julga configurar dano indenizável. Expender, como verbo, em sua segunda acepção, é "despender", "gastar". Como substantivo, precedido de preposição, "a expensas" significa apenas "à custa de" ou "por conta de".[94]

Desse modo, com respeito ao entendimento contrário, a regra chega a ser quase tautológica, já que não se pode imaginar que a Justiça Eleitoral faça as novas eleições com recursos diretamente fornecidos pelo candidato a quem atribui o papel de ter dado causa à anulação do primeiro pleito. Assim, naturalmente que a eleição correrá por sua conta, nada impedindo, contudo, que acione a União, pessoa jurídica de direito público interno detentora do interesse, e acione posteriormente o Poder Judiciário na tentativa de obter ressarcimento.

Mas o maior problema da redação ainda é outro: o fato de ter direcionado a suposta restrição à possibilidade de ressarcimento dos custos da nova eleição, aquela prevista no §3º do art. 224 do Código Eleitoral.

---

[94] HOUAISS, Antônio. *Grande Dicionário Houaiss da Língua Portuguesa*. Rio de Janeiro: Objetiva, 2008, p. 1.287.

A esta conclusão se pode chegar, pois parece óbvio que essa eleição, a suplementar, não representa o dano incorrido pela Justiça Eleitoral, uma vez que ela atinge a sua finalidade precípua: legitimar a escolha de um candidato para o cargo que estava em disputa.

O dano, em verdade, reside não na nova eleição, mas na anulada, a original. É lá que a União, por intermédio da Justiça Eleitoral, teria dispendido recursos que posteriormente se mostraram inúteis.

Melhor explicando, o dano decorre da anulação da eleição, não propriamente da realização de uma nova. Ainda que a solução legislativa para o caso fosse outra, prevendo, por exemplo, que, em caso de anulação, assumiria o candidato mais idoso dentre todos os que concorreram; ainda assim a eleição, dado que anulada, teria representado dispêndio de recursos públicos sem o atingimento das finalidades esperadas.

Nessa linha de raciocínio, há um equívoco na própria formatação do argumento jurídico das ações de ressarcimento ajuizadas pela Advocacia-Geral da União. Tome-se, por exemplo, a ação que tramitou sob o nº 0000040-81.2014.403.6107, na Subseção Judiciária de Araçatuba/SP, e que debatia a anulação das eleições do município de Bento de Abreu/SP.[95] Como causa de pedir, afirma-se na inicial que "consta na planilha, em anexo, despesas no total de R$10.729,00 (dez mil setecentos e vinte e nove reais), em fevereiro de 2005, para realização das eleições suplementares, não incluídas eventuais despesas com Força Militar". Na construção do silogismo que embasa o pedido, diz que, "por ter dado causa às eleições suplementares, os réus devem ressarcir a União, conforme revela a documentação anexa". Em arremate, consta ainda que "a presente ação de ressarcimento em virtude de valores gastos com a realização de eleições suplementares objetiva".

A impropriedade, como se pode notar, decorre da ideia de que o valor do dano é aquele empreendido na eleição anulada, não na suplementar. Assim, voltando ao ponto inicial deste subitem, nenhuma repercussão pode ter a estipulação de que a nova eleição corra a expensas da Justiça Eleitoral, uma vez que o suposto dano suportado não abarcaria tal despesa.

5 Conclusões

Em face das premissas adotadas e do raciocínio empreendido ao longo deste artigo, a principal conclusão a que se pode chegar é que falta ao tema um mínimo de reflexão por parte da Justiça Eleitoral e da Advocacia-Geral da União quando optam pela propositura de ações de ressarcimento na hipótese de anulação de eleições.

Como se quis demonstrar, tal ausência de ponderação decorre, de um lado – o da Justiça Eleitoral –, do anseio de punir mais gravemente aquele candidato que teria praticado ato ilícito ou abusado de situação jurídica. A leitura corrente é que as sanções são brandas e, portanto, cada gravame que se possa impor ao político representa uma vitória. Não basta a aplicação de multas, a cassação do mandato e a inelegibilidade por

---

[95] A padronização das ações por parte da AGU permite a escolha aleatória de uma inicial, uma vez que a condução da estratégia é centralizada no Departamento de Patrimônio e Probidade da Procuradoria-Geral da União (DPP/PGU), conforme declaração de Renato Dantas de Araújo, diretor do órgão. Disponível em: <http://www.agu.gov.br/page/content/detail/id_conteudo/310802>. Acesso em: 21 nov. 2015.

oito anos; há, ainda, que se avançar em seus bens. Retoma-se, para bem compreender o tema, frase já transcrita na introdução, do então Presidente do Tribunal Superior Eleitoral, sobre o significado do convênio celebrado com a AGU: "Dessa forma nós estaremos contribuindo para a moralização dos costumes políticos".[96]

De outro, o da Advocacia-Geral da União, tem-se a conhecida ânsia arrecadatória, superando na elaboração das teses acusatórias alguns dos mais comezinhos princípios da responsabilidade civil e, com isso, criando fora da lei uma aparente hipótese de responsabilidade objetiva do candidato e de seu vice. O que importa é que os cofres públicos se vejam indenizados e nada mais.

Olvidam, ambas as visões, que a democracia tem custos, e que estes, por natural, devem ser suportados pelo próprio Estado como consectário da opção por atribuir ao povo o poder de escolher os seus representantes.

Assim como não se cogitaria, em um país democrático, cobrar do réu o custo da atividade policial de repressão ao crime, não faz sentido quando se lança olhos ao tema com a lente da opção constitucional democrática exigir do candidato cassado que arque com as despesas incorridas no processo de fiscalização da lisura do pleito.

Não se pode perder de mira que, em regra, as hipóteses que levam à anulação das eleições encerram um conceito difuso de luta contra a corrupção. Nestes termos, a questão pode ser bem explicada emprestando a teoria de Laura Underkuffler, professora da Universidade Cornell. Para a autora, a dificuldade de a modernidade lidar com a corrupção como faz com qualquer outro ato ilícito reside no fato de que este conceito precede o próprio Iluminismo. A ideia vulgar que se tem da corrupção deixa raízes em um mundo no qual legalidade, anterioridade da norma sancionatória e limites da pena eram conceitos inexistentes.

Em suas palavras, "a maioria dos crimes diz respeito a atos", "enquanto a corrupção diz respeito ao caráter". Dito de outro modo, "a corrupção é um conceito disposicional, que descreve o caráter profundo e amoral do acusado", uma disposição de agir com maldade, uma alma conspurcada pelo mal. Esta leitura afeta "a forma com a qual conceituamos a corrupção, como a provamos e nossa atitude em relação à responsabilidade pessoal por esse ilícito".[97]

Colocando a questão de outra forma, as sociedades modernas conseguem avaliar com certa isenção alguém acusado da prática de um furto ou até mesmo de um roubo, por exemplo. Acredita-se que a pena deve ser proporcional e visar à sua reinserção na coletividade; que não deve ser aplicada sanção alheia ao ordenamento jurídico, nem que o caráter do réu esteja indelevelmente marcado.

O mesmo não ocorre com a pessoa acusada de corrupção. Neste caso, a necessidade de sancionamento não decorre propriamente do ato em si, mas do caráter que ele revela, absolutamente antissocial, deletério. Como coloca a autora, "a corrupção, como um mal, não deixa espaço para prestação de contas ou expiação".[98] Assim, "uma vez que o caráter corrupto tenha sido diagnosticado, nós relutamos em aceitar quaisquer

---

[96] Disponível em: <http://www.tse.jus.br/imprensa/noticias-tse/2012/Janeiro/tse-e-agu-firmam-convenio-para-cobrar-de-politicos-cassados-gastos-com-pleitos-suplementares>. Acesso em: 15 nov. 2015.
[97] UNFERKUFFLER, Laura S. *Captured by evil*: the idea of corruption in law. New Haven: Yale University Press, 2013, p. 74 (tradução livre).
[98] UNFERKUFFLER, Laura S. Ob. cit., p. 99 (tradução livre).

palavras ou atos de desculpa, mitigação ou explicação", já que "um homem corrupto é. um homem corrupto [...] ele é torto, pervertido e degradado aos olhos de todos".[99]

Mormente em tempos de catarse coletiva com o tema da corrupção, este cenário implica reconhecer que os olhos devem ser mantidos abertos para que não se atropelem as leis, a Constituição Federal e os princípios gerais do Direito em uma suposta luta moral.

Desse modo, conforme visto no artigo, conquanto em algumas estritas hipóteses seja possível superar os óbices que a dogmática da responsabilidade civil traz para a atribuição da obrigação de ressarcir aos candidatos que deram causa à anulação das eleições, este caminho envereda pela perigosa senda de um puritanismo exacerbado.

Melhor reconhecer que as democracias têm seus custos, e que a opção por manter as eleições com alto padrão de lisura acarreta ônus que devem ser compartilhados por todos e, portanto, custeados pelo Estado.

Isso não significa, de modo algum, abrir mão do controle e da fiscalização, muito menos de punir os candidatos que atuem em violação aos preceitos legais, mas implica limitar a resposta do Estado aos termos próprios das leis sancionatórias em obediência aos mais caros princípios regentes do Estado Democrático de Direito.

Referências

ALMEIDA NETO, Manoel Carlos de. *Direito eleitoral regulador*. São Paulo: RT, 2014.

ALVIM, Frederico Franco. *Curso de direito eleitoral*: atualizado de acordo com as Leis 12.873/13, 12.891/13 e com as resoluções expedidas pelo Tribunal Superior Eleitoral para as eleições 2014. Curitiba: Juruá, 2014.

ASSUNÇÃO, Bruno Barros de. Natureza jurídica do ressarcimento integral do dano na Lei n. 8.429/1992: o posicionamento do STJ e seus reflexos na aplicação do art. 12 e na atuação do membro do MPF. *Boletim Científico ESMPU*, Brasília, ano 10, n. 36, 2011, p. 11-27.

CAVALIERI FILHO, Sérgio. *Programa de responsabilidade civil*. 11. ed. São Paulo: Atlas, 2014.

COELHO, Margarete de Castro. *A democracia na encruzilhada*: reflexões acerca de legitimidade democrática da Justiça Eleitoral brasileira para a cassação de mandatos eletivos. Belo Horizonte: Fórum, 2015.

COSTA. Adriano Soares da. *Quitação eleitoral e hipermoralização do direito*: na era do "fichalimpismo". Disponível em: <http://adrianosoaresdacosta.blogspot.com.br/search/label/fichalimpismo>. Acesso em: 15 nov. 2015.

FERREIRA, Marcelo Ramos Peregrino. *Direito eleitoral do inimigo*. Disponível em: <http://emporiododireito.com.br/direito-eleitoral-do-inimigo-por-marcelo-peregrino/>. Acesso em: 15 nov. 2015.

FERREIRA, Marcelo Ramos Peregrino. *O controle de convencionalidade da Lei da Ficha Limpa*: direitos políticos e inelegibilidades. Rio de Janeiro: Lumen Juris, 2015.

GOMES, Orlando. *Responsabilidade civil*. BRITO, Edvaldo (Atualizador). Rio de Janeiro: Forense, 2011.

GONÇALVES, Carlos Roberto. *Responsabilidade civil*. 16. ed. São Paulo: Saraiva, 2015.

HOUAISS, Antônio. *Grande Dicionário Houaiss da Língua Portuguesa*. Rio de Janeiro: Objetiva, 2008.

PEREIRA, Caio Mário da Silva. *Responsabilidade Civil*: de acordo com a Constituição de 1988. 9. ed. Rio de Janeiro: Forense, 1999.

SALGADO, Eneida Desiree. *Princípios constitucionais eleitorais*. 2. ed. Belo Horizonte: Fórum, 2015.

---

[99] UNFERKUFFLER, Laura S. Ob. cit., p. 100 (tradução livre).

SALVADOR NETTO, Alamiro Velludo; NEISSER, Fernando Gaspar. Lei da Ficha Limpa e Direito Penal: a corrosão dos princípios da legalidade e da presunção de inocência. *Boletim IBCCrim*, ano 20, n. 233, abr. 2012, p. 2-3.

SCHREIBER, Anderson. *Novos paradigmas da responsabilidade civil*: da erosão dos filtros da reparação à diluição dos danos. 5. ed. São Paulo: Atlas, 2013.

SILVA, Roberto de Abreu e. A sentença criminal condenatória e a reparação de danos. *Revista da EMERJ*, v. 13, n. 50, 2010, p. 129-154.

UNFERKUFFLER, Laura S. *Captured by evil*: the idea of corruption in law. New Haven: Yale University Press, 2013.

VENOSA, Sílvio de Salvo. *Direito civil*: responsabilidade civil. 5. ed. v. IV. São Paulo: Atlas, 2005.

Informação bibliográfica deste livro, conforme a NBR 6023:2002 da Associação Brasileira de Normas Técnicas (ABNT):

NEISSER, Fernando Gaspar. A ação de ressarcimento de danos causados à União no caso da anulação de eleições pela Justiça Eleitoral. *In*: TAVARES, André Ramos; AGRA, Walber de Moura; PEREIRA, Luiz Fernando (Coord.). *O direito eleitoral e o novo Código de Processo Civil*. Belo Horizonte: Fórum, 2016. p. 433-466. ISBN 978-85-450-0133-1.

DA DUPLA INCONSTITUCIONALIDADE ADVINDA COM A LEI Nº 13.165/2015: DO NOCIVO EFEITO SUSPENSIVO AUTOMÁTICO E DA ESCALAFOBÉTICA EXIGÊNCIA DE TRÂNSITO EM JULGADO PARA A REALIZAÇÃO DE NOVAS ELEIÇÕES

RODRIGO TERRA CYRINEU

1 Introdução

A mais recente reforma eleitoral, advinda com a sanção da Lei nº 13.165, de 29 de setembro de 2015, trouxe, dentre inúmeras alterações, 2 (duas) mudanças de natureza processual que impactarão significativamente a vida política dos entes federativos, sobremodo dos municípios – laboratórios de sempre das experiências legislativo-eleitorais: o efeito suspensivo automático do recurso que combater a primeira decisão de cassação do registro/diploma/mandato eletivo e a necessidade de trânsito em julgado daquela decisão para que sejam realizadas novas eleições.

Passando na trave do artigo 16 da Constituição Federal, uma vez que foi sancionada a meros 3 (três) dias antes do prazo final estipulado no referido dispositivo constitucional, a reforma decorrente da aludida lei ordinária passa a valer já nas eleições municipais do ano corrente, razão pela qual algumas considerações fazem-se necessárias a propósito dessas 2 (duas) curiosas novidades de natureza processual, máxime no que toca à sua (in)compatibilidade vertical com a *Lex Mater*.

2 Histórico jurisprudencial atinente à eficácia imediata das decisões judiciais em processos eleitorais

Interpretar as regras eleitorais sem conhecer as evoluções jurisprudenciais e as involuções – *sendo raras as evoluções* – legislativas é tarefa manifestamente impraticável: é impossível compreender e analisar criticamente os 2 (dois) novos aspectos processuais sem realizar, exaustivamente, uma investigação a propósito das alterações legislativas e sua interpretação pelo guardião e intérprete final da legislação eleitoral.

E este périplo inicia-se, obviamente, levando-se em consideração que antes da Lei nº 9.840, de 28 de setembro de 1999, que trouxe ao ordenamento jurídico a figura típica do art. 41-A[1] na Lei nº 9.504/1997, isto é, o ilícito denominado de captação ilícita de sufrágio, vulgarmente conhecido como "compra de votos", raríssimos eram os casos de cumprimento das decisões judiciais proferidas em processos eleitorais que efetivamente eram executadas no curso do mandato eletivo daquele que reconhecidamente praticou algum ilícito.

Postergava-se sua execução para o futuro, o que na prática correspondia a nada, pois, como o prazo de inelegibilidade era de 3 (três) anos, cujo termo *a quo* era a data da própria eleição na qual cometido o ilícito, para a eleições seguintes já era possível a nova candidatura, a revelar a completa inocuidade da lei.

O divisor de águas aludido é perfeitamente constatado em seguinte excerto de julgado da lavra do Ministro José Paulo Sepúlveda Pertence – *verbis*: "Ao contrário do que se tem entendido, com relação ao art. 15 da LC nº 64/90, a eficácia da decisão tomada com base no art. 41-A da L. 9.504/97 é imediata, ainda quando sujeita a recurso".[2] [3]

A propósito da diferenciação entre a execução das decisões que declaravam a inelegibilidade e a eficácia das sentenças que reconheciam condutas ilícitas praticadas no pleito eleitoral, exegese esta que inaugurou um novo capítulo da efetivação da Justiça Eleitoral, oportuna a leitura de excerto de voto proferido pelo Ministro Fernando Neves da Silva no julgamento da Medida Cautelar nº 970 – *verbis*:

> Vê-se que aqui se cuida da apuração e punição de conduta delituosa de quem já havia se apresentado à Justiça Eleitoral como candidato, diferentemente do que ocorre nos processos de registro, em que se discutem condições de elegibilidade ou causas de inelegibilidade. A questão da aplicação do art. 15 da Lei Complementar nº 64 à espécie é de alta relevância diante das consequências que acarreta. Após meditar sobre o tema, concluí que, se não há declaração de inelegibilidade, a eficácia da decisão proferida pela Justiça Eleitoral não está condicionada ao seu trânsito em julgado. Incide a regra geral de que os recursos eleitorais não têm efeito suspensivo (Código Eleitoral, art. 257).
>
> Com efeito. A regra contida no referido art. 15 é clara: transitada em julgado a decisão que declarar a inelegibilidade do candidato, ser-lhe-á negado registro, ou cancelado, se já tiver sido feito, ou declarado nulo o diploma, se já expedido. Ora, no caso, em exame, não foi declarada a inelegibilidade, mas apenas cassado o seu registro, na forma do que dispõe o citado artigo 41-A.
>
> Neste caso, penso que o interesse a prevalecer é o de afastar imediatamente da disputa aquele que, no curso da campanha eleitoral, incide no tipo captação de sufrágio vedada por lei.[4]

---

[1] Art. 41-A. Ressalvado o disposto no art. 26 e seus incisos, constitui captação de sufrágio, vedada por esta Lei, o candidato doar, oferecer, prometer, ou entregar, ao eleitor, com o fim de obter-lhe o voto, bem ou vantagem pessoal de qualquer natureza, inclusive emprego ou função pública, desde o registro da candidatura até o dia da eleição, inclusive, sob pena de multa de mil a cinquenta mil Ufir, e cassação do registro ou do diploma, observado o procedimento previsto no art. 22 da Lei Complementar no 64, de 18 de maio de 1990.

[2] Recurso Especial Eleitoral nº 19.176, Acórdão nº 19.176 de 16.10.2001, rel. Min. José Paulo Sepúlveda Pertence, Publicação: DJ – Diário de Justiça, Volume 1, Data 22.02.2002, Página 181 *RJTSE – Revista de Jurisprudência do TSE*, Volume 13, Tomo 2, Página 186.

[3] Ver, ainda, QORESPE – Questão de Ordem em Recurso Especial Eleitoral nº 19.528 – Concórdia do Pará/PA, rel. Min. José Paulo Sepúlveda Pertence, no qual se reafirmou o entendimento: "A decisão que, com base no art. 41-A, cassa o registro de candidato tem eficácia imediata, despidos os recursos cabíveis de efeito suspensivo".

[4] Agravo Regimental em Medida Cautelar nº 970, Acórdão nº 970 de 01.03.2001, rel. Min. Waldemar Zveiter, Publicação: DJ – Diário de Justiça, Data 27.04.2001, Página 236 *RJTSE – Revista de Jurisprudência do TSE*, Volume 12, Tomo 3, Página 65.

É preciso dizer, entretanto, que o advento da figura da captação ilícita de sufrágio apenas teve o condão de aflorar a discussão, uma vez que foi a partir daí que aumentaram-se, significativamente, o número de cassações. Todavia, referido entendimento já havia sido tomado em outros casos nos quais o indeferimento do registro de candidatura não se relacionava com a instauração de investigação judicial eleitoral.

Elucidativa a ementa do acórdão proferido na MC nº 703:

> AGRAVO REGIMENTAL EM MEDIDA CAUTELAR. COMPATIBILIZAÇÃO ENTRE ART. 257 DO CE E ART. 15 DA LC Nº 64/90.
> A decisão que indefere ou cassa o registro da candidatura deve ser imediatamente cumprida. (Art. 257, CE)
> Agravo improvido.[5] [6]

Posteriormente, o colendo Tribunal Superior Eleitoral, no julgamento do RO nº 1.362[7] proveniente de Fazenda Rio Grande/PR, evoluiu em sua orientação jurisprudencial para garantir, mediante exegese constitucional, efetividade ao Judiciário Eleitoral, suprindo vácuo jurisdicional existente entre a data da votação até a diplomação dos eleitos, interregno este em que a Justiça Eleitoral, à vista da legislação então vigente, simplesmente não podia afastar do cargo candidatos reconhecidamente praticantes de abusos e ilícitos de toda a sorte.

A importância do julgado referenciado no parágrafo anterior reside não apenas em sua consequência prática, mas também – e sobretudo – no exame e posterior interpretação das normas eleitorais a partir da Constituição Federal, valendo dizer, sem medo de errar, que o colendo TSE realizou, na esteira do voto proferido pelo Ministro Carlos Ayres Britto, verdadeira interpretação conforme à constituição do antigo inciso XIV, do artigo 22, da Lei Complementar nº 64/1990, amoldando-o às prescrições normativas da Carta de Outubro.

Outrossim, o Tribunal Superior Eleitoral consolidou sua orientação de modo a evitar que manobras processuais nitidamente protelatórias retirassem a eficácia das decisões proferidas pelo Judiciário Eleitoral, embora legais do ponto de vista estritamente literal, senão se veja, a propósito, o que decidido no julgamento do Respe nº 25.765 proveniente de Guaçuí/ES – *verbis*:

> RECURSO ESPECIAL. INVESTIGAÇÃO JUDICIAL. DECLARAÇÃO DE INELEGIBILIDADE. ABUSO DE PODER. ART. 22 DA LEI COMPLEMENTAR Nº 64/90. EXIGÊNCIA DE TRÂNSITO EM JULGADO. CASSAÇÃO DO DIPLOMA. EMBARGOS. CARÁTER PROTELATÓRIO. REJEIÇÃO. APLICAÇÃO IMEDIATA. POSSIBILIDADE.

---

[5] Agravo Regimental em Medida Cautelar nº 703, Acórdão nº 703 de 27.09.2000, rel. Min. Nelson Azevedo Jobim, Publicação: PSESS – Publicado em Sessão, Data 27.09.2000.

[6] Ver, ainda: (*i*) Mandado de Segurança nº 2.768, Acórdão nº 2.768 de 09.02.1999, rel. Min. Walter Ramos da Costa Porto, Publicação: DJ – Diário de Justiça, Data 12.03.1999, Página 64 *RJTSE – Revista de Jurisprudência do TSE*, Volume 11, Tomo 2, Página 120; (*ii*) Embargos de Declaração em Recurso Ordinário nº 343, Acórdão nº 343 de 18.05.2000, rel. Min. José Eduardo Rangel de Alckmin, Publicação: DJ – Diário de Justiça, Volume 1, Tomo -, Data 04.08.2000, Página 129.

[7] Recurso Ordinário nº 1.362, Acórdão de 12.02.2009, rel. Min. José Gerardo Grossi, rel. Min. Carlos Augusto Ayres de Freitas Britto, Publicação: DJE – Diário da Justiça Eletrônico, Volume -, Tomo 66.2009, Data 06.04.2009, Página 45.

I – Para que se produzam os efeitos da Ação de Investigação Judicial Eleitoral, exige-se trânsito em julgado.

II – Confirmada decisão que declara a inelegibilidade e opostos embargos meramente protelatórios, efetiva-se a cassação do diploma com o julgamento do recurso pela instância superior.[8]

Como último marco de efetividade processual[9] coloca-se, indubitavelmente, a Lei Complementar nº 135/2010, sobretudo quando trouxe nova redação ao inciso XIV do artigo 22 da vetusta Lei Complementar nº 64/1990, propiciando, a partir de então, a cassação do registro/diploma/mandato eletivo "ainda que após a proclamação dos eleitos".

Note-se, por oportuno, que o advento dessa nova regra processual não impediu que o Judiciário Eleitoral acautelasse a situação jurídica de candidatos que foram cassados por decisões equivocadas, sendo desnecessário listar a tonelada de precedentes facilmente verificáveis no repertório de jurisprudência encontrado no sítio eletrônico dos Tribunais Eleitorais.

O breve registro histórico, longe de pretender ser o mais fiel e completo já realizado, deu-se como forma de evidenciar, em primeiro lugar, o hercúleo esforço da Justiça Eleitoral em conquistar e – depois – preservar a eficácia de suas decisões, acompanhado que fora, até então e de forma pontual, pelo Congresso Nacional, invariavelmente instado, neste particular, pela iniciativa popular.

Igualmente, e por derradeiro, serve para elucidar a desarmonia desse sobredito movimento com as 2 (duas) novidades trazidas pela Lei nº 13.165, de 29 de setembro de 2015, objeto de exame nas linhas vindouras.

3 Da nocividade do efeito suspensivo automático e sua desarmonia com o postulado do *due process of law*

Como já assentado em linhas volvidas, a Lei nº 13.165/2015 acrescentou o §2º ao artigo 257 do Código Eleitoral, instituindo o anunciado efeito suspensivo automático ao recurso ordinário interposto contra a primeira decisão de cassação de registro, afastamento do titular ou perda de mandato eletivo, seja a decisão proferida por juiz eleitoral ou Tribunal Regional Eleitoral, respectivamente no caso de eleições municipais ou eleições gerais.

O Código Eleitoral passou a ter a seguinte disciplina:

Art. 257. Os recursos eleitorais não terão efeito suspensivo.
§1º A execução de qualquer acórdão será feita imediatamente, através de comunicação por ofício, telegrama, ou, em casos especiais, a critério do presidente do Tribunal, através de cópia do acórdão. (Redação dada pela Lei nº 13.165, de 2015)

---

[8] Recurso Especial Eleitoral nº 25.765, Acórdão de 29.06.2006, rel. Min. Carlos Augusto Ayres de Freitas Britto, Publicação: DJ – Diário de justiça, Volume I, Data 8.8.2006, Página 117.

[9] Embora não devamos esquecer as múltiplas incongruências e inconstitucionalidades contidas na LC nº 135/2010, é preciso reconhecer sua contribuição para a efetividade das decisões judiciais proferidas pela Justiça Eleitoral e, por consequência, a necessária segurança jurídica ao processo eleitoral.

§2º O recurso ordinário interposto contra decisão proferida por juiz eleitoral ou por Tribunal Regional Eleitoral que resulte em cassação de registro, afastamento do titular ou perda de mandato eletivo será recebido pelo Tribunal competente com efeito suspensivo. (Incluído pela Lei nº 13.165, de 2015)

§3º O Tribunal dará preferência ao recurso sobre quaisquer outros processos, ressalvados os de *habeas corpus* e de mandado de segurança. (Incluído pela Lei nº 13.165, de 2015)

Há quem diga que a novel regra processual do Código Eleitoral tem por escopo equiparar a exigência de decisão em duplo grau contida na Lei Complementar nº 64/90 com as modificações trazidas pela Lei nº 135/2010, a qual trata das inelegibilidades.

Ledo engano.

Primeiro que, ao contrário do que se propaga, a famigerada Lei da "Ficha Limpa" não exige decisão proferida em duplo grau. Na verdade, exige decisão colegiada ou transitada em julgada, sendo que aquela, proferida por órgão colegiado, pode ser proferida em primeira instância,[10] a revelar que o argumento não prospera.

De mais a mais, não é apropriado dar o mesmo tratamento às causas de inelegibilidade e às condutas ilícitas praticadas no curso da campanha eleitoral, pois sua essência e suas consequências são completamente diferentes.

As inelegibilidades tem ligação umbilical com o direito de participação do cidadão nas decisões coletivas, possuindo *status* supraconstitucional, a exemplo do que se vê da previsão expressa no artigo 23 da Convenção Americana de Direitos Humanos de 1969:

> Artigo 23 – Direitos políticos
> 1. Todos os cidadãos devem gozar dos seguintes direitos e oportunidades:
> a) de participar da condução dos assuntos públicos, diretamente ou por meio de representantes livremente eleitos;
> b) de votar e ser eleito em eleições periódicas, autênticas, realizadas por sufrágio universal e igualitário e por voto secreto, que garantam a livre expressão da vontade dos eleitores; e
> c) de ter acesso, em condições gerais de igualdade, às funções públicas de seu país.
> 2. A lei pode regular o exercício dos direitos e oportunidades, a que se refere o inciso anterior, exclusivamente por motivo de idade, nacionalidade, residência, idioma, instrução, capacidade civil ou mental, ou condenação, por juiz competente, em processo penal.

É, justamente por isso, o mais radical dos pronunciamentos a cargo do Judiciário Eleitoral, uma vez que impede a própria participação do cidadão na disputa eleitoral, razão pela qual, a despeito da maioria já formada no ambiente acadêmico e jurisprudencial, particularmente entendemos ser necessário o trânsito em julgado da decisão condenatória, porquanto a certeza da vida pregressa desabonadora deve ser a mais certa possível, para que não se cometam injustiças já observadas na República Federativa do Brasil.[11]

---

[10] É o caso de processos criminais com autoridades com foro por prerrogativa ou, mais interessante, a peculiar situação das condenações do Tribunal do Júri, hábeis, por si só, sem necessidade de confirmação da condenação pelo Tribunal de Justiça respectivo, de gerar inelegibilidade. Ver, a propósito: RO 263.449/SP, PSESS 11.11.2014; REspe nº 611-03/RS, Dje 13.8.2013; e REspe nº 158-04/MG, PSESS 23.10.2012.

[11] Em memorável voto proferido na ADPF nº 144/DF, o Ministro Celso de Mello cita um lapidar pronunciamento do Ministro Leitão de Abreu, disponível na RTJ 79/695-705, no qual este último relata o caso de pretenso candidato que havia sido reconhecido inelegível por ter sido recebida uma denúncia criminal contra si e, após a

Já as condutas ilícitas praticadas no curso da campanha eleitoral merecem tratamento diverso. O candidato não foi obstado de participar. Participou e foi, reconhecidamente, via sentença ou acórdão (a depender da eleição, municipal ou geral) proferido após ampla instrução processual, desonesto, ardiloso e desrespeitoso com os demais concorrentes e com a sociedade, agindo de modo contrário às regras, não podendo se beneficiar, portanto, da suspensão automática da decisão condenatória, de modo a permanecer no cargo até o julgamento da causa pela instância superior, com toda a burocracia e demora inerente às tramitações recursais.

Não se trata, como aparentemente poder-se-ia sugerir, de mera opção político-legislativa (péssima, por sinal). De modo algum. Pelo contrário, o Congresso Nacional não detinha, neste particular, nenhuma margem de manobra, nenhum espaço, cinzento que fosse, de conformação, porquanto as incontáveis disposições constitucionais incidentes no microssistema eleitoral não permitem outra solução que não seja aquela de antanho, da eficácia imediata, como regra, das decisões judiciais eleitorais, aperfeiçoada pela valiosa e cuidadosa construção jurisprudencial do Tribunal Superior Eleitoral.

Processo e tempo são inseparáveis. Aliás, se completam e se definem. Isso não implica, contudo, a necessidade de se reimplantar, no âmago da Justiça Eleitoral, máxima há muito dela extirpada, mas ainda observada em outros ramos do Judiciário, consistente na assertiva de que "o autor com razão é prejudicado pelo tempo da justiça na mesma medida em que o réu sem razão é por ela beneficiado".[12]

Fato é que "o tempo do processo, diante da proibição da autotutela, tornou-se indispensável para o juiz amadurecer o seu juízo sobre os litígios". De modo que, na esteira dos citados processualistas, "o tempo é, antes de tudo, um problema da jurisdição, que por esse motivo deve zelar para que o réu não abuse do seu direito de defesa ou pratique atos objetivando a protelação dos feitos".[13]

O problema é que a Lei nº 13.165/2015 retirou do Poder Judiciário o poder de acautelamento das situações já decididas em primeira instância, o que consubstancia, além de interferência indevida em prerrogativa inerente e exclusiva da Justiça,[14,15] nítido desrespeito ao mais autorizado entendimento a propósito do acesso à justiça e do direito

---

manutenção do indeferimento de sua candidatura pelo TSE, veio a ser absolvido, mas, naquela ocasião, o dano já havia se consumado e se tornado irreparável.

[12] MARINONI, Luiz Guilherme; ARENHART, Sérgio Cruz; MITIDIERO, Daniel. *Novo curso de processo civil*: teoria do processo civil. Vol. 1. São Paulo: Editora Revista dos Tribunais, 2015, p. 219.

[13] MARINONI, Luiz Guilherme; ARENHART, Sérgio Cruz; MITIDIERO, Daniel. *Novo curso de processo civil*: teoria do processo civil. Vol. 1. São Paulo: Editora Revista dos Tribunais, 2015, p. 220.

[14] O Congresso Nacional, em atitude fisiologista e buscando manter o *status quo*, fez ouvidos moucos ao artigo 2º da Constituição Federal, pois é óbvio que a suspensão, ou não, dos efeitos da decisão de cassação deve ficar, sempre e necessariamente, ao encargo do Judiciário Eleitoral, pois é o julgador quem detém as condições necessárias para separar recursos dotados de plausibilidade jurídica daqueles outros que simplesmente buscam postergar o édito condenatório derradeiro, em nítido abuso do direito ao processo e desrespeito à efetividade da Justiça.

[15] Em obra dedicada à tutela dos direitos mediante procedimentos diferenciados, Marinoni, Arenhart e Mitidiero (MARINONI, Luiz Guilherme; ARENHART, Sérgio Cruz; MITIDIERO, Daniel. *Novo curso de processo civil*: tutela dos direitos mediante procedimento diferenciados. Vol. 3. São Paulo: Editora Revista dos Tribunais, 2015, p. 27) destacam o quanto o Estado Liberal negou a importância do juiz e do quanto isso foi péssimo para a efetividade do processo – *verbis*: "A *procedura civile* tem íntima relação com o processo civil comum – romano-canônico –, em que os pressupostos políticos, filosóficos e jurídicos que deram origem ao processo romano se dissolveram diante das pressões das variadas condições políticas, conduzindo à desvalorização da figura e da função do juiz e à valorização das formas. A *procedura civile*, ao tentar negar a importância do juiz, exaltou o formalismo, obscurecendo, por consequência, a verdadeira essência do processo".

de ação, este último enquanto direito à tutela efetiva, o que acaba por conspurcar, destrutivamente, o postulado do devido processo legal e o comando constitucional derivado da razoável duração do processo.

Para se perceber o tamanho do acinte à boa técnica, basta lembrar que a evolução da legislação processual cível brasileira, do Código de Processo Civil de 1973 para frente, já levando em consideração também o novo e ainda não vigente CPC, tem como uma das características mais marcantes justamente o implemento de efetividade aos comandos judicias, a exemplo do já não tão novo instituto da tutela antecipada e, por sua causa, a gradativa redução do efeito suspensivo automático ao recurso de apelação.[16]

Outrossim, importante frisar que no microssistema do direito coletivo a regra é a eficácia imediata, a exemplo da disposição contida na Lei da Ação Civil Pública (Lei nº 7.347/1985) que assim reza: "Art. 14. O juiz poderá conferir efeito suspensivo aos recursos, para evitar dano irreparável à parte".

Isto é, tratando-se de direito de natureza não patrimonial, revela-se mesmo arcaica, para não dizer escalafobética, a nova regra do §2º do art. 257 do Código Eleitoral, a permitir, sem medo de exagerar, juízos de desvalio dos juízes eleitorais nas eleições municipais e dos regionais nas eleições gerais, o que é no mínimo intrigante, perturbador.

A propósito da questão temporal no trato de direitos não patrimoniais, confira-se:

> A dimensão do tempo é também inocultável quando se tomam em consideração os direitos não patrimoniais, como os direitos da personalidade e o direito ao meio ambiente. Esses direitos, como é pouco mais do que evidente, não podem se dar ao luxo de esperar o "tempo normal da justiça", pena de serem transformados em direitos à indenização. O tempo do processo inutiliza-os, dando a impressão de que todos, ao contrário do que está proclamado na lei, podem violá-lo caso se disponham a pagar por eles, prestando indenização.[17]

Logo, nem mesmo eventual indenização à União dos danos causados com a anulação da eleição justificariam o aqui refutado efeito suspensivo automático, porquanto a ideia que se passa com o novel dispositivo é que "tudo vale", uma vez que nem mesmo o magistrado que preside as eleições tem poder para cassar, de imediato, o registro/diploma/mandato eletivo de quem quer que seja, sendo necessária confirmação superior – o que leva mais tempo do que se possa imaginar. E nesse meio tempo está tudo garantido, ainda que seja incontroversa e indefensável a acusação, a fazer com que seja atualíssima, apesar de antiga, a advertência de Carlos Maximiliano – *verbis:* "deve o direito ser interpretado inteligentemente: não de modo que a ordem legal envolva um absurdo, prescreva inconveniências, vá ter a conclusões inconsistentes ou impossíveis".

Nesta altura, calha trazer à baila luminoso trecho do memorável voto do Ministro Carlos Ayres Britto no julgamento do já citado RO nº 1.362/PR – *verbis*:

> 35. Ora bem, o inciso XXXV do artigo 5º da Carta de Outubro garante não só o direito público subjetivo de ação em sua concepção formal, como também o direito a uma tutela adequada, tempestiva e efetiva. Em outras palavras: está a derivar do princípio

---

[16] Marinoni *et al.* (*op. cit.*, p. 222) bem destacam tal fenômeno evolutivo, asseverando que essa tendência assegura "tendencialmente à legislação processual civil brasileira uma posição de destaque no cenário internacional no que tange à resolução do problema ligado à demora na prestação da tutela jurisdicional dos direitos".

[17] Marinoni *et al.* (*op. cit.*, p. 220).

da inafastabilidade não apenas a criação de diversas ações judiciais eleitorais (ação de investigação judicial, ação de impugnação de mandato eletivo e recurso contra a expedição do diploma), mas, por igual, a exigência de que as tutelas e os provimentos mostrem-se adequados à efetiva prevenção ou ao eficaz tratamento daqueles ilícitos que afrontem o direito constitucional de sufrágio. Vale dizer: de nada adiantaria criar centenas de ações eleitorais se esses instrumentos não redundassem em consequências enérgicas àqueles que descumprirem a legislação eleitoral.[18]

Para além dessa violação, não é menos certo que o efeito suspensivo automático agride também o devido processo legal substancial, entendendo-se este, nas palavras de Paulo Henrique dos Santos Lucon, como "uma garantia que estabelece uma legítima limitação ao poder estatal, de modo a censurar a própria legislação e declarar a ilegitimidade de leis que violem as grandes colunas ou os *landmarks* do regime democrático".[19]

Nessa perspectiva, não se pode perder de vista a importância histórica da criação da Justiça Eleitoral e a superação do anacrônico sistema de verificação das eleições da República Velha, o que, ao que tudo indica, foi solenemente ignorada pelo Congresso Nacional em verdadeiro "legislar em causa própria".

Com efeito, deixou Assis Brasil grafado na justificativa do Anteprojeto do Código Eleitoral de 1932 os seguintes dizeres:

> Bom regime eleitoral e Juízes moral e intelectualmente capazes de aplicar, não só essa, como todas as leis – mas essa antes de todas – eis a condição primária, irredutível, de verdade da Democracia e de prosperidade do país, em todas as direções, materiais e espirituais. Povo que disponha de seguro instrumento eleitoral e de Justiça esclarecida e independente – está no caso de se dar as instituições e de constituir os governos de sua preferência [...]. Quanto mais se pesarem os princípios e as circunstâncias e se cotejarem aqueles com estas, mais se consolidará a convicção de que a verdade está na Democracia e o pensamento democrático está cristalizado no lema imortal: REPRESENTAÇÃO E JUSTIÇA.[20]

Aliás, a história é testemunha de que o Congresso Nacional não é e nunca foi bom exemplo em matéria eleitoral, senão se veja:

> Importante notar que a Justiça Eleitoral foi apenas criada pelo Código Eleitoral de 1932, de autoria do próprio Assis Brasil. Embora o magistrado desempenhasse algumas funções eleitorais durante a Primeira República, o julgamento decisivo sobre a apuração dos votos era legada ao próprio corpo legislativo. A Comissão de Verificação de Poderes do Congresso – que teve diversas composições ao longo de toda a Primeira República – era constituída por deputados e senadores encarregados do reconhecimento dos diplomas dos candidatos eleitos. Num ambiente político sabidamente tomado pela corrupção, a comissão em questão era tida como a mais alta hierarquia da fraude eleitoral, protagonista das *degolas* eleitorais, expressão que descrevia o sacrifício político de candidatos sufragados nas urnas.

---

[18] Recurso Ordinário nº 1.362, Acórdão de 12.02.2009, rel. Min. José Gerardo Grossi, rel. Min. Carlos Augusto Ayres de Freitas Britto, Publicação: DJE – Diário da Justiça Eletrônico, Volume -, Tomo 66/2009, Data 06.04.2009, Página 45.

[19] LUCON, Paulo Henrique dos Santos. Devido processo legal substancial. *Revista de Doutrina da 4ª Região*, n. 15, 22 nov. 2006.

[20] NÉRI DA SILVEIRA, José. *Aspectos do Processo Eleitoral*. Porto Alegre: Livraria do Advogado, 1998, p. 19-20.

Abaixo da comissão, com menor possibilidade de influenciar o resultado final das eleições, estavam o voto de cabresto e as eleições a bico de pena, baseadas nas alterações das atas.[21]

É com base nessa perspectiva histórica que Néri da Silveira obtempera:

> Assume, nesse sentido e por isso mesmo, no Brasil, posição de maior importância, para a democracia, a Justiça Eleitoral, ao guardar o processo eleitoral, zelando pela organização, direção e vigilância dos atos relativos ao sufrágio, em ordem a que a vontade geral se manifesta, sem fraude nem violência, na conformidade das leis, que hão de ser interpretadas e aplicadas, na perspectiva da realização dos valores da democracia, indissociáveis dos superiores interesses do bem comum.[22]

Esse resgate histórico bem evidencia que a Lei nº 13.165/2015, neste particular, incorre em falta de razoabilidade e de racionalidade, colocando-se como arbitrária, em nítida violação ao já citado devido processo legal substancial, princípio este que, nas palavras de Antonio Roberto Sampaio Dória ao traçar o perfil evolutivo do conceito substantivo do *due process of law* na experiência norte-americana, "vinha a talhe de foice para se constituir em instrumento hábil a amparar a expansão das limitações constitucionais ao exercício do poder legislativo federal e estadual".[23]

E o *locus* próprio para esse reconhecimento é o Judiciário, porque os atuais mandatários são diretamente interessados na manutenção do §2º do art. 257 do Código Eleitoral. Nesse sentido, Oscar Vilhena Vieira bem adverte que

> Não serão os próprios representantes os mais indicados para corrigir esses problemas de mau funcionamento democrático. Exemplo disso é o caso da sub-representação dos cidadãos dos Estados mais populosos no Brasil. Esperar que o Congresso – fruto dessa distorção e beneficiário da mesma – a corrija é esperar que a maioria dos parlamentares lute contra seus próprios interesses. Este é um caso típico onde a resolução do problema e o consequente fortalecimento da democracia devem sair de fora do sistema representativo.[24]

De se ver, portanto, que o §2º do art. 257 do Código Eleitoral não ultrapassa o exame vertical de validade, porquanto não se amolda aos princípios da inafastabilidade da jurisdição e do devido processo legal (em sua faceta substancial), bem como invade cláusula de reserva de jurisdição inerente à Justiça Eleitoral, presente a sua importância histórica e função precípua de salvaguarda do regime representativo e da democracia brasileira, traduzindo-se, portanto, em atuação *ultra vires* do Congresso Nacional.

---

[21] HOLLANDA, Cristina Buarque de. *Joaquim Francisco de Assis Brasil*: uma antologia política. Rio de Janeiro: 7 Letras, 2011, p. 304.
[22] NÉRI DA SILVEIRA, José. *Aspectos do Processo Eleitoral*. Porto Alegre: Livraria do Advogado, 1998, p. 20.
[23] DÓRIA, Antonio Roberto Sampaio. *Direito constitucional tributário e due process of law*, n. 11, p. 3 apud LUCON, Paulo Henrique dos Santos. Devido processo legal substancial. *Revista de Doutrina da 4ª Região*, n. 15, 22 nov. 2006, p. 5-6.
[24] VIEIRA, Oscar Vilhena. *A Constituição e sua reserva de justiça*: um ensaio sobre os limites materiais ao poder de reforma. São Paulo: Malheiros, 1999, p. 216.

4 Da exigência da coisa julgada para realização de novas eleições e a manifesta subversão da soberania popular

Lado outro, adveio, com a já citada Lei nº 13.165/2015, novo regramento insculpido no §3º do art. 224 do Código Eleitoral, assim rezando:

> A decisão da Justiça Eleitoral que importe o indeferimento do registro, a cassação do diploma ou a perda do mandato de candidato eleito em pleito majoritário acarreta, *após o trânsito em julgado*, a realização de novas eleições, independentemente do número de votos anulados.

Na prática, nunca ocorrerá nova eleição.[25]

A hipótese cogitada na nota de rodapé nº 26 bem evidencia o longo périplo necessário para o trânsito em julgado da condenação, o que certamente não se findará dentro dos 4 (quatro) anos do mandato eletivo, a evidenciar, na prática, que o município será governado, até a eleição regular seguinte, pelo Presidente da Câmara Municipal, o qual não foi eleito para a função de administrar o ente federativo.

A questão é muito grave, pois o prefeito interino *ad aeternum* será eleito pelo sistema proporcional, isto é, contará com pouquíssima legitimidade das urnas, a afrontar não só o sistema majoritário, de envergadura constitucional, previsto para as eleições do chefe do Poder Executivo, mas também a soberania popular, na medida em que esta arbitrária e irracional exigência procedimental conspurcará, a mais não poder, o exercício da cidadania.

---

[25] Tomando como exemplo a hipótese de cassação de um prefeito municipal, podemos cogitar a seguinte situação: (*i*) a ação é ajuizada no dia 1º de setembro de 2016; (*ii*) no dia posterior, 2.9.2016, expedem-se os mandados de citação; (*iii*) os investigados apresentam a defesa no último dia do prazo, 7.9.2016; (*iv*) no dia 12.9.2016, *ex vi* do inciso V do art. 22 da LC nº 64/90, é realizada a audiência de instrução; (*v*) em nome da ampla defesa, o juiz eleitoral atende diligências adicionais dos investigados nos 3 (três) dias subsequentes, alcançado, já, o dia 15.9.2016; (*vi*) apresentação de alegações finais no prazo comum de 2 (dois) dias, chegando ao dia 17.9.2016, isto, evidentemente, na mais otimista das hipóteses; (*vii*) o juiz eleitoral sentencia o feito no dia 18.9.2016, cassando o registro dos investigados; (*viii*) a sentença é publicada na seguinte, 19.9.2016; (*ix*) no dia 22.9.2016, os investigados opõem embargos de declaração; (*x*) os investigantes apresentam contrarrazões no dia 25.9.2016; (*xi*) vista ao Ministério Público Eleitoral para opinar, devolvidos os autos no dia 27.9.2016; (*xii*) o juiz eleitoral desacolhe os aclaratórios no dia seguinte, 28.9.2016; (*xiii*) publicada a sentença no dia 29.9.2016, os investigados interpõem recurso eleitoral no dia 2.10.2016, data da eleição; (*xiv*) mais 3 (três) dias para contrarrazões, após os autos seguem ao Ministério Público de piso para parecer; (*xv*) os autos sobem ao Regional, o qual deverá encaminhar os autos à Procuradoria-Regional Eleitoral para parecer; (*xvi*) o feito é submetido a julgamento, mas algum vogal pede vista; (*xvii*) o feito retorna, e outro pedido de vista é feito; (*xviii*) mantém-se a cassação no Regional, sabe-se lá quando, e a chapa eleita, a partir daí, é afastada, a menos que consiga uma tutela cautelar no Tribunal Superior Eleitoral, assumindo, em caso negativo, o Presidente da Câmara Municipal; (*xix*) embargos declaratórios prequestionatórios; (*xx*) contrarrazões; (*xxi*) parecer da Procuradoria-Regional Eleitoral; (*xxii*) manutenção do acórdão; (*xxiii*) recurso especial eleitoral; (*xxiv*) contrarrazões; (*xxv*) inadmissibilidade; (*xxvi*) agravo ao TSE; (*xxvii*) contraminuta de agravo; (*xxviii*) parecer da Procuradoria-Geral Eleitoral; (*xxix*) negativa de seguimento do agravo; (*xxx*) agravo regimental; (*xxxi*) contraminuta; (*xxxii*) parecer da PGE; (*xxxiii*) desprovimento do agravo regimental; (*xxxiv*) embargos de declaração; (*xxxv*) contrarrazões; (*xxxvi*) parecer da PGE; (*xxxvii*) rejeição dos embargos; (*xxxviii*) recurso extraordinário; (*xxxix*) contrarrazões; (*xl*) inadmissibilidade do recurso extraordinário; (*xli*) agravo ao STF; (*xlii*) contraminuta de agravo; (*xliii*) parecer da PGR; (*xliv*) negativa de seguimento do agravo; (*xlv*) agravo regimental; (*xlvi*) contraminuta; (*xlvii*) parecer da PGR; (*xlviii*) desprovimento do regimental; (*xlix*) embargos de declaração; (*l*) contrarrazões; (*li*) parecer da PGR; (*lii*) rejeição dos embargos; (*liii*) novos embargos de declaração; (*liv*) contrarrazões; (*lv*) parecer da PGR; (*lvi*) rejeição dos embargos, reconhecimento do caráter protelatório, determinação de emissão de certidão de trânsito em julgado e baixa imediata dos autos.

Ao tratar dos direitos políticos, José Jairo Gomes ensina: "As democracias contemporâneas assentam sua legitimidade na ideia de povo, na soberania popular pelo sufrágio universal e periódico. Ao tempo em que o povo integra e fundamenta o Estado Democrático de Direito, é também objeto de suas emanações".[26]

A propósito da soberania popular, o mestre de Coimbra assevera

> O *princípio da soberania popular* transporta sempre várias dimensões historicamente sedimentadas: (1) *o domínio político* – o domínio de homens sobre homens – não é um domínio pressuposto e aceite; carece de uma justificação quanto à sua origem, isto é, precisa de *legitimação*; (2) a *legitimação* do domínio político só pode derivar do próprio *povo* e não de qualquer outra instância "fora" do povo real (ordem divina, ordem natural, ordem hereditária, ordem democrática); (3) *o povo* é, ele mesmo, o titular da soberania ou do poder, o que significa: (i) de forma *negativa*, o poder do povo distingue-se de outras formas de domínio "não populares" (monarca, classe, casta); (ii) de forma *positiva*, a necessidade de uma legitimação democrática efectiva para o exercício do poder (o poder e exercício do poder derivam concretamente do povo), pois o povo é o titular e o ponto de referência dessa mesma legitimação – ela vem do povo e a este deve reconduzir; (4) *a soberania popular* – o povo, a vontade do povo e a formação da vontade política do povo – existe, é eficaz e vinculativa no âmbito de uma ordem constitucional *materialmente* informada pelos princípios da liberdade política, igualdade dos cidadãos, de organização plural de interesses politicamente relevantes, e *procedimentalmente* dotada de instrumentos garantidores da operacionalidade prática deste princípio (cfr. CRP, art. 2º e 10º); (5) a *constituição*, material, formal e procedimentalmente legitimada, fornece o plano da construção organizatória da democracia, pois é ela que determina os pressupostos e os procedimentos segundo os quais as "decisões" e as "manifestação de vontade do povo" são jurídica e politicamente relevantes.[27]

Carecerá o prefeito interino, pelo que se vê, de legitimação para atuar, porquanto não ultrapassara o teste das urnas para a sua alçada ao posto de magistrado supremo da municipalidade. O legislador ordinário, por via oblíqua, enfraquece, e por isso mesmo viola chapadamente, a força normativa do aludido princípio da soberania popular. Mas não é só.

A Constituição Federal estabelece,[28] de forma clara e em bom português, que a soberania popular será exercida pelo *voto direto*, isto é, imediato, sem atalhos ou caminhos oblíquos, não sendo possível, portanto, o exercício perene, duradouro, ilimitado de cargo eletivo por cidadão que não tenha sido diretamente eleito para tanto.

A prosperar o §3º do art. 224 do Código Eleitoral, teremos a figura do prefeito eleito pelo sufrágio indireto ou mediato, por intermédio de um colégio de delegados eleitorais, qual seja, o conjunto de vereadores que o alçaram à condição de presidente do parlamento.

A propósito do princípio da imediaticidade do voto, diz Canotilho

---

[26] GOMES, José Jairo. *Direito Eleitoral*. 9. ed. São Paulo: Atlas, 2013, p. 6-7.
[27] CANOTILHO, J. J. Gomes. *Direito Constitucional e Teoria da Constituição*. 7. ed. Coimbra: Almedina, 2003, p. 292.
[28] Art. 14. A soberania popular será exercida pelo sufrágio universal e pelo voto direto e secreto, com valor igual para todos, e, nos termos da lei, mediante [...].

O *voto directo* ou *imediato* significa que o voto tem de resultar "imediatamente' da manifestação da vontade do eleitor, sem intervenção de "grandes eleitores" ou de qualquer vontade alheia. Por outras palavras: a imediaticidade do sufrágio garante ao cidadão activo a "primeira" e a "última palavra", pois os eleitores dão diretamente o seu voto aos cidadãos (incluídos ou não em listas) cuja eleição constitui o escopo último de todo o procedimento eleitoral. No *sufrágio indirecto* ou *mediato*, os eleitores limitam-se a eleger um colégio de delegados eleitorais ("grandes eleitores") que, por sua vez, escolherão os candidatos para os diversos órgãos do poder político.[29]

Não é outra a lição de Frederico Franco Alvim ao asseverar que a ideia de voto direto

> [...] refere-se à ideia do abandono, no sistema brasileiro, dos chamados *colégios eleitorais*, característico das democracias indiretas, como a vigente nos Estados Unidos da América. Ao contrário do que se passa naquele país, no modelo nacionalmente adotado, regido pelo *princípio da imediaticidade*, a opção do eleitorado recai de maneira imediata, sem intermediário, sobre aqueles que virão a exercer o mandato oriundo da representação.[30]

Segundo José Jairo Gomes, "o voto direto é o que melhor reflete os ideais dos atuais sistemas democráticos, pois confere maior legitimidade aos governantes eleitos",[31] não se amoldando a norma reformadora àqueles ideais, máxime por agredir o princípio da soberania popular e a imediaticidade do voto.

5 Da necessária intervenção do Supremo Tribunal Federal como guardião da Constituição e garantidor da segurança jurídica

Como cediço, todo e qualquer Tribunal Eleitoral ou juiz eleitoral pode – e deve – controlar a constitucionalidade da lei. Afinal,

> O juiz não é mais a boca da lei, como queria Montesquieu, mas o projetor de um direito que toma em consideração a lei à luz da Constituição e, assim, faz os devidos ajustes para suprir as suas imperfeições ou encontrar uma interpretação adequada, podendo chegar a considerá-la inconstitucional no caso em que a sua aplicação não é possível diante dos princípios de justiça e dos direitos fundamentais.[32]

Entretanto, a importância das temáticas e seus efeitos daninhos à democracia brasileira recomendam a atuação, mediante provocação dos legitimados, do Supremo Tribunal Federal, em sede de controle concentrado de constitucionalidade, a exemplo do que se deu nas ADCs nºs 29 e 30 e ADI nº 4.578, nas quais se avaliou a Lei da Ficha Limpa (Lei Complementar nº 135/2010) e na ADI nº 4650, na qual se reformulou o sistema de financiamento de campanhas eleitorais.

---

[29] CANOTILHO, J. J. Gomes. *Direito Constitucional e Teoria da Constituição*. 7. ed. Coimbra: Almedina, 2003, p. 302-303.
[30] ALVIM, Frederico Franco. *Manual de Direito Eleitoral*. Belo Horizonte: Fórum, 2012, p. 108.
[31] GOMES, José Jairo. *Direito Eleitoral*. 9. ed. São Paulo: Atlas, 2013, p. 52.
[32] MARINONI, Luiz Guilherme; ARENHART, Sérgio Cruz; MITIDIERO, Daniel. *Novo curso de processo civil*: teoria do processo civil. Vol. 1. São Paulo: Editora Revista dos Tribunais, 2015, p. 67.

No último paradigma citado, o Ministro Luiz Fux explorou a temática do *locus* ideal para a discussão da reforma política, distinguindo os prós e contras de cada matéria ser debatida via Congresso ou via Supremo, a depender do caso, afirmando, ao fim, ser o pretório excelso um dos *players* do aperfeiçoamento do arranjo institucional brasileiro. Disse Sua Excelência:

> É preciso, pois, cautela para com arranjos institucionais que outorguem a competência para reformá-los exclusivamente àqueles diretamente interessados no resultado dessa reforma. As chances de surgirem disfuncionalidades são autoevidentes. A rigor, tais desenhos não oferecem os incentivos corretos e necessários para que os agentes abandonem o status quo e, consequentemente, implementem as mudanças essenciais ao aprimoramento das instituições democráticas.
>
> No caso em comento, confiar a uma só instituição, ainda que legitimada democraticamente como o Poder Legislativo, a prerrogativa de reformular a disciplina do financiamento de campanhas pode comprometer a própria higidez do regime democrático. Não é preciso ir tão longe para perceber a veracidade desta constatação. Exemplo recente da história política brasileira foi a fidelidade partidária, que, conquanto salutar ao bom funcionamento das instâncias representativas, só veio a ser, de fato, uma realidade no país após a intervenção deste Supremo Tribunal Federal (MS nº 26.602/DF, rel. Min. Eros Grau, Tribunal Pleno, j. 04.10.2007, DJe-197 de 16.10.2008; MS nº 26.603/DF, rel. Min. Celso de Mello, Tribunal Pleno, j. 04.10.2007, DJe-241 de 18.12.2008; STF, MS nº 26.604/DF, rel. Min. Cármen Lúcia, Tribunal Pleno, j. 04.10.2007, DJe-187 de 02.10.2008).
>
> Exatamente porque matérias intimamente ligadas ao processo eleitoral aumentam consideravelmente as chances de manipulação e parcialidade no seu tratamento pelos órgãos eleitos por este mesmo processo, justifica-se, a meu sentir, uma postura mais expansiva e particularista por parte do Supremo Tribunal Federal, em detrimento de opções mais deferentes e formalistas. Creio que, ao assim agir, a Corte não amesquinha a democracia, mas antes a fortalece, corrigindo pelo menos algumas de suas naturais disfuncionalidades.[33]

Se a fundamentação de Sua Excelência convence no que toca à atuação mais "expansiva" e "particularista" do pretório excelso em temas complexos, com maior razão justifica a atuação nos 2 (dois) casos alhures referenciados, sobretudo porque se defende, agora, não a criação de norma pelo Supremo, mas a coibição de atividade legislativa irracional, para não dizer mal intencionada, do Congresso Nacional, em nítida burla à jurisprudência caudalosa do Tribunal Superior Eleitoral e em franco desrespeito aos princípios constitucionais sustentadores do Estado Democrático de Direito.

Evidentes, portanto, a necessidade e a urgência da provocação do pretório excelso, de forma a se acautelar a legitimidade dos pleitos eleitorais do ano corrente, conferindo segurança jurídica aos concorrentes e sobretudo aos eleitores, para que não fiquem à mercê de uma legislação cuja inconstitucionalidade é chapada.

6 Conclusões

A história das reformas políticas no Brasil é composta de tristes e lamentáveis episódios de retrocessos, combinações e acordos partidários, cujos propósitos são, ao invés da emancipação cívica da nação, a manutenção do *status quo*, lamentavelmente.

---

[33] STF, ADI nº 4.650, voto do rel. Min. Luiz Fux, Disponível em: <http://www.stf.jus.br/arquivo/cms/noticiaNoticiaStf/anexo/ADI4650relator.pdf>. Acesso em: 14 mar. 2016.

É de Churchill a afirmação, tão atual ante os acontecimentos correntes, de que "a diferença entre um estadista e um demagogo é que este decide pensando nas próximas eleições, enquanto aquele decide pensando nas próximas gerações". Faltam estadistas no Brasil.

Prevalece a máxima maquiavélica de que, em se tratando de poder, o que vale é vencer, o que, aliás, não é novidade em *terrae brasilis*:

> Império e República se equivalem, portanto, no que respeita a eleições. O diálogo travado entre a princesa Isabel e um funcionário público, nas primeiras horas do novo regime, dará a medida dos tempos, serenos no seu curso inalterável. A redentora esperava que o trono seria substituído, um dia, pela maioria republicana, emergente das urnas. "Assim nunca poderia ser feito – responde o funcionário à princesa – porque o poder é o poder [...]." A vontade nacional foi desprezada, insiste a herdeira do trono. "Ver-se-á isto por meio da Constituinte, proximamente", replica o republicano. "Mas não disse o senhor que o poder é o poder?" Esta é a contradição de todos: a eleição será o argumento para legitimar o poder, não a expressão sincera da vontade nacional, a obscura, caótica e submersa soberania popular. A vergonha dos chefes não nasce da manipulação, mas da derrota. O essencial é vencer, a qualquer preço.[34]

O Congresso Nacional, ao editar a Lei nº 13.165/2015, embora tenha trazido alguns avanços,[35] deixou a desejar em vários aspectos e, pior, retrocedeu em vários outros, tanto é assim que já há decisões do Supremo Tribunal Federal suspendendo parcela de seus dispositivos, a exemplo da decisão monocrática do Ministro Dias Tóffoli, proferida na ADI nº 5.420, que suspendeu a eficácia da expressão "número de lugares definido para o partido pelo cálculo do quociente partidário do artigo 107", constante do inciso I do artigo 109 do Código Eleitoral (Lei nº 4.737/1965), mantido, nesta parte, o critério de cálculo vigente antes da edição da Lei nº 13.165/2015.

A proteção às velhas práticas, a desautorização da Justiça Eleitoral, a desconsideração da vontade popular, o fisiologismo e o caciquismo dão a tônica dos dispositivos examinados e refutados no presente artigo, os quais certamente não serão suspensos ou reformados por quem acabou de os conceber.

Disso resulta a responsabilidade cada vez mais acentuada do ambiente acadêmico em impulsionar a reflexão e "oferecer bases de significados normativos para construção do significado das normas, para conformação dos institutos e para a moldura do próprio sistema jurídico".[36]

Informação bibliográfica deste livro, conforme a NBR 6023:2002 da Associação Brasileira de Normas Técnicas (ABNT):

CYRINEU, Rodrigo Terra. Da dupla inconstitucionalidade advinda com a Lei nº 13.165/2015: do nocivo efeito suspensivo automático e da escalafobética exigência de trânsito em julgado para a realização de novas eleições. *In*: TAVARES, André Ramos; AGRA, Walber de Moura; PEREIRA, Luiz Fernando (Coord.). *O direito eleitoral e o novo Código de Processo Civil*. Belo Horizonte: Fórum, 2016. p. 467-480. ISBN 978-85-450-0133-1.

---

[34] FAORO, Raymundo. *Os donos do poder*. 5. ed. São Paulo: Globo, 2012. p. 707-708.
[35] *Verbi gratia*, a maior flexibilidade dos pronunciamentos em período próximo às eleições, diminuindo a incidência de sanções por propaganda antecipada, o que violava a liberdade de expressão e manifestação de pensamento.
[36] Marinoni *et al*. (*op. cit.*, vol. 3, p. 11).

SOBRE OS AUTORES

Adriano Soares da Costa
Presidente da Instituição Brasileira de Direito Público (IBDPub). Advogado.

André Ramos Tavares
Professor titular da Faculdade de Direito da USP. Professor da PUC-SP. Presidente da Associação Brasileira de Direito Processual Constitucional. Foi diretor da Escola Judiciária Eleitoral Nacional do TSE (2010-2012).

Antônio Veloso Peleja Júnior
Doutorando em Direito Processual Civil pela PUC-SP. Mestre em Processo Civil pela UERJ. Professor efetivo da UFMT. Juiz de Direito do TJMT.

Dyogo Crosara
Advogado. Especialista em Direito Eleitoral pela Universidade Federal de Goiás. Diretor da Escola Superior da Advocacia da OAB-GO (2010/2015). Conselheiro Seccional da OAB-GO (2013/2015). *E-mail*: <dyogo@sena.adv.br>.

Elaine Harzheim Macedo
Doutora em Direito pela Unisinos. Mestre em Direito e Especialista em Direito Processual Civil pela PUCRS. Professora na graduação e no programa de pós-graduação em Direito junto à PUCRS. Ex-Desembargadora Presidente do Tribunal Regional Eleitoral do Rio Grande do Sul. Membro do Instituto dos Advogados do Rio Grande do Sul. *E-mail*: <elaine@fhm.adv.br>.

Eneida Desiree Salgado
Doutora em Direito do Estado pela Universidade Federal do Paraná, com estágio de pós-doutoramento junto ao Instituto de Investigaciones Jurídicas da Universidad Nacional Autónoma de México. Professora de Direito Constitucional e de Direito Eleitoral da UFPR. Pesquisadora e vice-líder no Núcleo de Investigações Constitucionais (<www.ninc.com.br>).

Fernando Matheus da Silva
Advogado. Servidor público efetivo da área jurídica do Tribunal de Contas do Estado do Paraná.

Fernando Neisser
Mestre em Direito Penal pela Faculdade de Direito da Universidade de São Paulo. Membro fundador da Academia Brasileira de Direito Eleitoral e Político (ABRADEP) e do Instituto Paulista de Direito Eleitoral (IPADE). Professor convidado em cursos de pós-graduação e extensão nas áreas de Direito Político e Eleitoral, além de conferencista em congressos nacionais e internacionais.

Flávio Cheim Jorge
Mestre e Doutor pela PUC-SP. Juiz Eleitoral Titular – Classe dos Juristas – do TRE-ES no período de 2004 a 2008. Professor Associado III (graduação e mestrado) da Universidade Federal do Espírito Santo. Advogado.

Flavio Yarshell
Professor titular da Faculdade de Direito da Universidade de São Paulo. Advogado. Juiz eleitoral do TRE-SP, classe jurista (2007/2012).

Gustavo Bohrer Paim
Advogado Eleitoralista. Especialista em Gestão Pública (UFRGS). Mestre em Direito (PUCRS). Doutor em Direito (UFRGS). Professor de Direito Eleitoral na graduação da Unisinos e nos cursos de especialização da Verbo Jurídico e da UNISC/ENA.

Jaqueline Mielke Silva
Doutora e mestre em Direito pela Universidade do Vale do Rio dos Sinos (Unisinos). Especialista em Direito Processual Civil pela PUCRS. Membro integrante do Conselho Consultivo do Instituto Gaúcho de Direito Eleitoral (IGADE). Professora do curso de pós-graduação *stricto sensu* da Faculdade Meridional (IMED) e de diversos cursos de pós-graduação *lato sensu*. Professora da Escola Superior da Magistratura do Rio Grande do Sul (AJURIS), Escola Superior da Magistratura Federal (ESMAFE), Fundação Escola Superior da Magistratura do Trabalho (FEMARGS) e Fundação Escola Superior do Ministério Público (FMP). Advogada.

João Andrade Neto
Doutor em Direito pela Universität Hamburg (UHH). Mestre em Direito pela Universidade Federal de Minas Gerais (UFMG). Bolsista do programa de excelência Albrecht Mendelssohn Bartholdy Graduate School of Law (AMBSL). Analista judiciário lotado na Assessoria Jurídica dos Juízes Membros do Tribunal Regional Eleitoral de Minas Gerais (TRE-MG).

Luiz Eduardo Peccinin
Mestrando em Direito do Estado pela Universidade Federal do Paraná (UFPR). Especialista em Direito Eleitoral pela Universidade Positivo. Vice-Presidente do Instituto Paranaense de Direito Eleitoral (IPRADE). Advogado no escritório Vernalha Guimarães & Pereira Advogados.

Luiz Fernando Pereira
Doutor e mestre em Direito pela UFPR. Professor de Direito Processual Civil e Direito Eleitoral em diversas instituições. Coordenador da pós-graduação em Direito Eleitoral da Universidade Positivo. Palestrante e autor de inúmeros livros e artigos na área de Direito Processual Civil e Direito Eleitoral.

Marcelo Abelha Rodrigues
Doutor e mestre em Direito PUC-SP. Professor associado do mestrado e da graduação da UFES. Advogado e Consultor Jurídico. *E-mail*: <marceloabelha@cjar.com.br>.

Marcelo Ramos Peregrino Ferreira
Doutorando em Direito pela UFSC. Advogado em Florianópolis-SC.

Maria Paula Pessoa Lopes Bandeira
Pós-graduada em Direito Público pelo Instituto Maurício de Nassau (2011). Graduada em Direito na Universidade Católica de Pernambuco (UNICAP - 2008). Participou do Programa Institucional de Bolsas de Iniciação Científica (PIBIC-UNICAP): "Densificação da Jurisdição Constitucional: Jurisprudencialização da Política", coordenado pelo Prof. Walber de Moura Agra (2005/2006). Possui experiência na área de Direito com ênfase em Direito Cível, Eleitoral e Trabalhista. Advogada no escritório de advocacia Walber Agra Advogados Associados (2014).

Maria Stephany dos Santos
Pós-graduanda em Direito Eleitoral na EJE (TRE/PE) (2015). Participante nos Grupos de Pesquisa e Extensão: "A Configuração de Improbidade nas Licitações e Contratos Administrativos: o Cidadão e o Ministério Público como Legitimados para o Controle da Administração Pública" e "Retórica da Argumentação Jurídica" (2009-2013). Graduada em Direito na Faculdade ASCES/PE (2013). Tem experiência na área de Direito, com ênfase em Direito Administrativo, Cível, Eleitoral. Advogada no escritório de advocacia Walber Agra Advogados Associados (2014).

Orides Mezzaroba
Doutor em Direito pela UFSC. Professor nos programas de graduação e pós-graduação (mestrado e doutorado) em Direito da Universidade Federal de Santa Catarina. Pesquisador de Produtividade do CNPq.

Paula Bernardelli
Especialista em Direito Administrativo pelo Instituto de Direito Romeu Felipe Bacellar. Graduada em Direito pela Universidade Federal do Paraná. Advogada no setor de Direito Público no escritório RBGV Advogados.

Paulo Henrique dos Santos Lucon
Doutor, mestre e livre docente da Faculdade de Direito da Universidade de São Paulo, instituição na qual é professor associado nos cursos de graduação e pós-graduação. Especialista pela Faculdade de Direito da Universidade Estatal de Milão. Presidente do Instituto Brasileiro de Direito Processual (IBDP). Conselheiro do Instituto dos Advogados de São Paulo (IASP). Presidente da Comissão de Reforma Política do Instituto dos Advogados de São Paulo (IASP). Membro da Comissão de Direito Eleitoral da OAB-SP. Juiz no Tribunal Regional Eleitoral de São Paulo (TRE-SP), na Classe Jurista, de 2004 a 2011. Membro da Comissão Especial do novo CPC na Câmara dos Deputados. Advogado.

Paulo Henrique Golambiuk
Especialista em Direito Eleitoral pela Universidade Positivo. Graduado em Direito pelo Centro Universitário Autônomo do Brasil (UniBrasil). Advogado no escritório Vernalha Guimarães & Pereira Advogados.

Roberta Maia Gresta
Doutoranda em Direito Político (UFMG). Mestre em Direito Processual (PUC Minas). Professora de graduação em Direito (Faculdade Arnaldo Janssen) e de pós-graduação *lato sensu* (PUC Minas). Assessora-chefe de Gabinete de Juiz Membro (TRE/MG). Instrutora colaboradora (EJE-TRE/MG).

Rodrigo López Zilio
Promotor de Justiça. Coordenador do Gabinete de Assessoramento Eleitoral do Ministério Público do Estado do Rio Grande do Sul. Professor de Direito Eleitoral. Autor das obras *Direito Eleitoral* e *Crimes Eleitorais* e diversos artigos de Direito Eleitoral. Palestrante na matéria.

Rodrigo Terra Cyrineu
Especialista em Direito Administrativo pela Fundação Escola Superior do Ministério Público do Estado de Mato Grosso. Advogado e consultor jurídico em campanhas eleitorais e demandas partidárias no Estado de Mato Grosso.

Roger Fischer
Especializando em Direito Eleitoral pelo Verbo Jurídico. Membro integrante do Conselho Consultivo do Instituto Gaúcho de Direito Eleitoral (IGADE). Professor-tutor perante a Escola da Ajuris em Processo Civil e palestrante da ESPM em curso *in company* em Direito Tributário. Advogado. Consultor Eleitoral.

Sandro Marcelo Kozikoski
Doutor em Direito das Relações Sociais (UFPR). Professor adjunto de Direito Processual Civil da UFPR. Ex-professor adjunto da Faculdade Nacional de Direito (UFRJ). Membro do Instituto dos Advogados do Paraná (IAP) e do Instituto Brasileiro de Direito Processual (IBDP).

Thiago Priess Valiati
Mestrando em Direito do Estado na Universidade Federal do Paraná. Especialista em Direito Administrativo pelo Instituto de Direito Romeu Felipe Bacellar. Graduado em Direito pela Universidade Federal do Paraná. Advogado no setor de Direito Público no escritório RBGV Advogados.

Walber de Moura Agra
Mestre pela UFPE. Doutor pela UFPE e pela Università Degli Studio Di Firenze. Pós-doutor pela Université Montesquieu Bordeaux IV. Professor da Universidade Federal de Pernambuco. Professor visitante da Università degli Studio di Lecce. Membro do Conselho Científico do Doutorado de Universidade de Lecce. Visiting Research Scholar of Cardozo Law School. Diretor do Instituto Brasileiro de Estudos Constitucionais (IBEC). Membro Correspondente do Cerdradi – Centre d'Études et de Recherches sur les Droit Africains et sur Le Développement Institutionnel des Pays en Développemment. Procurador do Estado de Pernambuco. Membro da Comissão de Estudos Constitucionais do Conselho Federal da OAB. Advogado.

Esta obra foi composta em fonte Palatino Linotype, corpo 10
e impressa em papel Offset 75g (miolo) e Supremo 250g (capa)
pela Laser Plus Gráfica Ltda., em Belo Horizonte/MG.